Marco Gödde

Prüfungsbuch

Veranstaltungskauffrau/-mann
Veranstaltungsfachwirte

2. Auflage

Bestellnummer 5621

Die in diesem Produkt gemachten Angaben zu Unternehmen (Namen, Internet- und E-Mail-Adressen, Handelsregistereintragungen, Bankverbindungen, Steuer-, Telefon- und Faxnummern und alle weiteren Angaben) sind i. d. R. fiktiv, d. h., sie stehen in keinem Zusammenhang mit einem real existierenden Unternehmen in der dargestellten oder einer ähnlichen Form. Dies gilt auch für alle Kunden, Lieferanten und sonstigen Geschäftspartner der Unternehmen wie z. B. Kreditinstitute, Versicherungsunternehmen und andere Dienstleistungsunternehmen. Ausschließlich zum Zwecke der Authentizität werden die Namen real existierender Unternehmen und z. B. im Fall von Kreditinstituten auch deren IBANs und BICs verwendet.

Die in diesem Werk aufgeführten Internetadressen sind auf dem Stand zum Zeitpunkt der Drucklegung. Die ständige Aktualität der Adressen kann vonseiten des Verlages nicht gewährleistet werden. Darüber hinaus übernimmt der Verlag keine Verantwortung für die Inhalte dieser Seiten.

Stadtbibliothek
Neu-Isenburg

Druck: westermann druck GmbH, Braunschweig

service@winklers.de
www.winklers.de

Bildungshaus Schulbuchverlage Westermann Schroedel Diesterweg Schöningh Winklers GmbH, Postfach 33 20, 38023 Braunschweig

ISBN 978-3-8045-**5621**-8

© Copyright 2016: Bildungshaus Schulbuchverlage Westermann Schroedel Diesterweg Schöningh Winklers GmbH, Braunschweig
Das Werk und seine Teile sind urheberrechtlich geschützt. Jede Nutzung in anderen als den gesetzlich zugelassenen Fällen bedarf der vorherigen schriftlichen Einwilligung des Verlages.
Hinweis zu § 52a UrhG: Weder das Werk noch seine Teile dürfen ohne eine solche Einwilligung eingescannt und in ein Netzwerk eingestellt werden. Dies gilt auch für Intranets von Schulen und sonstigen Bildungseinrichtungen.

Vorwort

Optimale Prüfungsvorbereitung

Dieses Buch zur Prüfungsvorbereitung auf die IHK-Abschluss- und Zwischenprüfung für Veranstaltungskaufleute basiert auf den bisherigen IHK-Prüfungsfragen und folgt inhaltlich den vorgegebenen Themengebieten aus dem Stoffkatalog der Industrie- und Handelskammern, der den schriftlichen Prüfungen zugrunde liegt. Im Aufbau ist es jedoch didaktisch eigenständig, wobei die Themen als Lerngrundlage checklistenartig zusammengestellt und mit Musterfragen und -lösungen versehen wurden. Auch für die Prüfungsvorbereitung auf die handlungsspezifischen Qualifikationen des Geprüften Veranstaltungsfachwirts (IHK) eignet sich das Prüfungsbuch als Grundlagenwerk.

Dieses Prüfungsbuch bietet Ihnen über 1600 prüfungsrelevante Fragen und Antworten für Ihre optimale Prüfungsvorbereitung!

> **Kleine Bedienungsanleitung zur persönlichen Prüfungsvorbereitung:**
> - Machen Sie sich einen persönlichen Zeitplan.
> - Arbeiten Sie sich in das jeweilige Themenfeld ein.
> - Entscheiden Sie, wie gut Sie den Stoff verstehen und was Sie schon gut können.
> - Gehen Sie die Themenfelder durch, indem Sie mit einem Blatt den Antwort-Textblock abdecken und die grau unterlegten Stichworte an der Seite sowie die Überschriften abarbeiten.
> - Beziehen Sie kapitelweise auch Informationen aus eigenen Schulungsmaterialien mit ein.
> - Extrahieren Sie die wesentlichen Punkte in eine eigens von Ihnen selbst angefertigte Übersicht – die Sie dann (auswendig) lernen können – auf Papier, auf Karteikarten oder mithilfe des PC.

Lernplan

Lernkarten

Es wird nötig sein, eine Menge für die Abschlussprüfung zu lernen, vieles davon auch auswendig. Da man nicht weiß, welche Fragen genau gestellt werden, muss man einen breiten Ausschnitt aus dem relevanten Stoff beherrschen. Lernen sollten Sie dabei zuerst vor allem das, was Sie bereits gut können. Nehmen Sie dann langsam die Bereiche hinzu, in denen Sie schwächer sind. Niemand kann Ihnen diese Arbeit abnehmen, auch ein Buch, ein Skript, ein Kurs oder ein Dozent nicht.

Suche Sie sich einen Lernpartner, mit dem Sie sich verstehen. Oder bilden Sie eine Lerngruppe. Erzählen und erklären Sie sich gegenseitig in Mini-Gruppen-Fachgesprächen die Stoffgebiete, denn: **WAS MAN ERKLÄREN KANN, DAVON HAT MAN AHNUNG, DAS HAT MAN GELERNT!**

Lernpartner

Und noch etwas: Nehmen Sie sich vor der Prüfung genug Zeit und wenn möglich genügend Freiraum, damit Sie sich in Ruhe vorbereiten können. Minimieren Sie Ihre privaten Termine auf das Nötigste und sprechen Sie mit Ihrem Chef, wie viel Lernzeit Sie bekommen.

Einige Worte zur inneren Haltung vor und während der Prüfung

Entscheidend ist, dass Sie sich gut in die Perspektive des Fragenstellers versetzen können. Versuchen Sie genau zu erfassen: „Was will der Prüfer jetzt von mir wissen? Auf was will er hinaus?"

innere Haltung

Vorwort

Wenn Sie interpretieren, bleiben Sie möglichst objektiv. Nicht: „Was sagt mir persönlich diese Frage?" Sondern: „Was verbirgt sich an allgemeinem Wissen dahinter?"
Sie sind Dienstleister. Der Prüfer ist Ihr Kunde. Die Fragen sind das Briefing. Ihre Antworten sind das Produkt. Und das Produkt muss möglichst gut sein. Ihre Punkte sind Ihr Honorar!

Zeigen Sie, was Sie können und wissen. Nehmen Sie niemals eine defensive Abwehrhaltung ein: Sie sind nicht das Opfer eines bösartigen Prüfers. Dann können Sie auch gleich mit Hoffen und Beten anfangen. Seien Sie aktiv, lehnen Sie sich nicht zurück! Und bei ungebundenen (offenen) Fragen und in der mündlichen Prüfung: Niemals damit anfangen, sich zu rechtfertigen!

Das eigentlich Schwierige an der schriftlichen Abschlussprüfung ist, dass man an einem Tag all das Wissen unter Beweis stellen soll, was man sich in den Jahren der Ausbildung angeeignet hat. Die Prüfung hat punktuellen Charakter. Rechnungswesen, WISO und Veranstaltungsfachkunde werden auf einmal abgefragt. Und das auf eine konstruierte und prüfungstypische Art, während die Praxis auch mal etwas anders sein kann.

Prüfungstiming

Wie nutze ich meine Vorbereitungszeit optimal?

Ist es wirklich notwendig, sich einen persönlichen Lernplan zur Prüfungsvorbereitung zu machen? Niemand, nicht mal die größte Koryphäe, kann diese Prüfung mit einer guten Note bestehen, wenn nicht gezielt gelernt wurde! Dabei ist es nicht möglich, einen Zeitplan vorzuschlagen, der für alle optimal ist. Jeder ist ein anderer Lerntyp, jeder muss seinen eigenen Rhythmus finden. Die folgenden Ratschläge stellen eine Art Koordinatensystem dar, in dem sich der Einzelne bewegen kann.

Übersicht Vorbereitung

Januar oder August
Unterlagen aufarbeiten und sortieren, vervollständigen; Überblick verschaffen und Zeitplan erstellen; keine Termine in die letzten zehn Tage vor der Prüfung legen. Lernzeit für die nächsten Wochen einteilen; beginnen, das Wichtigste strukturiert in ein eigenes, persönliches Lernskript zu übertragen.

Februar und März oder September
Lerngruppe mit Azubi-Freunden bilden, in denen man sich locker gegenseitig Prüfungsthemen erklärt. Denn wer etwas erklären kann, der hat es verstanden!
Persönliches Lernskript weiter vervollständigen; Ergebnisse aufschreiben; lieber eine halbe Stunde am Tag, als sich zu viel vornehmen. Nimmt man sich zu viel vor und schafft es dann nicht, scheitert man an dem Arbeitsberg, der noch erledigt werden muss.
Für sich selbst erste Testklausuren schreiben.

April oder Oktober
Jetzt wird's langsam ernst! Sechs Wochen vor der Prüfung beginnt die heiße Phase. Ab hier sollte man sich drei- bis viermal die Woche mit dem Lernstoff beschäftigen und jetzt fest lernen. Beachten Sie: Niemand kann viele Dinge länger als sechs Wochen behalten!
Testklausuren schreiben.

Mai oder November
Bei der Prüfung ist es wie beim Event: Zehn Tage vorher kann man an nichts anderes mehr denken. Jetzt ist es absolut ernst.

Vorwort

Einen genauen Lernplan für die letzten Tage machen. Durchlernen! Den Tag vor der Prüfung aber ggf. freihalten. Vielleicht etwas Entspannendes, Spaßiges machen. Wie bei Olympia: Man trainiert, um am Tag der Prüfung fit zu sein, nicht zwei Tage davor oder drei Tage danach!

Am Tag der Prüfung

Ausgeschlafen sein! Gut frühstücken! Sie brauchen Ihre Kraft und Ihre Konzentration! Lieber 15 Minuten zu früh am Prüfungsort sein. Ziehen Sie sich so an, wie Sie sich am liebsten anziehen, wenn Sie zu Höchstleistungen aufgelegt sind, denn entsprechend gute Kleidung signalisiert sowohl Ihnen als auch anderen Selbstbewusstsein! Wenn die Prüfung bis 13:30 Uhr dauert, seien Sie in Gedanken auch um 14:30 Uhr noch fit. Nichts ist für den Punktestand schlimmer, als 30 Minuten vor Schluss schon an die After-Prüfungsparty in der angesagten Location zu denken, in der Sie sich gleich mit Ihren Freunden treffen werden.

Weitere Materialien

Der Autor Marco Gödde bietet für Prüfungsteilnehmer sowie Akademien, Berufsschulen und Betriebe weitergehende Übungsmaterialien und Lehrgänge wie Klausurenkurse, IHK-Prüfungssimulationen, Trainingswochen usw. an. Weitere Informationen dazu finden sich unter www.eventpruefung.de.

Zusatzmaterial

Alles auf einen Blick

Das vorliegende Prüfungsbuch für die Zwischen- oder Abschlussprüfung für Veranstaltungskaufleute ist so angelegt, dass Sie **auf jeder Doppelseite** für die Prüfung **Fragen und** deren detaillierte **Antworten** finden (die Sie im Zuge Ihrer Vorbereitung zunächst natürlich bitte abdecken).

Ein angehängter Lösungsteil entfällt also, was das lästige und zeitraubende Nachschlagen und das Wälzen von oft mehreren hundert Buchseiten verhindert.

Um das vorliegende Buch zunächst für die **Zwischenprüfung** einzusetzen, sind die entsprechenden **Zwischenprüfungsfragen mit dem Kürzel ZP extra gekennzeichnet:**

ZP — Extra-Kennzeichnung der Fragen, die für die Zwischenprüfung geeignet sind.

Vor allem diese Fragen sind für die Prüfung entsprechend den bundesdeutschen Lehrplänen maßgeblich. Sollte jedoch im Unterricht auf den einen oder anderen Themenbereich stärker eingegangen worden sein, dann ist natürlich bei der Vorbereitung Gleiches von Ihnen gefordert. Später, zur **Abschlussprüfung,** sind selbstverständlich **alle Fragen** wichtig.

Alle **Fragen** bzw. **Aufgaben** wurden je Kapitel **durchnummeriert,** damit Sie die einzelnen Wissensbereiche **mit einem Haken versehen** können, die Sie bereits beherrschen. Die verbleibenden Fragestellungen sollten Sie dann nochmals bearbeiten, um die letzten Wissenslücken zu schließen.

Ergänzungen und **Aktualisierungen** – z. B. mögliche aktuelle Informationen zu den Sozialversicherungsdaten und den Gesetzesänderungen – findet die Benutzerin/der Benutzer über die Internetadresse www.winklers.de und dort unter Winklers Service.

Für Ihre Anstrengungen wünschen wir Ihnen schon jetzt alles Gute, erfolgreiches Gelingen und natürlich auch das berühmte Quäntchen Glück, das nach dem Durcharbeiten dieses Buches unserer Ansicht nach allerdings nur noch klein ausfallen muss. Nur Mut und viel Erfolg für die Zukunft!

Verfasser und Redaktion

Inhalt

1 Ablauf und Inhalte der Abschlussprüfung

1.1	**Schriftliche IHK-Abschlussprüfung**	16
1.1.1	Prüfungsteil 1.1: ungebundene Fragen	16
1.1.2	Prüfungsteil 1.2, 2 und 3: gebundene Fragen	18
1.2	**Zwischenprüfung**	20
1.2.1	Kurzer ZP-Guide zu diesem Prüfungsbuch	21
1.2.2	Inhalte der Zwischenprüfung	21

2 Veranstaltungsorganisation/Veranstaltungswirtschaft

2.1	**Eventorientierte Dienstleistungen**	22
2.1.1	Begriffsdefinitionen Event	23
2.1.2	Geschäftsfelder und Veranstaltungsarten	24
2.1.3	Typische Ziele von Live-Events	30
2.1.3.1	Veranstaltungsmärkte, Zielgruppen, Privat- und Geschäftskunden	34
2.1.3.2	Übersicht: branchenspezifische Verbände	37
2.1.4	Public Event: Kultur, Konzert, Sport und Touristik	39
2.1.4.1	Politik und Kultur	39
2.1.4.2	Kulturorganisation und Kulturförderung	40
2.1.4.3	Konzert und Tournee	46
2.1.4.4	20 Beispielaufgaben mit Musterlösungsansätzen (Public Event)	57
2.1.4.5	Herausforderung Open-Air-Festival	65
2.1.4.6	Exkurs 1: Sport-Events	67
2.1.4.7	Exkurs 2: Eventgrundformen, Protokoll, Special Events	70
2.1.4.8	Exkurs 3: Freizeit, Touristik, Hotel und Gastronomie	78
2.1.5	Tagungs- und Kongresswirtschaft (MICE)	86
2.1.5.1	Kleines Lexikon: Fachbegriffe (MICE)	91
2.1.5.2	Acht Beispielaufgaben mit Musterlösungsansätzen (MICE)	95
2.1.5.3	Exkurs: Incentive-Events	98
2.1.5.4	Fünf Beispielaufgaben mit Musterlösungsansätzen (Incentive-Event)	100
2.1.6	Typische Event-Dienstleistungen	101
2.1.6.1	Location	101
2.1.6.2	Bestuhlung	105
2.1.6.3	Catering und Gastronomie inkl. Mini-Lexikon	107
2.1.6.4	Elf Beispielaufgaben mit Musterlösungsansätzen (typische Event-Dienstleistungen)	111
2.1.6.5	Veranstaltungstechnik	117

Inhalt

2.1.6.6	Kleines Lexikon Veranstaltungstechnik/ausgewählte fachliche Ausdrücke	127
2.1.6.6.1	Strom/Bühne/Rigging	127
2.1.6.6.2	Licht	131
2.1.6.6.3	Ton	134
2.1.6.6.4	Audiovisuelle Medien/Projektion	138
2.1.6.6.5	Effekttechnik, Personal, Sonstiges	141
2.1.6.6.6	Beispiele für technische Pläne	144
2.1.6.7	Auflistung weiterer Dienstleistungen	148
2.1.7	50 ausgewählte Testfragen (eventorientierte Dienstleistungen)	149
2.2	**Marketing und Event**	**163**
2.2.1	Marketingmix	163
2.2.2	Zielgruppenorientierte Vermarktung	172
2.2.3	Kommunikationsmix	181
2.2.4	Veranstaltungsmarketing: Werbe- und Mediaplanung	192
2.2.5	Weitere Marketingbegriffe: kleines Lexikon Marketing	195
2.2.6	50 ausgewählte Markting-Testfragen	201
2.2.7	Eventmarketing	212
2.2.7.1	Marketing-Events	214
2.2.7.2	Messe, Markt und Ausstellung	217
2.2.7.3	22 Beispielaufgaben mit Musterlösungsansätzen (Marketing- und Messe-Event)	223
2.3	**Rechtliche Rahmenbedingungen**	**231**
2.3.1	Vertragsrecht	232
2.3.1.1	Vertragsrecht laut BGB und HGB	233
2.3.1.2	Eventspezifisches Vertragsrecht	238
2.3.1.3	Vertragliche Haftung	245
2.3.2	Eventspezifische Gesetze, Verordnungen und Vorschriften	252
2.3.2.1	Gewerbeordnung	253
2.3.2.2	Immissionsschutz	256
2.3.2.3	Arbeits- und Gesundheitsschutzvorschriften	258
2.3.2.4	Baurecht, Versammlungsstättenverordnung und Fliegende Bauten	267
2.3.2.5	Ämter und Genehmigungen	276
2.3.2.6	Urheberrecht und Markenrecht	277
2.3.3	Steuern und Abgaben	281
2.3.3.1	Umsatzsteuer	281
2.3.3.2	Einkommenssteuer/Ausländersteuer	283
2.3.3.3	Künstlersozialabgabe	289
2.3.3.4	Weitere besondere Eventsteuern	294
2.4	**Organisation und Projektmanagement**	**294**
2.4.1	Betriebliche Arbeitsorganisation	294
2.4.2	Projektplanung und Teamorganisation	303
2.4.3	Marketing-Eventkonzept und Präsentation	313
2.4.4	Übersicht Kreativitätstechniken A-Z	317
2.5	**Veranstaltungen planen, durchführen und nachbereiten**	**319**
2.5.1	Veranstaltungsplanung, -organisation und -durchführung	319

Inhalt

2.5.2	Kurze Checkliste Green Event	335
2.5.3	Nachbereitung von Veranstaltungen	336
2.5.4	20 Beispielaufgaben mit Musterlösungsansätzen (zu 2.3–2.5)	339
2.6	**Finanzierung, Kostenkalkulation und Budgetierung**	**348**
2.6.1	Beschaffung, Rechnungslegung und Finanzierung	348
2.6.2	Kalkulation von Leistung und Angebot im Eventmarketing	371
2.6.3	Betriebliches Rechnungswesen	380
2.6.4	Kosten- und Leistungsrechnung	394
2.6.5	Break-even- und Gewinnberechnung im Public Event	406
2.6.6	50 ausgewählte Testfragen zu Finanzierung, Kalkulation und Budgetierung	413
2.6.7	25 ausgewählte Buchhaltungsaufgaben	422

3 Wirtschafts- und Sozialkunde

3.1	**Wirtschaftliche Zusammenhänge**	**429**
3.1.1	Grundlagen des Wirtschaftens	429
3.1.2	Wirtschaftsordnung, Wirtschaftspolitik und Konjunktur	436
3.1.3	Markt und Preis	444
3.2	**Ausbildungsbetrieb**	**447**
3.2.1	Unternehmensstellung, -rechtsform und -struktur	447
3.2.2	Berufsbildung, arbeits- und sozialrechtliche Grundlagen	459
3.2.3	Qualitätsmanagement	474
3.2.4	Informations- und Kommunikationssysteme	477
3.3	**Personalwirtschaft**	**481**
3.3.1	Personalrecht, Personalmanagement und Entlohnung	481
3.3.2	Kleines Lexikon Personalwirtschaft und -führung	488

4 IHK-Prüfungssimulationen

4.1	**Simulation Abschlussprüfung**	**491**
4.1.1	Simulation 1.1 Veranstaltungsorganisation (ungebunden) Prüfung mit 12 Fragen und Musterlösungsansätzen	491

4.1.2	Simulation 1.2 Veranstaltungsorganisation (gebunden) Prüfung mit 25 Fragen	496
4.1.3	Simulation 2.0 Wirtschafts- und Sozialkunde (WiSo) Prüfung mit 25 Fragen	502
4.1.4	Simulation 3.0 Veranstaltungswirtschaft Prüfung mit 25 Fragen	508

5 Fallbezogenes Fachgespräch

5.1.1	Lerninhalte mündliche Prüfung	517
5.1.2	Leistungsangebot und Verkauf	518
5.1.3	Vertragsauswahl und Vertragsgestaltung	518
5.1.4	Kundenorientierte Kommunikation und Präsentation	518

Stichwortverzeichnis	519
Abkürzungsverzeichnis	530
Bildquellenverzeichnis	530

Prüfung — Abschlussprüfung

1 Ablauf und Inhalte der Abschlussprüfung

Prüfer

Wer prüft mich eigentlich?

Die Prüfung wird bei der **zuständigen IHK** vom jeweiligen **Prüfungsausschuss** abgenommen. Die Ausschüsse sind paritätisch (d. h. zu gleichen Teilen) besetzt und bestehen aus Arbeitgebervertretern (Unternehmer der regionalen Event- und Veranstaltungsbranche), Arbeitnehmervertretern (Angestellte in Unternehmen der regionalen Event- und Veranstaltungsbranche) und Berufsschullehrern der regional zuständigen Berufsschule. Je nach IHK bestehen die Ausschüsse aus drei oder fünf Mitgliedern; in ausbildungsstarken Regionen (z. B. Berlin, Köln und Hamburg) gibt es zwei parallel prüfende Ausschüsse. Der jeweilige Prüfungsausschuss ist ein Organ der regionalen IHK, juristisch werden die Handlungen der ehrenamtlichen Prüfer auch dieser IHK zugerechnet. Die IHK selbst übernimmt dabei aber eher eine organisatorische, lenkende Funktion.

Prüfung

Wann findet die Prüfung statt?

Es gibt zwei Prüfungen pro Jahr:

Sommerprüfung	Winterprüfung
schriftliche Prüfung Anfang Mai mündliche Prüfung Ende Juni	schriftliche Prüfung Ende November mündliche Prüfung Ende Januar

Fragen

Sind die *Fragen* überall gleich?

Beim Veranstaltungskaufmann ist der **schriftliche Teil bundesweit standardisiert,** d. h., die Prüfungsaufgaben werden von der Aufgabenstelle für kaufmännische Abschluss- und Zwischenprüfungen durch den sogenannten zentralen Prüfungserstellungsausschuss in Nürnberg erstellt (Infos unter: www.ihk-aka.de). Beim Veranstaltungskaufmann werden wie in den meisten kaufmännischen Ausbildungsberufen zentral erstellte schriftliche Prüfungsaufgaben eingesetzt. Für diese Berufe werden zwischen allen Industrie- und Handelskammern einheitliche Termine für die schriftlichen Abschlussprüfungen abgestimmt und festgelegt *(Ausnahme:* In Baden-Württemberg werden eigene Fragen erstellt.).

schriftliche Prüfung

Wie läuft die *schriftliche Prüfung* genau ab?

Der Betrieb meldet den Azubi zur Prüfung bei der zuständigen IHK an. Die Frist dafür liegt ca. drei Monate vor dem Prüfungstermin (Anfang Februar/Anfang September). Man erhält im Vorfeld eine Einladung mit einer Prüfungsnummer.

- Der **erste Tag** der schriftlichen Prüfung beginnt i. d. R. um 07:45 Uhr an einem Dienstag im Mai oder November und dauert bis mittags. Es müssen **zwei Klausuren** geschrieben werden: **Veranstaltungsorganisation** (ungebunden/offen) und Veranstaltungsorganisation (gebunden/programmiert). Mitbringen muss man die Einladung, den Personalausweis, häufig das Berichtsheft, Schreibmaterial und einen nicht programmierbaren Taschenrechner. Formelbücher oder Gesetzestexte sind in dieser Prüfung nicht erlaubt. Im Prüfungsraum liegen an einem vorbereiteten Platz Umschläge mit

Mündliche Prüfung

den Prüfungen. Dann wird der Bereich Veranstaltungsorganisation abgefragt, und zwar in einem ungebundenen (90 Minuten) und einem gebundenen Teil (60 Minuten).

- Der **zweite Tag** der schriftlichen Prüfung beginnt i. d. R. um 14:00 Uhr am darauffolgenden Mittwoch im Mai oder November und dauert etwas über zwei Stunden. Es müssen **zwei Klausuren** geschrieben werden: **Wirtschafts- und Sozialkund**e (gebundene Aufgaben, 60 Minuten) und nach einer kurzen Pause **Veranstaltungswirtschaft** (gebundene Aufgaben, 60 Minuten).

Übersicht über den Ablauf:

Prüfungs-bereich	Prüfungs-zeit	Aufgaben	Umfang	Punkte/Note	Gewicht
TAG 1					
Veranstaltungs-organisation (1.1)	90 Minuten	ungebunden	ca. 16–26 Fragen	50/50, zus.: 100	1/3
Veranstaltungs-organisation (1.2)	60 Minuten	gebunden	ca. 25–27 Fragen		
TAG 2					
Wirtschafts- und Sozialkunde (2)	60 Minuten	gebunden	ca. 27–33 Fragen	100	1/6
Veranstaltungs-wirtschaft (3)	60 Minuten	gebunden	ca. 25–27 Fragen	100	1/6

(gebundene Fragen = Kästchen zum Eintragen; ungebunden Fragen = Antwort in Aufsatzform)

Die gebundenen Prüfungsbögen werden dann per Computer zentral ausgewertet, die ungebundenen durch zwei lokale Prüfer.

Nach ca. 4–6 Wochen erhält man mit einem Vorlauf von ca. 7–21 Tagen die Einladung zur mündlichen Prüfung (das fallbezogene Fachgespräch). Diese Prüfung findet dann für gewöhnlich an einem Wochentag Mitte/Ende Januar bzw. Anfang Februar oder Mitte/Ende Juni statt.

Prüfungs-bereich	Prüfungs-zeit	Aufgaben	Umfang	Punkte/Note	Gewicht
TAG 3					
Fallbezogenes Fachgespräch (4)	15 Minuten Vorbereitung 20 Minuten Prüfung	2 Fragen/Fälle zur Auswahl	ca. 10 Min. Präsentation ca. 10 Min. Nachfragen	100	1/3

Übersicht

mündliche Prüfung

Und wie wichtig ist die *mündliche Prüfung?*

Prüfung

Abschlussprüfung

Prüfungsthemen

Welche *Themenfelder* werden in welchem *Prüfungsfach* abgefragt?

Die folgende Tabelle zeigt grob, welche **Themen in welchem Prüfungsfach** abgefragt werden:

Prüfungsbereich	Praxisbezogene Aufgaben und Fälle insbesondere aus den Gebieten:
Veranstaltungsorganisation	- Konzeption und Marketing - Durchführung und Nachbereitung - kaufmännische Steuerung und Kontrolle (inkl. Rechnungswesen)
Wirtschafts- und Sozialkunde (WISO)	- Marketing - Volkswirtschaftslehre - Betriebswirtschaftslehre - Ausbildungsbetrieb
Veranstaltungswirtschaft	- Organisation der Veranstaltungswirtschaft - Kooperation und Kommunikation - Vertrieb und Märkte
fallbezogenes Fachgespräch	- Leistungsangebot/Verkauf - Vertragsauswahl/Gestaltung - kundenorientierte Kommunikation und Präsentation

IHK-Stoffkatalog

Wo ist festgelegt, in welchem Fach welche Themen abgefragt werden?

Die wahrscheinlich wichtigste Quelle für die zielgenaue Prüfungsplanung ist der **IHK-Stoffkatalog**. Im Stoffkatalog steht, aus welchen Prüfungsgebieten welche Themen in der Abschlussprüfung abgefragt werden. Und das Wichtigste steht auch dort: mit welcher Gewichtung, d. h., wie viel aus welchen Gebieten in welchem (schriftlichen) Prüfungsteil vorkommen wird. Der Stoffkatalog informiert dabei über mögliche Inhalte der schriftlichen Abschlussprüfung in den einzelnen Prüfungsbereichen.

Im Stoffkatalog steht ziemlich genau, aus welchen Themengebieten Fragen in welchem Prüfungsbereich abgefragt werden. Nachfolgend das Original-Raster, das einen Eindruck von der relativen Bedeutung der einzelnen Prüfungsinhalte bei der Abdeckung mit Prüfungsaufgaben vermittelt (Angaben in ca. % sind Leitlinien, die über- oder unterschritten werden).

Prüfungsbereich: Veranstaltungsorganisation

Gebiet	Aufgabenanteil ca. %
01 Dienstleistungen	10
02 Kaufmännische Steuerung und Kontrolle	15
03 Veranstaltungsbezogenes Marketing; Kundenorientierte Leistungsangebote	15
04 Methoden des Projektmanagements	5
05 Planung und Organisation von Veranstaltungen	10
06 Durchführung von Veranstaltungen	15
07 Nachbereitung von Veranstaltungen	15
08 Veranstaltungstechnik	5
09 Rechtliche Rahmenbedingungen	10

IHK-Notenschlüssel — Prüfung

Prüfungsbereich: Wirtschafts- und Sozialkunde

Gebiet	Aufgabenanteil ca. %
01 Wirtschaftliche Zusammenhänge	35
01 Grundlagen des Wirtschaftens	
02 Markt und Preis	
03 Wirtschaftsordnung	
04 Wirtschaftspolitik/Wirtschaftspolitische Ziele	
05 Konjunktur	
06 Wirtschaftskreislauf und Sozialprodukt	
02 Der Ausbildungsbetrieb	50
01 Stellung, Rechtsform und Struktur	
02 Berufsbildung, arbeits- und sozialrechtliche Grundlagen	
03 Sicherheit und Gesundheitsschutz bei der Arbeit	
04 Umweltschutz	
05 Qualitätsmanagement	
03 Personalwirtschaft	15

Prüfungsbereich: Veranstaltungswirtschaft

Gebiet	Aufgabenanteil ca. %
01 Betriebliche Organisation; Finanzierung; Beschaffung	20
02 Information, Kommunikation und Kooperation	15
03 Märkte, Zielgruppen	40
04 Veranstaltungsmarkt	25

Auszug: IHK-/AkA-Stoffkatalog für Veranstaltungskaufleute, U-Form Verlag

Der Bewertung liegt das **100-Punkte-System der IHK** zugrunde. Nach diesem System werden die Prüfungsbereiche einzeln bewertet. Dann werden sie gewichtet und gerundet zu einer Endnote zusammengerechnet, die ebenfalls nach dem 100-Punkte-System bewertet wird.

Punkte	Note	Bewertung
100–92 Punkte	sehr gut (1)	den Anforderungen in besonderem Maße entsprechende Leistung
unter 92–81 Punkte	gut (2)	den Anforderungen voll entsprechende Leistung
unter 81–67 Punkte	befriedigend (3)	den Anforderungen im Allgemeinen entsprechende Leistung
unter 67–50 Punkte	ausreichend (4)	eine Leistung, die zwar Mängel aufweist, aber im ganzen den Anforderungen noch entspricht
unter 50–30 Punkte	mangelhaft (5)	den Anforderungen nicht entsprechende Leistung, die aber zeigt, dass Grundkenntnisse vorhanden sind
unter 30–0 Punkte	ungenügend (6)	eine Leistung, die den Anforderungen nicht entspricht und bei der selbst Grundkenntnisse fehlen

IHK-Notenschlüssel

Wie läuft die Bewertung, nach welchem Notenschlüssel wird bewertet?

Prüfung

Abschlussprüfung

Zeugnisnoten

Was steht auf dem Zeugnis und wie wird dabei gewichtet?

Wie wir zuvor gesehen haben, ist die Gewichtung der Prüfungsbereiche unterschiedlich. Weil sie je ein Drittel der Endnote wert sind, sind die **beiden wichtigsten Bereiche** das **Prüfungsfach Veranstaltungsorganisation** (erster Teil der schriftlichen Prüfung) und das **fallbezogene Fachgespräch** (mündliche Prüfung). Bei Veranstaltungsorganisation handelt es sich um zwei Klausuren; jede davon ist ein Sechstel wert. Die Klausuren in Veranstaltungswirtschaft und WISO sind ebenfalls jeweils ein Sechstel wert. Man schreibt in der schriftlichen Prüfung also vier Klausuren:

1. Veranstaltungsorganisation (ungebunden)
2. Veranstaltungsorganisation (gebunden)
3. WISO (gebunden)
4. Veranstaltungswirtschaft (gebunden)

Jede dieser Klausuren ist gleich viel wert, jeweils ein Sechstel der Endnote. Die Einzelnoten von Veranstaltungsorganisation werden zu einer Teilnote zusammengezogen, die dann ein Drittel wert ist.
Die Note, mit der man das Zeugnis also am meisten beeinflussen kann, ist dementsprechend die mündliche Note. Diese ist wieder ein Drittel wert.

Übung: Notenermittlung

Auf dem Zeugnis werden vier Noten und die Endnote abgedruckt. Berechnen Sie bitte unter Verwendung folgender rechts stehender Daten die Teil- und Endnoten für das IHK Zeugnis.

Zusatzfrage: Muss Paul Prüfungsfaul in die Nachprüfung? Begründen Sie Ihre Entscheidung.

Beispiel 1:
Die vorbildliche Martina Meisterbrief hat folgende Ergebnisse erreicht: Veranstaltungsorganisation ungebunden (1.1) 90 Punkte, Veranstaltungsorganisation gebunden (1.2) 94 Punkte, WISO (2) 88 Punkte, Veranstaltungswirtschaft (3) 84 Punkte, Fallbezogenes Fachgespräch 82 Punkte.

VO	Anteil		Anteil	VO	Anteil	WISO	Anteil	VW	Anteil	FG	Anteil	GESAMT
1.1	(50 %)	1.2	(50 %)	gesamt	33,33 %	2	16,67 %	3	16,67 %	4	33,33 %	100 %
				Note:		Note:		Note:		Note:		Endnote:

Beispiel 2:
Die fleißige Gisela Geselle hat folgende Ergebnisse erreicht: Veranstaltungsorganisation ungebunden (1.1) 76 Punkte, Veranstaltungsorganisation gebunden (1.2) 68 Punkte, WISO (2) 62 Punkte, Veranstaltungswirtschaft (3) 82 Punkte, Fallbezogenes Fachgespräch 78 Punkte.

VO	Anteil		Anteil	VO	Anteil	WISO	Anteil	VW	Anteil	FG	Anteil	GESAMT
1.1	(50 %)	1.2	(50 %)	gesamt	33,33 %	2	16,67 %	3	16,67 %	4	33,33 %	100 %
				Note:		Note:		Note:		Note:		Endnote:

Beispiel 3:
Der trinkfeste Paul Prüfungsfaul hat folgende Ergebnisse erreicht: Veranstaltungsorganisation ungebunden (1.1) 56 Punkte, Veranstaltungsorganisation gebunden (1.2) 42 Punkte, WISO (2) 70 Punkte, Veranstaltungswirtschaft (3) 80 Punkte, Fallbezogenes Fachgespräch 62 Punkte.

Zeugnisnoten — *Prüfung*

VO	Anteil		Anteil	VO	Anteil	WISO	Anteil	VW	Anteil	FG	Anteil	GE-SAMT
1.1	(50 %)	1.2	(50 %)	ge-samt	33,33 %	2	16,67 %	3	16,67 %	4	33,33 %	100 %
			Note:		Note:		Note:		Note:		End-note:	

Lösung:

Beispiel 1: Die vorbildliche Martina Meisterbrief hat folgende Ergebnisse erreicht: Veranstaltungsorganisation ungebunden (1.1) 90 Punkte, Veranstaltungsorganisation gebunden (1.2) 94 Punkte, WISO (2) 88 Punkte, Veranstaltungswirtschaft (3) 84 Punkte, Fallbezogenes Fachgespräch 82 Punkte.

Musterlösung

VO	Anteil		Anteil	VO	Anteil	WISO	Anteil	VW	Anteil	FG	Anteil	GE-SAMT
1.1	(50 %)	1.2	(50 %)	ge-samt	33,33 %	2	16,67 %	3	16,67 %	4	33,33 %	100 %
90	45	94	47	92	30,67	88	14,67	84	14,00	82	27,33	86,67
			Note:	1	Note:	2	Note:	2	Note:	2	End-note:	2

Beispiel 2: Die fleißige Gisela Geselle hat folgende Ergebnisse erreicht: Veranstaltungsorganisation ungebunden (1.1) 76 Punkte, Veranstaltungsorganisation gebunden (1.2) 68 Punkte, WISO (2) 62 Punkte, Veranstaltungswirtschaft (3) 82 Punkte, Fallbezogenes Fachgespräch 78 Punkte.

VO	Anteil		Anteil	VO	Anteil	WISO	Anteil	VW	Anteil	FG	Anteil	GE-SAMT
1.1	(50 %)	1.2	(50 %)	ge-samt	33,33 %	2	16,67 %	3	16,67 %	4	33,33 %	100 %
76	38	68	34	72	24,00	62	10,33	82	13,67	78	26	74
			Note:	3	Note:	4	Note:	2	Note:	3	End-note:	3

Beispiel 3: Der trinkfeste Paul Prüfungsfaul hat folgende Ergebnisse erreicht: Veranstaltungsorganisation ungebunden (1.1) 56 Punkte, Veranstaltungsorganisation gebunden (1.2) 42 Punkte, WISO (2) 70 Punkte, Veranstaltungswirtschaft (3) 80 Punkte, Fallbezogenes Fachgespräch 62 Punkte.

VO	Anteil		Anteil	VO	Anteil	WISO	Anteil	VW	Anteil	FG	Anteil	GE-SAMT
1.1	(50 %)	1.2	(50 %)	ge-samt	33,33 %	2	16,67 %	3	16,67 %	4	33,33 %	100 %
56	28	42	21	49	16,33	70	11,67	80	13,33	62	20,67	62
			Note:	5	Note:	3	Note:	3	Note:	4	End-note:	4

Antwort Zusatzfrage: Paul Prüfungsfaul muss nicht in die Nachprüfung, weil nur ein Prüfungsbereich (Veranstaltungsorganisation) mangelhaft ist.

Prüfung

Abschlussprüfung

Nachprüfung

Wann falle ich durch und wann muss ich in die *Nachprüfung*?

Die **Abschlussprüfung** ist **bestanden**, wenn die Gesamtpunktzahl **mindestens ausreichend** ist **(ab 50 Punkte)**, drei der vier Prüfungsbereiche als mindestens ausreichend bewertet wurden (je 50 Punkte) sowie keiner der Prüfungsbereiche mit ungenügend (unter 30 Punkte) bewertet wurde.
Zur mündlichen Prüfung wird man nur eingeladen, wenn in der schriftlichen Prüfung kein Teil ungenügend und mindestens ein Teil ausreichend ist.
Wenn man also in der schriftlichen Prüfung zweimal mangelhaft geschrieben hat, kann man eine Nachprüfung ablegen, die dann meist direkt im Anschluss an die mündliche Prüfung abgehalten wird.
Die ergänzende (mündliche) Nachprüfung kann auf Antrag des Prüflings oder durch Ermessen (Ratschlag) des Prüfungsausschusses durchgeführt werden. Sie dauert 15 Minuten und wird nur abgehalten, wenn in einem mangelhaften Prüfungsteil auch 50 Punkte erreichbar sind. Der Prüfling bestimmt, welcher Bereich nachgeprüft wird. Die Vornote geht dann mit 2/3 und die mündliche Ergänzungsnote mit 1/3 in die Wertung ein.
Sollte man in der Nachprüfung die 50 Punkte nicht erreichen, kann man die Prüfung zweimal wiederholen. Allerdings werden (jeweils zum nächsten Termin) sechs Monate später nur die Prüfungsbereiche geschrieben, die mangelhaft waren. Die Punkte der anderen Teile bleiben bestehen.

1.1 Schriftliche IHK-Abschlussprüfung

Musterfirma

Aus welcher *Perspektive* werden *alle Prüfungen* für die Veranstaltungskaufleute abgefragt?

Die Prüfung wird grundsätzlich aus der **Perspektive einer gedachten Full-Service-Eventagentur** abgefragt:
Name, Geschäftssitz: Universal-Event GmbH, Unter den Linden 54, 10117 Berlin, Handelsregister: Amtsgericht Berlin HR A 50303, Telefon: 030 4530238, Telefax: 030 4530220, GF: Manfred Haas
Unternehmensgegenstand: Planung und Durchführung von Messen, Kongressen, Konzert- und Eventveranstaltungen sowie Künstlervermittlung
Mitarbeiter: 25 Festangestellte, 10 freie Mitarbeiter, 5 Auszubildende
Abteilungen: Geschäftsleitung, Sekretariat, Projektabteilungen, Rechnungswesen/Controlling, Personal und Verwaltung

1.1.1 Prüfungsteil 1.1: ungebundene Fragen

ungebundene Fragen

Was sind *ungebundene Fragen*?

Im ersten Prüfungsteil Veranstaltungsorganisation werden sogenannte **ungebundene Fragen** gestellt, die in **kurzer Aufsatzform, stichwortartig** oder **tabellarisch** **beantwortet** werden sollen. Den Fragen wird i. d. R. ein komplexer Sachverhalt vorangestellt, der als Leittext eine Grundlage zur Beantwortung der Fragen liefert.

Antwortstrategien

Wie beantworte ich diese ungebundenen Fragen?

Bei den Aufsatzfragen, wie auch bei den nachfolgenden gebundenen Fragen (Antwort in Kästchenform, ist es erst einmal sehr wichtig, die Fälle und die dazugehörigen **Fragen genauestens, d. h. im Zweifel Wort für Wort zu lesen.** Dazu muss man sich natürlich auf die Fragen einlassen. Bitte dabei unbedingt und

Aufgabenformulierungen — Prüfung

immer versuchen, den **Blickwinkel des Prüfers zu erfassen,** aus dem die Frage gestellt ist. **Versuchen Sie dafür, „in den Kopf des Prüfers zu kriechen".**
Bei komplexen Sachverhalten lohnt es sich, **zwei verschieden farbige Textmarker** mitzunehmen.
- Mit Farbe 1 markiert man sich während oder nach dem ersten Lesen die wichtigsten Aussagen im Fall.
- Mit Farbe 2 markiert man den jeweiligen Fragesatz.

Bitte trainieren, immer präzise auf den Fragesatz zu antworten, um nicht auf die falsche Fährte zu geraten. Und beim Beantworten kurz kontrollieren, ob man auch immer noch die Frage beantwortet.

Gut ist es, eine strukturierte Antwort abzuliefern:
- bei Aufsatzform die Technik **Einleitung/Hauptteil/Abschlusssatz**
- bei Auflistungen **vom Wichtigen zum Unwichtigen**
- bei Tabellen die Definitionszeile und evtl. -spalte logisch füllen und die Felder systematisch nutzen

Es lohnt sich immer, schön zu schreiben und überlegt zu antworten.
Und machen Sie sich bitte erst Notizen, bevor Sie ins Reine schreiben. Der korrigierende Prüfer freut sich über eine professionell angebotene Leistung mehr als über chaotisches Gekritzel.

Die Prüfer benutzen häufig ähnliche und klar gerichtete Formulierungen in den Fragesätzen. **Formulierungen in den Fragen** können wie folgt angelegt werden:

Formulierung in der Aufgabe:	Antwortstrategie:
„Nennen Sie …"	Lösung ohne Bewertung hinschreiben, gerne auch im Satz; *Beispiel:* „Mediaplanung bezeichnet den Vorgang, Anzeigen zu schalten …"
„… stichwortartig …"	In Kurzform antworten reicht, am besten mit Gedankenstrichen, bitte immer mehr als ein Wort pro genanntem Aspekt. *Beispiel:* „Caterer – Backstage- und Besucherverpflegung"
„Beschreiben Sie …"	Lösung mit Adjektiven hinschreiben; im Satz antworten auf die Frage „Wie ist etwas?"
„Begründen Sie …"	Lösung mit sachlichen Argumenten hinschreiben, immer mit Relativsatz; mit „…, weil"-Sätzen antworten
„Erklären Sie …"	Beschreibung (wie?) plus Begründung (weil)
„Nennen Sie ein Beispiel für …"	Bitte ein repräsentatives und exemplarisches Beispiel auswählen. (nichts Abseitiges, nicht die Ausnahme, sondern die Regel)
„… Abwägen …"	positive/negative Seiten beleuchten; aus verschiedenen Blickwinkeln
„… Bewerten …"	eine (fachlich/sachliche) Meinung oder besser sogar Stellungnahme abgeben; ergebnisorientiert beleuchten (gut Wenn-dann-Sätze)
„… Analysieren …"	Analyse = Untersuchung mithilfe von Werkzeug (Wissen); also Fragen stellen, Ergebnisse betrachten, abwägen, auswerten/bewerten
„… unter Berücksichtigung …"	Zwei Möglichkeiten: 1. Der Blickwinkel ist vorgegeben. 2. Gefragte Aspekte sollen neben anderen Hauptaspekten genannt werden (Hauptaspekte sind wichtiger!).
„… Ihrer Meinung nach …"	Eine persönliche Auswahl ist möglich, aber nur fachlich/sachlich. Ihre eigenwillige persönliche Perspektive ist nicht von Interesse.

Übersetzung

Was bedeuten die *Formulierungen in den ungebundenen Fragen?*

Prüfung

Abschlussprüfung

1.1.2 Prüfungsteile 1.2, 2 und 3: gebundene Fragen

Welche Arten von *gebundenen Fragen* gibt es?

Es wird mit **sechs grundlegenden Aufgabenvarianten** gearbeitet, die dann von Prüfung zu Prüfung variiert werden:

1. Mehrfachwahlaufgabe
2. Mehrfachantwortaufgabe
3. Zuordnungsaufgabe
4. Reihenfolgeaufgabe
5. Rechenaufgabe
6. Buchführungs- bzw. Kontierungsaufgabe

Mehrfachwahlaufgabe

Was versteht man unter einer *Mehrfachwahlaufgabe?*

Es werden **mehrere Antworten** vorgegeben, von denen **eine richtig** ist; die Kennziffer der richtigen Antwort soll in das vorgesehene Lösungskästchen auf dem Lösungsbogen eingetragen werden.

Beispiel: Welche englische Übersetzung bietet sich für den Begriff „Veranstaltungskaufmann" an?

1. event organizer
2. event management agent
3. event management assistant
4. event operater
5. event manager

Lösung:

[3]

Mehrfachantwortaufgabe

Was beinhaltet eine *Mehrfachantwortaufgabe?*

Hier werden **mehrere Antworten** vorgegeben, von denen **mehrere richtig** sind. Die Kennziffern der richtigen Antworten sind in die entsprechenden Lösungskästchen auf dem Lösungsbogen einzutragen, wobei für die Richtigkeit der Lösung die Reihenfolge der Lösungsziffern keine Rolle spielt.

Beispiel: Das Besondere an Live-Events ist … (Bitte ordnen Sie die richtigen drei Antworten zu.)

1. die multimediale interaktive Publikumsansprache unter Selbststeuerung des Besuchers.
2. die nachhaltige gefühlsdominierte Erinnerung.
3. die hohe Kontaktzahl unter großen Streuverlusten.
4. das positive emotionale Erlebnis.
5. die Direktheit der erlebbaren Kommunikation.
6. das ineffiziente Kosten-Nutzen-Verhältnis.

Lösung:

[2]
[4]
[5]

Reihenfolge- und Rechenaufgabe

Prüfung

Zuordnungsaufgabe

Hier sind **inhaltlich zusammengehörende Begriffe, Fakten, Vorgänge oder Regeln einander zuzuordnen**.

Was versteht man unter einer *Zuordnungsaufgabe*?
Beispiel: Ändern sich die Kundenbedürfnisse, so sollte das Produktsortiment diesen angepasst werden. Ordnen Sie die Begriffe zu.
Lösung:

Veränderung	Beschreibung
1. Produktvariation	Eine bereits vorhandene Produktlinie wird um eine weitere ergänzt.
2. Produktdifferenzierung	Eine bestehende Produktlinie wird hinsichtlich Technik, Material und/oder Design geändert.
3. Produktelimination	Aufnahme neuer Produktlinien, die horizontal, vertikal oder lateral in Beziehung zu den bisherigen stehen.
4. Produktdiversifikation	Ein Produkt wird vom Markt genommen (abrupt oder graduell).

2
1
4
3

Reihenfolgeaufgabe

Hier müssen **Elemente, die durcheinander gewürfelt** worden sind, **wieder in die richtige Reihenfolge** gebracht werden. Suchen Sie das erste Element heraus und tragen Sie die Ziffer „1" in das Kästchen daneben ein; suchen Sie dann das zweite Element heraus und tragen Sie die Ziffer „2" ein; fahren Sie in dieser Weise bis zum letzten Element fort. Danach müssen die Kennziffern von oben nach unten von links nach rechts in den Lösungsbogen übertragen werden.

Was ist bei einer *Reihenfolgeaufgabe* zu machen?
Beispiel: Bitte, bringen Sie die Schritte im Eventmanagement in die richtige Reihenfolge.
Lösung:

Organisation
Konzeption
Planung
Nachbereitung
Durchführung

3
1
2
5
4

Rechenaufgabe

Hier können **neben Mehrfachwahlaufgaben mit vorgegebenen Ergebnissen Einzel- oder Folgeaufgaben** vorkommen, bei denen das Rechenergebnis in die entsprechenden Lösungskästchen auf dem Lösungsbogen eingetragen werden muss.

Was beinhaltet eine *Rechenaufgabe*?
Beispiel: Eine Musikerin stellt Ihrer Eventagentur eine Rechnung über brutto 1 070,00 €. Wie hoch ist die enthaltene Umsatzsteuer in Euro?
Lösung:

Lösungsansatz: 1 070,00 € : 107 · 7 = 70,00 € (Die Rechnung beinhaltet 7 % Umsatzsteuer.)

70,00 €

Prüfung

Abschlussprüfung

Buchführungsaufgabe

Was ist bei einer *Buchführungsaufgabe* gefragt?

In bestimmten Berufen sind auch Buchführungsaufgaben zu lösen. Bei den sogenannten Kontierungsaufgaben ist **zu Belegen bzw. zu Geschäftsfällen der richtige Buchungssatz** je nach Anweisung in der Aufgabenstellung (i. d. R. durch das Eintragen der Kennziffern für die anzurufenden Konten) zu bilden. *Achtung:* Falls auf der Soll- und/oder Habenseite mehrere Kennziffern oder Kontonummern einzutragen sind, spielt dabei die Reihenfolge auf der Soll- oder Habenseite keine Rolle. Wenn z. B. im Soll drei Kästchen ausgefüllt werden müssen, stehen auch im Haben drei Kästchen; allerdings können dann ggf. auf dieser Seite Kästchen frei bleiben.

Beispiel: Die Eingangsrechnung der Musikerin muss nun laut ihrem Kontenrahmen eingebucht werden. Wie ist zu buchen? (Benutzen Sie die entsprechenden Ziffern vor den Angaben.)

1. Verbindlichkeiten aus Lieferungen und Leistungen (3300)
2. Bank (1800)
3. Umsatzsteuer (3800)
4. Vorsteuer (1400)
5. Forderungen aus Lieferungen und Leistungen (1200)
6. Kasse (1600)
7. Fremdleistungen (5900)

Lösung:

Soll	Haben
7/4	1

1.2 Zwischenprüfung

Zwischenprüfung

Was genau ist die *Zwischenprüfung* und was will man damit erreichen?

Die Zwischenprüfung (ZP) findet zweimal im Jahr statt: im Frühjahr und im Frühherbst. Angemeldet dazu ist man automatisch, wenn man normaler Azubi ist (näheres dazu erfährt man bei der örtlichen IHK).

In der **Zwischenprüfung** müssen **in zwei Zeitstunden ca. 50 gebundene Aufgaben** bearbeitet werden. Umschüler, vollzeitschulische Auszubildende und externe Prüfungsbewerber müssen nicht zur ZP.

In der Zwischenprüfung (ZP) wird abgefragt, wo der einzelne Azubi nach ein bis zwei Jahren Ausbildung steht. Die ZP ist Zulassungsvoraussetzung zur Abschlussprüfung, d. h. der Azubi muss sie absolvieren. Die ZP wird allerdings in der Abschlussnote nicht gewertet (zumindest zur Zeit noch nicht; das kann sich allerdings in den nächsten Jahren ändern).

Sollte also etwas schiefgehen, kann man in der Abschlussprüfung bisher noch alles wieder ausgleichen. Dennoch sollte man sich gut auf die Zwischenprüfung vorbereiten; viele Dinge, die dort abgefragt werden, kommen erfahrungsgemäß in der Abschlussprüfung wieder vor. Außerdem ist es gut für das eigene Selbstbewusstsein, schon in der ZP eine gute Note abgelegt zu haben!

Zwischenprüfung *Prüfung*

1.2.1 Kurzer ZP-Guide zu diesem Prüfungsbuch

Im vorliegenden Prüfungsbuch sind die relevanten Themen für die ZP in die Darstellung eingebettet.

Die **jeweiligen Themen bzw. Fragen** sind an der Seite **mit** dem **Kürzel „ZP"** gekennzeichnet.

Wie bereite ich mich mit diesem Prüfungsbuch konkret auf die ZP vor?

1.2.2 Inhalte der Zwischenprüfung

Stoffkatalog ZP

Was beinhaltet der *Stoffkatalog zur Zwischenprüfung?*

IHK Stoffkatalog zur ZP	
Funktionen laut Ausbildungsordnung	**Anteil ca. %**
Veranstaltungsmarkt und Zielgruppen 01 Betriebliche Organisation; Arbeitsorganisation; Qualitätsmanagement 02 Beschaffung 03 Dienstleistungen; kundenorientierte Kommunikation; Märkte, Zielgruppen 04 Informations- und Kommunikationssysteme 05 Teamarbeit und Kooperation 06 Veranstaltungsmarkt; Anwenden von Fremdsprachen bei Fachaufgaben 07 Methoden des Projektmanagements; Veranstaltungskonzeption; Vorphase, Aufbau; Veranstaltungsbeginn 08 Sicherheit und Infrastruktur von Veranstaltungsstätten; Einsatz von Veranstaltungstechnik 09 Rechtliche Rahmenbedingungen	50
Rechnungswesen 10 Betriebliches Rechnungswesen 11 Kosten- und Leistungsrechnung	20
Wirtschafts- und Sozialkunde 12 Stellung, Rechtsform und Struktur; wirtschaftliche Grundlagen 13 Berufsbildung, arbeits- und sozialrechtliche Grundlagen 14 Sicherheit und Gesundheitsschutz bei der Arbeit; Umweltschutz 15 Personalwirtschaft	30
Gesamt	**100**

Orga Veranstaltungsorganisation/-wirtschaft

2 Veranstaltungsorganisation/ Veranstaltungswirtschaft

Themenübersicht

1 Welche *Themen* werden im Prüfungsteil *Veranstaltungsorganisation* abgefragt?

In der IHK-Abschlussprüfung für Veranstaltungskaufleute kann der Prüfungsbereich Veranstaltungsorganisation als zentraler Prüfungsbereich bezeichnet werden. Abgefragt werden **veranstaltungsspezifische Themenfelder** wie
- Veranstaltungsplanung, -durchführung und -nachbereitung,
- veranstaltungsbezogenes Marketing,
- rechtliche Rahmenbedingungen,
- veranstaltungsbezogene Dienstleistungen inkl. Veranstaltungstechnik,

aber auch spezifisch kaufmännische Themenfelder, wie
- Rechnungswesen, Buchführung und Kalkulation.

2.1 Eventorientierte Dienstleistungen

Dienstleistung

ZP 2 Erklären Sie, warum die *Veranstaltungswirtschaft* als eine *dienstleistungsorientierte Branche* bezeichnet werden kann.

Eine **Veranstaltung** ist eine Dienstleistung im Sinne der Volkswirtschaftslehre, weil sie ein **ökonomisches Gut** darstellt, bei dem im Unterschied zur Ware nicht die materielle Produktion oder der materielle Wert eines Endproduktes im Vordergrund steht, sondern eine **erbrachte Leistung** zur Deckung eines Bedarfs.
Aus betriebswirtschaftlicher Sicht ist eine Veranstaltung eine Dienstleistung, weil sie nicht lagerfähig ist, selten übertragbar (immateriell) und einen externen Faktor, z. B. einen Kunden, benötigt. Erzeugung und Verbrauch fallen hier häufig zeitlich zusammen. Sie ist in diesem Sinn auch von der Sachleistung abgrenzbar.
In der Veranstaltungswirtschaft finden sich Dienstleistungsberufe, also Berufe, in denen Dienstleistungen für andere Menschen erbracht werden. Im Besonderen werden die Kunden hier unterhalten. Beispiele für andere Dienstleistungsberufe sind Gesundheits- und Bildungsberufe, Kaufleute generell und verkaufsorientierte Berufsbilder.

Dienstleistungsgesellschaft

ZP 3 Welche Rolle spielt die Veranstaltungswirtschaft in der modernen deutschen Dienstleistungsgesellschaft?

Wie viele westliche Industriestaaten hat sich Deutschland von einer primären Agrar- (bis Ende des 19. Jh.) über eine sekundäre Industrie- (bis 1970er-Jahre) hin zu einer tertiären Dienstleistungsgesellschaft gewandelt. In der Industrie wurden beginnend mit den 1970er-Jahren aufgrund von Rationalisierung und Produktivitätssteigerung immer weniger Arbeitsplätze angeboten; gleichzeitig wurde die Nachfrage nach Industrieprodukten kontinuierlich kostengünstiger befriedigt, sodass der Dienstleistungssektor mehr Arbeitskräfte und Kaufkraft an sich binden konnte.

Veranstaltungen (Public Events) nehmen wie andere Unterhaltungs- und Entertainmentprodukte in unserer zunehmend freizeit- und konsumorientierten Gesellschaft mit erhöhter Mobilität und Flexibilität der modernen Marktteilnehmer einen zunehmenden Raum im Alltagsleben der Konsumenten ein; zudem haben sich absatzorientierte Veranstaltungen (Marketing-Events) sowie Messen und Kongresse stetig weiter etabliert und in einer immer stärker globalisierten und vernetzt agierenden Kommunikationspolitik vieler Unternehmen an Bedeutung gewonnen.

Eventorientierte Dienstleistungen

 Orga

2.1.1 Begriffsdefinitionen Event

ZP

Glossar

Kultur
Der Begriff Kultur hat viele Facetten. Als Kultur werden in unserem mitteleuropäischen Kulturkreis gemeinhin die künstlerischen und sozialen Erscheinungsformen der Gesellschaft bezeichnet (z. B. Theater, Schule und Sport). Gemeint sind damit häufig die allgemein akzeptierten Erscheinungsformen unserer Hochkultur. Philosophisch wird im abendländischen Verständnis Kultur als gegensätzlicher Begriff zu Natur verwendet, um die evolutionär entstandenen biologischen Erscheinungen von den vom Menschen geschaffenen Sozial- und Erscheinungsformen im Sinn von Zivilisation, Agrarkultur, Industriekultur usw. abzugrenzen.

Veranstaltung/veranstalten
Ein Ereignis stattfinden lassen, durchführen. Eine Veranstaltung ist ein gezielt herbeigeführtes, d. h. organisiertes und häufig zweckbestimmtes besonderes Ereignis mit einem begrenzten Zeitumfang für oder mit einer Gruppe von Menschen.

Event
Veranstaltung, besonderes Ereignis, Fest. Ein Live-Event ist eine geplante, nicht alltägliche Veranstaltung, die auf einer Aktionsfläche (häufig einer Bühne) stattfindet und ein Publikum live (das heißt in Echtzeit), i. d. R. sichtbar, direkt und unmittelbar anspricht. Das Publikum besteht i. d. R. aus mehreren Personen.

Eventmanagement (Veranstaltungsorganisation)
Konzeption, Planung, Organisation, Durchführung und Nachbereitung von Veranstaltungen, d. h. von gezielt herbeigeführten Ereignissen. Eventmanagement beschreibt, unabhängig von Kategorie und Ziel des Events, das „Machen" von Veranstaltungen.

Live-Event – Besonderheit
Das Besondere an Live-Events ist einerseits die Direktheit der erlebbaren Kommunikation und andererseits das positive emotionale Erlebnis, welches eine nachhaltige, gefühlsdominierte Erinnerung beim Besucher erzeugt. Dieses Kriterium der direkten, unmittelbaren Kommunikation ist das Alleinstellungsmerkmal (USP – Unique Selling Proposition) und die große Stärke von Veranstaltungen.

Marketing
Vermarkten/Vermarktung. Marketing bezeichnet alle auf den Absatz im Markt gerichteten unternehmerischen Tätigkeiten. Moderne Definitionen bezeichnen Marketing als ein marktorientiertes Gesamtkonzept der Unternehmensführung, das neben absatzfördernden Instrumenten von einer umfassenden Kunden- und Wettbewerbsorientierung geprägt ist, z. B. die bewusst marktorientierte Führung des Unternehmens mithilfe von Planung, Koordination, Umsetzung und Kontrolle der auf die aktuellen und potenziellen Märkte ausgerichteten Unternehmensaktivitäten.
Marketing kann auch bezeichnet werden als die Summe der Bemühungen, Produkte, Dienstleistungen oder Unternehmen am Markt zu platzieren und die Kaufbereitschaft der Kunden zu wecken.

Marketingkommunikation
Kommunikative Vorbereitung der Absatzförderung. Marketingkommunikation, auch Kommunikationspolitik genannt, umfasst Maßnahmen zur Vermittlung von Informationen zum Zweck der Auslösung gewünschter Reaktionen in der Zielgruppe/beim Kunden.

Marketing-Event
Ein Marketing-Event ist eine Veranstaltung, die Faktoren wie „Unterhaltung" und „Emotionalisierung" zur direkten oder indirekten Steigerung des Absatzes nutzt. Marketing-Events sind Veranstaltungen, deren Zweck das Erreichen eines oder mehrerer definierter Marketingziele ist. Marketing-Events können als inszenierte Ereignisse beschrieben werden, die einer definierten Zielgruppe zu einem festgelegten Zeitpunkt unternehmens- und produktbezogene Kommunikationsinhalte vermitteln. Sie bilden den inhaltlichen Kern des Eventmarketings.

Eventmarketing
Eventmarketing bezeichnet das Nutzen von Veranstaltungen zum Zwecke der Absatzsteigerung eines (anderen) Produkts, Unternehmens oder einer (anderen) Dienstleistung. Eventmarketing ist Teil der Marketing-Kommunikation.

Orga Veranstaltungsorganisation/-wirtschaft

Unterschied zwischen Eventmanagement und Eventmarketing

Eventmanagement bezeichnet das Konzipieren, Planen, Organisieren, Durchführen und Nachbereiten einer Veranstaltung.

Eventmarketing dagegen bezeichnet das Nutzen von Veranstaltungen zum Zweck der Absatzsteigerung eines (anderen) Produkts, Unternehmens oder einer (anderen) Dienstleistung. Durch Eventmarketing sind Veranstaltungen also ein (Hilfs-)Mittel zu Vermarktungszwecken. Anders gesagt: Bei „normalen" Veranstaltungen ist das Event das Produkt; bei Eventmarketing hilft das Event einem anderen Produkt.

Eventmanagement wird benötigt, um Eventmarketing zu betreiben.

Unterschied zwischen Marketing-Event und Eventmarketing

Marketing-Events dienen der direkten oder der indirekten Steigerung des Absatzes eines Produkts, einer Marke, einer Dienstleistung oder eines Unternehmens und sind Teil der Marketing-Kommunikationsmaßnahmen für ein anderes Produkt. Vernetzt mit anderen Maßnahmen im Kommunikationsmix werden Marketing-Events genutzt, um Mitarbeitern, Partnern oder potenziellen Kunden nachhaltig und emotionalisierend Produkte, Leistungen oder Unternehmen nahezubringen.

Ein Marketing-Event ist also die Bezeichnung für eine bestimmte Veranstaltung, z. B. einen Messeauftritt, eine Produktpräsentation, eine Incentive-Veranstaltung, eine Aktionärsversammlung oder einen Tag der offenen Tür. Eventmarketing dagegen ist der Dachbegriff für alle solche eventorientierten Aktivitäten sowie zur Durchführung von Marketing-Events.

Eventmarketing bezeichnet alle Maßnahmen, bei denen mithilfe von Marketing-Events Produkte, Dienstleistungen oder Unternehmen am Markt platziert und die Kaufbereitschaft der Kunden geweckt werden sollen. Oder bildlich ausgedrückt: Eventmarketing ist die Summe der Marketing-Events, die zur Absatzförderung durchgeführt werden.

Veranstaltungsmarketing

Veranstaltungsmarketing bedeutet, Marketing für eine Veranstaltung zu machen. Veranstaltungsmarketing umfasst alle Maßnahmen, die dazu dienen, ein Live-Event am Markt zu platzieren und die Kaufbereitschaft der Kunden zu wecken. Ein wichtiger Bestandteil des Veranstaltungsmarketings sind dabei die Marketingkommunikationsmaßnahmen für ein Live-Event. Mithilfe der Marketingkommunikation wird Aufmerksamkeit für das Produkt geschaffen.

Unterschied zwischen Eventmarketing und Veranstaltungsmarketing

Eventmarketing ist die Nutzung von Veranstaltungen zu Kommunikationszwecken, Veranstaltungsmarketing bedeutet dagegen, Veranstaltungen zu vermarkten. Dabei benötigt man Veranstaltungsmarketing sicherlich auch für Marketing-Events; schwerpunktmäßig wird Veranstaltungsmarketing jedoch bei Events benötigt, die sich an zahlende Kunden richten, also Kultur-, Musik- und Sportveranstaltungen oder Messen oder Kongresse bzw. Tagungen.

2.1.2 Geschäftsfelder und Veranstaltungsarten

Veranstaltungsmarkt

ZP 4 Warum zeichnet sich die Veranstaltungswirtschaft durch eine *typische Regionalität der Märkte* aus?

Üblicherweise ist das **Einzugsgebiet für ein Veranstaltungspublikum regional geprägt.** Der typische Zuschauer oder Besucher eines Events fährt nur ausnahmsweise eine lange Strecke, um an einer Veranstaltung teilzunehmen. Ebenso ist es häufig kostengünstiger, die Dienstleister und Zulieferer einer Veranstaltung aus dem regionalen Umland zu beziehen; so können hohe Logistik- und Transportkosten vermieden werden.

Historisch betrachtet haben sich zudem viele Besonderheiten in der Eventlandschaft (z. B. Strukturen bei Anbietern, Locations, Gastronomie usw.) regional beeinflusst, entwickelt und ausgeprägt. Die **Kulturversorgung** der Bevölkerung ist darüber hinaus in unserer Staats- und Gesellschaftsstruktur die Angelegenheit und **Zuständigkeit von Bundesländern und Kommunen.**

Geschäftsfelder und Veranstaltungsarten

Einhergehend mit der Globalisierung der Regional-, National- und Kontinentalmärkte sowie des Weltmarktes lassen sich in der jüngeren Vergangenheit spezifische Globalisierungstendenzen auch in der Veranstaltungswirtschaft beobachten, z. B. in folgenden Bereichen:

- Konzert- und Tourneeveranstalter wachsen zu großen nationalen Veranstaltungskonzernen zusammen wie der stage entertainment, der Deutschen Entertainment AG (DEAG) oder CTS EVENTIM, die sich zum Teil an der Börse notieren lassen. Auch multinationale Tendenzen in der Entertainment-Industrie haben einen deutlichen Einfluss auf die Live-Entertainment-Branche, man nehme z. B. die weltweit zum Teil marktbeherrschenden Aktivitäten der amerikanischen Firma *LIVE NATION & TICKETMASTER*.
- Im Sportbereich werden durch nationale und internationale Medienvermarktungsmöglichkeiten und die damit verbundenen Einnahmemöglichkeiten überregionale Verbände und Vermarktungsverbünde immer wichtiger, im Fußball z. B. die Deutsche Fußball Liga (DFL) oder die FIFA.
- Globale und vernetzt wirkende Tendenzen in der Markenführung und in der angewandten Marketing-Kommunikation großer Unternehmen führen zur Notwendigkeit, Werbe- und damit auch Eventmarketingaktivitäten weltweit abgestimmt zu arrangieren (Stichwort: Global Brand Management). In den letzten Jahren haben sich auch hier in Deutschland verstärkt Ableger multinationaler Werbe- und Marketing-Eventagenturen niedergelassen oder in den Markt eingekauft, z. B. Firmen wie die MCI Group oder Omnicom/BBDO.
- In der Messewirtschaft sind zwei parallele Tendenzen zu verzeichnen: Einerseits expandieren deutsche Messegesellschaften auf den Weltmärkten und gründen Dependancen und Ableger, z. B. in China und Nahost; andererseits rücken multinationale Messekonzerne, wie z. B. die Reed Exhibitions, auf den deutschen Markt auf.

5 Wo entdecken Sie neben der Regionalität der Veranstaltungsmärkte *überregionale bzw. globale Tendenzen* in der Veranstaltungswirtschaft?

Genaue Zahlen über den Anteil des Veranstaltungsmarktes an der Gesamtwirtschaft in Deutschland liegen kaum vor, zudem lassen unterschiedliche Darstellungsziele diese Zahlen stark variieren. Die Veranstaltungswirtschaft wird in Teilen gerne der deutschen Kultur- und Kreativwirtschaft zugeordnet. Der Umsatzanteil der Kulturwirtschaft an der Gesamtwirtschaft in Deutschland liegt je nach Bundesland in **enger Optik zwischen 1,0 % und 2,5 %** und in **erweiterter Optik zwischen 2,0 % und 7,5 %** (Umsatzanteil an der Gesamtwirtschaft).

6 Ordnen Sie den Veranstaltungsmarkt grob in den gesamtwirtschaftlichen Zusammenhang ein: Wie hoch ist etwa der Umsatzanteil der Veranstaltungs- an der Gesamtwirtschaft?

Berufsbild

Veranstaltungskaufleute nehmen Aufgaben im Rahmen der **Planung, Organisation, Durchführung und Nachbereitung von Veranstaltungen** wahr.

Unter **Beachtung ökonomischer, ökologischer** sowie **rechtlicher Grundlagen konzipieren, koordinieren** und **vermarkten** sie zielgruppengerecht eigene und fremde Veranstaltungsdienstleistungen.

7 ZP Wie definiert das Bundesinstitut für Berufsbildung (BIBB) in seinem veröffentlichten Ausbildungsprofil grob die *Aufgaben von Veranstaltungskaufleuten?*

Orga Veranstaltungsorganisation/-wirtschaft

ZP 8 Wie definiert das Bundesinstitut für Berufsbildung (BIBB) in seinem veröffentlichten Ausbildungsprofil die *Aufgaben von Veranstaltungskaufleuten* genauer?

- **Berufliche Fähigkeiten:**
  - Veranstaltungskaufleute verfügen über soziale und kommunikative Kompetenz.
  - Sie arbeiten kunden- und projektorientiert im Team und treffen kaufmännische Entscheidungen.
  - Ihre Tätigkeiten erfordern Dienstleistungsbereitschaft, Kreativität und Improvisationstalent.
- **Aufgaben:**
  - Die Aufgaben von Veranstaltungskaufleuten liegen schwerpunktmäßig im Bereich von Marketing und Kommunikation.
  - Veranstaltungskaufleute beobachten das Marktgeschehen und erarbeiten Marketingkonzepte, informieren, beraten und betreuen Kunden, wirken an der Entwicklung von zielgruppengerechten Konzepten für Veranstaltungen mit, präsentieren Konzepte und Ergebnisse.
  - Veranstaltungskaufleute kalkulieren und bewerten Veranstaltungsrisiken, erstellen Ablauf- und Regiepläne und setzen sie um, arbeiten z. B. mit Künstlern, Architekten, Designern, Technikern, Produzenten und Agenten zusammen.
  - Sie berücksichtigen veranstaltungstechnische Anforderungen und Gegebenheiten, beachten veranstaltungsrechtliche Vorschriften, nutzen Informations- und Kommunikationssysteme, gestalten und koordinieren Organisationsabläufe und Verwaltungsprozesse.
  - Sie bearbeiten kaufmännische Geschäftsvorgänge, führen Kalkulationen durch, wirken an der Kosten- und Erlösplanung mit, setzen Methoden der Arbeitsplanung und -kontrolle ein.
  - Sie bearbeiten personalwirtschaftliche Vorgänge, disponieren, verwalten und arbeiten im internationalen Umfeld (Fremdsprachen).

ZP 9 Wie kategorisiert das BIBB die *Veranstaltungsbetriebe,* in denen Veranstaltungskaufleute eingesetzt werden?

1. **Veranstaltungsbetriebe bzw. Dienstleistungsunternehmen, die der Veranstaltungsbranche zugehören.** Dies können z. B. sein: Konzertveranstalter, Gastspieldirektionen, Künstleragenturen und -manager, Marketing- und Eventagenturen, Messe- und Ausstellungsgesellschaften, Veranstalter von Kongressen, Tagungen, Konferenzen, Seminaren sowie kulturellen oder gesellschaftlichen Veranstaltungen, Professional Congress Organizer, Messebaufachunternehmen und Betreiber von Veranstaltungsstätten.
2. **Unternehmen der ausstellenden Wirtschaft.** Hierzu zählen Unternehmen aller Wirtschaftszweige, für die Präsentationen auf Messen und anderen Veranstaltungen sowie die Durchführung innerbetrieblicher Veranstaltungen ein wesentliches Marketinginstrument sind.
3. **Bereiche der kommunalen Verwaltung,** wie z. B. Stadt- und Mehrzweckhallen, Stadtmarketing-, Kultur- und Jugendämter, die Veranstaltungen unterschiedlichster Art anbieten.

Segmente

ZP 10 In welchen vier Segmenten stellt die Veranstaltungswirtschaft einen durchaus *relevanten Wirtschaftsfaktor* in Deutschland dar?

1. **Segment: Kultur-, Konzert- und Sportveranstaltungen sowie Freizeit, Hotel, Touristik und Gastronomie.** Hierbei handelt es sich um das traditionsreichste Segment, sozusagen um die Mutter aller Veranstaltungs- und sogar Medienformen, wie Kino und TV, in dem schon seit Urzeiten veranstaltet wird. Bis heute werden hier mit Abstand die meisten Events angeboten und die größten Besucherzahlen erreicht. Wie viele Marketing-Events vor ausgewähltem Business-Publikum müssten wir abwickeln, um auch nur

Geschäftsfelder und Veranstaltungsarten

annähernd die Zuschauerzahl von einem Wochenende Fussball-Bundesliga oder sechs Tagen Karneval zu erreichen? Zuwächse verzeichnen die Veranstaltungsbelegungen in den letzten Jahrzehnten in der gesamten Freizeit-, Gastronomie- und Tourismusindustrie.

2. Segment: Messen, Märkte und Ausstellungen. Messen haben sich seit über zehn Jahrhunderten in unserem Kulturkreis als geschäftlich ausgerichtete Präsentations- und Vermarktungsplattformen etabliert, die sich maßgeblich entlang der Großhandelswege entwickelten. Deutschland ist weltweit der Messestandort Nr. 1, und Ausstellungen, die sich historisch eher parallel entlang der Jahrmärkte entwickelten, bereichern zudem die in Deutschland traditionell bestehende umfangreiche Markt- und Schaustellerkultur. Achtung: Mit Ausstellung ist hier die sogenannte Verbrauchermesse laut Gewerbeordnung gemeint, nicht das Museum oder die Kunstausstellung (diese werden unter dem ersten Segment erfasst).

3. Segment: Kongresse und Tagungen. Kongresse und Tagungen mit ihrem Bedarf an Veranstaltungsfläche haben sich parallel zu den sich entwickelnden Demokratiebewegungen in Deutschland und Mitteleuropa in den letzten 5 Jahrhunderten enorm ausgebaut und gefestigt. In Mehrzweckhallen sowie Kongress- und Tagungszentren und auch den Veranstaltungsbereichen von Hotel-, Touristik- und Freizeiteinrichtungen findet dieses Veranstaltungsgeschäft zunehmend seinen lebendigen und flexiblen Platz.

4. Segment: Eventmarketing-Aktivitäten. Unternehmen und Betriebe haben in den letzten 50 Jahren der sich entwickelnden Marktwirtschaft in Deutschland das Format Event zunehmend als Werkzeug im Rahmen integrierter Kommunikationsaktivitäten entdeckt. Sie organisieren und veranstalten mehr und mehr PR- oder Marketing-Events und/oder beauftragen spezialisierte Eventagenturen und Dienstleister mit internen oder externen Kommunikationsveranstaltungen. Zudem hat die Aktienkultur einen zunehmenden Bedarf an Live-Kommunikation in Form von Hauptversammlungen hervorgerufen. Auch Werbeagenturen und Messebauer rücken als auf Eventmarketing spezialisierte Agenturen und Produzenten stärker in den Eventmarketing-Markt nach.

---

1. **Kultur-, Konzert- und Sportveranstaltungen sowie Freizeit, Hotel, Touristik und Gastronomie:** Auktion, Ball, Disco, Ehrung, Erlebnisgastronomie, Erlebnispark, Feier(stunde), Fest(spiel), Festival, Gala, Happening, Karnevalssitzung, Kinoveranstaltung, Konzert, Kunstausstellung, Kurs und Schulung, Lesung, Live-TV-Format, Modenschau, Museum, Parade, Party, Seminar, Show, Sportveranstaltung, Stadtfest, Tanz, Theater-/Musical- und Opernaufführung, Turnier, Vernissage, Zirkus, Zoo
2. **Messen, Märkte und Ausstellungen:** Ausstellung (Verbrauchermesse), Börse, Jahrmarkt, Markt, Messe, Trödelmarkt
3. **Kongresse und Tagungen:** Forum, Kongress, Symposium, Tagung, Workshop
4. **Eventmarketing-Aktivitäten:** Betriebsversammlung, Incentive, Imageevent, Get-together, Event am Point of Sale (POS), Händlermeeting, Hauptversammlung, Kick-Off, Mitarbeiterveranstaltung, Modenschau, Motivations-Event, Produktpräsentation, Promotionveranstaltung, Pressekonferenz, Roadshow, Schulung, Tag der offenen Tür, Weihnachtsfeier
- **Nicht zugeordnet:** Benefiz-/Charityveranstaltung, Demonstration, Kundgebung, Parteitag, Wahlkampfveranstaltung, VIP-Event

---

Nennen Sie ausgewählte *Veranstaltungsarten* je Veranstaltungssegment.

Orga Veranstaltungsorganisation/-wirtschaft

Aufgaben

ZP 12 Listen Sie je Veranstaltungssegment *typische Eventunternehmen und ausgewählte Aufgaben* auf.

Einige spezifische Aufgaben in typischen Unternehmen sind:

Segment	Typisches Unternehmen	Ausgewählte Aufgaben
Kultur-, Konzert- und Sportveranstaltungen	**Örtlicher Veranstalter:** Second Entertainment GmbH	Veranstalten von Konzerten und Gastspielen, Anmieten von Locations, regionale Werbung und PR, Ticketverkauf
	Theaterproduzent: Stageproduction GmbH	Produktion von Stücken und Formaten, Verpflichtung von Künstlern, Organisation von Tourneen, Erstellung Bühnenanweisung, Einrichtung überregionaler Vorverkauf
	Regionale Veranstaltungslocation: Helmstedt Arena GmbH & Co. KG	Vermietung von Räumen, Bereitstellung Equipment, Technik und Gastronomie, Einhalten der Sicherheitsvorschriften, Personalstellung, Abendorganisation
	Fussballverein: 1. FC Glaubensheim e. V.	Stellung einer Mannschaft, Organisation des Trainings- und Spielbetriebs, Vermarktung des Clubs inkl. Merchandising
	Karnevalsgesellschaft: Die verrückten Fischköpfe e. V.	Veranstalten von Sitzungen, Abwicklung Vereinsstruktur, Verpflichten von Künstlern und Gruppen
	Museum: art 2200 GmbH	Konzeption und Programmgestaltung, Mittelakquise und -verwendung, Ausstellungslogistik, Ticketing, Bewachung/Sicherheit, Öffentlichkeitsarbeit
Freizeit, Hotel, Touristik und Gastronomie	**Freizeitpark:** Fantasy-Land AG	Betrieb des Schaustellergeschäftes, Verwalten der Location, Gastronomie, Kartenverkauf, Ablauflogistik, Sicherheit
	Tagungshotel: Golf Meeting Hotel GmbH	Betrieb und Verwaltung von Zimmern und Veranstaltungsräumen, Besucherlogistik, Bankettgeschäft, Programmgestaltung, Gastronomie, Service
	Ferienanlage: Eurasiapark GmbH	Betrieb und Verwaltung von Räumen, Attraktionen und Zimmern, Service und Gastronomie, Kontingentverkauf
	Erlebnisgastronomie: Münchener Klapsmühle GmbH	Thekenbetrieb, Personaldisposition, Programmgestaltung- und -vermarktung, Service
Messen, Märkte und Ausstellungen	**Messebetreiber und -veranstalter:** Niedersächsische Messe GmbH	Verwalten und Vermieten des Messegeländes und der Hallen, Veranstaltung von Messen, Vermarktung der Messformate, Akquise von Ausstellern, Servicevermietung, Öffentlichkeitsarbeit, Durchführungslogistik
	Trödelmarktveranstalter: Antique KG	Anmietung von Geländen, Akquise und Vermietung von Standflächen, Durchführungslogistik, Werbung

Geschäftsfelder und Veranstaltungsarten Orga

Segment	Typisches Unternehmen	Ausgewählte Aufgaben
Kongresse und Tagungen	**Flächenbetreiber:** Bonnkongress GmbH	Akquise von Kongressformaten, Verwaltung und Vermietung von Räumlichkeiten, Mietservice, Standortpolitik
	Schulungsveranstalter: Secure Software GmbH	Entwerfen, Organisieren und Durchführen von Schulungsformaten, Einladungsszenario, Referenten- und Teilnehmerbetreuung, Nachbereitung/Evaluation
Eventmarketing-Aktivitäten	**Eventmarketingagentur:** Best Eventproduction OHG	Firmenkundenbetreuung, Konzeption von Marketing-Events, Eventproduktion oder -support, Rahmenprogramm
	Referentenagentur: Good Speakers GmbH	Anbieten und Vermitteln von Referenten, Programmkonzeptionen, Referentenbegleitung
Sonstige	**Gemeinnützige Stiftung:** AIDS-Hilfe Konstanz e. V.	Einholen und Verwenden von Fördermitteln, Veranstaltungs- und Aktionsgestaltung
	Medienagentur: Public Promotion Ltd.	Kommunikative Beratung und Betreuung von Kunden und Auftraggebern, Platzierung in Medien und Formaten

Veranstaltungsprofil

Als Veranstaltungsprofil bezeichnet man eine **kurze, überblickartige schriftliche Beschreibung der wichtigsten Rahmenbedingungen, Grundelemente und Ziele eines Events.** Es kann sowohl intern zur Information der Beteiligten als auch extern zur Information potenzieller Interessenten (Stakeholder) oder der Öffentlichkeit erstellt werden. Aufbau, Themen und Umfang werden den Veranstaltungsgegebenheiten und dem Zweck des Profils angepasst.
Beispielhafte Elemente eines (internen) Veranstaltungsprofils sind z. B.:

Was ist ein Veranstaltungsprofil?

Bezeichnung des Events: Vertriebs-Kick-Off o.tel.o mobil
Motto: for a better communication
Projektleitung: Manager Marketing Services (M. Gödde)
Veranstaltungsdatum: 21./22.09.20..
Zielsetzung: Schulung der neuen Produktlinie zum Produktlaunch, Training der Vertriebsstrategie
Budget: ca. 45 000,00 €
Location: Dorint Tagungshotel Bitburg-Biersdorf
Zielgruppe: Mitarbeiter Vertrieb plus Mitarbeiter befasster Abteilungen
Gästezahl: ca. 118 Personen (ca. 62 Mitarbeiter Vertrieb Handel, ca. 14 Mitarbeiter Zentralvertrieb, ca. 20 Teilnehmer andere Abteilungen, ca. 4 TN Geschäftsführung, ca. 2 TN Organisation, ca. 16 TN externe Dienstleister)
Programm Tag 1: Auftaktinszenierung, Produktvorstellung, Produkttraining (Gruppenarbeit in Workstations), aktivierende Motivationsstrecke, Abendprogramm
Programm Tag 2: Vertriebstraining in Workshop-Gruppen, Abschlussinszenierung
Catering: Frühstück/Mittagessen sowie Pausenarrangement und Catering-Buffet inkl. Getränkepauschale bei Abendveranstaltung über Hotel
Lieferanten: Dorint Hotel Bitburg Biersdorf (Unterbringung, Räume, F&B), Fa. Hablowetz Communication (Support Showprogramm), Fa. Müller Schauwerbegestaltung (Dekoration), Fa. Niclen (Veranstaltungstechnik inkl. Video), Fa. Braintrain (externe Trainer)

Orga Veranstaltungsorganisation/-wirtschaft

Beispiel für ein externes Veranstaltungsprofil (in Kurzform) von der Internetseite des Robinson Clubs Fleesensee:

SIXTIES PARTY
Veranstaltungsprofil

Kommunikation	■■■■	Aktivität	■■■■	
Teambildung	■■■	Kreativität	■■	
Außergewöhnliches	■■■■■	Spaßfaktor	■■■■■	

Dieser Abend lässt die Sixties wieder aufleben. Lassen Sie sich entführen in das Jahrzehnt zwischen Pilzköpfen und Popmusik, Firebirds und Cadillacs. Das knallbunte Lebensgefühl der 60er Jahre finden Sie in den Speisen, den Getränken, der Dekoration und im Look der Servicekräfte. Auch musikalisch und künstlerisch sind wir ganz auf die „Sixties" eingestellt, auf Wunsch engagieren wir gern eine Live-Band und organisieren schwungvolle Showacts. Neben diesem Mottoabend bieten wir Ihnen auch gern weitere Themenabende, wie z. B. Mexico Night, Dinner Theater oder Lounge Parties an.

Gruppenprofil	Ab 16 Jahre geeignet
Persönl. Voraussetz.	Keine
Dauer	2 bis 4 Stunden
Teilnehmer	Ab 100 Personen
Sonstiges	**Preise:** **Ab EUR 150,– pro Person.** **Preise für Live-Band oder Showacts auf Anfrage.** Tischgetränke sind inkludiert. Außerdem im Programm: – Mexico Night – Dinner Theater – Lounge Party.

Quelle: ROBINSON Club GmbH: Robinson Incentives und Meetings. Sixties Party, abgerufen unter: http://incentivereisen.robinson.com/incentives/fleesensee/sommer/incentives/veranstaltungen [14.08.2015]

2.1.3 Typische Ziele von Live-Events

Eventziele

ZP 14 Grenzen Sie typische Ziele von gewöhnlichen publikumsorientierten Veranstaltungen *(Public Events)* zu marketingorientierten Veranstaltungen *(Marketing-Events)* ab.

	Public Events	Marketing-Events
Besucherkreis	i. d. R. für einen offenen Besucherkreis zugänglich	häufig geschlossene Veranstaltungen von oder für wirtschaftliche Eliten
Ziel	in erster Linie die (emotionalisierende) Unterhaltung des Publikums	Nutzung der Faktoren „Unterhaltung" und „Emotionalisierung" für das Ziel der direkten oder indirekten Steigerung des Absatzes eines Produktes, einer Marke, einer Dienstleistung oder eines Unternehmens
Erlösorientierung	werden i. d. R. durch einen Veranstalter mit oder ohne Gewinnabsicht organisiert	werden i. d. R. durch ein Unternehmen oder eine beauftragte Eventagentur mit der Absicht der Absatzförderung organisiert
Finanzierung	arbeiten i. d. R. mit Erlösszenarien über den Ticketverkauf (Ticketing) oder mit kulturellen Budgets	werden i. d. R. budgetiert, das heißt, das Unternehmen stellt einen gewissen Betrag für die Umsetzung zur Verfügung (Budget)
Produktbezug	Das Public Event selbst ist das Produkt, das vermarktet wird.	Das Marketing-Event hilft einem anderen Produkt, vermarktet zu werden.

Typische Ziele von Live-Events *Orga*

Segment	Grobziele (Beispiele)
Kultur-, Konzert und Sportveranstaltungen	Emotionsvermittlung, Unterhaltung, Gewinn
Freizeit, Hotel, Touristik und Gastronomie	Freizeitvergnügen, Ressourcenauslastung, Spaß
Messen, Märkte und Ausstellungen	Marktübersicht, Vertrieb/Absatz
Kongresse und Tagungen	Informationsvermittlung, Wissenstransfer, Austausch, Bildung
Eventmarketing-Aktivitäten	Absatz- und Verkaufsförderung, Imagesteigerung, integrierte Kommunikation

ZP 15 Ordnen Sie typischen *Eventsegmenten* typische *Eventgrobziele* zu.

Die folgende tabellarische Übersicht soll beispielhaft und auszugsweise zeigen, wie vielfältig, unterschiedlich und differenziert **Ziele von Events** sein können:

ZP 16 Ordnen Sie den wesentlichen *Eventsegmenten* typische *Veranstaltungsformen und typische Ziele* zu.

Segment	Beispielveranstaltung	Typische Ziele (beispielhaft)
Kultur-, Konzert- und Sportveranstaltungen	Rockkonzert	**Zuschauerperspektive:** Unterhaltung, Identifikation **Veranstalterperspektive:** Gewinn, Marktabdeckung **Künstlerperspektive:** Produktvermarktung, Zuschauernähe
	Tanz in den Mai	**Zuschauerperspektive:** Unterhaltung, Socialising, Spaß **Veranstalterperspektive:** Gewinn, Marktabdeckung, Getränkeabsatz, Trendsetting
	Bundesliga-Fußballspiel	**Zuschauerperspektive:** Unterhaltung, Identifikation **Veranstalterperspektive:** Liga-Spielbetrieb, Vereinsvermarktung **Sportlerperspektive:** Wettbewerb, Lebensunterhalt
	Karnevalssitzung	**Zuschauerperspektive:** Unterhaltung, Tradition **Veranstalterperspektive:** Kuturangebot, gesellschaftl. Wirken **Künstlerperspektive:** Umsatzgenerierung, Zuschauernähe
Freizeit, Hotel, Touristik und Gastronomie	Walking-Activity-Weekend im Naturpark Eifel	**Teilnehmerperspektive:** Freizeitgestaltung, Gesundheitsförderung, Kommunikation **Veranstalterperspektive:** Destination Management, Teilnehmeraktivierung, Attraktivitätssteigerung
	Oktoberfest	**Besucherperspektive:** Unterhaltung, Konsum, Spaß **Veranstalterperspektive:** Gewinn, Absatz Gastronomie **Kommunale Perspektive:** Umwegrendite, Kultur- und Traditionspflege
	Hochzeitsfeier im Hotel	**Kundenperspektive:** Service, Familienaspekte, Erlebnis **Hotelperspektive:** Umsatz, Auslastung, Referenzfaktor

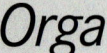 Veranstaltungsorganisation/-wirtschaft

Segment	Beispielveranstaltung	Typische Ziele (beispielhaft)
Messen, Märkte und Ausstellungen	Branchenleitmesse (Cebit)	**Besucherperspektive:** Markt- und Produktübersicht **Veranstalterperspektive:** Gewinn, Auslastung **Ausstellerperspektive:** Produktpräsentation, Vertrieb, Wettbewerbsbeobachtung **Kommunale Perspektive:** Umwegrendite, Regionsvermarktung
	Trödelmarkt	**Besucherperspektive:** Kaufbedürfnis, Freizeitgestaltung **Veranstalterperspektive:** Gewinn, Auslastung **Händlerperspektive:** Verkauf **Platzvermieterperspektive:** Zusatzgeschäft, Imagesteigerung
	Verbraucherausstellung (Mode Heim Handwerk)	**Besucherperspektive:** Produktorientierung, Einkauf **Veranstalterperspektive:** Gewinn, Auslastung **Ausstellerperspektive:** Vertrieb/Verkauf **Kommunale Perspektive:** Umwegrendite, Regionsvermarktung
Kongresse und Tagungen	Ärzte-Symposium	**Teilnehmerperspektive:** Weiterbildung, Netzwerkpflege **Veranstalterperspektive:** Gewinn, Bildungsanspruch **Sponsorenperspektive:** wertiger Zielgruppenzugang
	Verbandstagung	**Teilnehmerperspektive:** Lobbyarbeit, Mitwirkung **Veranstalterperspektive:** satzungsgemäßes Wirken
	Branchen-Barcamp	**Teilnehmerperspektive:** Netzwerkpflege, Weiterbildung, aktive Beteiligung **Veranstalterperspektive:** Imagepflege, Networking ermöglichen
Eventmarketing-Aktivitäten	Vertriebs-Kick-Off (Händlerschulung)	**Teilnehmerperspektive:** Fortbildung, Mitarbeit **Veranstalterperspektive:** Absatzoptimierung, Informationsweitergabe, Mitarbeitermotivation
	Roadshow (Coca Cola Weihnachtstruck)	**Besucherperspektive:** Unterhaltung, Identifikation **Veranstalterperspektive:** Absatzorientierung, integrierte Kommunikation **Agenturenperspektive:** Umsatz/Gewinn, Auslastung, Dienstleistungsorientierung
	Outdoor-Team-Training	**Teilnehmerperspektive:** Erlebnis, Motivation, Grenzerfahrungen **Veranstalterperspektive:** Mitarbeitermotivation, Kommunikationsverbesserung, Teambildung **Anbieterperspektive:** Umsatz/Gewinn, Auslastung, Dienstleistungsorientierung

Typische Ziele von Live-Events

 Orga

Beteiligte

Segment	Typische Auftraggeber	Typisches Event	Typische Auftragnehmer/Dienstleister, z. B.:
Kultur-, Konzert und Sportveranstaltungen	Örtlicher Veranstalter: Second Entertainment GmbH	Rockkonzert	Tourneeanbieter/Künstler, Location, Personaldienstleister, lokale Technik, Hotelunternehmen, Catering-Dienstleister, Gastronomiebetrieb, Werbeagentur, Ticketing-Systemanbieter
	Theaterproduzent: Stageproduction GmbH	Tourneemusical	Künstler, Autor, Regisseur, Choreograf, Tourneetechnik, Proberäume, Werbeagentur (z. B. Plakatgestaltung)
	Regionale Veranstaltungslocation: Helmstedt Arena GmbH & Co. KG	Vermietung für Tanz in den Mai an Veranstalter	Veranstalter, Personaldienstleister, Reinigungsfirma, Gastronomiedienstleister, Bauamt (Bauabnahme laut VStättVO)
Freizeit, Hotel, Touristik und Gastronomie	Freizeitpark: Fantasy-Land AG mit angeschlossenem Hotel (Eigenbetrieb)	Weekend-Erlebnis-Arrangement	Lieferanten Schaustellergeschäftes, Merchandising und Gastronomie, externe Personaldienstleister, Reinigung/Dienste, Ticketing-Systemanbieter (Reisebüro), Bauamt (Abnahmen)
Messen, Märkte und Ausstellungen	Messebetreiber und -veranstalter: Niedersächsische Messe GmbH	Messeformat, z. B. Cebit	Aussteller, Verbandspartner, Service-Dienstleister, Logistikpartner, Werbe- und Kommunikationsagentur, Sicherheitsunternehmen
Kongresse und Tagungen	Schulungsveranstalter: Secure Software GmbH	Sicherheitskongress	Referenten, Location inkl. Dienste, Gastronomie, Techniklieferant, Hostessen
Eventmarketing-Aktivitäten	Eventmarketingagentur: Best Eventproduction oHG	Vertriebs-Kick-Off für ein Telekommunikationsunternehmen	Konzeptioner, Grafik-Designer, weitere Freelancer, Location, Ausstatter, Technikdienstleister, Logistiker, Künstler, Gastronomie/Service

ZP 17

Erarbeiten Sie eine strukturierte Übersicht, in der Sie je Eventsegment typische *Auftraggeber, Auftragnehmer* bzw. Dienstleister oder Partner auflisten.

Orga Veranstaltungsorganisation/-wirtschaft

2.1.3.1 Veranstaltungsmärkte, Zielgruppen, Privat- und Geschäftskunden

Zielgruppe

ZP 18 Was bedeutet der Begriff *Zielgruppe* und wie wird diese erhoben?

Eine **Zielgruppe** ist ein **umrissener Kreis von Marktteilnehmern,** die ein Unternehmen im Rahmen seiner Kommunikationspolitik anspricht. Im modernen Marketing ist es wichtig, die Kunden und deren Marktverhalten möglichst gut kennenzulernen, um sie gezielt ansprechen und den Absatz effektiv koordinieren zu können. Zielgruppen werden mithilfe von Erhebungen im Rahmen der Marktforschung entweder über sozioökonomische Merkmale (wie Alter, Familienstand, Haushaltseinkommen) oder psychografische Merkmale (wie Einstellungen, Werte und das beobachtbare Konsumverhalten) bestimmt. Zur Zielgruppenansprache werden gezielt Medien eingesetzt, um die Mitglieder der Zielgruppe als Leser, Hörer, Zuschauer, Konsumenten oder Teilnehmer optimal zu erreichen.

ZP 19 Was bedeuten bei Marketing-Events die Begriffe *Primär-* und *Sekundärzielgruppe*?

- Als **Primärzielgruppe** bei absatzorientierten Veranstaltungen (Marketing-Events) werden die auf dem **Event** anwesenden **Besucher und Teilnehmer** bezeichnet (häufig Multiplikatoren).

- Mit **Sekundärzielgruppe** meint man in diesem Zusammenhang gemeinhin diejenigen **Personen, an die sich das Produktangebot** eigentlich **richtet** (häufig Endverbraucher).

ZP 20 Ordnen Sie der auf den Seiten 31 ff. erarbeiteten *Eventauflistung* typische *Zielgruppen* kurz zu.

Segment	Beispielveranstaltung	Typische Zielgruppe (Beispiel)
Kultur-, Konzert und Sportveranstaltungen	Rockkonzert (Rolling Stones)	Kaufkräftige, Mitsechsigjährige, in der Jugend rebellisch und mittlerweile längst etablierte Mittel- und Oberschicht
	Tanz in den Mai (Dorf)	Jugendliche und jung gebliebene Landbevölkerung, Mainstream bis bodenständig
	Bundesliga-Fußballspiel	überwiegend männliche Besucher aus breiten Bevölkerungsschichten der Region
	Karnevalssitzung	traditionsbewusste, gesellschaftlich aktive bürgerliche Mitte
Freizeit, Hotel, Touristik und Gastronomie	Walking-Activity-Weekend im Naturpark Eifel	überwiegend weibliche, gesundheits- und bewegungsorientierte Teilnehmer im fortgeschrittenen Alter
	Oktoberfest	spaßorientierte Besucher aus breiten Bevölkerungsschichten
	Hochzeitsfeier im Hotel	Eheleute und deren Familien sowie private Gäste

Typische Ziele von Live-Events *Orga*

Segment	Beispielveranstaltung	Typische Zielgruppe (Beispiel)
Messen, Märkte und Ausstellungen	Branchenleitmesse (Cebit)	Technik gegenüber aufgeschlossene Altersmitte der Bevölkerung, überwiegend männlich, beruflich bedingt motiviert
	Trödelmarkt	soziale Randgruppen mit Schnäppchenmentalität, häufig mit Migrationshintergrund
	Verbraucherausstellung (Mode Heim Handwerk)	Kauf- und erlebnislustige untere und mittlere Bevölkerungssegmente, häufig als Paar unterwegs
Kongresse und Tagungen	Ärzte-Symposium	an Weiterbildung interessierte Fachärzte
	Verbandstagung	Verbandsmitglieder und -funktionäre
	Branchen-Barcamp	kommunikationsbereite, netzwerkorientierte, moderne Branchen-Business-Elite
Eventmarketing-Aktivitäten	Vertriebs-Kick-OFF (Händlerschulung)	Vertriebs-Mitarbeiter und Führungskräfte
	Roadshow (Coca Cola Weihnachtstruck)	erlebnishungrige junge Menschen aus der Region
	Outdoor-Team-Training	Mitabeiterteams und Führungskräfte

Marktsegmentierung ist die **Aufteilung eines Gesamtmarktes in Kundengruppen.** Diese können nach Kriterien wie Alter, Geschlecht oder Beruf gebildet werden. Marktsegmentierung ist ein konstruktiver Hilfsvorgang, der eine differenzierte Marktbearbeitung ermöglichen soll. Eine Voraussetzung für die Segmentierung ist die Abgrenzung des Marktes in sachlicher, räumlicher und zeitlicher Hinsicht.

Segmente

Was bedeutet der Begriff *Marktsegmentierung*? **21 ZP**

1. **Demografisch (sozio-demografisch):** Ein typisches Marktsegment für eine regionale Verbraucherausstellung könnte die 49-jährige verheiratete Hausfrau mit mittlerem bis gehobenem Einkommen sein, die sich nach der Erziehung ihrer beiden nicht mehr im Haushalt lebenden Kinder mehr Zeit für sich nehmen möchte. Im Zuge einer zunehmenden Freizeitorientierung findet die kaufkräftige Dame mit ihrem Lebenspartner Gefallen daran, sich im Rahmen der regionalen Verbraucherausstellung einen direkten Überblick über das angebotene Produkt- und Themenportfolio zu verschaffen.
2. **Geografisch:** In der vorstädtisch bis ländlich geprägten Einfamilienhaus-Region der schwäbischen Alb findet ein freizeit- und gartenorientiertes Ausstellungskonzept interessierte Abnehmergruppen.
3. **Verhaltensorientiert:** Ins Absatzvisier nehmen wir die weibliche Tupperware-Kundin der 50+-Generation, deren Produktwahl durch die Lektüre von der Tageszeitung beigelegten Werbebroschüren sowie der Außenplakatierung in der Region beeinflusst wird.

Entwerfen Sie beispielhaft drei Segmente (Teilgruppen) für eine regionale Verbraucherausstellung (Schwerpunkt Garten/Freizeit).

Orga Veranstaltungsorganisation/-wirtschaft

Nachfragepotenzial

ZP 23 Erläutern Sie, wie man das *Nachfragepotenzial* für ein Eventangebot messen kann.

Die grundlegende Erhebung von Daten für die Marktsegmentierung sowie die Untersuchung bestimmter Zielgruppen und deren voraussichtliches Nachfragepotenzial ist Aufgabe der Marktforschung.

Marktforschung in Form von **Marktuntersuchungen** ist die systematische Beschaffung, Verarbeitung und Analyse von marktbezogenen Informationen.

Wettbewerbsvergleich

ZP 24 Beschreiben Sie drei Methoden zur *Überprüfung der Wettbewerbsfähigkeit* Ihres Eventunternehmens.

Wettbewerbsfähig ist ein Unternehmen dann, wenn es auf lange Sicht Gewinne tätigen und sich dauerhaft gegenüber anderen Branchen-Unternehmen durchsetzen kann.

1. **Wettbewerbsbeobachtung:** Im heutigen Konkurrenzdruck sollten bei Konkurrenzunternehmen Aspekte wie Produktpalette, Preise, Bekanntheitsgrad, Qualität, Nachfragevolumen beobachtet und ggf. gemessen werden.
2. **Benchmarking:** Beim Benchmarking (vom englischen „benchmark" = Maßstab) geht es um den Vergleich von Leistungswerten. Beim internen Benchmarking werden etwa Abteilungen oder Bereiche eines Unternehmens miteinander verglichen. Beim externen Benchmarking kann ein Vergleich mit anderen Unternehmen in derselben oder einer anderen Branche wichtige Hinweise auf Verbesserungsmöglichkeiten geben. Auch der Vergleich mit dem Marktführer kann wichtige Anhaltspunkte liefern.
3. **SWOT-Analyse:** Bei der SWOT-Analyse oder Analyse der innerbetrieblichen Stärken („Strenghts") und Schwächen („Weaknesses") sowie der externen Chancen („Opportunities") und Gefahren („Threats") werden zunächst Daten gesammelt, die Aufschluss über die Leistung des Unternehmens geben. Sodann wird ein Kriterienkatalog erstellt, anhand dessen die Daten als Stärken oder Schwächen eingestuft werden. Die Ergebnisse werden mit den Daten von Mitbewerbern verglichen. Aus der Kombination der Stärken-Schwächen-Analyse und der Chancen-Gefahren-Analyse lässt sich eine Strategie für die künftige Geschäftstätigkeit des Unternehmens ableiten.

Geschäftsarten

ZP 25 Definieren Sie die Begriffe *Privatkunde, Endkunde, Geschäftskunde* und *Multiplikator*.

- **Privat-/Endkunde:** Mit Privatkunde ist der Endverbraucher gemeint, der das angebotene Produkt letztlich abnimmt bzw. konsumiert. Der Begriff Endkunde wird häufig als Synonym für Privatkunde genutzt.
- **Geschäftskunde:** Geschäftskunden sind Abnehmer aus dem gewerblichen, industriellen und handwerklichen Bereich, die Dienstleistungen oder Waren beziehen, um damit wiederum Produkte oder Leistungen zu erstellen, die sich i. d. R. an Endkunden richten.
- **Multiplikator:** Als Multiplikatoren bezeichnet man Kommunikationsmittler, die Informationen weitergeben, zur Verbreitung von Informationen beitragen und Entscheidungen anderer beeinflussen. Multiplikatoren sind neben den Massenmedien Personen und Akteure, die basierend auf ihrer öffentlichen bzw. beruflichen Position durch Informations- und Meinungsübermittlung die vervielfältigende Verbreitung von Kenntnissen mit Beeinflussung der öffentlichen Meinung in Gang setzen. Interessante Multiplikatoren sind die sogenannten Meinungsführer (Opinion Leader).

Typische Ziele von Live-Events

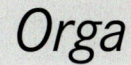

- **B to C** bedeutet Business to Customer und bezeichnet das Verhältnis von Anbieter zu Privatkunde, also das endverbraucherorientierte Geschäft (typisch für Handelsstrukturen).

- **B to B** bedeutet Business to Business und bezeichnet das Verhältnis von Anbieter zu Anbieter, also das geschäftskundenorientierte Geschäft (typisch für Vertriebstrukturen).

- **B to B to C** bedeutet Business to Business to Customer und bezeichnet die Geschäftsverkettung, z. B. vom Großhandel über den Einzelhandel zum Endkunden (oder auch typischerweise vom Vertrieb über den Handel zum Verbraucher).

- **C to C** bedeutet Customer to Customer und bezeichnet das Verhältnis von Privatkunde zu Privatkunde, also das Second-Hand-Geschäft mit Gebrauchtwaren (ebay, Trödelmarkt, Kleinanzeigen usw.).

> **ZP 26** Was bedeuten die Abkürzungen *B to C, B to B, B to B to C* und *C to C*?

Kundenorientierung

Moderne, auf das Marketing ausgerichtete Kundenorientierung bedeutet, die Bedürfnisse und den Bedarf des Kunden nachfragegerecht bei der betrieblichen Prozessgestaltung sowie der Produkt- und Leistungserstellung in den Mittelpunkt unternehmerischer Entscheidungen zu stellen. Es gilt als Wettbewerbsvorteil, Kundenerwartungen erfüllen zu können. Drei Beispiele aus der Veranstaltungswirtschaft:

- **Public Event – Konzertveranstaltung:** Aspekte wie die Entscheidung für einen Live-Act, die Wahl der Location, Festlegung der Preisstruktur usw. durch den Veranstalter unterliegen einer umfassenden Zuschauer- bzw. Besucherorientierung.

- **Marketing-Event – Vertriebs-Kick Off:** Konzeptionelle Aspekte wie die Wahl der Location, die kommunikative Zielplanung und die Programmgestaltung bzw. Inhaltsgenerierung durch eine Eventagentur unterliegen einer umfassenden Auftraggeberorientierung.

- **Marketing-Event – Messeveranstaltung:** Aspekte wie Typenzwang, Namensgebung, inhaltliche bzw. branchenorientierte Ausrichtung eines Messeformats durch einen Messeveranstalter bzw. Messebetreiber unterliegen einer umfassenden Ausstellerorientierung.

> **ZP 27** Was bedeutet *Kundenorientierung bei Public Events* und *bei Marketing-Events*? Beschreiben Sie drei Beispiele.

2.1.3.2 Übersicht: branchenspezifische Verbände

Verbände

Fachverband	Kurzbeschreibung
AUMA – Ausstellungs- und Messe-Ausschuss der deutschen Wirtschaft e. V., Berlin www.auma.de	Spitzenverband der dt. Messewirtschaft, Lobbyorganisation; informiert über Messen und Messekennziffern, betreibt Marketing für das Medium Messe; Geschäftsleitung der FKM - Gesellschaft zur freiwilligen Kontrolle von Messe- und Ausstellungszahlen
bdv – Bundesverband der Veranstaltungswirtschaft, Hamburg www.bdv-online.com	ambitionierter Zusammenschluss von Konzertveranstaltern und vorrangig auf Public Events ausgerichteten Unternehmen; Initiator des LEA (Live Entertainment Award); vormals idkv
DEGEFEST – Deutsche Gesellschaft zur Förderung und Entwicklung des Seminar- und Tagungswesens e. V., Berlin www.degefest.de	Vereinigung von Trainern im Seminar- und Tagungsgeschäft. Mitglieder: Veranstalter, Trainer, Bildungsinstitute, Tagungstechnikanbieter, Tagungshotels, Professional Congress Organizers (PCO)
DTHG – Deutsche Theatertechnische Gesellschaft, Bonn www.dthg.de	veranstaltungstechnisch orientierter Fachverband für Theater, Film, Fernsehen, Show und Event

Orga ✓ Veranstaltungsorganisation/-wirtschaft

Fachverband	Kurzbeschreibung
EVVC – Europäischer Verband der Veranstaltungscentren e. V./ European Association of Event Centers, Bad Homburg www.evvc.org	marketing- und kommunikationsorientierter europäischer Verband der Veranstaltungsstätten (Stadthallen, Arenen, Kongresshäuser)
FAMAB – Verband Direkte Wirtschaftskommunikation e. V., Rheda-Wiedenbrück www.famab.de	Netzwerk von Unternehmen der Live- und Wirtschaftskommunikation, vor allem Messespezialisten (Messebau und Messe-Inszenierung). Mutterverband des FME, Initiator des ADAM (Award der ausgezeichneten Messeauftritte)
GCB – German Convention Bureau, Frankfurt am Main www.gcb.de	Marketingorganisation für den Kongress- und Tagungsstandort Deutschland, Schwerpunkt Destination Management (Zielort- oder Regionenvermarktung)
GEMA – Gesellschaft für musikalische Aufführungs- und mechanische Vervielfältigungsrechte, Berlin/München www.gema.de	urheberrechtliche Verwertungsgesellschaft der Komponisten, Textdichter und Musikverlage
INTHEGA – Interessengemeinschaft der Städte mit Theatergastspielen, Filderstadt www.inthega.de	Zusammenschluss kommunaler und gemeinnütziger Veranstalter und Hallen für den deutschsprachigen Raum; Veranstalter von Tagungen mit angeschlossener Fachmesse
MPI – Meeting Professionals International (Germany Chapter), Mannheim www.mpi-germany.de	internationaler Fachverband von Business-Event-Managern; Schwerpunkte sind fachlicher Austausch, Kommunikation und Weiterbildung.
VDKD – Verband der deutschen Konzertdirektionen, München www.vdkd.de	Berufsverband, Standesorganisation und Interessenvertretung der Konzertveranstalter, Gastspielvermittler und Tourneeanbieter
veranstaltungsplaner.de – Vereinigung Deutscher Veranstaltungsorganisatoren e. V., Bad Kreuznach www.veranstaltungsplaner.de	Vereinigung von auf Business Events spezialisierten Eventmanagern und -dienstleistern; initiiert durch K. Schüller Verlag (Veranstalter der stb – Seminar und Tagungsbörsen), - heute: MICE AG
ver.di/ver.di jugend – Vereinigte Dienstleistungsgewerkschaft, Berlin www.verdi.de, www.jugend.verdi.de	Gewerkschaft der Dienstleistungsbranchen/DGB; zuständig für Fachbereiche Medien, Kunst, Druck und Papier, indust. Dienste und Produktionen, Fachgruppe Theater und Bühnen, kulturelle Einrichtungen und Veranstaltungswesen, darstellende Kunst
VPLT – Verband für professionelle Licht- und Tontechnik e. V., Langenhagen www.vplt.de	veranstaltungstechnisch orientierter Industrieverband, qualifizierungsorientiert (Seminarangebote); Betreiber der Deutschen Event Akademie

ZP 28 Erstellen Sie eine Tabelle, in der Sie die *Verbände typischen Eventsegmenten* zuordnen.

Marketing-Event/ Messewirtschaft	Kultur-, Konzert- und Sportevents	Hotel, Kongress, Tagung	Sonstige
AUMA	DTHG	DEGEFEST	GEMA
FAMAB	bdv	EVVC	ver.di
MPI	INTHEGA		
veranstaltungsplaner.de	VDKD		

ZP 29 Nennen Sie sechs *branchenspezifische Informationsquellen*.

1. Fachzeitschriften
2. Fachverbände
3. Verbandserhebungen, -umfragen oder -studien
4. IHK und Handwerkskammern
5. Informationen des Messeveranstalters
6. Internetfachseiten und -Foren

Public Event: Kultur, Konzert, Sport und Touristik

2.1.4 Public Event: Kultur, Konzert, Sport und Touristik

2.1.4.1 Politik und Kultur

Staatsstruktur

Mit der horizontalen Gewaltenteilung meint man die **Verteilung politischer Macht auf die Legislative** (Gesetzgebung), **Exekutive** (Regierung) und **Judikative** (Rechtsprechung). Im politischen System Deutschlands spricht man von einer Gewaltenverschränkung oder -gliederung, da die Organe durch demokratische Wahl- und Legitimationsprozesse miteinander vernetzt sind.

30 ZP Was bedeutet der Begriff *horizontale Gewaltenteilung* bzw. *-verschränkung* in Deutschland?

Kraft/Gewalt	Bundesebene	Landesebene	Kommunale Ebene, z. B.
Exekutive (ausführende Kraft)	Bundesregierung (Bundeskanzler/-in, Bundesminister, Bundesministerien, Bundeszentralen)	Landesregierung (Ministerpräsident/-in), Landesminister, Landesministerien, Regierungspräsidien)	Bürgermeister, Stadtverwaltung (Stadtdirektor), Dezernate, Ämter
Legislative (gesetzgebende Kraft)	Bundestag Bundesrat	Landtag	Kreistag Stadtrat

31 ZP Nennen Sie die wesentlichen Träger der Exekutive und der Legislative in Deutschland jeweils auf Bundes-, Landes- und kommunaler Ebene.

Vertikale Gewaltenteilung meint die **Verteilung politischer Macht nach föderativen Prinzipien.** Politische und gesellschaftliche Zuständigkeiten werden von unten nach oben zugeordnet.

32 ZP Was bedeutet der Begriff *vertikale Gewaltenteilung* bzw. *-verschränkung* in Deutschland?

Föderalismus bedeutet die **Verteilung von rechtlichen Zuständigkeiten auf Teilstaaten innerhalb eines Bundesstaates.** In Deutschland ist dies die Verteilung von Zuständigkeiten auf Bundes-, Länder- und die kommunale Ebene. Grundlegende Regelungen finden sich im Grundgesetz.

33 ZP Was bedeutet der Begriff *Föderalismus* und in welchem Gesetz finden sich die grundlegenden Regelungen dazu?

Föderalismus nennt man die Bestrebung innerhalb eines Bundesstaates oder Staatenbundes, den Einzelstaaten möglichst viele staatliche Kompetenzen zuzuordnen. Der Gegenbegriff ist Zentralismus. Als föderalistischer Staat wird demzufolge ein Staat bezeichnet, der nach dem Bundesstaatsprinzip aufgebaut ist, d. h., der aus Einzelstaaten besteht, die eigene Kompetenzen besitzen. Die **Bundesrepublik Deutschland ist ein föderalistischer Staat,** weil sie aus 16 Bundesländern besteht, die auf verschieden Gebieten eigene Kompetenzen besitzen.

34 ZP Welche Bedeutung hat der Föderalismus für das Staatssystem der Bundesrepublik Deutschland?

Orga ✓ Veranstaltungsorganisation/-wirtschaft

ZP 35 Welchen Einfluss hat das *gewaltenverschränkte politische Staatssystem* auf die kulturelle Struktur Deutschlands?

Jedes **Bundesland** kann das **kulturelle System** nach seinen eigenen, demokratisch legitimierten Vorstellungen **organisieren und regeln**. Die regionale Kulturförderung wird als Aufgabe der Kommunen betrachtet. Der Bund darf nur auf internationaler Ebene und die Rahmenbedingungen ausgestaltend aktiv werden.

2.1.4.2 Kulturorganisation und Kulturförderung

36 Warum ist *Kulturförderung* in unserer Gesellschaft auch eine kommunale Aufgabe?

Kultur wird in unserer Gesellschaft als maßgeblicher Faktor für die Identität und den Bildungsstand betrachtet. In unserer Gesellschaft hat man sich darauf verständigt, eine flächendeckende Kulturversorgung anzustreben, die nicht nur sich selbst regulierenden, marktwirtschaftlich geprägten Strukturen überlassen bleiben soll. Daher bedarf besonders Kultur, die sich wirtschaftlich nicht selbst tragen kann, der Förderung und Unterstützung kommunaler Träger, um das Angebot dort aufrecht zu erhalten, wo der regionale Bedarf besteht.

37 Was bedeutet der Begriff *Subsidiarität*?

Der Gedanke der **Subsidiarität** (von lat. „subsidium" – dt. Hilfe, Reserve) bedeutet im staatspolitischen Sinn, dass **gesellschaftliche Eigeninitiative** und **Selbstregulierung Vorrang vor staatlichem Eingreifen** haben, also Probleme und Aufgaben selbst geregelt werden sollen, unter dem Vorbehalt, das dies zufriedenstellend funktioniert. Föderalistisch betrachtet bedeutet dieses Prinzip zudem, dass niedriger geordnete staatliche Ebenen, wie Stadt, Gemeinde oder Kommune, Kompetenzen zugesprochen bekommen, bevor hierarchisch übergeordnete Ebenen eingreifen. Die übergeordnete Ebene darf dabei durchaus fördernd tätig werden.

38 Wer ist für die *kommunale Kulturförderung* konkret zuständig?

In der Regel ist das **Kulturamt** zuständig für die strukturelle und konkrete finanzielle Förderung. Das Kulturamt unterstützt und berät Kultureinrichtungen, Projekte und Initiativen.

Kulturamt

39 Wie ist die *Verwaltung einer Stadt* geordnet, und wo finden wir das Kulturamt?

Eine Stadtverwaltung untersteht i. d. R. dem **Bürgermeister** und einem **Stadtdirektor**. Die Verwaltung ist in **Dezernate** (Abteilungen) und **Referate** bzw. Ämter (Zuständigkeitsbereiche) geordnet, die von einem Beigeordneten geleitet werden.
Beispiel: Geschäfts- und Dezernatsverteilungsplan der Stadt Köln (Stand: 05.02.2015, siehe Seite 41); hier findet sich das Kulturamt im Dezernat VII (Kunst und Kultur). Es verwaltet in Köln u. a. die Puppenspiele (Hänneschen-Theater), die Stadtbibliothek und das Historische Archiv sowie den Denkmalschutz und verschiedene Museen und die städtischen Bühnen (Oper und Schauspielhaus) sowie die städtischen Orchester.
Das Amt 41 (Kulturamt) stellt die allgemeine Kulturverwaltung und fördert (meist freie, d. h. nichtstädtische) Projekte. Dabei ist es in fünf Abteilungen und Gruppen untergliedert: Referat Bildende Künste/Fotografie/Medienkunst/Literatur/Filmkunst, Referat für interkulturelle Kunstprojekte, Referat für Musik, Referat für Popularmusik, Referat für Tanz und Theater.

Public Event: Kultur, Konzert, Sport und Touristik — Orga

Geschäfts- und Dezernatsverteilungsplan der Stadt Köln

Stand: 02.05.2013

Oberbürgermeister — Jürgen Roters

- OB/1 Dezernatsbüro Oberbürgermeister
- OB/2 Datenschutzbeauftragter der Stadt Köln
- **01 Amt des Oberbürgermeisters**
  - Strategische Zukunftsaufgaben der Stadt Köln
  - 01/2 Kommunalwahlausgleich, Sitzungsdienst, Verwaltungsangelegenheiten, Repräsentation und Protokoll, Ratsinformationsdienst
  - 01/4 Internationale Angelegenheiten
- ● 1000 Zentrale Dienste
- **11 Personal- und Organisationsamt**
  - 11/2 Institut für Personalentwicklung und Eignungsprüfung im öffentlichen Dienst
  - 110 Zentrale Angelegenheiten
  - 111 Personalmanagement
  - 112 Organisationsmanagement
  - 113 Personalservice
- ● 1100 Zusatzversorgung und Beihilfe
- **12 Amt für Informationsverarbeitung**
  - 121 Anwendungen
  - 122 Infrastruktur
  - 123 Betriebswirtschaft
- **13 Amt für Presse- und Öffentlichkeitsarbeit**
  - 13/1 Stabsstelle Events
  - 130 Öffentlichkeitsarbeit, Bürgerbüro, Verwaltung
  - 131 Pressestelle
- ● 1300 E-Government und Online Service
- **14 Rechnungsprüfungsamt**
  - 141 Abteilung für Verwaltungs- und betriebswirtschaftliche Prüfungen
  - 142 Abteilung für Kassen- und IV-Prüfungen
  - 143 Abteilung für technische Prüfungen
- **27 Zentrales Vergabeamt**
  - 271 Zentrale Aufgaben, Rechtsangelegenheiten, Submissionsdienst
  - 272 Vergabestelle VOB
  - 273 Vergabestelle VOL/VOF
- **30 Rechts- und Versicherungsamt**
  - 300 Verwaltungsangelegenheiten und Versicherungsangelegenheiten
  - 301 Rechtsberatung und Führung von Rechtsstreitigkeiten
- **32 Amt für öffentliche Ordnung**
  - 32/0 Geschäftsstelle KASA, Kölner Sauberkeitsaktion und Ordnungspartnerschaften
  - 320 Verwaltungsabteilung
  - 321 Gewerbeangelegenheiten
  - 322 Straßenverkehrsangelegenheiten, allgemeine Ordnungs- und Grundstücksangelegenheiten
  - 323 Ausländerangelegenheiten
  - 324 Ordnungs- und Verkehrsdienst
  - 325 Bußgeldangelegenheiten
  - 326 Zentrale Ausländerbehörde
  - 327 Straßen- und Grünflächennutzungen
- **37 Berufsfeuerwehr, Amt für Feuerschutz, Rettungsdienst und Bevölkerungsschutz**
  - 370 Verwaltung u. Bevölkerungsschutz
  - 371 Gefahrenabwehr I, zentrale Einsatzorganisation
  - 372 Gefahrenabwehr II, Technik und Gebäude
  - 373 Gefahrenabwehr III, Informationssysteme
  - 374 Rettungsdienst
  - 375 Gefahrenvorbeugung

Dezernat I — Stadtdirektor Guido Kahlen
Allgemeine Verwaltung, Ordnung und Recht

- I/1 Amt für Gleichstellung von Frauen und Männern
- I/2 Gesundheitsmanagement und Arbeitsschutz
- **02 Bürgerämter**
  - 02-1 Bürgeramt Innenstadt
  - 02/1.1 Standesamt
  - 02-2 Bürgeramt Rodenkirchen
  - 02-3 Bürgeramt Lindenthal
  - 02-4 Bürgeramt Ehrenfeld
  - 02-5 Bürgeramt Nippes
  - 02-6 Bürgeramt Chorweiler
  - 02-64 Feststellungsverfahren nach Schwerbehindertenrecht
  - 02-65 Bundesmeldegeld
  - 02-67 Einwohnerwesen
  - 02-7 Bürgeramt Porz
  - 02-8 Bürgeramt Kalk
  - 02-9 Bürgeramt Mülheim

Dezernat II — Stadtkämmerin Gabriele C. Klug
Finanzen

- **20 Kämmerei**
  - 20/1 Eigenbetriebe Veranstaltungszentrum Köln
  - 200 Zentrale Haushaltsangelegenheiten
  - 201 Zentrale Finanzwirtschaft
  - 202 Zentrale Finanzsteuerung
  - 203 Darlehens- und Schuldenverwaltung
- **21 Kassen- und Steueramt**
  - 21/1 Zentrale Kassengeschäfte
  - 210 Verwaltungsabteilung
  - 211 Stadtkasse
  - 212 Gemeindesteuern
  - 213 Vollstreckung

Dezernat III — Beigeordnete Ute Berg
Wirtschaft und Liegenschaften

- Strategisches Marktwesen
- III/2 Stabsstelle für Medien- und Internetwirtschaft
- **23 Amt für Liegenschaften, Vermessung und Kataster**
  - 230 Liegenschaftsabteilung
  - 231 Abteilung für Grundstücksverwertungen
  - 232 Abteilung für Kataster und Geobasisdaten
  - 233 Vermessungsabteilung
  - 234 Abteilung für Bodenordnung und Ortsaufwertung
  - 235 Verwaltungsabteilung
  - 236 Marktwesen
- **80 Amt für Wirtschaftsförderung**
  - 80/1 Verwaltung
  - 80/2 Wissenschafts- und Innovationsförderung
  - 801 Standortmarketing
  - 803 Unternehmens-Service
  - 804 Arbeitsmarktförderung

Dezernat IV — Beigeordnete Dr. Agnes Klein
Bildung, Jugend und Sport

- IV/2 Integrierte Jugendhilfe- und Schulentwicklungsplanung
- **40 Amt für Schulentwicklung**
  - 40/1 Regionales Bildungsbüro
  - 40/2 Zukunft unserer Schulen, Campus Deutz
  - 403 Kulturelle Bildung
  - 404 Bildungslandschaft Altstadt Nord
  - 400 Allgemeine Schulangelegenheiten, Ganztag, Verwaltungen
  - 401 Schulamt für die Stadt Köln
  - 402 Schulbau und -betreuung, Kitabau
  - 403 Rheinische Musikschule
- **42 Amt für Weiterbildung**
  - 42/1 Abteilung personenbezogene und sprachliche Weiterbildung
  - 422 Beschäftigungsförderung
  - 423 Kaufmännische Leitung
  - 42/4 RAA (Regionale Arbeitsstelle zur Förderung von Kindern und Jugendlichen aus Zuwandererfamilien)
- **51 Amt für Kinder, Jugend und Familie**
  - 51/4 Familienbeauftragter
  - 510 Zentraler Steuerungsdienst
  - 511 Pädagogische und Soziale Dienste
  - 512 Kinderinteressen und Jugendförderung
  - 513 Tageseinrichtungen und Tagesbetreuung für Kinder
  - 515 Bezirksjugendämter
- ● 5110 Familienberatung und Schulpsychologischer Dienst Stadt Köln
- ● 5111 Kinder- und Jugendpädagogische Einrichtung der Stadt Köln
- **52 Sportamt**
  - 520 Administrative Aufgaben inkl. Sportförderung und Bäderangelegenheiten
  - 521 Sportstättenbau und -pflege
  - 522 Großveranstaltungen, Großsportanlagen und Projekte

Dezernat V — Beigeordnete Henriette Reker
Soziales, Integration und Umwelt

- V/2 Interkulturelles Referat
- V/3 Behindertenbeauftragte
- V/5 Referat für Lesben, Schwule und Transgender
- V/6 Eigenbetriebsähnliche Einrichtung Abfallwirtschaftsbetrieb (AWB)
- V/7 Koordinationsstelle Klimaschutz
- **50 Amt für Soziales und Senioren**
  - 50/1 Redaktion Seniorenzeitschrift „Köller Leben"
  - 50/2 Bürgerzentren/Bürgerhäuser
  - 501 Fachstelle Wohnen, wirtschaftliche Hilfen, Reso-Dienste
  - 502 Sozialplanung, Senioren, Behinderte und Kranke
  - 503 Soziale Psychiatrie
- ● 5000 Jobcenter
- **53 Gesundheitsamt**
  - 530 Verwaltungsabteilung
  - 531 Medizinalwesen/Amtsärztlicher Dienst
  - 532 Infektions- und Umwelthygiene
  - 533 Gesundheitliche Beratungsdienste
  - 534 Soziale Psychiatrie
  - 535 Psychiatrie und Suchtkoordination, Gesundheitsberichterstattung und -aufklärung
- **56 Amt für Wohnungswesen**
  - 560 Verwaltung, Wohnungsaufsicht, Wohngeld
  - 561 Wohnungsbauförderung, Wohnraumvermittlung
  - 562 Wohnraumversorgung
- **57 Umwelt- und Verbraucherschutzamt**
  - 570 Verwaltung
  - 571 Untere Landschaftsbehörde
  - 572 Immissionsschutz, Wasser- u. Abfallwirtschaft
  - 574 Umweltplanung und -vorsorge, Boden- und Grundwasserschutz
  - 576 Lebensmittelüberwachung und Veterinärdienste

Dezernat VI — Beigeordneter Dipl.-Ing. Franz-Josef Höing
Stadtentwicklung, Planen, Bauen und Verkehr

- **15 Amt für Stadtentwicklung und Statistik**
  - 15/1 Geschäftsstelle Mülheim 2020
  - 150 Verwaltung und Städtebauförderung
  - 151 Stadtentwicklung
  - 152 Statistik und Informationsmanagement
  - 153 Koordination
- **26 Gebäudewirtschaft der Stadt Köln**
  - 260 Büro der Betriebsleitung
  - 26/1 Interne Revision
  - 26/2 Qualitätssicherung Architektur EDV
  - 26/3 Oper
  - 26/1 Objektmanagement
  - (26/2 Dienste)
  - 26/21 Projektsteuerung
  - 26/23 Architekturleistungen
  - 26/25 Gebäudetechnik
  - 26/24 Facility-Management-Dienste
  - 26/25 Bauherrenvertretung
- **61 Stadtplanungsamt**
  - 61/1 Verwaltung
  - 61/2 Rechtsangelegenheiten
  - 611 Team 1 Innenstadt/Deutz und Zentrale Planungsangelegenheiten
  - 612 Team 2, Stadtbezirke 2 bis 6
  - 613 Team 3, Stadtbezirke 7 bis 9
- **62 Bauverwaltungsamt**
  - 62/1 Besondere juristische Angelegenheiten, Sonderaufgaben
  - 620 Verwaltungs- Erschließungs- und Beitragsangelegenheiten nach BauGB und KAG
- **63 Bauaufsichtsamt**
  - 63/1 Juristische Angelegenheiten
  - 630 Bauaufsichtsabteilung
  - 632 Abteilung für Verwaltungs- und Bauordnungsangelegenheiten
- **66 Amt für Straßen und Verkehrstechnik**
  - 660 Zentrale Aufgaben
  - 661 Planung
  - 662 Bau und Unterhaltung
  - 663 Verkehrsmanagement
- **67 Amt für Landschaftspflege und Grünflächen**
  - 670 Zentrale Dienste und Friedhöfe
  - 671 Stadtgrün und Forst
- **69 Amt für Brücken und Stadtbahnbau**
  - 69/1 Projektgruppe Sanierung Rheinbrücken
  - 690 Entwurf
  - 691 Neubau – Projektleitung und Koordination
  - 692 Unterhaltung
  - 693 Eigentum Stadtbahn, Zentrale Aufgaben

Dezernat VII — Beigeordneter Prof. Georg Quander
Kunst und Kultur

- VII/2 Planungsreferat/Kulturbauten
- VII/3 Archäologische Zone
- VII/4 Referat für Museumsangelegenheiten
- **41 Kulturamt**
  - 41/1 Verwaltung
  - 41/2 Personen- und projektbezogene Förderung
- ● 4101 Puppenspiele
- **43 Stadtbibliothek**
  - 43/1 Beratung und Elektronische Dienste
  - 43/2 Bibliothekarische Systemanalyse, EDV
  - 43/3 Bibliotheksbenutzerservice und interne Kommunikation
  - 430 Zentrale Bibliotheksverwaltung
  - 431 Bestandsaufbau und -erschließung
  - 432 Zentralbibliothek
  - 433 Stadtteilbibliotheken
  - 435 Heinrich-Böll-Archiv
  - 436 Literatur-in-Köln-Archiv
- **44 Historisches Archiv**
  - 44/1 Öffentlichkeitsarbeit
  - 44/2 Mittelalter
  - 44/3 Neuzeit, Grundsatzangelegenheiten
  - 44/5 Nachlässe und Sammlungen
  - 44/6 Bestandserhaltung
  - 44/7 Benutzung und Bibliothek, Digitalisierung
- ● 4510 Wallraf-Richartz-Museum/Fondation Corboud
- ● 4511 Museum Ludwig
- ● 4512 Römisch-Germanisches Museum
- ● 4513 Rautenstrauch-Joest-Museum
- ● 4514 Museum für Angewandte Kunst
- ● 4515 Museum für Ostasiatische Kunst
- ● 4516 Museum Schnütgen
- ● 4518 Kölnisches Stadtmuseum
- ● 4519 Josef-Haubrich-Kunsthalle
- ● 4520 NS-Dokumentationszentrum
- ● 4522 Museumsdienst
- ● 4523 Kunst- und Museumsbibliothek
- **46 Bühnen**
  - 46/0 – 46/2 Werkleitung
  - 46/1 Verwaltungsabteilung
  - 46/2 Technischer Betrieb, Bauunterhaltung, Hausverwaltung
  - 46/3 Bühnentechnische Abteilung
  - 46/4 Kostümabteilung
  - 46/5 Künstlerischer Betrieb
  - 46/6 Künstlerischer Betrieb Oper
  - 46/7 Künstlerischer Betrieb Schauspiel
- **47 Orchester**
  - 47/01 Dramaturgie
  - 47/02-09 Orchester
  - 47/10 Chor
- ● 48 Stadtkonservatorin, Amt für Denkmalpflege

Vertretungsregelung Beigeordnete

Dezernat	1. Vertreter	2. Vertreter	3. Vertreter
OB, OB Roters	StD Kahlen	Beig. Dipl. Ing. Höing	Beig.
II, StKin Klug	StD Kahlen	Beig. Dipl. Ing. Höing	Beig. Reker
III, Beig. Berg	StD Kahlen	Beig. Dipl. Ing. Höing	Beig. Prof. Quander
IV, Beig. Dr. Klein	Beig. Berg	Beig. Berg	Beig. Berg
V, Beig. Reker	Beig. Dr. Klein	StKin Klug	Beig. Dipl. Ing. Höing
VI, Beig. Dipl. Ing. Höing	Beig. Berg	Beig. Berg	Beig. Dr. Klein
VII, Beig. Prof. Quander	StKin Klug	Beig. Dr. Klein	Beig. Dr. Klein

Die mit ● gekennzeichneten Dienststellen sind der Dezernentin bzw. dem Dezernenten direkt unterstellt.

Stadt Köln - Der Oberbürgermeister - 11/Personal- und Organisationsamt

Quelle: http://www.stadt-koeln.de/mediaasset/content/verwaltung/dezernatsverteilungsplan_2015_02_05.pdf

Orga ✓ Veranstaltungsorganisation/-wirtschaft

Ämter

40 Welche weiteren Ämter haben einen Eventbezug? Analysieren Sie das abgedruckte Beispiel der Kölner Stadtverwaltung von Seite 42.

Dezernat/Amt	Eventbezug, z. B.:
Dezernat OB: Amt 01 Amt des Oberbürgermeisters: 01/2 Repräsentation und Protokoll 01/4 Internationale Angelegenheiten	– Organisation von Empfängen (regional, national und international)
Dezernat OB: Amt 13 Amt für Presse- und Öffentlichkeitsarbeit: 13/1 Stabsstelle Events	– städtische oder städtisch-unterstützte Veranstaltungen (z. B. Gamescom-Ringfest, Medienfest usw.)
Dezernat I: Stadtdirektor Allgemeine Verwaltung, Ordnung und Recht **32 Amt für öffentliche Ordnung:** 321 Gewerbeangelegenheiten 322 Straßenverkehrsangelegenheiten, allgemeine Ordnungs- und Grundsatzangelegenheiten 327 Straßen- und Grünflächennutzungen	– gewerberechtliche Angelegenheiten, z. B: Ausschankgenehmigung – ordnungsrechtliche Abwicklung von Veranstaltungen (Sicherheitskonzepte, öffentliche Ordnung) – Eventnutzung öffentlicher Flächen
37 Berufsfeuerwehr, Amt für Feuerschutz, Rettungsdienst und Bevölkerungsschutz: 371 Gefahrenabwehr I, zentrale Einsatzorganisation	– veranstaltungsorientierte Einsatzkräfteregelung
Dezernat III Wirtschaft und Liegenschaften **80 Amt für Wirtschaftsförderung:** 801 Standortmarketing	– City-Marketing-orientierte Veranstaltungen und Aktivitäten – Begleitung von Events, die den Standort aufwerten
Dezernat IV Bildung, Jugend und Sport **400 Allgemeine Schulangelegenheiten, Ganztag, Verwaltung:** 403 Rheinische Musikschule	– Aufführungen der Musikschule
52 Sportamt: 520 Administrative Aufgaben inkl. Sportförderung und Bäderangelegenheiten 521 Sportstättenbau und -pflege 522 Großveranstaltungen, Großsportanlagen und Projekte	– Sportevents – Stadion- und Sportstättenverwaltung – Begleitung von Großveranstaltungen (Köln Marathon usw.)
Dezernat V Soziales, Integration und Umwelt **53 Gesundheitsamt:** 532 Infektions- und Umwelthygiene	– Belehrung laut § 43 Infektionsschutzgesetz (Gastronomie)
57 Umwelt- und Verbraucherschutzamt: 572 Immissionsschutz, Wasser- u. Abfallwirtschaft	– Lautstärkeregelungen, Entsorgungskonzepte
Dezernat VI Stadtentwicklung, Planen, Bauen und Verkehr **63 Bauaufsichtsamt:** 630 Bauaufsichtsabteilung 632 Abteilung für Verwaltungs- und Bauordnungsangelegenheiten	– Bauabnahmen von Bauten und Aufbauten (laut Bauordnung und VStättVO)
66 Amt für Straßen und Verkehrstechnik: 663 Verkehrsmanagement	– Verkehrskonzepte bei Großveranstaltungen

Public Event: Kultur, Konzert, Sport und Touristik

Kulturförderung

Unterstützende Leistungen eines Amts können dann an einen Empfänger außerhalb der Verwaltung getätigt werden, wenn die Stadt ein erhebliches Interesse an der Umsetzung bzw. an dem Projekt hat und das Projekt ohne die unterstützenden Leistungen nicht umgesetzt werden kann.
Als **Bewilligungsvoraussetzungen** müssen i. d. R. folgende Kriterien erfüllt sein:

- Es muss ein erhebliches öffentliches Interesse vorliegen.
- Die Gesamtfinanzierung muss nachgewiesenermaßen gesichert sein.
- Das Projekt muss sparsam und wirtschaftlich gerechnet sein.
- Die Maßnahme darf noch nicht begonnen haben.
- Das Projekt muss nachweislich einer ordentlichen Geschäftsführung unterliegen.

41 Wann kann *Kultur durch ein Amt gefördert* werden?

Unterstützungsart	Beispiele
Zuwendungen	Zuschüsse (nicht rückzahlbar) zweckgebundene Darlehen (bedingt oder komplett rückzahlbar) Voll- und Teilfinanzierungen
Sachleistungen	Ausstattung, Bedarfsdeckung, Material
Ersatz von Aufwendungen	Rückerstattungen
vertragliche Leistungen	Entgelte, Aufträge
Mitgliedsbeiträge	satzungsgemäße Leistungen

42 Welche *Arten von Unterstützung* durch ein Kulturamt kommen in der Praxis vor?

1. **Fehlbedarfsfinanzierung:** deckt einen Betrag (häufig auf einen Höchstbetrag begrenzt), der nicht durch eigene oder anderweitige fremde Mittel gedeckt werden kann bzw. wird; kann auch in Form einer sogenannten Ausfallbürgschaft gewährt werden, die z. B. nur die Verluste einer Veranstaltung deckt.
2. **Festbetragsfinanzierung:** Zugewendet wird entweder ein fester Betrag als Gesamtkostenanteil oder ein festgesetzter Teilbetrag, z. B. für Teilprojekte. Gewinne aus dem Projekt verbleiben i. d. R. im Projekt.
3. **Anteilsfinanzierung:** an den Gesamtkosten ausgerichteter prozentualer Betrag, auf einen Höchstbetrag begrenzt

43 Beschreiben Sie neben der Voll- und Teilfinanzierung eines Projektes *drei typische Zuwendungsarten* durch ein Kulturamt.

Orga ✓ — Veranstaltungsorganisation/-wirtschaft

Bewilligungsverfahren

44. Welche *Inhalte* sollten in einem *Zuwendungsantrag* enthalten sein?

- ordnungsgemäße Geschäftsführung in geordneter Organisationsstruktur
- Nachweis der bestimmungsgemäßen Verwendung
- Benennung von Beginn und Dauer der Fördermaßnahme
- Begründung des öffentlichen Interesses
- Bezifferung der Höhe der Zuwendungen
- Begründung der Notwendigkeit, warum eine Durchführung ohne die Zuwendung nicht möglich oder gefährdet wäre
- beigefügter Finanzierungsplan (inkl. Nachweis einer evtl. Vorsteuerabzugsberechtigung)

45. Wie nennt man das Dokument, mit dem eine *Zuwendung durch ein Kulturamt* bewilligt wird?

Bewilligungen durch ein Kulturamt werden dem Zuwendungsempfänger ähnlich wie die veranstaltungstypischen ordnungs- und baubehördlichen Aufgaben i. d. R. als **Bescheid** bekanntgegeben. Ein Bescheid ist ein i. d. R. direkt rechtswirksames Dokument der Exekutive (Staatsgewalt) auf Basis eines schriftlichen Verwaltungsaktes. Die genaue Form eines Bescheids ergibt sich im Wesentlichen aus besonderen Gesetzen und Verwaltungsvorschriften. Der Bescheid ergeht i. d. R. am Ende eines Verwaltungsverfahrens (etwa als Genehmigungsbescheid, Steuerbescheid oder Leistungsbescheid). Typische Inhalte neben den bewilligten inhaltlichen und finanziellen Details sind der sogenannte **„Haushaltsvorbehalt"** (Verwaltungsakt kann in Abhängigkeit von dem zu verabschiedenden Haushaltsplan eingeschränkt werden), das sogenannte **„Besserstellungsverbot"** (Empfänger von Zuwendungen, die ihre Gesamtausgaben überwiegend aus Mitteln der öffentlichen Hand finanzieren, dürfen ihre Mitarbeiter nicht besser vergüten als vergleichbare Bundesbedienstete), die **„Deckungsfähigkeit"** (Art der Ermächtigung, die der Verwaltung eine Verschiebung von Mitteln zwischen verschiedenen Haushaltspositionen zum Zweck der flexiblen Haushaltsführung ermöglicht) und eine **Rechtsbehelfsbelehrung**.

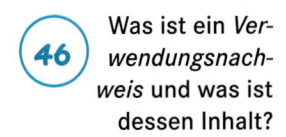

46. Was ist ein *Verwendungsnachweis* und was ist dessen Inhalt?

In einem Verwendungsnachweis muss dokumentiert werden, **für welchen Zweck die gebilligten Mittel verwendet wurden.** Es handelt sich also um eine dokumentierende Auflistung der Ausgaben und der dazugehörigen kaufmännischen Belege. Hier eine Checkliste für einen beispielhaften Verwendungsnachweis:

- Abgabefrist eingehalten?
- Sachbericht mit Beschreibung von Zuwendungszweck, Ergebnisbericht und Dokumentation?
- zahlenmäßiger Nachweis aller **Einnahmen und Ausgaben** in Originalbelegen entsprechend der Gliederung im Finanzierungsplan?

Public Event: Kultur, Konzert, Sport und Touristik

Kommunale Buchführung

47 Was bedeutet der Begriff *kameralistische Buchführung* (Kameralistik)?

Der Begriff kameralistische Buchführung leitet sich vom lateinischen Begriff *kamera* ab (Kammer, Gewölbe, Truhe) und bezeichnet das **Buchführungssystem, das in Deutschland i. d. R. im Bereich der öffentlichen Verwaltung angewendet** wird. Die Kameralistik bildet zahlungswirksame Einnahmen und Ausgaben verbuchend ab; die für das betriebliche Rechnungswesen typische Abgrenzung zwischen Einbuchung und Zahlvorgang findet hier nicht statt, Inventar und Bilanzierung usw. entfallen. Die kameralistische Buchführung ähnelt der Einnahmen-(Ausgaben-)Überschuss-Rechnung. Als zentrales Medium in der Kameralistik wird der Haushaltsplan genutzt, der für eine Rechnungsperiode die Einnahmen und Ausgaben gegliedert gegenübergestellt.

Ausschreibung

48 Was bedeutet es, dass kommunale Aufträge *öffentlich ausgeschrieben* werden müssen?

Aufträge **öffentlich auszuschreiben** bedeutet, dass

- ein potenzieller Auftrag durch die öffentliche Hand mit Abgabefristsetzung veröffentlicht werden muss,
- sich am Auftrag interessierte Unternehmen dann mit einem zielgenauen Angebot bewerben,
- der öffentliche Auftraggeber sich dann für das Angebot mit dem besten Preis-Leistungs-Verhältnis entscheiden sollte.

Bei einem Ausschreibungsverfahren mit anschließender Beauftragung sind i. d. R. bestimmte Formulare auszufüllen und spezifische Formvorschriften einzuhalten, die der öffentliche Auftraggeber i. d. R. vorgibt. Darüber hinaus achtet der Auftraggeber häufig einerseits darauf, dass die Lieferanten aus der Region stammen (regionale Wirtschaftsförderung), andererseits auf eine breite vertikale Streuung der Aufträge, damit bestimmte Lieferanten nicht monopolisierend mit Aufträgen bedacht werden.

49 Was bedeutet der Begriff *Pitch*?

Pitch bedeutet **Wettbewerbspräsentation auf Basis einer Ausschreibung.** Im Gegensatz zur öffentlichen Ausschreibung wird in der Privatwirtschaft hierbei häufig der Weg der privaten Ausschreibung gewählt, d. h., gezielt werden potenzielle Anbieter instruiert, die dann dem ausschreibenden Kunden Konzepte oder Angebote in Form einer Wettbewerbspräsentation vorlegen.

Orga ✓ Veranstaltungsorganisation/-wirtschaft

2.1.4.3 Konzert und Tournee

Tournee

ZP 50 Beschreiben Sie wesentliche Unterschiede zwischen dem sogenannten *standortgebundenen Geschäft* und dem *Tourneegeschäft*.

- Das **Standortgeschäft** kann einerseits als der Betrieb von festen Kultur-, Theater- oder Konzerthäusern sowie auch von Fest- und Tanzveranstaltungen beschrieben werden, welche die regionale Event-Versorgung der Bevölkerung in häufig fest betriebenen Veranstaltungsstätten sichert. In der Regel tritt hier ein Veranstalter auf, der entweder eine Location betreibt oder anmietet und dem Besucher i. d. R. eine Eigenproduktion anbietet. Auch feste Bühnen- oder Mehrzweckhäuser mit häufig festen Ensembles sind zum standortgebundenen Geschäft zu rechnen.

- Im **Tourneegeschäft** bietet ein Produzent eine Produktion an, mit der er überregional durch die Lande reist und die er passenden (häufig standortgebundenen) Veranstaltern und Locations als Gastspiel anbietet. Tourneeproduktionen bilden im Zusammenspiel mit den standortgebundenen Strukturen das Rückgrat der Kulturversorgung in Deutschland.

Struktur

ZP 51 Welche *Beteiligten* arbeiten im *Konzert- und Kultursegment auf Tourneegeschäftsebene* zusammen (Geben Sie die wesentlichen acht Beteiligten an).

Event-Treppe

Das System, in dem die typischen Beteiligten eines professionellen Rockkonzertes oder auch eines kulturellen Stadthallen-Gastspiels zusammenarbeiten, lässt sich für originär deutsche Produktionen mit der sogenannten **Public-Event-Treppe** beschreiben:

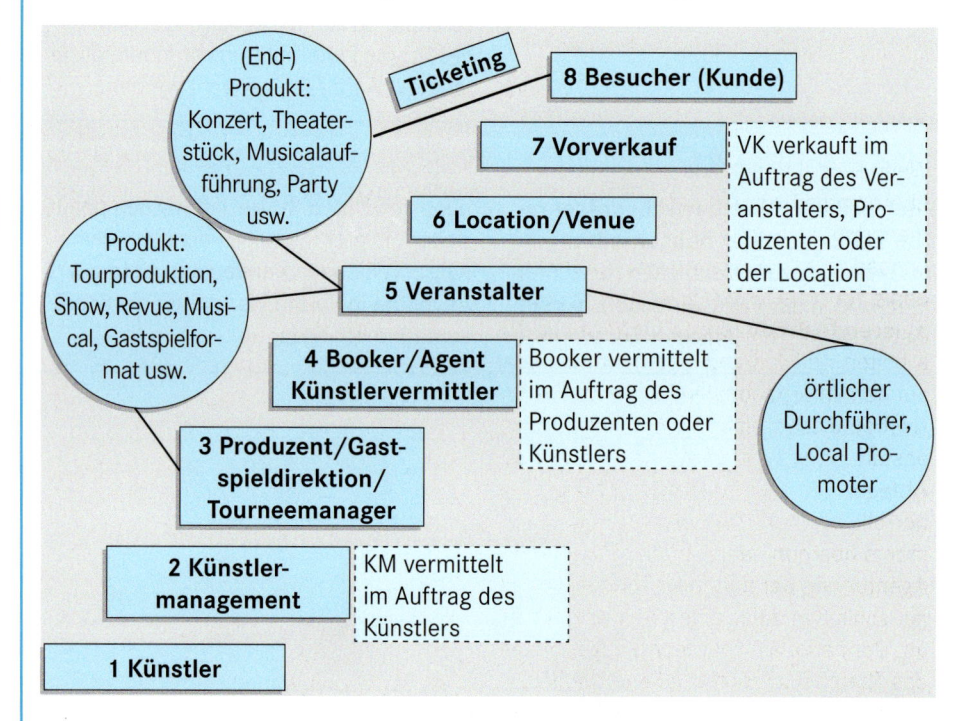

- (End-)Produkt: Konzert, Theaterstück, Musicalaufführung, Party usw.
- Produkt: Tourproduktion, Show, Revue, Musical, Gastspielformat usw.
- Ticketing
- 8 Besucher (Kunde)
- 7 Vorverkauf — VK verkauft im Auftrag des Veranstalters, Produzenten oder der Location
- 6 Location/Venue
- 5 Veranstalter
- 4 Booker/Agent Künstlervermittler — Booker vermittelt im Auftrag des Produzenten oder Künstlers
- örtlicher Durchführer, Local Promoter
- 3 Produzent/Gastspieldirektion/Tourneemanager
- 2 Künstlermanagement — KM vermittelt im Auftrag des Künstlers
- 1 Künstler

Der Künstler ist dabei häufig die Ausgangsgröße einer Tourneeproduktion. Die Treppenstufen 2 (Manager), 3 (Produzent) und 4 (Booker) sind an der Erstellung, der Vermarktung und dem Vertrieb des „Großhandels"-Produkts (beispielsweise

Public Event: Kultur, Konzert, Sport und Touristik

einer Tourneeproduktion) beteiligt. Im kaufmännischen Zentrum steht hier der Produzent, der das wirtschaftliche Risiko einer Produktion trägt und diese vorfinanzieren muss. Der Produzent ist diejenige Person oder Institution, die eigenverantwortlich, im eigenen Namen und auf eigene Rechnung mit Produktionsmitteln eine Produktion erstellt. Der Künstler kann dabei auch sein eigener Produzent sein. Die Treppenstufen 5 (Veranstalter), 6 (Location) und 7 (Vorverkauf) bringen die Produktion vor Ort zum Endverbraucher, d. h. zum Zuschauer. Im kaufmännischen Zentrum steht hier der Veranstalter, der das wirtschaftliche Risiko der Einzelveranstaltung trägt und im Mittelpunkt der wesentlichen Vertragsbeziehungen steht. Veranstalter laut Gewerbeordnung ist diejenige Person oder Institution, die eigenverantwortlich, im eigenen Namen und auf eigene Rechnung eine Veranstaltung durchführt.

Treppenstufe 1 – der Künstler: Darsteller des Kindermusicals Bibbi Blocksberg
Treppenstufe 2 – das Künstlermanagement: Management der prominenten Hauptdarstellerin
Treppenstufe 3 – der Produzent: Cocomico GmbH aus Köln
Treppenstufe 4 – der Booker: ebenso Cocomico GmbH aus Köln
Treppenstufe 5 – der Veranstalter: Stadthalle Mettmann GmbH
Treppenstufe 6 – die Location: Stadthalle Mettmann
Treppenstufe 7 – der Vorverkauf: lokale Strukturen
Treppenstufe 8 – der Besucher: örtliche Kindergartengruppen

ZP 52 Füllen Sie die *Public-Event-Treppe* am Beispiel einer kulturellen Gastspielproduktion im Kindertheaterbereich.

Wenn Produktionen aus dem Ausland übernommen werden, sieht die Zusammenarbeit globalisierungs- und produktionsbedingt etwas anders aus. Internationale Topkünstler werden durch **global agierende Produzenten** vertreten. Diese arbeiten weltweit und bieten ihre Künstler auf dem internationalen Markt an. Oft **betreiben** diese weltweit operierenden Veranstaltungsunternehmen **auch nationale Ableger,** die dann wiederum die Partnerrolle des nationalen Tourneemanagements übernehmen. Die internationale Agentur und der nationale Tourneemanager schließen dafür einen Tourneevertrag ab. Der nationale Tourneemanager bietet das Thema dann potenziellen örtlichen Durchführern für Einzel-Gigs und Festivals mit recht langfristigem Vorlauf an bzw. veranstaltet mitunter auch selbst.

Die Koordination ist notwendig, damit Europa- oder Welttourneen wie aus einem Guss erscheinen, obwohl unterschiedliche nationale Tourneemanager diese als nationale Tourneen veranstalten. Da die Belastungen für eine Band oder einen Künstler während einer solch großen Tournee sehr groß und Termine knapp sind, kann man davon ausgehen, dass die Gesamtzahl von Gastspielterminen limitiert ist und die jeweiligen nationalen Termine vom Künstlermanagement nach Prioritäten der Band, ihrer internationalen Agentur oder Wünschen der Plattenfirma vergeben werden.

ZP 53 Wie unterscheiden sich die Rollen im *internationalen Geschäft?*

Orga ✓ Veranstaltungsorganisation/-wirtschaft

Abgabepflicht

ZP 54 Wann ist ein typisches Verwertungsunternehmen *künstlersozialabgabepflichtig* und welche *beiden Verwertergruppen* können dadurch überhaupt nur abgabepflichtig sein?

Ein typisches Verwertungsunternehmen wird dann **künstlersozialabgabepflichtig,** wenn es einen **Künstler** oder Publizisten **direkt unter Vertrag** nimmt, also einen direkten Honorarvertrag mit dem Künstler hat. Basierend auf dem Rollenverständnis der Public-Event-Treppe können also nur zwei Verwerter einen solchen direkten Vertrag mit dem Künstler haben:

1. Der Veranstalter, wenn er den Künstler unter Vertrag hat und zu dessen Vermittlung die Dienste eines Managers oder eines Bookers bzw. Agenten bemüht (Stellvertreter lt. BGB).

2. Der Produzent/die Gastspieldirektion, wenn sie für eine Produktion, die üblicherweise an einen Veranstalter verkauft wird, die Künstler direkt engagiert. Auch als Eigenveranstalter wird der Produzent i. d. R. abgabenpflichtig, wenn Honorarverträge mit Künstlern abgeschlossen werden.

Eine Location wird z. B. dann künstlersozialabgabepflichtig, wenn sie als Veranstalter auftritt. Manager bzw. Booker arbeiten i. d. R. stellvertretend und im Auftrag entweder des Künstlers oder des Produzenten und sind i. d. R. nicht künstlersozialabgabepflichtig.

ZP 55 Nennen Sie beispielhaft vier passende *Medienformate,* mit deren Hilfe sich *Künstler professionell präsentieren* können.

Medium	passendes Medienformat
Tonträger	Demo-CD, Musik-CD
Bildtonträger	Demo-DVD, Live-Mitschnitt
Print	Broschüre, Pressespiegel, Pressetext
Internet	Website-Content inkl. Text-, Bild- und audiovisuelle Dokumente

Vermittler/Stellvertreter

ZP 56 Wo liegen die Unterschiede zwischen *Künstlermanager* und *Künstlervermittler (Agent)?*

Manager und Agenten unterscheiden sich in Umfang und Tiefe ihrer Tätigkeit für den Künstler. Beide sind dessen Stellvertreter und arbeiten in dessen Auftrag vermittelnd.

- **Manager** arbeiten dabei i. d. R. umfassend für einen Künstler, sie **schließen die Verträge** für den Künstler ab und **kümmern sich** auch sonst **um das wirtschaftliche und karrieremäßige Wohlergehen** des Künstlers. Dabei haben sie häufig eine **Generalvollmacht inklusive Unterschriftsvollmacht,** d. h., sie führen alle Geschäfte des Künstlers und unterschreiben auch für diesen. Häufig führen sie ein sogenanntes **Treuhandkonto** für den Künstler.

- Auch **Künstlervermittler (Agenten/Booker) schließen Verträge** für Künstler ab, allerdings i. d. R. **nur punktuell.** Sie führen nicht alle Geschäfte des Künstlers. Allerdings kann es vorkommen, dass sie für den Künstler unterschreiben und gegebenenfalls auch ein Treuhandkonto für ihn führen.

ZP 57 Darf man einen *Künstler am Manager bzw. Agenten vorbei buchen?*

Häufig stellt sich diese Frage nicht, da vor allem bekannte Künstler und Produzenten nur mit einem exklusiven Booking-Agenten zusammenarbeiten, d. h. überhaupt nur über diesen Ansprechpartner zu buchen sind. Manche Künstler/Produktionen haben für bestimmte Segmente unterschiedliche Agenten (Comediens z. B. üblicherweise getrennt für TV, Live-Gastspiele und das

Public Event: Kultur, Konzert, Sport und Touristik

sogenannte Gala- bzw. Firmenkundengeschäft). Nur selten kann man einen Künstler persönlich buchen. Veranstalter sollten i. d. R. nicht versuchen, Künstler direkt zu buchen, schon gar nicht, nachdem der erste Kontakt über eine Agentur oder das Management gegangen ist. Nicht nur, dass so ein Vorgehen zu Verstimmungen beim Agenten bzw. Management führen kann; Agenten erfüllen ihre Aufgaben – wie das Versenden von Materialien, der Vertragsabwicklung – auch i. d. R. wesentlich verbindlicher und professioneller als der häufig in diesen Dingen doch eher chaotisch agierende Künstler.

Produzent

- **Produzenten** (auch Tourneemanager bzw. Gastspieldirektion genannt) **nehmen Künstler unter Vertrag** und **erstellen komplette Produktionen,** die sie dann beispielsweise als Gastspiel an Veranstalter verkaufen. Die Direktionen übernehmen dabei meistens die organisatorische, rechtliche und wirtschaftliche Verantwortung sowie das unternehmerische Risiko (Gewinn-/Verlustrisiko).

- **Agenten vermitteln** i. d. R. **auf Provisionsbasis Auftritte an einen Veranstalter,** dabei treten sie vermittelnd als Stellvertreter auf für einen solchen Produzenten oder auch für einen Künstler selbst, wenn dieser sein eigener Produzent ist.

ZP 58 Wo liegen die wesentlichen Unterschiede zwischen *Tourneemanager (Produzent)* und *Künstlervermittler (Agent)?*

Ein **Tourneemanager** tritt häufig als **Produzent einer Tourneeproduktion** auf, der **örtliche Durchführer** ist i. d. R. sein Vertragspartner und tritt als **regionaler Veranstalter** in Erscheinung. Natürlich kann auch eine Band bzw. ein Künstler als Eigenproduzent agieren; ebenso kann ein regionaler Veranstalter eine Eigenproduktion präsentieren. Bei einer überregionalen Tournee ist es jedoch sinnvoll und auch üblich, dass Bands und Künstler mit einem Tourneemanagement zusammenarbeiten.

Das Tourneemanagement schließt mit der Band oder dem Künstler einen Vertrag über die Durchführung und meistens auch über die Produktion einer Tournee ab. Es fungiert dann häufig als Booker bzw. arbeitet mit einem solchen zusammen und sucht Local Promotor (örtliche Durchführer) als Partner, welche an den Gastspielorten die Aufgabe des Veranstalters übernehmen. Dieser örtliche Veranstalter mietet i. d. R. für den Auftritt („Gig") eine Location an. Zwischen Tourneemanager und Veranstalter wird der Gastspielvertrag geschlossen. Die Aufgaben und die Kosten werden dabei auf die beiden Vertragspartner verteilt.

ZP 59 Was ist der Unterschied zwischen *Tourneemanagement* und *örtlicher Durchführung?*

Orga ✓ Veranstaltungsorganisation/-wirtschaft

ZP 60 — Wie sieht in der Regel die *Aufgabenverteilung zwischen Tourneemanagement* und *örtlichem Durchführer (Local Promotor)* aus?

Im Allgemeinen sind die Zuständigkeiten zwischen den Vertragspartnern folgendermaßen aufgeteilt:

Tourneemanagement (Produzent) zahlt die allgemeinen Tourneekosten	Örtlicher Durchführer (Veranstalter) zahlt die örtlichen Veranstaltungskosten
- Künstlerhonorar (Gage) - Steuern (Umsatz-, ggf. Ausländersteuer) - Künstlersozialabgabe (wenn er der Produzent der Tour ist) - Werbung überregional und für den Verkauf der Tour - Tourneeproduktionskosten (z. B. Probenräume, Instrumente, Back-line, Choreograf) - Personalkosten für mitreisendes Personal (z. B. Lichtregie, Tonregie Front, Tonregie Monitor, Backliner, Tourneeleiter, Head of Security/Sicherheitschef) - Transportkosten für Künstler und mitreisendes Personal - Kosten für Fahrzeuge - überregionale Einrichtung des Vorverkaufs beim Systemanbieter (z. B. CTS EVENTIM)	- Gage laut Vertrag - Location-Miete - Abgaben (z. B. GEMA, ggf. Vergnügungssteuer) - Werbung regional - örtliches Personal (z. B. Hands, Einlass, Garderobe, Local Security) - alle aus dem Gastspielvertrag und der Bühnenanweisung inkl. Technical Rider resultierenden Kosten (z. B. Public Address – die an das Publikum gerichtete Tonanlage, Lichtanlage, Hotelkosten Crew und Künstler, Catering Künstler und Crew) - regionale Einrichtung des Vorverkaufs - Gebühren für Vorverkaufsstelle und Ticketing-Systemanbieter (z. B. CTS EVENTIM)

61 — Wer *erstellt* i. d. R. die *Bühnenanweisung* und wem wird sie *zugestellt?*

Die Bühnenanweisung wird i. d. R. im Sinn und Auftrag des Künstlers durch den Produzenten erstellt und über den Booker dem Veranstalter zugestellt.

62 — Was ist eine *Bühnenanweisung* und welchen *Inhalt* hat sie üblicherweise?

Bühnenanweisungen regeln **Anforderungen an den Veranstalter,** die dieser vorzubereiten hat. Angefordert werden i. d. R. gewünschte und notwendige technische Ausstattungselemente der Bühne und der Location. Typisch sind z. B. Tonanforderungen, Lichtwünsche, Backline-Bedarf (Instrumente/Verstärker), Garderobenbedarf, Catering-Wünsche und ggf. Hotelspezifikationen. Die Bühnenanweisung muss i. d. R. im Vorfeld der Veranstaltung vom Veranstalter gegengezeichnet werden. Eine Bühnenanweisung kann **aufgegliedert** sein in einen **Technical Rider** und einen **Stageplot.**

63 — Was bedeuten die Begriffe *Technical Rider* und *Stageplot?*

- **Technical Rider** ist im englischen Sprachraum das, was wir im Deutschen eine Bühnenanweisung nennen. In deutschen Bühnenweisungen kann der Technical Rider das Kapitel mit den explizit technischen Anweisungen sein.

- Ein **Stageplot** ist **Teil eines Technical Riders:** die aufrissartige Zeichnung einer Bühne mit der visuellen Verortung von Monitorplatzierungen, Instrumentenübersichten, Backline-Anforderungen, Strombedürfnissen usw.

Public Event: Kultur, Konzert, Sport und Touristik ✓ *Orga*

Abweichungen sollten **unbedingt im Vorfeld** des Gastspiels **geklärt** und **separat vereinbart werden.** Bühnenanweisungen sind Wunschlisten, von denen kleine Abweichungen durchaus üblich sind, aber sie müssen eben abgesprochen werden. Ein reibungsloser Ablauf eines Gastspiels kann durch einen Veranstalter, der nicht abgestimmte Abweichungen von der Bühnenanweisung vornimmt, erheblich gestört werden. Dies kann in seltenen, extremen Fällen zum Abbruch des Gastspiels und zu Streit über die Zahlung der Gage oder einer Konventionalstrafe führen. Es empfiehlt sich immer eine direkte Abstimmung zwischen den örtlichen Technikern für Licht, Ton usw. und den Technikern der Künstler, wenn Abweichungen von der Bühnenanweisung vereinbart werden sollen. Nehmen Sie die Anforderungen nach Aufbauhelfern ernst.

64 Darf von einer *Bühnenanweisung abgewichen* werden?

1. **Kontakt zu den Künstlern:** Künstler bzw. deren Manager oder auch deren Plattenfirma suchen einen Tourneeproduzenten bzw. ein Tourneeproduzent zeichnet einen vielversprechenden Nachwuchs-Act.
2. **Analyse des Marktpotenzials:** Ausloten von Zielgruppen, potenziellen Locations, Größenordnungen, potenziellen Vertrags- und Geschäftspartnern
3. **Vertrieb/Booking:** Vertragsakquise, Routing, Vertragsverhandlungen und -abschlüsse
4. **Programm:** Inhalt des Sets, Bühnenlayout, Kostümbild, Vorgruppe, Bühnenanweisung, Proben
5. **Logistische Planung:** Fahrtlogistik, Personalplanung, Equipment-Planung, technische Planung
6. **Kalkulation:** Produktionskostenkalkulation, Tageskostenkalkulation, Break-even-Berechnungen
7. **Tourneevorbereitung:** Konkrete Fahrt- und Personaldisposition, vorverkaufsorientierte Ticketing-Abrechnung, veranstalterorientierte Einzelvorbereitung
8. **Tourneeabwicklung:** Durchführung der Tournee, Abrechnung, Tagesabwicklung
9. **Nachbereitung:** Dokumentation, Schäden- und Problemabwicklung, Endabrechnung, Planung der nächsten Tournee

65 Listen Sie neun ausgewählte *Schritte in der Produktion und Organisation einer Tournee* auf.

1. Kosten:
   20 · 6 000,00 € Einkaufsgage = 120 000,00 € + 14 000,00 € = 134 000,00 €

2. Gewinn in Euro:
   159 996,00 € Forderungsgage (20 · 7 999,80 €)
   − 134 000,00 € Kosten
   = **25 996,00 €**

3. Gewinn in Prozent:
   Kosten 134 000,00 € = 100 %
   Erlös   25 996,00 € =   x %   **x = 19,40 %**

$$\frac{\text{Erlös } 25\,996{,}00\ € \cdot 100}{\text{Kosten } 134\,000{,}00\ €} = 19{,}40\ \%$$

66 Ein Tourneemanager kauft ein Paket von 20 Auftritten einer Show für 6 000,00 € pro Show ein. Weitere Kosten inklusive Fixkostenumlage belaufen sich auf 14 000,00 €. Er verkauft die 20 Shows für 7 999,80 € pro Gastspiel weiter.

Wie hoch ist der Gewinn in € und in %?

Orga ✓ Veranstaltungsorganisation/-wirtschaft

67 Für wen arbeitet in der Regel der Tourneeleiter? (Beschreiben Sie den Unterschied zwischen *Tourneemanager* und *Tourneeleiter*.)

- Der **Tourneemanager** ist **i. d. R. eine Firma** und **sowohl der wirtschaftliche als auch der ausführende Produzent** einer Tournee.

- Der **Tourneeleiter arbeitet i. d. R. für den Tourneemanager** und **begleitet die Tourneeproduktion** zu den einzelnen Gastspielen. Er kümmert sich um alle Belange der Produktion, insbesondere um die Vertretung der Interessen des Tourneemanagers gegenüber dem örtlichen Durchführer.

68 Nennen Sie mindestens sechs *typische Aufgaben eines Tourneeleiters* an einem Tourtag.

Zu den **Hauptaufgaben eines Tourneeleiters** gehören die Überprüfung der Einhaltung von Vertragsinhalten, der Bühnenanweisung sowie des Technical Riders. Darüber hinaus ist er für die kaufmännische Abwicklung und Abrechnung gegenüber dem örtlichen Durchführer und tourintern verantwortlich. Das Führen und immer neue Motivieren der Tourcrew gehört genauso zu seinen Aufgaben wie das Organisieren der Fahrten und Fahrzeuge, die Organisation von Unterkunft und Verpflegung sowie die Betreuung von Presse, Fans und Sponsoren. Er kümmert sich auch um die Einhaltung von Sicherheitsvorschriften vor Ort. Die Position umfasst viele spannende, jedoch auch sehr anstrengende Facetten – sie reichen vom Projektleiter bis hin zum Mädchen für alles.

69 Wann ist der *richtige Veranstaltungstermin?*

Bevor man einen Termin für ein Gastspiel bzw. für eine Veranstaltung fixiert, sollte man zunächst Aspekte wie Wochentag, potenzielle Zuschauerakzeptanz und saisonbedingte Erfahrungen berücksichtigen. Auch Konkurrenzveranstaltungen sowie sportliche oder gesellschaftliche Großereignisse (Fußballübertragungen und Ferien sowie Feiertage) können eine wichtige Rolle spielen. Eine Abstimmung von Veranstaltungen im eigenen Segment unter den regionalen Anbietern ist einem wettbewerbsorientierten gezielten Platzieren von konkurrierenden Veranstaltungen sicherlich vorzuziehen, wenn es der lokale Markt ermöglicht.

70 Was bedeuten die Begriffe *Routing, Anschlusstermin, Off-Tag* und *Gebietsschutz?*

Bei den Planungen und Verhandlungen über ein Gastspiel kommen diese Begriffe häufig vor.

- Mit **Routing** ist das **planende Festlegen der Tourneeroute** gemeint. Dabei spielen folgende Aspekt eine wesentliche Rolle: Verfügbarkeit des Künstlers, logische, logistische und zeitliche Reihenfolge der nacheinander folgenden Auftritte, Eignung der Gastspielorte.

- **Anschlusstermine** sind **Termine, die zeitlich und logistisch gut passen,** d. h., der Künstler plant vor oder nach dem möglichen Termin beim verhandelnden Veranstalter ein Gastspiel, das vom Ablauf und von dem Aspekt der Wegstrecke aus betrachtet ‚auf dem Weg' liegt.

- **Off-Tage** sind Tage, an denen **während einer Tour keine Gastspiele** stattfinden, die Travel Party (Tourneebesatzung) aber ggf. noch unterwegs ist. Als einzelnen Off-Tag bezeichnet man einen nicht verkauften Tag zwischen zwei Tourterminen. Der Tourneemanager möchte Off-Tage aus Kostengründen möglichst vermeiden; es ist jedoch manchmal nicht möglich, jeden Tag zu verkaufen. Durchgehende Tourneen setzen eine hohe Markt-

Public Event: Kultur, Konzert, Sport und Touristik — Orga

akzeptanz und eine hohe Nachfrage voraus.

- **Gebietsschutz** bedeutet, dass der Künstler vor und nach dem Auftritt für einen festgelegten Zeitraum **nicht in einem bestimmten Umkreis spielen darf.**

Veranstalter

Der **Veranstalter** muss i. d. R. folgende **Leistungen** übernehmen:

- Location-Bereitstellung
- örtliche Technik
- örtliche Personalgestellung
- örtliche Dienste
- Künstler- und Crewcatering
- Hotelübernachtung
- GEMA (alternativ Direkt-Tantiemen laut Recht)
- ggf. Künstlersozialabgabe

Fahrtkosten werden seitens des Veranstalters i. d. R. nicht übernommen und müssen in die Gagenforderung einkalkuliert werden.

71 Welche *Pflichten* muss der *Veranstalter* in der Regel übernehmen?

Der **Veranstalter** (Local Promoter bzw. Örtlicher Durchführer) **kümmert sich** um:

1. Abwicklung gegenüber der Location
2. Führung des örtlichen Personals (z. B. Hands, Einlass, Garderobe, Local Security)
3. Einhaltung aller aus dem Gastspielvertrag und der Bühnenanweisung (inkl. Technical Rider) resultierenden Kosten (z. B. Public Address System (PA) – die an das Publikum gerichtete Tonanlage, Lichtanlage, Hotelkosten Crew und Künstler, Catering Künstler und Crew)
4. Abrechnung von Abendkasse und Vorverkauf
5. Abrechnung mit dem Tourneemanagement
6. Einlasskontrolle und Security vor Ort
7. Abbau und Übergabe der Location

72 Nennen Sie sechs *typische Aufgaben eines Veranstalters* am Veranstaltungstag.

Die präzise Vorbereitung und Planung, die umsichtige und schlagkräftige Präsenz vor Ort und die respektvolle Künstler- und Crewbetreuung hat generell einen wichtigen Einfluss auf das Gelingen des Auftritts und der Veranstaltung.

Der Veranstalter sollte vor Eintreffen der Produktion bzw. der Künstler die wesentlichen Vorarbeiten abgeschlossen haben.

Die Crew und die Künstler sollten persönlich begrüßt werden.

Ansprechpartner des Veranstalters sollten permanent bis zum Ende des Abbaus erreichbar und beim Auftritt anwesend sein.

Das nötige örtliche technische, logistische und für andere Dienste zuständige Personal sollte gut eingewiesen, motiviert und rechtzeitig anwesend sein.

Aufgabenbereiche wie Catering, Backstage-Garderoben, Technik, Bestuhlung, Sicherheitsvorschriften, Security, Thekenbewirtschaftung, Kasse, Garderobe und Eingangskontrollen sollten reibungslos funktionieren.

73 Auf welche *Aspekte* sollte der Veranstalter am *Veranstaltungstag* besonders achten?

Orga ✓ Veranstaltungsorganisation/-wirtschaft

74 Listen Sie beispielhaft mindestens zehn Kostenarten auf, die dem Veranstalter als *typische Veranstaltungskosten* entstehen.

1. Künstlergage
2. Location-Miete
3. Location-Nebenkosten
4. Personalkosten
5. Kosten aus Bühnenanweisung (wie Technik, Backstagecatering, Hotelübernachtung Künstler und Tourcrew)
6. Werbung
7. Dekoration
8. Versicherungen
9. GEMA
10. Künstlersozialabgabe
11. ggf. Ausländersteuer
12. Vorfinanzierungskosten

Ticketing

75 Was bedeutet *Ticketing?*

Ticketing nennt man zum einen den **Prozess der Preisfindung einer Eintrittskarte**, zum anderen den **Prozess der Organisation des Ticketabsatzes**.

76 Nennen Sie fünf gängige *Vertriebsmöglichkeiten, Tickets* für eine Veranstaltung im *Vorverkauf* abzusetzen.

1. Vertrieb über Ticketing-Systemanbieter (z. B. CTS EVENTIM oder ticketmaster) bzw. Vorverkaufsstellen
2. Telefonhotline
3. Internet
4. Direktverkauf
5. Medienpartner

77 Nennen Sie mindestens vier *Gründe,* die bei der *Auswahl eines Ticketing-Systemdienstleisters* neben der Preisstruktur entscheidend sein könnten.

1. Marktabdeckung
2. Anzahl der angeschlossenen Vorverkaufsstellen
3. Ruf/Image
4. Affinität zu Veranstaltungsarten/Spartenkompetenz (z. B. Sport, Rock, Theater, Kleinkunst, Klassik)
5. weitere Vertragskonditionen
6. Qualität und Usability (Benutzerfreundlichkeit) des Systems

System

78 Ein Besucher ist mit der *Qualität* eines Konzerts *nicht einverstanden*. An wen muss er sich zur kaufmännisch/rechtlich wirksamen Problemlösung wenden?

An den Veranstalter, da er mit diesem einen Werk- oder Dienstvertrag eingeht (vgl. folgendes Schaubild):

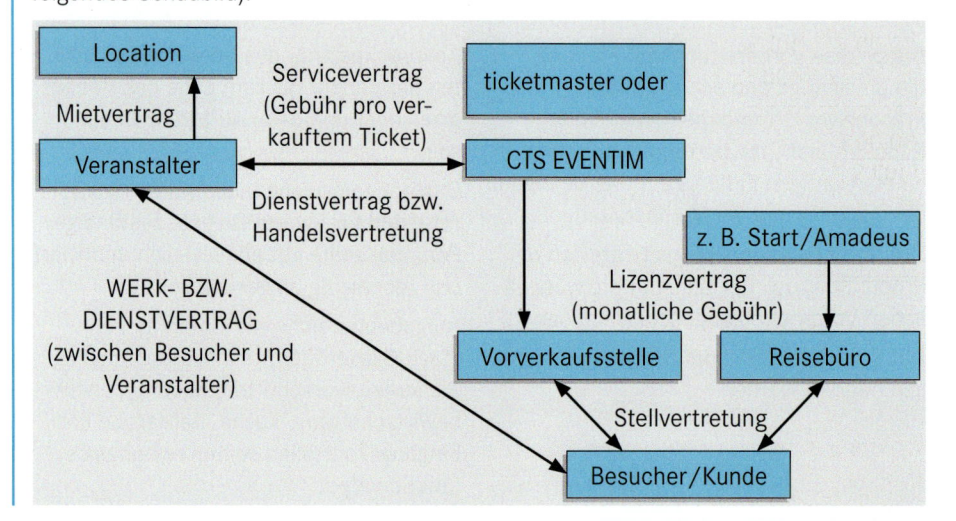

```
    Location
       ↑
       | Mietvertrag          Servicevertrag        ticketmaster oder
       |                      (Gebühr pro ver-
   Veranstalter  ←─────────→  kauftem Ticket)       CTS EVENTIM
       ↑                      Dienstvertrag bzw.
       |                      Handelsvertretung                    z. B. Start/Amadeus
       |
       | WERK- BZW.                                  Lizenzvertrag
       | DIENSTVERTRAG                              (monatliche Gebühr)
       | (zwischen Besucher und
       |  Veranstalter)                Vorverkaufsstelle ←────→ Reisebüro
       |                                          ↑
       |                                          | Stellvertretung
       └─────────────────────────────→  Besucher/Kunde
```

Public Event: Kultur, Konzert, Sport und Touristik — Orga

Entscheidend bei der Analyse dieses Schaubilds ist der Aspekt, dass zwischen Zuschauer (Besucher/Kunde) und Veranstalter ein Werkvertrag zustande kommt. Die Ticketing-Systemanbieter sowie die Vorverkaufsstellen fungieren lediglich als Vermittler und arbeiten als Dienstleister für den Veranstalter untereinander zusammen. Es kommt auch vor, dass die Location die Karten in den Verkauf mittels des Vorverkaufssystems bringt. Eine Rückgabe gekaufter Tickets ist i. d. R. – bedingt durch den Werkvertragscharakter – nicht möglich. Nicht bezahlte, hinterlegte Tickets gehen zurück in den Abendkassen-Verkauf. Bei Absage einer Veranstaltung muss der Veranstalter den Preis inklusive Vorverkaufsgebühr zurückerstatten.

1. **Künstlername** bzw. Name der Veranstaltung
2. **Tag, Datum, Uhrzeit,** gegebenenfalls Einlasszeit und Uhrzeit des Beginns
3. **Ticketpreis,** darin inbegriffen Mehrwertsteuer, ggf. etwaige Vorverkaufsgebühr, Systemgebühr, etwaige Zusatzgebühr zur Refundierung (siehe Seite 56, Aufgabe Nr. 82), z. B. Gebühr für TV-Kooperationspartner oder Werbepauschale
4. **Location, Eingang, Sitzplatznummer**
5. Name des örtlichen **Durchführers/ Veranstalters**
6. **Systemanbieter**
7. ggf. Sponsoren/Medienpartner
8. **Kartennummer,** Abrissstelle, Sicherheitsmerkmale wie Hologramm, Strichcode usw.

79 Nennen Sie mindestens sechs typische *Angaben, die auf einem Veranstaltungsticket* abgebildet sein sollten.

Gebühren

1. **Vorverkaufsgebühr** (regional und pro Partner unterschiedlich, beträgt zwischen 8 % und 25 % des Netto-Kartenpreises)
2. **Ticketing-Systemgebühr** (zwischen Veranstalter und Systemanbieter pauschal vereinbarte Gebühr pro Ticket, z. B. 1,20 € pro Ticket)

80 Welche *stückvariablen Kosten* enthält ein Ticket, das über eine *systemgestützte Vorverkaufsstelle* abgesetzt wird?

30,00 € = 107 %
x = 100 %

$$\frac{30{,}00\ \text{€}}{107\ \%} \cdot 100 = 28{,}04\ \text{€}$$

x = **2,80 €** (gerundet)

81 Wie hoch ist die *Vorverkaufsgebühr* (netto), wenn die Vorverkaufsstelle 10 % vom Nettobetrag eines Tickets erhält, das 30,00 € inklusive 7 % Umsatzsteuer kostet?

Orga ✓ Veranstaltungsorganisation/-wirtschaft

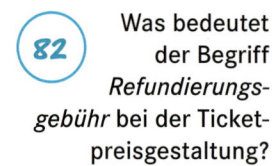

82 Was bedeutet der Begriff *Refundierungsgebühr* bei der Ticketpreisgestaltung?

Refundierung bedeutet, **Geld in einen Topf zurückzuführen,** aus dem vorher Entnahmen getätigt wurden (Fund = Fond = Geldtopf). Eine **auf dem Ticket ausgewiesene Refundierungsgebühr** kann beispielsweise zur direkten Deckung von höheren Werbekosten des Veranstalters verwendet werden, und/oder eine **Zusatzgebühr für den öffentlichen Personennahverkehr** beinhalten, deren Höhe mit dem regionalen Verkehrsbetreiber verhandelt und in Rahmenverträgen vereinbart wurde.

Refundierung im System des Kartenvorverkaufs kann auch bedeuten, dass eine lokale Vorverkaufsstelle sich vertraglich verpflichtet hat, einen gewissen Betrag an denjenigen Partner zurückzuerstatten, der das Kartenkontingent in den Vorverkauf gegeben hat (üblicherweise also an den Veranstalter oder auch an die Location).

Kooperation

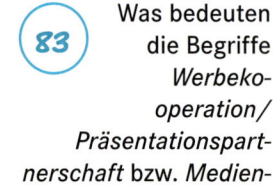

83 Was bedeuten die Begriffe *Werbekooperation/ Präsentationspartnerschaft* bzw. *Medienpartnerschaft* bei einer Veranstaltung?

- Zur Förderung des Ticketabsatzes werden häufig **Werbekooperationen** mit Medienpartnern vereinbart; Verlosungen und ähnliche Aktionen sind dabei dann rein kommunikationspolitische Marketingmaßnahmen. Bei Zeitungen und regionalen Zeitschriften, beispielsweise bei Stadtmagazinen, kann Anzeigenfläche eingekauft werden, deren Nutzung dann mit einer umfangreichen redaktionell-werblichen Ankündigung der Veranstaltung gekoppelt wird.

  Es gibt auch weitergehende imageorientierte Kooperationen (z. B. 1live präsentiert Rock am Ring). Hier werden häufig kommunikative Ressourcen synergetisch getauscht, ohne dass auf beiden Seiten hohe Zusatzkosten entstehen (vgl. Bartering, siehe Seite 191, Aufgabe Nr. 470). Der Medienpartner stellt ein Paket von Werbe- und Kommunikationsfenstern sowie Aktionen zur Verfügung, der Veranstalter ‚belabelt' im Gegenzug seine Werbekampagne und Werbemittel mit dem Logo des Senders. Der Radiosender WDR 1Live verbindet beispielsweise eine Konzertpräsentation gerne weiterhin mit einem kostenfreien Mitschnittrecht. Dem liegt dann ein Präsentationsvertrag zugrunde (früher erhielt der Konzertveranstalter für einen solchen Mitschnitt über einen Senderechtsvertrag noch Senderechtserlöse).

- **Präsentationspartner** partizipieren an der Imageübertragung zwischen Band und Zuhörer/Zuschauer. Der Veranstalter profitiert von der kostenfreien Medienpräsenz. Eine Präsenz auf den Werbemedien des Veranstalters kann getauscht werden mit einem Bündel von Medialeistungen des Senders (Verlosungsaktionen, Hintergrundberichte, Jingles, Spots).

84 Wie wird eine solche *Präsentationspartnerschaft* häufig buchhalterisch konkret abgebildet?

Geldleistungen fließen i. d. R. bei einer **Präsentationspartnerschaft nicht.** Besonders im Rahmen der ordentlichen Sollbuchführung wird jedoch häufig auf jeder Kooperationspartnerseite eine Ausgangsrechnung an den Debitorenpartner über die vertraglich vereinbarte Leistungssumme gestellt (meistens ein abgesprochener und getauschter Werbewert). Die Rechnungssumme ist bei beiden Rechnungen i. d. R. gleich hoch. Diese Rechnungen werden jedoch meistens nicht über Bank oder Kasse beglichen, sondern gegeneinander ausgebucht (Verrechnungsvorgang).

Public Event: Kultur, Konzert, Sport und Touristik — Orga

2.1.4.4 20 Beispielaufgaben mit Musterlösungsansätzen (Public Event)

Prüfung

> **Rahmenfall:**
> Die RockTheater GmbH aus Köln vermarktet als Tourneemanager (Produzent) mit Inhouse-Booking ein Rockmusical zum Thema Neue Deutsche Welle. Topact der Produktion ist der mittlerweile in Brasilien lebende ehemalige Popstar Peter Heinz, der Anfang der 80er-Jahre einen Hit im Segment mit dem Song „Völlig abgedreht" landete. Die Zielgruppe ist zwischen 35 und 60 Jahren alt. Als Local Promoter (Veranstalter) eines Auftritts in Hamburg tritt die Showconcept GmbH aus Buchholz (bei HH) auf.
>
> *mögliche Punktzahl: 100 Punkte*

85

1. Nennen Sie vier Argumente, warum die örtliche Durchführung vom Kölner Produzenten an den Hamburger Veranstalter übertragen wurde (4 Punkte).

je 1 Punkt für ein richtiges von 4 Argumenten

1. Der örtliche Veranstalter kennt die regionalen und lokalen Bedingungen besser, ist vor allem mit den räumlichen und technischen Gegebenheiten der Halle vertraut.
2. Die Kommunikationsmaßnahmen können vor Ort effektiver und mit mehr lokalem Know-how gesteuert werden.
3. Mit der Location kann auf kurzem Wege kommuniziert werden.
4. Der Local Promoter übernimmt einen Teil des wirtschaftlichen Risikos der Veranstaltung.
5. Der lokale Veranstalter kann das Ticketing und den Kartenverkauf gezielter steuern.

86

2. Es liegen zwei mögliche Freitermine für das Gastspiel in Hamburg vor. Definieren Sie den Begriff Routing und geben Sie zwei Kriterien an, nach denen Produzent und Veranstalter im Dialog vorgehen sollten, um eine konkrete Routing-Entscheidung zu treffen (4 Punkte).

bis zu 2 Punkte für die schlüssige Definition, je 1 Punkt pro richtigem Kriterium

Die planende Auswahl der geeigneten Gastspielorte („Venues") in der zeitlichen Tourneeabfolge im Rahmen einer Tourneeplanung wird Routing genannt. Die Frage, welchen örtlichen Durchführern die Gastspieltermine angeboten werden, ist von unterschiedlichen Aspekten abhängig, wie langjährige Geschäftsbeziehungen, gemachte Erfahrungen, Präferenzen des Tourneemanagers, mögliche Freitermine in Locations und Übereinstimmung von Konzept und Veranstalter/Veranstaltungsort.

Routing ist auch unter Berücksichtigung der Freitermine und möglicher Veranstaltungsorte ein komplexes Unterfangen. Generell ist beim Routing zu beachten, dass die Abfolge der Auftrittsstädte logistisch sinnvoll ist und dass auftrittsfreie Tage möglichst vermieden werden. Das wichtigste Kriterium für eine Entscheidung im vorgegebenen Fall ist, welcher der beiden möglichen Freitermine sich geografisch am besten einbauen lässt, d. h., welcher Termin bezüglich der Wegstrecken optimaler liegt. Die Orte der Tour sollten so geplant werden, dass durch die Auftrittsreihenfolge zusätzliche Wegstrecken minimiert werden. Neben diesem zentralen Entscheidungskriterium spielen natürlich auch der konkret verfügbare Wochentag sowie saisonale Gegebenheiten eine Rolle – Termine zum Wochenende hin und am Wochenende lassen sich i. d. R. besser verkaufen als Montags- oder Dienstagstermine; gegebenenfalls sollten mögliche Konkurrenztermine in die Entscheidung einbezogen werden.

Orga ✓ Veranstaltungsorganisation/-wirtschaft

87

3. Was bedeutet im Zusammenhang mit der Akquise durch den örtlichen Veranstalters der Begriff Gebietsschutz (2 Punkte)?

bis zu 2 Punkte für die richtige Beschreibung

Gebietsschutz bedeutet, dass in einem bestimmten Zeitraum in einem festgelegten Radius um die vereinbarte Veranstaltungsstätte keine weitere Veranstaltung mit dieser Produktion stattfinden darf. Der Veranstalter verhindert mit dem Gebietsschutz, dass ein erneutes Konzert in der Umgebung nicht nur Schnittmengen von Besuchern anlockt.

88

4. Nennen Sie acht Inhalte eines Gastspielvertrags zwischen Veranstalter und Produzent (8 Punkte).

je 1 Punkt für die richtige Nennung

Folgende **Bestandteile** sind in einem **Gastspiel- bzw. Konzertvertrag** zu regeln:

Vertragspartner: genaue Firmierung, Bezeichnung und Vertretungsberechtigung der Vertragspartner
Auftrittsdaten: Ort, Location, Datum, Uhrzeit, Länge des Sets, Details zum Programm
Gagenregelung: Gagenhöhe, Abrechnungsbedingungen, z. B. Beteiligungsdeal (prozentuale Umsatzaufteilung), Fälligkeit, Vorauszahlungen, Vergütungsempfänger
Nebenkostenregelungen: Reisekosten, Übernachtungskosten, Cateringkosten, Künstlersicherheit/Security, Sonderwünsche
Regelungen zu Versteuerung und Abgabenpflicht: Höhe der Umsatzsteuer, ggf. Ausländersteuer, Künstlersozialabgabepflicht
Ausfallregelungen: Folgen, Konditionalstrafe, Bedingungen
Zeitregelungen: Get in, Get out, Doors open, Sonderregelungen
Zusatzvereinbarungen: Regelungen bzgl. der Aufzeichnung des Konzertes, Höhe der Eintrittspreise, Hotelstandards, Catering-Anforderung, Art der Show (Solo oder Festival), Zahlungsbedingungen
Werbemaßnahmen: GEMA, Catering, Übernachtung, Vertrags-/Konventionalstrafe, allgemeine Vertragsklausel
Zusätzlich: technische Anforderungen/Bühnenanweisung: Soundcheckzeiten, wer trägt und stellt Bühne, P. A.-System und Lichtanlage, technische Sonderregelungen, Pyrotechnik

89

5. Geben Sie acht Bestandteile der Bühnenanweisung an und benennen Sie, wer diese an wen versendet (9 Punkte).

je 1 Punkt für jede richtige Nennung, 1 Punkt für die richtige Beschreibung

Die Bühnenanweisung sendet der Produzent an den Veranstalter, sie ist üblicherweise Bestandteil des Vertrags (häufig inkl. Technical Rider). Neben Anforderungen zu Technik, Personal, Catering und Equipment enthält die Bühnenanweisung häufig eine Zeichnung der Bühne, den sogenannten Stageplot. Normalerweise enthält sie folgende Bestandteile:

Allgemeines, Auf-/Abbau und Zeitplan: Datum - Einlass - Beginn / Stadt – Venue – Adresse; Allgemein: (z. B. freier Zugang zur Ladezone, Anzahl der Helfer); Tagesablauf: Ankunft, benötigte verantwortliche Personen, die anwesend sein müssen, Aufbau, Catering, Sanitäre Anlagen, Ankunft Support, Soundcheck, Abendessen, Showtime (Vorband), Showtime (Mainact), wer bzw. was muss wann/wo zur Verfügung stehen
Technik, Ton und Licht: was ist vorhanden, sind Techniker vor Ort, technische Anforderungen, Stromanschlüsse, Rauchmelder, Lüftung
Bühne: Größe, Belastbarkeit, wie soll die Bühne ausgestattet sein (z. B. Handläufe an gut beleuchteten Aufgängen), Monitoring, Backline
Soundcheck: Uhrzeit, wer darf anwesend sein

Public Event: Kultur, Konzert, Sport und Touristik — Orga

Parkplätze: wo, wie viel, Anfahrtsplan, Stromversorgung Tourbus (Nightliner), zu jeder Zeit freie Zufahrt zum Gelände

Catering: detaillierte Getränke- und Verpflegungsanforderung

Garderobe/Büros/Backstage: Wie viele Räume werden für welchen Zweck benötigt (z. B. Mainact, Support, Catering, Presseräume, Crewraum usw.), Duschen, sanitäre Anlagen

Bühnenabsperrung (Drängelgitter): welche Art von Absperrung, Wellenbrecher, Behindertenplätze, Bühnengraben, wer baut auf/ab

Einlass/Ordner/Security: wann, was darf mit hinein genommen werden, wie viel Security wo und wann, wer ist weisungsberechtigt, Name und Ansprechpartner der Sicherheitsfirma, Anforderung an freundlichen Umgang mit den Gästen und Besuchern, Einsatzgebiete (z. B. Backstagezugang, Bühnenaufgang usw.)

Ton & Bildaufnahmen: Verbot von privaten Aufnahmen, akkreditierte Fotografen im Graben vor der Bühne benötigen einen Pass (Liste erhält der Tourleiter vor dem Auftritt)

Sanitäter: Rettungswagen, Anzahl der Sanitäter, Telefonnummern von Ärzten

Merchandising: vom Veranstalter zur Verfügung gestellter, laufwegsorientierter Platz für den Verkauf von T-Shirts, CDs usw.

6. Beschreiben Sie die Begriffe Stageplot und Backline sowie die Abkürzung FOH (3 Punkte).

je 1 Punkt für die richtige Beschreibung

Der **Stageplot** ist eine **Aufrisszeichnung der technischen Anordnung** auf der Bühne, so wie sie von der Band oder der Produktionsleitung des Tourneemanagers gefordert wird. Aufgelistet und abgebildet werden z. B. die Backline, die Mikrofonierung, das Monitoring (Monitorboxen und evtl. Monitorpult) und sonstiges Bühnenzubehör. Auch die Position der beteiligten Künstler und der benötigten Stromanschlüsse kann einem Stageplot entnommen werden. Seine Hauptfunktion ist, dass der Veranstalter bzw. der Stagemanager bzw. die Backliner die Bühne entsprechend vorbereiten können bzw. vorbereitet vorfinden.

Backline bezeichnet die benötigten oder mitgebrachten Instrumente, Verstärker, die i. d. R. auf der Bühne hinter der Band stehen. Produktionsseitig wird die Backline betreut vom Backliner.

FOH bedeutet „**front of house**", damit ist der Platz für die Licht- und Tonsteuerpulte bei Live-Events gemeint, der sich i. d. R. mitten im Saal befindet, um eine möglichst optimale Hör- und Sichtposition für den Licht- und Beschallungsingenieur zu gewährleisten. Beachtet werden sollte bei der Platzierung, dass für dahinter befindlichen Personen der Blickkontakt zur Bühne noch gewährleistet ist.

7. Was bedeutet der Begriff Merchandising im Musikgeschäft? Nennen Sie vier Beispiele für Merchandising-Artikel (6 Punkte).

bis zu 2 Punkte für die schlüssige Erklärung, je 1 Punkt für die richtigen Beispiele

Merchandising im Musikgeschäft ist ein Teilgebiet des Licensing. Laut § 30 Markengesetz ist es einem Rechteinhaber möglich, die Bekanntheit einer Marke „für alle oder für einen Teil der Waren oder Dienstleistung, für die die Marke Schutz genießt, zum Gegenstand von ausschließlichen und nicht ausschließlichen Lizenzen für das Gebiet der Bundesrepublik Deutschland insgesamt oder einen Teil des Gebiets" zu machen. In der Regel werden unterschiedliche, zielgruppenorientierte Verkaufswaren hergestellt, die mit dem Logo einer Band o. Ä. gebrandet sind. Merchandising im Musikgeschäft hat drei grundlegende Ziele: Gewinnerzielung durch Absatz, begleitende Marketingkommunikation für die Kapelle und eine Bindung der Fans.

Typische Waren für Musik-Merchandising-Produkte sind CDs, gebrandete Kleidung (Shirts, Pullis usw.), Kappen/Mützen, Badges/Sticker, Taschen, Schlüsselanhänger (Lanyards), Wäsche, Geschirr, Accessoires, Sportartikel, Fahnen, andere Gebrauchsprodukte, Convenience-Food usw.

Orga ✓ — Veranstaltungsorganisation/-wirtschaft

92

8. Erläutern Sie vier Kriterien, die der Veranstalter bei der Anfrage an potenzielle Venues zugrunde legen sollte (2 Punkte).

je 0,5 Punkte für die richtigen Kriterien

Nach folgenden **Kriterien** sollte man die **Location aussuchen,** die man für die Tour anfragt:
1. Die Location muss zum möglichen Zeitpunkt verfügbar sein.
2. Wichtig ist, dass die ausgesuchte Location in der Zielgruppe akzeptiert ist.
3. Der angefragte Ort sollte so ausgestattet sein, dass der Auftritt optimal ablaufen kann: Technik, Bühne usw. sollten den Anforderungen laut Bühnenanweisung entsprechen.
4. Der potenzielle Veranstaltungssaal sollte das passende Fassungsvermögen vorweisen, d. h. nicht zu groß und nicht zu klein sein. Kleinere Säle kommen eher nicht infrage, zu große Säle wirken evtl. leer, wenn zu wenig Zuschauer im Saal sind.
5. Ebenfalls eine Rolle spielen sollten die Konditionen und Kosten der Veranstaltungsstätte. Das Preis-Leistungs-Verhältnis sollte stimmen.

93

9. Das Ticketing (Einrichtung des Kartenverkaufs, z. B. über den Ticketing-Systemanbieter CTS EVENTIM, Verteilung von Eintrittskarten auf direkt belieferte Vorverkaufsstellen und Abrechnung der Kartenverkäufe) kann sowohl vom örtlichen Veranstalter als auch von der Location organisiert werden. Beurteilen Sie anhand von zwei wirtschaftlichen Kriterien, welcher der genannten Vertragspartner die Kartendistribution der Eintrittskarten organisieren und durchführen sollte (3 Punkte).

je bis zu 1,5 Punkte je schlüssiger Beurteilung

(Es kann für beide Partner argumentiert werden.)
Argumente für Veranstalter: Sicherung der Liquidität durch Vorababrechnungen; Möglichkeit, eigene Ticketkontingente über eigene Strukturen abzusetzen, um die Vorverkaufsgebühr zu behalten; schnellerer Zugriff im Vorfeld der Veranstaltung auf die aktuellen Absatzzahlen
Location: Sicherung der Liquidität durch Vorababrechnungen; Möglichkeit, eigene Ticketkontingente über eigene Strukturen abzusetzen, um die Vorverkaufsgebühr zu behalten; genauer Zugriff im Vorfeld der Veranstaltung auf die aktuellen Absatzzahlen in Hinblick auf Fassungsvermögen der Halle (schnelles Erkennen einer Überbelegung)
(Argumente für eine Einrichtung aus Sicht des Produzenten waren hier nicht gefragt.)

94

10. Der Veranstalter hat die Hamburger Deichkindhallen 1 mit 2 500 Personen Fassungsvermögen für 4 500,00 € Grundmiete und als Alternativoption die Deichkindhallen 2 mit 1 500 Personen Fassungsvermögen für 2 500,00 € Grundmiete angefragt. Was bedeutet der Begriff Option und welche zwei Argumente sprechen aus Sicht des Veranstalters für eine Option auf den zweiten Saal (3 Punkte)?

je 1 Punkt für die richtige Erläuterung bzw. jedes richtige Argument

Option bedeutet, dass zunächst beide Säle für den Veranstalter reserviert sind. Bis zu einem bestimmten abgesprochenen Zeitpunkt muss dann die Buchung einer der Säle verbindlich erfolgen. Eine Buchung des kleineren Raums spätestens zu diesem Zeitpunkt ist dann wirtschaftlich sinnvoll, wenn das Besucherinteresse nicht ausreichend ist (Analyse der Vorverkaufszahlen). Das Ziehen der Option auf den kleineren Saal reduziert die Mietkosten und sorgt für einen optisch volleren Saal sowie eine bessere Stimmung durch das optimale Verhältnis zwischen Raumgröße und Besucherzahl.

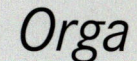

Public Event: Kultur, Konzert, Sport und Touristik — Orga

11. Worin besteht das wirtschaftliche Risiko einer solchen Optionierung für die Location? Nennen Sie zwei Aspekte zur Reduzierung dieses Risikos (3 Punkte).

je 1 Punkt für die richtige Erläuterung bzw. jedes richtige Argument

Das wirtschaftliche Risiko für die Deichkindhallen besteht darin, dass die Mieteinnahmen für den Fall ausbleiben, dass die Halle 1 nicht mehr vermietet werden kann. Durch folgende zwei Maßnahmen kann dieses Risiko gemindert werden:
- Vereinbarung einer kräftigen Bearbeitungsgebühr bei Ziehen der Option
- Vereinbarung einer Rücktrittsfrist (Dead-Line setzen), um durch eine rechtzeitige Absage eine Wiedervermietung zu ermöglichen

12. Nennen Sie sechs typische Leistungen, die eine angemietete Location bei der Veranstaltungsabwicklung anbieten kann und kennzeichnen Sie, ob es sich dabei um eine Fremdleistungen oder eine Eigenleistung handelt (6 Punkte).

je bis zu 1 Punkt für die richtige Nennung und Zuordnung

Leistung	Kennzeichnung
Bestuhlung	Eigenleistung
Beschallungsanlage, Lichtanlage	Eigenleistung/Fremdleistung
Bühne	Eigenleistung
Reinigung, Entsorgung	Fremdleistung
Sanitätsleistungen	Fremdleistung
Sicherheitspersonal	Fremdleistung
Werbetafeln an den Außenwänden	Eigenleistung/Fremdleistung
sonstige regionale Werbeflächen	Fremdleistung
Einrichtung des Vorverkaufs	Eigenleistung/Fremdleistung

13. Es soll angegeben werden, von welcher Person die Halle abgenommen werden muss und welches Amt dies laut MVStättV beaufsichtigt (4 Punkte).

je bis zu 2 Punkte für die richtige Beschreibung und Zuordnung

Die Halle muss laut Musterversammlungsstättenverordnung von einem Verantwortlichen für Veranstaltungstechnik, i. d. R. von einem Bühnenmeister (§ 39 VStättVO) abgenommen werden. Die Bauabnahme lt. VStättVO obliegt der regional zuständigen Behörde, i. d. R. ist dies das Bauamt.

Orga ✓ Veranstaltungsorganisation/-wirtschaft

98

14. Benennen Sie drei anfallende spezifische Abgaben für das Event und geben Sie an, wer diese zu tragen hat (6 Punkte).

je 1 Punkt für die richtige Nennung und Zuordnung

Da es sich um internationale Künstler handelt, fallen folgende spezifischen Abgaben an: die sogenannte Ausländersteuer (beschränkte Einkommensteuerpflicht nach § 50a EStG), die Künstlersozialabgabe und die GEMA. Dadurch, dass die auftretenden Künstler beim Tourveranstalter (als Produzent) unter Vertrag stehen, muss der örtliche Veranstalter die Ausländersteuer und die Künstlersozialabgabe nicht übernehmen; diese fallen beim Tourneeveranstalter an. Der Gastspielvertrag zwischen Veranstalter und Tourneemanager ist vermutlich ein Arrangementvertrag, d. h., der Tourneemanager liefert die Produktion komplett vorgefertigt an. Die einzelnen Künstler haben dann einen Künstler- oder Konzertvertrag mit dem Tourneeveranstalter. Grundsätzlich ist derjenige, der der Öffentlichkeit die urheberrechtlich von der GEMA wahrgenommenen Musiktitel zugänglich macht, für die Anmeldung bei der GEMA zuständig. Die Pflicht zur Zahlung der GEMA-Abgaben liegt also i. d. R. beim Veranstalter.

99

15. Für die Werbung/Kommunikation dieser Veranstaltung sollen zielgruppenorientierte Maßnahmen vor der Veranstaltung veranlasst werden. Erläutern Sie vier angemessene Kommunikationsmaßnahmen (8 Punkte).

je bis zu 2 Punkte für die richtige Erläuterung

1. **Anzeigenschalten** in Stadtmagazinen und Zeitungen; Anzeigen in der örtlichen Presse
2. **Print-Außenwerbung,** beispielsweise an City-Lights, Großwerbetafeln und Litfaßsäulen im Stadtgebiet der jeweiligen Veranstaltung: Ansprache der Zielgruppe Autofahrer, Fußgänger, Stadtbewohner und -besucher
3. **Plakate** auf mobilen Plakatständern bzw. Plakatzauntafeln im Einzugsgebiet der Veranstaltungsstädte, Ansprache der Zielgruppe wie oben
4. Versand von **E-mail-Newslettern** an Fanclubs beteiligter Bands/Künstler und Communities: zielgenaue Ansprache interessierter Kunden
5. Auslegen von **Flyern und Postcards** in zielgruppennahen Gaststätten, Clubs und Discotheken oder auf ähnlichen Veranstaltungen im Vorfeld: Umfeldansprache der schlagerbegeisterten Zielgruppe
6. **Radiospots** bei lokalen Radiosendern (bei Sender bzw. Programmauswahl Zielgruppenaffinität beachten, z. B. Auswahl von WDR 4)
7. eigene **Internetpräsenz, Onlinemarketingmaßnahmen,** wie z. B. auf Twitter/Mixxt usw.: Erreichen der Special-Interest-Zielgruppe über das User-Verhalten, auch Bannerschaltung (Onlinekooperationen)
8. herausgehobene **Platzierung in Vorverkaufsstellen:** Ansprache von Intensivkäufern
9. **Pressemitteilungen** für die redaktionelle Berichterstattung in Print- und Onlinemedien
10. Erstellung von **Spots** im Rahmen einer Medienkooperation mit einem örtlichen Radiosender

100

16. Welche vier Inhalte sollte ein Sponsorkonzept zur Ansprache ausgesuchter Unternehmen beinhalten (6 Punkte)?

je 1,5 Punkte für die korrekte Nennung

In einem Sponsoringkonzept bzw. einer briefingartigen Sponsorenanfrage sollte(n) …
1. … ein Überblick über die Veranstaltung gegeben werden: Kurzfassung des Events und mögliche Arten der Zusammenarbeit, erwartete Anzahl der Besucher, Beschreibung der Rahmenbedingungen, Hintergrundzahlen, Referenzen, Kontaktdaten.
2. … eine Überschneidung in den Zielgruppen angesprochen und eine mögliche Positionierung im Marketing-Kommunikationsmix des potenziellen Sponsors skizziert werden.
3. … die Vorteile und ein potenzieller Mehrwert für den Sponsor herausgestellt werden.

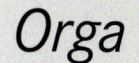

Public Event: Kultur, Konzert, Sport und Touristik — Orga

4. ... die möglichen Leistungen sowie konkrete Nutzungsmöglichkeiten für den Sponsor genannt werden, z. B.: Nennung in Radiospots, Platzierung von Logos in der Printwerbung und auf den Tickets usw.
5. ... die Preisvorstellungen kommuniziert werden: Sponsoringpakete, Konditionen, Leistungsübersichten.
6. ... die Form stimmen, z. B.: Deckblatt/Titel, Inhaltsverzeichnis, ansprechende und nutzenorientierte Gestaltung und Aufmachung.

Die einzelnen Elemente dienen dazu, dem potenziellen Sponsorpartner eine Orientierung zu bieten, ihn zu interessieren bzw. zu aktivieren und ihm die kommunikativen Möglichkeiten im Rahmen der Marketing-Kommunikation darzulegen, damit eine fruchtbare Zusammenarbeit zustande kommt.

---

17. Die Veranstaltung findet in der Halle 1 statt. Der Vertrag zwischen Veranstalter und Produzent enthält folgende Gagenregelung: Der Veranstalter zahlt an den Produzenten gegen Rechnung und Quittung eine Nettogarantiegage in Höhe von 5 000,00 € zzgl. 7 % Umsatzsteuer. Ab einem Veranstaltungs-Break-even-Point in Höhe von 12 000,00 € (netto) erhält der Produzent 60 % der Nettoeinnahmen zzgl. 7 % Umsatzsteuer. Berechnen Sie den Auszahlungsbetrag an den Produzenten inkl. Umsatzsteuer auf Basis folgender Verkaufsdaten: 1 770 Karten à 8,00 € (brutto) im Vorverkauf, 191 Karten à 10,00 € brutto an der Abendkasse (9 Punkte).

Bitte den verminderten Umsatzsteuersatz in Höhe von 7 % für Live-Tickets anwenden (nach § 12 Abs. 7a UStG), da es sich um ein Künstler-Live-Konzert und keine Tanzveranstaltung handelt.

9 Punkte, ggf. Teilpunkte für den Lösungsweg

Zwei Lösungen sind richtig:

Lösungsweg 1		Lösungsweg 2 (gerundet)	
1 770 Karten · 8,00 €	14 160,00 €	Vorverkauf: 8,00 € : 1,07 % (= Kartenpreis netto)	7,48 €
+ 191 Karten · 10,00 €	+ 1 910,00 €	Abendkasse: 10,00 €: 1,07 % (= Kartenpreis netto)	9,35 €
= Einnahmen brutto (107 %)	= 16 070,00 €	1 770 · Kartenpreis netto VVK	13 239,60 €
− 7 % Umsatzsteuer	− 1 051,31 €	191 · Kartenpreis netto AK	+ 1 785,85 €
= Einnahmen netto (100 %)	= 15 018,69 €	= Einnahmen netto (100 %)	= 15 025,45 €
− Veranstaltungs-Break-even	− 12 000,00 €	− Veranstaltungs-Break-even	− 12 000,00 €
= zu verteilender Restbetrag	= 3 018,69 €	= zu verteilender Restbetrag	= 3 025,45 €
davon 60 % an Produzent	= 1 811,21 €	davon 60 % an die Band	= 1 815,27 €
+ Nettogarantiegage 100 %	= 6 811,21 €	+ Nettogarantiegage (100 %)	= 6 815,27 €
+ 7 % USt = Auszahlungssumme (107 %)	= 7 288,00 €	+ 7 % USt = Auszahlungssumme (107 %)	= 7 292,34 €

Orga ✓ Veranstaltungsorganisation/-wirtschaft

102

18. Aufgrund eines elektrischen Kurzschlusses in der Aufzugsanlage wird der Feueralarm während der laufenden Veranstaltung ausgelöst. Das Publikum flüchtet, es kommt zu Personenschäden. Welcher der Beteiligten haftet vertragsrechtlich und laut MVStättV für solche Schäden (4 Punkte)?

je bis zu 4 Punkte für die schlüssige Begründung

Aufgrund des Werkvertragsverhältnisses, das der Besucher zum Veranstalter hat, und der dadurch begründeten vertraglichen Haftung muss der Besucher seine Ansprüche an den Veranstalter richten. Der Veranstalter kann ggf. die Ansprüche wieder beim Betreiber geltend machen. Nach Musterversammlungsstättenverordnung ist der Betreiber für die Sicherheit der Veranstaltung und damit der Besucher aufgrund von gesetzlicher Haftung verantwortlich (sogenannte Garantenstellung laut § 38 ff. MVStättV).

103

19. Nennen Sie vier Versicherungen, die der Veranstalter oder der Hallenbetreiber abschließen sollte (6 Punkte).

je bis zu 1,5 Punkte für die richtige Nennung

1. **Veranstaltungshaftpflichtversicherung** (Personen-, Sachschäden aus der Haftung Dritten gegenüber), zusätzlich zur Betriebshaftpflicht abzuschließen
2. **Veranstaltungsausfallversicherung** (Absicherung gegen Risiko der Absage aus Gründen von Abbruch, Künstlerausfall usw.)
3. **ggf. Short-Fall-Versicherung** (versichert Vermögensschäden aus Nichterreichen des Break-even-Points)
4. **Geschäftsinhaltsversicherung** (ähnlich der Hausratversicherung im Privatbereich, Gefahrenversicherung, z. B. Absicherung gegen Einbruchdiebstahl, Feuer, Leitungswasser, Elementarschäden, häufig auch als Kombination mit Rechtsschutz usw.)
5. **ggf. zuzüglich Elektronikversicherung** (Allgefahrenversicherung zur Absicherung von Schäden an Elektronik)

104

20. Erläutern Sie vier Möglichkeiten zur kurzfristigen Erfolgsmessung der Tournee (4 Punkte).

je 1 Punkt für richtige Erläuterung

1. **Auswertung** der **Anzahl verkaufter Karten** pro Auftritt und im Gesamten, um mit den Kalkulationswerten zu vergleichen und zu sehen, ob der Break-even-Point erreicht und wie viel Gewinn gemacht wurde.
2. **Auswertung** von **Presseberichten** (PR-Clipping), um zu bewerten, wie die Konzerte von der Öffentlichkeit aufgenommen wurden.
3. **Auswertung** von **Meinungsäußerungen aus Internet- und Fancommunities,** um einen Einblick in das Feedback der Zielgruppe zu erhalten.
4. **Auswertung** der **Manöverkritik** mit allen Beteiligten, um interne Stimmungsbilder zu bekommen und zukünftig Verbesserungen im Ablauf planen zu können.

Public Event: Kultur, Konzert, Sport und Touristik — *Orga*

2.1.4.5 Herausforderung Open-Air-Festival

- **Rahmenbedingungen:** Wann soll die Veranstaltung stattfinden, welches Gelände kommt infrage und mit welchen geländespezifischen Besonderheiten ist zu rechnen?
- **Organisationsplan:** Was wird zur Durchführung benötigt, wo bekomme ich Künstler, Equipment, Dienstleister und Personal her?
- **Kalkulation:** Wie hoch sind mögliche Einnahmen, wie hoch meine Ausgaben, sind passende Sponsoren vorhanden, welches finanzielle Risiko zeichnet sich ab?
- **Kommunikationsplan:** Wie und über welche Medien und Kommunikationswege erreiche ich meine Zielgruppe möglichst effizient?

Open Air

Nennen Sie vier spezifische Fragen, die Sie sich zu Beginn der Planungen für ein Open-Air-Festival stellen sollten. (105)

- **Bauamt:** Abnahme von Aufbauten (Geländeaufbauten, Bühnen und Zelte). In Rücksprache mit dem Verantwortlichen für Veranstaltungstechnik sollte eine Bauabnahme laut der Verordnung für Fliegende Bauten bzw. der gültigen VStättVO durch das Bauamt in die Wege geleitet werden. Zelt- und Bühnenbau: Prüfen und Vorlage der Bau- und Prüfbücher über den vorschriftsmäßigen Zustand der Bauten (Garantenstellung des Betreibers bzw. Verkehrssicherungspflicht des Veranstalters).
- **Ordnungsamt:** allgemeine öffentliche Ordnung, Emmissionen/Lautstärke (Ausnahmegenehmigung gemäß Landesimmissionsschutzgesetz). Die Ordnungsbehörde sollte in Bezug auf eine Ausnahmegenehmigung laut Landesimmissionsschutzgesetz kontaktiert werden (bzgl. der Bühnenlautstärke). Des Weiteren Abstimmung mit der Ordnungs- oder Verkehrsbehörde bzgl. der Verkehrssituation.
- **Gewerbeamt:** Konzession Gastronomie laut Gaststättengesetz, Schankerlaubnis, ggf. Sperrstunde Curfew. Eine etwaige Nutzungsänderung durch das Gewerbeamt muss ausgelotet werden. Mit dem Gewerbe- oder Ordnungsamt sind die Schankgenehmigungen abzustimmen, mit dem Gesundheitsamt das Vorliegen der Gesundheitszeugnisse (bzw. Belehrungen) für die Catering- und Servicemitarbeiter. Das Liegenschaftsamt/Grünflächenamt ist zuständig für städtische Gelände/Grünflächen.
- **Fuhramt/Umweltamt:** Entsorgung, Müllabfuhr, Reinigung

Ämter

Nennen Sie vier zuständige Ämter und deren Tätigkeitsbereich. (106)

Generell gilt, dass für beide Flächenarten sowohl das Bauamt eine Bauabnahme, das Gewerbeamt die Schankerlaubnis als auch das Ordnungsamt die Lautstärkebelastung regeln. Bei der **Nutzung von öffentlichen Flächen** müssen jedoch noch **weitere Abnahmen** bzw. Erlaubnisse erfolgen: Wo bei einer privaten Fläche das Gewerbeamt die **Nutzungsänderung** bewilligen muss, obliegt diese Genehmigung bei einer öffentlichen Fläche i. d. R. dem **Liegenschaftsamt** bzw. dem Ordnungsamt. Auch die **Entsorgung** muss i. d. R. hier zusätzlich mit dem **Entsorgungsamt** geregelt werden.

Grenzen Sie zwei wesentliche Unterschiede ab, die entstehen, wenn Sie statt einer Privatfläche eine öffentliche Verkehrsfläche für eine Open-Air-Veranstaltung nutzen. (107)

Orga ✓ Veranstaltungsorganisation/-wirtschaft

Aufgaben

ZP 108 Nennen Sie in Form eines Projektstrukturplans sechs spezifische Aufgabenbereiche zur Planung bzw. Organisation eines Open-Air-Festivals.

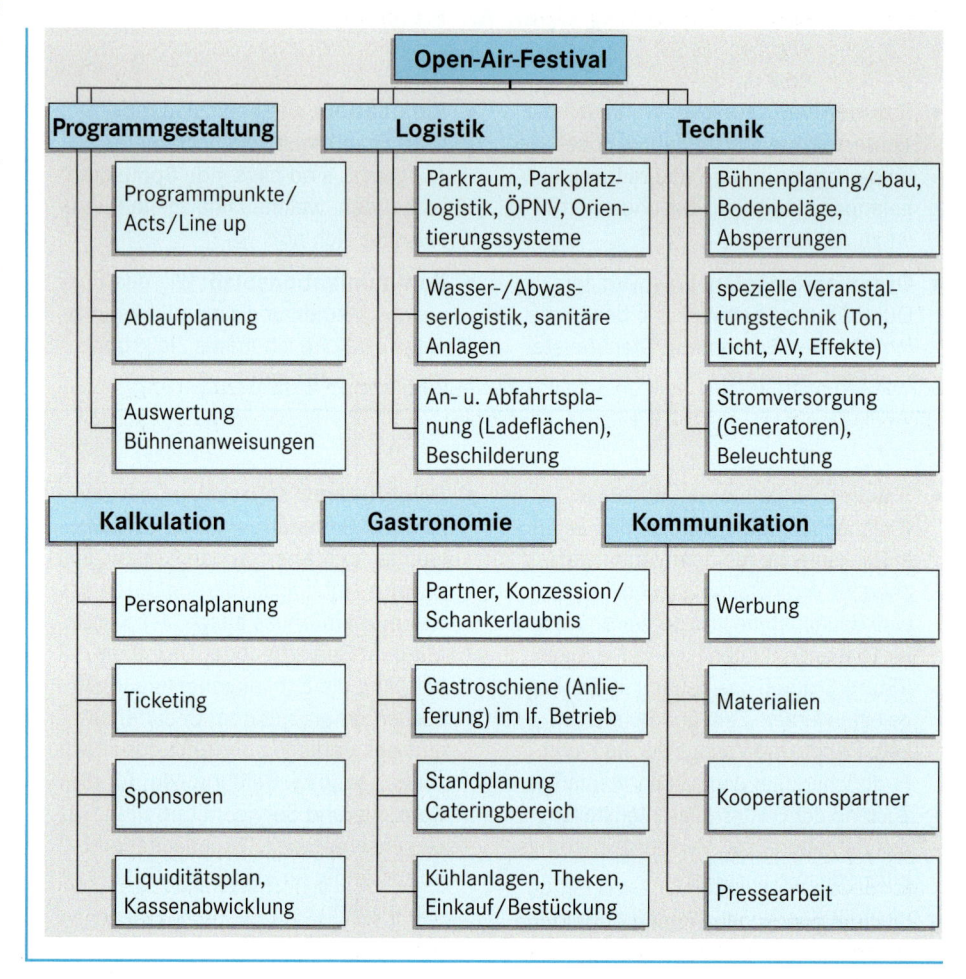

Open-Air-Festival

- **Programmgestaltung**
  - Programmpunkte/Acts/Line up
  - Ablaufplanung
  - Auswertung Bühnenanweisungen
- **Logistik**
  - Parkraum, Parkplatzlogistik, ÖPNV, Orientierungssysteme
  - Wasser-/Abwasserlogistik, sanitäre Anlagen
  - An- u. Abfahrtsplanung (Ladeflächen), Beschilderung
- **Technik**
  - Bühnenplanung/-bau, Bodenbeläge, Absperrungen
  - spezielle Veranstaltungstechnik (Ton, Licht, AV, Effekte)
  - Stromversorgung (Generatoren), Beleuchtung
- **Kalkulation**
  - Personalplanung
  - Ticketing
  - Sponsoren
  - Liquiditätsplan, Kassenabwicklung
- **Gastronomie**
  - Partner, Konzession/Schankerlaubnis
  - Gastroschiene (Anlieferung) im lf. Betrieb
  - Standplanung Cateringbereich
  - Kühlanlagen, Theken, Einkauf/Bestückung
- **Kommunikation**
  - Werbung
  - Materialien
  - Kooperationspartner
  - Pressearbeit

Genehmigung

109 Nennen Sie sechs typische *Bestandteile einer Ausnahmegenehmigung* gemäß LImSchG für eine öffentliche *Open-Air-Veranstaltung*.

1. **Datum/Uhrzeit/Ort/Veranstaltungsart,** z. B.: 26.05.20.. von 12.00 bis 22.00 Uhr in ... eine Tanzveranstaltung mit musikalischen Darbietungen
2. **Bezug zur Rechtsgrundlage:** Nach LimschG dürfen Geräte, die der Schallerzeugung oder Schallwiedergabe dienen, z. B. Musikinstrumente, Tonwiedergabegeräte usw., nur in einer solchen Lautstärke benutzt werden, dass unbeteiligte Personen nicht erheblich belästigt werden.
3. **Interessenskennzeichnung und Abwägung :** Bei einem überwiegend privaten oder öffentlichen Interesse sind im Einzelfall gemäß LImSchG Ausnahmen mit Ermessensspielraum zulässig; Abwägung aller maßgeblichen Belange, insbesondere unter Berücksichtigung der örtlichen Verhältnisse (angrenzendes Wohngebiet und schutzwürdiges Interesse der Anwohner) und Anlass der Veranstaltung.
4. **Ausnahmegenehmigung:** Während der oben genannten Veranstaltung darf am ... zu den vorgenannten Zeiten Live-Musik und Musik von Tonträgern abgespielt werden.
5. **Auflagen:** Diese Ausnahmeregelung ist mit Auflagen verbunden. Der Beurteilungspegel für die Beschallung nach außen darf von 12.00 Uhr bis 13.00 Uhr und von 15.00 Uhr bis 22.00 Uhr 70 dbA nicht überschreiten. Von 13.00 Uhr bis 15.00 Uhr dürfen 55 dbA nicht überschritten werden. Die Nachbarschaft ist in geeigneter Weise über den Zeitraum der Veranstaltung zu informieren. Sofern

Public Event: Kultur, Konzert, Sport und Touristik — Orga

sich durch einen bestimmten Lärmpegel Störungen ergeben, die ein Einschreiten der Polizei oder des Ordnungsamtes erforderlich machen, ist den Anweisungen der Mitarbeiter von Polizei oder Ordnungsamt unbedingt Folge zu leisten.

6. **Gebührenentscheidung/Rechtbehelfsbelehrung:** Festlegung von Verwaltungsgebühren in gewerbe- und ordnungsrechtlichen Angelegenheiten; Widerspruchsfristen

2.1.4.6 Exkurs 1: Sport-Events

Sport

Der weitgefasste Begriff Sport reicht von der **spielerischen Selbstentfaltung**, über **körperliches und mentales Leistungsstreben** bis hin zur **Förderung der Gesundheitserhaltung**.

Wie ist der Begriff *Sport* definiert? — 110

- **Subsidiarität** meint sportbezogen in erster Linie das **Prinzip der Selbstorganisation und Eigenfinanzierung.** Bevor also der Staat sportliche Strukturen organisiert und finanziert, sollen eigene Strukturen aufgebaut werden. So entsteht ein Spannungsfeld ähnlich wie in der Kulturförderung. Wie bei dieser umfasst der öffentliche Auftrag der Verwaltung neben der Versorgung der Bevölkerung mit Bildung und Kultur auch mit Sportmöglichkeiten. So wird der Sport vor allem infrastrukturell durch kommunale Strukturen unterstützt.

- **Selbstverwaltung des Sports** bedeutet, dass **Vereine und Verbände unabhängig** vom Staat **organisiert** sind; Institutionen vom Landessportbund (Zusammenschluss der Sportvereine auf Landesebene) bis zum Deutschen Sport Bund, der sich mit dem Nationalen Olympischen Komitee (NOK) zum Deutschen Olympischen Sportbund (DOSB) zusammengeschlossen hat, sind unabhängige, rechtlich eigenständige Institutionen mit demokratischen Strukturen.

Was bedeuten die Begriffe *Subsidiarität* und *Selbstverwaltung des Sports*? — 111

- **Breitensport** meint die sportliche Betätigung breiter Bevölkerungsschichten, die Sport in erster Linie zu Zwecken der Gesundheitsförderung, der Weiterbildung und der sozialgemeinschaftlichen Interaktion ausüben. Neben dem regional organisierten und freizeitorientierten Breitensport, der maßgeblich in Vereinen und Verbänden unter der Aufsicht von Übungsleitern ausgeübt wird, gewinnen hierbei kommerziell ausgerichtete Fitness-, Wellness- und Activity-Angebote an zunehmender Bedeutung.

- Der **Leistungssport** (auch Spitzensport genannt) hingegen wird häufig von Berufssportlern professionell ausgeübt. Eventformen wie Wettkämpfe, Wettbewerbe, ein Liga- und Spielbetrieb finden auf beiden Ebenen statt, zeigen sich jedoch auf letzterer deutlich professioneller, besonders in publikumsorientierten und populären Sportarten wie Fußball, Basketball, Eishockey, Formel 1 usw. Auch in diesem Fall wird die Organisation i. d. R. von Vereinen und Verbänden übernommen, die Vertrags- und Berufssportler fest anstellen und regional sowie überregional bis hin zu international ausgerichtete Spielbetriebe leiten.

Grenzen Sie den *Breitensport* vom *Leistungssport* eventorientiert ab. — 112

Orga ✓ Veranstaltungsorganisation/-wirtschaft

113 Listen Sie zehn typische Funktionen im professionellen Vereinssport auf.

1. Vereinspräsident
2. Generalsekretär
3. Sportfunktionär
4. Sportmanager
5. sportlicher Leiter
6. Marketing-/Sponsoring-Mitarbeiter
7. Trainer/Sportlehrer
8. Leistungssportler
9. Sportwissenschaftler
10. Physiotherapeut

Event-Treppe

114 Übertragen Sie die *Event-Treppe* auf das *Beispiel eines Profifußballers* im Spitzensport.

Treppenstufe	Public Event	Sport	Beispiel
1	Künstler	Sportler	Lukas Podolski
2	Künstlermanagement	Spielerberater	Agentur „Player Management" (Kon Schromm)
3	Produzent	Verein	1. FC Köln (Festanstellung)
4	Booker/Agent	–	–
5	Veranstalter	Verein/Liga	1. FC Köln/DFL (Dt. Fußball Liga)
6	Location	Stadion	z. B. RheinEnergie-Stadion (Betreiber: Stadt Köln)
7	Vorverkauf	Kartenverkauf	1. FC Köln, ticket online
8	Besucher	Besucher	Ralph Laube aus Overath

115 Welche *Überschneidungen* erkennen Sie im *Management von Künstlern und Spitzensportlern?*

Im Spitzensport wie bei erfolgreichen Künstlern **betreut** ein **Management** bzw. eine Spielerberatung die jeweilige Persönlichkeit umfassend **in organisatorisch-kaufmännischen** und **finanziellen Angelegenheiten.** Alle Einkünfte aus der Untervertragnahme sowie weitere Einkünfte aus Licensing-Geschäften (z. B. Merchandising) und Werbeverträgen sowie die strategische Medienpräsenz werden vom Management geführt, betreut und abgewickelt.

116 Welchen *Einfluss* können *internationale Großveranstaltungen* wie Weltmeisterschaften oder Olympische Spiele *kommunikativ* bzw. *volkswirtschaftlich* ausüben?

Medienvermarktete internationale Großveranstaltungen führen zu einer **Verbesserung der eventorientierten Infrastruktur** (Stadien, Sportstätten, Unterbringungsmöglichkeiten für Sportler und Fans, Verkehrswege und öffentliche Transportmittel) und einer **Zunahme von professionellen Dienstleistern** rund um die Eventorganisation. Öffentliche Investitionen fließen im Zuge einer Umwegrendite über die Umsatz-, Einkommens- und Gewerbesteuern zurück in die Staatskasse; Großveranstaltungen können einen erheblichen Einfluss auf den Einzelhandel, das Gastgewerbe, das Verkehrswesen, die Übernachtungsindustrie und den Tourismus ausüben und das Bruttoinlandsprodukt signifikant steigern. Ein Land oder eine Region können eine gelungene Großveranstaltung kommunikativ und imageorientiert nutzen, um sich als innovativer Standort zu positionieren. Öffentlichkeitsarbeit und eine medienorientierte Dramaturgie sind wichtige Wahrnehmungsvoraussetzungen.

Public Event: Kultur, Konzert, Sport und Touristik

Orga
Organisation

Leitung: Konstituierung, Geschäftsordnung, Kommunikations- und Entscheidungswege, Organisations- und Führungskonzept, Repräsentanz
Personal: Personalkonzept, Personaleinsatzplan, Sicherheit, Hilfspersonal/Volunteers
Medien: Kommunikationskonzept, PR- und Medienarbeit, Akkreditierungskonzept, Corporate Identity, Dokumentvorlagen
Beispiel: Organigramm des OK der FIFA-Fussball-WM 2006

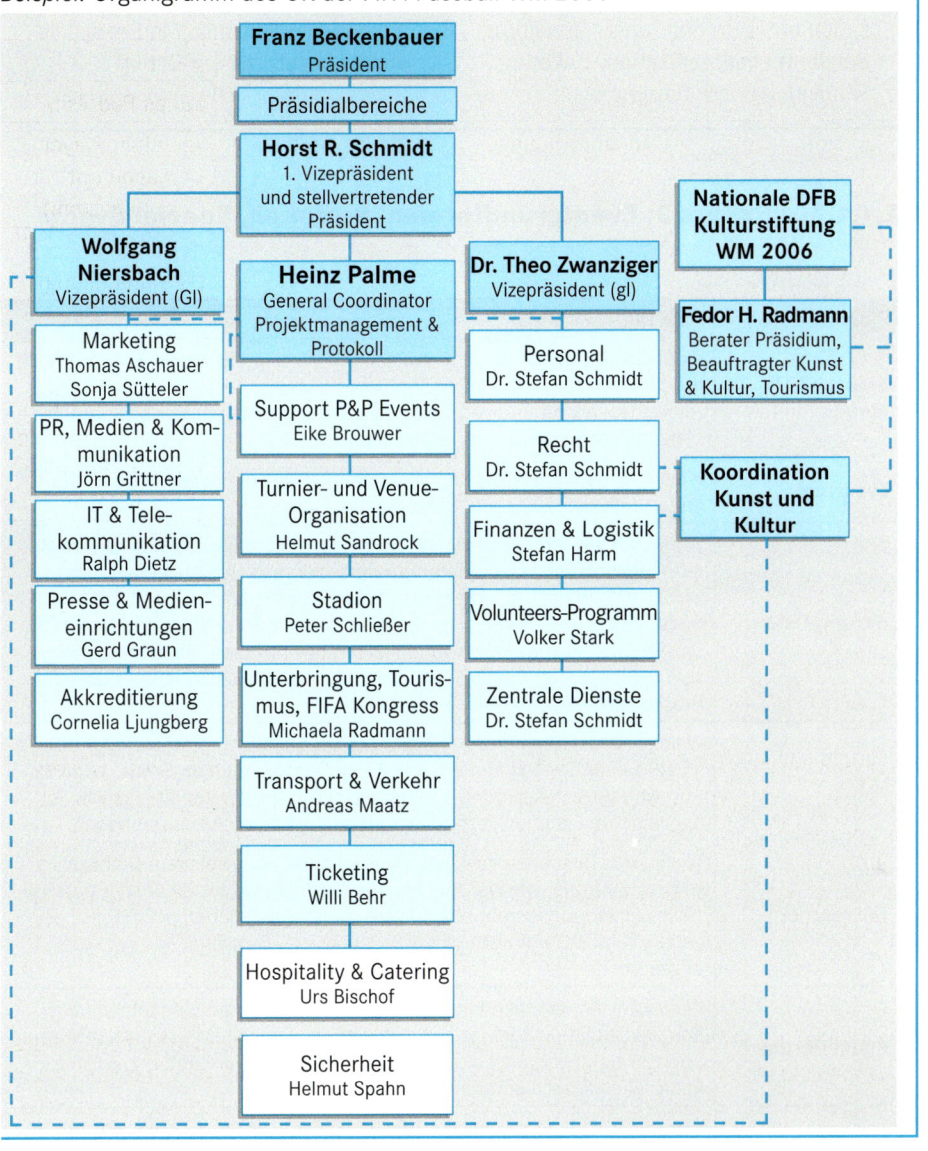

117 Nennen Sie drei *Aufgabenbereiche*, die beispielhaft in einem *Organisationskomitee* übernommen werden, das die Organisation eines Sportgroßevents leitet?

Organigramm:
- **Franz Beckenbauer** – Präsident
  - Präsidialbereiche
  - **Horst R. Schmidt** – 1. Vizepräsident und stellvertretender Präsident
    - **Wolfgang Niersbach** – Vizepräsident (Gl)
      - Marketing – Thomas Aschauer, Sonja Sütteler
      - PR, Medien & Kommunikation – Jörn Grittner
      - IT & Telekommunikation – Ralph Dietz
      - Presse & Medieneinrichtungen – Gerd Graun
      - Akkreditierung – Cornelia Ljungberg
    - **Heinz Palme** – General Coordinator Projektmanagement & Protokoll
      - Support P&P Events – Eike Brouwer
      - Turnier- und Venue-Organisation – Helmut Sandrock
      - Stadion – Peter Schließer
      - Unterbringung, Tourismus, FIFA Kongress – Michaela Radmann
      - Transport & Verkehr – Andreas Maatz
      - Ticketing – Willi Behr
      - Hospitality & Catering – Urs Bischof
      - Sicherheit – Helmut Spahn
    - **Dr. Theo Zwanziger** – Vizepräsident (gl)
      - Personal – Dr. Stefan Schmidt
      - Recht – Dr. Stefan Schmidt
      - Finanzen & Logistik – Stefan Harm
      - Volunteers-Programm – Volker Stark
      - Zentrale Dienste – Dr. Stefan Schmidt
  - **Nationale DFB Kulturstiftung WM 2006**
    - **Fedor H. Radmann** – Berater Präsidium, Beauftragter Kunst & Kultur, Tourismus
    - Koordination Kunst und Kultur

Sportevents und Wettkämpfe werden von marktwirtschaftlich ausgerichteten Unternehmen immer häufiger **im Rahmen der Kommunikationspolitik** unterstützt (Sponsoring) oder sogar ausgerichtet (Eventmarketing). Auch Kommunen nutzen im Rahmen der Destinations-Vermarktung Sportveranstaltungen kommunikativ, indem sie diese ansiedeln, unterstützen und fördern (z. B. Berlin-Marathon). Solche Veranstaltungen steigern das Image und fördern den Bekanntheitsgrad.

118 Wie nutzen Unternehmen oder Kommunen heutzutage die *imageorientierte Übertragung von Sportveranstaltungen?*

Orga ✓ — Veranstaltungsorganisation/-wirtschaft

119 Beschreiben Sie ausgewählte *Tätigkeitsfelder* von vier typischen sporteventorientierten Unternehmen bzw. Unternehmensbereichen.

1. **Sportevent- und Sportmarketingagenturen:** Eventkonzeptionierung, Kundenberatung- und akquise, Sponsorenakquise, Medienrechtevermarktung, Budgetsteuerung, Projektcontrolling
2. **Sportverein:** Eventplanung, -organisation und Durchführung, Verwaltung, Spielbetriebsorganisation, Ticketing, Fanbindung und -führung,
3. **Stadion/Sportstätte:** Facility-Management, Sicherheitskonzeption, Logistik, Dienste, Spielabwicklung, Personalmanagement
4. **Sponsoring- bzw. PR-Abteilungen von Unternehmen:** Sponsorship, Vereinsbetreuung, Einbettung in den Kommunikationsmix, Medienplatzierung, Umsetzung vor Ort

2.1.4.7 Exkurs 2: Eventgrundformen, Protokoll, Special Events

Eventplanung

ZP 120 Listen Sie 13 grundlegende Planungsfelder im vorbereitenden Eventmanagement auf und ordnen Sie stichwortartig jeweils bis zu fünf relevante Anfangsfragen zu.

Planungsfeld	Aspekte
Anlass/Ziel/Idee	Wer ist Auftraggeber bzw. Veranstalter, was sind die wesentlichen Gründe für die Veranstaltung, welche Bedürfnisse liegen der Veranstaltungsidee zugrunde, welche Veranstaltungsziele werden verfolgt, in welchem Rahmen soll die Veranstaltung stattfinden?
Eventform	Welche Eventform bietet sich an oder ist gewünscht, welche Besonderheiten sind hier zu beachten?
Datum/Dauer	Wann und wie lange soll die Veranstaltung stattfinden, wie ist der Ablauf grob geplant, wie lange im Vorfeld muss voraussichtlich geplant, kommuniziert und ggf. optioniert werden, welcher Termin kommt konkret infrage, gibt es Rahmenbedingungen oder z. B. relevante Parallelveranstaltungen, die die Terminwahl entscheiden beeinflussen, hat die Zielgruppe zum geplanten Termin Zeit und Lust, wie wirken sich Ferien-, Feier- oder Brückentage aus?
Ort	Welche Stadt/Region bzw. welche Art der Location kommt infrage bzw. ist gewünscht, wie sind die konkreten Anforderungen an Größe, Logistik, Ausstrahlung, Preisgefüge und Infrastruktur des Veranstaltungsorts, ist die geplante Location verfügbar, entspricht sie den Anforderungen?
Teilnehmer	Wie ist das Besucherprofil, wie viele Teilnehmer in welchem Gästekreis kommen infrage, wie werden diese angesprochen, wie sieht eine potenzielles Einladungsszenario aus, wie sind die Ansprüchen der Zielgruppe voraussichtlich, wie werden die Besucher ggf. verwaltet, wie konkret angesprochen?
Budgetierung	Wo und wann kommen Einnahmen her, wie sieht eine Einnahmen- und Kostenkalkulation konkret aus, wie wird die Liquidität gesichert, gibt es Sponsoring-, Fundraising- oder andere Mittel zur Verwendung, welche finanziellen Risiken entstehen?
Ablauf/Programm	Welcher Ablauf ist gewünscht bzw. üblich oder möglich, wie sieht das Veranstaltungskonzept aus, wie ist die Dramaturgie, welche Themen bzw. Inhalte sind relevant (z. B. Musik, Show, Tanz, Catering), was sind potenzielle Haupt-Acts und Neben- sowie Rahmenprogramme, welche Akzente sind setzbar?
Technik/Bauten	Welche Anforderungen werden an die Versammlungsstätte und die Technik gestellt, wie kann die Veranstaltungssicherheit gewährleistet werden, welche Genehmigungen und Abnahmen werden notwendig, was wird an Strom, Bühne, Licht, Ton, Projektion und Effekten benötigt?

Public Event: Kultur, Konzert, Sport und Touristik ✓ *Orga*

Planungsfeld	Aspekte
Logistik/Transport/Transfer	Wie hoch ist welcher Platzbedarf wann und wo, wie kommen die benötigten Materialien und Personen wann wohin, welche Transporte und Transfers werden benötigt, welche Leit- und Orientierungssysteme kommen infrage?
Personal/Dienstleister	Wann benötigen wir wie viele Mitarbeiter, wo können die Mitarbeiter rekrutiert werden, welche Dienste und Leistungen müssen organisiert werden und wer liefert was an wen, wann und zu welchen Konditionen?
Bewirtung	Welche Art der Verpflegung ist gewünscht bzw. bietet sich an, auf welchem Niveau soll wem welches Catering angeboten werden, wie sind die Bedürfnisse von Auftraggeber und potenziellen Besuchern, welche Küche bzw. welcher gastronomische Anbieter kommt infrage?
Ggf. Übernachtung	Fallen interne oder externe Übernachtungen an, in welchem Segment und Preisgefüge sind diese zu verorten, welcher Umfang ist zu erwarten, reichen die möglichen Kapazitäten aus und sind sie verfügbar?
Vermarktung/Kommunikation	Auf welchen Wegen sollen potenzielle Besucher angesprochen und erreicht werden, Welche Art und welcher Umfang an Werbemaßnahmen ist geplant, wie wird Pressearbeit und PR konzipiert, welche Meinungskanäle und Meinungsführer spielen eine Rolle, wie kann das Image der Veranstaltung positiv beeinflusst und wie der potenzielle Nutzen herausgestellt werden (was ist der reason why)?

Ball/Gala

Ordnen Sie zu: In welchen Eventsegmenten werden die grundlegenden Eventformen Ball/Gala, Empfang und Bankett heutzutage typischerweise genutzt? **(121)**

Eventform	Eventsegment
Ball/Gala	Eventmarketing (z. B. Firmenfeier, Vertriebspartnermeeting) Kongress und Tagung (z. B. in Rahmenprogrammen) Kulturveranstaltungen (z. B. Abschluss- und Opernbälle)
Empfang	Politik und Gesellschaft (z. B.: Staatsbesuche, Verhandlungen, Verbandstagungen usw.)
Bankett	Eventmarketing (z. B. Firmenfeier, Vertriebspartnermeeting) Politik und Gesellschaft (z. B.: Staatsbesuche, Verhandlungen, Verbandstagungen usw.) Public Event (z. B. in der Erlebnisgastronomie, im Freizeitpark usw.)

Ob Preisverleihung, Auszeichnung/Ehrung, Jubiläum, Abschlussball, Opernball, Karnevals- bzw. Faschingsball, Frühlingsball (und andere Jahreszeitenanlässe), als gesellschaftliches Ereignis (u. a. für Berufsgruppen wie der Ball des Sports, Medizinerball usw.), Mottofest, Haus- und Schlossball, Scheunen- oder Dielenfest, traditionelle Festzeltveranstaltung; der festliche Ball als gesellschaftlich anerkannte und wirkende Eventform ist häufig der krönende Abschluss einer Saison.

Nennen Sie zwölf typische Anlässe oder Bezeichnungen für einen Ball oder ein Dinner Dancing bzw. eine Gala. **(122)**

Orga ✓ Veranstaltungsorganisation/-wirtschaft

123 Welche *Anforderungen* müssen Sie kriterienorientiert normalerweise an einen *Ball* legen?

Kriterium	Anforderungen
Location und Ballsaal	Größe (Platz für Tische, Tanzfläche usw.), Tanzfläche/Auftrittsfläche bzw. Bühne, Sekt-/Wein-/Bierbar, Empfangsraum, Garderobe, Umkleideraum, Park- & Vorfahrtsraum
Eintrittskartenarten	Standardkarten, VIP- bzw. Segment- oder Area-Karten, Flanierkarten (halber Preis, ohne Sitzplatzanspruch), Juniorkarten (Viertelpreis, ohne Platzkarte, Eintritt erst nach Essen), Reserve- bzw. Warteliste
Inhaltliche Gestaltungselemente	Empfangsorganisation, Tischordnung, Dekoration, Musik & Showeinlagen, Essen & Getränke, Tombola
Kapelle/Musik	Besetzung, Repertoire, Qualität/Erfahrung, Honorarhöhe, Notenfestigkeit, Technik, Hintergrundmusik
Dauer	über fünf Stunden
Kostenposten	Einladungsszenario, Raummiete, Honorare für Musiker bzw. Showacts, GEMA, Bewirtung, Dekoration, Versicherungen, Vergnügungssteuer, Lotteriesteuer bei öffentlicher Tombola
Bewirtung	Sekt-/Wein-/Bier-Bar, Verortung, Küche, Cateringart (Menü, Buffet, Fingerfood, Fast Food), Tischgetränke, Service, Geschirr und Tischdekoration, Begrüßungsgetränk
Einladungsszenario	gedruckte Einladungskarten mit handgeschriebenem Empfängernamen, hochwertiges Papier, besonderes Schriftbild (z. B. Prägedruck), Versandstufen (1. Einladungskarte + Rückkarte mit Tischwunschabfrage, 2. Wagenkarte inkl. Vorfahrtberechtigung und Parkhinweise, Lageplan, Platzkarten)
Dresscode	ggf. Smoking/dunkler Anzug/Ballkleid (festliche Kleidung)
Tischordnung/Platzierung	keine Tische vor der Bühne, Tanzfläche von drei Seiten mit Tischen abschließen, beste Tische gegenüber der Bühne an der Tanzfläche (Ehrengäste), Platzierungsschema, Aushang am Eingang, Gästeliste, Clearingstelle

124 Erstellen Sie einen *typischen Ablaufplan* für einen Ball, nachdem der Aufbau beendet ist.

Uhrzeit Programm/Aktivität
16:30 Bandprobe, Abnahme des Veranstaltungsraumes
17:45 Besetzung information desk, Einweisung Servicepersonal
18:30 Besetzung Garderobe, Vorbereitung der Begrüßungsgetränke
19:30 Doors open Saal, Backgroundmusik, Platzwahl
20:00 Begrüßung/Eröffnung, Aufforderung zum Tanz
20:15 3-4 kurze Tanzserien mit kurzen Zwischenpausen
20:45 Programmpunkt 1 (z. B. Komiker, Zauberer)
21:15 2 Tanzserien à ca. 12-15 Min.
21:45 Programmpunkt 2 (z. B. Sänger)
22:15 2 Tanzserien à ca. 12-15 Min., bei à la carte-Menü Aufnahme der Bestellungen
22:45 Bandpause, Essen (bei Buffet Eröffnung, bei Menü Start mit Vorspeise-Servierung)
23:30 Tanz mit Band
00:00 Showeinlage (z. B. Stargast), Tombolaziehung
00:30 lange Tanzserie bis Veranstaltungsende

Public Event: Kultur, Konzert, Sport und Touristik ✓ *Orga*

Druck der Einladungen, Anmietung von Saal, Stühlen & Tischen, Organisation und Miete von Beschallung, Beleuchtung und Saal- sowie Bühnendekorationen, Tisch- und Pflanzendekoration, Personaldisposition inkl. Hilfskräfte, Empfang, Hostessen, Garderobe, Platzanweisung, Sektbar, Tombola, Garderobenorganisation, Parkplatzservice, Programmheftredaktion und -gestaltung inkl. Anzeigenakquise, Tisch- und Menükarten, Cateringdisposition, Einladungsszenario, Fotodokumentation, Organisation von Sicherheitsmaßnahmen sowie ggf. Verkehrslenkung.

125 Listen Sie ausgewählte *Planungs- und Organisationsaspekte* einer Ballveranstaltung auf.

1. Amtsübergabe
2. Jubiläum
3. Geburtstag
4. Ehrung/Verleihung
5. Richtfest
6. Betriebseröffnung
7. Messestart
8. Premiere/Vernissage
9. politische Besuche
10. Tagungen/Kongresse

126 Nennen Sie zehn *typische Anlässe für einen Empfang* bzw. Festakt.

In der Regel dauert ein Empfang bis zu zwei Stunden, wobei die Gäste i. d. R. innerhalb der ersten 30 Minuten eintreffen und mindestens eine halbe Stunde zugegen sind. Ein Empfang dient dem Zusammenkommen von Persönlichkeiten, dem Vertiefen von Kontakten und dem zwanglosen Austausch von Kontakten und Ideen. Häufig wird eine Ansprache oder kurze Rede gehalten; es werden zu einem Empfang gerne kleine Häppchen sowie Getränke in Flying Buffet-Form gereicht – ggf. sind ein Buffet und Getränkestationen aufgebaut. Stehtische sowie Sitzgruppen prägen den lockeren Rahmen. Beim sogenannten Mittags- oder Vormittagsempfang kommt man in Tagesanzug oder -kombination, beim häufig festlicheren Abendempfang in Abendgarderobe oder dunklem Anzug.

127 Wie *läuft* ein *Empfang* in der Regel *ab* und welchem Zweck dient er in der Regel?

Empfang

- Begrüßung der Gäste am Empfangscounter inkl. Eintragung in das Gästebuch
- kurze Begrüßung durch Gastgeber im Saaleingangsbereich
- Begrüßungsgetränk
- anmoderierende Begrüßung durch Gastgeber
- Rede(n)
- zwangloser Austausch und persönliche Verabschiedung

128 Wie *läuft* ein typischer *Empfang ab*?

Beim Festakt (auf Staatsebene auch Staatsakt genannt) werden Persönlichkeiten durch Unternehmen, Behörden oder Organisationen geehrt. Festakte sind i. d. R. etwa einstündige, würdevolle und feierliche Veranstaltungen, die zu ehrende Person wird hierbei in den Mittelpunkt gestellt. Der Saal ist häufig in Reihe mit Mittelgang bestuhlt, musikalische Programmpunkte (auch Hymnen), Reden, ein Bühnenbild sowie mediale und kulturell-künstlerische Einlagen kulminieren in der Übergabe eines Ehrensymbols an den Träger. Ein Empfang findet i. d. R. im Anschluss an den Festakt statt.

129 Um welche Komponente wird im Vergleich zum Empfang ein Festakt erweitert?

Orga ✓ Veranstaltungsorganisation/-wirtschaft

130 — Was ist ein *Holding Room?*

Die **Ehrengäste**, die häufig in den ersten Saalreihen platziert sind, können sich vor einem Festakt in einem **gesonderten Raum** aufhalten und versammeln, der mit Erfrischungen und Sitzmöglichkeiten ausgestattet ist. Von dort aus geht man i. d. R. geschlossen in den Saal; der Festakt beginnt i. d. R. umgehend, nachdem die VIP-Gäste Platz genommen haben.

Social Event

131 — Was ist ein *Social Event?*

Ein Social Event ist eine Veranstaltung, die gemeinnützigen Zwecken, einem gesellschaftlichen Anliegen oder einem guten Zweck dient.

132 — Welche Komponenten finden sich häufig bei einer *Charity-, Spenden-* oder *Benefiz-Gala* wieder?

- Festakt mit verlängertem thematischen Programm und Bühnen-Potpourrie
- Empfang inkl. Bewirtung
- Party mit Ballcharakter

133 — Was beutet der Begriff *Fundraising?*

Mit Fundraising meint man das **Besorgen von Mitteln;** ein Topf mit Geld (Fond/Fund) soll gefüllt werden. Dies kann durch die Beantragung öffentlicher Mittel, Spenden oder auch durch Sponsoringelemente erreicht werden. Im Gegensatz zum Sponsoring wird durch die Geldgeber dabei i. d. R. auf eine Gegenleistung verzichtet.

134 — Aus welchen Bereichen kommen wichtigen Persönlichkeiten (VIPs)?

Bereich	Beispiele
Politik	Bundespräsident, Bundeskanzler, Minister, Regierungsmitglieder, Abgeordnete, Diplomatisches Korps, Auslandsvertretungen, Parteivertreter
Verwaltung/Ämter	Bundes-, Landes- und Finanzbehörden, Kommunen
Gesellschaft/Institutionen	Kammern, Verbandsvertreter, Würdenträger, Ehrenbürger, Wirtschaftsverbände, Wirtschaftsvertreter, Unternehmen, Sozialpartner, Religionsgemeinschaften, Militär, Justiz, Gesundheitswesen, Interessensvertretungen, Stiftungen
Medien/Entertainment	Prominenz, Sport, Theater, Film, Fernsehen, Radio, Musik, Autoren, Verlage, Wissenschaft, Museen, Bildungssektor

135 — Was bedeuten die Abkürzungen *OECKL* und *STAMM?*

- **OECKL** ist das **Taschenbuch des öffentlichen Lebens** für die Bundesrepublik Deutschland, in dem die wichtigsten Bereiche und Namen aktuell veröffentlicht werden.

- Im **STAMM-Leitfaden** werden die **relevanten Medienvertreter** und Journalisten Deutschlands nach Medienformat und Aufgabenbereich aufgelistet.

Public Event: Kultur, Konzert, Sport und Touristik

Orga

Dresscode

Listen Sie gängige *Bekleidungsvermerke* bzw. *Dress-Codes* auf. (136)

Dress-Code	Bedeutung	Typisch für
En Veston	dunkler Anzug	Festakt, Empfang
Costume foncé	schwarzer Anzug	Festakt, Empfang
Stresemann	kleiner Tages-/Gesellschaftsanzug	Festakt, Empfang
Cut/Cutaway	großer Tages-/Gesellschaftsanzug	Festakt, Empfang
Grande Tenue/ Habit White Tie	Frack mit weißer Fliege und weißer Weste (großer Gesellschaftsanzug) auch: Cravate Blanche	Ball, Bankett
Cravate Noire/Black Tie	Smoking (mit Fliege und Kummerbund)/Dinnerjacket (Abendanzug) (White Dinner Jacket)	Ball, Bankett, Dinner (Kreuzfahrt)
Orden und Ehrenzeichen; Uniform	dunkler Anzug, Frack, Smoking inkl. Abzeichen; ggf. Dienstvorschriften beachten	Ehrung, Empfang, Festakt
gedeckte Kleidung	dunkler Anzug mit modischen Accessoires und Eleganz	Jubiläum, Festbankett
Abendgarderobe	größere Bandbreite möglich	Fest/Feier
festliche Kleidung/ sommerlich-elegant	größere individuelle Bandbreite gewünscht	Fest/Feier, Get together
Informal Business Suite/ Semi-formal	Straßenanzug bzw. keine speziellen Bekleidungswünsche	Firmenveranstaltung, Brunch
Cocktail	Er: hochgeschlossener, ggf. dunkler Anzug, Hose mit Bügelfalte, Hemd, dunkle Krawatte und Schnürschuhe. Sie: Cocktailkleid, (knielang). Schultern, Dekolleté und Bein (Knie abwärts) dürfen gezeigt werden.	Partys, Vernissagen
Business Casual/ Smart Casual	Anzug oder Kombination, Hosenanzug oder Kostüm wie im Büro	After-Work-Events, Empfänge, Vorträge, Ausstellungen, Geschäftsessen
Casual/legere/zwanglos	gehobene Freizeitkleidung Er: z. B. Baumwollhose, Poloshirt, Marine-Blazer, Tweed-Jacket oder Pullover um die Schultern. Sie: gute Hose mit Twinset oder T-Shirt mit Blazer; kein Schwarz	Motivationsveranstaltung, Firmenveranstaltung, Party/Fest

Dresscodes immer traditionell in Herrenbekleidung; Damen dazu passend. Fehlt der Dresscode auf der Einladung, wird die entsprechende Business-Garderobe erwartet.

Orga ✓ — Veranstaltungsorganisation/-wirtschaft

137. Was bedeutet der Begriff *Corteggierung*?

Mit Coteggierung meint man den **Aufbau einer Wagenfolge.** Neben Sicherheitsfahrzeugen fährt der ranghöchste Wagen an der Kolonnenspitze. Ausnahmen gelten für Prozessionen und Aufzüge. (Der Ehrenplatz ist hier i. d. R. hinten und manchmal auch in der Mitte des Aufzugs.)

138. Wie ist die *Rangordnung im Auto mit Chauffeur*?

Der **Ehrenplatz ist rechts hinten**, danach folgen die Sitze links hinten und zuletzt vorne rechts (ggf. Seitenspiegelwechsel in den Staaten des ehemaligen Commonwealth beachten – Linksverkehr!). Bei Rundfahrten bekommt der Ehrengast den Platz mit der besten Aussicht.

139. Zur Einweihung eines neuen Amtsgebäudes sollen folgenden Flaggen gehisst werden: Stadtwappen, Bundeslandfahne, Nationalflagge, EU-Flagge. Wie ist die protokollarisch korrekte Reihenfolge der Beflaggung?

Die Reihenfolge ist grundsätzlich in Blickrichtung zum beflaggten Gebäude hierarchisch von links nach rechts:

1. EU-Flagge,
2. deutsche Nationalflagge,
3. Bundeslandfahne,
4. Stadtwappen.

140. Nennen Sie fünf *protokollarische Ordnungsprinzipien bei Ranggleichheit*.

Eine protokollarische Rangfolge wird bei Veranstaltungen mit offiziellem Charakter eingehalten in Bezug auf Sitz- und Tischordnungen, Redenreihenfolgen, Begrüßungsrangfolgen sowie beim Gehen und im Auto. Bei Ranggleichheit werden gesetzt:

- Aus- vor Inländern
- Damen vor Herren (gilt nicht für die Begleitung)
- Mandats- vor Amtsträgern (Legislative vor Exekutive)
- Alter vor Jugend
- nahe Beziehung vor entfernter

141. Wie unterscheidet sich die *protokollarische Rangfolge von Reden* in Deutschland und Frankreich?

In **Deutschland** herrscht die **fallende Rangfolge** vor, d. h., in der Regel spricht der ranghöchste Redner (Hauptredner) zuerst.
In der **französischen Praxis** ist es i. d. R. **umgekehrt:** Der ranghöchste Redner spricht zuletzt.

Platzierung

142. Was bedeuten die Begriffe *Placement* bzw. *Sitzspiegel/Platzierungsschema*?

Ein **Sitzspiegel** bzw. ein **Placement** ist eine **Skizze der Sitz- und Tischordnung.** Häufig wird diese neben einer PC-basierten Printvariante auf Magnettafeln angefertigt, um schnell auf notwendige oder sich ergebende Veränderungen reagieren zu können. Das Platzierungsschema ist der unsichtbare Aushang mit Kopffotos für die Bedienung, die das Erkennen von Prominenz erleichtern soll.

Public Event: Kultur, Konzert, Sport und Touristik — Orga

Nützlich sind auch Placement-Karten (auch Führungskärtchen genannt), die es dem Gast visualisierend ermöglichen, seinen Platz zügig zu finden. Beachten Sie beim Anlegen des Sitzspiegels sowohl die Rangordnung, als auch die Etikette und berücksichtigen Sie Animositäten zwischen potenziellen Gästen.

Platzierungszonen bei Veranstaltungen mit geladenen Gästen sind **Bereiche, die bestimmten Gruppen Platz bieten** oder eine Hierarchiefolge verorten. Bei Veranstaltungen mit Ticketverkäufen sind Platzierungszonen bestimmte Platzkategorien, häufig kosten hier die besseren Plätze mehr als die sogenannten billigen Plätze.

143 Was sind sogenannte *Platzierungszonen*?

Der hochrangigste Gast sitzt i. d. R. rechts neben dem Gastgeber, die Partnerin des hochrangigsten Gastes zu dessen Rechten. Bei Blocktafel-Bestuhlung ist auch möglich: hochrangigster Gast gegenüber dem Gastgeber, rechts daneben die Gattin. Je weiter der Platz eines Gastes vom Gastgeber entfernt ist, umso niedriger die Rangstufe.

144 Zur Eröffnungsveranstaltung werden der Ministerpräsident des Landes und seine Ehepartnerin erwartet. Wie ist Sitzordnung für VIPs höchsten Ranges?

Politik

145 Listen Sie beispielhaft fünf typische *Veranstaltungen im Rahmen der demokratisch-politischen Meinungsbildung* auf.

Veranstaltung	Beispielhafte Beschreibung	Eventorganisatorische Besonderheiten (Auswahl)
Öffentlicher Wahlkampfauftritt	Auftritt mit Rede von Spitzenkandidat und musikalischem Begleitprogramm auf Open-Air-Bühne im Stadtzentrum	Amtliche Genehmigungsverfahren, Sicherheitskonzept, Bühnen- und Beschallungstechnik inkl. Videoscreen, Absperrungen, Programmgestaltung, Bühnendesign, Informationsmaterial, Besucherführung, Dienste (Entsorgung, Reinigung, Toiletten), Pressebetreuung
Wahlkampfparty	Get together-Event am Wahlabend	Presse-Akkreditierung, Übertragungstechnik, Abendmoderation, Programm, Catering/Verpflegung, Teilnehmermanagement
Parteitag	Parteiinterne Wahlen, Reden sowie Beschluss von Programmen	Presse- und TV-Akkreditierung, Übertragungstechnik, Protokoll, Sitzplanung auf Podium und im Saal, Tagesordnung, Programmgestaltung, Abstimmungstechnik, Deligiertenmanagement, Dokumentation
Politischer Aschermittwoch	Politische Reden in Festzeltambiente	Bühnen- und Programmgestaltung, Bestuhlung, Gastronomie, Sitzordnung, Teilnehmermanagement, Veranstaltungstechnik, Rahmenprogramm, Presse- und VIP-Betreuung, Sicherheit
Pressekonferenz	Information der Medien zu öffentlichkeitsrelevanten Themen	Hintergrundbackdrops, Sitzordnung, Beschallung, Beleuchtung, Fragensystematik, Internetanbindung, Materialienerstellung (Pressemappen), Interviews
Öffentliche Demonstration	Öffentlicher Marschzug mit Sprechchören und Transparenten	Anmeldung nach Versammlungsrecht, Ordnergestellung und -organisation, Wegeplanung, inhaltliche Ausrichtung, Fahrzeuglogistik, Beschallungstechnik, Abstimmung mit Sicherheitsbehörden, Pressebetreuung

Orga ✓ Veranstaltungsorganisation/-wirtschaft

146 Welche *Bestimmungen* enthält das *Versammlungsgesetz?*

Im **Gesetz über Versammlungen und Aufzüge** (kurz: Versammlungsgesetz) aus dem Jahre 1978 ist das Grundrecht eines jeden Bürgers geregelt, öffentliche Versammlungen und Aufzüge zu veranstalten und an solchen Veranstaltungen teilzunehmen, solange diese nicht gegen das Grundgesetz verstoßen. Das Versammlungsrecht ist ursprünglich zur Regulierung öffentlicher politischer Willenserklärungen, z. B. durch Demonstrationen, geschaffen worden; für Events mit der Ansammlung einer unbestimmten Zahl von Menschen kann es auch Anwendung finden.

Das Versammlungsgesetz unterscheidet dabei zwei Versammlungsarten: öffentliche Versammlungen in geschlossenen Räumen und öffentliche Versammlungen unter freiem Himmel.

Für öffentliche Versammlungen in geschlossenen Räumen besteht grundsätzlich keine Anmeldepflicht der Veranstaltung. Es ist ein Veranstaltungsleiter zu stellen, der das Hausrecht ausübt. Ordnerpersonal (Security) darf eingesetzt werden.

Öffentliche Versammlungen unter freiem Himmel und Aufzüge müssen bis spätestens 48 Stunden vor Bekanntgabe bei der zuständigen Behörde angemeldet werden. Diese kann die Veranstaltung von bestimmten Auflagen abhängig machen oder auch verbieten, wenn ein Verbot begründet werden kann. Der Einsatz von Ordnern (Security) bedarf hier immer einer polizeilichen Genehmigung.

2.1.4.8 Exkurs 3: Freizeit, Touristik, Hotel und Gastronomie

147 Was bedeutet *Freizeitwirtschaft* und wie werden hier die Bereiche Freizeit und Touristik eingeordnet?

In der sogenannten Freizeitwirtschaft werden die Felder Medien und Kommunikation, Sport und Spiel sowie Kultur und Unterhaltung unterschieden. Beispielhaft können folgende Branchen aufgelistet werden:

Medien und Kommunikation	Sport und Spiel	Kultur und Unterhaltung
TV, Kino und Film Rundfunk Buchgemeinschaften	Sportvereine Sportzentren Wettbüros, Spielbanken	Theater Diskotheken, Clubs Vergnügungsparks Tourismus-/Freizeitzentren Veranstaltungsanbieter

Die Bereiche Freizeit und Tourismus können nur quer durch die genannten Felder eingeordnet werden; die Freizeit- und Touristikbranche unterteilt sich in Reise- und Transportunternehmen sowie gastgewerbliche Betriebe (Gastronomie, Übernachtung); ferner gibt es Verbindungen zum Sozial- und Gesundheitssektor (Kur-/Bäderwesen, Wellness usw.), dem Bildungssektor (Sprach-/Studienreisen) sowie zum Transportwesen.

148 Was bedeutet es, wenn von einem *Trend zur Freizeitgesellschaft* gesprochen wird?

Die fortschreitende Arbeitszeitreduzierung, eine sich entwickelnde Anhebung des Wohlstandsniveaus sowie eine stärker wahrgenommene Aufwertung der persönlichen Lebensumgebung anstelle einer permanenten Lebensweltausrichtung auf den Arbeitsalltag forcieren die **zunehmende Bedeutung von Freizeit und Tourismus** im modernen Deutschland. Eine zunehmende Flexibilisierung und fortschreitende Mobilität mithilfe einer funktionalen Infrastruktur lassen den Trend hin zu einer Freizeit- und Erlebnisgesellschaft wachsen.

Public Event: Kultur, Konzert, Sport und Touristik

Orga

Tourismus

Weltweit und nach Umsätzen betrachtet gilt die Tourismusbranche als fünftstärkster Wirtschaftsbereich. Die „Tourismus 2020 Vision Studie" der Weltorganisation für Tourismus (WTO) prognostizierte für das Jahr 2020 fast 1,6 Milliarden internationale Touristenankünfte weltweit. In Deutschland wurden im Jahr 2010 2,8 Mio. Beschäftigte und über 100 000 Ausbildungsplätze unmittelbar oder mittelbar dem Tourismus zugeordnet (damit lag der Anteil der vom Tourismus abhängigen Arbeitsplätze an der Gesamtbeschäftigung in Deutschland bei 8 %). Auch der Anteil am Bruttoinlandsprodukt bewegt sich in dieser Höhe. Die mittelständisch geprägte Branche ist ein wesentlicher Bestandteil des Dienstleistungssektors und strahlt dabei in die vor- und nachgelagerten Bereiche ab. Die größten Reiseveranstalter nach Marktanteil sind TUI Deutschland, Rewe Touristik und Thomas Cook. 42 % der Deutschen buchen ihren Urlaub laut Verbrauchs- und Medienanalyse 2010 im Reisebüro, 38 % organisieren ihre Reise selbst. Jede zehnte Buchung wird über das Internet getätigt. Die beliebtesten Unterkünfte bei Urlaubsreisen sind laut einer Ipsos-Umfrage Hotels und Gasthöfe, gefolgt von Ferienwohnungen und -häusern. Vergleichsweise wenige Reisende campen. Jeder zweite Reisende fährt mit dem Auto in den Urlaub, 36 % per Flugzeug. Die Verkehrsmittel Bus oder Bahn nutzt nur jeder siebte Urlauber. 2009 verzeichnete die deutsche Tourismusbranche 314 Millionen Übernachtungen deutscher Besucher und 55 Millionen Übernachtungen ausländischer Besucher. Dabei bilden die Niederlande mit 10 Millionen Übernachtungen das Herkunftsland, aus dem die meisten Touristen in Deutschland stammen.

149 Welchen *volkswirtschaftlichen Stellenwert* nimmt die *Reise- bzw. Tourismusindustrie* in Deutschland ein?

Zur Tourismusbranche gehören alle Unternehmen, die unmittelbar am Tourismus verdienen. Dies können beispielsweise Reiseveranstalter, Hotels, Fluggesellschaften, Gaststätten oder Reisebüros sein.

150 Nennen Sie fünf Unternehmen, die zur Tourismusindustrie gehören.

Destination

Destination bedeutet Bestimmungsort. **Destination Management** meint die **tourismus- und** auch **eventorientierte Vermarktung einer Region,** damit diese als Bestimmungsort **attraktiv** und besucht wird. Destinationen werden dann attraktiv, wenn eine gebündelte Vielzahl von Erlebnismöglichkeiten, Attraktionen und auch Events vom Gast an seinem Reiseziel konsumiert werden können. So gesehen, spielen neben geografischen Aspekten eine Vielzahl von möglichen aufenthaltsrelevanten Leistungen eine wichtige Rolle für das Anziehungsvermögen einer Region. Ökologische und gesellschaftlichen Faktoren wie Landschaft, Klima, Kultur sind sicherlich eine wichtige Basis für die Entwicklung des Fremdenverkehrs, infrastrukturelle und erlebnisorientierte Freizeitangebote wie Sport- und Veranstaltungszentren, das Bäderwesen, Beherbergungsmöglichkeiten und das gastronomische Angebot spielen ebenfalls eine wichtige Rolle.

151 Was bedeutet der Begriff *Destination Management?*

Orga ✓ Veranstaltungsorganisation/-wirtschaft

152 Nennen Sie acht wichtige *infrastrukturelle* Anforderungen an eine attraktive Destination.

1. Gastgewerbe
2. Beherbergungsstätten
3. Gaststättengewerbe
4. Reiseveranstalter
5. Sport- und Wellnessangebote
6. Freizeiteinrichtungen
7. Museen
8. Transport bzw. Personenbeförderung

153 Worum kümmert sich eine *Incoming Agency* bzw. eine *Destination Management Company (DMC)*?

Als **Incoming Agency** (auch Destination Management Company genannt, also eine **Regionsvermarktungsagentur**) bezeichnet man eine spezialisierte **Agentur vor Ort** in einer Region, die sich lokal gut auskennt und auswärtige Kunden **mit lokalem Reise-, Logistik- und Event-Know-how** akquiriert sowie betreut. Gerne werden durch diese Agenturen neben Reisegästen auch Konferenz- und Tagungsprogramme in eine Region geholt. Dabei kann es sich auch um ein spezialisiertes Reisebüro handeln, das in erster Line für ein Land bzw. eine Region eine Palette an Teilleistungen im Zusammenhang mit der Destination und deren touristischen Aspekten organisiert.

154 Beschreiben Sie *auf Englisch:* Wer ist und was macht die *Society of Incentive Travel Executives (SITE)*?

Site has a rich 35-year history built on strong ethics and professional relationships. Site began as an idea; a forum launched in 1973 when 11 incentive travel colleagues decided to create the first international nonprofit association dedicated to the pursuit of excellence in incentives. Today, this global network of meeting, travel and event professionals has over 2,100 members in 87 countries, with 35 local and regional chapters all dedicated to delivering business results. These members believe the highest levels of workplace performance are reached by individuals and teams that are highly motivated and that employing motivational experiences as powerful business tools reward and unlock human potential to achieve corporate objectives.

155 Was ist eine *Site Inspection?*

Als **Site Inspection** bezeichnet man den **Besuch einer Region, um geplante Angebote persönlich kennenzulernen.** Manchmal werden solche Maßnahmen finanziert durch regionale Anbieter, die potenzielle Kunden einladen und rundum betreuen, damit diese Buchungen in der Region vornehmen. Auch neutraler: Begehung einer Veranstaltungslocation oder eines Eventziels. Vorab stattfindende Detailprüfung von Anfahrtsmöglichkeiten, Ausstattung, technischen Gegebenheiten, Catering, Sicherheitsaspekten, sanitären Anlagen, Vertragsbedingungen usw.

Public Event: Kultur, Konzert, Sport und Touristik

Orga

FAM-Trip

FAM steht für „familiarize", gemeint ist **etwas Ähnliches wie die Site-Inspection**; es kann z. B. der Besuch einer Region sein, bei dem man sich als potenzieller Einkäufer durch den kostenfreien Aufenthalt mit Rundumversorgung mit Event- und Touristikangeboten persönlich vertraut machen kann. In der Regel wird ein FAM-Trip finanziert durch die regionalen Anbieter, die potenzielle Kunden einladen und rundum betreuen.

Was ist ein FAM-Trip? (156)

- Backstagetour hinter die Kulissen mit Einblick in interne Abläufe
- Begleitung einer stattfindenden Veranstaltung, alternativ spielerisches Entdecken der Location (Teamparcours)
- Abendveranstaltung unter Künstlereinbindung inkl. Catering
- Übernachtung im angeschlossenen Tagungshotel

Ein Tagungszentrum richtet einen *FAM-Trip* für die Zielgruppe nationaler Kunden aus. Wie könnte ein *typisierter Programmablauf* aussehen? (157)

Die Zeitschrift veröffentlicht eine Einladung in einer Ausgabe, die dem Termin rechtzeitig vorausgeht. Die Zeitschrift veranlasst eine Mailing-Aktion an die Datenbank der Leser sowie weiterer potenziell Interessierter.

Das Fremdenverkehrsamt ermöglicht die Kontaktaufnahme zu potenziellen Anbietern von Programmteilen, koordiniert und betreut die FAM-Trip-Teilnehmer, stellt Personal und Arbeitsstrukturen bereit und ermöglicht den Kontakt zu Politik und Verwaltung sowie regionalen Wirtschaftsvereinigungen und Verbänden.

Es haben sich das Fremdenverkehrsamt sowie eine Veranstaltungsfachzeitschrift als Medienpartner zur Zusammenarbeit bereit erklärt. (158)

Wie kann ein *FAM-Trip* in *Kooperation mit* der *Zeitschrift* kommuniziert werden und welche Aktivitäten, könnte das Fremdenverkehrsamt zum FAM-Trip-Programm beitragen?

1. **Dankesschreiben** für Teilnahme am FAM-Trip nach der Veranstaltung
2. **Einladung zu Fachmessen** mit eigener Ausstellerbeteiligung
3. regelmäßige Informationen in Form eines **Newsletters**; Angebote und Informationen per E-Mail
4. **Pressearbeit/Presseinformation** über durchgeführten FAM-Trip in Medien der Branche
5. weitere **Einladung von Interessenten zu Sonderveranstaltungen**
6. **Aktivitäten in Social Networks** (Xing-Groups, Twitter usw.)

Wie kann die *Nachhaltigkeit* eines solchen *FAM-Trips* gewährleistet werden (Nennen Sie sechs Maßnahmen)? (159)

Orga ✓ Veranstaltungsorganisation/-wirtschaft

Hotel und Gastronomie

160 Welchen *volkswirtschaftlichen Stellenwert* nimmt das *Hotel- und Gastgewerbe* in Deutschland ein?

Die Unternehmen des Hotelgewerbes betreiben Hotels und andere Beherbergungsbetriebe, wie z. B. Ferienwohnungen oder Pensionen. Das Hotelgewerbe ist ein wichtiger Wirtschaftszweig der Tourismusbranche und Fremdenverkehrswirtschaft. Mitunter wird das Hotelgewerbe auch als Hotelbranche oder Hotellerie bezeichnet. Als Wirtschaftszweig wird das Hotelgewerbe zum Gastgewerbe gezählt. Das Gastgewerbe in Deutschland ist eine **wachsende Dienstleistungsbranche** mit überwiegend mittelständischer Prägung, ca. 220 000 Betrieben, mehr als einer Million Beschäftigten und um die 60 000 Auszubildenden (2013).

Der Umsatz lag nach Angaben des DEHOGA und des Statistischen Bundesamtes im Jahr 2013 im Beherbungs- und Gaststättengewerbe insgesamt bei knapp 70 Milliarden Euro.
Bei einem Vergleich der Auslastung in der Hotelbranche in ausgewählten Städten liegt Paris mit einer Auslastung von 74 % auf dem ersten Rang. Dahinter folgt Hamburg mit 72 % und Amsterdam mit 70 %. Die Top 10 der Markenhotels in Deutschland wurde im Jahr 2008 von der Accor-Gruppe mit insgesamt 304 Hotels angeführt. Zum Hotelgewerbe wird auch der Betrieb von Pensionen gezählt.

161 Wer ist der *DEHOGA*?

Der DEHOGA (Deutscher Hotel- und Gaststättenverband e.V.) ist der Fachverband für das Gastgewerbe in Deutschland, das vom klassischen Restaurant über die Gemeinschaftsverpflegung bis zur System- und Sternegastronomie, von der Frühstückspension über das Ferien- und das Tagungs- bis zum Luxushotel reicht. Der DEHOGA gliedert sich in 17 Landesverbände und drei Fachverbände - Hotelverband Deutschland (IHA), UNIPAS (Union der Pächter von Autobahn-Service-Betrieben) und V.I.C. (Verband der Internationalen Caterer in Deutschland). Darüber hinaus vertreten die vier Fachabteilungen im DEHOGA Bundesverband - Systemgastronomie, Gemeinschaftsgastronomie, Bahnhofsgastronomie und Discotheken - die speziellen Belange ihrer Mitglieder.

162 Wie werden *Hotels* durch den *DEHOGA* klassifiziert?

Bezeichnung/Sterne	Kriterien
1 Stern: Einfache Ansprüche (früher: TOURIST)	Zimmer-Mindestgröße Doppelzimmer 12 m² inkl. Dusche/WC oder Bad/WC, Farb-TV mit Fernbedienung, tägliche Zimmerreinigung, Tisch und Stuhl, Seife oder Waschlotion, Badetücher, Getränkeangebot, Empfangsdienst, ein zugängliches Telefon, erweitertes Frühstücksangebot, Depotmöglichkeit
2 Sterne: Mittlere Ansprüche (früher: STANDARD)	Zimmer-Mindestgröße Doppelzimmer 14 m² inkl. Dusche/WC oder Bad/WC, Farb-TV mit Fernbedienung, Tisch und Stuhl pro Bett, Leselicht am Bett, Badetücher und Wäschefächer sowie eine Hygieneartikelauswahl, Frühstück in Buffetform, bargeldlose Zahlung (Kartenzahlung), Internetzugang auf dem Zimmer oder öffentlich

Public Event: Kultur, Konzert, Sport und Touristik — Orga

Bezeichnung/Sterne	Kriterien
3 Sterne: Gehobene Ansprüche (früher: KOMFORT)	Doppelzimmer 18 m² (inkl. Bad/WC), Getränkeangebot und Telefon auf dem Zimmer, Internetanschluss, ein Ankleidespiegel, eine Kofferablage und ein Safe im Zimmer, 10 % Nichtraucherzimmer, Haartrockner und separate Heizmöglichkeit sowie Gesichtstücher im Badezimmer, separate Rezeption (mit Sitzgruppe) 14 Stunden besetzt bzw. 24 Stunden erreichbar, zweisprachige Mitarbeiter, Gepäckservice, Zusatzkissen und -decken auf Wunsch, Waschen und Bügeln der Gästewäsche, Näh- und Schuhputzutensilien im Zimmer, Beschwerdemanagement
4 Sterne: Hohe Ansprüche (früher: FIRST CLASS)	Zimmer-Mindestgröße Doppelzimmer 22 m² (jeweils inkl. Bad/WC), Minibar im Zimmer, Getränke-Roomservice 16 Stunden oder Maxibar, Sessel/Couch mit Beistelltisch, Bademantel nebst Hausschuhen auf Wunsch, im Bad zusätzliche Kosmetikartikel (z. B. Duschhaube, Nagelfeile, Wattestäbchen) sowie Kosmetikspiegel und großzügige Ablagefläche und Heizflächen, separate Rezeption mit Lobby und Sitzgelegenheiten 16 Stunden besetzt bzw. 24 Stunden erreichbar, Hotelbar, Sessel/Couch mit Beistelltisch, Internet-PC/Internetterminal, Frühstücksbuffet oder Frühstückskarte mit Roomservice oder Etagen-Maxibar, systematische Gästebefragung, Gästelift ab 3 Etagen
5 Sterne: Höchste Ansprüche (früher: LUXUS)	Zimmer-Mindestgröße Doppelzimmer 26 m² (jeweils inkl. Bad/WC), Suiten verfügbar, Minibar im Zimmer, Getränke und Speisen im 24 Stunden Roomservice, Körperpflegeartikel in Einzelflacons, Kopfkissenauswahl, zentrale Bedienbarkeit der Zimmerbeleuchtung vom Bett, ein Safe, 24 Stunden Rezeption mit Concierge, Hotelpagen und mehrsprachigen Mitarbeitern, Empfangshalle mit Sitzgelegenheiten und Getränkeservice sowie Doorman- oder Wagenmeisterservice, personalisierte Begrüßung mit frischen Blumen bzw. Präsent und ein Internetendgerät auf Wunsch, Bügelservice (innerhalb einer Stunde), Schuhputzservice sowie ein abendlicher Turndownservice, Mystery-Guesting, Gästelift ab 3 Etagen

Quelle: vgl. www.hotelsterne.de

Große Hotelmarken in der EU (nach Häuserzahl/Zimmern)	Große Hotel-Gesellschaften in der EU (nach Häuserzahl)
Best Western	Accor (F)
Ibis (Accor)	Best Western (USA)
Mercure (Accor)	Intercontinental Hotels ICH (GB)
Novotel (Accor)	Louvre Hotels (F)
Holiday Inn (ICH)	Hilton (GB)
Hilton	Sol Melia (E)
NH Hotels	TUI (D)
Steigenberger	Viabono
Maritim	Landut
Lindner	Starwood
Sheraton	Romantik-Hotelgruppe
Hyatt	

163 Nennen Sie jeweils *zehn* bekannte Hotelmarken bzw. Hotelgesellschaften.

Orga ✓ Veranstaltungsorganisation/-wirtschaft

164 Welche *Bettenarten* werden in *Hotels* unterschieden?

Man unterscheidet zwischen Couchliege, Doppelbett, Doppelschlafcouch, Einzelbett, getrennten Betten, Etagenbett, King-Size-Bett, Grand-Lit/Französisches Bett (Queen-Size-Bett), Schrankbett, Zusatzliege und Zustellbett.

165 Listen Sie vier typische *Möglichkeiten* auf, wie *Hotels geführt* werden können.

1. **Inhabergeführte Hotels:** Führung und Verwaltung des eigenen Betriebs (häufig als traditioneller Familienbetrieb) mit festangestellten Mitarbeitern und eigener Finanzbuchhaltung sowie eigenem Reservierungssystem.
2. **Hotelketten:** Führung des jeweiligen Hotels durch beim Mutterkonzern angestellte Mitarbeiter, Vermarktung, Reservierung und Finanzbuchhaltung durch zentralisierte Konzernstrukturen
3. **Franchiseverträge:** Namens- und Konzeptüberlassung durch Lizenzgeber an Lizenznehmer, der das Haus führt. Ggf. Marketingsupport durch Franchisegeber.
4. **Managementverträge:** z. B. integriertes Management, bei dem der Hoteleigentümer die Kontrolle über den Betrieb behält und den Manager für seine Tätigkeit bezahlt; alternativ vollständig ausgelagertes Management, bei dem der Manager die volle Kontrolle hat.

Bankett

166 Wer ist und was macht die *Bankettabteilung?* Beschreiben Sie kurz vier typische Aufgabenfelder.

Die Bankettabteilung in einem Hotel ist so etwas wie die hotelinterne Eventabteilung; sie betreut das Tagungs-, und Veranstaltungsgeschäft sowie die Vermarktung der Veranstaltungsräume und kümmert sich z. B. um:

- die Akquise und Betreuung von Mietern bzw. Kunden
- die Ausstattung und Dekoration der Räume inkl. Bestuhlung und angeforderter Technik
- die Organisation und den Verkauf des Caterings (auch F&B – Food and Beverage genannt)
- sowie ggf. das Bereitstellung von angefragten oder möglichen Programminhalten.

167 Was bedeutet der Begriff *Bankett* eigentlich und wie läuft ein Bankett für gewöhnlich ab?

Ein **Bankett** ist ein **hochwertiges gesetztes, vier bis fünfstündiges Essen am Abend,** meistens zu Ehren eines hochgestellten Gastes oder eines anderen besonderen Anlasses. Es gilt als Symbol für die Repräsentationskunst des Gastgebers. Zum Ablauf:

1. **Aperitif/Begrüßung** in Foyer oder gesondertem Raum zum Bekanntmachen, Sammeln der späteren Gäste, Orientierung anhand ausgelegter Placements über die Platzierungen
2. **Gang zur Tafel;** Vorspeisen u. Getränke sind bereits serviert, Gastgeber bittet zu Tisch, Einnehmen der Plätze, Gastgeber hat dabei Sichtkontakt zu Servierpersonal und kann Einfluss nehmen
3. **Zügiges Servieren** ohne lange Pausen zwischen den Gängen, die Servierfolge wird nach der Rangordnung der Gäste festgelegt
4. **Toast/Reden** entweder nach Platzieren oder Hauptgang, bitte streng nach diplomatischem Protokoll (Gastgeber zuerst, ranghöchster Gast dann als Antworttoast; Toast im Stehen, Glas bleibt auf dem Tisch, Anstoßen erst nach Trinkspruch und dann nur mit Sitznachbarn; Toast endet in Trinkspruch)
5. **Abschluss;** nach Bankett wird Mokka gereicht, danach Tafel aufgehoben und Veranstaltung beendet; sollen Gäste noch bleiben, wird die Tafel nach dem Dessert aufgehoben und zu Kaffee/Mokka in anderen Raum gebeten

Public Event: Kultur, Konzert, Sport und Touristik — Orga

6. Verabschiedung; Gastgeber begleitet Gäste zum Ausgang; protokollgemäß verabschiedet sich der ranghöchste Gast zuerst

Bei größeren Bankettveranstaltungen sind angemessene Sicherheitsmaßnahmen geboten, ggf. eine Notarztbereitschaft, verkehrslenkende Maßnahmen und eine gerichtete Medienbegleitung.

Politische Bankettinszenierungen finden meist in Botschaften oder anderen repräsentativen Örtlichkeiten statt, ansonsten wählen wir i. d. R. leistungsfähige Restaurants bzw. Hotels mit passenden Räumlichkeiten. Der **Raum** sollte **groß genug** für Teilnehmerzahl sein, eine **festlich repräsentative Atmosphäre** bieten und **dem Anlass entsprechend ausgestattet** sein.

168 Welche *Anforderungen* stellen Sie an einen *Raum für ein Bankett?*

Als Pflichteinladung bezeichnet man Einladung an den mit dem Anlass konkret verbundenen Personenkreis sowie an ausgewählte VIPs. Komplementäreinladungen ergehen an zum Gästekreis passende Teilnehmer, Persönlichkeiten, die den Abend bereichern und sonstige Personen, die einem wichtig für den Anlass sind.

169 Was bedeuten im Einladungsverfahren die Begriffe *Pflicht-* bzw. *Komplementäreinladung?*

---

1. Vorherrschende Geschmacksrichtungen sollten sich nicht wiederholen
2. Gleiche Farben sollen nicht aufeinander folgen
3. Deftiges nicht mit Feinem mischen
4. Auf einen sättigenden Menügang sollte Leichtes folgen
5. Fisch kommt vor Fleisch

Planen Sie bitte Austauschgerichte für Moslems, Vegetarier/Veganer und Teilnehmer mit Unverträglichkeiten ein.

170 Nennen Sie fünf grundlegende *Anforderungen* an *Gerichte im Bankett-Menü.*

Klassifizierungssystem	Symbole	Kriterien/Besonderheiten
Michelin (F) www.viamichelin.de	1 bis 3 Sterne Küchenbewertung	1: sehr gute Küche 2: hervorragende Küche 3: eine der besten Küchen
Gault Millau (F) www.gaultmillau.de	8 bis 20 Kochmützen Küchenbewertung	8 bis 11: nicht ausreichend bis durchschnittlich 12 bis 14: ambitioniert bis sehr gut 15 bis 20: hoher bis idealer Kochkunstgrad
Der Feinschmecker (D) www.der-feinschmecker-club.de	1 bis 5 „F"-Symbole Koch-/Küchenbewertung	1: Küche über dem Durchschnitt 2: sehr gute Küche 3: kreative Küche 4: Küche herausragend 5: perfekte Küche

171 Nennen Sie drei anerkannte *Sterneküchenklassifizierungen.*

Orga ✓ Veranstaltungsorganisation/-wirtschaft

2.1.5 Tagungs- und Kongresswirtschaft (MICE)

MICE

172 Was bedeutet die Abkürzung *MICE*?

MICE bedeutet aufgelöst **Meeting, Incentive, Congress and Event.** Manchmal wird der Begriff Congress auch mit Conference oder Convention ersetzt. Es handelt sich hierbei um die hotel- und gastronomieaffine Bezeichnung des eher konservativ ausgerichteten Teilbereichs der kongress- und tagungsorientierten Veranstaltungswirtschaft. Als weiterer Begriff wird synonym Tagungswirtschaft oder Tagungsindustrie benutzt (Meetings Industry).

173 Nennen Sie *typische Veranstaltungsunternehmen,* die sich in der *Kongress- und Tagungswirtschaft* zuhause fühlen.

Kongresszentren, Messehallen, Messeveranstalter, Mehrzweckhallen, Tagungshotels, PCO (Professional Congress Organizer), Ämter, tagungsorientierte Verbände, spezialisierte Dienstleister usw.

174 Definieren Sie die Begriffe *Meeting, Incentive* und *Congress* bzw. *Conference* auf Englisch.

- **Meeting:** coming together of a number of people in one place on an ad hoc basis or according to a set pattern, to confer or carry out a particular activity.
- **Incentive:** Meeting event as part of a programme which is offered to its participants as a reward.
- **Conference/Congress:** Participatory meeting designed for discussion, fact-finding, problem solving and consultation. As compared with a congress, a conference is normally smaller in scale and more select in character - features which tend to facilitate the exchange of information. Though not inherently limited in time, conferences are usually of limited duration with specific objectives.

175 Listen Sie typische *Kongress- und Tagungseventformen* tabellarisch auf.

Veranstaltungsform	ca. Teilnehmer	Aspekte
Besprechung	5–15	spontan, gerichtet, geringer Aufwand
Workshop	10–40	Informationserarbeitung, Problemlösungsbedarf, Know-How-Transfer, inhaltliche Vorbereitung belangreich, Raumausstattung wichtig, Länge beachten
Konferenz	20–100	themenzentriert, Vorlaufzeit für inhaltliche Vorbereitung beachten, ggf. Übernachtungsbedarf
Symposium	50–300	Expertenmeeting, Spezial- und Fachthemen, Vorlaufzeit beachten, Locationpassung

Tagungs- und Kongresswirtschaft (MICE) ✓ *Orga*

Veranstaltungsform	ca. Teilnehmer	Aspekte
Tagung	ab 50	thematische Ausrichtung, Teilnehmerlogistik, inhaltliche Ausgestaltung, Rahmenprogramm
Kongress	ab 300	häufig Großveranstaltung, Fachausrichtung, Teilnehmeraktivierung, Mehrtägigkeit, Mehrsprachigkeit

- Anstehender Informations-/Beratungs-/Entscheidungsbedarf
- Aktualisierung des allgemeinen Informationsstandes
- Darbietung neuer wissenschaftlicher Erkenntnisse
- Erfahrungsaustausch verschiedener Fachgebiete (Tagung)

Tagung
Listen Sie vier *typische Anlässe* für eine *Konferenz oder Tagung* auf. **(176)**

Leiter Organisationsstab	
Stellvertreter und Koordinator	
Sachbereich Verwaltung, Personal, Budget	Sachbereich Bewirtung, Unterkunft
Sachbereich Teilnehmermanagement, Einladungsverfahren, Gäste- und Referentenbetreuung	Sachbereich Programm, Rahmenprogramm
Sachbereich Raummanagement, Logistik, Kommunikation, IT	Sachbereich, PR, Presse, Dokumentation
Sachbereich Konferenzsekretariat, Infocounter	Sachbereich Sicherheit, Fahrdienst, Rettungsdienstkoordination

Stab
Wie könnten personelle Sachbereichszuordnungen in einem typischen Organisationskomitee aussehen? **(177)**

1. Mehrzweckhallen
2. Tagungs- und Konferenzhotels
3. Konferenz-, Tagungs- und Kongresszentren
4. Stadthallen
5. Universitäten/Akademien
6. Rathäuser
7. Bürgerhäuser
8. Gästehäuser

Location
Listen Sie acht *Locations* auf, die für eine *Tagung* bzw. eine *Konferenz* oder einen *Kongress geeignet* sind. **(178)**

1. Lage
2. Verkehrsanbindung
3. Infrastruktur
4. Ausstattung
5. Raumpassung/Raumangebot
6. Belegungskapazität
7. Technik
8. Teilnehmerverpflegung
9. Serviceangebote
10. Übernachtungsmöglichkeiten
11. Freizeiteinrichtungen/Entertainment

Nach welchen *elf Kriterien* wählen Sie eine potenziell *passende Location* aus? **(179)**

Orga ✓ Veranstaltungsorganisation/-wirtschaft

180 — Mit welchen acht *Elementen* wird ein *Konferenzraum* bei einem *internationalen Kongress* ausgestattet?

1. Bestuhlungsmobiliar
2. Namensschilder
3. National- oder Firmensymbole (z. B. Tischwimpel)
4. Logobanner
5. Schreibmaterial
6. Dekoration
7. Konferenz- bzw. Tagungstechnik
8. Dolmetscheranlage

Tagungstechnik

181 — Listen Sie detailliert *Bestandteile einer Konferenz- bzw. Tagungstechnik* inkl. Medien auf.

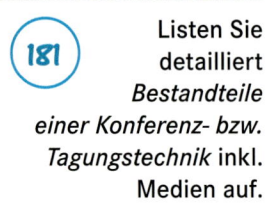

Flipchart und -papier, Filzschreiber, Whiteboard und Stifte, Magnettafel, Kartenständer, Zeigestock, Zeigelampe, Folien/Folienstifte, Leinwand, Metaplanstellwände, Metaplankoffer mit Zubehör, Metaplanpackpapier, Overheadprojektor, Filmprojektor, Diaprojekto, DVD- bzw. Videoanlagen-System, (Betamax/VHS/VCR), Bänder, Monitor/Beamer, Leinwand, Personalcomputer, Drucker, Software, Verbindungskabel, Schnittstellen, Lautsprecheranlage, Diskussionsanlage, Mikrofone (Stand-, Funk-, Handmikrofon), CD-Player, Audio-Verstärkeranlage (PA), Simultan-Übersetzungsanlage, Diktiergeräte, Telefonanschluss, Steckdosen/Mehrfachstecker/ Verlängerungskabel, Gong/Glocke für das Rednerpult, Reservematerial/Ersatzteile, Klimatisierung, Belüftung, Heizung, Beleuchtung, Verdunkelung, Lärmschutz, Dekoration

182 — Welche *Bestandteile* hat eine *Konferenz- bzw. Tagungsmappe*?

Inhaltliche Unterlagen, Tagesordnung, Teilnehmerverzeichnis, Stadtplan, Kulturkalender/Sehenswürdigkeiten, Fahrplan ÖPNV usw.

183 — Wie sollte ein *Konferenzsekretariatsbereich ausgestattet* sein?

Schreibservice, Hilfskräfte, Telefon/Telefax/Mailaccounts, PC/Internet, Schreibtische, Besprechungstisch, Kopiergerät, Ausgabestelle für Informationsmaterialien, An- und Abreiseberatung, Presseansprechpartner, Funksysteme und Sicherheit, Medikamente, ggf. Sanitätsstelle, Aufenthaltsraum für Fahrer und Personenschutz, evtl. Räume für Presse, Dolmetscher.

Bewirtung

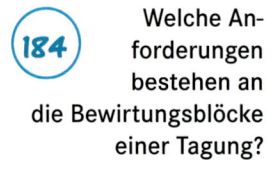

184 — Welche Anforderungen bestehen an die Bewirtungsblöcke einer Tagung?

Bewirtungsblock	Kriterien
Konferenzbereich	Konferenz- und Tagungsgetränke, Getränkeinseln auf den Tischen
Pausenbereich	Mitnahmebuffet im Pausenbereich, warmer Getränkeservice ggf. in Selbstbedienung, Standardgetränke, Keks- und Kuchen erweitert um Obst und Joghurtspeisen, Stehtische
Mittagessen	Bevorzugt Buffet, mit leichten Speisen, Essenseinschränkungen berücksichtigen (variierte Angebote), Ausreichend Servicepersonal für Getränkeorder
Abendessen	Gesetztes Essen, ggf. Ortswechsel, evtl. Stehempfang zu Beginn, ggf. Rahmenprogramm
Personalverköstigung	Im seperaten Raum

Tagungs- und Kongresswirtschaft (MICE) ✓ Orga

Einladung

Listen Sie *Phasen* und *Bestandteile* eines *Einladungsszenarios für eine Tagung* bzw. ein Seminar auf. **185**

Bewirtungsblock	Kriterien
Inhalt und Gestaltung	Text, Design, Fristenterminierung, Form (z. B. Klappkarte, Faltblatt, Brief), Druck, Konfektionierung
Terminblocker	Ankündigung der Veranstaltung
Einladung	Anmeldeinformation des Veranstalters, Seminartitel, Termin, Beginn/Ende, Seminarort, Übernachtungsmöglichkeiten, Zimmerreservierungsverfahren, Ansprechpartner
inkl. Anmeldebogen	Vor- und Nachname, Funktion, dienstliche Position, Unternehmen/Behörde, Workshopwahl, Buchungswunsch Hotelzimmer, Datum und Unterschrift
Einladungsversand Stufe 1	Einladung (Karte oder persönliches Schreiben), Antwortkarte mit Rückmeldedatum, ggf. Angabe von Begleitpersonen, Fragebogen (Anreiseart, Hotelreservierung, Begleitung, Teilnahme am Rahmenprogramm), Informationsunterlagen (Thema, Tagesordnung, Konferenz-/Tagungsablauf, Rahmenprogramm)
Rückantwortphase	Daten aufnehmen und verarbeiten; Zusagen, Absagen, Vertretung, Begleitung, Wünsche, Besonderheiten
Anmeldebestätigung	Dank für Anmeldung, ggf. Bestätigung des Unterbringungswunsches, Anschrift und Prospekt des Hotels, Fahrtskizzen für Anreise per Auto, Lageplan und Parkmöglichkeiten, Transferhinweise, Kleidungsempfehlung, Hinweis zu Freizeiteinrichtungen
Versand Stufe 2	Teilnahmebestätigung, Hinweise (Ansprechpartner, Hoteladressen, Fahrpläne usw.), evtl. Rechnung für Teilnehmergebühr, Anfahrtskizze, Lageplan/Veranstaltungsstätte, Parkhinweise, Parkkarte
Teilnehmerliste	Lfd. Nr., Nachname/Titel, Vorname, Funktion, Unternehmen/Behörde (Adresse, Tel.), Hotel (Adresse, Tel.), Besonderheiten
Seminarunterlagen	Zeitplan des Seminars (Arbeitszeiten, Pausen, Rahmenprogramm), Übersicht über Lernziele und inhaltliche Schwerpunkte, ggf. Fachunterlagen, Literaturhinweise, ggf. Liste von mitzubringenden Unterlagen, Teilnehmerliste, Informationen zu den Dozenten, ggf. Formulare zur Abrechnung von Reisekosten

An Dozenten, Referenten, Moderatoren und Künstler im Rahmenprogramm werden nach Eingang der Zusagen zusätzlich zu den Teilnehmerunterlagen noch folgende Unterlagen versandt: Dozentenvertrag, Zusatzvereinbarungen, methodische und didaktische Hinweise, Honorarabrechnung und Reisekostenabrechnung (Formblätter). Am Ende noch ein Dankesschreiben.

Eine Delegationsbegleitung (bei internationalen Konferenzen pro Delegation ein/e Begleiter/-in) betreut die Delegation, übersetzt und berät die Teilnehmer.

Was ist eine *Delegationsbegleitung?* **186**

Orga ✓ Veranstaltungsorganisation/-wirtschaft

Seminar

187 Was ist das *Ziel von Seminaren*; nennen Sie drei *typische Seminarformen*.

Seminare sind **zielgerichtete Fortbildungsveranstaltungen** mit abgestimmten Inhalten und Methoden, die auf die Vorbildung und Erwartungen der Zielgruppe zugeschnitten sein sollten. Man unterscheidet:

1. **Einführungsseminare** für Nachwuchs, Einsteiger und Seiteneinsteiger
2. **Anpassungsseminare** als berufsbegleitende Fortbildung zum Erhalt und Verbesserung der beruflichen Qualifikation
3. **Förderungsseminare** zur Vorbereitung von Mitarbeitern auf höhere Aufgaben und Führungspositionen

---

188 Nennen Sie zehn *Lernmethoden*.

1. Vortrag/Vorlesung
2. Lehrgespräch
3. Plenumsgespräch
4. Workshop
5. Gruppenarbeit
6. Rollenspiel
7. Fallstudie
8. Multimediapräsentation
9. Aufgabenlayout
10. computergestütztes Training

---

189 Wie können *Seminare finanziert* werden?

1. Finanzierung über Seminargebühren der Teilnehmer
2. Veranstalter trägt alle Kosten
3. Mischfinanzierung: Teilnehmer zahlen Kost und Logis, Rest der Veranstalter

Eine unterstützende Finanzierung durch Sponsorenmittel ist denkbar.

---

190 Vergleichen Sie *kriterienorientierte Inhouse-Schulungen* mit *externen Schulungen*.

Kriterium	Inhouse (im eigenen Betrieb)	Extern (Tagungsanbieter)
Räume	auf vorhandene Räume zurückgreifen	passende Räume können gesucht werden
Konditionen	Raumkosten = Selbstkosten	Raumkosten = Fremdkosten
Technik	vorhandene Technik nutzen/anfüllen	vorhandene Technik nutzen/anfüllen
Infrastruktur/Service	vorhandene Strukturen nutzen	ggf. professionellere Struktur
Ausstrahlung	gewohnte Umgebung	ggf. exklusiver
Effekt/Einbettung	Einbettung in tägliche Arbeitsabläufe	Erlebniseffekt durch veränderte Umgebung

---

191 Nennen Sie wichtige *Anforderungen an Seminarräume*.

Lage: keine Keller oder Ateliers, Sonneneinstrahlung beachten (Nord- und Ostlage besser als Süd- und Westlage)
Größe: 6m² pro Teilnehmer, Gößenverhältnis 3:2 (Länge:Breite), Höhe 3–4 m
Bestuhlung: flexible, hochwertige Seminarstühle, -tische und -medien
Beleuchtung: Tageslicht bzw. -Ergänzungsbeleuchtung, Blendfreiheit, getrennte Lichtregelung, Raumverdunkelung

Tagungs- und Kongresswirtschaft (MICE) ✓ *Orga*

Klima: zugfrei, 20 Grad Celsius, ca. 50 % Luftfeuchtigkeit
Bewirtung: öfter und weniger, leichte ausgewogene Kost, inkl. Seminargetränke, Pausenservice, Mittag- und Abendessen, schneller und zuverlässiger Service auch bei kurzfristigen Verschiebungen
Keine Störungen durch Lärm, Telefon, Küchengeruch, Durchgangsverkehr usw. sowie Rauchfreiheit. Raucherzonen bitte extern einrichten.

Unterlagen

Welche *Anforderungen* werden an *Teilnehmerunterlagen* gestellt? **192**

- Ordner oder Ringbuch mit Zweifachlochung
- einheitliches Bild der Textseiten
- Blattkopf mit Logo des Veranstalters
- Platzierung und Hervorhebung der Überschriften
- Hervorhebung wichtiger Textstellen
- Blattkennzeichnung
- Rand für ergänzende Notizen
- Reserve für weitere Zuheftungen
- Übersichtliches Register mit Inhaltsblatt
- Zusätzlich eingeheftete Notizblätter und Klarsichthüllen
- Seminarbewertung bzw. Bewertungsbögen

Nachbereitung

Listen Sie zehn typische *Elemente einer Tagungsnachbereitung* auf. **193**

1. Dank und Feedback an alle Mitarbeiter
2. Aufräumen, Rückgaben
3. Rechnungsbegleichung, Nachkalkulation, Budgetanalyse
4. Auswertung der Beurteilungsbögen, Ergebnisanalyse, kritische Evaluation
5. Zusammenstellung Presseclipping
6. Versand von Dankschreiben an Referenten, Gastredner, Moderatoren, Hotel, Dienstleister
7. Dokumentation ausgewählter Konferenz-/Tagungsunterlagen
8. Erstellung und Versand von Mitschnitten
9. Versand von anschließenden Konferenz-/Tagungsunterlagen, (Inhalte, Ergebnisse, Gruppenfoto, Protokolle)
10. Aktualisierung der Teilnehmerdatei

2.1.5.1 Kleines Lexikon: Fachbegriffe (MICE)

Glossar

Abrufkontingent
nicht abgerufene, bestellte Hotelzimmer (ggf. auch schon bezahlte) gehen ca. 6–8 Wochen vor Veranstaltungsbeginn in den Verkauf zurück (Doppelverkauf bei Hotelzimmern z. B. bei Leitmessen mit hoher Zimmernachfrage, bei denen häufig bereits 6–12 Monate vor Messetermin Zimmerkontingente bestellt und auch bereits bezahlt werden müssen)

Abstimmanlage
Erfassung eines Meinungsbildes von Veranstaltungsteilnehmern; Teilnehmer erhalten Abstimmgeräte, möglich sind neben Ja-/Nein-Abstimmungen auch komplexere Abfragen, anonym oder mit Zuordnung; häufiger Einsatz bei Parlamenten, Verbänden, Parteien, Hauptversammlungen, Tagungen und auch in TV-Sendungen; Einsatz erzeugt bei Teilnehmern eine erhöhte Aufmerksamkeit und die Gelegenheit, das Geschehen mitzubestimmen

Abstract
Englisch für Zusammenfassung, wird auch Synopsis genannt; Teilnehmer können durch ein Abstract vorab oder während eines Vortrags über die Inhalte informiert werden

Orga ✓ Veranstaltungsorganisation/-wirtschaft

Ad-hoc-Veranstaltung
spontan nicht von langer Hand vorausgeplante Veranstaltung, z. B. anlässlich einer Katastrophe oder eines sportlichen Sieges

Akkreditierung
Zulassung einer Teilnahme, z. B. für Kongressteilnehmer, Pressevertreter oder politische Vertreter

Aparthotel
einfache Beherbergungsstätte, i. d. R. ohne Gastronomie

Bankett
Festessen im feierlichen Rahmen

Barcamp
Moderne Kongressform, bei der die Partizipation aller Teilnehmer Konzept ist; ein hoher Grad an demokratischer Interaktion wird vor allem dadurch erreicht, dass im Vorfeld keine Redner definiert und keine Vorträge festgelegt werden. Es gibt keine reinen Zuhörer, sondern Mitgestalter; zu Beginn eines Camps werden die Vorschläge für mögliche Themen gesammelt und im Expertenkreis zu einem Stundenplan für das Wochenende zusammengestellt.

Boardroom
Sitzungraum, i. d. R. für 10–16 Personen, mit Besprechungstisch und Präsentations- bzw. Kommunikationstechnik

Break out room
kleiner Konferenzraum für Untergruppen einer Veranstaltung; wird zur Vorbereitung oder zum begleitenden Meinungsaustausch genutzt

Call for Papers
Potenzielle Referenten senden im Vorfeld einer Tagung oder eines Kongresses nach Aufforderung des Veranstalters Unterlagen für mögliche Vorträge ein. Fachjury bzw. Programmausschuss wählt dann geeigneten Vorschläge aus. Ziel: Expertenzielgruppe aktiv in die Programmplanung einbinden, höchste und aktuelle inhaltliche Qualität.
Zehn Informationen für ein „Call for Papers"
Referent, Vortragender, Qualifikation/Titel/Position des Akteurs, Thema/Ziel, Veranstaltungsform (Vortrag, Präsentation, Podiumsdiskussion, Postersession, Workshop usw.), Sprache, Einbeziehung/Interaktion der Zielgruppe, Kurzversion des Beitrags/Abstract, Technikbedarf (Präsentation, Ton, Übersetzung, Beleuchtung), Kosten (Honorar, Nutzungsrechte, Reisekosten, Übernachtung usw.)

Colloquium (Kolloquium)
wissenschaftliche Tagung; eigentlich: wissenschaftliches Gespräch, Unterredung. Akademisch: fachlicher Gedankenaustausch ohne feste Form. An Hochschulen auch Rechenschaft ablegen, z. B. bzgl. der verwendeten Literatur. Auch: Präsentationsprüfung, Doktorprüfung, Teil der Habilitation (Verteidigungsgespräch unter Professoren)

Counter
Empfangsbereich, -tisch oder Tresen im Einlassbereich eines Kongresses oder einer Location; Registrierung und Ausgabe von Unterlagen und Namensschildern bzw. weitere Informationen und Serviceinformationen

Damenprogramm
Rahmenprogramm für weibliche Begleitung

Delegiertenanlage
Tischmikrofone, die voneinander unabhängig vom jeweiligen Redner bedient werden können mit Kopfhörern, Sprachkanälen und Lautstärkeregelung.

Dolmetscheranlage
Bestandteile: Dolmetscherpult (Kanalauswahl und -ansteuerung durch Übersetzer), Steuerzentrale (Mischpult), Sprechstellen inkl. Präsidentensprechstelle, z. B. Infrarot- bzw. Induktivanlage (Übertragung auf Teilnehmerkopfhörer)

Dolmetschermethoden
Konsekutivdolmetschen: klassische Art des Dolmetschens (Übersetzens) im Anschluss bzw. im Wechsel mit dem Redner. Dolmetscher übersetzt abschnittsweise die Ausführungen des Redners. Konsekutivdolmetschen benötigt keine Dolmetscheranlage.

Tagungs- und Kongresswirtschaft (MICE) — Orga

Flüsterdolmetschen: Dolmetscher sitzt neben dem Zuhörer und übersetzt flüsternd.
Simultandolmetschen: Der Dolmetscher übersetzt zeitgleich aus einer schalldichten Dolmetscherkabine. Gerne genutzt bei mutilingualen Events und im Live-TV.
Verhandlungsdolmetschen: Konsekutivdolmetschen ohne Notizen aus dem Stegreif.
Gebärdensprache: Sonderform für Veranstaltungen mit gehörlosen Teilnehmern.

Etikette
gewünschte gesellschaftliche Umgangsformen bzw. Benimmregeln

Exposee
Entwurfskonzept

Fehlbedarfsfinanzierung/Festbetragsfinanzierung
Defizitübernahme auf Basis eines Finanzierungsplans, i. d. R. bis zu einem festgelegten Betrag. Festbetragsfinanzierung: festgelegter Zuschuss

Foyer/Lobby
Ein Foyer bzw. eine Lobby ist der Empfangsbereich oder die Aufenthaltsfläche für die Teilnehmer

Follow up
vertriebsorientiertes Nachfassen von Kontakten

Hospitality
Englisch für Gastfreundschaft, Bezeichnung für hochwertige Events und Aktionen, zu denen Geschäftspartner eingeladen werden, z. B. in der Formel 1

Hosted Buyer
eingebuchter potenzieller Einkäufer, der z. B. auf eine Tagungsmesse eingeladen wird, um dort die Aussteller persönlich zu treffen. Flug, Unterkunft und Rahmenprogramm werden organisiert und bezahlt. Finanziert werden solche Programme über Umlagen aus Standmieten der Aussteller. In der Regel muss der eingeladene Einkäufer sich verpflichten, eine gewisse Anzahl von nachweisbaren Gesprächen mit Ausstellern zu führen. Dem eingeladenen Einkäufer wird dabei häufig ein attraktives Rahmenprogramm geboten, Anreise, Unterkunft und Rahmenprogramm organisiert und bezahlt.

Incentive
Ein Incentive ist im ursprünglichen Wortsinn ein Anreiz oder eine Belohnung (z. B. in Form einer Prämie) und bezeichnet eine Maßnahme, die Belohnungscharakter hat.

Konferenz
Zusammenkommen einer Gruppe zur Beratung über Themen, an der sich i. d. R. die Teilnehmer aktiv beteiligen. Ein Konferenzleiter übernimmt die Moderation der Veranstaltung.

Konferenztechnik
eingesetzte Kommunikationshilfen, z. B. PA, Beamer, Dolmetscheranlagen, Abstimmanlagen

Kongress
Treffen einer Vielzahl von Personen zu einem fachlichen oder wissenschaftlichen Themenbereich, häufig mit Rahmenprogramm. Ziele: auf den aktuellen Informationsstand bringen, Erfahrungsaustausch, Kontaktpflege

Kongressagentur
spezialisierte Beratungsunternehmen für Kongresskonzeption und -organisation, häufig international ausgerichtet

Kongressmanagement
z. B. Projektmanagement, inhaltliche Konzeption, Referentenbetreuung, Ablaufplanung, Teilnehmermanagement, Rahmenprogrammgestaltung, begleitende Ausstellungsorganisation, Logistikplanung

Kongressmesse
themenbezogene, kongressbegleitende Ausstellungen; Hersteller und Stakeholder präsentieren der Kongresszielgruppe des Kongresses ihre Inhalte.

Kongresszentrum
auf größere Kongresse und Tagungen spezialisierte Locations, häufig zentral gelegen oder an Institutionen angebunden; weisen eine integrierte Tagungstechnik, mehrere Mehrzweck- und Tagungsräume, große Foyers (Ausstellerfläche) und serviceorientierte Informationssysteme sowie Dienstleistungen auf.

Orga ✓ Veranstaltungsorganisation/-wirtschaft

Kontingent
Anzahl von Zimmern, die bestellt oder optioniert wurde

Meeting
[engl.] Besprechung, Konferenz, Zusammenkunft

Open Space
Konferenzmethode mit hohem inhaltlichen Freiraum für größere Gruppen (über 30 Personen), ohne typische Tagesordnung, vorbestimmte Redner und festgelegte Aufgaben, die durch einen Moderator geleitet wird.
Möglicher Ablauf:
1. Einleitung, Vorstellung, Teilnehmer teilen sich selbstständig in verschiedene Workshops ein (Divergenzphase)
2. Ergebnispräsentation und -diskussion (Konvergenzphase)
3. Umsetzungsphase der Ergebnisse

Option
vereinbarter Termin, bis zu dem Räume bzw. Zimmer freigehalten werden

Peripherieräume
angrenzende Räume, wie z. B. Pausenräume, Abstellräume (für Technik, Aufbewahrungsboxen usw.), Regieräume, Catering-Backstage, aber auch: Foyer/Lobby

Pre-/Post Convention Tours
vor (pre) und/oder nach (post) einer Messe, Tagung oder einem Kongress angebotenes Rahmenprogramm, z. B. ein FAM-Trip oder eine Site Inspection zum intensiveren Kennenlernen

Professional Congress Organizer (PCO)
Bezeichnung für einen auf Kongressveranstaltungen spezialisierten Dienstleister

Rahmenprogramm
ergänzende Programmpunkte begleitend zu Tagung, Kongress oder Meeting

Rednerpult
Vorrichtung für Reden, transportabel oder feststehend altmodisch oder transparent/modern

Seminar
Lehrveranstaltungen, die zur Vertiefung von Wissen dienen. Sie werden von einem Referenten bzw. Dozenten geleitet und in kleinen Gruppen (meist bis zu 25 Teilnehmer) durchgeführt. Seminare zeichnen sich durch hohe Interaktivität von Dozent und Teilnehmern aus. Oft haben Seminare auch Workshop-Charakter. Unternehmen delegieren ihre Mitarbeiter zur Weiterbildung zu externen Seminaranbietern oder veranstalten eigene Seminare (Inhouse-Seminare).

Simultananlage/Übersetzungsanlage
siehe Dolmetscheranlage

Skirting
Stoffumrandungen für Tische, ggf. auch Bühnen

Stornierung
Rücktritt von einer Buchung

Symposium
Ein Symposium ist eine wissenschaftliche, themengebundene Konferenz oder Tagung von Spezialisten mit Vorträgen und Diskussionen. Symposien werden vor einem Fachpublikum durchgeführt.

Tagung
organisiertes Treffen von einer kleineren Anzahl von Personen zu einem Themenbereich; größere Tagungen werden als Kongress bezeichnet

Tagungsbüro/Tagungssekretariat
Betreuung von Teilnehmern, Referenten, Presse, Gästen und Dienstleistern vor, während und nach einer Veranstaltung

Tagungshotel
Hotels mit Schwerpunkt im Tagungsgeschäft; Tagungspaket: Tagungsräume mit Ausstattung, Tagungsverpflegung und Unterbringung der Teilnehmer

Tagungspauschale
Pauschalen pro Veranstaltungsteilnehmer inkl. Raummiete, Bestuhlung, Standardtagungstechnik und Verpflegung

Tagungs- und Kongresswirtschaft (MICE) ✓ *Orga*

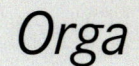

Travel Policy
Reiserichtlinien eines Unternehmens
Überbuchung
kalkulierter Mehrverkauf von Kapazitäten, üblich bei Hotelzimmern und Flugtickets, die einkalkuliert, dass bis zu 10 % der Gäste nicht erscheinen
Valet Service
Park- und Verwahrungsservice für Dienstwagen an Flughäfen und Hotels
Videokonferenzsysteme
web- oder telekommunikationsbasierte Konferenzsysteme für die Zusammenschaltung von zwei oder mehreren räumlich getrennten Teilnehmern
VIP-Lounge
eigene, abgesperrte VIP-Bereiche für wichtige Personen (Ehrengäste, Persönlichkeiten des öffentlichen Lebens, ggf. Presse)
Voting System
siehe Abstimmanlage
Voucher
Gutschein
Walkway
überdachte Outdoor-Bereiche und Wege zu oder zwischen Event Locations
Workshop
Eine kleine Gruppe setzt sich unter der Begleitung eines Moderators intensiv mit einem bestimmten Thema auseinander, häufig als Methode eingesetzt in größerer Veranstaltungen wie Messe, Tagung oder Kongress. Ziel eines Workshops ist es fast immer, Lösungen für Problemansätze zu finden.
Zuschaueranlage
Versammlungsstätte mit Aktionsbereich (z. B. Bühne), Zuschauerbereich und Versorgungsbereich

2.1.5.2 Acht Beispielaufgaben mit Musterlösungsansätzen (MICE)

Prüfung

Rahmenfall:
Die Juniversal Event GmbH erweitert ihren Geschäftsbereich auf die Organisation von Kongressen und Tagungen.

1. Die Juniversal Event GmbH plant einen internationalen Kongress mit knapp 800 Teilnehmern aus 40 Ländern in einer Metropolregion im Südwesten Deutschlands. Die kommunale Stadtverwaltung soll unterstützend tätig werden; was bedeutet in diesem Zusammenhang der Begriff Umwegrendite? (194)

Unterstützende Investitionen durch kommunale Träger in die Durchführung von Kongressen, Messen und öffentlichkeitswirksamen Großveranstaltungen bedeutet die Auslösung öffentlicher (Steuer-) Mittel. Solche Investitionen wirken mittelbar, z. B. durch die Entstehung bzw. den Erhalt von Arbeitsplätzen, steigenden Umsätzen in Gastronomie, Hotellerie, öffentlichen Verkehrsmitteln, Taxiunternehmen, im Handel und im Handwerk sowie bei veranstaltungsorientierten Dienstleistern. Solche Umsätze und Erträge machen sich einerseits beim Umsatzsteueraufkommen als auch in höheren Gewinnen bemerkbar, die sich wiederum in einem höheren Gewerbesteueraufkommen niederschlagen (regionale Steuererträge). Darüber hinaus trägt die Ausrichtung solcher Veranstaltungen zur Verbesserung von Ruf und Image einer Region bei, die z. B. zu einer höheren Attraktivität mit steigendem Tourismusaufkommen führen kann.

Orga ✓ Veranstaltungsorganisation/-wirtschaft

195 **2. Für den Kongress werden aus der Sicht des veranstaltenden Verbandes die folgenden Ziele formuliert: globaler Know-how-Transfer, Schulung und Motivierung der Teilnehmer sowie Honorierung aktiver Leistungsträger. Was sollten Sie generell bei der Definition und Umsetzung von Veranstaltungszielen beachten?**

Generell sollten konkrete, d. h. operationale Veranstaltungsziele auf übergeordneten Institutions- und Projektzielen aufbauen. Folgende Hierarchie ist beispielsweise zu beachten: 1. Unternehmensziele, 2. Spartenziele (z. B. Marketing-Kommunikationsziele) und 3. konkrete Veranstaltungsziele. Dabei sollten alle diese Ziele genau und ergebnisorientiert formuliert werden. Hilfreich ist hierbei die sogenannte SMART-Formel (Ziele sollten spezifisch, messbar, angemessen, realisierbar bzw. relevant und terminiert sein). Veranstaltungsziele sollten als Grundlage und Prüfstein für die konkrete Programmgestaltung, z. B. eines Kongresses, dienen.

196 **3. Wann sollte der Tagungsort für einen internationalen Kongress feststehen?**

Der Tagungsort sollte möglichst frühzeitig festgelegt und kommuniziert werden, am besten direkt im Anschluss an einen vorangehenden Kongress. Eine frühe Termin- und Ortblockung gewährleistet den potenziellen Teilnehmern eine gewisse Planungssicherheit.

197 **4. Sie planen einen Open-Space-Programmbestandteil. Welche Auswirkung auf die Vorbereitung und Durchführung des Kongresses hat dies?**

Ein Open Space sieht die interaktive Bearbeitung von aktuellen Themenpunkten vor, die von Delegierten vorgeschlagen und in aktiv arbeitenden Teams besprochen werden. Zu planende Aspekte sind insbesondere:
- Die Location sollte mit Workshop-Räumen ausgestattet sein.
- Die Räume benötigen Präsentations- und Moderationsmaterialien (z. B. Metaplanwände, Flipcharts, Moderationskoffer).
- Themen und Regeln sollten vorab bzw. spätestens zu Veranstaltungsbeginn kommuniziert werden.

198 **5. Nennen Sie fünf konkrete Ideen für ein teilnehmerorientiertes Rahmenprogramm.**

- abendliches Get-together oder Bankett-Event
- motivierende, aktivierende, einbindende Maßnahmen (Sportaktivitäten, Team-Training-Elemente usw.)
- abendliche Charity-Gala bzw. Benefizveranstaltung
- Kultur- bzw. Theaterbesuchsoptionen, alternative Themen-, Künstler- oder Bildungsabende
- fachliche Visiten und Führungen durch regionale Besonderheiten
- Sonderausstellungen, Themen-Workshops, anregende, Themen reflektierende Weiterbildungsangebote

Tagungs- und Kongresswirtschaft (MICE) — Orga

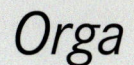

6. Zusätzlich zum Hauptprogramm soll parallel zum Kongress eine sogenannte Leistungsschau stattfinden. Ordnen Sie diesen Begriff beschreibend ein.

Eine Leistungsschau (auch Sonderschau oder Themenausstellung genannt) ist eine begleitende Ausstellung mit ausgewählten Ausstellern, die i. d. R. branchen-, themen- oder fachbezogene Lösungsvorschläge, Ideen und Produkte auf einer dafür bereitgestellten Fläche präsentieren. Es werden geeignete, von den Teilnehmern erreichbare Ausstellungsflächen mit der notwendigen Infrastruktur benötigt (Bodenflächen, Stromanschlüsse, Beleuchtungslösungen, Serviceangebote, Standsysteme usw.). Solche Sonderausstellungen eignen sich hervorragend, die Veranstaltung imageorientiert zu kommunizieren. Eine eigene Eventplanung und Eventlogistik inkl. Vertragsgenerierung, Preiskalkulationen und Bewerbung ist nötig.

7. Für die begleitende Ausstellung wird eine Fläche von ca. 1 200 m² benötigt. Welche sechs Faktoren sollten Sie bei der Auswahl einer geeigneten Location berücksichtigen?

- Tagungsräume und Ausstellungsfläche sollten in einem Gebäudekomplex gelegen sein.
- Standflächen sollten vorhanden und bebaubar sein; die Anlieferung von Messebaumaterialien und Ausstattungen sollte logistisch möglich sein.
- Es sollten genügend Strom-, Telekommunikations- und sonstige infrastrukturelle Anschlüsse verfügbar oder realisierbar sein.
- Eine gastronomische Versorgung sollte realisierbar sein.
- Backstage- und Lagerräume sollten vorhanden und günstig gelegen sein.
- Serviceangebote (z. B. Support- und Entsorgungsdienste) sollten angeboten werden können.

8. Welche acht Kostenpositionen sollten Sie für eine Kalkulation möglicher Standmieten zugrunde legen?

1. Location-Miete
2. projektorientierte Gemeinkosten (Konzeption, Planung, Betreuung, Verwaltung, Abrechnung, Nachbereitung)
3. Energie- und Verbrauchskosten
4. Technikkosten
5. Security-Kosten
6. Hallenausstattung (Leitsysteme, Ausschilderung, Beläge, Absperrungen, Ausstattung/Dekoration)
7. Werbung/Kommunikation (Ausstellungskatalog, Onlineveröffentlichung, Teilnehmerwerbung)
8. Entsorgung

Veranstaltungsorganisation/-wirtschaft

2.1.5.3 Exkurs: Incentive-Events

Incentive

ZP 202 — Was bedeutet der Begriff *Incentive-Event?*

Ein **Incentive-Event** ist eine **motivationsorientierte Veranstaltung mit Anreiz- bzw. Belohnungscharakter.**

ZP 203 — Wofür *setzen Unternehmen Incentive-Events ein?*

Unternehmen setzen **Incentive-Events** überwiegend zur **Motivation oder Honorierung** von **Mitarbeitern** und **Geschäftspartnern** ein, manchmal auch zur Kundenbindung.

204 — Grenzen Sie *Incentive-Events* zu *Incentive-Reisen* ab.

- **Incentive-Event**
  Veranstaltung mit Anreizcharakter und nachhaltiger emotionaler Wirkung, eingebettet häufig in personal- oder vertriebsorientierte Eventmarketing-Zusammenhänge. Ein typischer Incentive-Charakter findet sich bereits bei Weihnachtsfeiern und Betriebsausflügen, insbesondere jedoch bei Motivationsveranstaltungen und Teambildungsmaßnahmen, bevorzugt auch als Instrument zur Belohnung von Distributionsmitarbeitern.

- **Incentive-Reise**
  Im Zeitgeist wohl populäre, im gesellschaftlichen Diskurs jedoch auch umstrittene Form des Incentives. Exklusive Arrangements an attraktiven Orten (z. B. Segeltörn, Dubai, Städtereise), Clubaufenthalte oder Outdoor-Aktivitäten vermitteln einzigartige Erlebniswelten mit starker und nachhaltiger emotionaler Wirkung. Eine Incentive-Reise kann ein Incentive-Event sein.

205 — Welche Anwendung findet das *Reiserecht* auf *Incentive-Reisen?*

Für Agenturen, die sich auf Incentive-Reisen spezialisiert haben, gelten die **Bestimmungen des BGB für Pauschalreisen**, die in erster Linie den Reisekunden schützen, sobald miteinander verbundene Reiseleistungen angeboten werden (mehrere Leistungen wie Reise, Transfer, Übernachtung und Verpflegung sind dabei als Gesamtpaket zu sehen). In diesem Fall haftet der Reiseveranstalter gegenüber dem Reisenden für alle Mängel in den Einzelmodulen. Der Reisende hat darüber hinaus einen gesetzlichen Anspruch auf einen Reisesicherungsschein, der beispielsweise einen Rückflug aus dem Reiseland bei Insolvenz des Reiseveranstalters garantiert. Der Veranstalter ist verpflichtet, eine entsprechende Versicherung abzuschließen.

206 — Was unterscheidet unter *steuerlichen Gesichtspunkten* eine *Incentive-Reise* von einer *Geschäftsreise?*

Häufiges Ziel eines Unternehmens bei Auslobung einer Incentive-Reise ist die Umsatzsteigerung durch Motivation und Förderung der Loyalität von Mitarbeitern und ggf. die Stärkung des Teamgeistes. Als Belohnungsreise mit exklusiven freizeitorientierten Erlebnisinhalten für Mitarbeiter, Kunden oder Multiplikatoren, wie Politiker, Verbandsmitglieder oder Journalisten, muss die **Incentive-Reise von der Geschäftsreise abgegrenzt** werden. Reine **Geschäftsreisen** können als **Betriebsausgaben** abgesetzt werden. Das gilt auch für Firmenschulungen, allerdings dürfen dabei keinerlei freizeitorientierte Leistungen gewährt werden.

Tagungs- und Kongresswirtschaft (MICE) — Orga

Steuerrechtlich gelten freizeit- oder erholungsorientierte Schulungsteile wie **Incentive-Reisen** und sonstige Belohnungen als **geldwerter Vorteil** für die Mitarbeiter oder Geschäftskunden und müssen entsprechend als Einkommen versteuert werden (die Lohnsteuer greift).

Betriebsveranstaltungen finden auf betrieblicher Ebene mit gesellschaftlichem Charakter statt. Ihre Kosten führen zu nicht versteuerbarem Lohnzufluss beim Arbeitnehmer, soweit die **Freigrenze von 110,00 € (= Bruttoaufwendungen einschließlich Umsatzsteuer) pro Veranstaltung und teilnehmendem Arbeitnehmer** nicht überschritten wird. Darüber hinaus dürfen nicht mehr als zwei begünstigte Veranstaltungen pro Jahr durchgeführt werden. Aus Vereinfachungsgründen wird der Freibetrag nach allen anfallenden Aufwendungen und dem Pro-Kopf-Anteil für den teilnehmenden Arbeitnehmer bestimmt. Teilnehmerlisten sind empfehlenswert, um in Fällen einer späteren Lohnsteuer-Außenprüfung die genaue Teilnehmerzahl nachweisen zu können. Bei einer nicht steuerbegünstigten Betriebsveranstaltung ist seit 2015 nur noch der übersteigende Teilbetrag der Zuwendungen steuerpflichtig. Die Lohnsteuer für den steuerpflichtigen Teil von Betriebsveranstaltungen kann weiterhin mit 25 % pauschal versteuert werden. Dabei handelt es sich nicht um die Pauschalbesteuerung von 30 % für eine Gesamtleistung (z. B. bei einem Incentive-Layout), sondern um eine Ausnahmeregelung der sachbezogenen Zuwendung. Die Freigrenze für **Werbegeschenke beträgt 44,00 € (brutto) für Mitarbeiter und 35,00 € (brutto) für Geschäftsfreunde pro Jahr und Person**. Sie kann als Ausgabe abgesetzt werden. Ihre Überschreitung führt zur Besteuerung als geldwerten Vorteil in vollem Umfang.

207 — Wie hoch sind die absetzbaren Freibeträge für Betriebsveranstaltungen und Werbegeschenke?

Für Mitarbeiter werden Incentives (Belohnungen oder Anreize) **wie ein steuer- und sozialversicherungsbeitragspflichtiges Entgelt** behandelt. Seit 2008 kann der Wert dieser Leistungen pauschal mit 30 % Lohnsteuer zzgl. 5,5 % Solidaritätszuschlag (von der Lohnsteuer) versehen werden. Der Beitrag wird direkt vom Unternehmen an das Finanzamt abgeführt. So kommt es zu weniger Irritationen in der Lohnabrechnung, denn kaum ein Mitarbeiter versteht, dass er weniger Nettolohn ausgezahlt bekommt, weil er an einem motivierenden Betriebsausflug teilnimmt. Auch Incentives, die externen Geschäftskunden gewährt werden, können mit 30 % pauschal versteuert werden. Das bedeutet, dass eine Einladung zu einer Incentive-Reise an einen Geschäftspartner im Wert von 3 000,00 € zusätzlich 949,50 € Steuern und Solidaritätszuschlag kostet, ggf. auch noch zusätzlich Kirchensteuer (je nach Bundesland 8 % oder 9 % der Steuerschuld). Die Pauschalbesteuerung ist allerdings auf einen Höchstbetrag von 10 000,00 € pro Empfänger und Jahr limitiert. Übersteigt eine Einzelzuwendung den Höchstbetrag, ist eine Pauschalierung unzulässig. Bemessungsgrundlage der Pauschalsteuer sind immer die tatsächlichen Kosten des zuwendenden Unternehmers (einschließlich Umsatzsteuer).

208 — Wie wird ein *Incentive* konkret versteuert?

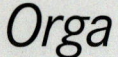

Orga ✓ — Veranstaltungsorganisation/-wirtschaft

Prüfung

2.1.5.4 Fünf Beispielaufgaben mit Musterlösungsansätzen (Incentive-Event)

Rahmenfall:
Die Mc Trekking GmbH ist als Franchise-Markendiscounter Marktführer im Segment Outdoor-Equipment. Das Vertriebsgebiet gliedert sich in sechs Vertriebsregionen. Rund 150 Franchisenehmer führen 220 Filialen. Als Marketingmitarbeiter sollen Sie für alle Mitarbeiter ein bundesweites Event organisieren, bei der eine Outdoor-Trophäe an die 20 besten Verkäufer vergeben wird.

(209) 1. Nennen Sie typische Beispiele von Incentive-Aktionen und erklären Sie die die Bedeutung von Incentives für das Unternehmen.

Geldprämie: Belohnung von Leistungen
Sachprämie: z. B. Auslobung von Konsumgütern bei Vertriebswettbewerben
Incentive-Event: Veranstaltung mit Anreizcharakter
Incentive-Reise: exklusive Arrangements an attraktiven Orten

Incentive-Aktionen können Prämiensysteme mit Geld- oder Sachprämien sein, z. B. die Ausschüttung von Sonderprovisionen, Kundenbindungsprogramme bzw. Kundenclubs, aber auch die Möglichkeit zur Teilnahme an Reisen oder Einladungen zu Events mit erlebnisorientiertem Honorierungscharakter. Incentive-Aktionen stellen Anreizeffekte dar, die zu einer erhöhten ökonomischen Leistungsbereitschaft führen sollen; als wirtschafts- bzw. marketingpolitische Maßnahmen tragen sie zur Motivationssteigerung der Beschäftigten bzw. Geschäftspartner bei. Häufig sind Incentive-Aktionen eine Mischung aus motivierendem Ansporn zu optimierter Leistung und Belohnung für das Erreichen von Zielen; die gebotenen Anreize sollten hierbei zielgruppengerecht, individuell und einzigartig erlebbar sein.

(210) 2. Für welche zwei B-to-B-Zielgruppen und mit welchen Zielen könnte Ihr Unternehmen generell Incentive-Aktionen anbieten?

Franchisepartner und deren Mitarbeiter: höhere Identifikation mit der Marke, emotionale Steigerung der Motivation, nachhaltige Erlebnisverankerung, Verbesserung der jeweiligen internen Team-Kommunikation
Zulieferer/Hersteller: Steigerung der Identifikation mit den Vertriebspartnern, Ausbau der Zusammenarbeit, persönliches Kennenlernen zur Optimierung der Kommunikationssituation

(211) 3. Was bedeutet der Begriff Franchising?

Beim Franchising erteilt ein Franchisegeber als Lizenzinhaber einem Franchisenehmer gegen Entgelt die – meist örtlich begrenzte – Erlaubnis zur Nutzung eines Geschäftskonzeptes sowie der zugehörigen Warenzeichen, Marken und Geschmacksmuster. Der Franchisenehmer verkauft seine Erzeugnisse oder seine Dienstleistung als selbstständiger Unternehmer, zahlt aber Lizenzgebühren für die Verwendung der einheitlichen Ausstattung, des einheitlichen Namens und des einheitlichen Auftritts. Vielfach profitiert er von einem Werbe- und Marketingkonzept, nutzt ein vorgegebenes System der Buchhaltung und erhält neben einer mehr oder weniger intensiven Form der Ausbildung die Unterstützung und die anweisende Begleitung des Lizenzgebers während der Umsetzung des Geschäftskonzeptes.

Typische Event-Dienstleistungen — Orga

4. Welche sieben Anforderungen sollte eine geeignete Location generell erfüllen? (212)

1. Erreichbarkeit und zentrale Lage (bundesweit)
2. Anbindung der Veranstaltungsstätte an die Unterbringungsmöglichkeiten
3. Parkplatzkapazitäten, Nahverkehrsanbindung
4. Themen-, image- und zielgruppengerechte Eignung der Location, repräsentative Ausstrahlung
5. Saalanforderung, technische Rahmenbedingungen, Sitzplatzkapazitäten
6. passende Serviceeinrichtungen inkl. Bewirtungsmöglichkeiten
7. Verfügbarkeit

5. Nennen Sie sechs Kriterien, welche die Veranstaltung im Rahmen der ökologischen Grundorientierung der Marke zu einem nachhaltigen „Green Meeting" werden lassen. (213)

Im Rahmen der Organisation eines „Green Meetings" sollen Umweltbelastungen im Rahmen bezüglich der Vorbereitung, der Durchführung und der Nachbereitung der Veranstaltung bewusst vermieden werden.
1. Veranstaltungsteilnehmer und -beteiligte auf ökologische Ziele hinweisen und entsprechend verpflichten
2. Erreichbarkeit der Location mit öffentlichen Verkehrsmitteln, zentrale Lage zur Vermeidung langer Anfahrten
3. Auswahl umweltschonend ausgerichteter Location und Übernachtungsstätte
4. Auswahl wiederverwendbarer Materialien, Auswahl von Zulieferern und Dienstleistern unter ökologischen Aspekten
5. regionale und saisonale Cateringauswahl
6. Vermeidung von Papier und Postwegen, bevorzugte Kommunikation über elektronische Medien

2.1.6 Typische Event-Dienstleistungen

2.1.6.1 Location

- **Typische Veranstaltungsorte** (auch: Locations, Venues) sind Versammlungsstätten, Theater, Opernhäuser, Konzert-, Mehrzweck-, Stadt- und Sporthallen, Stadien, Arenen, Tanzsäle, Clubs, Discotheken, Festzelte, Hotel-, Kongress- und Tagungszentren sowie Messehallen.

- **Typische Open-Air-Locations** sind Amphitheater, öffentliche Plätze, Parks, gegebenenfalls Bäder und andere geeignete private und öffentliche Gelände.

- **Außergewöhnliche Locations** wie Eishallen, Fabriken, Freizeitparks, Hangars, Jugendzentren, Kinos, Kirchen, Museen, Parkhäuser, Planetarien, Rennbahnen, Restaurants bzw. Bars, Schiffe, Schlösser, Burgen, Villen, TV- bzw. Filmstudios sowie Universitäten oder Akademien sowie Schulaulen werden gerne zu Veranstaltungszwecken unterschiedlichster Art genutzt.

Location ZP (214)
Benennen Sie *typische Veranstaltungsorte* (Indoor und Outdoor).

Checklisten (215)
Erstellen Sie eine *grundlegende Location-Checkliste*.

Veranstaltung:	Art/Name/Motto:
Start:	Ende:
Ansprechpartner:	Name Location:
Ort:	Ansprechpartner:
Zielgruppe:	Anzahl Gäste/Teilnehmer ca.:
Programm/Künstler ca.:	Personal/Crew intern ca.:
Personal/Crew extern ca.:	Budget ca.:

Orga — Veranstaltungsorganisation/-wirtschaft

Grundlegende Erstbewertung/Profil

Kriterium	Bewertung
Verkehrsanbindung	
Lage	
Größe und Infrastruktur	
Räume (Anzahl, Größe, Zuschnitt)	
Bestuhlungsvarianten	
Technik	
Catering/Food and Beverage	
Preis-Leistungs-Verhältnis	
Kapazität	
Atmosphäre & Image	
Passend zum Unternehmen bzw. Act?	
Passend zur Eventidee?	

Basics

Raumanalyse	Hauptraum	Nebenräume
Größe Maße/Sicht		
Kapazität (Personen) Strom		
Ausstrahlung/Ambiente Beleuchtung/Verdunklung		
Passung/Technische Ausstattung		
Infrastruktur/Regieplatz		
Hotelnähe/Bestuhlungsvarianten		
Verkehrsanbindung/Kostenstruktur		
Parkmöglichkeiten/Zulieferung/Bewirtung		
Anlieferung/Zugänge/Bodenart		
Lage der Räume/Behördliche Auflagen		
Etage Klima/Heizung		
Bemerkungen:		
Stauraum für Cases usw.		
Entsorgung		
WLAN/Netzwerk		

Typische Event-Dienstleistungen ✓ *Orga*

Checkliste Tagungsraum

Kriterium	Bewertung
Maße und Höhe	
Bühne	
Art der Bestuhlung	
Anzahl der Sitzplätze	
Anordnung	
Referentenpositionierung	
Vorstandpositionierung	
Rednerpult/Ablagetische	
Belüftung/Klimatisierung/Heizung	
Regelung durch:	
Beleuchtung/Tageslicht	
Verdunklung	
Projektionsmöglichkeiten	
Tagungstechnik	
Lärmeindämmung	
Dekoration	
Transparente/Banner	
Blumenschmuck	

Erstellen Sie eine *Checkliste für einen Tagungsraum*. (216)

Infrastruktur Location

Kriterium Bewertung	
Anlieferung (Equipment & Catering)	
Lage	
Maße der Türen	
Aufzüge	
Belastung	
Größe	
Befahrbarkeit der Location	
Gabelstapler, Laderampe	
Anfahrmöglichkeit für Lkw	
Veranstaltungsraum	
Maße, Höhe, Breite, Länge	
Lichte Höhe, Riggingpunkte	
Deckenbelastung	
Bodenbelastung	
Verdunkelung möglich	

Erstellen Sie eine *Checkliste zur Infrastruktur einer Location*. (217)

Orga ✓ Veranstaltungsorganisation/-wirtschaft

Infrastruktur Location

Kriterium Bewertung	
Strom	
evtl. bauliche Problematik	
Bühne vorhanden (Pläne, Züge, Maße, Höhe, lichte Höhe, Maße Vorhang)	
Technik vorhanden	
Pläne/Maßstab	
Projektion	
Aufprojektion	
Rückprojektion	
Projektionskabine	
separate Verdunkelung	
Besonderheiten:	

218 Erstellen Sie eine *Checkliste* für einen Empfangscounter.

Checkliste Empfangscounter

Standort	
Aufbau	
Dekoration	
Ausschilderung	
Personal	
Dresscode	
Namensschilder/Teilnehmerliste	
Informationsmaterial	
Bürobedarf/Kleinmaterial	
Bestuhlung/Sessel	
Strom/Beleuchtung	
Telefon/Telefax/Handy	
Internetanschluss/WLAN	
PC/Laptop/Drucker	
Speichermedien	
Kopierer	
Erste Hilfe	

Typische Event-Dienstleistungen

2.1.6.2 Bestuhlung

1. **Bankett** (engl. round tables bzw. banquet): runde oder seltener eckige Tische mit in der Regel 6–12 Stühlen
2. **Block** (engl. conference style): eckige Tische mit Rundumbestuhlung
3. **Carree** (engl. hollow square): Block mit offenem Bereich in der Mitte
4. **Reihe** (engl. row): Stuhlreihen
5. **Theater** (engl. theatre style): versetzte Stuhlreihen
6. **Parlament** (engl. classroom): Tischbestuhlung mit Stühlen in eine Richtung
7. **Fischgräte** (engl. chevronstyle oder herringbone): schräg zueinander gestellte Tischbestuhlung
8. **U-Form** (engl. u-shape oder horseshoe): Tischbestuhlung in Form eines großen U
9. **Boardroom:** großer, länglicher, an den Ecken häufig abgerundeter Besprechungstisch
10. **Varietébestuhlung** (engl. vaudeville-style): kleine Bistrotische mit 4–6 Stühlen, häufig mit Kerze oder kl. Lampe
11. **Festzelt** (engl. marquee): Biergarniturbestuhlung längs oder quer für Festzelt oder Karneval
12. **Tanzsaal/Tanzdiele:** Bühne mit Tanzfläche davor, Bankett- oder Blockbestuhlung rund um die Tanzfläche

Des Weiteren: Laufsteg (catwalk), Bestuhlung an den zwei Längsseiten eines Schauplatzes (alley staging), Arenabestuhlung, (arena/amphitheatre), Hörsaalbestuhlung, Tribüne, Empore, Loge, Lounge, Stuhlkreis, L-Form usw.

Bestuhlung

Beschreiben Sie zwölf *grundlegende Bestuhlungsarten* und (wenn möglich) Ihre englische Übersetzung. **ZP 219**

Bei der Entscheidung für eine Bestuhlungsart sollten Vor- und Nachteile zielorientiert ausgelotet werden. Bei einer entsprechenden Analyse sollten die Perspektiven der Besucher und die Bedürfnisse des Veranstalters bzw. der Künstler berücksichtigt werden. Dazu bieten sich folgende Bewertungskriterien an:
- Sichtkontakt (auf Bühne/Präsentation/Team),
- kommunikativer Charakter,
- Durchgangsmöglichkeiten/Erreichbarkeit,
- Aufwand,
- Komfort,
- Bewegungsfreiheit,
- Platzausnutzung/Platzbedarf,
- Service (Bewirtung),
- Arbeitsplatznutzung,
- Flexibilität.

Welche *Kriterien* können bei der *Entscheidung für eine Bestuhlungsvariante* herangezogen werden? **ZP 220**

Übersicht

Vergleichen Sie die *Bestuhlungsarten* aus Besucher- bzw. Veranstaltersicht. **ZP 221**

Bestuhlungsart	Besuchersicht +	Besuchersicht −	Veranstaltersicht +	Veranstaltersicht −
Block	gute Sicht, komfortabel, kommunikativ, teamfördernd, Arbeitsplatznutzung möglich, guter Durchgang, Gedecke möglich	wenig flexibel, u. U. schlechte Bühnensicht, Service bei Arbeitsnutzung störend, Gefahr der Frontenbildung, eingeschränkte Beinfreiheit	platzsparender als Bankett oder Carree, gute Servicemöglichkeit	großer Platzbedarf, u. U. Sitzordnung nötig, nicht jeder TN von der Bühne aus erkennbar
Carree	wie Block, Deko in der Mitte möglich, besserer Service, mehr Beinfreiheit, u. U. keine Hierarchie	wie Block, größerer Abstand (Distanz), u. U. nicht zentral	wie Block, etwas übersichtlicher	wie Block, noch größerer Platzbedarf, größerer Aufwand

Orga ✓ Veranstaltungsorganisation/-wirtschaft

	Besuchersicht		Veranstaltersicht	
Bestuhlungsart	+	–	+	–
Parlament	gute Sicht, eindeutige Blickrichtung, Beinfreiheit, Platz für Gedecke	problematischer Durchgang, kaum Kommunikation, man guckt auf den Kopf, kaum flexibel, Hierarchie, kein Team, typische Empfängerhaltung	Klarheit	nicht unbedingt optimale Platzausnutzung, serviceunfreundlich, technisch aufwendig
Bankett	wie Block, kommunikativer, eleganter, keine Statusunterschiede, Wohlfühleffekt	Arbeitsplatz unüblich, Blickrichtung, Sitzordnung	sehr gute Servicemöglichkeit, flexibel	großer Platzbedarf, personalintensiv
Theater	gute Sicht, volle Aufmerksamkeit, bequem, konsumfreudig	nicht kommunikativ, wenig Platz, keine Arbeitsmöglichkeit, Interaktion nur mit Bühne, schlechter Durchgang, Sicht beachten, beschränkter Zugang	platzsparend (effizient), klare Sitze, ökonomisch	schlechte Bewirtungsmöglichkeiten
U-Form	Sichtkontakt untereinander, Durchgang, Komfort, Bewegungsspielraum, Bühnensicht, Platz für Gedecke	TN könnten sich beobachtet fühlen, Entfernung, Alternative: offene O-Form	Service und Moderationsorientierung	aufwendig, großer Platzbedarf
E-Form	arbeitstauglich, intern sehr kommunikativ, Platz für Gedecke	nicht flexibel, Bühnenaufmerksamkeit schwer, eng, nicht zentral	ökonomisch	eingeschränkte Servicemöglichkeiten, Medieneinsatz kaum möglich
Fischgräte	kommunikativer als Parlament, locker, Gedecke, Arbeitsmöglichkeit, komfortabel, gute Sicht auf Moderator	recht unkommunikativ, Service könnte stören	Service gut möglich, präsentationsfreundlich	großer Platzbedarf, akustische Probleme
Arena	beste Sicht, demokratisch (viele gleich nah), stylisch, gute Sicht auf Szenenfläche	wenig Komfort, unkommunikativ, beschränkter Zugang, keine Ablagemöglichkeit	große Zuschauermengen und damit hohe Ticketverkaufszahlen möglich, ökonomisch	kaum Servicemöglichkeiten, schwer zu inszenieren, technisch sehr schwer, Präsentationsprobleme, hohe Kosten, weite Wege

Betreiberpflichten

222 Wer ist in erster Linie für die *Ausstattung* und *Sicherheit einer Location* verantwortlich?

Die Sicherheit der Location obliegt in erster Linie dem Betreiber (sogenannte Garantenstellung des Hallenbetreibers), der entweder selbst als Veranstalter fungiert oder den Veranstaltungsraum bereitstellt bzw. vermietet. Gerade im letzteren Fall können sich jedoch sowohl der anmietende Veranstalter, der produzierende Tourneemanager als auch die dienstleistenden Zulieferer nicht frei von ihren Sicherungspflichten machen; sie sind ebenfalls für die Sicherheit in der Veranstaltungsstätte zuständig, und zwar solange sie in der Location für die Veranstaltung oder Veranstaltungsteile verantwortlich sind, also vor, während und nach der Veranstaltung (Prinzip der doppelten bzw. mehrseitigen Haftung).

Typische Event-Dienstleistungen — Orga

1. Vor- und außervertragliche Schutz- bzw. Sicherungspflichten, z. B. aus Gefährdungshaftung
2. geltendes Baurecht, z. B. Versammlungsstättenverordnung bzw. Vorschriften zu Fliegende Bauten
3. geltende Unfallverhütungs- und Arbeitsschutzvorschriften, z. B. BGV A1, C1 oder Spezialvorschriften, z. B. zur Pyrotechnik
4. geltende Rechtsvorschriften, z. B. zum Arbeitsrecht, Jugendschutz sowie öffentlich-rechtliche Rahmenbedingungen
5. vertragsrechtliche Konsequenzen, z. B. aus BGB und HGB sowie Anforderungen an die Location aus Veranstaltersicht vor allem aus den Vorstellungen des Veranstalters, den Veranstaltungszielen und den Rahmenbedingen des Live-Events

223 Welche *fünf Regelungsgebiete* bzw. Vorschriftenbereiche sind für eine *Veranstaltung in einer Location* grundsätzlich relevant?

1. Liegt auf Betreiberseite eine der geplanten Veranstaltung entsprechende Nutzungsgenehmigung des zuständigen Gewerbe- oder Bauamts vor? Andernfalls muss geprüft werden, ob eine vorübergehende Nutzungsgenehmigung bei der regional zuständigen Behörde beantragt werden muss (bei einmaliger Zweckentfremdung eines anderen Gewerbeobjekts, z. B. eines stillgelegten Schlachthofes).
2. Ist eine baurechtliche Hallenabnahme einschließlich Abnahme von möglichen Bestuhlungsvarianten und Rettungswegen gemäß der gültigen Versammlungsstättenverordnung (VStättVO) erfolgt? Sollten zum Beispiel nicht genehmigte Bestuhlungsvarianten oder neue Bühnenaufbauten geplant sein, muss eine diesbezügliche Bauabnahme herbeigeführt werden.

224 Welche zwei *Voraussetzungen* sollten bei einer *angemieteten Location* auf alle Fälle grundsätzlich vorliegen?

Ein Hallenplan ist eine i. d. R. von Bauzeichnern erstellte technische Aufrisszeichnung, die eine wichtige Grundlage sowohl bei der Wahl als auch bei der Planung der Ausstattung einer Location bildet. Hier sind Angaben zu Bestuhlung, Traversen, Hängepunkten, Stromanschlüssen, Ausgängen, Fluchtwegen usw. grafisch erfasst.

225 Welchen *Inhalt* hat ein *Hallenplan*?

2.1.6.3 Catering und Gastronomie inkl. Mini-Lexikon

Catering

- Im **Rockgeschäft** bezeichnet man als **Catering** die **Backstage-Verpflegung für Künstler bzw. Crew,** die i. d. R. vom Veranstalter gestellt oder von der Produktion mitgeführt wird.
- Im Bereich der **Marketing-Events** ist der Begriff **Catering** ein **Synonym für alles,** was auf der Veranstaltung **mit Verpflegung** zu tun hat, meistens ist dies die häufig kostenfreie Teilnehmerverpflegung. Im Hotel- und Gastronomiegewerbe wird hierfür auch häufig der Begriff F & B (Food and Beverage) benutzt.
- Als **Gastronomie** bezeichnet man generell die **kostenpflichtige Versorgung** von **Gästen und Publikum** mit Verpflegungsangeboten.

226 Erklären Sie abgrenzend die Begriffe *Catering* in den Bereichen *Rockkonzert (Public Event)* und *Marketing-Event*. Beschreiben Sie den übergreifenden Begriff *Gastronomie*.

Orga ✓ Veranstaltungsorganisation/-wirtschaft

227 Listen Sie acht *Kriterien* auf, die Sie beim *Veranstaltungscatering* eines *Marketing-Events* konzeptionell beachten sollten.

1. Anlass der Veranstaltung
2. Besucherbedürfnisse
3. Art von Gerichten sowie Kombination von Lebensmitteln
4. Art des Anrichtens in Form von Menü oder Buffet
5. Speisenfolge und Zahl der Gänge
6. Art von Gedecken und Tischdekoration sowie Buffetanordnung
7. Tischordnung
8. Anzahl und Aufgaben von Servicepersonalkräften

228 Formulieren Sie drei ausgewählte *Aspekte bei der Cateringplanung*.

1. Gibt es eine Gastronomiebindung?
2. Ist es in der Veranstaltungs-Location möglich, ein Buffet/eine Küche aufzubauen?
3. Wie inszenieren wir das Cateringangebot als haptisches Erlebnis?

229 Auf welche grundlegenden Aspekte ist bei der *Logistik eines Buffets oder eines Menüs* zu achten?

Bei der Ausrichtung der Buffet-Tische ist vor allem auf die Gegebenheiten der Location und auf die Sicherheitsvorschriften zu achten. Besonders planungsbedürftig sind die Wege zum Buffet oder die Wege des Servicepersonals beim Auflegen der Gänge. Buffetflächen sollten so gestellt werden, dass sowohl mehrere Zu- und Abgänge möglich sind, als auch das Nachfüllen über Hintergänge erfolgt. Auf geregelte Arbeitszonen für das Küchenpersonal und die Buffetkräfte ist unbedingt zu achten.

Übersicht

230 Listen Sie vergleichend je vier *Vor- und Nachteile von Menu und Buffet* auf.

Buffet		Menü	
+	−	+	−
weniger Servicepersonal	Alles muss vorher zubereitet werden.	persönlicher	bei schlechter Planung nicht synchrone Gänge
kostengünstiger	Gefahr von zu langen Garzeiten	Gäste können am Platz sitzen bleiben	personalintensiv
vermeintlich weniger Wartezeiten	bei schlechter Planung „Buffetschlangen"	keine Unterbrechungen von Gesprächen am Tisch	relativ starr – Kommunikation nur am Tisch möglich
individuelle Speisenwahl (Vegetarier/Religionen)	muss „gepflegt" werden, „Zerstörung" durch Gäste	wertige Anmutung	ggf. zu klassisch
nicht so starr	Gefahr von Buffetstaus		
längere Verfügbarkeit der Speisen (Desserts)			

Typische Event-Dienstleistungen — Orga

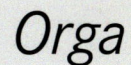

1. mittige Aufstellung – Buffet von allen Seiten begehbar
2. mehrere Buffetstationen im Raum
3. spiegelbildlicher Aufbau (d. h. auf jeder Buffetseite alle Platten und Schüsseln, sowie Teller, Besteck und Servietten doppelt anbieten)
4. logische Speisenfolge in Menüreihenfolge – in Gehrichtung Vorspeisen, dann Hauptgerichte, Desserts, Käse und Kaffee

231 Durch welche vier *Maßnahmen* lassen sich *Buffetstaus* verhindern?

---

1. kalte Vorspeise
2. Suppe
3. Zwischengericht
4. Hauptgang
5. Nachspeise
6. Obst/Käse
7. Mokka/Gebäck

232 Nennen Sie die *Grundvariante einer ausführlichen Speisenfolge* im Menü *(7 Gänge).*

---

1. Welche Bestuhlung nutzen wir für welchen Zweck?
2. Streben wir eine freie Platzwahl, eine geregelte Tischordnung an oder schaffen wir Tischregionen?
3. ggf. helfen Tischkarten oder ein Empfangschef

233 Was sollten Sie bezüglich der *Tischordnung* einer Veranstaltung grundlegend bedenken?

Schwingtüren sollten im Rechtsverkehr liegen und **nach rechts aufgehen,** um Zusammenstöße zu verhindern, also rechts von der Küche in die Location hinein und auf dem Rückweg wieder rechts aus der Location heraus. Dabei sollte rechts getragen und links gehandelt werden.

234 Welche *Richtungen* sollten *Schwingtüren in Servicelaufschienen* bzw. Küchenpässen beim Auf- und Abtragen der Gerichte haben?

- Als **Haubenkoch** wird gerne eine **Sternekoch** bzw. Starkoch bezeichnet (verbreiteter Begriff in Österreich).
- Eine **Cloche** ist eine **Abdeck-Haube** bzw. -Glocke auf einem servierten Teller. Clochen-Service bedeutet das Servieren eines solcherweise abgedeckten Tellers pro Gast. Eine Servicekraft wird hierbei auf zwei bis vier Gäste gerechnet. Es sollte beachtet werden, dass ein exakt choreografiertes Auftragen erfahrener Servicekräfte nötig ist: Die Speisen gleichzeitig am Küchenpass aufnehmen, in gleicher Schrittfolge einmarschieren, unter Anweisung eines Maître die Teller gleichzeitig von rechts aufsetzen, bevor die Clochen aufgenommen und zurückgetragen werden.

235 Was bedeuten die Begriffe *Haubenkoch* und *Clochen-Service?*

Orga — Veranstaltungsorganisation/-wirtschaft

Lexikon

À la carte
gastronomischer Fachausdruck für die Möglichkeit, eine individuelle Speisenauswahl treffen zu können; bringt auf Veranstaltungen einen hohen logistischen Aufwand mit sich

Antipasti
Begriff für kalte oder warme Vorspeisen aus der mediterranen Küche

Aperitif
gereichtes appetitanregendes, trockenes und meist alkoholisches Getränk vor dem Essen; es eignen sich Sekt, Champagner, Prosecco, Sherry und Wermut; als Trend: Event-Cocktails.

Bain Marie
beheizbares Wasserbecken zum Warmhalten von Schöpfgerichten, wie Soßen, Suppen oder Gulasch in Gastro-Normbehältern. Durch das Wasserbad verteilt sich die Hitze gleichmäßig, sodass die Speise an der Unterseite nicht anbrennt und an der Oberfläche warm bleibt; regelmäßiges Umrühren entfällt.

Buffet
Wahrscheinlich häufigste Form der Verpflegung von Eventgästen. Auf dem Buffet können sich die Gäste aus einer Wahl von angebotenen Gerichten sowohl selbst bedienen oder durch Buffetpersonal bedient werden. Die warmen Gerichte werden in Chafing Dishes oder Bain Maries warm gehalten.

Caterer/Catering
Ein Caterer ist ein Auftragsgastronom, der Food and Beverage anbietet bzw. anrichtet und dabei auch gerne weitere Aspekte in der Planung und Durchführung einer Veranstaltung anbietet – von der Erstellung der Bestuhlung über die Geschirrauswahl bis hin zur Verpflichtung von Show- und Unterhaltungskünstlern. Catering ist die gastronomische Betreuung und Versorgung einer bestimmten, fest umrissenen Gruppe von Menschen an bestimmtem Ort zu vorbestimmter Zeit, mit abgestimmtem Angebot zwischen Auftraggeber und Auftragsnehmer. Folgende eventaffine Richtungen werden in der Literatur genannt:
Business-Catering: Kantinenbetreiber, Konferenzbestückung, Versorgung von Inhouse-Veranstaltungen
Event-Catering: Versorgung von Gästen und Mitwirkenden auf Veranstaltungen
Messe-Catering: Verkaufsgastronomie auf Messen, Ausstellerversorgung und Standbetreuung
Verkehrs-Catering: Versorgung von Reisenden in Flugzeug, Bahn und auf Schiffen usw.

Cateringservice
Verpflegungsservice, auch gebräuchlich für die ausführende Firma oder das entsprechende Team (Cateringfirma, Bankettabteilung eines Hotels, Partyservice) inklusive Zubehör

Chafing Dish
Gerät zum Warmhalten von Speisen auf dem Buffettisch zur Aufnahme von Gastro-Normbehältern mit abnehmbarem oder abschiebbarem Deckel; wird elektrisch oder mit Brennpaste beheizt

Convenience Food
bequemlichkeitsorientierte Fertiggerichte

Flying Buffet
meist Fingerfood, von Servicekräften auf Tabletts den meist stehenden Gästen angeboten

Gastronorm (GN)
weltweit gültiges Maßsystem, das durch genormte Größen einen einfachen Austausch von Lebensmittelbehältern ermöglicht; findet in der Gastronomie, dem Catering und in Großküchen Verwendung. Gastro-Normbehälter sind nach der internationalen Gastro-Norm, in Deutschland nach der DIN 66075 und in der EU nach der EN 631, festgelegt.

Gesundheitszeugnis (Belehrung laut § 43 Infektionsschutzgesetz)
Vor der betreffenden Gesetzesnovellierung war das sogenannte Gesundheitszeugnis für alle Personen vorgeschrieben, die gewerbsmäßig Lebensmittel herstellen oder verkaufen. Heutzutage durch die Belehrung laut § 43 Infektionsschutzgesetz ersetzt, welche i. d. R. durch das zuständige Gesundheitsamt ausgestellt wird und jährlich vom Arbeitgeber aufgefrischt werden muss.

Hussen
Stoffüberzüge für Stühle

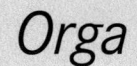

Typische Event-Dienstleistungen

Kanapee
mundgerecht zugeschnittenes belegtes Stück Brot, das, z. B. bei Stehempfängen, den Gästen auf Tabletts gereicht wird. Das Kanapee gehört zur Gattung Fingerfood.

Konvektomat (Kombidämpfer)
Der Konvektomat kann Speisen durch Wasserdampf schnell auf die Verzehrtemperatur erhitzen. Teller werden dabei in sogenannten Tellerwärmern vorgewärmt.

Korkgeld
Viele Locations sind an Catering-Unternehmen vertraglich gebunden. Beim Entkorken bzw. Verzehr mitgebrachter Speisen ist es seit dem Mittelalter üblich, eine Abstandszahlung bzw. Ablösesumme an den Konzessions-Gastronom zu zahlen, das sogenannte Korkgeld.

Nonfood Catering (Dry Hire)
Catering-Bedarf von Geschirr, Gläsern, Besteck, Tischdekoration, gastronomischen Gerätschaften bis hin zu Bestuhlungsmobiliar

Schankerlaubnis
Zum Ausschank von Speisen und alkoholischen Getränken ist eine Schankerlaubnis erforderlich (Gaststättengesetz § 2 Abs. 1). Aus besonderem Anlass (z. B. eine Veranstaltung) kann der Betrieb eines erlaubnisbedürftigen Gaststättengewerbes unter erleichterten Voraussetzungen vorübergehend auf Widerruf gestattet werden (Gaststättegesetz § 12). Diese Gestattung ist vor der Veranstaltung beim Ordnungsamt, in dessen Bereich die Veranstaltung stattfinden soll, zu beantragen.

Versorgungsbereich/Gastronomieschiene
Der Versorgungsbereich bezeichnet den Bereich, in dem sich öffentliche Versorgungseinrichtungen befinden. Hierzu gehören Toiletteneinrichtungen, Sanitäterbereiche, Gastronomie, Souvenirläden einschließlich der Gänge, Treppen und Rampen zwischen dem Zuschauerbereich und dem Ausgang der Zuschaueranlage. Als Gastronomieschiene bezeichnet man den Zulieferweg für das zügige Nachbestücken von Verbrauchsmaterial wie Fässern usw.

2.1.6.4 Elf Beispielaufgaben mit Musterlösungsansätzen (typische Event-Dienstleistungen)

Rahmenfall:
eintägiger Workshop für 50 Außendienstmitarbeiter sowie 30 Fachhändler (Kosmetikunternehmen) mit einem international bekannten Visagisten. Zeitrahmen: früher Nachmittag bis Abend (Abschlussfeier, anschließende Hotelübernachtung). Eine simultane Übersetzung wird benötigt. Die Bestuhlung soll parlamentarisch, eine Zuspielung von Videoanimationen über Beamer auf Leinwand möglich sowie ein Getränkeservice vorhanden sein.

1. Welche acht Kriterien sollte die Location grundsätzlich erfüllen? (Begründen Sie bitte)

Kriterium	Begründung
Lage und Verkehrsanbindung	Je nachdem mit welchen Verkehrsmitteln und von wo aus die Teilnehmer anreisen, sollte die Location möglichst zentral oder gut erreichbar gelegen sein. Gegebenenfalls ist auch eine besondere Lage attraktiv, die dem Anlass der Veranstaltung angemessen ist. Wenn viele Gäste mit dem Pkw anreisen, muss auf die Kapazität an Parkplätzen geachtet werden.

Orga ✓ Veranstaltungsorganisation/-wirtschaft

Kriterium	Begründung
Größe und Infrastruktur	Der Veranstaltungsort muss die Anzahl an geladenen Gästen aufnehmen können. Die Räumlichkeiten sollten die geplanten Vorträge, Darbietungen und Präsentationen ermöglichen.
Räume (Anzahl, Größe, Zuschnitt)	Die ausgewählten Räume sollten den Anforderungen entsprechen, die sich aus den Veranstaltungsbedingungen und -zielen ergeben.
Bestuhlungsvarianten	Die Bestuhlungsvarianten sollten den Veranstaltungszielen entsprechen.
Tagungsservice	Viele Locations bieten heutzutage einen auf die Wünsche des Kunden ausgerichteten Veranstaltungsservice an, der über die Standardleistungen der Bankettabteilung eines Hotels hinausgeht und zur Unterstützung der optimierten Veranstaltungsvorbereitung dienen kann.
Tagungstechnik	Es sollten generell die technischen Voraussetzungen gegeben sein, um den geplanten Vortrag mit entsprechenden Medien zu unterstützen. Unter Umständen ist eine vorinstallierte Technik sinnvoll, ggf. ist es aber preiswerter und sicherer, eigene Technik anzumieten und zu installieren.
Catering/Food and Beverage	Wenn vorhanden, kann der hauseigene Caterer gebucht werden. Bei der Planung der Einbindung eines externen Dienstleisters ist eine eventuell vorhandene gastronomische Bindung zu beachten.
Preis- Leistungs-Verhältnis	Das Preis-Leistungs-Verhältnis sollte dem Budget, dem Niveau und den Anforderungen der Veranstaltung entsprechen.

237 2. Welche neun Beteiligten sollten Sie in die Planung, Organisation und Durchführung der Veranstaltung einbinden?

1. Location/Hotel (Bankettleiter, Hotelmanagement ggf. zzgl. Hotelpersonal)
2. Kunde/Auftraggeber (Kosmetik-Unternehmen)
3. Moderator (intern oder extern)
4. Visagist (Management, Team)
5. Hostessen und Models (über Agentur)
6. Cateringunternehmen (wenn nicht über Hotel)
7. Veranstaltungstechnik-Unternehmen (Simultantechnik, Ton, Licht, Bühne, Projektion)
8. Künstler für Abendveranstaltung (Band inkl. Management/Künstlerbetreuung)
9. Dienstleister (Ausstattung, Transfer usw.)

Typische Event-Dienstleistungen — Orga

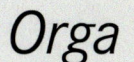

3. Zeitgleich soll in Spanien eine ähnliche Veranstaltung stattfinden, mit deren Teilnehmern online live kommuniziert werden soll. Welche Ausstattung muss der Seminarraum beinhalten, damit die Veranstaltung im Sinne des Kunden durchgeführt werden kann?

1. Leinwand, Flip-Chart oder Whiteboard, Videorekorder/DVD-Player, Beamer oder Bildschirm, Telefonanschluss, Übersetzer (Spanisch/Deutsch), technische Möglichkeit zur Übersetzung per Kopfhörer, Tische für die Tagungsteilnehmer (zum Mitschreiben)
2. Leinwand, Flip-Chart oder Whiteboard, Videorekorder/DVD-Player, Beamer oder Bildschirm, Internetanschluss/PC, Übersetzer (Spanisch/Deutsch), technische Möglichkeit zur Übersetzung per Kopfhörer, Tische für die Tagungsteilnehmer (zum Mitschreiben), Getränke
3. Leinwand, Flip-Chart oder Whiteboard, PC, Übersetzer (Spanisch/Deutsch), technische Möglichkeit zur Übersetzung per Kopfhörer, Tische für die Tagungsteilnehmer (zum Mitschreiben), Getränke

4. Das Tagungshotel stellt folgende fest bestuhlte Tagungsräume zur Auswahl, die alle den technischen Anforderungen entsprechen:

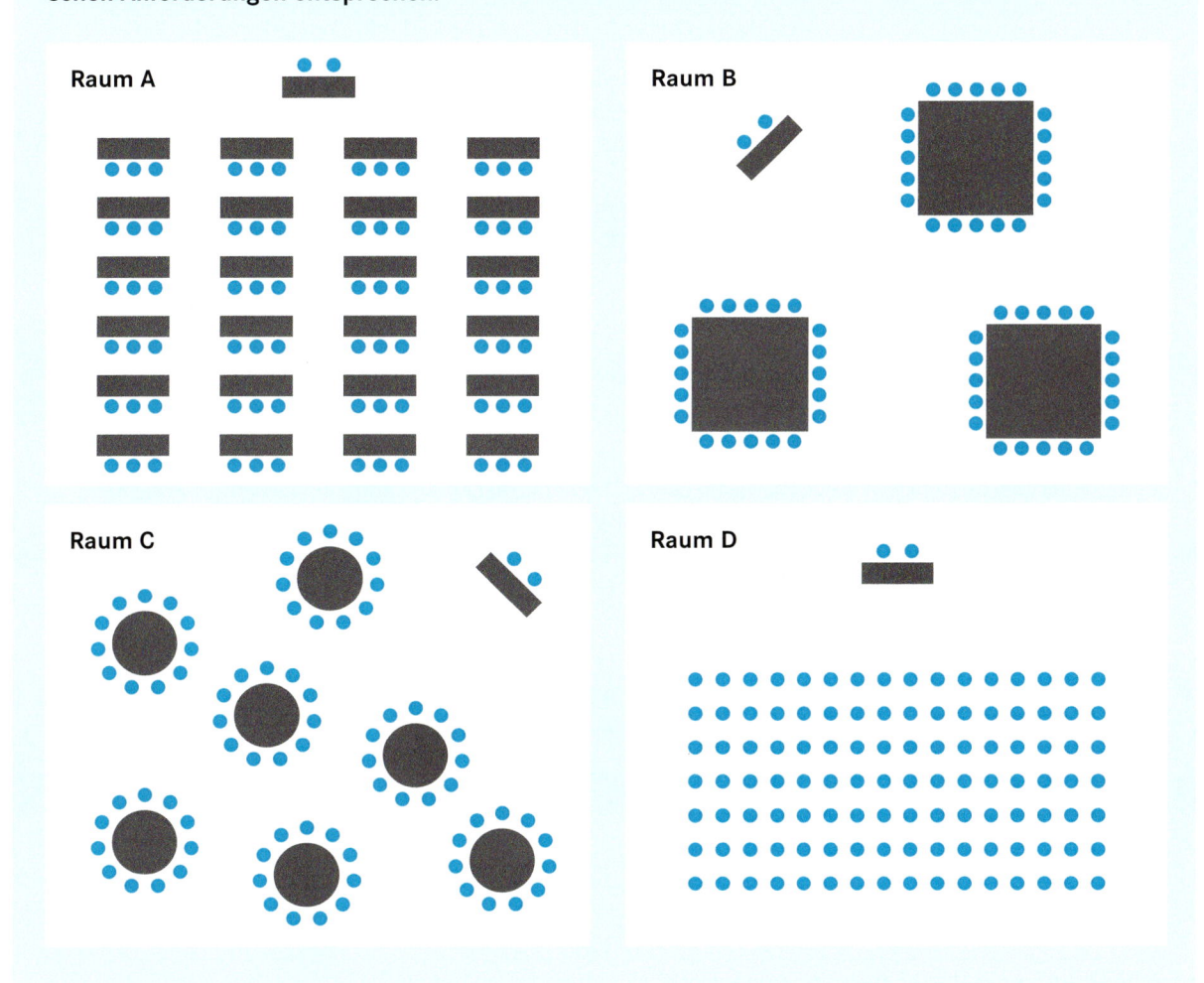

Raum A

Raum B

Raum C

Raum D

Orga ✓ Veranstaltungsorganisation/-wirtschaft

Für welchen Raum mit welcher vorgesehenen Bestuhlung entscheiden Sie sich unter Berücksichtigung der Anforderungen des Kunden?

Raum A verfügt über eine parlamentarische Bestuhlung und genügend Sitzplätze für die Teilnehmer.

240 **5. In Raum A soll mit den vorhandenen Möbeln am nächsten Morgen ein gemeinsames kommunikatives Frühstück stattfinden. Welche Bestuhlungsvariante kommt infrage?**

Die Karree-Form ist in Raum A die einzige kommunikative Lösung mit den vorhandenen Möbeln. Die Dreier-Tische können ausschließlich im Karree gestellt werden, um eine Inseltischsituation zu schaffen.

241 **6. Welche allgemeinen, organisatorischen und technischen Voraussetzungen für eine vorausgehende Pressekonferenz werden Pressevertreter von Ihnen erwarten, um gute Arbeitsbedingungen vorzufinden (acht Nennungen)?**

1. ausreichende Ausstattung mit Tischen und Stühlen
2. Stromversorgung und Internetanschluss für jeden Arbeitsplatz
3. Pressemappen (Pressemitteilung, Fotos, Hintergrundinformationen) und Schreibmaterial an den Arbeitsplätzen
4. klare bzw. unkomplizierte Akkreditierung, ungehinderter Zugang zur Veranstaltung
5. Platz für Interviews (TV, Radio)
6. Versorgung des Pressebereichs mit Live-Bild und Live-Ton
7. mehrsprachige Pressebetreuung, Anfahrtsbeschreibung und Lageplan
8. Catering (Getränke, Snacks usw.)

242 **7. Welche Bestuhlungsarten kommen für die Pressekonferenz und die Abendveranstaltung infrage? Begründen Sie Ihre Entscheidung.**

Pressekonferenz: parlamentarische Bestuhlung (gute Sicht, eindeutige Blickrichtung, Beinfreiheit, Tische für Schreib- und Arbeitsutensilien und Materialien usw.); alternativ: Fischgräte: kommunikativer als Parlament, locker, Arbeitsmöglichkeit, komfortabel, gute Sicht auf Moderator.

Abendveranstaltung: Bankettbestuhlung mit Tanzfläche (gute Sicht, komfortabel, kommunikativ, guter Durchgang, Gedecke möglich, elegant, Wohlfühleffekt, gute Servicemöglichkeit, flexibel).

243 **8. Das abendliche Cateringbuffet soll unter dem Motto „Reise durch Europa" stehen. Formulieren Sie vier Fragen an den Cateringanbieter und begründen Sie diese kurz.**

Frage an den Caterer	Begründung
Was für konkrete Gerichte und Getränke können zu welchen Konditionen angeboten werden?	Auswahl der Angebote, Planung und Organisation sowie vorbereitende Kalkulation und Rechnungsstellung
Welcher Strom-, Wasser- und Abwasserbedarf entsteht, wie viel Platz wird benötigt?	Planung und Organisation der Anschlüsse und Zuleitungen
Welche Gestellung erfolgt an Geschirr und Mobiliar?	Absprachen bezüglich der konkreten Gestellung von Equipment und Ausrüstung

Typische Event-Dienstleistungen — Orga

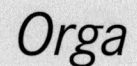

Frage an den Caterer	Begründung
Welche Anforderungen werden zeitlich gestellt, wie ist die Personalbedarfsplanung?	Aufbauplanung, Platz- und Personaldisposition

9. Kalkulieren Sie die locationbezogenen Kosten für die Veranstaltung sowie die Kosten pro Teilnehmer unter Verwendung folgender Daten: Mietkosten Raum 2 (einschließlich Beamer, Videoanlage und Bestuhlung): 1 200,00 €. Miete für technische Einrichtungen: Live-Übertragung und Simultantechnik 750,00 €. Mietkosten Ballsaal inkl. Bühne und Technik: 1 400,00 €. Tagungsgetränke 8,00 € pro Teilnehmer (TN), Mittagessen: 30,00 € pro Person, Übernachtung inkl. Frühstück 98,00 € pro TN, Abendbuffet 44,00 € pro TN, alle Preise netto.

Berechnung	
Raummiete Raum 2	1 200,00 €
Projektion Live	750,00 €
Raummiete Ballsaal	1 400,00 €
80 Tagungsgetränke à 8,00 €	640,00 €
80 Mittagessen à 30,00 €	2 400,00 €
80 Abendessen à 44,00 €	3 520,00 €
80 Übernachtungen à 98,00 €	7 840,00 €
Gesamt netto	17 750,00 €
Location-Kosten pro Teilnehmer (12 330,00 €/80 TN)	221,88 €

10. Erstellen Sie einen möglichen Ablaufplan der Veranstaltung unter Berücksichtigung von Aufbauzeiten und Technik-Checks. Zur Abschlussfeier ist eine kleine Party-Live-Kapelle mit vier Musikerinnen eingeplant.

Uhrzeit	Programm	(Raum)	Beteiligte	Anmerkung
09:00	Bestuhlung und Einrichtung Technik	Raum A	Produktionsleitung, Technik, Hotelpersonal	inkl. Dekoration
13:00	Check in TN	Empfang	Hostessen	Ausgabe Material
14:00	Begrüßung/Intro	Raum A	Geschäftsführung, TN	
14:30	Produktvorstellung	Raum A	Produktmanager	Beamerpräsentation
15:00	Live-Inszenierung	Raum A	Visagist	Schminkbild
16:00	Pause	Foyer		Getränke und Snacks

Orga ✓ Veranstaltungsorganisation/-wirtschaft

Uhrzeit	Programm	(Raum)	Beteiligte	Anmerkung
16:30	Live-Inszenierung	Raum A	Visagist	Schminkbild
17:00	Aufbau Ballsaal	Ballsaal	Produktions-leitung, Technik	inkl. Bestuhlung und Catering
18:30	Soundcheck		Technik und Band	Ton und Licht
19:00	Abendessen	Ballsaal	Bankett-abteilung	Buffet
20:30	Abend-veranstaltung	Ballsaal	Band	vgl. eigenen Ablaufplan
ca.23:00	Veranstaltungsende			

246

11. Am 25.04.20.. teilt das Kosmetikunternehmen mit, dass der Hauptreferent erkrankt ist. Die Veranstaltung wird in Rücksprache mit dem Hotel auf den 23.05.20.. verschoben. Jedoch kann das Hotel die ursprünglich für den 06.05.20.. angemieteten Räume nicht anderweitig vermieten. Welche finanziellen Ansprüche entstehen laut folgender Mietvertragsklausel?
XI Ausfall oder Verschiebung der Veranstaltung
Bei Absage eines gemieteten Konferenzraumes oder bei Verschiebung der Veranstaltung mindestens 14 Tage vor der Veranstaltung entfällt eine Mietzahlung. Erfolgt die Absage weniger als 14 Tage vor der Veranstaltung oder wird der Termin verschoben, werden 50 % der vereinbarten Raummiete geschuldet, wenn nicht mehr anderweitig vermietet werden kann.

Die Absage erfolgt weniger als 14 Tage vor Veranstaltungstermin. Der Raum konnte bis zum ursprünglich vereinbarten Veranstaltungstermin nicht anderweitig vergeben werden. Laut Vertrag entsteht ein finanzieller Anspruch in Höhe von 50 % des vereinbarten Mietpreises, das bedeutet im vorliegenden Fall 50 % von 2 600,00 € = 1 300,00 € netto. Gegebenenfalls wird das Hotel aus Kulanzgründen dem Kunden entgegenkommen, um den Gesamtumsatz an der Veranstaltung nicht zu gefährden.

Typische Event-Dienstleistungen — Orga

2.1.6.5 Veranstaltungstechnik

1. Strom- bzw. Energieversorgung
2. Bühnentechnik
3. Rigging
4. Lichttechnik
5. Projektionstechnik (AV)
6. Tontechnik
7. Kommunikation (Funkgeräte)
8. Effekttechnik inkl. Pyrotechnik

Technik

Nennen Sie die acht *typischen* *Gewerke* in der *Veranstaltungstechnik*. **247 ZP**

Gewerk	Information
Bühne	Bühnengröße, Bühnenmaße, lichte Raumhöhe, Hängepunkteplan, Bodenbelastbarkeit, Lademöglichkeiten, Bühnenprogramm
Licht	Licht- und AV-Anforderungen, Rigging, Dekoration/Bühnenbild, Stromanforderungen, Anzahl Dimmerpacks und Cases
Ton	PA-Anforderungen (Delay Line, Effekte), Mikrofonie, Monitoranforderungen, Stage Plot

Welche *Informationen* sollten für ein *Briefing-Gespräch* mit dem *Technikdienstleister* für Bühne, Ton und Licht vorab zusammengetragen werden? **248 ZP**

Den Strom für eine Veranstaltung bezieht man generell beim örtlichen Energieversorgungsunternehmen. Bei festen Veranstaltungsstätten wird die Location diesen Bezug bereits gewährleistet haben. Vor allem bei Open-Air-Veranstaltungen muss der Strombezug häufig neu angemeldet werden. Öffentliche Plätze einer Stadt sind dabei generell mit Stromleitungen versehen. Graue Anschlusskästen gewähren hier nach der Anmeldung Zugang zum Versorgungsnetz des örtlichen Energieversorgungsunternehmens. Für eine Unterverteilung ab den Anschlusskästen muss der Veranstalter i. d. R. selbst sorgen – hier helfen Veranstaltungstechnik- oder spezialisierte Dienstleistungsunternehmen.

Strom

Woher bezieht man bei einer Veranstaltung den benötigten *Strom*? **249 ZP**

Ist kein Strom oder ein nicht ausreichender Strom vorhanden, muss entweder von den Stadtwerken ein separater Stromanschluss gelegt werden, oder man muss mithilfe eines Generators den Strom herstellen. Aggregate bekommt man bei speziellen Dienstleistern und manchmal auch bei Institutionen wie dem Technischen Hilfswerk, dem Roten Kreuz oder der Feuerwehr. Bei einem Aggregat sind mehrere Varianten möglich: Neben normalen gibt es schallgedämpfte Aggregate. Es gibt Transportlösungen von Geländewagen mit geeignetem Anhänger über integrierte Lkws bis hin zu großen Tiefladern mit integriertem Kran.

Wann werden *Stromaggregate* benötigt und wo bekommt man sie? **250 ZP**

Orga ✓ — Veranstaltungsorganisation/-wirtschaft

ZP 251 — Was bedeuten die Begriffe *Schuko* und *CEE*?

- **Schuko** bedeutet **Schutzkontaktstecker** (wird auch im Haushalt verwendet).
- **CEE** ist eine **Einteilung von Stromkabelstandards der Internationalen Kommission** für Regeln zur Begutachtung elektrotechnischer Erzeugnisse (Commission on the Rules for the Approval of the Electrical Equipment).

Der Schukostecker mit 230 V Spannung trägt die Bezeichnung CEE 7/4. Die großen roten Drehstromstecker, die es in verschiedenen Größen je nach der zu übertragenden Stromstärke gibt, tragen nach Größe und Belastbarkeit sortiert die Bezeichnungen CEE 16A, CEE 32A, CEE 63A und CEE 125A.

ZP 252 — Wofür benötigt man *abgetrennte Stromphasen* oder *getrennte Stromanschlüsse*?

Man benötigt getrennte Stromanschlüsse, um **die einzelnen Leitungen nicht zu überlasten** und um **Interferenzen (Störungen)** zu **vermeiden.** Die Gewerke sollten am besten durch separate Phasen versorgt werden, da z. B. die Dimmerpacks (Lastverstärker) der Lichtanlage durch elektromagnetische Strahlen die Tonanlage stören können. Eine solche Störung wird durch ein Brummen hörbar.

ZP 253 — Wofür benötigt man *Kabelbrücken*?

Stromführungen, die Besucherwege kreuzen, sollten mit **Kabelbrücken** versehen werden, etwa in **Form von Gummimatten.** Für Stellen, an denen Fahrzeuge oder schweres Gerät verkehren, gibt es spezielle und relativ teure Kabelbrücken mit geschützten Kabelkanälen.

Bühne

ZP 254 — Was sind *fest installierte Bühnen*?

In für Veranstaltungen gebauten Häusern sind i. d. R. **fest eingebaute Bühnenkonstruktionen** vorhanden, meist als **bleibende Metall- oder Betonkonstruktion,** die u. U. noch überbaut oder verbreitert werden kann. Handelt es sich um aus dem Boden ausfahrbare, meistens hydraulisch oder auch elektrisch angetriebene Segmente, ist die Belastbarkeit zu prüfen und ob die Konstruktion noch einmal bewegt werden muss (z. B. weil sich Stühle oder Stromanschlüsse im darunterliegenden Raum befinden).

ZP 255 — Was sind *Podestbühnen*?

Bei den **Podesten** haben sich im Laufe der Zeit verschiedene Hersteller – beispielsweise Bütec oder Schnakenberger – auf dem Markt etabliert. Hierbei handelt es sich meist um einen **Aluminiumrahmen mit einer speziellen Schichtholzfüllung,** die eine **Belastbarkeit von mindestens 500 kg pro m²** aufweist. Es gibt gewisse Standardmasse, wie 2 m x 1 m, 1 m x 1 m, 2m x 0,5 m, 1 m x 0,5m, auch Dreiecksmaße und Kreise in verschiedenen Durchmessern sind verfügbar. Die Füße sind in der Höhe meistens variabel.

ZP 256 — Was ist eine *Drehbühne*?

Drehbühnen lassen sich normalerweise **nach beiden Seiten drehen.** Bei der Verwendung sind einige Dinge zu beachten. Wenn eine Band auf einer Drehbühne platziert wird, ist auch gewisse Tontechnik notwendig. Selbst wenn die Lautsprechersysteme nicht auf der Drehbühne platziert werden, so sind die Signale mit einem Multicore und die benötigten Stromleitungen von bzw. auf die Bühne zu legen, da sich das Tonmischpult und der Hauptstromanschluss nicht auf der

Typische Event-Dienstleistungen — Orga

Bühne befinden. Somit kann die Bühne eigentlich nur eine halbe Umdrehung machen und sollte sich wieder auf dieselbe Position zurückdrehen.

Oftmals soll aus dramaturgischen Gründen etwas in die Höhe gefahren werden, wie z. B. bei einer Autopräsentation. Hierbei gibt es unterschiedlichste Konstruktionen, entweder mit **Elektromotor** oder mit **hydraulischen Systemen.** Sollen solche Ideen verwirklicht werden, immer Aspekte wie Geräuschentwicklung, Geschwindigkeit, Stromverbrauch, Gewicht wegen der Anlieferung usw. bedenken.

257 ZP Was ist eine *Hubbühne?*

Bei einer **Hubdachbühne** wird das **Dach** mit mind. vier Motoren, die mit Kettenzügen arbeiten, **an mind. vier Stützpfeilern hochgezogen.** Die Dachtraversen dienen gleichzeitig als Rigg (Mastwerk) für die aufzuhängenden Scheinwerfer und die geflogenen (gehängten) Lautsprecherboxen. Sie werden von den Veranstaltungstechnikern bequem in Arbeitshöhe bestückt sowie verkabelt und dann motorisch hochgezogen. Man spricht in diesem Fall von einem **Ground-Support-System,** da mind. vier Pfeiler die Konstruktion tragen. An den Seiten der Bühne werden jeweils weitere Traversen angebracht, die über die Bühnenseiten hinausragen. An diesen Traversen (auch PA-Wings genannt) werden die PA-Lautsprecher-Konfigurationen angebracht. Die Bühnenseiten sowie die -rückseite werden mit luftdurchlässigem Gazestoff abgespannt. Dieses Material bietet Schutz vor Regen, andererseits aber durch seine Luftdurchlässigkeit dem Wind weniger Angriffsfläche. Das Bühnendach besteht aus widerstandsfähigem Zeltmaterial. Die gesamte Bühne wird an allen vier Seiten mit Seilen abgespannt und gesichert.

258 ZP Was ist eine *Hubdachbühne?*

Die Bühne sollte mindestens 60 cm hoch sein, die ideale Höhe ist 80–100 cm, ab 100 cm wirkt die Bühne unangenehm hoch.

259 ZP Wie *hoch* sollte eine *Bühne* für ein *Rockkonzert* (400 Zuschauer) sein?

stage right	rechte Bühnenseite, links vom Publikum gesehen
stage left	linke Bühnenseite, rechts vom Publikum gesehen
off stage	außerhalb der Szene
down stage	nach vorne
up stage	in die Tiefe der Bühne (nach hinten)
in front of stage	vorne, davor, vor der Bühne
back stage	Bereich außerhalb der Szene
center line	Mittellinie (vorne nach hinten)
base – setting line	Grundlinie
Auditorium	Zuschauerraum komplett
Bühne links	rechte Bühnenseite, links vom Publikum gesehen
Bühne rechts	linke Bühnenseite, rechts vom Publikum gesehen

260 ZP *Übersetzen bzw. beschreiben* Sie die folgenden zwölf *Begriffe zu Bühnenpositionen:* stage right, stage left, off stage, down stage, up stage, in front of stage, back stage, center line, base – setting line, Auditorium, Bühne links, Bühne rechts.

Orga ✓ Veranstaltungsorganisation/-wirtschaft

Rigging

ZP 261 Was sind *Traversen (Truss)*, was ist ein *Rigg*?

Eine Traverse ist ein mechanischer Träger, der zur Stabilisierung, Befestigung oder Verbindung dient. Sie findet Verwendung in Konstruktionen oder als Lastaufnahmemittel in der Veranstaltungsbranche. Die modernen Traversensysteme (auch Truss genannt) sind heutzutage aus Aluminium gefertigt und entsprechend leicht. Die einzelnen Elemente sind in den verschiedensten Konfektionen in unterschiedlichen Schenkellängen verfügbar. Hängende Traversen bilden zusammen ein Rigg (Mastwerk), in das dann die benötigten Materialien gehängt werden (Licht, Ton, Dekoration).

ZP 262 Was bedeuten die Begriffe *Hängepunkt* und *Pre-Rigg*?

- **Hängepunkte:** Möchte man Technik an der Hallendecke anbringen, kann man dies nur an geprüften Hängepunkten, die mit der zulässigen Last gekennzeichnet sind, oder man kann – je nach Deckenstatik – die notwendigen Lasten an Stahlträger befestigen. Bei besonders großen Lasten kann in einem dafür autorisierten Ingenieurbüro eine spezielle Deckenstatik errechnet werden. Bei den Anschlagsmitteln gilt immer das Gesetz der doppelten Sicherheit: ein Safety aus Stahl, der nicht locker durchhängen darf.

- **Pre-Rigging:** Muss eine Bühne platziert oder soll viel Technik gehängt werden und stehen keine Hängepunkte zur Verfügung, wird ein flächiges Rigg in diesem Bereich über der Bühne erstellt, oder es wird, wenn die Lasten für die Hängepunkteverteilung für eine normale Truss zu hoch wäre, ein sogenannter Pre-Rigg erstellt. Hierbei handelt es sich um eine besonders leistungsfähige Traverse, die sehr hohe Lasten tragen kann. Mit dieser Konstruktion wird ein Gitterraster unter der Hallendecke montiert, das dann fest unter der Decke angeschlagen wird. Daran können dann wiederum die Motoren für Front- und Backing-Traversen angeschlagen werden.

Licht

ZP 263 Was ist ein *Stufenlinsenscheinwerfer*?

Ein Scheinwerfer besteht generell aus einer Lichtquelle und einem Reflektor, mit dem man einen begrenzten Bereich einer Szenerie oder ein einzelnes Objekt beleuchten kann. Der günstigste Scheinwerfer mit optischem System ist der **Stufenlinsenscheinwerfer,** in dem sich die **Glühbirne vor dem Reflektor verschieben** lässt. Er ist das klassische Mittel für die Grundausleuchtung einer Bühne von der Front-Traverse aus und erlaubt eine kontrollierte Ausrichtung des Lichtes.

ZP 264 Was ist ein *Profilscheinwerfer*?

Der **Profilscheinwerfer** (englisch Profiler) ist ein weiterer klassischer Scheinwerfer mit einem optischen System. Der Unterschied zum Linsenscheinwerfer besteht darin, dass die **Lampe** zur Größenverstellung des Lichtkegels **nicht verschoben** werden muss. Zusätzlich bietet der Profiler die Möglichkeit, Teile des Lichtkegels mithilfe eines „Shutters" einzugrenzen. So sind beispielsweise quadratische Lichtkegel möglich. Auch können sogenannte Gobos (Graphical optical blackout) verwendet werden, das heißt Masken aus Metall oder Glas, die in den Scheinwerfer eingesteckt werden, um so Muster, Texte, Bilder oder Logos projizieren zu können.

Typische Event-Dienstleistungen

Der **Verfolgerscheinwerfer** (englisch: Followspot) ist eine **besondere Form des Profilscheinwerfers** und einer der bekanntesten Typen. Auch er besitzt ein optisches System in Form einer Linse und wird benutzt, um Künstler auf einer Bühne in Szene zu setzen. Er ist in der Lage, einen punktgenauen, starken Lichtstrahl abzugeben, der nur den Akteur auf der Bühne hervorhebt und das restliche Geschehen im Dunkeln lässt. Wenn der Akteur sich auf der Bühne bewegt, kann der Scheinwerfer seinen Bewegungen folgen. Die Bedienung erfolgt durch eine Person, die am Verfolger steht oder sitzt (Verfolgerfahrer). Moderne Verfolgerscheinwerfer können mitsamt dem Bedienungspersonal auch oben in der Front-Traverse positioniert werden.

Was ist ein Verfolgerscheinwerfer? ZP 265

Der **PAR-Scheinwerfer** (Parabolic Aluminium Reflector) **besitzt keine optische Linse.** Er besteht aus einem Reflektor, einer Lampe (Brenner), dem Scheinwerfergehäuse, einem Befestigungsbügel sowie einer Halterung für einen Farbfilterrahmen. Dieser Scheinwerfer ist der klassische Rock'n-Roll-Scheinwerfer. Er ist sehr günstig und in verschiedenen Größen verfügbar. PAR-Scheinwerfer können mit verschiedenen Leuchtmitteln und Reflektoren bestückt werden. In der Praxis werden sie an sogenannte T-Bars (T-förmige Stangen) in Vierer- oder Sechser-Konfigurationen montiert. Diese Stangen enthalten i. d. R. auch die fertig verkabelte Stromzuführung.

Was ist ein PAR-Scheinwerfer? ZP 266

Der **Fluterscheinwerfer** ist ein **Halogenscheinwerfer** ähnlich einem Baufluter. Er kommt immer dann infrage, wenn eine Fläche möglichst gleichmäßig ausgeleuchtet werden soll. Typische Anwendungsmöglichkeiten sind Horizont- und Prospektbeleuchtung sowie Decken- und Bodenbeleuchtung. Als Kaskaden von mehreren Scheinwerfern findet man die Fluter auch oft als sogenannte Audience-Blinder. Diese werden auf das Publikum gerichtet und an exponierten Stellen des Showsets eingeschaltet, um das Publikum zu blenden.

Was ist ein Fluterscheinwerfer? ZP 267

Spiegelbewegte Multifunktionsscheinwerfer werden **Scanner** genannt. Bei einem Scanner strahlt das Leuchtmittel auf einen beweglichen Spiegel, der je nach Wunsch seine Position verändern kann. Der Lichtstrahl wird von dem Spiegel abgelenkt, und man kann verschiedene Positionen auf der Bühne anfahren. Per additiver Farbmischung kann der Lichtstrahl alle Farben annehmen. Gobos können z. B. zur Logoprojektion benutzt werden. Scanner sind sehr flink, da der Spiegel nur wenig wiegt. Populär ist der sogenannte **kopfbewegte Scheinwerfer (Movinghead).** Der Kopf mit dem Scheinwerfer lässt sich um alle Achsen schwenken, so können viele Bühnenpositionen angefahren werden.

Was sind Scanner bzw. Movingheads? ZP 268

Orga ✓ Veranstaltungsorganisation/-wirtschaft

ZP 269 — Was sind *LED-Scheinwerfer?*

Die **LED (Light Emitting Diode)** spielt als Leuchtmittel eine wachsende Rolle. Im Vergleich mit Glühbirnen oder Halogenbrennern **verbrauchen** LEDs **weniger Energie** und arbeiten praktisch trägheitslos. Die Lebensdauer von LEDs beträgt ein Vielfaches gegenüber klassischen Glühlampen. Es gibt zu vielen genannten Scheinwerfertypen inzwischen auch LED-Varianten. Auch in modernen Ampelanlagen werden sie verbaut, da sie weniger Energie verbrauchen und zudem im Tageslicht heller leuchten.

ZP 270 — Wie wird *Licht bunt?*

Alle genannten Scheinwerferarten besitzen die Möglichkeit, Filterfolien in einem Filterrahmen vor den Scheinwerfer einzuschieben. Diese Filterfolien können auf Bögen bestellt und gemäß der benötigten Größe beschnitten werden. Die Folienfarben haben Nummern. Diese finden Sie in den Bühnenanweisungen der Künstler wieder, die oft bestimmte Farben für ihre Bühnenshow anfordern. Bei LED-Scheinwerfern wird das Licht elektronisch farbig angesteuert.

ZP 271 — Was ist ein *Dimmerpack?*

Um die Scheinwerfer mit Strom versorgen zu können, benötigt man sogenannte **Dimmerpacks,** die auch die Helligkeit regeln können. Die Dimmerpacks stehen i. d. R. in Bühnennähe. Je Kanal können ein oder mehrere Scheinwerfer bis zur Maximalleistung (meist 2,3 kW) angeschlossen werden. Gängige Versionen haben sechs, zwölf oder mehr Kanäle. Die Steuersignale bekommen die Dimmerpacks vom Lichtstellpult in der Lichtregie.

ZP 272 — Nennen Sie die *wesentlichen Bestandteile einer klassischen Lichtanlage.*

Dimmerpacks, Lichtstellpult, DMX-Verkabelung, Traversen und Stative, Lampen/Scheinwerfer

ZP 273 — Für eine Party mit begrenztem Budget sollen Bühne und die Tanzfläche mit farbigem Licht ausgeleuchtet werden. Welche Scheinwerfer bestellen Sie?

Gewählt werden sollten die preiswerten PAR-Reflektorlampen (PAR bedeutet Parabolic Reflector).

ZP 274 — Für eine Theateraufführung mit TV-Aufzeichnung bestellen Sie hingegen welche Scheinwerfer?

Gewählt werden sollten hier Stufenlinsen- oder Profilscheinwerfer, um eine lückenlose Ausleuchtung der Bühne zu gewährleisten und ohne unterschiedliche Farbtemperaturen auf der Bühne zu erzielen, die zu Löchern oder Überstrahlungseffekten im Fernsehbild führen können.

Typische Event-Dienstleistungen ✓ *Orga*

Projektion

Die Lichtleistung eines Beamers wird in ANSI-Lumen angegeben. Kleine Beamer für den Heimgebrauch haben etwa 1 000 bis 1 600 ANSI-Lumen, für den Seminarbereich sind etwa 1 600 bis 2 300 ANSI-Lumen anzusetzen. Hochleistungsbeamer für Großveranstaltungen haben von 4 000 bis zu 30 000 ANSI-Lumen und mehr. Sie werden von speziellen Dienstleistern zur Miete pro Einsatztag mit Personal angeboten. Ein weiteres Qualitätsmerkmal ist die mögliche Auflösung eines Videoprojektors, die von 640 x 480 Pixel bis zu 2048 x 1536 Pixel reicht.

Was bedeutet ANSI-Lumen? (275) ZP

Bei der Projektion mit einem Beamer ist zuerst eine generelle Entscheidung zu treffen. Werden die Inhalte mit einer Aufprojektion auf die Leinwand projiziert oder mit einer Rückprojektion durch eine spezielle Leinwand seitenkorrigiert geworfen? Die Rückprojektion hat den Vorteil, dass auf der Bühne selbst keine Projektionslinie vorhanden ist und diese Variante i. d. R. sich besser für Tageslicht eignet. Sie ist jedoch wesentlich aufwendiger zu realisieren. Hinter der Szenenfläche ist zusätzlicher Platzbedarf zur Errichtung des Rückprojektionstunnels notwendig. Dieser muss verdunkelt werden, damit kein Streulicht in den Projektorkegel fällt. Eine lichtdurchlässige, spezielle Rückprojektionsleinwand ist notwendig. Die Aufprojektion ist einfacher zu realisieren. Der Beamer steht im Raum oder wird von der Decke oder dem Rigg abgehängt (eventuell kopfüber). Aufprojektionsleinwände können aufgrund ihrer Reflektionseigenschaften die Lichtleistung des Beamers vergrößern. Nachteilig ist die Gefahr der Schattenbildung auf der Leinwand durch Personen, die im Lichtstrahl des Beamers stehen.

Was bedeutet Auf- bzw. Rückprojektion? (276) ZP

Eine LED-Wand aus mehreren LED-Panels stellt derzeit die hellste Möglichkeit einer Projektion dar. Sie ist sonnentauglich und im Freien einsetzbar. Sie hat einen niedrigen Stromverbrauch und eine lange Lebensdauer. Als aktueller Stand der Technik hat sie einen hohen Akzeptanzgrad. Nachteilig ist der oft große Betrachtungsabstand durch den Pixelabstand. Außerdem sind LED-Wände noch immer recht teuer.

Nennen Sie drei Vorteile und einen Nachteil von LED-Screens. (277) ZP

Zuspielgeräte für Videoprojektoren und Bildschirme sind zum Beispiel Computer, DVD-Player, BluRay-Player, VHS/SVHS-Recorder bzw. -Player. In der Bildregie werden sie an einen Bildmischer angeschlossen, mit dem die einzelnen Geräte eingeblendet werden können. Heute werden vermehrt sogenannte Medienserver verwendet, die alle Zuspielelemente von einer Festplatte aus steuern.

Welche Zuspielgeräte können von der Bildregie verwertet werden? (278) ZP

Orga ✓ Veranstaltungsorganisation/-wirtschaft

Kommunikation

ZP 279 Was bedeutet der Begriff *Interkom*?

Um den reibungslosen Ablauf einer Veranstaltung zu gewährleisten, ist es notwendig, dass die **verschiedenen Gewerke miteinander kommunizieren** können. Lösungen, die dies unterstützen, nennt man **Interkom**. Kabelgestützte Lösungen werden überall dort eingesetzt, wo die Mitarbeiter festen Positionen zugeordnet sind, z. B. am FOH-Pult, am Monitorpult oder am Verfolgerscheinwerfer. Die Kommunikationsstationen verfügen jeweils über ein Mikrofon und einen Lautsprecher. Sie werden mit Kabeln untereinander verbunden und haben Anschlussmöglichkeiten für einen Kopfhörer oder ein Headset. In lauten Umgebungen kann zusätzlich eine Lampe zur optischen Signalisierung angeschlossen werden. Mitarbeiter mit wechselnden Positionen können mit drahtlosen Systemen versehen werden. Dies sind meist Funkgeräte mit einer Anschlussmöglichkeit für ein Headset.

ZP 280 Was ist ein *technischer Kommunikationsplan*?

Es empfiehlt sich, für eine Veranstaltung einen **Kommunikationsplan** zu erstellen. Die Veranstaltungstechniker haben i. d. R. ihre eigenen **Kommunikationswege über** ihre **Interkom-Systeme**. Unter Umständen ist es sinnvoll, sich als Produktionsleiter in diese Kommunikationswege einzuschalten (etwa bei der Abendregie für Saallicht und weitere Regieanweisungen). Weitere Regelkreise für Security oder spezielle Dienste sind gegebenenfalls sinnvoll.

ZP 281 Was bedeutet der Begriff *Kommunikationsmatrix*?

In einer digital gestützten Kommunikationsmatrix können sowohl Sprech- und Hör-Hierarchien als auch -Berechtigungen im Multiduplexverfahren zielgerichtet und komplex für die Veranstaltungsbelange eingerichtet werden.

Ton

ZP 282 Was ist eine *PA*?

Ein **PA-System (Public-Adress-System)** ist ursprünglich der **an die Zuschauer gerichtete Teil der Tonanlage** bei einer Veranstaltung. Heutzutage wird der Begriff als Synonym für die komplette Tonanlage bei einer Veranstaltung benutzt.

ZP 283 Was ist ein *Monitoring*?

Monitoring bezeichnet die Selbsthöranlage für die Bühnenmusiker.

ZP 284 Was bedeuten die Begriffe *Stagebox* und *Multicore*?

Die **Stagebox bündelt** die **kabelgeführten Signale auf der Bühne,** das **Multicore-Kabel** (englisch = Vielkernkabel) **verbindet diese Signale** dann **mit den Mischpulten** (FOH und Monitorpult, ggf. Ü-Wagen). *Beispiel:* Der Westdeutsche Rundfunk möchte die bekannte alternative Kölner Kinderkarnevalsveranstaltung Ziegenbartsitzung, die jährlich stattfindet, am letzten Vorstellungstag für das Fernsehen aufzeichnen. Neben den Signalen der TV-Kameras benötigt das Aufzeichnungsteam die Tonsignale der Live-Produktion. Deshalb werden hinter der Stagebox die Signale mithilfe einer Splitbox geteilt und mit zwei unabhängigen Multicore-Kabeln weitertransportiert. Eines von diesen führt zum FOH-Pult für die Saalbeschallung, das zweite zum Übertragungswagen für die TV-Aufzeichnung. Bei Verwendung eines

Typische Event-Dienstleistungen — Orga

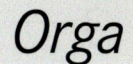

separaten Mischpultes für den neben der Bühne verorteten Monitormix der Künstler wird ähnlich verfahren. Hier versorgt ein Multicore den Saalton und das andere das Monitorpult mit voneinander unabhängigen Signalen.

Moderne PA-Boxen werden heute i. d. R. geflogen (gehängt). Früher wurden sie häufig gestackt (gestapelt). Für größere Veranstaltungsräume kann es notwendig sein, weitere **Lautsprecherboxen, sogenannte Delay-Lines, in den hinteren Bereichen** aufzustellen. Da das Signal einige Zeit benötigt (im Millisekunden-Bereich), um von den vorderen Hauptboxen zum Ohr des Zuschauers im hinteren Bereich zu gelangen, wird es auf den hinteren Boxen zeitlich verzögert angepasst. Ansonsten würde der Sound verwaschen und unklar wirken.

ZP 285 Was bedeutet der Begriff *Delay-Line?*

1. Mikrofone
2. Kabel bzw. Sender und Empfänger
3. Stage-Box
4. Multicore-Kabel
5. FOH-Mischpult
6. Peripherie/Effekte
7. Endstufen
8. Monitor-Mischpult
9. Monitorboxen
10. ggf. In-Ear-Monitoring
11. PA-Boxen
12. ggf. Delay-Line

ZP 286 Nennen Sie zwölf *Bestandteile eines PA-Systems.*

Damit der Sound auf der Bühne komplett so gemischt werden kann, dass er für die einzelnen Musiker an ihren Plätzen optimal gehört werden kann. Der Monitormann steht mit auf oder neben der Bühne und kann so alles optimal einstellen und flexibel sowie schnell reagieren. Es ist auch möglich, mit dem FOH-Tonmischpult die Monitoranlage zu steuern (z. B. bei kleineren Produktionen). Spezielle Monitorpulte verfügen jedoch über eine größere Anzahl von Wegen, d. h., es können für wesentlich mehr Personen oder Personengruppen auf der Bühne unabhängige Tonmischungen bereitgestellt werden.

ZP 287 Wofür benötigt man bei großen Konzerten ein *eigenes Monitorpult?*

Neben kabelgebundenen kommen in zeitgemäßen Produktionen immer mehr drahtlose Mikrofone zum Einsatz. Die gängigsten Typen sind das Handmikrofon, das Ansteckmikrofon und das Nackenbügelmikrofon (Headset). Beim Handmikrofon ist der Sender direkt in das Mikrofon eingebaut. Das Ansteck- und das Nackenbügelmikrofon werden an einen Sender angeschlossen, der am Gürtel oder in der Kleidung getragen wird. Um beim Einsatz die gefürchteten Funkaussetzer zu vermeiden, benutzen die modernen funkgestützten Mikrofonanlagen die sogenannte True-Diversity-Technik: Der Empfänger besitzt zwei Empfangseinheiten, das jeweils stärkste Signal wird benutzt.

ZP 288 Listen Sie *gängige Mikrofontypen* auf.

Mikrofontyp	Anwendung beispielsweise durch	Vorteile	Nachteile
Handmikrofon	Sänger, Moderatoren	flexibel, mobil, Nahbesprechungseffekt	Eine Hand ist gebunden.

Orga ✓ Veranstaltungsorganisation/-wirtschaft

Mikrofontyp	Anwendung beispielsweise durch	Vorteile	Nachteile
Ansteckmikrofon	Moderatoren, Interviewgäste, Referenten	fast unsichtbar, Hände frei	Feedbackempfindlich, möglichst nur in unverstärkten Umgebungen einsetzen (z. B. TV)
Nackenbügelmikrofon	tanzende Sänger, Moderatoren, singende Instrumentalisten wie Schlagzeuger oder Keyboarder	Hände frei, gutes Signal, fällt bei heftigen Bewegungen nicht zu Boden	frisurenfeindlich, „Science-Fiction-Look"

ZP 289 Wie viele Funkkreise für die interne Kommunikation schlagen Sie für die folgenden an einem Business-Event Beteiligten vor: Security-Mitarbeiter, Saaltechniker inklusive Backliner und Hands, Übertragungswagen-Techniker (TV), Abendregie, Projektleitung?

Funkkreis 1: Abendregie, Projektleitung, alle Techniker
Funkreis 2: Übertragungswagen Techniker TV (intern)
Funkreis 3: Projektleitung, Security

ZP 290 Erläutern Sie drei *Vorteile*, die durch die *Beauftragung eines Technikunternehmens* entstehen, welches eine *gesamte Tour* betreut und die nötige Technik mitführt.

1. Die Vergabe an einen Partner vermindert den eigenen Abstimmungsbedarf mit Technikdienstleistern, da das Technikunternehmen die Planungen und die Koordination vor Ort für uns übernimmt. Wenn pro Stadt ein lokaler Dienstleister beauftragt würde, wären acht Abstimmungsvorgänge nötig. Ein Ansprechpartner bereits im Vorfeld und im Laufe der Roadshow ermöglicht darüber hinaus eine gezielte und einfachere Kommunikation, da der Partner mit der Produktion vertraut ist.
2. Die Qualität jeder einzelnen Veranstaltung ist dadurch gewährleistet, dass das beauftragte Technikunternehmen die Roadshow gut kennt und mehrfach abwickelt. Auch Probleme können so schnell und flexibel gelöst werden. An jedem Ort steht darüber hinaus die gleiche, an das Eventlayout angepasste optimierte technische Lösung bereit.
3. Bereitstellung, Betreuung und Wartung liegen in der Hand des Dienstleisters, der sich professionell mit der technischen Abwicklung beschäftigt. Gegebenenfalls ist die beschriebene Variante unterm Strich kostengünstiger durch Rabattiermöglichkeiten auf Grundlage der Anzahl der Aufträge. Teurer werden allerdings die erhöhten Reisekosten.

Typische Event-Dienstleistungen — Orga

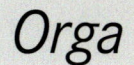

1. Bühnenelemente/mitgeführte Bühne
2. PA/Tonanlage (inkl. Kabel, Verstärker, Pult, Peripherie, Boxen)
3. Mikrofonierung
4. Lichtanlage (inkl. Dimmer, Pult, Scheinwerfer und Traversen/Stative)
5. nötiges Zubehör für Strom, Abdeckungen, Klebematerial, Werkzeug usw.
6. Leinwand/Präsentationsfläche
7. Zuspielgeräte (PC, Laptop, Bildregie, Toneinspielungen)

ZP 291 Nennen Sie sieben Bestandteile der an Veranstaltungsorten benötigten Veranstaltungstechnik.

1. optimierte Ladewege und Entlademöglichkeiten (kurze, ebenerdige Anfahrt an die Bühne inkl. Laderampe)
2. detaillierte Auf- und Abbaupläne, Rollcases
3. vorbereitete und ggf. vorverkabelte Räume, die den Anforderungen entsprechen (z. B. lichte Höhe, Hängepunkte, Stromanschlüsse)
4. örtliche Helfer (Hands)

ZP 292 Nennen Sie drei Anforderungen, die den Auf- und Abbau in einer Location logistisch erleichtern bzw. beschleunigen.

Bestuhlung/Mobiliar, Verpflegung/Food and Beverage, Sicherheitskräfte (Security), Garderoben, sonstige Dienste (z. B. Reinigung, Parkplatzeinweiser), Bereitstellung von Personal, z. B. Hostessen

ZP 293 Nennen Sie Aufgaben, die vor Ort sinnvoller Weise an lokale Dienstleister vergeben werden sollten.

2.1.6.6 Kleines Lexikon Veranstaltungstechnik/ausgewählte fachliche Ausdrücke

2.1.6.6.1 Strom/Bühne/Rigging

Lexikon

Amphitheater
Ein Amphitheater ist eine ursprünglich griechische bzw. römische, offene Bauanlage, bei dem eine Bühne zu ca. zwei Dritteln oder eine elliptische Arena vollständig von stufenförmig ansteigenden Sitzreihen umschlossen wird.

Amplifier (Endstufe)
Amplifier (Amp) bedeutet Verstärker. Ein Amp verstärkt ein Ausgangssignal, z. B. eines Mischpultes oder eines Instrumentes, auf die erforderliche Leistung, um die Lautsprecher anzusteuern.

Anschlagmittel
Befestigungen für Traversensysteme, z. B. Seile, Ketten, Bänder; es gilt das Prinzip der doppelten Sicherheit.

Arbeitsgalerie
Die Arbeitsgalerie ist ein seitlich des Bühnenraumes angeordneter langgestreckter, schmaler Arbeitsboden, der an einer Seitenwand befestigt oder frei abgehängt sein kann. Die Arbeitsgalerien dienen der Aufnahme von beleuchtungs-, ton-, bild- und/oder anderen bühnentechnischen Einrichtungen wie Zügen usw.

Backdrop
Bühnenhintergrund, oft die hintere Bühnenbegrenzung bzw. der Rückvorhang

Bodenstativ
Als Bodenstativ wird ein kleines, leichtes Stativ mit 16- oder 28-mm-Buchse zum Aufhängen von Scheinwerfern bezeichnet.

Orga — Veranstaltungsorganisation/-wirtschaft

Bühnenanweisung (Technical Rider)
Bestandteil eines Vertrags; Anforderungen zu Technik, Personal, Equipment. Die Bühnenanweisung umfasst Angaben über das benötigte Equipment, Anweisungen für dessen Aufbau und alle weiteren Anforderungen der Produktion bis hin zu Catering-Bestellungen für Künstler und Crew.

Bühnenpodest
Aluminiumrahmen mit einer speziellen Schichtholzfüllung, die eine gewisse Belastbarkeit aufweist. Standardmaße, wie 2 m x 1 m, 1 m x 1 m, 2 m x 0,5 m, 1 m x 0,5 m, auch Dreiecksmaße und Kreise in verschiedenen Durchmessern sind verbreitet. Die Füße sind in der Höhe oft variabel.

Bütec
Hersteller von Bühnenpodesten

Bühnenwagen
Sattelauflieger, der auch zur Straßenbühne umgebaut werden kann

Case
Ein Case ist eine stabile, gepolsterte Transportkiste, die oft über Rollen verfügt und eine mobile und sichere Transportmöglichkeit für hochwertige elektronische Geräte und Equipment darstellt.

Catwalk
Laufsteg, auf dem ursprünglich Mode vorgeführt wurde

Crashgitter/Crashbarrier
Crashgitter (Absperrgitter aus Aluminium oder Stahl) sind Standard zum Absperren des Bühnengrabens und zum Errichten von Wellenbrechern bei Konzertveranstaltungen. Crashgitter verfügen über eine Abstützung nach hinten sowie einen Tritt für Security-Personen, um Personen aus dem Publikum holen zu können. Des Weiteren haben sie eine Trittfläche für das Konzertpublikum, um sich selbst gegen Umfallen zu sichern. Die Gitter werden oben und unten miteinander verschraubt, Besonderheiten wie Ecken, Einlassschleusen und Kabeldurchlässe werden bei Bedarf eingebaut.

CEE
Normbezeichnungen der Internationale Kommission für Regeln zur Begutachtung elektrotechnischer Erzeugnisse. Gebräuchlich für die Bezeichnung verschiedener Größen bei Drehstromsteckverbindungen: 16A CEE, 32A CEE, 63A EE, 125A CEE und 250A CEE

Drehbühne
Drehbühnen lassen sich oft nach beiden Seiten drehen. Drehbare Bühnenpodestelemente bieten Möglichkeiten zu schnellen Bühnenwandlungen.

Drehstrom
Mehrphasenwechselstrom, im Volksmund auch Starkstrom genannt, besteht aus drei Phasen, d. h. drei stromführenden Zuleitungen, einem Rückleiter und einem Schutzleiter (auch Erde genannt). Durch die Phasenverschiebung erreichen drei Leitungen zusammen eine Spannung von 400 V.

Eiserner Vorhang
Schutzvorhang, durch den eine Bühnenöffnung zum Versammlungsraum hin im Brandfall dicht geschlossen werden kann. Dieser Vorhang muss aus nichtbrennbarem Material bestehen und durch sein Eigengewicht schließen können; vorgeschrieben laut VStättVO für Großbühnen mit Bühnenhaus.

Fehlerstrom-Schutz-Schalter
Der Fehlerstrom-Schutz-Schalter (kurz: FI-Schalter) verhindert durch eine gesamte Netzabschaltung, dass im Fehlerfall (z. B. Gerätedefekt) ein für den Menschen gefährlicher Strom fließt. Er spricht dann an, wenn die Summe der Ströme von den Phasen und dem Nullleiter nicht null ist.

Fliegen
Als Fliegen bezeichnet man das Aufhängen von Lautsprecherboxen und Beleuchtungskörpern.

Fliegende Bauten
Fliegende Bauten sind bauliche Anlagen, die dazu geeignet und bestimmt sind, wiederholt an wechselnden Standorten aufgestellt zu werden. Fliegende Bauten unterliegen dem Baurecht. Wesentliches Merkmal eines Fliegenden Baus ist das Fehlen der festen Gebundenheit an ein Grundstück (z. B. bei Fahrgeschäften, Zelten, Tribünen, mobile Konzertbühnen usw.).

Typische Event-Dienstleistungen — Orga

Genie
Ein Genie ist ein elektrisch angetriebener fahrbarer Lastenlift mit hoher Belastbarkeit. Er wird z. B. genutzt, um beim Rigging Equipment in die Höhe zu transportieren.

Ground-Support
Beim Ground-Support handelt es sich um eine Konstruktion, die aus mindestens vier senkrecht stehende Traversen besteht (Tower). Sie dienen als Stütze und Lift für Traversenkonstruktionen, wobei die Konstruktion am Boden montiert und anschließend mittels der „Sleeve Blöcke" (fahrbare Ecken) in Arbeitshöhe gefahren wird. Als weniger komfortable Lösung kann auch ein Traversenkranz auf spezielle Hublifte gelegt werden, die dann nach Fertigstellung hochgekurbelt werden, um die notwendigen Tower darunter zu montieren.

Hängepunkt
Hängepunkte werden gebraucht, wenn technische Geräte an die Decke einer Location gehangen werden sollen. Hängepunkte müssen geprüft und mit der zulässigen Last gekennzeichnet werden. Alle Veranstaltungsräume haben hierfür Dokumente, aus denen die genehmigte Statik hervorgeht.

Hubdachbühne
Die Hubdachbühne basiert auf dem Prinzip des Ground-Support-Systems. Der Unterschied zu anderen Bühnen ist, dass in der oberen Konstruktion ein Dachgestänge eingebaut wird, um die Lastenfähigkeit für Licht- und Tontechnik zu schaffen. An den Seiten der Hubdachbühne können sogenannte PA-Wings positioniert werden, in denen die Lautsprechersysteme untergebracht werden. Eine Hubdachbühne hat eine relativ große Windangriffsfläche, daher sind die Seitenwände auch meistens nur aus Gaze (perforierter Stoff). Die gesamte Konstruktion wird mit Erdhaken am Boden verankert, evtl. auch Gewichte oder Wassertanks.

Kabuki System
Ursprünglich eine Bezeichnung für eine japanische Theater-Technik, einen Vorhang von oben fallen zu lassen, um die Bühne freizugeben. Eine mechanische Haltevorrichtung arretiert oder verklemmt einen Vorhang, eine Schlaufe, ein Seil oder ein Netz. Diese Haltevorrichtung wird mechanisch oder durch ein elektrisches/pyrotechnisches/pneumatisches Signal gelöst, sodass der entsprechende Gegenstand fallen kann. Wird heutzutage benutzt, um Vorhänge oder z. B. Netze mit Luftballons abzuwerfen, Plakate zu entrollen usw.

Molton
Baumwollstoff, der aufgrund seiner schweren Entflammbarkeit bei der Bühnen- oder Veranstaltungsstätten-Dekoration zum Einsatz kommt

Motoren
Elektromotoren werden zum Hochziehen von Traversenelementen genutzt; Leistungsfähigkeiten von 500 kg, 1 000 kg und 2 000 kg sind verbreitet. Die Ketten gibt es in 18-m-Ausführung und in 24-m-Ausführung, die Geschwindigkeit beträgt normalerweise 4 m/Min. bzw. 8 m/Min.

Orchesterpodium
Das Orchesterpodium ist eine Versenkeinrichtung im Vorbühnenbereich, die in verschiedenen Stellungen entweder Orchestergraben, vergrößerte Vorbühnen- oder Zuschauerfläche sein kann.

Pre-Rigg
Das Pre-Rigg ist eine Konstruktion an der Hallendecke zur Montage von technischen Geräten. Es sind meist lastenfähige Traversen, die ein Gitterraster unter der Decke bilden. An das Pre-Rigg können weitere Traversen angeschlagen und technische Geräte wie Scheinwerfer montiert werden.

Rigg/Rigger/Rigging
Grundgerüst/Traversenkonstruktion, an dem/der Scheinwerfer oder Lautsprecher usw. befestigt werden. Wird als „geflogen" bezeichnet, sobald es gehängt wird. Rigger sind Fachpersonen für das Aufhängen von Veranstaltungstechnik. Sie müssen sich mit Statik, Befestigungstechniken und Sicherheitsvorschriften auskennen. Rigging bezeichnet das Montieren von Stahlsäulen und Traversen für Beleuchtung usw.

Safety
kleines Stahlseil zur doppelten Sicherung von angeschlagenen Elementen

Schukostecker
normaler Stromstecker wie im Haushalt, Normbezeichnung CEE 7/4 (230 V)

Orga — Veranstaltungsorganisation/-wirtschaft

Schnakenberger
Hersteller von Bühnenpodesten

Sofitte
Eine im noch sichtbaren oberen Bereich der Bühne hängende Stoffbahn wird Sofitte genannt. Die Sofitte verhindert die Einsicht in die Obermaschinerie und kann, zusammen mit seitlichen senkrechten sogenannten „Schenkeln", auch einen optischen Rahmen bilden.

Stacken
Stacken bedeutet stapeln und meint das Aufbauen von Boxentürmen übereinander oder das Stapeln von Kisten in Trucks zum Transport bzw. in Backstagebereichen.

Stageplot
Mit Stageplot bezeichnet im Fachjargon der Veranstalter den allgemeinen Bühnenplan/Bühnenstellplan der u. a. die Positionierung des Equipments auf der Bühne angibt.

Stativ
Als Stativ wird ein Gestell bezeichnet, das zum Aufstellen von Scheinwerfern verwendet wird.

Stellwand
Begriff aus dem Dekorationsbau; mit Stoff bespannte oder mit Werkstoffplatten belegte Lattenkonstruktion zur optischen und räumlichen Trennung innerhalb von Locations.

Stromaggregat
Stromaggregate sind Stromerzeuger für den netzunabhängigen Betrieb von Beleuchtungs- und Beschallungstechnik sowie die Catering-Einrichtungen. Bei einem Aggregat sind mehrere Varianten möglich. Neben den „normalen" Aggregaten gibt es „schallgedämpfte" und „superschallgedämpfte" Aggregate. Twinpacks bestehen aus zwei Aggregaten, eines davon nur zur Sicherheit. Fällt ein Aggregat aus, schaltet eine Elektronik die Lastverteilung um.

Technical Rider
Liste der technischen Anforderungen an eine Veranstaltungsstätte, die einem Veranstalter von den Künstlern, Referenten usw. im Vorfeld der Veranstaltung ausgehändigt wird. Fast jeder Künstler verfügt über einen solchen Technical Rider, in dem die Anforderungen an die vorhandene Technik, das zur Verfügung zu stellende Personal, Bühnenanforderungen usw. festgehalten sind.

Trailerbühne
Eine Trailerbühne ist ein Anhänger, der am Veranstaltungsort aufgestellt und ausgeklappt wird. Der ausgeklappte Trailer dient als Bühnenfläche mit dazugehörigem Bühnendach. Der Trailer gilt als kostengünstige und unkomplizierte Bühnenvariante im Vergleich zur Ground-Support-Bühne. Allerdings ist die Größe der Bühne durch den Trailer festgelegt. Sie ist meist relativ klein.

Traverse
Als Traversen werden Träger aus Aluminium bezeichnet, an die Lautsprecher, Beleuchtung, Videotechnik oder Dekoration gehängt werden. Sie bestehen aus Hauptrohren, welche mit dünneren Rohren verstrebt werden, und haben eine Gitterstruktur. Die Verbindung mehrerer Traversen erfolgt meistens über konische Verbinder mit Bolzen oder über Rohrverbinder mit Schrauben. Grundsätzlich unterscheidet man unter 2-Punkt-, 3-Punkt- und 4-Punkt-Traversen, wobei es hierbei noch unterschiedliche „Schenkellängen" gibt.

Tribüne
Tribünen sind bauliche Anlagen mit ansteigenden Steh- oder Sitzplatzreihen für Besucher.

Truss
Eingedeutschter Begriff, der sich ungefähr mit Traverse übersetzen lässt. Eine Truss ist eine Fachwerkträgerkonstruktion aus Aluminium oder Stahl. Aus Trussmaterial werden Riggs gefertigt, um Veranstaltungstechnik, wie z. B. Scheinwerfer oder Lautsprecher, befestigen zu können.

Wellenbrecher
Absperrungen bei Großveranstaltungen; unter Verwendung von Drängelgittern errichtet

Zug
Der Zug ist eine Konstruktion, um Dekorationsstoffe bzw. einen Prospekt auf der Bühne zu bewegen. Er besteht aus einer Laststange in Bühnenbreite, die an vier, fünf oder sechs Drahtseilen von oben abgehangen ist. Diese Seile führen über Einzelrollen auf dem Schnür- oder Rollenboden zu einer an der Bühnenseitenwand angebrachten

Typische Event-Dienstleistungen — Orga

Sammelrolle und von dort wieder hinunter zu einem auf- und abzufahrenden Gegengewicht. Mit diesem wird die an die Laststange jeweils angebundene Last (Prospekt, Sofitte oder andere Dekorationsteile) ausgeglichen. Es gibt auch hydraulische und elektrische Züge, bei denen kein ständig zu veränderndes Gegengewicht nötig ist.

2.1.6.6.2 Licht

Lexikon

ACL-Lampe (Aircraft landing Light)
Eine ACL-Lampe ist eine eng strahlende PAR-Lampe, die einen langen kräftigen Lichtbeam erzeugt. ACL-Lampen werden bei Veranstaltungen u. a. als Flächenbeleuchtung bei großer Entfernung, als Rampe/Lichtvorhang oder als Gegenlichtrampe/Rampe verwendet. Der Name Aircraft Landing Light kommt daher, dass die Lampen auch als Flugzeug-Landebeleuchtung verwendet werden.

Arbeitslicht
Umgangssprachlich wird die auf der Bühne für technische Arbeiten benötigte Beleuchtung als Arbeitslicht bezeichnet. Das Arbeitslicht ist unabhängig von der Bühnenbeleuchtungsanlage.

Beleuchtungsbrücke
Die Beleuchtungsbrücke ist ein festes oder bewegliches Tragwerk zur Befestigung und Betätigung von beleuchtungstechnischen Einrichtungen.

Beleuchtungsplan
Der Beleuchtungsplan wird mit Beleuchtungsschablonen nach DIN 15560-6 gezeichnet oder mit Computerprogrammen erstellt und regelt die Anordnung der Scheinwerfer für eine Produktion bzw. Veranstaltung.

Blinder (Audience Blinder)
Bei Blindern handelt es sich um besonders helle Lampen mit hoher Wattzahl, die bei Konzerten und in Discos eingesetzt werden. Sie haben den Zweck, das Publikum zu blenden. Es werden immer mehrere Lampen zusammengeschaltet.

Chaser
Der Chaser bezeichnet einen Lauflichteffekt, bei dem einzelne Stromkreise oder Lichtstimmungen automatisch in zyklischer oder zufälliger Reihenfolge eingeblendet und wieder ausgeblendet werden können. Die Abfolgegeschwindigkeit ist regelbar oder kann mit einem externen Musiksignal synchronisiert werden.

Dimmer
Ein Dimmer ist ein stufenloser Regler für Leuchten. Dieser kann wiederum über ein Steuerpult bedient werden. Als Protokoll für die Kommunikation der Geräte wird vorwiegend → DMX 512 benutzt. Mit einem Dimmer kann die Helligkeit elektrischer Lichtquellen verstellt werden. Je nach Ansteuerungsart wird zwischen Digital- und Analogdimmer unterschieden. Dimmerraum: Im Dimmerraum sind die Lastteile (Dimmer), meistens in Schränken angeordnet, aufgestellt.

DMX
Digitales Signal zur Steuerung der Beleuchtung. Das Protokoll DMX 512 ist das am weitesten verbreitete Protokoll zur Steuerung auch komplexer Beleuchtungssituationen. Konventionelles Licht wird über einen Dimmer angesteuert, Moving Lights werden direkt angesteuert. DMX 512: DMX (Digital Multiplexing) 512 ist ein international anerkannter Standard der USITT zur digitalen Übertragung von Signalen für Dimmer und Steuergeräte. Über ein abgeschirmtes, zweiadriges Kabel werden bis zu 512 Werte verzögerungsfrei übertragen. DMX 512 ist auch der Standard zur Ansteuerung von Farbwechslern.

Farbfilter/Farbrad/Farbrahmen/Farbscroller/Farbwechsler
Als *Farbfilter* werden Folien oder Glasscheiben bezeichnet, die das ursprüngliche Licht in seiner Farbe verändern. Kunststofffolie und Farbglas absorbieren das nicht durchgelassene Licht. Der dichroitische Filter filtert bestimmte Lichtfarben und reflektiert das Restlicht. Ein Farbrad ist ein Farbwechsler. Es wird vor einen Scheinwerfer gestellt oder in das Farbmagazin eines Scheinwerfers eingeschoben. Das Farbrad hat verschiedenfarbige, runde Öffnungen und ist der Vorläufer des Rollenfarbwechslers (Farbscroller).

Orga ✓ Veranstaltungsorganisation/-wirtschaft

Der *Farbrahmen* dient zur Aufnahme von Farbfolien (Farbfolienrahmen) oder Farbscheiben (Farbscheibenrahmen). Er ist aus Metall oder hitzebeständigem Karton. Anwendungsbereich, Anforderungen, sicherheitstechnische Festlegungen usw. sind in DIN 15560-38 festgehalten.

Der *Farbscroller* ist ein Farbwechsler, der die Farben auf Rollen transportiert. Die Farben werden wie bei einer Filmrolle aneinandergeklebt aufgespult. Durch einen aufgeklebten Marker werden einer Lichtschranke Anfang und Ende der Farbe angezeigt.

Farbwechsler sind Vorrichtungen für manuelle oder elektrische Farbwechsel bei Scheinwerfern. Hierzu zählen das Farbrad und der Farbscroller.

Farbtemperatur
Die Farbtemperatur wird in Grad Kelvin angegeben und bezeichnet die Betriebstemperatur des Glühwendels eines Strahlers. Sie ist die Größe, mit welcher der Farbeindruck von Leuchtmitteln beschrieben wird. Licht mit einer hohen Farbtemperatur wirkt bläulich, Licht mit geringer Farbtemperatur gelblich. Es gibt zwei Eckdaten für die Bestimmung einer Lichtquelle: 3 200° Kelvin wird als Kunstlicht bezeichnet; 5 600° Kelvin wird als Tageslicht bezeichnet.

Flächenleuchte/Fluter
Die *Flächenleuchte* ist ein wannenähnlicher Scheinwerfertyp, der über einen großen Raumwinkel verfügt. Die Flächenleuchte (oft auch Flutlicht genannt) wird zur großflächigen Beleuchtung verwendet. Sie besteht aus Fluter oder Strahler mit einfachem Scheinwerfergehäuse und Rinnenreflektor. Als Lichtquelle wird meist eine Halogenlampe eingesetzt.

Der *Fluter,* oft auch Strahler genannt, ist die einfachste Ausführung eines Scheinwerfers. Er ist ein sehr breit strahlender Scheinwerfer zum Ausleuchten von großen Flächen. Meistens besteht der Fluter aus einem Rinnenspiegel in Kombination mit einem Halogenbrennstab.

Floor Spots
Scheinwerfer, der auf dem Boden positioniert wird und speziell zum Beleuchten von Flächen (Wänden, Decken) eingesetzt wird.

Follow Spot
Verfolgerscheinwerfer

Fresnellinse (Stufenlinse)
Die Fresnellinse, auch Stufenlinse genannt, ist eine spezielle Sammellinse mit stufenförmigen konzentrischen Ringen an der Oberfläche. Der Lichtaustritt ist diffus, da der Linsenkörper aufgeraut ist. Sie wurde nach dem französischen Ingenieur und Physiker Augustin Jean Fresnel benannt. Der Fresnelscheinwerfer (Linsenscheinwerfer) ist mit einer Stufenlinse (Fresnellinse) ausgestattet. Der Fresnelscheinwerfer strahlt ein weich zeichnendes Licht aus und hat eine sehr gleichmäßige Ausleuchtung.

Halogenlampe
eine Glühlampe mit großer Lichtausbeute und langer Lebensdauer. Ihr Kolben besteht aus Quarzglas. Der Edelgasfüllung ist eine genau bemessene Menge eines Halogens beigegeben, heute überwiegend Brom.

Kelvin
Kelvin gibt den Grad für die Farbtemperatur an. Der Unterschied von Kunst- zu Tageslicht liegt in der Farbtemperatur. Kunstlicht hat hohe Rot-, Tageslicht hohe Blauanteile. Wo herkömmliche Brenner mit Wolframdraht (Glühlampen) bis ca. 3 400 Kelvin (Kunstlicht) gehen, ist eine Farbtemperatur mit Entladungslampen bis ca. 6 500 Kelvin (Tageslicht) möglich. Auf der Bühne abends oder im dunklen Raum wird Kunstlicht verwendet, für Kameraausleuchtung (TV) Tageslicht.

Laser
Der Laser ist ein Selbstleuchter, der monochromes, scharf gebündeltes und polarisiertes Licht aussendet. Laser ist eine Abkürzung aus dem Englischen für Light Amplification by Stimulated Emission of Radiation (Lichtverstärkung durch stimulierte Freisetzung von Strahlen).

LED
LED (Light Emitting Diode) sind kleine Halbleiterdioden, die rotes, gelbes oder grünes monochromes Licht aussenden und meist als Anzeigekontrolle für Überwachungsfunktionen verwendet werden. LED ist ein weit verbreitetes elektronisches Bauteil für optische Anzeigezwecke. Im Vergleich zu Glühbirnen verbrauchen LEDs weniger Energie und leben um ein Vielfaches länger.

Typische Event-Dienstleistungen

Lichtstellanlage/Lichtstellpult
Die Lichtstellanlage ist eine meist von einem Computer gesteuerte Einheit zur Koordinierung von Lichtstimmungen.

Linsenscheinwerfer
Der Linsenscheinwerfer ist ein einfacher Scheinwerfer mit einer Linse innerhalb der Brennweite. Zur Änderung der Brennweite wird die Lichtquelle in der optischen Achse zur Linse oder von der Linse verschoben. Als Linsen werden die Plankonvex-, Stufen-/Fresnel- und die Prismenlinse verwendet.

Moving Head/Moving Light
Ein *Moving Head* ist ein frei beweglicher Multifunktionsscheinwerfer, der zur Positionierung des Lichtstrahls den gesamten Lampenkopf bewegt. Im Allgemeinen ist zusätzlich eine Farbwechsler-, eine Gobo- sowie Shutterfunktion integriert. Die zwei wesentlichen Bauformen sind kopfbewegte *Moving Lights* (Moving Heads) und spiegelbewegte Moving Lights (sogenannte Scanner).

PAR-Lampe
Eine PAR-Lampe ist eine milchkannenförmige, robuste und preiswerte Lampe mit einer Glüh- oder Brenneinheit, die mit dem Reflektor verbunden ist. PAR ist die Abkürzung für Parabolic Aluminized Reflector (parabolischer Aluminiumreflektor). Der Lichtaustritt ist nicht rund, sondern elliptisch. Als Glühlampe hat sie eine große Bedeutung und Beliebtheit erlangt, da sie robust und preiswert ist. PAR-Lampen gibt es in unterschiedlichen Spannungs- und Leistungsstufen. Verwendet werden: PAR 64, 56, 46, 36, 20, 16. Die Zahl gibt den Reflektordurchmesser in $\frac{1}{10}$ Zoll an.

PAR-Truss
Eine große Traverse mit im Inneren montierten PAR-Bars wird PAR-Truss genannt. Durch vorinstallierte PAR-Bars ist der Transport platzsparend und der Einsatz unkompliziert. Die Bars werden einfach abgesenkt und stehen dann unterhalb der Traverse.

PC-Scheinwerfer (plan-konvexe Linse)
Recht genau definierter Lichtstrahl mit weniger Streulicht als die Fresnellinse. Dramatische Effekte werden durch enge Fokussierung erzielt.

Profilscheinwerfer
Der Profilscheinwerfer ist ein hochwertiger Bühnenscheinwerfer mit Festkörperlampe oder Brenner. Er enthält einen Ellipsenspiegel (Spiegel mit zwei Brennpunkten). Der Unterschied zum Linsenscheinwerfer besteht darin, dass die Lampe zur Größenverstellung des Lichtkegels nicht verschoben werden muss. Standardscheinwerfer für Theaterausleuchtung, Profilscheinwerfer mit Kondenseroptik haben ein projektorähnliches optisches System, ideal für Goboprojektionen und scharfe Abgrenzung des Lichtkegels. Vier Blendenschieber (Shutter), angebracht an der Lochblende, dienen der Begrenzung des Lichtkegels.

Scanner
Als Scanner werden spiegelbewegte Moving-Lights bezeichnet. Sie lenken das durch ein Leuchtmittel erzeugte Licht mithilfe eines beweglich montierten Spiegels ab.

Scheinwerfer
Scheinwerfer sind Lampen, die in einem Gehäuse eingebaut sind. Hinter der Lampe ist ein Reflektor oder Spiegel angeordnet, mit dessen Hilfe das nach hinten abgestrahlte Licht der Lampe wieder zur Austrittsöffnung des Scheinwerfers reflektiert wird. Durch weitere Einrichtungen im Gehäuse kann das erzeugte Licht verändert werden. Grundsätzlich wird zwischen Tageslicht- und Kunstlichtscheinwerfern unterschieden.

Stroboskop
Mit dem Stroboskop wird schnell und kurz grell aufleuchtendes Licht erzeugt. In seiner einfachsten Ausführung besteht ein Stroboskop aus einer Lichtquelle und einer Drehscheibe mit einem oder mehreren Schlitzen. In der Veranstaltungstechnik wird das Stroboskop als Lichteffekt genutzt und ist oft in Diskotheken anzutreffen. Durch diese Lichtblitzgeräte erscheinen bei dunkler Umgebung Bewegungen abgehackt als eine Abfolge von stehenden Bildern. Stroboskope können bei Menschen mit Epilepsie Anfälle auslösen. Sollen sie eingesetzt werden, ist es ratsam, am Eingang der Location entsprechende Hinweisschilder anzubringen.

Stufenlinsenscheinwerfer
Durch Verschieben der Lampenfassung wird der Abstand zwischen Lampe und Linse verändert (preiswerter Theaterscheinwerfer, diffuser Rand).

Veranstaltungsorganisation/-wirtschaft

Torblende
Begrenzt wird der Lichtstrahl durch die Torblende, die drehbar angebracht Abschattungen unter beliebigen Winkeln ermöglicht.

Verfolger
Als Verfolger wird ein Scheinwerfertyp mit einer besonders langen Brennweite bezeichnet. Der Verfolger dient dazu, aus großer Entfernung einen Gegenstand oder eine Person zu beleuchten und evtl. zu verfolgen.

2.1.6.6.3 Ton

Lexikon

Asymmetrische Audioübertragung
Bei der Übertragung von Audiosignalen unterscheidet man zwei Übertragungsprinzipien, asymmetrisch und symmetrisch. Bei der asymmetrischen Übertragung wird das Audiosignal über ein Leitungskabel geführt und der Schirm als Bezugspotenzial genutzt. Dieses Prinzip ist anfällig für Störsignale und Einstreuungen. Die symmetrische Übertragung erfolgt über zwei Leitungskabel, die von einem Masseschirm umgeben sind. Einstreuungen wirken gleichmäßig auf beide Leitungskabel, allerdings wird das Signal in einem Kabel phasenverdreht (180 Grad) geführt. Wenn die beiden Signalleitungen zusammengelegt werden, heben sich die Einstreuungen gegenseitig auf.

Backline
Bezeichnung für Equipment und Instrumente, die auf der Bühne verwendet werden und zur Band, also nicht zur PA gehören. Häufig wird aus Ablauf-, Kosten- oder Zeitgründen bei Veranstaltungen mit unterschiedlichen Bands die Backline vom Veranstalter zur Verfügung gestellt.

Beschallung/Beschallungstechnik
Mit *Beschallung* ist die elektroakustische Verstärkung von Darbietungen gemeint. Hierfür ist die Beschallungstechnik verantwortlich, die mithilfe von Beschallungsanlagen das akustische Geschehen verständlich, gleichmäßig und in angemessener Lautstärke für das Publikum darstellt.
Als *Beschallungstechnik* wird die Gesamtheit aller Geräte zur Beschallung einer Veranstaltung bezeichnet; sie umfasst die folgenden Bereiche: Input (Mikrofone, Instrumente und weitere Audioquellen), Verarbeitung (Mischpult und Effektgeräte), Output (Lautsprecher, Aufnahmegeräte, Dolmetscheranlagen).

Cinch-Stecker
Häufigste Steckverbindung bei Audio- und Videogeräten, von der Bauart her ähnlich dem BNC-Stecker. Üblicherweise sind Audiostecker rot und weiß (für Audio rechts/links) und Videostecker gelb markiert.

Delay
Bei der Wiedergabe des Originaltons über mehrere Lautsprecher und größere Entfernungen entsteht eine Laufzeitverzögerung (Delay). Um diese Verzögerung auszugleichen, verwendet man die Delay Line.

Delay Line
Eine Delay Line ermöglicht unterschiedliche Verzögerungen für Lautsprechergruppen. Sie erlaubt einen Laufzeitausgleich für Entfernungen. Die hinteren Lautsprechergruppen werden um die Schalllaufzeit des an der Bühne abgehenden Schallsignals verzögert.

Dezibel
Dezibel (dB) ist die Einheit für den Schalldruckpegel und gibt den physikalischen Druck der Schallwellen an. Da der Schalldruck des hörbaren Schalls sich von „gerade noch hörbar" bis zur Schmerzgrenze über 13 Zehnerpotenzen erstreckt, hat man für den Schalldruck eine logarithmische Größe, den Schalldruckpegel, eingeführt. Die Maßeinheit für die Lautheit ist das Sone. Ist ein Ton doppelt so laut wie der Vergleichston, so besitzt er eine Lautstärke von 2 Sone, ist er halb so laut, eine Lautstärke von 1/2 Sone. Pegeländerung: Eine Pegeländerung von 1 dB ist der kleinste wahrnehmbare Lautstärkeunterschied. 3 dB wird generell bemerkt. Ein Unterschied von 6 dB SPL wird deutlich wahrgenommen. Eine Änderung von 10 dB SPL wird als „doppelt so laut" empfunden.

Typische Event-Dienstleistungen

Drahtlose Mikrofonanlagen
Drahtlose Mikrofonanlagen bestehen grundsätzlich aus einem Sender und einem Empfänger. Der Sender sitzt bei Handmikrofonen unterhalb der Mikrofonkapsel, bei kleinen Ansteckmikrofonen in Form eines Taschensenders am Gürtel oder Hosenbund. Der Empfänger steht bei der Technik auf der Bühne oder am Pult, für bessere Übertragung oft mit separaten Antennen ausgestattet. Professionelle Anlagen sind als sogenannte True-Diversity-Anlagen konstruiert, was bedeutet, dass zwei Empfangseinheiten das Signal empfangen, und das bessere Signal dem Ausgang zugeführt wird. Somit kann bei der Positionierung der zwei Antennen auf die Vermeidung von Empfangslöchern geachtet werden. Die benötigte Spannung für die Übertragung sowie auch für die Speisung bei Kondensatormikrofonen wird mit Batterie- oder Akkupacks realisiert. Die Haltbarkeit ist grundsätzlich von der Umgebungstemperatur und natürlich von der Übertragungsleistung (Lautstärke im Raum, bei Akkus auch vom Alter) abhängig. Bei vielen drahtlosen Mikrofonanlagen kann es ein Problem bezüglich des Frequenzabstands der einzelnen Sender geben. Da nur gewisse Frequenzbänder freigegeben sind und in einem Kanal auch nur eine gewisse Anzahl von drahtlosen Sendern gleichzeitig betrieben werden dürfen, ist eine genaue Planung (und Überwachung) notwendig.

DI Box
Wird für den Anschluss bestimmter Instrumente auf der Bühne benötigt. Eine DI-Box ist ein Adapter, um hochohmige Instrumentensignale (z. B. von Gitarren) ohne Klangverluste in ein niederohmiges Gerät (z. B. ein Mischpult) einspeisen zu können. Zusätzlich können die eingehenden Signale auch von unsymmetrisch in symmetrisch gewandelt werden.

Dolby Digital/Dolby Surround
Digitales Surround-System: räumliche Klangwiedergabe durch digitale Übertragung über fünf separate Kanäle sowie einen gesonderten Tiefton-Kanal zur Verbesserung von Effekten und tiefen Frequenzen.
Dolby Surround: Bezeichnung für ein technisches Audio-System, das für einen realistischeren Ton bei Kino- oder Videofilmen sorgt.

Drum Fill
Drum Fills sind spezielle Monitorlautsprecher. Sie sind besonders kraftvoll und laut, damit der Schlagzeuger sich selbst gut hören kann. Eine Alternative dazu stellt das In-Ear-Monitoring dar.

Dynamisches Mikrofon
Das dynamische Mikrofon bedient sich des Induktionsprinzips zur elektroakustischen Wandlung. Beim Induktionsprinzip wird ein elektrischer Leiter in einem Magnetfeld senkrecht zum Magnetfeld bewegt. So entsteht eine Spannung. Das Mikrofon gilt als robust und benötigt keine Speisespannung (Batterien). Da es keinen linearen Frequenzbereich aufweist, ist es jedoch nicht für den Einsatz mit leisen Tönen geeignet. Das dynamische Mikrofon wird aufgrund seiner Unempfindlichkeit im Popmusik-Bereich eingesetzt.

Effektgerät
Effektgeräte haben die Aufgabe, Audiosignale zu verändern. Effektgeräte werden dem Instrument nachgeschaltet und vom Musiker oder direkt vom Mischpult aus gesteuert. Es gibt folgenden Gruppen von Effektgeräten:
Verzerrende Effektgeräte: Sie verändern das Audiosignal durch eine Übersteuerung. Dies führt zur Beimischung zusätzlicher Obertöne. Beispiele: Distortion, Overdrive oder Fuzz.
Pegelorientierte Effektgeräte: Sie werden für ein möglichst geringes Rauschaufkommen bei der Audioausgabe eingesetzt. Beispiele: Kompressor, Limiter und Gate.
Zeitorientierte Effektgeräte: Sie beeinflussen die Dauer oder Abspielgeschwindigkeit eines Audiosignals. Die Tonfarbe wird nicht verändert. Beispiel: Time Shifter.
Spektralmodifizierte Effektgeräte: Sie verknüpfen mehrere Audiosignale und verändern so die Tonfarbe. Beispiele: Pitch Shifter und Harmonizer.
Verzögerungszeitorientierte Effektgeräte: Sie verändern das Audiosignal durch eine verzögerte Ausgabe. Beispiele: Reverb, Chorus, Flanger und Delay.

Equalizer (EQ)/Grafischer Equalizer
Der *Equalizer* ist ein Gerät, mit dem sich bestimmte Frequenzbänder innerhalb eines Audiospektrums gezielt verstärken oder vermindern lassen.

Veranstaltungsorganisation/-wirtschaft

Grafische Equalizer (Ausgleicher) werden bei Live-Veranstaltungen eingesetzt, um Mängel in der Raumakustik auszugleichen. Der Equalizer ist mit kleinen Fadern (oder virtuellen Sortwarefadern) ausgestattet, über die der Pegel von bestimmten Frequenzen im Audiospektrum schmalbandig angehoben oder abgesenkt werden kann.

Feedback/Rückkopplung
Akustische Rückkopplung, die z. B. zwischen einem Mikrofon und einem Lautsprecher entstehen kann. Hierbei wird das verstärkte Mikrofonsignal wiedergegeben, dann durch das Mikrofon wieder aufgenommen und abermals durch den Lautsprecher abgestrahlt usw., was zu störenden Geräuschen führt. Diesem Effekt kann man u. a. mit einem Equalizer entgegenwirken.

Front of House (FOH)
Front of House wird die Stelle im Konzertsaal genannt, an der das Regiepult steht. Dieser Ort ist im optimalen Fall mittig vor der Bühne in ausreichendem Abstand, sodass der Techniker den Klang im Saal hört und mischen kann. Auch Licht-, Video- und allgemeine Regie stehen bei Live-Veranstaltungen häufig hier, um die Bühne zu sehen und eine reibungslose Kommunikation zu gewährleisten.

Funkmikrofon
Mikrofone, bei denen eine drahtlose Übertragung von Sprachen und Daten mithilfe eines eigenen Akkus und eines eigenen Senders erfolgt. Sie sind flexibler und die Referenten können sich frei bewegen. Es gibt keine störende Verkabelung und ein schneller Auf- und Abbau ist möglich. Drahtlose Sprachsysteme dürfen nur auf den für den jeweiligen Anwendungsfall zugelassenen Frequenzen arbeiten. Es gibt verschiedene Arten von Mikrofonen: Hand-, Kopfbügel-, Krawatten-, Umhängemikrofone usw. Es können immer nur so viele Geräte gleichzeitig betrieben werden wie kompatible Betriebsfrequenzen zur Verfügung stehen. Zwischen Empfangsantenne und drahtlosem Mikrofon sollte Sichtkontakt bestehen.

Handmikrofon
Mikrofon, speziell für den Gebrauch nahe am Mund

Headset
Hör-Sprech-Garnitur: Kombination eines Mikrofons mit einem bzw. zwei Kopfhörern (mit Ohr- oder Kopfbügel)

In-Ear-Monitoring
In-Ear-Monitoring ist eine Alternative zum klassischen Monitorlautsprecher, bei der die Akteure über Kopfhörer mit dem Monitorsignal versorgt werden. Jeder Akteur trägt einen Taschenempfänger bei sich, der die Signalübertragung per Funk ermöglicht.

Kondensatormikrofon
Das Kondensatormikrofon arbeitet mit zwei gegenpolig geladenen Elektroden, die beliebig angeordnet sind. Beim Kondensatormikrofon dienen hierbei die Membran und eine feste Gegenelektrode als Kondensator. Durch die auftreffenden Luftbewegungen ändert sich der Abstand der Elektroden, was einen größeren oder kleineren Entladungsstrom zur Folge hat. Das Mikrofon hat ein sehr geringes Gewicht und daher ein gutes Einschwingungsverhalten. Dadurch gewährleistet es eine originalgetreue Wiedergabe, und auch leise Töne können aufgenommen und weitergegeben werden. Es ist jedoch sehr anfällig für Rückkopplungen und ist deshalb für den Einsatz in der Popmusik ungeeignet. Das Kondensatormikrofon wird daher in der klassischen Musik und als Rednermikrofon (insbesondere im Radio) eingesetzt.

Lautsprecher
Innerhalb eines Lautsprechers setzen schwingende Membranen ein elektrisches Signal oder einen Impuls in Schallwellen (akustische Schwingungen) um. Dabei werden für unterschiedliche Frequenzbereiche mehrere Membranen miteinander gekoppelt, um ein optimales Klangergebnis für den Zuhörer zu erzielen. In der Praxis werden für die unterschiedlichen Frequenzbereiche verschiedene Lautsprecherarten eingesetzt. Hier wird zwischen Bass-, Mitten- und Hochtonlautsprechern unterschieden. Eine weitere Unterscheidung erfolgt über den Einsatz der Verstärker bei Lautsprechern. Es wird zwischen Passiv- und Aktivlautsprechern unterschieden. Während Passivlautsprecher einen zentralen Verstärker nutzen, verwenden Aktivlautsprecher dezentrale Verstärker (je Lautsprecher ein Verstärker).

Mikrofon
Die Aufgabe von Mikrofonen ist es, akustische Signale (Schallschwingungen) in elektrische Signale (Wechselspannungen) umzuwandeln. Das Mikrofon verfolgt das Prinzip eines umgekehrten Lautsprechers. Dabei werden

Typische Event-Dienstleistungen — Orga

die Schallschwingungen zunächst in mechanische Schwingungen gewandelt, um anschließend in elektrische Spannungen umgesetzt zu werden. Es gibt diverse Arten von Mikrofonen, die diese elektroakustische Wandlung in unterschiedlicher Form realisieren. In der Praxis wird zwischen dem dynamischen Mikrofon und dem Kondensatormikrofon unterschieden. In der Praxis finden sowohl drahtgebundene als auch drahtlose Mikrofone Verwendung. Drahtlose Mikrofone haben einen Sender und einen Empfänger. Bei Handmikrofonen sitzt der Sender an der Mikrofonkapsel. Ansteckmikrofone haben einen sogenannten Taschensender, der am Gürtel oder Hosenbund des Akteurs befestigt wird. Ein drahtloses Mikrofon ist störungsanfälliger als ein drahtgebundenes Mikrofon. Mikrofone unterscheiden sich außerdem durch ihre Charakteristik. Als Mikrofoncharakteristik wird die Empfindlichkeit eines Mikrofons für eine bestimmte Richtung bezeichnet. Hierbei wird zwischen der Kugel-, Acht- und Nierencharakteristik unterschieden.

Mikrofonanlage
Technische Anlage aus einzelnen Mikrofonen, die über ein Mischpult angesteuert bzw. verwaltet werden können. Es kann sich aber auch um eine Kombination aus einer Mikrofonkette mit Steuerzentrale und einzelnen Mikrofonen handeln.

Mischpult
Das Tonmischpult hat folgende Aufgaben: die Mischung mehrerer Tonquellen, das Angleichen der Audiopegel, die Steuerung des Frequenzganges (Störgeräusche verringern), die Klangveränderung, die Effektgestaltung. Ein Mischpult besteht aus mehreren Kanälen (Channels), die zusammengemischt und als Stereosumme (Main Mix) an die Endstufe ausgegeben werden. Die Audiosignale können verschiedenartig beeinflusst werden. Um Audiosignale mit einem Effekt, wie z. B. Hall, zu versehen, kann ein Signal zu einem Effektgerät außerhalb des Mischpults gesendet werden.

Monitor/Monitoring
Monitor: Lautsprecher, der auf der Bühne zum Künstler gerichtet ist, damit dieser sich selbst hören kann.
Monitoring: Eine Voraussetzung für gutes Sprechen oder Singen ist, dass der Akteur seine Stimme und die Tonqualität kontrollieren kann. Hierfür muss der Akteur die Möglichkeit haben, seine Stimme zu hören. Das Monitoring übernimmt die Aufgabe, die Hörbedingungen des Akteurs/Künstlers zu verbessern, um sich so besser hören zu können. Hierfür werden auf der Bühne sogenannte Monitorboxen (Monitorlautsprecher) in Richtung des Akteurs positioniert, welche für den Akteur ein optimales Lautstärkeverhältnis erzeugen.

Multicore
Multicore ist ein Kabel mit mehreren Leitungen, das verschiedene Signale getrennt überträgt und in einem Mantel zusammengefasst ist. Multicores bieten die Möglichkeit, viele Signale gleichzeitig von und zur Bühne zu führen und werden daher besonders im Live-Betrieb benutzt. Im Studio werden Mehrspurmaschinen und Mischpulte über Multicores miteinander verbunden.

Noise-Gate
Umgangssprachliche Kurzform: Gate. Es ist ein Gerät, das das Signal abschaltet, sobald der Tonpegel unter einen festgelegten Schwellwert fällt. Das Noise-Gate wird in der Tontechnik benutzt, um Spielpausen im Nutzsignal (z. B. zwischen mehreren Trommelschlägen) zu erhalten und Störsignale auszublenden.

PA (Public Adress)
Als PA wird das Zusammenspiel aller Elemente, die zum Beschallen einer Zuschauermenge nötig sind, bezeichnet. Die PA umfasst also die Mikrofone, die Verstärker, die Lautsprecherboxen, die Mischpulte, die Effektgeräte, die Kabel und das gesamte Zubehör. PA-System: Anlage zum Beschallen einer Zuschauermenge. Bestehend aus: Lautsprecherboxen, Verstärker, Mischpulte, Effektgeräte, Mikrofone, Kabel und Zubehör.

PA-Wings
Bühnenausleger zur Boxenplatzierung; entweder in einzelnen „Etagen", in die die Systeme gestellt werden, oder geflogen.

Playback
Playback ist ein Trickverfahren bei einer Musikvorführung. Vom Mischpult aus wird eine fehlerfreie Aufzeichnung in günstiger Akustik abgespielt, und die Musiker simulieren auf der Bühne eine Live-Vorführung. Man unterscheidet zwischen Voll- und Halb-Playback. Voll-Playback: Die Musiker spielen gar nicht live! Alle Spuren werden von CD/Band abgespielt. Halb-Playback: Es werden nur einige Spuren von CD/Band abgespielt. Ein

Orga — Veranstaltungsorganisation/-wirtschaft

Teil der Musiker spielt bzw. singt wirklich (z. B. instrumental wird abgespielt, Gesang ist live). Das Playback-Verfahren wird meist bei Fernsehaufzeichnungen und Locations mit schlechter Akustik verwendet.

Rack
Das Rack ist ein Gehäuse/Schrank in dem einzelne Geräte der Veranstaltungstechnik zu einer Gruppe zusammengefügt werden. Das vereinfacht den Transport und sichert die Geräte vor Beschädigungen. Der Industriestandard für die Breite der Racks beträgt 19 Zoll.

Soundcheck
Der Soundcheck findet vor einem Auftritt statt. Die Musiker und Tontechniker richten die Einstellungen der PA sowie der Monitoranlage auf den jeweiligen Raum ein und überprüfen den Klang der Instrumente. Bei manchen Künstlern übernehmen Roadies oder Stage Manager den Soundcheck.

Stagebox
In die Stagebox werden alle Signale aus Instrumenten, Verstärkern, Mikrofonen usw. eingespeist, um sie zum Mischpult zu übertragen. Über die Stagebox können vom Mischpult aus auch Signale für die Monitore übertragen werden. Meistens handelt es sich um eine Metallbox mit 16 bis 40 XLR-Buchsen.

VHF/UHF
Sendebereich VHF (Very High Frequency): 30–300 MHz, Sendebereich UHF (Ultra High Frequency): 300–3 000 MHz. Vorteile des UHF: zu viele unkontrollierbare und unvorhersehbare HF-Störungen im VHF-Bereich. Antennenlänge im UHF-Bereich kürzer. In manchen Ländern sind nur UHF Systeme zugelassen.

2.1.6.6.4 Audiovisuelle Medien/Projektion

Lexikon

Abgesteckte Kamera
Kameras werden einzeln abgestimmt aufgezeichnet, sodass sie auch in der Post-Production noch im Schnitt verändert werden können. Pro Kamera ist eine separate MAZ vorhanden, somit kann von jeder Kamera das gesamte Bildmaterial aufgezeichnet werden. Der große Vorteil dieses Verfahrens ist das sehr umfangreiche zur Verfügung stehende Bandmaterial, mit dem dann bei der Nachbearbeitung im Studio nach dramaturgischen Gesichtspunkten ein Film zusammengeschnitten werden kann.

ANSI/ANSI-Lumen
ANSI-Lumen bezeichnet ein Messverfahren zur Bestimmung der Helligkeit von Beamern. ANSI ist die Abkürzung für American National Standards Institute. Zur Bestimmung der Helligkeit nach ANSI-Lumen werden neun Messungen auf der Projektionsfläche vorgenommen, aus denen ein Mittelwert gebildet wird. Dieser Mittelwert wird mit der Fläche des Bildes multipliziert, um die Helligkeit zu erhalten (Lux = Lumen/m^2). 1 000 ANSI-Lumen reichen für kleine Räume – ca. 8 000 ANSI-Lumen für Hallen.

Aufprojektion
Bei der Aufprojektion wird ein Dia, Film oder Gobo durch einen Projektor von vorne auf eine Projektionsfläche projiziert.

Aufzeichnung
Als Aufzeichnung wird eine Fernsehproduktion, die nicht live übertragen wird, bezeichnet. Dabei wird das Bild- und Tonmaterial auf Magnetband, Film oder digitalen Aufzeichnungsmedien gespeichert. Bei einer Aufzeichnung können Fehler nachträglich korrigiert werden. Eine Aufzeichnung unter Live-Bedingungen wird oft nur zeitlich versetzt ausgestrahlt.

AVID
Software zum Schneiden von digitalen Filmen (auch AVID-Schnittplatz). Im Gegensatz zu herkömmlichen (Film-) Schnittplätzen kann an einem AVID-System digital aufbereitetes Filmmaterial geschnitten werden.

Beamer
Ein Beamer ist ein spezieller Projektor, der an den Monitorausgang des PC angeschlossen wird und die Bildschirmoberfläche auf eine Wand bzw. Projektionsleinwand projiziert.

Typische Event-Dienstleistungen — Orga

Der Beamer wird bei folgenden Präsentationen eingesetzt: Visualisierung von Sachverhalten für ein größeres Publikum (z. B. auf Kongressen); Präsentation von Softwareprodukten vor einer größeren Anzahl von Interessenten (z. B. auf einer Messe); als Unterrichtshilfsmittel auf Seminaren.

Cutter
Cutter/-innen sind für die Auswahl von Szenen aus dem aufgezeichneten Bild- und Tonmaterial nach vorgegebenem Konzept und in Absprache mit der Regie zuständig. Darunter fällt auch die Bewertung und Korrektur des Materials. Cutter/-innen prägen in künstlerischer und dramaturgischer Hinsicht entscheidend die Endfassung einer Film- und Fernsehaufzeichnung.

Dia
Kurzbezeichnung für Diapositiv. Das Dia ist eine durchsichtige, fotografische Bildvorlage, die mittels eines Diaprojektors vergrößert auf eine Leinwand oder eine andere Bildfläche geworfen wird. Beim Kleinbild-Dia handelt es sich um ein Dia von 24 x 36 mm, somit um ein Seitenverhältnis von 2:3. Grundsätzlich kann ein Kleinbilddia nur mit Diaprojektoren bis max. 600 Watt verwendet werden. Beim Großbild-Dia hat das Dia eine Seitenlänge von 18 x 18,5 cm (Außenmaß, Innenmaß 15,5 x 15,5 cm); somit also eine quadratische Fläche. Hier ist es unumgänglich, das Dia oben und unten mit Stiften im Rahmen zu fixieren.

DLP-Beamer (Digital Light Processing)
Ein DLP-Projektor besitzt eine Lampe und für jede Grundfarbe (RGB) einen DMD-Chip (Digital Mirror Devices). Das Licht der Lampe wird mithilfe eines Prismas in die drei Grundfarben gesplittet und dann jeweils einem Chip zugeführt. Jeder Chip besitzt so viele Spiegel, wie Pixel auf der Leinwand darzustellen sind. Nachdem das Licht von den Spiegeln reflektiert wurde, werden die drei Grundfarben wieder von einem Prisma zusammengeführt und mittels einer Optik auf die Leinwand projiziert. Vorteil: schnell einzustellen, gute Farben, brillantes Videobild, gutes Datenbild. Nachteil: lauter Lüfter wegen hoher Hitzeentwicklung, immer etwas Restlicht auf der Leinwand (bei Schwarz)

Digi-Betacam
In der professionellen Videotechnik hat sich das Betacam SP-Aufzeichnungsformat durchgesetzt. Mittlerweile werden, durch die zunehmende Digitalisierung jedoch immer mehr Aufzeichnungen mit dem digitalen DIGI-Betacam-Format vorgenommen.

Flatscreen (TFT-Monitor)
Der TFT-Monitor ist ein kompakt aufgebauter, flacher LCD-Farbmonitor mit Flüssigkristalldisplay, der im Betrieb nur sehr geringen Platz beansprucht und daher in Stellwarten mit engen Platzverhältnissen immer häufiger zum Einsatz kommt.

Gobo
Als Gobo wird die Abbildungsmaske eines Musters oder eines Firmenlogos bezeichnet, das auf Wände, Leinwände oder ins Publikum projiziert werden kann. Es wird in Projektoren, Scannern, Profilern oder Moving Lights als Effektvorsatz an einem sogenannten Gobo-Arm befestigt. Gobos sind aus hitzebeständigem Material, z. B. Blech oder Glas, und unterschiedlich groß.

HDTV
(High Definition Television) Sammelbegriff für alle hochauflösenden Fernsehsysteme. Es gibt keinen einheitlichen Standard. Das Bildformat ist immer 16:9.

LCD
Liquid Cristal Display – Flüssigkristallanzeige: Ein LCD besteht aus zwei dünnen Glasplatten, zwischen denen sich Flüssigkristalle befinden. Diese werden durch Strom zum Leuchten gebracht. LCD-Technik bei Projektoren: Hierbei wird Licht durch einen Prismenteiler in die drei Grundfarben Rot, Grün und Blau zerlegt und dann durch drei LCD-Panels gelenkt, die das Licht schachbrettartig auflösen. Diese drei einfarbigen Bilder vereinen sich im Projektor in ein farbiges Bild, welches sich durch eine hohe Farbtreue, Schärfe und Ruhe auszeichnet. Aufgrund der Nachteile, die diese Technologie birgt (hohe Lichtverluste, hohe Lampenleistung und deshalb hohe Wärmeentwicklung, starke Lüftergeräusche), findet sie allerdings nur noch in preiswerten Projektoren Anwendung. Die große Displayfläche (ca. 6 bis max. 10 Zoll Diagonale) bewirken große Geräte und schränken die Optik ein.

LED-Wand
Eine LED-Wand stellt derzeit die hellste Möglichkeit einer Projektion dar. Das Bild wird auf einzelne Pixel verteilt, wobei sich die Farbinformation RGB in horizontaler Folge immer wieder wiederholt.

Orga — Veranstaltungsorganisation/-wirtschaft

Leinwand
Die Leinwand ist die Projektionsfläche auf die Bilder, Filme usw. per Projektor oder Beamer projiziert werden. Die Leinwand ist für die Bildqualität fast genau so wichtig wie der Projektor.
Typ D (diffus) – normale, kostengünstige, weiße, glatte Leinwand, ideal für Röhrenprojektionen
Typ S – Leinwand mit metallischer Oberfläche
Typ B – Glasperl-Leinwand (nicht zu empfehlen, da eine Rückreflektion auftritt)
Die Größe der Leinwand ist abhängig vom Betrachtungsabstand und den Projektoren. Die Mindestentfernung zur Leinwand sollte das 1,5-Fache der Leinwandbreite betragen.

Lux
Messgröße für die Beleuchtungsstärke von Projektoren, die angibt, wie viel Licht auf einer bestimmten Fläche auftrifft. Formel: Quotient aus dem einfallenden Lichtstrom pro Einheit der Empfängerfläche. Mit zunehmendem Betrachtungsabstand und größer werdender Projektionsfläche nimmt die Beleuchtungsstärke im Quadrat ab.

MAZ
Magnetische Aufzeichnungsmaschine – alle Kamerasignale werden während der Veranstaltung live auf eine Bandmaschine gemischt.

Operafolie
Oftmals hat man z. B. als Bühnenhintergrund ein bestimmtes Motiv, das z. B. mittels Diaprojektion realisiert wird. Dafür projiziert man auf eine Operafolie, die man als Meterware bestellen kann (z. B. bei der Fa. Gerriets). Grundsätzlich kann man sagen, dass die Qualität dieser Folien nicht mit der von Leinwänden zu vergleichen ist, sie aber einen bühnenbildästhetischen Charakter haben. Diese Folienbahnen werden verschweißt und an den Seiten mit Ösen versehen, sodass sie beispielsweise in einen Traversenrahmen gespannt werden können. Dieser Rahmen sollte von seiner Tragfähigkeit sehr stabil gebaut werden, da beim Spannen solcher Operafolien sehr große Kräfte auftreten.

Overhead-Projektor
Mit einem Overhead-Projektor lassen sich Bilder/Präsentationen auf transparenten Folien an eine Wand projizieren. Dazu verfügt der Projektor über ein System aus Lampen und Linsen in einem Gehäuse, eine gläserne Abdeckung des Gehäuses und einen senkrecht nach oben wegführenden Arm mit einer Kombination aus Spiegel und Objektiv. Overhead-Projektoren werden verwendet, um eine Präsentation einer größeren Anzahl von Personen gleichzeitig zu zeigen. Sie werden sehr oft auf Seminaren, Workshops und Tagungen eingesetzt.

Plasma-Monitor
Bei einem Plasmabildschirm besteht jedes Pixel aus drei mit Edelgas gefüllten Glaszellen, die durch Rippen voneinander getrennt sind. Darüber und darunter befinden sich sehr dünne Elektroden. Wird an die Elektroden eine hohe Spannung angelegt, kommt es zu einer elektrischen Entladung, durch die das Gas in der Zelle ultraviolettes Licht abgibt. Die Farben entstehen auf dem Bildschirm, wenn dieses Licht auf die rote, grüne oder blaue Phosphorbeschichtung der Zellen trifft. Vorteil: Da die phosphorbeschichtete Oberfläche direkt stimuliert, und das Bild nicht darauf projiziert wird, ist der Betrachtungswinkel sehr groß (bis 160°).

Rückprojektion
Die Rückprojektion beschreibt einen Vorgang, bei dem ein Dia, Film oder Gobo von hinten auf eine transparente Projektionsfläche geworfen wird. Aufwendige Technik, die mehr Platz hinter der Leinwand erfordert. Eine Auf- bzw. Frontprojektion ist schneller und preiswerter, allerdings ist Rückprojektion optisch eleganter.

Soft-Edge-Verfahren
Beim Soft-Edge-Verfahren wird ein Gesamtbild durch mehrere Projektoren dargestellt, z. B. stellen zwei Projektoren je zur Hälfte ein Bild dar. Mit dieser Technik kann ein höheres/breiteres Bild in optimaler Qualität visualisiert werden.

Splitrechner
Rechner zum Aufteilen von Videosignalen in Teilbilder zur Präsentation in Cubes

Splittwand
Die Splittwand besteht aus übereinander gestapelten Rückproboxen oder LED-Bildschirmen, auf denen Bildaufzeichnungen abgespielt werden. Mithilfe eines Splittrechners wird das Gesamtbild in einzelne Bildausschnitte zerlegt, welche auf die einzelnen Rückproboxen verteilt werden.

Typische Event-Dienstleistungen — Orga

Touchpanel
Berührungssensitiver Bildschirm, mit dem man durch einfaches Antippen mit dem Finger oder einem speziellen Taster Informationen eingeben kann oder Geräte steuern kann.

Trapezausgleich
auch Shift genannt – Ein trapezförmiger Verzerrungsbereich wird wieder ausgeglichen.

Videosignale/-standards
Bei den Abspielformaten unterscheidet man grob die Systeme PAL, NTSC und SECAM, die in der Zeilenzahl, der Bildwechselfrequenz und/oder dem Farbträger voneinander abweichen und nicht miteinander kompatibel sind. Bei den Aufzeichnungsformaten werden VHS, 8 mm, S-Video und Hi-8, Betacam SP sowie digitale Videosysteme wie VD, DVCam, DVC Pro 25, DVC Pro 50, Digital Betacam und D9 unterschieden. Hier liegen die Unterschiede in der Art der Signalaufzeichnung und dem Kassettenformat, was sich durch Umkopieren oder kompatible Schnittstellen umgehen lässt.

Vidiwall
Wand von Bildschirmen oder LED-Großbild; wird im Innen- wie Außenbereich für Werbepräsentationen usw. genutzt.

2.1.6.6.5 Effekttechnik, Personal, Sonstiges

Lexikon

Aufbauhelfer (Hands)
Auf- und Abbauhelfer werden in der Praxis auch Hands bzw. Stagehands genannt. Sie unterstützen die Techniker beim Auf- und Abbau des gesamten Equipments sowie beim Be- und Entladen der Fahrzeuge.

Backstage
Hinterbühnenbereich, zu dem Zuschauer normalerweise keinen Zutritt haben. Aus Sicherheitsgründen ist der Zutritt nur für berechtigte Personen mit Produktionspass erlaubt; auch: spezieller, abgesperrter Bereich, in dem das Equipment zwischengelagert wird. Außerdem befinden sich dort die Künstlergarderoben, Crew-Aufenthaltsräume, Produktionsbüros und VIP-Lounges.

Backup-Lösung
Um auf Störungen bei einer Lichtstellanlage, einer audiovisuellen Einspielung o. Ä. eingerichtet zu sein, wird zur Sicherheit ein zweites Gerät oder eine zweite Software bereitgehalten. Das zweite Gerät kann bei eintretenden Problemen die Funktionen übernehmen oder die Software kann zum Backup eingelesen werden.

Bluetooth
kabellose Kommunikation zwischen Geräten wie Computern, Mobiltelefonen und deren Peripherie

CAD
CAD (Abkürzung für Computer Aided Design) ist ein Programm, mit dem rechnergestützt Konstruktionszeichnungen erstellt werden können (Entwurf von Zeichnungen, Lichtplänen, mechanischen und architektonischen Konstruktionen). Der Einsatz von CAD-Programmen ist im Eventbereich mittlerweile weit verbreitet und erleichtert die tägliche Arbeit bei der Planung des Veranstaltungsaufbaus erheblich.

Curfew
Sperrstunde – im Veranstaltungsbereich ist damit der Zeitpunkt gemeint, in dem entweder die Veranstaltung endet oder die Produktion das Haus verlässt.

dpi
(dot per inch = Punkte pro Zoll) eine Maßeinheit für die Auflösung beispielsweise eines Scanners und Druckers

DryHire
Reine Miete/Ausleihe von technischen Geräten ohne den dazugehörigen Service oder die Inanspruchnahme von Fachpersonal, wie Techniker oder Stage Hands

Orga — Veranstaltungsorganisation/-wirtschaft

Equipment
Bezeichnung für die Gesamtheit der Systeme bzw. Hardwarekomponenten. Im Tagungsbereich sind alle technischen Geräte gemeint, welche für eine effiziente Abwicklung einer Tagung notwendig sind.

Fachkraft für Veranstaltungstechnik
Der Ausbildungsberuf Fachkraft für Veranstaltungstechnik ist seit 1998 staatlich anerkannt. Die Ausbildung dauert drei Jahre und findet in einem Ausbildungsbetrieb sowie in der Berufsschule statt.

Fader
Ein Schieberegler, der z. B. zur Lautstärkeregelung bei Mischpulten dient.

Funkgerät
Funkgeräte dienen der Kommunikation innerhalb der Crew während der Veranstaltung. Es darf nur in bestimmten Frequenzbereichen gearbeitet werden. Die Funkfrequenzen müssen in Europa angemeldet werden.

Gaffa Tape
Gaffa Tape ist ein breites Gewebeklebeband. Es hat eine hohe Klebkraft, kann in Längsrichtung große Kräfte aufnehmen, ist aber in Querrichtung leicht abreißbar und hinterlässt keine Rückstände. Es wird auch als Bühnenklebeband bezeichnet und in der Praxis oft verwendet. Seinen Namen hat es aus dem Filmgeschäft und wurde nach der Tätigkeit der Beleuchter (engl.: Gaffer) benannt.

Generalprobe
Sie ist die letzte Probe vor der Veranstaltung und wird so durchgeführt, als handle es sich schon um die richtige Veranstaltung. Sie dient zur letzten Absprache und Koordination der Darsteller, der Festlegung aller Beleuchtungspositionen und Toneinstellungen sowie als letzte Möglichkeit für den Regisseur ins Geschehen einzugreifen. Generalproben werden meist schon vor Publikum durchgeführt, um Veranstaltungsatmosphäre realistisch zu simulieren.

Gewerke
Die einzelnen Leistungsbereiche bei einer Veranstaltungsproduktion werden in Gewerke eingeteilt (z. B. Bühnenbau, Lichttechnik, Dekorationsbau usw.).

Get in/Get out
Get in' bezeichnet den Zeitpunkt an dem die Tourcrew bzw. die Gewerke in die Location können, um die Veranstaltung vorzubereiten.
Get out' bezeichnet den Zeitpunkt an dem die Tourcrew bzw. die Gewerke die Location verlassen sollten.

Interkom
Interkom ist ein Hör- und Sprechverbindungssystem, das bei Events von den einzelnen Mitarbeitern getragen wird, um eine reibungslose interne Kommunikation zu gewährleisten.
2-Draht-Kommunikation (Interkom): Bei einer 2-Draht-Kommunikation handelt es sich um die Anbindung der unterschiedlichen Gesprächsteilnehmer unter Zuhilfenahme eines einzigen Kabels.
4-Draht-Kommunikation: Bei der 4-Draht-Kommunikation ist für die „Sendeleitung" wie für die Empfangsleitung jeweils eine Verbindungsleitung vorgesehen. Das hat den Vorteil, dass zum Sprechen und zum Hören eine separate symmetrische Leitung zur Verfügung steht.

Line up
Abfolge auftretender Acts bzw. Bands

Load in/Load out
Load in: Zeitpunkt für das Einladen der Technik, bzw. Instrumente usw. in die Location
Load out: Zeitpunkt für das Ausladen der Technik, bzw. Instrumente aus der Location

Matrix – Digitale Kommunikationsmatrix
Bei einer digitalen Matrix handelt es sich um ein Gerät, mit dem alle Kommunikationsformen möglich sind. Es handelt sich sozusagen um eine Blackbox, die man unter Zuhilfenahme einer Software nach einem Schema programmieren kann. Mit einer digitalen Matrix lassen sich auch unterschiedliche Kommunikationsgeräte bezüglich ihrer technischen Realisierung, wie z. B. eine 2-Draht-Kommunikation anbinden.

Mehrzweckhalle
Die Mehrzweckhalle ist eine überdachte Versammlungsstätte. Sie dient als Location für diverse Veranstaltungen (z. B. Sportveranstaltungen, Konzerte und Vorträge) und kann multifunktional ausgestattet werden.

Typische Event-Dienstleistungen — Orga

Nebelmaschine/Hazer
Man verwendet Nebelmaschinen u. a. für Bühnenshows auf Veranstaltungen, in Film- und Fernsehproduktionen sowie auf Tanzflächen in Diskotheken. Eine Nebelmaschine stellt künstlichen Nebel her, indem sie Nebelfluid verdunstet. Nebelfluide bestehen hauptsächlich aus destilliertem Wasser und Propylenglykol. In Verbindung mit verschiedenen Beleuchtungsvarianten lassen sich mithilfe der Nebelmaschine verschiedenartige optische Effekte erzeugen.

Playback
Playback ist ein Trickverfahren bei einer Musikvorführung. Vom Mischpult aus wird eine fehlerfreie Aufzeichnung in günstiger Akustik abgespielt, und die Musiker simulieren auf der Bühne eine Live-Vorführung. Man unterscheidet zwischen:
Voll-Playback: Die Musiker spielen gar nicht live! Alle Spuren werden von Zuspielgerät abgespielt.
Halb-Playback: Es werden nur einige Spuren von CD/Band abgespielt. Ein Teil der Musiker spielt bzw. singt wirklich (z. B. instrumental wird abgespielt, Gesang ist live).

Pyrotechnik
Der Begriff Pyrotechnik umfasst verschiedene brennbare Effekte, wie z. B. Fontänen, Raketen, Sonnenspineffekte oder Schnurraketen, die i. d. R. nur von dafür autorisierten Personen (Pyrotechniker mit abgelegter Prüfung) gezündet werden dürfen. Wichtig: Jedes genehmigungspflichtige Pyrofeuerwerk muss bei der zuständigen Behörde genehmigt werden. Dieses Genehmigungsverfahren muss mindestens zwei Wochen vor Produktionsbeginn beantragt werden.

Pyrotechniker
Der Pyrotechniker verantwortet die Lagerung und den Einsatz pyrotechnischer Geräte und Effekte, wie z. B. Licht- und Funkenblitze, Rauchbomben, Knalleffekte oder offenes Feuer. Neben kreativen Fähigkeiten bei der Konzeption von pyrotechnischen Aufführungen benötigt er Kenntnisse über Löschmittel und Brandschutzvorschriften.

Rider
Ein Rider enthält Angaben zum Produktionsablauf.

Roadie
Roadies haben die Aufgabe, das technische Equipment auf- und abzubauen und ggf. die Instrumente zu stimmen. Meistens spezialisieren sich Roadies, z. B. Gitarren-, Drum-, Lightroadies.

Runner
Ein Runner ist ein Eventmitarbeiter, der sich mit einem Fahrzeug zur Verfügung hält, um kurzfristig benötigte Teile, Waren und Güter zu beschaffen. Je nach Produktionsgröße gibt es bei Events mehrere Runner, wie z. B. Produktions-Runner, Catering-Runner usw.

Stage Hands
Bühnenhelfer, die besonders beim Auf- und Abbau einer Bühne benötigt werden.

Stage Manager
Vorarbeiter auf der Bühne, der für die Einhaltung der Abläufe zuständig ist.

Trockeneismaschine
Bei Trockeneismaschinen wird Kohlendioxid in fester Form in ein heißes Wasserbad gelegt. Dadurch wandelt sich das Kohlendioxid in seinen ursprünglichen gasförmigen Zustand zurück. Es entsteht Nebel.

Trucking
Transport per Lkw

USB (Universal Serial Bus)
serielles Bus-System, das Peripheriegeräte über ein vierpoliges Kabel mit dem PC verbindet

UV-Licht
Schwarzlicht/Blacklight kommt bei Dunkelheit zur Anwendung. Spezielle, mit Dauerstrom versorgte Lampen oder Röhren bewirken, dass fluoreszierende Stoffe (z. B. der vielen Waschmitteln zugesetzte optische Aufheller) zum Leuchten angeregt werden. Bei normaler Bühnenbeleuchtung ist UV-Licht nicht sichtbar.

Windmaschine
Die Windmaschine ist ein Effektgerät zur Erzeugung von Wind. Die Windmaschine wird oft bei Film- und Fernsehproduktionen eingesetzt sowie bei Bühnenperformances aller Art (z. B. Theater, Konzerte u. v. m.). Man kann Stürme simulieren, aber auch Nebel bei Veranstaltungen und Shows verteilen.

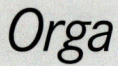

Orga ✓ Veranstaltungsorganisation/-wirtschaft

2.1.6.6.6 Beispiele für technische Pläne

Beispiel

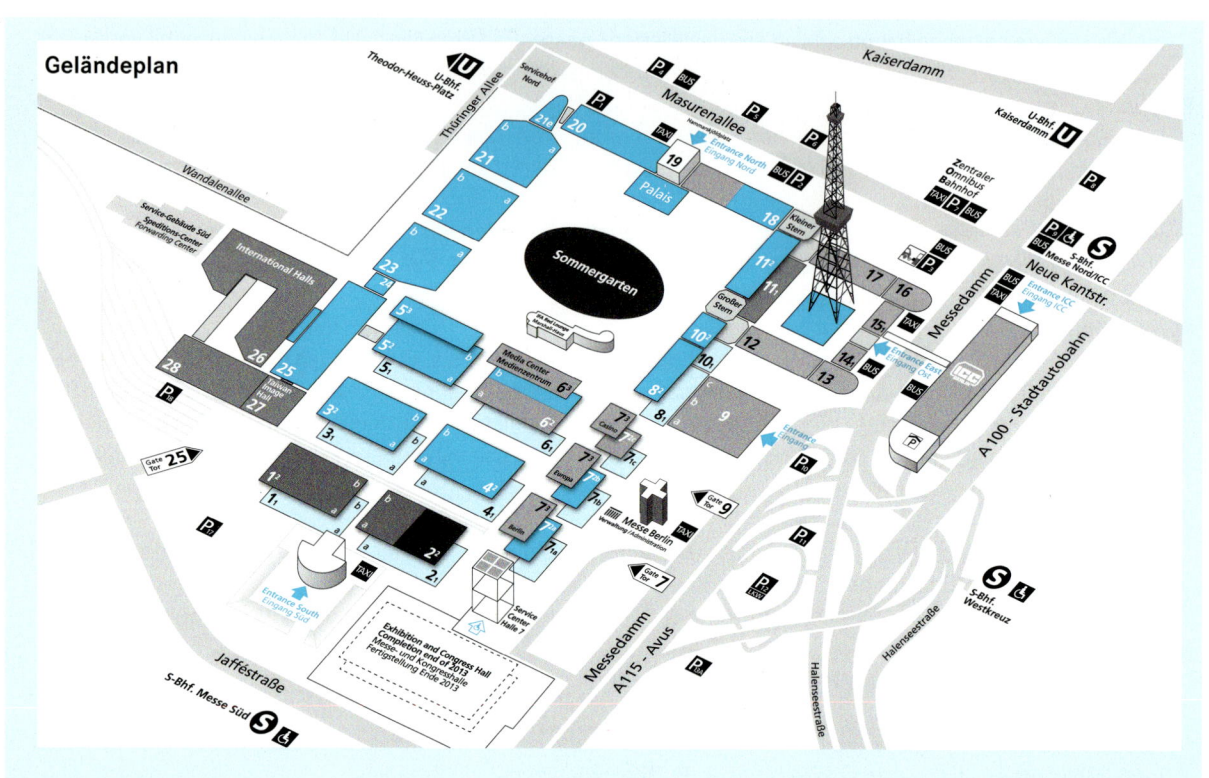

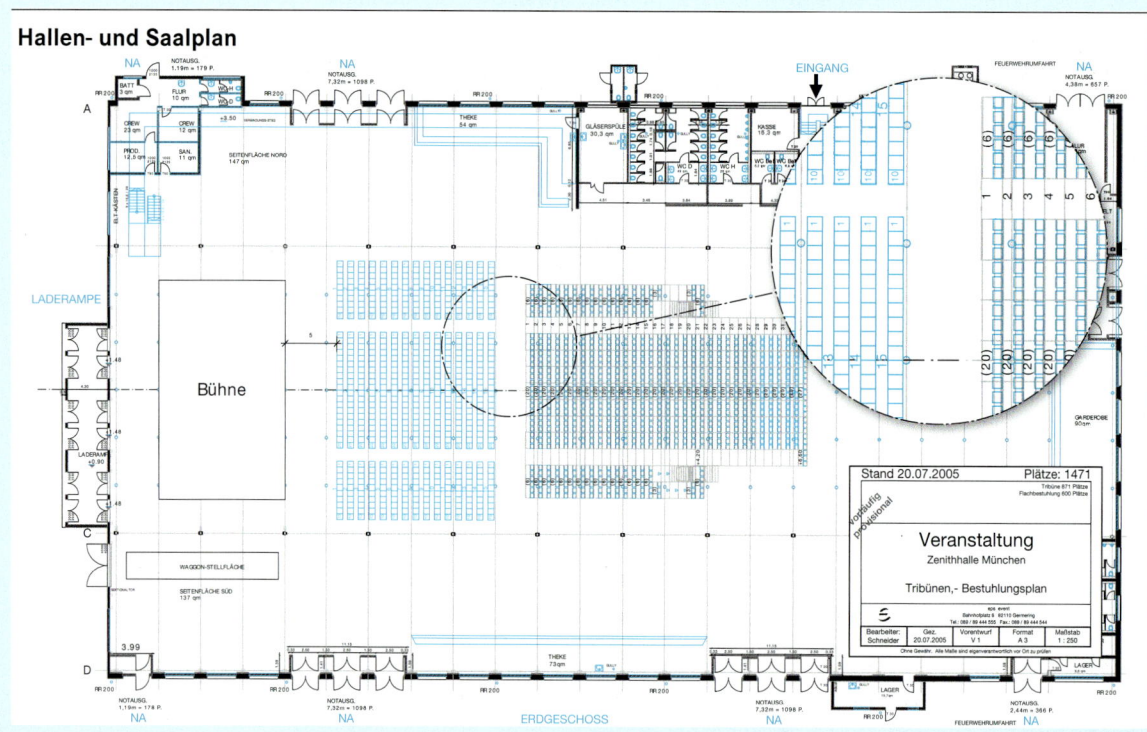

Geländeplan

Hallen- und Saalplan

Typische Event-Dienstleistungen — Orga

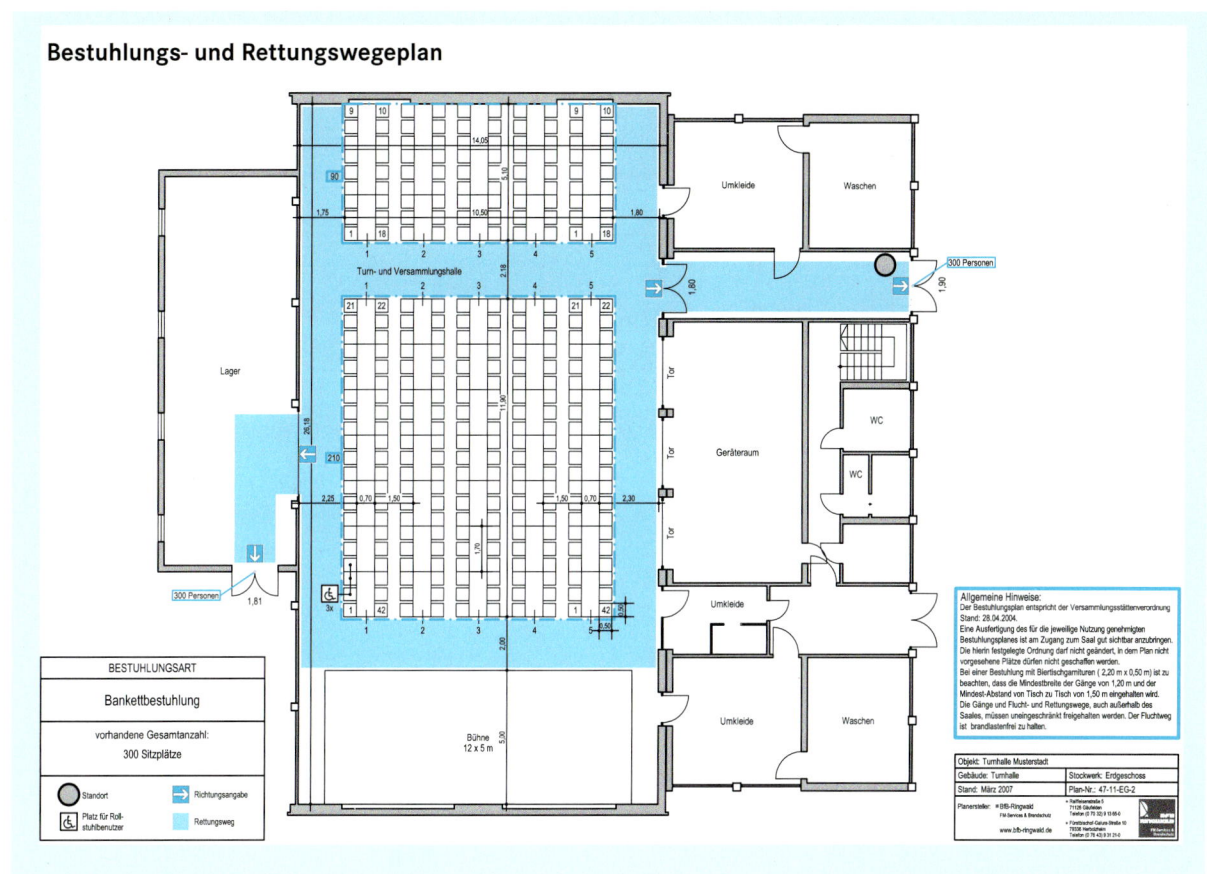

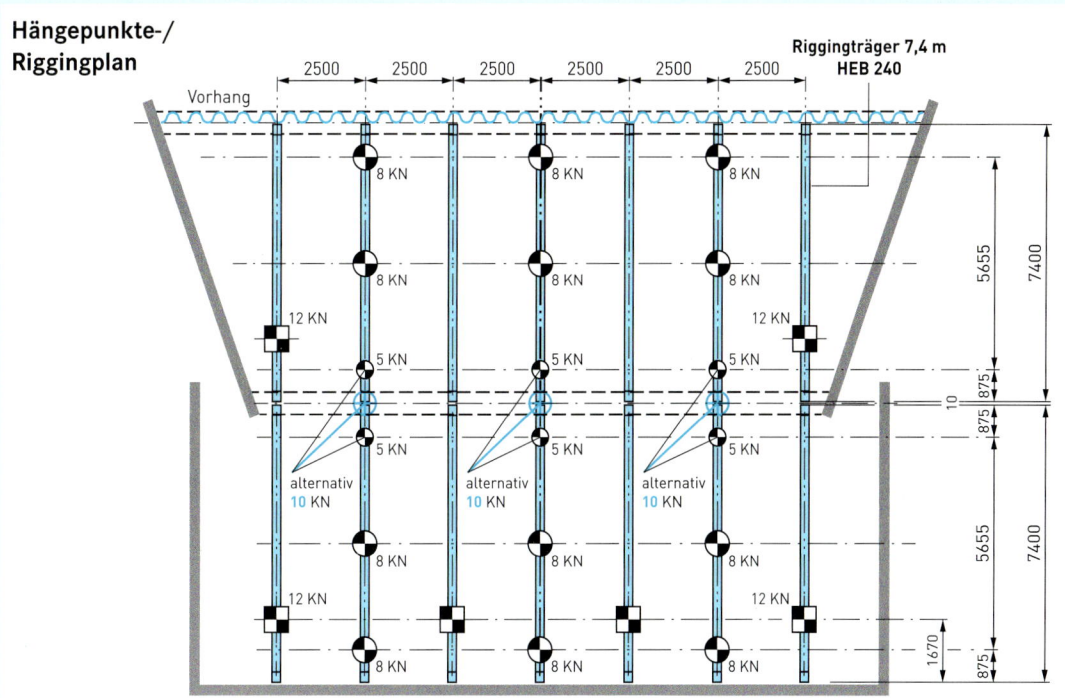

Bestuhlungs- und Rettungswegeplan

Hängepunkte-/Riggingplan

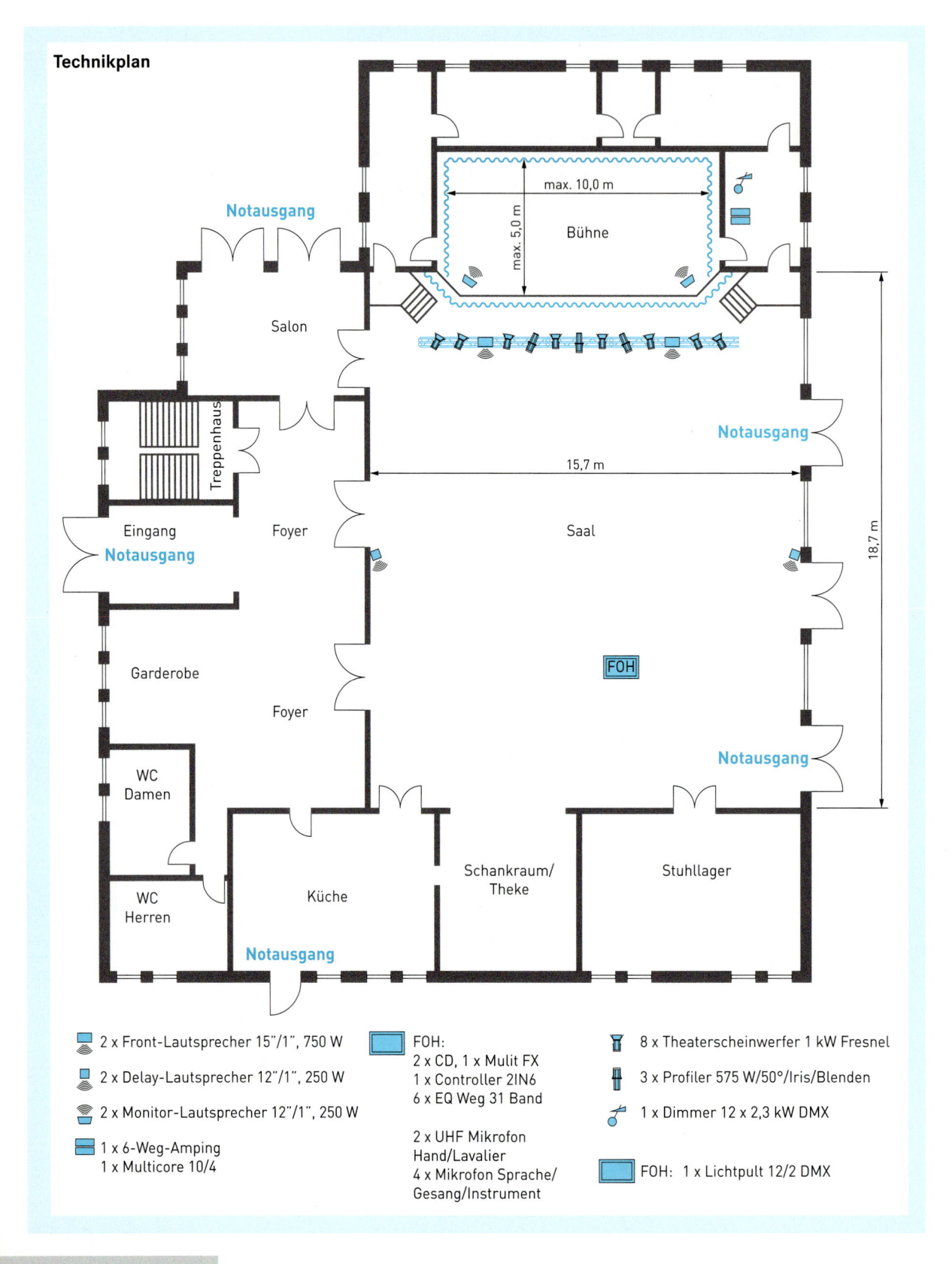

Orga ✓ Veranstaltungsorganisation/-wirtschaft

Technikplan

(Floor plan labels:)

- Notausgang
- Bühne (max. 10,0 m × max. 5,0 m)
- Salon
- Treppenhaus
- Eingang
- Notausgang
- Foyer
- Saal (15,7 m × 18,7 m)
- FOH
- Notausgang
- Garderobe
- Foyer
- WC Damen
- WC Herren
- Küche
- Schankraum/Theke
- Stuhllager
- Notausgang

Legende:

- 2 x Front-Lautsprecher 15"/1", 750 W
- 2 x Delay-Lautsprecher 12"/1", 250 W
- 2 x Monitor-Lautsprecher 12"/1", 250 W
- 1 x 6-Weg-Amping
- 1 x Multicore 10/4

FOH:
- 2 x CD, 1 x Mulit FX
- 1 x Controller 2IN6
- 6 x EQ Weg 31 Band
- 2 x UHF Mikrofon Hand/Lavalier
- 4 x Mikrofon Sprache/Gesang/Instrument

- 8 x Theaterscheinwerfer 1 kW Fresnel
- 3 x Profiler 575 W/50°/Iris/Blenden
- 1 x Dimmer 12 x 2,3 kW DMX
- FOH: 1 x Lichtpult 12/2 DMX

Typische Event-Dienstleistungen — Orga

Stage Plot

Tonplan:

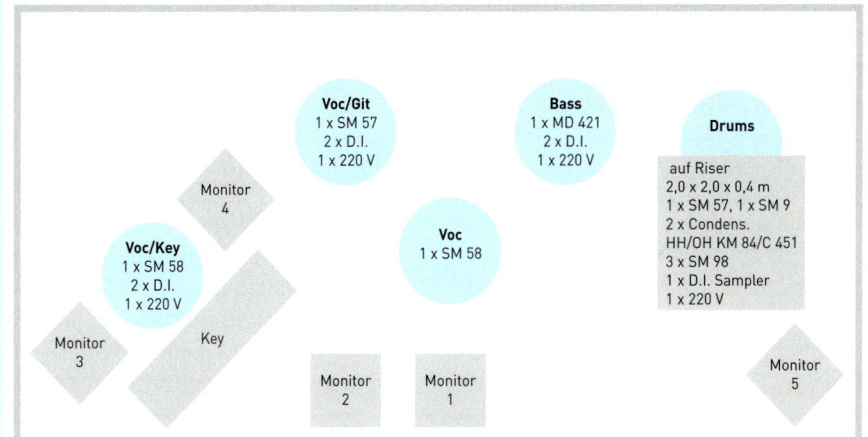

Voc/Git
1 x SM 57
2 x D.I.
1 x 220 V

Bass
1 x MD 421
2 x D.I.
1 x 220 V

Drums
auf Riser
2,0 x 2,0 x 0,4 m
1 x SM 57, 1 x SM 9
2 x Condens.
HH/OH KM 84/C 451
3 x SM 98
1 x D.I. Sampler
1 x 220 V

Voc/Key
1 x SM 58
2 x D.I.
1 x 220 V

Voc
1 x SM 58

Monitor 1, Monitor 2, Monitor 3, Monitor 4, Monitor 5, Key

Beschallung:
Meyer/ EAW/ D&B oder ähnliche Qualitäts-PA, 3-Weg mit 2 x 18" pro Seite als Bass mind. 2 x 2,5 kW – nach Möglichkeit den Subbass einzeln über einen Auxweg vom Pult aus ansteuerbar

Monitor:
nach Möglichkeit separater Monitorplatz - Betreuung durch örtliches Personal
7 x Monitor-Floorwedge auf 6 Wegen (Meyer/D&B/EAW o. ä.)
6 x EQ 31 Band (Klark/BSS)
4 x Meyersound UM 1P für die Wege 1 / 2 / 5
2 x Keyboard Monitor für die Wege 3 / 4
6 x LA Audio Terzband EQ

Kanalbelegung Instrument	Micro	Kanalbelegung Instrument	Micro
1 Bassdrum	SM 91	13 Key 1 L	D.I. Comp
2 Snare	SM 57	14 Key 1 R	D.I. Comp
3 HiHat	KM 184/AKG C 451	15 Voc Bass	SM 58 Comp
4 Tom 1	SM 98	16 Voc Key	SM 58 Comp
5 Tom 2	SM 98	17 Voc Center	SM 58 Comp
6 Tom 3	SM 98	18 Key 1 L Mon	Insert: Splitt, wenn Mon. von FOH
7 OH	KM 184/AKG C 451	19 Key 1 R Mon	Insert: Splitt, wenn Mon. von FOH
8 OH	KM 184/AKG C 451	20 Key Bass Mon	Insert: Splitt, wenn Mon. von FOH
9 Sampler	D.I.	21 Voc Key Mon	Insert: Splitt, wenn Mon. von FOH
10 Bass	D.I.	22 Voc Center Mon	Insert: Splitt, wenn Mon. von FOH
11 Bass	MD 421	23 PCM 70	
12 Git	SM 57	24 PCM 70	
		25 SPX 990	
		26 SPX 990	

Lichtplan:

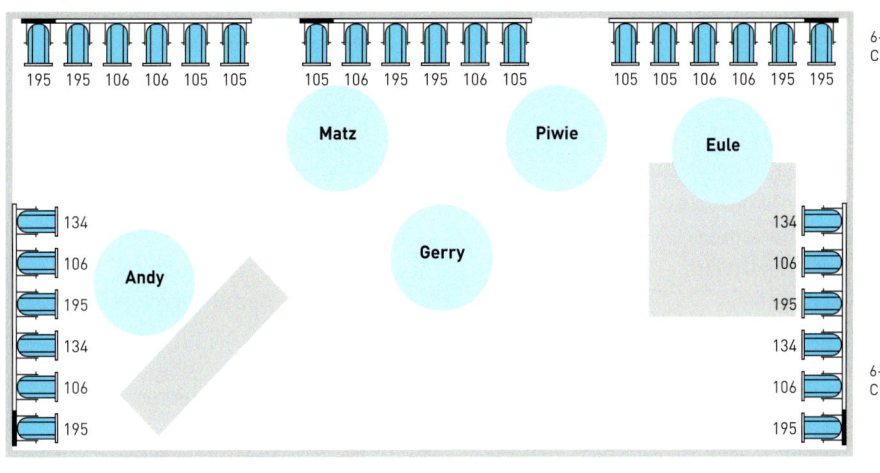

195 195 106 106 105 105 | 105 106 195 106 105 | 105 105 106 106 195 195

Matz, Piwie, Eule, Andy, Gerry

134 106 195 134 106 195 (links)
134 106 195 134 106 195 (rechts)

6-er BARs hinten
CP 61

6-er BARs vorn
CP 62

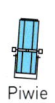

Gerry, Andy, Matz, Piwie, Gerry, Eule

ETC S4 Profil 26° Iris
bei Abstand 0 bis 2 m vor der Bühne
Stufenlinsen mit Tor

Orga ✓ Veranstaltungsorganisation/-wirtschaft

2.1.6.7 Auflistung weiterer Dienstleistungen

Dienstleister

ZP 294 Listen Sie sechs *typische vermittelnde Agenturen* auf.

1. Agenten/Künstlervermittler (Musiker, Acts, Shows, Entertainment)
2. Incentiveagenturen
3. Marketing-Eventagenturen
4. Personalvermittler
5. Sportvermarkter
6. Sponsoringagenturen

ZP 295 Was ist damit gemeint, dass *Fremdleistungen* üblicherweise *zu Veranstaltungen hinzugebucht* werden?

Veranstalter sowie Produzenten als auch Locations sind i. d. R. darauf angewiesen, dass spezialisierte Anbieter eventspezifische Dienste und Leistungen den Veranstaltungsanforderungen entsprechend zuliefern. Dadurch, dass für Veranstaltungen wechselnde Rahmenbedingungen herrschen, sind Veranstalter selten darauf eingerichtet, jede Anforderung im Full Service selbst erbringen zu können. Sie greifen daher gerne auf Subunternehmer und Spezialanbieter zurück.

ZP 296 Listen Sie ausgewählte *spezialisierte Eventpersonalgruppen* auf.

- Aufbauhelfer/Hands
- Dolmetscher
- Fotografen/Kameraleute, Hostessen/Hosts
- Licht- und Mediendesigner
- Eventdesigner
- Produzenten
- Promoter
- Regisseure
- Tondesigner
- technische Leiter
- Veranstaltungstechniker
- Veranstaltungsmeister

ZP 297 Listen Sie *spezialisierte Eventdienstleister* auf.

- Ausstattung/Dekoration
- Beschriftungen
- Busse/Nightliner
- Car-Service
- Chauffeurservice
- Cleaning
- Entsorgung
- Eventmobiliar
- Event-Locations
- Eventmodule
- Eventsoftware
- Floristik
- Hotels
- Kurierdienste
- Leihfahrzeuge
- Limousinen
- Medienproduktion
- Messebau und -ausstattung
- Mietmöbel
- Personenschutz
- Präsentationssysteme
- Promotion und Verkaufsförderung
- Requisiten
- Sanitäter
- Sicherheitsfirmen
- Simulatoren
- Spiel- und Actionequiment
- Teambuilding-Angebote
- Trailer/Spezialfahrzeuge
- Transporte
- Trucking
- Unternehmenstheater
- Versicherungen
- Werbeartikel/Give-Aways

Testfragen – eventorientierte Dienstleistungen ✓ *Orga*

- Absperrgitter Bauten
- Bühne
- Intercom-/Funk
- Klimatechnik
- Laser
- Licht
- Multimedia
- Rigging
- Pyrotechnik
- Simultantechnik
- Spezialanfertigungen
- Spezialeffekte
- Steiger/Stapler/Arbeitsbühnen
- Strom
- technische Planung/Realisation
- Ton
- Transport
- Tragwerksysteme
- Video
- Zelte/Sonderbauten

Listen Sie *spezialisierte Technikdienstleister* (Spezialgewerke) auf. **ZP 298**

2.1.7 50 ausgewählte Testfragen (eventorientierte Dienstleistungen)

Prüfung

Pro Aufgabe werden jeweils 2 Punkte verteilt, insgesamt können 100 Punkte erreicht werden, die nach dem IHK-Punktesystem benotet werden. Teilbewertungen für teilrichtige Antworten sind folgenderweise möglich: eine von zwei richtigen Teilantworten ergeben z. B. 1/2 · 2 Punkte = 1 Punkt.

1. Eventmanagement ist … (299)

1. die Konzeption, Planung, Organisation, Durchführung und Nachbereitung von Veranstaltungen.
2. die aktivierend-moderierende Begleitung von ereignisorientierten Projektphasen.
3. eine moderne Bezeichnung für die Abwicklung einer gelungenen Selbstinszenierung.
4. die kaufmännische Abbildung veranstaltungsaffiner System-Prozesse.

Lösung: 1

2. Als Eventmarketing bezeichnet man … (300)

1. die Konzeption, Planung, Organisation, Durchführung und Nachbereitung von Veranstaltungen.
2. absatzorientierte kommunikationspolitische Maßnahmen mithilfe von Events.
3. die Vermarktung von Veranstaltungen.
4. die Marktplatzierung von Produkten, Unternehmen oder Dienstleistungen.

Lösung: 2

Orga ✓ Veranstaltungsorganisation/-wirtschaft

301

3. Beenden Sie die folgenden Aussagen, indem Sie richtig zuordnen.

Lösung:

	Beschreibung	Auflösung
4	Den Fachausdruck „Marketing-Event" gibt es in Deutschland ungefähr seit	1. tausenden Jahren
3	Kongresse und Tagungen gibt es in Deutschland ungefähr seit	2. ca. 1 000 Jahren
2	Messen und Ausstellungen gibt es in Deutschland ungefähr seit	3. ca. 500 Jahren
1	Konzert-, Theater- und Sportveranstaltungen gibt es in Deutschland ungefähr seit	4. ca. 1994

302

4. Ordnen Sie typischen Eventsegmenten typische Eventgrobziele zu.

Lösung:

	Segment	Grobziele (Beispiele)
3	Messen, Märkte und Ausstellungen	1. Emotionsvermittlung, Unterhaltung; Gewinn
4	Kongresse und Tagungen	2. Freizeitvergnügen; Auslastung von Ressourcen, Spaß
1	Kultur-, Konzert- und Sportveranstaltungen	3. Marktübersicht, Vertrieb/Absatz
5	Eventmarketing-Aktivitäten	4. Informationsvermittlung, Wissenstransfer, Austausch, Bildung
2	Freizeit, Hotel, Touristik und Gastronomie	5. Absatz- und Verkaufsförderung, Imagesteigerung, integrierte Kommunikation

303

5. Betriebswirtschaftliche Stärken und Schwächen werden verglichen …

Lösung: 3

1. im Benchmarketing.
2. in der Wettbewerbsbeobachtung.
3. in der SWOT-Analyse.
4. in der Demografie bzw. Psychografie.
5. bei Primär- und Sekundärzielgruppen.

Testfragen – eventorientierte Dienstleistungen — Orga

6. Sie wollen sich als kulturamtsfinanzierter Location-Betreiber einem Fachverband anschließen. Welche zwei Verbände kommen für Sie infrage?

1. EVVC
2. IHK/Handwerkskammer
3. INTHEGA
4. IFSU
5. VPLT
6. GEMA
7. GVL
8. FME

Lösung:
1
3

7. Die Mitglieder der AUMA sind (zwei Antworten) …

1. Messedienstleister und -zulieferer (z. B. Messebauer).
2. Messeveranstalter und -unternehmen.
3. staatliche Institutionen.
4. die FKM.
5. ausstellende Unternehmen der Wirtschaft.

Lösung:
2
5

8. Von welchen zwei der aufgelisteten Verbände können Sie über Messen und Messebauunternehmen wertvolle Informationen erwarten?

1. EVVC
2. GEMA
3. AUMA
4. FME/FAMAB
5. VPLT
6. GEMA
7. GCB
8. IFSU

Lösung:
3
4

9. Das regionale Kulturamt ist ein Teil der …

1. Exekutive.
2. Legislative.
3. Judikative.
4. Entertainmentindustrie.

Lösung:
1

Orga ✓ Veranstaltungsorganisation/-wirtschaft

308

10. Als Pitch bezeichnet man im Eventmarketing ...

Lösung: 3

1. eine öffentlich-rechtliche Ausschreibung.
2. einen großen Wurf einer Werbeagentur.
3. eine Wettbewerbspräsentation für einen Kunden auf Basis einer privatwirtschaftlichen Ausschreibung.
4. die Verschiebung von Geldern und Waren ins steuerfreundliche europäische Ausland.

309

11. Die Aufgabe eines Tourneemanagers ist ...

Lösung: 2

1. die Durchführung einer Veranstaltung.
2. die Produktion einer Tournee.
3. die Vertretung eines Künstlers.
4. die Vermietung einer Location.

310

12. Der Manager eines Künstlers (zwei Antworten) ...

Lösung: 2, 4

1. vertritt den Künstler punktuell und organisiert Gigs.
2. betreut den Künstler umfassend.
3. lebt vom erwirtschafteten Gewinn einer Veranstaltung.
4. ist häufig prozentual an den gesamten Künstlereinnahmen beteiligt.

311

13. Welche der folgenden Aussagen ist richtig?

Lösung: 4

1. Die Bühnenanweisung ist i. d. R. kein Vertragsbestandteil.
2. Die Bühnenanweisung muss nicht immer eingehalten werden.
3. Der Booker muss der Location ein Exemplar mitbringen, da dort sonst kein Handlungsbedarf besteht.
4. Die Bühnenanweisung wird normalerweise vom Produzenten über den Booker dem Veranstalter zugestellt und enthält i. d. R. einen Technical Rider und einen Stage Plot.

312

14. Was ist beim Aufbau eines aufwendigen PA-Systems für eine Konzert hinsichtlich des Ticketing zu beachten?

Lösung: 4

1. Die PA-Boxen müssen generell wegen der besseren Basswiedergabe (Basskopplung) auf dem Boden aufgestellt werden. Dieser Platzbedarf muss vom Ticketkontingent abgezogen werden.
2. Um keine Sitzplätze zu blockieren, sollten die FOH-Regieplätze hinter der Bühne positioniert werden.
3. Laut Versammlungsstättenverordnung müssen Sie darauf achten, rechts und links vor der Bühne eine Brandsicherheitswache einzurichten. Diese Plätze dürfen nicht verkauft werden.
4. Durch den für den FOH-Platz (Licht- und Tonregie) benötigten Platz können die dort befindlichen Sitzplätze i. d. R. nicht verkauft werden.

Testfragen – eventorientierte Dienstleistungen

15. Was ist ein Backliner?

1. eine nächtliche Abenteuer-Fahrt auf Inline-Skates
2. ein Bus mit Schlafplätzen, in dem Band und/oder Crew mitreisen.
3. ein Bühnenmitarbeiter, der das Band-Equipment aufbaut und betreut
4. der begleitende Lieferwagen, in dem das Bandequipment transportiert wird
5. ein neues Angebot der deutschen Bundesbahn, mit dem die wichtigsten Städte Europas über Nacht zu einem speziellen Business-Tarif verbunden sind.

Lösung:
3

16. Bei einer Popkonzerttournee für die Zielgruppe der 12–29-Jährigen werden kostenneutrale Lösungen zugunsten der jüngeren Besuchergruppen gesucht. Welche zwei der folgenden Maßnahmen können dieses Ziel erreichen?

1. Um eine bessere Sicht der Kinder zu gewährleisten, wird ein Bereich bestuhlt.
2. Ein großes Team von Kinderpsychologen wird bei der Planung der Tournee beratend tätig.
3. Ein verantwortlicher Head of Security ist bei der gesamten Tournee dabei und brieft die Securities der örtlichen Veranstalter gemäß den Anforderungen des Produzenten.
4. Ein abgesperrter Bereich direkt vor der Bühne ist für Kinder reserviert, er wird vom Head of Security persönlich betreut.
5. Der Ticketpreis wird für Kinder unter 14 Jahren um 3,00 € gesenkt.

Lösung:
3
4

17. Die Reihenbestuhlung ist …

1. kommunikativ, präsentationsfreundlich und platzsparend.
2. platzsparend, präsentationsfreundlich und interaktiv.
3. präsentationsfreundlich und platzsparend, bietet aber keine guten Bewirtungsmöglichkeiten.
4. In der Regel in versetzten Reihen angeordnet.

Lösung:
3

18. Bestuhlung umfasst das …

1. Planen und Stellen von Stühlen, Bühnenelementen, Dekoration und Technikelementen.
2. Planen und Stellen von Tischen, Bühnenelementen, Dekoration und Technikelementen.
3. Planen und Stellen von Stühlen, Tischen, Bühnenelementen, Dekoration und Technikelementen.
4. Planen und Stellen von sanitären Einrichtungen.

Lösung:
3

Orga — Veranstaltungsorganisation/-wirtschaft

317

19. Ordnen Sie den Abbildungen die entsprechenden Bestuhlungsvarianten zu.

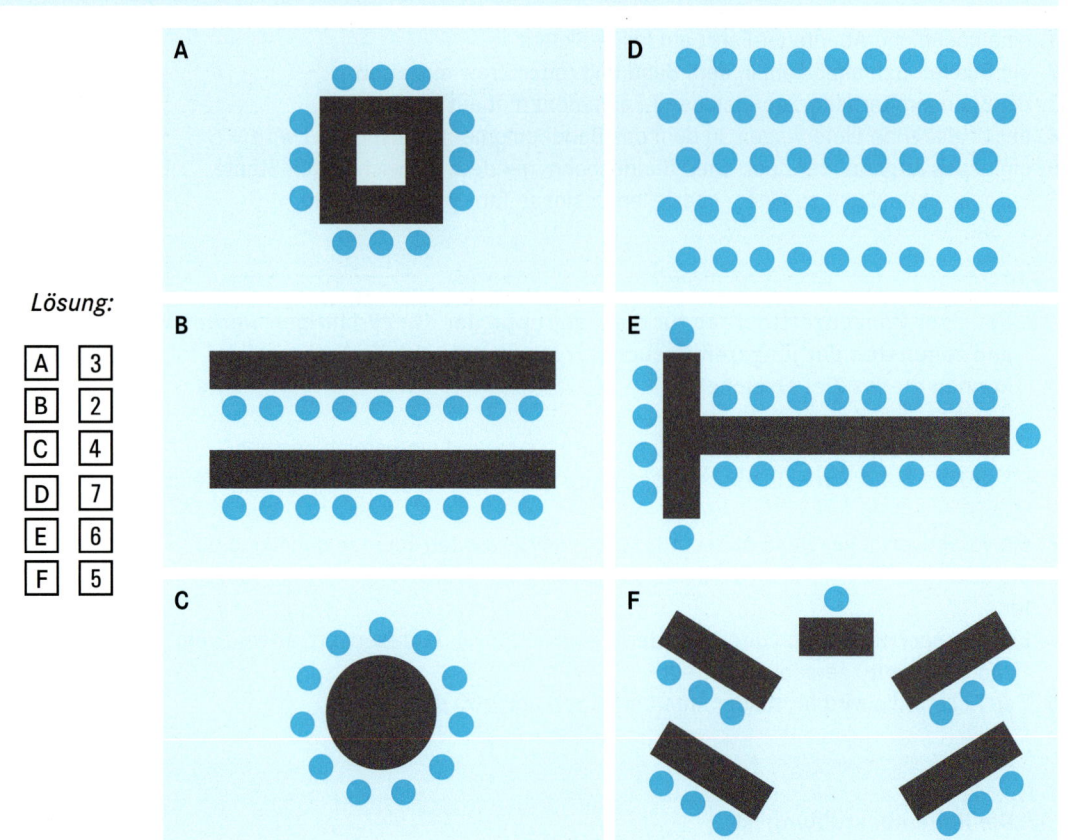

Lösung:

A	3
B	2
C	4
D	7
E	6
F	5

Bestuhlungsvarianten: 1. Block, 2. Parlament, 3. Karree, 4. Bankett, 5. Fischgräte, 6. T-Form, 7. Theater, 8. E-Form, 9. U-Form

318

20. Ordnen Sie die typischen Bestuhlungsarten den Veranstaltungsarten zu.

Lösung:

	Veranstaltung	Bestuhlung
4	1. Tagung/Kongress/Konferenz	parlamentarische Bestuhlung
3	2. Konzert/Party	Bankettbestuhlung
1	3. festliche Abendveranstaltung	Reihenbestuhlung
2	4. Pressekonferenz	Stehplätze

Testfragen – eventorientierte Dienstleistungen — Orga

21. Ordnen Sie die passenden Veranstaltungsarten den Bestuhlungsarten zu.

Bestuhlung	Veranstaltung
1. U-Formbestuhlung	Executive-Tagung
2. Blockbestuhlung	Kabarettabend
3. Fischgrätenbestuhlung	Workshop
4. Boardroom-Style	Festtafel
5. Varietébestuhlung	Konzert
6. Arenaaufbau	kleine Produktpräsentation

Lösung: 4, 5, 2, 1, 6, 3

22. Die Blockbestuhlung ist …

1. platzsparend, schlecht zu bewirten, auf die Bühne fokussiert.
2. wenig flexibel, kommunikativ, Team fördernd.
3. gekennzeichnet durch eine Öffnung in der Blockmitte.
4. gekennzeichnet durch eine lange Tafel.
5. gut zu bewirten, platzsparend, flexibel.

Lösung: 2

23. Die Fischgrätenbestuhlung heißt auf englisch auch (zwei Antworten) …

1. fishbone seating.
2. herringbone.
3. chevronstyle.
4. scale type.
5. clusterstyle.
6. crush seating.

Lösung: 2, 3

24. Theaterbestuhlung und parlamentarische Bestuhlung unterscheiden sich durch …

1. die versetzte Anordnung der Reihen.
2. die Bestuhlung mit Armlehnen.
3. die Ausrichtung auf das Podium.
4. die Bereitstellung von Tischen.
5. Rettungswege zwischen den Blöcken.

Lösung: 1

Orga ✓ Veranstaltungsorganisation/-wirtschaft

25. Catering im Rock- und Pop-Geschäft bedeutet ...

Lösung: 1

1. Publikumsverpflegung.
2. dienstliche Mahlzeiten.
3. Backstageverpflegung.
4. Mitarbeiterverpflegung.
5. Hinterbühnenparty.

26. Ordnen Sie die deutschen Begriffe zu.

Lösung:

Lösung	Deutsch	Englisch
1	1. Bestuhlung	seating
6	2. Tagungsservice	food and beverage
4	3. Tagungsräume	technical equipment
3	4. Tagungstechnik	function rooms
5	5. Preis-Leistungs-Verhältnis	value for money
2	6. Essen und Trinken/Catering	conference service

27. Ein Buffetstau kann verhindert werden durch (vier Antworten) ...

Lösung: 1, 3, 5, 7

1. mittige, begehbare Aufstellung.
2. Servicepersonal und Showköche.
3. mehrere Buffetstationen.
4. getrenntes Aufrufen verschiedener Besuchergruppen.
5. spiegelbildlichen Aufbau.
6. wenig Auslegeware.
7. logische Speisenfolge.

28. Welche Bestuhlung empfehlen Sie für ein festliches Abendessen?

Lösung: 2

1. Buffetstyle
2. Bankettbestuhlung
3. Arenabestuhlung
4. parlamentarisches Layout
5. Boardroomstyle

Testfragen – eventorientierte Dienstleistungen

29. Welche vier Aufgaben sollten Sie bei der Catering-Planung berücksichtigen?

1. inszenierte Beleuchtung des Mobiliars
2. Kopfschutz der Catering-Mitarbeiter (laut Lebensmittelschutzgesetz)
3. Erstellen einer Tischkarte im Corporate Design des Auftraggebers
4. genügend gleichartig drapierte Buffettische, um Warteschlangen zu vermeiden
5. das Servicepersonal anweisen, die Gäste immer von links zu bedienen
6. Berechnung von Korkgeld immer inklusive 7 % Mehrwertsteuer und Bewirtungsbeleg
7. dramaturgische und logistische Feinplanung von An- und Abtragewegen
8. stets eine parlamentarische Bestuhlung des Veranstaltungssaales veranlassen

Lösung:
1
3
4
7

30. Welche Kombinationen von veranstaltungstechnischen Leistungen werden für gewöhnlich eingekauft?

1. Ton, Licht, Rigging, Kommunikation, Wanddekoration inkl. Transport, Aufbau, Bedienung und Personal
2. Ton, Bühne, Rigging, Kommunikation, Schlüsselservice inkl. Transport, Aufbau, Bedienung und Personal
3. Ton, Licht, Bühne, Kommunikation, Funkspots inkl. Transport, Aufbau, Bedienung und Personal
4. Ton, Licht, Bühne, Rigging, Kommunikation inkl. Transport, Aufbau, Bedienung und Personal

Lösung:
4

31. Wer ist Ihr Ansprechpartner für die Stromversorgung bei einer Open-Air-Veranstaltung?

1. Open-Air-Veranstaltungen werden generell über Generatoren mit Strom versorgt; diese können über das Technische Hilfswerk (THW) angemietet werden.
2. Ansprechpartner ist das für das Gebiet zuständige Energieversorgungsunternehmen.
3. Genehmigungen zur Stromversorgung werden vom Ordnungsamt vergeben.
4. Das Veranstaltungstechnikunternehmen übernimmt die Versorgung mit Strom; nur dies hat das Personal gemäß der Unfallverhütungsvorschrift BGV C1 „Elektrische Anlagen und Betriebsmittel"

Lösung:
2

32. In welcher Reihenfolge wird die Veranstaltungstechnik in der Regel aufgebaut?

1. Bühne, Rigging, Strom, Licht/AV, Ton, Effekte
2. Strom, Bühne, Rigging, Licht/AV, Ton, Effekte
3. Licht/AV, Strom, Bühne, Rigging, Effekte, Ton

Lösung:
2

Orga ✓ Veranstaltungsorganisation/-wirtschaft

331
33. Eine Veranstaltung soll einerseits für eine TV-Aufzeichnung ausreichend hell ausgeleuchtet sein, andererseits sollen die Kosten möglichst gering bleiben. Welchen Scheinwerfertyp buchen Sie in ausreichender Zahl?

Lösung: [2]

1. Flächenscheinwerfer
2. Stufenlinsenscheinwerfer (Fresnell/PC)
3. Scanner
4. PAR-Scheinwerfer (Parabolic Aluminized Reflector)
5. Movinghead-Scheinwerfer
6. Verfolgerscheinwerfer (Follow-Spot)

332
34. Welchen Scheinwerfertyp buchen Sie in ausreichender Zahl für die abendliche DJ-Party nach?

Lösung: [4]

1. Flächenscheinwerfer
2. Stufenlinsenscheinwerfer (Fresnell/PC)
3. Scanner
4. PAR-Scheinwerfer (Parabolic Aluminized Reflector)
5. Movinghead-Scheinwerfer
6. Verfolgerscheinwerfer (Follow-Spot)

333
35. Welche Tageszeit würden Sie für folgende Events vorschlagen?

Lösung:
[1] [B]
[2] [A]
[3] [D]
[4] [C]

1. kundennahe Vorstellung eines neuen Sportwagens für ein Autohaus unter Mitwirkung eines bekannten Formel 1 Rennfahrers
2. familienfreundliches Sommerfest in einem Laden für Kinderbekleidung
3. vertriebspartnerorientierte Produktvorstellung einer Maschinenbaufirma
4. festliche Veranstaltung für die Kunden eines Ingenieurbüros zu dessen 10-jährigem Bestehen mit kleiner Party inhouse

A. Samstags tagsüber
B. abends unter der Woche
C. später Nachmittag oder Abend unter der Woche, am besten Freitag
D. tagsüber am besten vormittags oder mittags

334
36. Tageslichttaugliche Großbildschirme für Großveranstaltungen sind ...

Lösung: [2]

1. LCD-Bildschirme.
2. LED-Bildschirme.
3. DLP-Bildschirme.
4. Plasma-Bildschirme.
5. Röhren-Bildschirme.
6. Holopro-Bildschirme.

Testfragen – eventorientierte Dienstleistungen

37. In Rahmen einer Tourneevorbereitung sagt Ihnen der Hausmeister folgende Anschlüsse für die Stromversorgung der Bühne zu: 1 x 63 A CEE, 2 x 32 A CEE, 2 x 16 A CEE. Was sollten Sie zum Gastspiel mitnehmen?

1. eigene Fehlerstromschutzschalter (FI)
2. eine Unterverteilung von CEE auf Schuko zum Anschluss von Endgeräten
3. eine komplette technische Aufplanung der zulässigen Bestuhlungsvarianten
4. ein Stromaggregat

Lösung: 2

38. Sie kommen in eine Veranstaltungs-Location und bemerken die vielen aufgehängten Lautsprecher. Um welches System handelt es sich hier?

1. um ein gestacktes Lautsprechersystem
2. um ein geflogenes Lautsprechersystem
3. nur Scheinwerfersysteme hängen ist sinnvoll
4. um ein audiophiles Lautsprechersystem
5. um ein Nearfill-System zur Versorgung der vorderen Zuschauerbereiche

Lösung: 2

39. Was bedeutet der Begriff „PA"?

1. PA ist die gebräuchliche Abkürzung für Public Relations/Amt für Öffentlichkeitsarbeit und ein wichtiges Instrument im Kommunikationsmix eines Unternehmens.
2. PA bezeichnet in der Veranstaltungstechnik die Tonanlage und bedeutet „Public Adress".
3. PA bedeutet „per anno", auf deutsch pro Jahr, und ist die Grundlage zur Berechnung von Zinsen nach der allgemeinen Zinsformel.
4. PA ist die gängige Abkürzung zur Berechnung des Strombedarfs einer Veranstaltung und bedeutet „Pro Ampere".

Lösung: 2

40. Was ist bei der gleichzeitigen Stromversorgung von Ton- und Lichtanlagen unbedingt zu beachten?

1. Stromversorgung von Ton- und Lichtanlage auf unterschiedlichen Phasen, es kann sonst zu Störgeräuschen auf der Tonanlage kommen.
2. Die Ton- und Lichtanlage immer an unterschiedliche Stromaggregate anschließen.
3. Die Tonanlage benötigt mehr Strom.
4. Die Tonanlage kann die Lichtanlage derart stören, dass sie flackert.

Lösung: 1

Orga ✓ Veranstaltungsorganisation/-wirtschaft

41. Auf welche vier Aussagen werden Sie bezüglich des Bühnenaufbaus bei einem Open-Air-Konzert achten?

Lösung:

1, 3, 5, 6

1. Die Bühnenkante zum Zuschauerbereich sollte mit rot-weißem Markierungsband versehen werden.
2. Podestbühnen dürfen nur von einem Meister für Veranstaltungstechnik aufgebaut werden.
3. Ab einer Höhe von 100 cm müssen Bühnen umwehrt bzw. gegen Absturz gesichert werden.
4. Eine Sicherheitsunterweisung für das aufbauende Personal macht keinen Sinn.
5. Bei losem Bodenuntergrund ist auf Wetterfestigkeit zu achten (Unterkonstruktion, Bohlen usw.).
6. Bühnenpodeste müssen untereinander verbunden werden.
7. Bühnenpodeste dürfen eine Höhe von 1,00 m nicht überschreiten.

42. Was bezeichnet man als eine sogenannte „Delay-Line"?

Lösung:

1

1. Ein zusätzlich im Zuschauerraum aufgestelltes Lautsprechersystem: Das Tonsignal wird verzögert auf diese Systeme gegeben, um Laufzeitunterschiede beim Zuhörer auszugleichen.
2. Ein zusätzlich auf der Bühne seitlich aufgestelltes Lautsprechersystem: Das Tonsignal wird verzögert auf diese Systeme gegeben, damit die Künstler sich besser hören können.
3. Ein zusätzlich an der Bühnenkante in Richtung Zuschauer aufgestelltes Lautsprechersystem: Das Tonsignal wird verzögert auf diese Systeme gegeben, um die vorne sitzenden Zuhörer zu schützen.
4. Ein Effektgerät im Siderack des F.O.H.-Tontechnikers, um Echoeffekte zu erzielen.
5. Ein Effektgerät im Siderack des Monitor-Tontechnikers, um den Sänger mit Echoeffekten auf seinem Monitor zu erfreuen.

43. Wie kann bei statischer Position des Projektors im Veranstaltungsraum die Projektionsgröße verändert bzw. an die Leinwand angepasst werden?

Lösung:

1, 2

1. durch Wechselobjektive mit verschiedenen Brennweiten
2. durch Vario-Objektive, die die Brennweite verändern können
3. durch den Trapezausgleich des Projektors
4. durch die Shift-Funktion des Projektors
5. durch Verwendung einer Rückpro-Leinwand

Testfragen – eventorientierte Dienstleistungen — Orga

44. Ordnen Sie die folgenden Aspekte entweder einer Aufprojektionslösung (1) oder einer Rückprojektionslösung (2) zu.

1. Moderator kann störende Schatten werfen.
2. Projektor kann bei falscher Verortung die Sicht der Zuschauer beeinträchtigen.
3. benötigt zusätzlichen Platz hinter der Leinwand
4. Gefahr von Hotspots
5. spezielle lichtdurchlässige Leinwand mit Dämpfungsfaktor
6. spezielle lichtundurchlässige Leinwand mit Verstärkungsfaktor

Lösung:
1
1
2
2
2
1

45. Ordnen Sie die folgenden Geräte und Gegenstände den entsprechenden Gewerken in der Veranstaltungstechnik zu. (Gewerke: 1. Tontechnik, 2. Lichttechnik, 3. Videotechnik, 4. Rigging, 5. Sonstige)

1. DVD-Player
2. Dimmerpacks
3. LED-Screens
4. Multicore-Kabel
5. Stagebox
6. DMX-512 Steuerprotokoll
7. Delay-Lines
8. Nightliner
9. 6er Bar mit PAR 64
10. Nearfills
11. Intercom-Systeme
12. Sqare-Truss

Lösung:
3
2
3
1
1
2
1
5
2
1
5
4

Orga ✓ Veranstaltungsorganisation/-wirtschaft

344

46. Ordnen Sie die folgenden Aspekte beim Einsatz von drahtlosen Mikrofonen den entsprechenden Mikrofontypen zu (1. Headset, 2. Handmikrofon, 3. Ansteckmikrofon).

Lösung:

| 1 |
| 1 |
| 2 |
| 3 |
| 2 |
| 2 |

1. ideal für tanzende Sänger und Sängerinnen
2. „Frisuren feindlich"
3. Nahbesprechungseffekt – Stimme wird basslastiger, wenn nah besprochen
4. anfällig für Feedback (Pfeifen): möglichst in unverstärkten Umgebungen einsetzen
5. nur eine Hand frei
6. flexibel als Ersatzmikrofon einsetzbar

345

47. Was bedeutet der Begriff „Rigging"?

Lösung:

| 1 |

1. Aufhängung und Montage von Lasten in der Veranstaltungstechnik
2. Matrosen auf einem Segelschiff
3. Fahren eines Verfolgerscheinwerfers in 8,5 m Höhe
4. Extremklettern bei einer Veranstaltung

346

48. Welche zwei der folgenden Aussagen beschreiben die Lichtsysteme nicht richtig?

Lösung:

| 3 |
| 4 |

1. „Klassisches Theaterlicht" besteht aus Scheinwerfern, Dimmerpacks und einem Lichtstellpult.
2. „Modernes Licht" besteht aus Multifunktionsscheinwerfern mit Feststrom. Die Steuersignale kommen von einem Lichtstellpult über das DMX-Protokoll.
3. „Klassisches Theaterlicht" arbeitet generell mit mechanischen Dimmern.
4. „Modernes Licht" besteht aus Stufenlinsen-, Verfolger- und Flächenscheinwerfern.
5. „Klassisches" und „modernes Licht" lassen sich gemeinsam mit einer DMX-Hybridkonsole steuern.

Marketingmix ✓ Orga

49. Welche zwei der folgend aufgeführten Geräte können nicht als Zuspieler für den Datenprojektor (Beamer) in der Technikregie Platz finden (2 Antworten)?

1. DVD-Player
2. digitaler Videozuspieler mit SD-Card
3. Desktop-PC oder Notebook
4. VHS/SVHS-Videoplayer
5. MD-Player
6. Kassettenrecorder (Compact-Cassette)

Lösung:
5
6

50. Welche zwei der folgend genannten Punkte sind keine typischen Gewerke der Veranstaltungstechnik?

1. audiovisuelle Projektion/Video
2. Lichttechnik
3. Trucking
4. Tontechnik
5. Catering
6. Bühnenbau
7. Rigging

Lösung:
3
5

2.2 Marketing und Event

2.2.1 Marketingmix

Als **Markt** wird der **Ort** bezeichnet, an dem das **Angebot der Produzenten** und die **Nachfrage der Kunden,** d. h. der Zielgruppe der Produzenten, **zusammentreffen.** Die Nachfrage nach Produkten und Dienstleistungen am Markt entsteht durch den Bedarf, der die Bedürfnisse der Käufer durch das Kaufinteresse konkretisiert. Bedarf ist der Teil der Bedürfnisse, der sich mithilfe von Kaufkraft, d. h. mit wirtschaftlichen Mitteln befriedigen lässt. Nachfrage ist der Bedarf, der am Markt wirksam wird (z. B. durch Kaufhandlungen). Die Nachfrage kann erst befriedigt werden, wenn ein passendes Angebot vorhanden ist. Früher wurde der Markt auch als der Ort bezeichnet, an dem die Kaufhandlung ausgeführt wird; heute wird der Prozess der Kaufentscheidung hinzugerechnet.

Markt

Was ist ein Markt? ZP

Orga ✓ Veranstaltungsorganisation/-wirtschaft

ZP 350 Welche *Kriterien* zeichnen einen *Käufer- bzw. Verkäufermarkt* aus?

Der Markt hat sich gewandelt von einem Verkäufer- zu einem Käufermarkt.

- Im **Verkäufermarkt** sind **Waren knapp**, die **Nachfrage überwiegt**, Engpässe tauchen in Produktion und Beschaffung auf, und der Schwerpunkt der betriebswirtschaftlichen Tätigkeit liegt in der **Optimierung der Produktions- und Beschaffungsaktivitäten.**

- Im **Käufermarkt** dagegen sind **Waren im Überfluss** vorhanden, Engpässe tauchen am ehesten im Absatz auf, und die Schwerpunkte der betriebswirtschaftlichen Betätigung liegen in der **Optimierung von Marketingprozessen und Marketingaktivitäten.**

ZP 351 Was bedeuten die Begriffe *Markt-* und *Kundenorientierung?*

Marktorientierung als modernes betriebswirtschaftliches Gesamtkonzept der Unternehmensführung bedeutet, dass die Firmenpolitik neben dem strategisch aufeinander abgestimmten Einsatz von absatzfördernden Instrumenten geprägt ist von einer umfassenden Kunden- und Wettbewerbsorientierung. Alle Unternehmensaktivitäten sind dabei in Bezug auf Planung, Koordination, Umsetzung und Kontrolle auf aktuelle und potenzielle Märkte ausgerichtet. Firmen- und Privatkunden werden im Rahmen einer **zielorientierten Kundenorientierung** bedarfsgerecht versorgt.

Marketing

ZP 352 Beschreiben Sie den Begriff *Marketing*.

Marketing (englische Verlaufsform von market = Markt) bedeutet vermarkten bzw. Vermarktung. Vermarkten bezeichnet alle auf den Absatz im Markt gerichteten unternehmerischen Tätigkeiten.

Marketing kann auch als die Summe der Bemühungen bezeichnet werden, Produkte, Dienstleistungen oder Unternehmen am Markt zu platzieren und die Kaufbereitschaft der Kunden zu wecken.

ZP 353 Beschreiben Sie das *4-Säulen-Modell des Marketings*.

Das **4-Säulen-Modell** zur Beschreibung der Betätigungsfelder im Marketing besteht aus den **Pfeilern Produkt-, Distributions-, Preis- und Kommunikationspolitik**.

- Die **Produkt- bzw. Sortimentspolitik** (engl. product) umfasst Maßnahmen zur marktgerechten Gestaltung des Leistungsangebotes und zur Markenbildung.

- Die **Distributions- bzw. Vertriebspolitik** (engl. place), manchmal auch Kontrahierungs- oder Absatzpolitik genannt, gestaltet die Absatzorganisation zwischen Anbieter und Kunde inkl. Logistik.

- Die **Preis- bzw. Konditionenpolitik** (engl. price) umfasst Maßnahmen zur Preisgestaltung der Güter oder Leistungen sowie von Rabatten und begleitenden Kundendienstleistungen.

- Die **Kommunikationspolitik** (engl. promotion) umfasst Maßnahmen zur Vermittlung von Informationen zum Zweck der Auslösung gewünschter Reaktionen in der Zielgruppe/beim Kunden.

Marketingmix — Orga

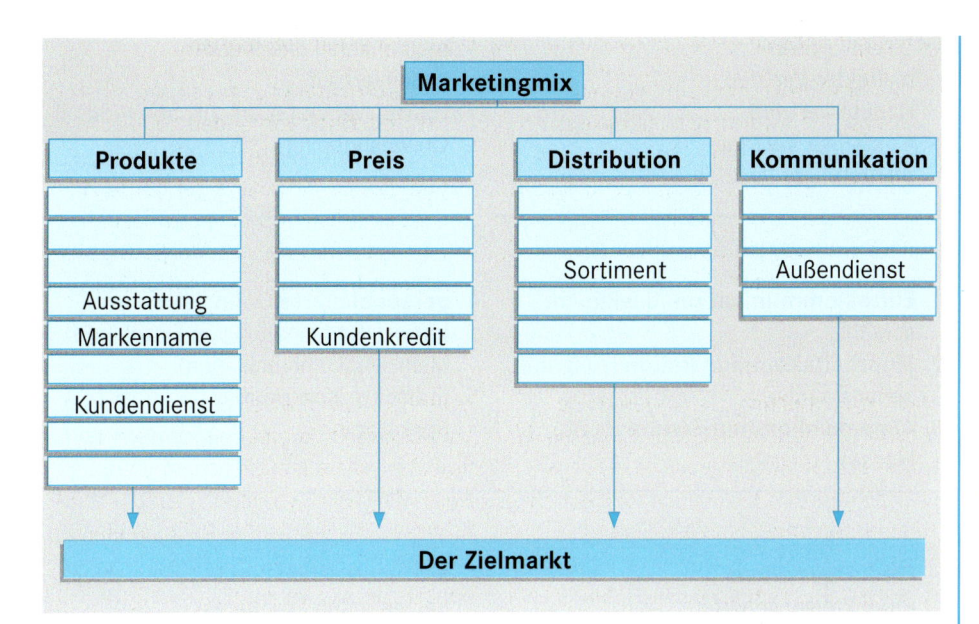

Ordnen Sie dem Marketing-Organigramm die folgenden Begriffe sinnvoll zu: Werbung, Vertriebskanal, Listenpreis, Varianten, Qualität, Design, Rabatt, Nachlass, Marktabdeckung, Angebotsort, Sonderaktion, Bekanntheit, Lagerhaltung, Transport, Zahlungsziel, Verpackung, Garantie, Design. **(354)**

Aufgabe

Marketingmix

- **Produkte**
  - Ausstattung
  - Markenname
  - Kundendienst
- **Preis**
  - Kundenkredit
- **Distribution**
  - Sortiment
- **Kommunikation**
  - Außendienst

→ Der Zielmarkt

Lösung:

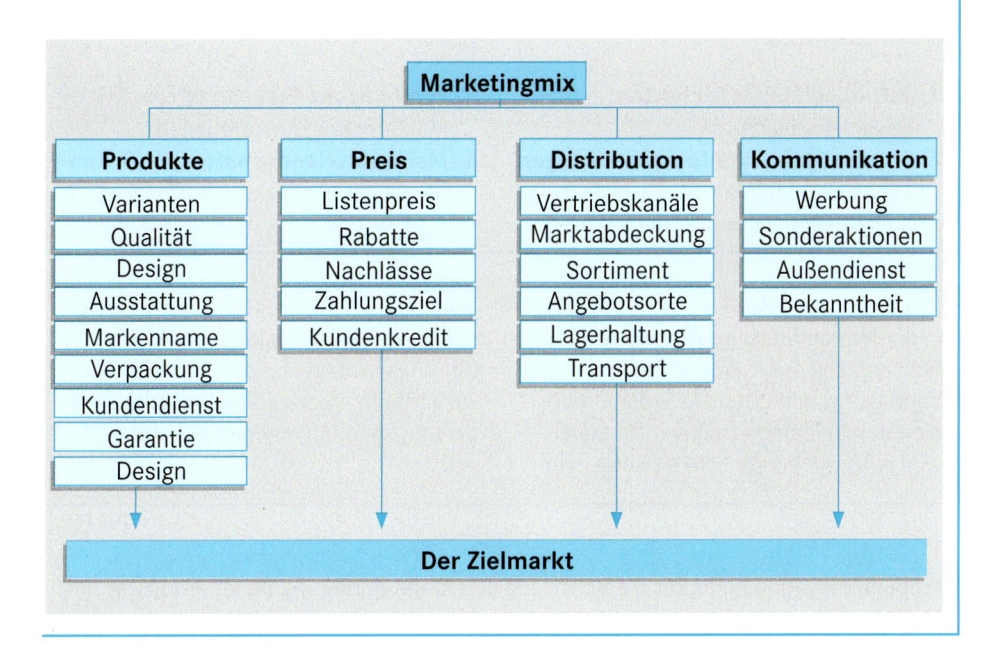

Marketingmix

- **Produkte**
  - Varianten
  - Qualität
  - Design
  - Ausstattung
  - Markenname
  - Verpackung
  - Kundendienst
  - Garantie
  - Design
- **Preis**
  - Listenpreis
  - Rabatte
  - Nachlässe
  - Zahlungsziel
  - Kundenkredit
- **Distribution**
  - Vertriebskanäle
  - Marktabdeckung
  - Sortiment
  - Angebotsorte
  - Lagerhaltung
  - Transport
- **Kommunikation**
  - Werbung
  - Sonderaktionen
  - Außendienst
  - Bekanntheit

→ Der Zielmarkt

Orga ✓ Veranstaltungsorganisation/-wirtschaft

355 Nennen Sie *typische Vertriebswege* in der Distributionspolitik.
- Direktvertrieb
- indirekter Vertrieb
- Handelsvertrieb
- einstufiger Vertrieb
- mehrstufiger Vertrieb
- multichannel distribution
- Ladenverkauf
- Haustürverkauf (persönlicher Verkauf)
- Onlineshopping

356 Nennen Sie fünf *kommunikationsstrategische Ansätze*.
1. **Einzelkommunikation** (direkte Ansprache)
2. **Mehrheitskommunikation** (Zielgruppenansprache)
3. **Allgemeinkommunikation** (breite Masse)
4. **personalisierte Onlinekommunikation** (Kombination von Einzel- und Mehrheitskommunikation)
5. **indirekte Kommunikation** über Multiplikatoren

357 Welche *Tätigkeitsfelder* umfasst die *Produktpolitik* klassischerweise?
- Produktgestaltung
- Produkteigenschaften
- Produktinnovation (Entwicklung und Einführung von Neuprodukten)
- Produktvariation (Veränderung eines bestehenden Produktes)
- Zusammensetzung des Produktprogramms

358 Listen Sie vier *produktpolitische Eigenschaften* auf.
1. **ästhetische Eigenschaften:** z. B. Design, Farbe, Form
2. **physikalische und funktionale Eigenschaften,** z. B. Materialart, technische Konstruktion, Qualität, Haltbarkeit
3. **symbolische Eigenschaften,** z. B. Markenname, Assoziationen
4. **Mehrwerteigenschaften,** z. B. Kundendienst, Finanzierung, Zweitnutzen

359 Was bedeutet *Markenführungsstrategie* und welcher Säule ist sie zuzuordnen?
In der Markenführungsstrategie (Brand Building) soll der Kunde ein unfassendes Vorstellungsbild über das Produkt oder die Dienstleistung erhalten. Die Marke wird wie eine Persönlichkeit aufgebaut, gestaltet und kommuniziert. Die Markenführungsstrategie ist der Produktpolitik zuzuordnen; in der Kommunikationspolitik wird sie dann maßgeblich nach außen geführt.

360 Was bedeutet *Produktinnovationsstrategie*?
Produktinnovation bedeutet die Schaffung und Markteinführung neuer Produkte; Markteinführung typischerweise in zwei Schritten: Gewinnung und Bewertung von Neuproduktideen.

361 Was bedeutet *Servicestrategie* in der Produktpolitik?
Produktbezogene Serviceleistungen werden dem Kunden angeboten, z. B. ein umfassender Kundendienst, ein Beschwerde bzw. Customer Relationship Management, fortschreitende Beratung, Reparatur- oder Garantieleistungen, Chatmöglichkeiten, Callcenter. Serviceorientierte Leistungen führen zu einer positiven Imagebildung, einer produktdifferenzierenden Profilierung, einer Kundenbindung oder Markentreue und bilden die Quelle für Innovationen.

Marketingmix — Orga

Nennen Sie drei *Prinzipien der Preisbestimmung*. (362)

1. **Kostenorientierung:** Preis liegt an der Preisuntergrenze (Selbstkosten).
2. **Marktpreis:** Preis orientiert sich an der möglichen Obergrenze (Preis, den Nachfrager gerade noch bereit sind zu bezahlen).
3. **Verhandlungspreis:** Er liegt zwischen anbieterbestimmten Kostenpreis (PUG) und nachfragebestimmten Marktpreis (POG).

Nennen Sie fünf *typische preisstrategische Elemente*. (363)

1. **Preisniveau** (z. B. high pricing, low pricing)
2. **Preisverlauf** (z. B. Abschöpfpreis, Einführungspreis)
3. **Preisdifferenzierung** (personell, räumlich, zeitlich, qualitativ, quantitativ)
4. **Preisausgleich** (Bündelung, Sonderangebote)
5. **Preistransparenz** (Listenpreis, Rabatt, Variationen, Verhandlungsspielraum)

Beschreiben Sie drei *Preisdifferenzierungsvarianten*. (364)

1. **Räumliche Preisdifferenzierung:** Produkte werden gebietsabhängig zu unterschiedlichen Preisen angeboten, z. B. nach Städten, Regionen und Ländern.
2. **Zeitliche Preisdifferenzierung:** zeitabhängige Preisstellung, ggf. zur Kapazitätsoptimierung
3. **Leistungsorientierte (sachliche) Preisdifferenzierung:** Produktvariation, z. B. Budget-Versionen, nachfrageorientiert

Was bedeutet *Marketingmix im Veranstaltungsmarketing*? (365) ZP

Mix bedeutet, die **Maßnahmen aus den verschiedenen Marketingkategorien** bzw. **Säulen abgestimmt und koordiniert anzuwenden.** Bezogen auf Public Events können die vier Kategorien des Marketingmix wie folgt gefüllt werden: Produktpolitik ist die Veranstaltung selbst, Distributionspolitik ist z. B. der Ticketverkauf, Preispolitik sind die Eintrittspreise und weitere Konditionen, und Kommunikationspolitik umfasst die Kommunikations- und Werbemaßnahmen.

Marketingsäule	Marketingmaßnahme (Live Konzert)
Produktpolitik	Songreihenfolge, Tonqualität, Vorband, Bühnenbild, Effekte
Distributionspolitik	Ticketing-Systemanbieter, Zusatzleistungen (z. B. integriertes ÖPNV-Ticket) Kartendruck
Preispolitik	Festlegung von Preiskategorien, Projektkalkulation (Deckungsbeitragsberechnung), Preiskampagnen/Sonderpreisaktionen, Service und Kundenbetreuung
Kommunikationspolitik	Plakatgestaltung, Schalten von Anzeigen, Promotionaktionen, Fanmailing, Social Media Marketing, Public-Relation-Aktionen

Orga ✓ Veranstaltungsorganisation/-wirtschaft

ZP 366 – Was bedeutet der Begriff *Veranstaltungsmarketing*?

Veranstaltungsmarketing bedeutet, eine **Veranstaltung zu vermarkten,** also Marketing für eine Veranstaltung zu machen. Veranstaltungsmarketing umfasst alle Maßnahmen, die dazu dienen, ein Live-Event am Markt zu platzieren und die Kaufbereitschaft der Kunden zu wecken. Ein wichtiger Bestandteil des Veranstaltungsmarketings sind neben produkt-, preis- und vertriebsorientierten Aktivitäten die Kommunikationsmaßnahmen für ein Live-Event.

367 – Was ist eine *Marketingstrategie*?

In der Phase des Strategieentwurfs wird festgelegt, wie angestrebte Ziele erreicht werden sollen. Hier wird entschieden, welche Märkte und Zielgruppen wie bearbeitet und welche Mittel dafür zur Verfügung gestellt werden sollen. Die **Strategie** gibt den **Zusammenhang zwischen den marketingorientierten Zielen** und den **absatzpolitischen Instrumenten** wieder, die zu ihrer Erreichung eingesetzt werden sollen. Strategie ist der visionäre Plan des eigenen Vorgehens, der zielbezogene Maßnahmen unter vorausschauender Berücksichtigung von äußeren Faktoren umfasst, die die Wirkungen des eigenen Handelns beeinflussen könnten.

368 – Was ist ein *Marketingkonzept*?

Im Marketingkonzept werden die **operativen Mittel und Maßnahmen** geplant und definiert, mit denen die Strategie umgesetzt werden soll. Ein Konzept ist ein skizzenhafter Plan des eigenen Vorgehens, der die zur Realisierung der Ziele beziehungsweise zur Umsetzung der Strategie geplanten Maßnahmen konkret beschreibt.

369 – Entwickeln Sie schrittweise einen *Marketingplan für kulturelle Angebote*.

1. **Untersuchung und Analyse der Ausgangslage** (Marktanalyse), Formulierung der Veranstaltungsidee (Produktbeschreibung). Erarbeiten von Veranstaltungszielen und -ausprägungen (Produktmanagement), z. B. Frage nach der Marktrelevanz, Zielgruppenformulierung, Bedarfsermittlung und Wettbewerbsanalyse;
2. **Strategische Formulierung von Marketingzielen,** z. B. Umsatzziele, Marktanteilsziele, Imageziele, Kundenbindungsziele, Wertverankerung, Vertrauensbildung. Vertriebs- und Kommunikationsstrategie (Vertriebskanäle, Werbeziele, Werbemedien);
3. **Konzeption und vernetzte Abstimmung von Vertriebs- und Kommunikationsmaßnahmen,** z. B. Ticketingkonzeption (Planung der Vertriebskanäle) und Konzeption der Kommunikations- und Werbemaßnahmen;
4. **Erstellung eines Budgetentwurfs/ einer Kalkulation,** Preisbestimmung;
5. **Vernetzte Planung der einzelnen Marketing- und Werbemaßnahmen** (Aktionsplanung), u. a. Konzeption einer Werbekampagne, Herausstellen von Alleinstellungsmerkmalen (USP – Unique Selling Proposition), Suche nach einer Nutzen versprechenden Werbebotschaft (Claim);
6. **abgestimmte Umsetzung und Anpassung der Maßnahmenpakete;**
7. **Erfolgskontrolle/Auswertung.**

Marketingmix ✓ *Orga*

Mediaplanung (Mediamix) ist das Schalten von Anzeigen in der klassischen Werbung, dem budgetstärksten Maßnahmenbereich der Kommunikationspolitik. Die in verschiedene Maßnahmenbereiche aufgeteilte Kommunikationspolitik (Kommunikationsmix) ist eine der vier tragenden Säulen des Marketings (Marketingmix). Mix bedeutet die auf die Absatz-, Kommunikations- oder Werbewirkung zielgerichtet abgestimmte Vernetzung der jeweiligen Elemente untereinander.

370 Wie hängen *Marketingmix, Kommunikationsmix und Mediamix* zusammen?

1. Bis zum Jahresende 40 neue Veranstalter akquirieren, mindestens fünf Auftritte mehr im Monat im Schnitt generieren.
2. Mindestens einmal im Fernsehen auftreten.
3. Mindestens bei zwei Festivals im Ausland auftreten.
4. Eine Plattenfirma finden und eine Musik-CD aufnehmen.
5. Das Buch und einen guten Titel für ein neues Programm im Folgejahr konzipieren.

371 Listen Sie fünf *konkrete Marketingziele für einen Kleinkünstler* für ein Jahr auf.

Eine detaillierte Zielplanung hilft, operative und strategische Marketingziele anzupeilen und zu erreichen. Die Zielplanung bildet die Grundlage für die Festlegung eines Maßnahmenkatalogs und eines Marketing-Budgets.

372 Welche Vorteile ergeben sich aus einer solchen Marketingzielplanung?

Marketingplan	Kommunikationsplan	Mediaplan (Werbeplan)
1. Markt- und Situationsanalyse	1. Analyse der Marketingstrategie	1. Analyse der Kommunikationsstrategie
2. Festlegung der Marketingziele	2. Festlegung der Kommunikationsziele	2. Mediastrategie/-konzept
3. Marketingstrategie (Zielplanung)	3. Kommunikationsstrategie (Zielplanung)	3. Mediaplan
4. Marketingkonzept (Wegplanung)	4. Kommunikationskonzept (Wegplanung)	4. Zielgruppenzuordnung (auf der Basis der Mediaforschung)
5. Umsetzung	5. Umsetzung	5. Umsetzung
6. Zielerreichung	6. Zielerreichung	6. Zielerreichung
7. Erfolgskontrolle/Auswertung (Evaluation)	7. Erfolgskontrolle/Auswertung (Evaluation)	7. Erfolgskontrolle/Auswertung (Evaluation)

373 Wie unterscheiden sich *Abläufe* beim *Marketing-, Kommunikations- und Mediaplan?*

Orga ✓ Veranstaltungsorganisation/-wirtschaft

374 Warum ist die Abfolge in der Mediaplanung anders als in der Kommunikationsplanung?

Die Abfolge in der Mediaplanung ist anders, weil es sich hier um die Konzeption, Planung und Umsetzung der operativen Werbeschaltung im Endstadium der Marketing- bzw. Kommunikationsarbeit handelt. Im Gegensatz zur Marketing- und Kommunikationsplanung sind in der Mediaplanung sowohl das zu bewerbende Produkt, die Zielgruppe als auch die Werbebotschaften und der Werbeclaim sowie eine Werbekampagne bereits bekannt. Aufbauend auf die Kommunikationsstrategie und eingebettet in das Kommunikationskonzept wird zunächst die Werbeschaltung konzipiert, dann wird die Zielgruppe auf Basis einer Analyse der infrage kommenden Werbeträger (Mediadatenanalyse) zugeordnet. Erst danach werden die Werbeplätze gebucht.

375 Was ist der Unterschied zwischen *Marketingmaßnahmen* und *strategischer Verwertung*?

Marketingmaßnahmen dienen der **Vermarktung eines Produkts** auf verschiedenen, abgestimmten Kanälen (Säulen). **Strategische Verwertung** ist die **abgestimmte, erlösorientierte Auswertung** eines Formates oder **Produkts auf mehreren Verwertungsebenen.** Primär sollen Gewinne auf jeder Verwertungsebene erzielt werden. Für jeden Auswertungsweg sind daher streng genommen maßgeschneiderte Marketingmaßnahmen erforderlich. Die Attraktivität strategischer Verwertung besteht darin, dass jede einzelne Auswertungsform einen Marketingeffekt für jede andere Auswertungsform hat. Sie kann als eine Art Megamarketingstrategie bezeichnet werden.

ZP 376 Welchem Marketingbereich können Vertrieb und Verkauf zugeordnet werden?

Vertrieb und Verkauf sind Bestandteile der Distributionspolitik. Die Abteilung Marketingkommunikation des Unternehmens kümmert sich um Werbemaßnahmen für das Unternehmen oder das Produkt, die Vertriebsabteilung um die absatzorientierte Organisation der Verteilung.

377 Nennen Sie fünf *typische Vertriebswege* (Distributionskanäle).

1. Handelsvertrieb
2. Direktvertrieb
3. Telefonverkauf
4. E-Commerce
5. Franchising

378 Was bedeuten die Begriffe *Kalt- und Warmakquise*?

Kaltakquise ist die **abschlussorientierte Ansprache noch nicht bekannter Kunden**, **Warmakquise** die **abschlussorientierte Ansprache bereits bestehender Kontakte.**

379 Was unterscheidet den *Handlungsreisenden* vom *Handelsvertreter*?

- Ein **Handlungsreisender** ist als Arbeitnehmer **fest angestellt.**
- Dagegen arbeitet ein **Handelsvertreter** als **selbstständiger Gewerbetreibender** auf eigene Rechnung.

Marketingmix ✓ Orga

Bei Produkt-Kick-offs, Produktschulungen und vor allem Messeauftritten kann durch die gezielte und nachhaltige Ansprache dieser Absatz-Multiplikatoren Eventmarketing effizient im Rahmen der Kommunikationspolitik des Unternehmens positioniert werden.

380 ZP Warum werden *Marketing-Events* häufig *für und mit Vertriebsmitarbeitern veranstaltet?*

- Ein **Marketing-Event** ist eine Veranstaltung, die Faktoren wie „Unterhaltung" und „Emotionalisierung" zur direkten oder indirekten Steigerung des Absatzes nutzt. Marketing-Events sind **Teil der Marketingkommunikationsmaßnahmen für ein anderes Produkt.** Vernetzt mit den anderen Maßnahmen im Kommunikationsmix, werden Marketing-Events genutzt, um Mitarbeitern, Geschäftspartnern oder potenziellen Kunden nachhaltig und emotionalisierend ein Produkt, eine Dienstleistung oder ein Unternehmen nahezubringen. Ein Marketing-Event ist also die Bezeichnung für eine bestimmte Veranstaltung, z. B. einen Messeauftritt, eine Produktpräsentation, eine Incentive-Veranstaltung, eine Aktionärsversammlung oder einen Tag der offenen Tür.

- **Eventmarketing** dagegen ist der **Dachbegriff** für alle **Tätigkeiten zur strategischen und operativen Anlage** sowie zur **Durchführung von Marketing-Events.** Eventmarketing bezeichnet alle Maßnahmen, bei denen mithilfe von Marketing-Events Produkte, Dienstleistungen oder Unternehmen am Markt platziert und die Kaufbereitschaft der Kunden geweckt werden sollen.

381 ZP Wie unterscheiden sich die Begriffe Marketing-Event und *Eventmarketing?*

Marketing Events sind **Bestandteil** des Pfeilers **Kommunikationspolitik.** Hier ist die Homebase des Business-Eventmanagers, der seine professionellen Bemühungen in den Dienst der Marketingkommunikation eines Unternehmens, einer Marke, eines Produkts oder einer Dienstleistung stellt.

382 ZP Welchem Marketingpfeiler lassen sich Marketing-Events bzw. Eventmarketing zuordnen?

Marketingkooperation bedeutet die **Zusammenarbeit von zwei oder mehreren Unternehmen** mit dem **Ziel,** durch die Bündelung von Kompetenzen oder Ressourcen **Marktpotenziale auszuschöpfen.** Als horizontale Kooperation bezeichnet man dabei die Zusammenarbeit von Partnern auf einer Wirtschaftsstufe, z. B. die gemeinsame Herstellung eines Produktes. Vertikale Kooperation ist die Zusammenarbeit von Partnern verschiedener Wirtschaftsstufen, z. B. von Groß- und Einzelhandel. Sinnvoll erscheint eine Marketingkooperation bei unterschiedlichen Marketingzielen und der Möglichkeit einer Koppelung von Aktivitäten, die für beide Seiten vorteilhaft ist.

383 Was bedeutet der Begriff *Marketingkooperation?*

Orga ✓ Veranstaltungsorganisation/-wirtschaft

384 — Was bedeutet *Produktlebenszyklus*?

Der **Produktlebenszyklus** beschreibt die **Umsatz- und Gewinnentwicklung eines Produkts** als Phasenabfolge. Ein Produkt durchläuft dabei folgende Lebensphasen: Produktplanung/-realisierung, Markteinführung, Wachstum, Reife, Sättigung, Degeneration, Elimination.

385 — Benennen Sie die Phasen der Produktlebenszyklusanalyse, in denen der Umsatz jeweils steigt bzw. sinkt.

Der Umsatz steigt in den Abschnitten Einführung, Wachstum und Reife. Er sinkt dagegen in der Sättigungs- und Degenerationsphase. Der Gewinn sinkt übrigens bereits ab der Reifephase.

386 — Nach welchen Kriterien werden die *x-* und die *y-Achse* in der Portfolioanalyse bezeichnet?

y-Achse: Marktwachstum; x-Achse: Marktanteil

387 — Was bedeuten die Begriffe *poor dogs, question marks, cash cows* und *stars*?

Es handelt sich bei den Begriffen um **Fachbezeichnungen aus der Portfolioanalyse,** die sowohl auf Produkte als auch z. B. auf Kundenklassifizierungen angewendet werden kann.

- **Poor dogs** haben einen niedrigen Marktanteil und ein niedriges Marktwachstum,
- **question marks** einen niedrigen Marktanteil und ein hohes Marktwachstum,
- **cash cows** einen hohen Marktanteil und ein niedriges Marktwachstum,
- **stars** zeichnen sich aus durch einen hohen Marktanteil und ein hohes Marktwachstum.

388 — Aus welchen vier *Feldern* besteht die *Ansoff-Matrix*?

1. **Marktdurchdringung** (Markt: bestehend, Produkt: bestehend)
2. **Marktentwicklung** (Markt: neu, Produkt: bestehend)
3. **Produktentwicklung** (Markt: bestehend, Produkt: neu)
4. **Diversifikation** (Markt: neu, Produkt: neu)

2.2.2 Zielgruppenorientierte Vermarktung

Wettbewerb

ZP 389 — Wann ist ein *Unternehmen wettbewerbsfähig*?

Wettbewerbsfähig ist ein Unternehmen dann, wenn es auf lange Sicht Gewinne tätigen und sich dauerhaft gegenüber anderen Branchenunternehmen durchsetzen kann.

Zielgruppenorientierte Vermarktung

1. **Wettbewerbsbeobachtung:** Im heutigen Konkurrenzdruck sollten bei Konkurrenzunternehmen Aspekte wie Produktpalette, Preise, Bekanntheitsgrad, Qualität, Nachfragevolumen beobachtet und ggf. gemessen werden, um einen späteren Vergleich zu ermöglichen.
2. **Benchmarking:** Beim Benchmarking (vom englischen „benchmark" = Maßstab) geht es um den Vergleich von Leistungswerten. Beim internen Benchmarking werden etwa Abteilungen oder Bereiche eines Unternehmens miteinander verglichen. Beim externen Benchmarking kann ein Vergleich mit anderen Unternehmen in derselben oder einer anderen Branche wichtige Hinweise auf Verbesserungsmöglichkeiten geben. Auch der Vergleich mit dem Marktführer kann wichtige Anhaltspunkte liefern.
3. **SWOT-Analyse:** Bei der SWOT-Analyse oder Analyse der innerbetrieblichen Stärken („Strenghts") und Schwächen („Weaknesses") sowie der externen Chancen („Opportunities") und Gefahren („Threats") werden zunächst Daten gesammelt, die Aufschluss über die Leistung des Unternehmens geben. Sodann wird ein Kriterienkatalog erstellt, anhand dessen die Daten als Stärken oder Schwächen eingestuft werden. Die Ergebnisse werden mit den Daten von Mitbewerbern verglichen. Aus der Kombination der Stärken-Schwächen-Analyse und der Chancen-Gefahren-Analyse lässt sich eine Strategie für die künftige Geschäftstätigkeit des Unternehmens ableiten.

390 ZP Beschreiben Sie die Begriffe *Wettbewerbsbeobachtung, Benchmarking* und *SWOT-Analyse*.

1. Angebotsprofil
2. Außendarstellung
3. Image
4. Kosten
5. Leistungen
6. Prozesse
7. Betriebsklima

391 ZP Nennen Sie sieben *Aspekte*, die im *Benchmarking verglichen* werden können.

Zielgruppe

Als Zielgruppe wird eine umrissene Anzahl von Marktteilnehmern betrachtet, an die sich die Kommunikationspolitik eines Unternehmens wendet. Im modernen Vermarktungsprozess ist es wichtig, die Kunden und deren Marktverhalten möglichst gut kennen zu lernen, um eine effektive Absatzkoordination und Kundenansprache vornehmen zu können.

392 ZP Was ist eine *Zielgruppe* und warum muss man sie so gut kennen?

Eine Zielgruppenbestimmung erfolgt i. d. R. durch Marktforschungserhebungen entweder über sozioökonomische Merkmale (z. B. Alter, Familienstand, Haushaltseinkommen) oder psychografische Merkmale (z. B. Einstellungen, Werte und das beobachtbare Konsumverhalten). Zur Zielgruppenansprache werden insbesondere Medien sowie weitere Kommunikationskanäle eingesetzt, über die anvisierte Zielgruppen als Leser, Hörer, Zuschauer, Konsument oder Teilnehmer erreicht werden sollen.

393 ZP Wie werden *Zielgruppen bestimmt und angesprochen?*

Orga ✓ Veranstaltungsorganisation/-wirtschaft

394 Was bedeuten die folgenden *Zielgruppen-Bezeichnungen: WOOF, Sinus-Milieus, SOHO, KMU's, DINK, LOHAS, LOVOS, Skippies, Yuppies, Metrosexuell?*

- **WOOF „Well off older Folk":** besser verdienende Senioren
- **Sinus-Milieus:** Zielgruppen, verortet nach sozialer Lage, Grundorientierung und gesellschaftlichen Auffassungen
- **SOHO:** „Small Office", „Home Office"
- **KMU's:** kleine mittelständische Unternehmen
- **DINK:** „Double income no kids": kinderlose Doppelverdiener
- **LOHAS „Lifestyle of Health and Sustainability":** Lebensstil für Gesundheit und Nachhaltigkeit
- **LOVOS:** „Lifestyles of Voluntary Simplicity" Alternative zur konsumorientierten Überflussgesellschaft
- **Skippies:** Schüler mit Kaufkraft
- **Yuppies „young urban professional":** junge Erwachsene der städtischen oberen Mittelschicht/junge karrierebewusste großstädtische Menschen
- **Metrosexuell:** „metropolitan" und „heterosexual": extravaganter Lebensstil moderner Männer

ZP 395 Was bedeuten die Begriffe *Marktsegmentierung* und *Marktabgrenzung?*

- Der Begriff **Marktsegmentierung** bezeichnet die Aufteilung eines Gesamtmarktes in Kundengruppen. Diese können nach Kriterien wie Alter, Geschlecht, Beruf usw. gebildet werden. Marktsegmentierung ist also ein konstruktiver Hilfsvorgang, der eine differenzierte Marktbearbeitung ermöglichen soll.
- Eine Voraussetzung für die Marktsegmentierung ist die **Marktabgrenzung** (die sachliche, räumliche und zeitliche Abgrenzung des Marktes).

ZP 396 Entwerfen Sie drei Segmente (Teilgruppen) für das Produkt einer Ü-40-Party.

1. **Demografisch (sozio-demografisch):** der 48-jährige geschiedene Single-Mann mit mittlerem bis gehobenem Einkommen, der neue soziale Kontakte sucht
2. **Geografisch:** Sportvereinsmitglieder sowie Kegelbrüder und -schwestern aus der Region, die zusammen in geselliger Atmosphäre feiern wollen
3. **Psychografisch:** ins Midlife-Crisis-Alter gekommene Partypeople mit gesteigertem Kontakt-Verhalten

397 Was bedeutet die *Abkürzung CRM?*

CRM ist die Abkürzung für engl. Customer Relationship Management, auf Deutsch etwa Kundenbeziehungspflege. Als Weiterentwicklung des traditionellen Reklamationswesens, das sich maßgeblich mit Beschwerdemanagement beschäftigte, gestaltet das CRM im Rahmen eines zufriedenheitsorientierten Beziehungsmanagements die konsequente Ausrichtung auf den Kunden und verwaltet die möglichst positiv kommunizierten Kundenbeziehungsprozesse.

Zielgruppenorientierte Vermarktung ✓ Orga

Als Nachfragepotenzial wird die erhobene oder vermutete Menge an Nachfragern sowie die Intensität einer möglichen Nachfrage bezeichnet, die man durch Befragung oder Analyse von Datensätzen gewonnen hat.

Was ist und wie ermittelt man ein *Nachfragepotenzial*? ZP 398

Marktforschung

Die Erhebung von Grunddaten, z. B. für die Untersuchung bestimmter Zielgruppen, ist Aufgabe der Marktforschung. Basierend auf Marktuntersuchungen umfasst sie die systematische Beschaffung, Verarbeitung und Analyse von marktrelevanten Informationen. Der Marktforschungsprozess basiert auf statistisch wissenschaftlichen Methoden der empirischen Sozialforschung zur Beobachtung des Marktgeschehens, um Marketingentscheidungen zu begründen und vorzubereiten.

Was ist *Marktforschung*? ZP 399

Die Methoden der Marktforschung können im Prozess der Marketingplanung genutzt werden, um statistisch abgesicherte und somit wissenschaftlich fundierte Erkenntnisse über potenzielle Zielgruppen, deren Wünsche, Werte und Verhalten zu erhalten. Mittels durch Marktforschung erzielte Informationen können Vermarktungspläne zielorientiert und reflektiert entstehen. Annahmen können bestätigt oder korrigiert werden. Ziele können auf fundierter Basis angesteuert werden.

Begründen Sie, warum *Marktforschung* sinnvoll für die *Marketingplanung* ist. ZP 400

Von einer repräsentativen Umfrage spricht man, wenn auf statistischen Auswahlkriterien basierende Erkenntnisse auf eine Gesamtmenge übertragen werden können. Bei dieser Form der Umfrage werden mithilfe einer Teilerhebung Erkenntnisse aus einer Auswahl der Grundgesamtheit auf die Gesamtheit übertragen. Bei einer Vollerhebung dagegen werden alle Mitglieder einer Gruppengesamtheit befragt; dies ist i. d. R. allerdings zu aufwendig und teuer.

Was bedeutet der Begriff *repräsentative Umfrage*? ZP 401

- **Soziodemografische Variablen:** Geschlecht, Alter, soziale Schicht, Haushaltsgröße, Wohnort, Einkommen, Zahl und Alter der Kinder, Bildungsniveau, Berufstätigkeit
- **Psychografische Variablen:** Wahrnehmung, Informationsverarbeitung, Aktivierung, Lernen, Emotionen, Motive, Wissen, Einstellungen und Entscheidungsverhalten
- **Geografische Variablen:** Wohnort, Herkunft
- **Verhaltensvariablen:** Mediennutzung, Produktnutzungsintensität, Kauffrequenz, Kaufvolumen, Markentreue, Wahl von Distributionswegen und Einkaufsorten, Preisverhalten und Weiterempfehlungsverhalten

Nennen Sie typische *soziodemografische, psychografische, geografische* und *Verhaltensvariablen*. ZP 402

Orga ✓ Veranstaltungsorganisation/-wirtschaft

ZP 403 Nennen Sie drei *demografische Erhebungsverfahren.*

Man unterscheidet **sozioökonomische Verfahren,** die z. B. Daten zu Beruf, Einkommen usw. erheben von **soziodemografischen Verfahren** (erheben Alter, Geschlecht, Familienstand, Religionszugehörigkeit usw.) und **soziogeografische Ansätze** (z. B. die Aufteilung Deutschlands nach Verortung in die sogenannten Nielsen-Gebiete).

ZP 404 Warum haben *psychografisch ausgerichtete Erhebungen* in der Regel qualitativen und *demografisch ausgerichtete Erhebungen* in der Regel quantitativen Charakter?

- **Psychografisch ausgerichtete Erhebungen** wollen **Einstellungen, Werte und Motivationen** für ein beobachtbares Konsumverhalten bei differenzierten Zielgruppen erforschen. Sie fragen eher danach, warum welche Art von Konsument welche Kaufentscheidungen trifft. Der qualitative Charakter einer zugrundeliegenden Erhebung unterstützt diese Suche nach den Erklärungsversuchen, warum die Dinge so sind, wie sie sich darstellen.

- **Demografisch ausgerichtete Erhebungen** wollen vor allen Dingen **äußerliche Merkmale** wie Alter, Familienstand, Haushaltseinkommen usw. messen, die sich statistisch quantifizieren, also zählen lassen. Aus diesen strukturiert erfassten numerischen Daten lassen sich analytisch bestimmte Erkenntnisse zielorientiert ableiten.

ZP 405 Was sind die sogenannten *Sinus-Milieus?*

Sinus-Milieus sind das Ergebnis einer umfassenden, kombinierten demografischen und psychografischen Erhebung. Sie setzen die **Werteorientierung von Bevölkerungsgruppen in Beziehung zu ihrer sozialen Stellung.** Die Sinus-Milieus sind in einem Diagramm in der sogenannten Kartoffelgrafik dargestellt, das auf der senkrechten Achse die soziale Lage verortet (Oberschicht bis Unterschicht). Auf der horizontalen Achse ist Werteorientierung, also die Grundhaltung und Lebenseinstellung der Bevölkerungsgruppe dargestellt.

ZP 406 Was bedeuten die Begriffe *Primärerhebung* und *Sekundärerhebung?*

- Als **Primärforschung** (auch: Feldforschung/Field Research) wird die Erhebung neuer, bisher nicht erhobener Marktdaten bezeichnet.
- **Sekundärforschung** (auch: Desk Research) beschreibt die Auswertung bereits erhobener Daten.

Vorteile der Primärforschung: Aktualität, Exklusivität, qualitative Genauigkeit, da Fragen auf den konkreten Informationsbedarf ausgerichtet werden können;
Nachteile: Zeitbedarf, Kostenaufwand
Vorteile der Sekundärforschung: geringer Zeitbedarf, geringer Kostenaufwand;
Nachteile: Problem der Vergleichbarkeit, ggf. unzureichende Problemorientierung, Problem der Körnigkeit bzw. Detailliertheit

Zielgruppenorientierte Vermarktung

Man kann in der Marktforschung auf selbst erhobene (interne) und fremd erhobene (externe) Datenbestände zurückgreifen. Betriebsinterne Quellen sind z. B. Umsatz- und Verkaufsstatistiken, Kundendienst- und Service- bzw. Reklamationsauswertungen sowie Vertriebsstatistiken und -berichte. Betriebsexterne Quellen sind z. B. amtliche Statistiken, Erhebungen durch Verbände, Markt- und Media-Studien, Institutsquellen.

Was sind *interne* und *externe* Quellen? (ZP 407)

Drei primäre Marktforschungsmethoden:
1. persönliche Befragung von Besuchern einer Veranstaltung
2. telefonische Befragung von Mitgliedern eines Buchclubs
3. Internetbefragung (online) von Nutzern der Website der Deutschen Bahn

Drei sekundäre Marktforschungsmethoden:
1. Auswertung strukturiert erhobener Daten der GfK (Gesellschaft zur Konsumforschung)
2. vergleichende Auswertung von Daten des Statistischen Bundesamtes
3. vergleichende Analyse von Umsatzstatistiken

Nennen Sie je drei Beispiele für primäre und sekundäre Marktforschungsmethoden. (ZP 408)

- **Pre-Tests** prüfen die Eignung einer geplanten Marketingaktivität **vor der Realisierung**.
- **Post-Tests** dienen der **Überprüfung von bereits realisierten Marketingaktivitäten**.

- Auch bekannt sind die sogenannten **In-between-Tests**, die die **Realisierung von Marketingaktivitäten begleiten** (in der Marketingkommunikation z. B. Recall- und Recognition-Tests).

Wann werden *Pre-* und wann *Post-Tests* durchgeführt? (ZP 409)

In Testmärkten werden durch Feldexperimente Produkte oder Marketingkampagnen auf einem wirklichen Regionalmarkt eingeführt. Untersucht werden dabei Faktoren wie die Produkt- und Preisakzeptanz, konkretes Absatzpotenzial, Werbewirksamkeit und die Wirkung verkaufsfördernder Maßnahmen. Oft werden hierbei verschiedene Preisstellungen (Preispolitik), Produktverpackungen (Produktpolitik) und Werbemittel (Kommunikationspolitik) im konkreten Einsatz getestet. Es gibt regionale und lokale Testmärkte, also z. B. Bundesländer oder Städte.

Was ist ein Testmarkt? (ZP 410)

Veranstaltungsorganisation/-wirtschaft

ZP 411 — Listen Sie die vier wesentlichen *Formen der Datenerhebung* beschreibend auf.

Form	Beschreibung
Markterkundung	qualitative Form der Marktuntersuchung; gelegentliche und unsystematische Erhebung von Informationen; verwendete Methoden: Beobachtung, Kundengespräche, Auswertung Berichte, Nutzung interner Absatzstatistiken; Umfragen enthalten häufig offene Fragen ohne Antwortvorgaben
Marktanalyse	punktuelle Darstellung der Marktsituation zu einem Zeitpunkt zur kurzfristigen Entscheidungsfindung
Marktbeobachtung	erforscht einen Zeitraum mit dem Ziel, umfangreiche aktuelle Marktinformationen auf Anbieter- und Käuferseite zu erhalten
Marktprognose	Vorhersage über künftige Marktentwicklung auf der Grundlage von Marktanalyse und Marktbeobachtung

ZP 412 — Welche *Methoden* werden üblicherweise zur Datenerhebung genutzt?

Üblich sind die **mündliche Befragung, die telefonische oder die schriftliche Befragung.** Je nach Standardisierung (Reihenfolge der Fragen, Anzahl der Fragen, Wortlaut von Fragen und Antwortalternativen) wird zwischen nicht- und teilstandardisierten sowie standardisierten Befragungen unterschieden. Wichtig sind dabei die Befragungsstrategien (z. B. standardisierte Interviews oder freie Gespräche) und die Befragungstaktiken (in Form von direkten, indirekten und offenen Fragen sowie Kontrollfragen). Computergestützte Verfahren nutzen unterschiedliche Verfahren und nennen sich CAPI (Computer-Assisted Personal Interviews), CATI (Computer-Assisted Telephone Interviews) sowie CAWI (Computer-Assisted Web Interviews).

ZP 413 — Was ist eine *Beobachtung*?

Eine **Beobachtung** ist eine **planmäßige Wahrnehmung von Sachverhalten und Verhaltensweisen** durch Personen oder Medien. Man ist dabei nicht auf eine Mitarbeit angewiesen.

ZP 414 — Was ist ein *Experiment*?

In einem **Experiment** wird eine **begründete Annahme überprüft.** Gerne werden hierbei in einer kontrollierten Umgebung gezielte Varianten vergleichend ausprobiert, ausgewertet und verglichen.

Zielgruppenorientierte Vermarktung — Orga

- Bei einem **standardisierten Interview** erfolgt ein **zielorientiertes Gespräch** zwischen Interviewer und einem Interviewten **anhand eines strukturierten Fragebogens**. Standardisiert sind dabei insbesondere das Testverfahren, die Einstellungsskalen und die Persönlichkeitsfragen.
- Bei einem **freien Gespräch** ist das **Thema vorgegeben, Art der Fragen** und der **Fragenverlauf** sind **weitestgehend frei**.

Standardisierte Interviews sind verifizierbarer, einfacher in der Durchführung, schnell auswertbar und gut vergleichbar. Sie sind aber undifferenzierter als das freie Gespräch, weniger spezifisch und ggf. oberflächlich und können nur schwer die Motivationen des Interviewten herausarbeiten.

415 ZP — Wie unterscheiden sich das *standardisierte Interview* und das *freie Gespräch*?

Bei einem **strukturierten Interview** wird die **Struktur durch bestimmte Kernfragen vorgegeben.** Anzahl, Reihenfolge und Wortlaut der Kernfragen und die möglichen Antwortalternativen sind weiterhin fest vorgegeben, selbst formulierte Detailfragen aber erlaubt.

416 ZP — Was ist ein *strukturiertes Interview*?

Eine **Panelbefragung** bezeichnet die **mehrfache und regelmäßige Befragung eines Panels,** d. h. eines **festen Kreises von Personen, Haushalten oder Betrieben.** Als Vorteile lassen sich festhalten:

1. Die Erhebung von vergleichbaren Daten über einen längeren Zeitraum hinweg ermöglicht einen Überblick über Veränderungen und Kontinuitäten im Konsumverhalten potenzieller Kunden.
2. Die erhobenen Daten sind stichfester, da sie nicht punktuell, sondern dauerhaft erhoben wurden.
3. Aus Daten von Panels können z. B. Marktanteile verschiedener Marken ermittelt werden oder sogar die Verschiebung von Marktanteilen.

417 ZP — Nennen Sie drei *Vorteile eines Panels.*

Wer weiß, dass er beobachtet wird, verändert i. d. R. sein Kaufverhalten (dieses wird z. B. gerne rationaler). Solche Veränderungen gehören zum Panel-Effekt, ebenso wie das Over-Reporting (Mehrangaben) bzw. Under-Reporting (Minderangabe bzw. Informationsunterschlagung). Zudem besteht die Gefahr, dass in einer sogenannten Panel-Routine mit fortlaufender Zeit notwendige Daten nur noch sehr ungenau angegeben werden. Panel-Routine und -Effekt erzeugen eine gewisse **Verschlechterung der Repräsentativität der Erhebung.**

418 ZP — Was bezeichnet man als *Panel-Effekt*?

Folgende Fragetypen gibt es: Eisbrecherfragen, Puffer, Überrumplung, Kontrollfragen, Einführungsfragen, Filter, normale Fragen. Man unterscheidet dabei offene und geschlossene Fragen. Weitere Fragenarten sind Multiple-Choice-, also Auswahlfragen und Skalierungsfragen (Antworten werden auf einer Messlatte positioniert). Mittlere Antwortkategorien („neutral" oder „Weiß ich nicht") sollten möglichst weggelassen werden, um Ausweichmöglichkeiten zu minimieren.

419 ZP — Welche *Fragenarten* werden in Fragebögen genutzt?

Orga ✓ Veranstaltungsorganisation/-wirtschaft

ZP 420 Nennen Sie sieben mögliche *Fehler* bei der *Gestaltung eines Fragebogens*.

1. zu viele offene Fragen
2. schlecht zu beantwortende, geschlossene Fragen
3. keine Eisbrecher- oder Einführungsfragen
4. keine Kontrollfragen
5. zu langer und unübersichtlicher Fragebogen
6. zu viele mittlere Antwortkategorien
7. zu viele Ausweichmöglichkeiten

ZP 421 Erstellen Sie eine strukturierte *To-do-Liste* für eine Onlinebefragung.

1. Team zusammenstellen
2. Ziele definieren
3. technische Lösung und Inhalte konzipieren
4. Timing und Projektplan erstellen
5. Fragebogen konzipieren und umsetzen
6. Onlinebefragung durchführen
7. Onlinebefragung auswerten, aufbereiten, präsentieren und dokumentieren
8. Analysen erstellen, Schlussfolgerungen ziehen, Änderungen und Anregungen umsetzen

ZP 422 Fall – Der Getränkehersteller Bad Bull hat durch ein Marktforschungsinstitut folgende Ergebnisse erhalten: Bekanntheit 88 % (Männer 92 %, Frauen 85 %), Sympathie 70 % (Männer 65 %, Frauen 74 %), Kaufbereitschaft 44 % (Männer 20 %, Frauen 66 %) und Kauf 36 % (Männer 16 %, Frauen 47 %). Welche drei *Erkenntnisse* lassen sich *aus diesen Werten* ableiten?

Das Produkt ist sehr bekannt und recht beliebt. Die Bekanntheit und Beliebtheit schlägt sich allerdings nur in mittleren Verkaufsanteilen nieder. Vor allem die Männer zeigen eine niedrige Kaufbereitschaft.

ZP 423 Eine Werbekampagne soll die Kaufbereitschaft verbessern. Mit welchen drei *Maßnahmen* kann die *Kaufbereitschaft am Point of Sale erhöht* werden?

1. auffällige Probierpackungen in zielgruppengemäßer Verpackung inkl. Give-Away, verteilt durch ansprechende Promotoren
2. imageorientierte Präsentation an durchlaufstarken Punkten in Spezial-Displays (Aufstellregalen)
3. Gewinnspiel und Produktprobe in Kooperation mit einer männerorientierten Zeitschrift (Gutschein als Beilage)

Kommunikationsmix

1. Anzahl der Teilnehmer
2. Teilnehmerstruktur (Geschlecht, Alter, sozialer Status, Berufsbild)
3. Herkunft (Land, Region, Unternehmen, Arbeitsbereich, Kultur, Szene)
4. Sprachen
5. Bedürfnisse der Zielgruppe/Wertehorizont
6. Erwartungen/Erfahrungen

Welche sechs Aspekte sind bei der Zielgruppendefinition eines Events zu berücksichtigen? (ZP 424)

2.2.3 Kommunikationsmix

Die Kommunikationspolitik ist ein Maßnahmenkanal im Marketingmix, die den Kontakt zwischen Anbietern und Abnehmern organisiert und zielgerichtet beeinflussen möchte.

Was bedeutet Kommunikationspolitik? (ZP 425)

Die klassische Kommunikationspolitik beinhaltet die Instrumente
- Werbung,
- Public Relation (Öffentlichkeitsarbeit),
- Verkaufsförderung (Handelsmarketing/Sales Promotion) und
- den persönlichen Verkauf (Direktmarketing).

Welche Instrumente beinhaltet die klassische Kommunikationspolitik? (ZP 426)

Neben der bereits genannten klassischen Werbung, der Public Relation, der Verkaufsförderung und dem Direkt- bzw. Dialogmarketing werden heutzutage das Sponsoring, das Onlinemarketing, das Eventmarketing inkl. Messeauftritte und moderne Kategorisierungen, wie das Product-Placement, das Mobile-Marketing, das Social-Media-Marketing, das virale Marketing und das Guerillamarketing in den Kommunikationsmix einbezogen.

Welche Instrumente werden der modernen Kommunikationspolitik zugeordnet? (ZP 427)

Gründe für die wachsende Differenzierung innerhalb des Kommunikationsmix liegen einerseits in der Entwicklung innovativer Instrumente und in der gewachsenen Notwendigkeit, effektiv aufeinander abgestimmte Kommunikationswege zu nutzen, um für den potenziellen Kunden Kaufanreize zu schaffen. Einkanalige Zielgruppenansprachen wirken in Zeiten übersättigter Kommunikationsgewohnheiten und medienkompetenter Kunden nicht mehr ausreichend. Die Kommunikationsinstrumente sollen, wie die Musikanten in einem Sinfonieorchester, miteinander harmonieren, um die Ziele der Kommunikationspolitik und somit die Unternehmensziele effektiv verfolgen zu können. Die Instrumente der Kommunikationspolitik sind dabei so zu planen, zu steuern und zu kontrollieren, dass sich ein optimal wirkender Kommunikationsmix ergibt.

Nennen Sie Gründe für die wachsende Differenzierung von Kommunikationselementen. (ZP 428)

Orga ✓ Veranstaltungsorganisation/-wirtschaft

429 Was bedeutet die *Linie* im *Above-the-line-* und im *Below-the-line-Modell?*

In (durchaus als veraltet zu betrachtenden) Modellauslegungen, in denen i. d. R. die klassische Werbung above, also über einer Linie und die weiteren Kommunikationskanäle below the line angeordnet werden, wird diese Linie unterschiedlich interpretiert. Sie kann dabei sowohl als Budget- als auch als Wahrnehmungslinie betrachtet werden.
Heutzutage wird eine nicht hierarchische Anordnung der Kommunikationsinstrumente im Kommunikationsmix präferiert, z. B. als kreisförmige oder mobileartige Anordnung. Man geht heute davon aus, dass alle Kommunikationskanäle in dosierter und gerichteter Anwendung für spezifische Produkte und Kommunikations- bzw. Marketingziele angerichtet werden sollten. Die klassische Werbung dürfte dabei zwar noch häufig vor allem bei endkundenorientierten Massenprodukten die wichtigste und budgetstärkste Säule darstellen, doch heutzutage i. d. R. mit umfangreichen Maßnahmen aus allen weiteren Kanälen angereichert werden.

430 Nennen Sie je ein Argument dafür, dass in einigen Modellen PR below, in anderen above the line eingeordnet wird.

- **Below:** PR wird im Gegensatz zur klassischen Werbung vom Verbraucher nicht unbedingt als Werbung wahrgenommen, wirkt also unter der Oberfläche.

- **Above:** In fast jedem Unternehmen ist die Presse- und Öffentlichkeitsarbeit schon immer ein wichtiger und damit ein klassischer Bestandteil der Unternehmenskommunikation.

431 Was bedeuten die Begriffe *Kommunikationsmix* und *integrierte Kommunikation?*

Kommunikationsmix und integrierte Kommunikation (neu: vernetzte Kommunikation) sind im Grunde synonyme Begriffe. Integrierte Kommunikation ist die strategische und konkrete Abstimmung aller Kommunikationsmaßnahmen aufeinander, d. h., die richtige Dosis zum richtigen Zeitpunkt in der richtigen Ausprägung und Form. Integrierte Kommunikation ist einfach zu erklären, aber nicht ganz so leicht zu machen. Es bedeutet, die Kommunikationsmaßnahmen zu vernetzen, zu verzahnen, sich befruchten zu lassen, aufeinander abzustimmen. Dabei werden z. B. die Kommunikationsstrategie und das Corporate Design in ein Marketing-Event eingebettet.

432 Nennen Sie ein typisches Beispiel für eine wirkungsvolle Maßnahme der integrierten Kommunikation.

Ein griffiges Beispiel ist die Kampagne „Der Coca Cola Weihnachts-Truck". Die Basis bildet hier eine verkaufsfördernde Maßnahme am Point of Sale als Roadshow. Vor Ort ist der Veranstaltungsablauf durch das Bühnengeschehen als Eventmarketing zu kategorisieren. Promotoren gehen mit Dialogmarketingmethoden auf die Besucher zu. Gleichzeitig wird die Kampagne in die klassische Werbung gestellt. Durch Mund-zu-Mund-Propaganda werden die fahrenden Fahrzeuge öffentlich thematisiert. Im Internet kann sowohl der Tourneeplan eingesehen werden, weiterhin sind eine virtuelle Begehung und ein Livestream vom jeweiligen Standort zu sehen. Social Media-Maßnahmen via Facebook verankern die Aktion in der interessierten Onlinecommunity.

Kommunikationsmix

Events sind i. d. R. im Eventmarketing und in der Messeinszenierung verortet. In der PR werden zudem Pressekonferenzen, Hauptversammlungen und VIP-Events veranstaltet. In der Verkaufsförderung werden gerne Promotion-Aktionen in Eventform eingesetzt oder Tage der offenen Tür organisiert. Auch das Sponsoring ist ein eventmäßiges Betätigungsfeld; so werden hier gerne Sport- oder Musikveranstaltungen als Kommunikationsobjekt genutzt.

Wo sind in der Kommunikationspolitik Events verortet? (ZP 433)

Corporate Identity

Übersetzt bedeutet **CI Unternehmensidentität oder -persönlichkeit.** Es handelt sich um das Selbstverständnis eines Unternehmens, das im Innen- und Außenverhältnis einheitlich kommuniziert und in einzuhaltenden Leitlinien bzw. einem Leitbild – manchmal einer Firmenphilosophie – festgelegt wird. Übergeordnetes Ziel einer CI ist die Erzeugung einer **unverwechselbaren Unternehmensidentität** als Wiedererkennungswert und Wettbewerbsvorteil. Die CI setzt sich aus folgenden Teilen zusammen:

- **Corporate Design** (Erscheinungsbild des Unternehmens): visuelle Identität; sämtliche Gestaltungselemente im Erscheinungsbild eines Unternehmens; einheitliche Gestaltung von Firmennamen, -zeichen, -farben, Logo, Geschäftspapier, Prospekten, Symbolen, Formularen, Visitenkarten, Messeständen, Architektur, Fahrzeugen, Produkten, Kleidungsordnung usw.; Gestaltungsrichtlinien werden in großen Unternehmen in einem Design-Handbuch (Manual, auch: Style Sheet) festgehalten.
- **Corporate Communications** (interne und externe Kommunikation des Unternehmens): extern betrachtet handelt es sich um die abgestimmte Werbung, PR, Verkaufsförderung und das Sponsoring, Eventmarketing; intern um die Mitarbeiterkommunikation, z. B. Zeitung, Intranet, Aushänge.
- **Corporate Behaviour** (Kommunikation des Unternehmens): Verhaltensweisen/-anweisungen der Mitarbeiter eines Unternehmens, sowohl untereinander als auch gegenüber Kunden, Verbrauchern und Lieferanten.

Was bedeutet *Corporate Identity (CI)* und aus welchen Komponenten setzt sie sich zusammen? (ZP 434)

AIDA bedeutet Kommunikation mit folgendem gewünschten Ablauf: **A**ttention (Aufmerksamkeit), **I**nterest (Interesse), **D**esire (Wunsch) und **A**ction (Aktion).

Werbung

Was bedeutet die *AIDA-Formel?* (ZP 435)

Die klassische Werbung als häufig budgetstärkster Kommunikationskanal umfasst die Maßnahmen zur Beeinflussung von Kaufentscheidungen mithilfe von Massenkommunikationsmitteln in verschiedenen Medien – i. d. R. durch Printanzeigen, Kino- und TV-Spots und Radiospots – sowie in der Außenwerbung mit der Broschüren- und Flyer-Verteilung. Klassische Werbung wird durch die Mediaplanung konkretisiert.

Beschreiben Sie die *klassische Werbung/Mediaplanung.* (ZP 436)

Orga ✓ Veranstaltungsorganisation/-wirtschaft

ZP 437 — Nennen Sie vier *Werbegrundsätze*.

1. Werbewahrheit
2. Werbeklarheit
3. Werbewirksamkeit
4. Wirtschaftlichkeit

ZP 438 — Nennen Sie vier *grundlegende Werbearten*.

1. Einführungswerbung (ein Produkt wird bekannt gemacht)
2. Expansionswerbung (soll eine Umsatzsteigerung bewirken)
3. Erhaltungswerbung (soll den bisherigen Umsatz sichern)
4. Reduktionswerbung (soll Umsätze zeitlich verlagern)

ZP 439 — Was bedeutet *Public Relations*?

Public Relations (PR) oder Presse- und Öffentlichkeitsarbeit bedeutet, die **Beziehungen zur Öffentlichkeit zu pflegen und zu beeinflussen.** PR kann dabei mittelbar und unmittelbar wirken und extern oder intern ausgerichtet sein.

Durch PR wird ein Unternehmen i. d. R. in eine Botschaft verwandelt und der für das Unternehmen oder das Produkt relevanten Zielgruppe möglichst effizient vermittelt.

440 — Nennen Sie fünf *typische PR-Ziele*.

1. Informationen und Informationsmehrwert
2. Glaubwürdigkeit
3. Akzeptanz
4. Dialogbereitschaft
5. Offenheit und Vertrauen

PR

441 — Was unterscheidet *PR* von *Werbung*?

Trotz der heute üblichen engen Vernetzung mit PR-Maßnahmen ist die Werbung doch zur PR abzugrenzen. Während Werbung (und auch die Verkaufsförderung) i. d. R. auf die Profilierung, Aktivierung und den möglichst direkten Absatz von Dienstleistungen oder Produkten gerichtet ist, besteht die Aufgabe der Öffentlichkeitsarbeit meistens darin, über das Unternehmen zu informieren und auf diese Weise eine Vertrauensgrundlage zu schaffen. Die Kernaufgabe von Public Relations ist die Profilierung, d. h. der Imageaufbau. Eine weitere Abgrenzung zur klassischen Werbung liegt darin, dass sich die PR häufig mit dem Unternehmen als Ganzes beschäftigt, während man sich in der klassischen Werbung i. d. R. auf spezifische Produkte und Leistungen bezieht.

442 — Listen Sie zehn *Beispiele für typische PR-Maßnahmen* auf.

1. Medien-/Pressearbeit inklusive Pressekonferenzen
2. persönliches Gespräch mit Vertretern der Zielgruppen
3. Mitteilungen, Informationsblätter und Rundschreiben, Prospekte, Broschüren
4. Einladungen zu Veranstaltungen, Feiern aller Art (z. B. zu Jubiläen), Tag der offenen Tür
5. Informationsschriften über die Institution (z. B. Jahresbericht, Leistungsbericht), Informationsfilme und Videos, CD-ROM, Internetangebot (Homepage)

Kommunikationsmix

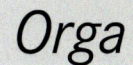

6. Einladung der Vertreter von Zielgruppen zu Ehrungen, Feierstunden
7. Sitzungen, Seminare (mit Einladungen an externe Teilnehmer)
8. Teilnahme an Messen
9. PR-Anzeigen, PR-Werbespots
10. Lobbyarbeit, Mitwirkung in gesellschaftlichen, sozialen und politischen Gremien, Kamingespräche

---

443 Nennen Sie sieben typische *Anlässe für PR-Maßnahmen*.

1. Vorstellung wichtiger neuer Konzepte, Projekte, Planungsvorhaben
2. Erläuterung der Ergebnisse beispielsweise von Fachtagungen, Kongressen, Messen, Konferenzen, internationalen Begegnungen, Vertragsabschlüssen
3. Eröffnung, Einweihung neuer Einrichtungen, Produktionsstätten, Behörden
4. ein rundes Firmenjubiläum, das mit Neuerungen verbunden ist
5. Präsentation eines Abschlussberichtes oder der Jahresschlussbilanz
6. Reaktion auf falsche Berichte oder Gerüchte, kontroverse Diskussionen in der Öffentlichkeit zu bedeutsamen Entscheidungen
7. Krisen, z. B. Massenentlassungen, Brand, schwere Unfälle, Umweltschäden

---

444 Beschreiben Sie fünf *typische Funktionen von PR*.

1. **Informationsfunktion:** Informationen über das Unternehmen werden an eine öffentliche Zielgruppe übermittelt, um Verständnis zu wecken und Vertrauen zu erzeugen.
2. **Imagefunktion:** Ein gezieltes Vorstellungsbild wird kommuniziert, um ein entsprechendes Urteil der Öffentlichkeit aufzubauen und zu pflegen.
3. **Führungsfunktion:** Mit der Öffentlichkeit wird kommuniziert, um die Positionierung des Unternehmens auf dem Markt zu beeinflussen.
4. **Kommunikationsfunktion:** der Aufbau und die Pflege von Kontakten und Beziehungen zu den relevanten Zielgruppen der Öffentlichkeit
5. **Existenzerhaltungsfunktion:** die glaubwürdige Darstellung der Notwendigkeit des Unternehmens für die Öffentlichkeit

---

445 Nennen Sie acht PR-Aufgabenfelder laut Deutscher Gesellschaft für Public Relations (DPRG).

1. Human Relations (Mitarbeiter)
2. Media Relations (Vertreter journalistischer Massenmedien)
3. Public Affairs (Lobbyarbeit: Mandatsträger und „Entscheider" in Politik und öffentlicher Verwaltung)
4. Investor Relations (Kreise mit Kapital-Interesse)
5. Community Relations (Anwohner, nachbarschaftliches Umfeld)
6. Produkt-PR (Nutzer und potenzielle Nutzer von Produkten und Dienstleistungen)
7. Social- oder Öko-Relations (Diskurs um Umwelt-Normen und Werte)
8. Krisen-PR (kritische Kommunikationssituationen)

Orga ✓ Veranstaltungsorganisation/-wirtschaft

446 Nennen Sie zehn typische *Anlässe für eine Pressekonferenz.*

Die Pressekonferenz ist neben der Pressemitteilung und Pressebemusterung ein klassisches Werkzeug in der Medienarbeit. Zu dieser Veranstaltung lädt man gezielt die Medien- und Pressevertreter ein, die über aktuelle und wichtige Ereignisse und Entwicklungen berichten sollen. Typische **Anlässe zu einer Pressekonferenz können sein:**

1. Vorstellung wichtiger neuer Konzepte, Projekte, Planungsvorhaben
2. Erläuterung der Ergebnisse von z. B. Fachtagungen, Kongressen, Messen, Konferenzen, internationalen Begegnungen, Vertragsabschlüssen
3. Eröffnung, Einweihung neuer Einrichtungen, Produktionsstätten, Behörden
4. bevorstehende Schließung oder Auflösung von Einrichtungen, Produktionsstätten, Behörden
5. rundes Firmenjubiläum, das mit Neuerungen verbunden ist
6. Fusionierung, Kooperationsabkommen, Beteiligungen, Firmenkäufe, Zusammenlegung von Behörden
7. Präsentation eines Abschlussberichtes oder einer Jahresschlussbilanz
8. Einführung eines neuen Führungskonzeptes, Vorstände präsentieren ihre Arbeitsvorhaben
9. Maßnahmenkatalog als Reaktion auf tiefgreifende landesweite, wirtschaftliche Entscheidungen (z. B. Arbeitsplatzsicherung)
10. Krisen (z. B. Massenentlassungen, Brand, schwere Unfälle, Umweltschäden), Streiks

447 Was müssen Sie bei der *Vorbereitung einer Pressekonferenz* beachten?

Terminierung (ideal: Dienstag–Donnerstags 10:00–12:00 Uhr), Veranstaltungsort/-rahmen, Räumlichkeiten/Ausstattung, Technik, Dekorations-/Gestaltungsmittel, Podiumsteilnehmer, Journalistenprofile, Pressemappe, Pressegeschenk, Ausschnittdienst, Organisations-/Hilfsmittel, Catering

Dialogmarketing

448 Welche Maßnahmen umfasst das *Dialogmarketing?*

Zum **Dialogmarketing** zählen **alle Instrumente**, mit denen **Zielgruppen persönlich** und **interaktiv angesprochen werden** können. Die bekanntesten Formen sind Telefonmarketing, Kundenbesuche oder direkte Mitteilungen via Post, Fax oder E-Mail. Direktkommunikation überschneidet sich teilweise mit Instrumenten der Verkaufsförderung.

449 Welchen Zweck hat das *Gesetz gegen den unlauteren Wettbewerb (UWG) und für wen gilt es?*

Das **Gesetz gegen den unlauteren Wettbewerb (UWG)** regelt Unterlassungs-, Schadenersatz-, Beseitigungs-, Gewinnabschöpfungs- und Auskunftsansprüche im Geschäftsverkehr und gilt vor allem für die anbietenden, gewerblichen Marktteilnehmer.

Kommunikationsmix — Orga

§ 1 UWG definiert den gesetzlichen Schutzzweck: Marktteilnehmer, Mitbewerber und Verbraucher sollen vor unlauterem Wettbewerb geschützt werden und dabei dem Interesse der Allgemeinheit an unverfälschtem Wettbewerb Rechnung getragen werden.

§ 2 UWG definiert eine Wettbewerbshandlung als jede „Handlung mit dem Ziel der Förderung des eigenen oder fremden Absatzes oder Bezugs von Waren oder Dienstleistungen".

§ 3 UWG enthält die neue Generalklausel, die jede unlautere Wettbewerbshandlung verbietet.

Regelungen zu Wettbewerbshandlungen werden z. B. aufgeführt in:

§ 4 UWG: unsachliche Beeinflussung, Ausnutzung der geschäftlichen Unerfahrenheit oder einer Zwangslage, Angstwerbung, Verkaufsförderung durch Gewinnspiele, getarnte Werbung (Schleichwerbung), Herabsetzung des Konkurrenten, ergänzender wettbewerbsrechtlicher Leistungsschutz, Rechtsbruch

§ 5 UWG: irreführende Werbung

§ 6 UWG: vergleichende Werbung

§ 7 UWG: unzumutbare Belästigung (z. B. unaufgeforderte Telefonwerbung, unangeforderte Mail)

In weiteren Paragrafen werden Irreführung durch unwahre Angaben, Schneeballsysteme, Geheimnisverrat (einschließlich Verleiten und Erbieten hierzu) und Vorlagenmissbrauch geregelt.

450 Nennen Sie je fünf *Marketing- oder Vertriebsmaßnahmen,* die im Wettbewerb unter Geschäftskunden sowie gegenüber Endkunden *laut UWG verboten oder Einschränkungen unterworfen* sind.

Das **„Gesetz zur Bekämpfung unerlaubter Telefonwerbung und zur Verbesserung des Verbraucherschutzes bei besonderen Vertriebsformen"** ist seit August 2009 in Kraft. Ein Anlass dazu waren Beschwerden von Verbrauchern über unerwünschte Werbeanrufe sowie unseriöse Methoden bei telefonischen Vertragsabschlüssen.

Einige wichtige Regelungen sind: vorherige ausdrückliche Einwilligung des Verbrauchers für Werbeanrufe nötig, Rufnummernunterdrückung unzulässig, Erweiterung der Widerrufsrechte auf telefonisch abgeschlossene Verträge über Abonnements von Zeitungen, Zeitschriften und Illustrierten sowie über Wett- und Lotteriedienstleistungen, Kündigungen müssen mindestens in Textform vorliegen, Adresshandel mit Daten nur nach schriftlicher Einwilligung durch den Betroffenen, höhere Geldbußen bei Verstößen

451 Nennen Sie fünf wichtige Regelungen zum *Schutz des Verbrauchers* aus dem *Gesetz gegen unerlaubte Telefonwerbung.*

VKF

Zur **Verkaufsförderung,** auch Handelsmarketing oder Salespromotion genannt, zählen **ergänzende, zeitlich punktuell eingesetzte Instrumente,** die den **Absatz stimulieren** sollen, häufig direkt am Point of Sale (POS, Verkaufspunkt). Die Verkaufsförderung umfasst Maßnahmen und Methoden zur Unterstützung des Verkäufers, zur Förderung des Hinein- und Hinausverkaufs im Handel und zur sofortigen Auslösung des Kaufentscheids am Ein- und Verkaufsort. Sie wendet sich nicht immer direkt an den Endverbraucher, sondern informiert und motiviert auch den Verkaufs- und Handelsbereich.

452 Was bedeutet *Verkaufsförderung* (Salespromotion/ Handelsmarketing)?

Orga — Veranstaltungsorganisation/-wirtschaft

453 Was bedeuten die Begriffe *Pull- und Push-Strategie?*

- **Pull-Strategie** bedeutet, durch eine starke Beeinflussung der Endverbraucher eine Endverbrauchernachfrage nach dem betreffenden Produkt zu erzeugen, die den Handel dazu nötigt, das Produkt in sein Sortiment aufzunehmen.
- Bei der **Push-Strategie** setzt der Hersteller mit seinen Maßnahmen direkt beim Handel an und versucht, diesen dazu zu bewegen, das Produkt zu listen bzw. zu bestellen. Über den Handel soll das Produkt zum Verbraucher gebracht werden.

454 Nennen Sie Beispiele für die fünf typischen *Ebenen der Verkaufsförderung.*

1. **Herstellerebene/Vertriebsebene (Staff Promotion – Herstellerpromotion/Verkaufspromotion):** Zielgruppe sind die Außendienstmitarbeiter des Herstellers bzw. die Außendienstmitarbeiter eines Unternehmens. Der Vertriebsinnen- und -außendienst wird informiert, geschult, unterstützt und motiviert durch Verkaufstrainings, Produktkataloge, Verkaufstagungen, Incentives, Verkaufshandbücher, Auszeichnungen.
2. **Handelsebene (Trade/Sales Promotion – Handelspromotion):** Der Groß- bzw. der Einzelhandel wird informiert, geschult, unterstützt und motiviert durch Händlerschulungen, Produktpräsentationen, Warenplatzierungen, Incentives, Schaufenstergestaltungen, POS-Radio/TV, Werbegeschenke, Preisaktionen, Regalmieten (Rack Jobbing).
3. **Endverbraucherebene (Consumer Promotions – Verbraucherpromotion):** Verbraucher sollen auf ein Produkt aufmerksam gemacht werden mithilfe von Displays, Produktproben, Preisausschreiben, Befragungen, Sonderaktionen, Coupons, Events am POS. Man unterscheidet gerne in Preis-Promotions (z. B. Sonderangebote, Sonderpackungen, Coupons, Treueaktionen, Rabatte, usw.) und Nicht-Preis-Promotions (z. B. Handzettel, Beilagen, Displays, Warenproben, Gewinnspiele, usw.).
4. **Hineinverkaufsmaßnahmen:** z. B. Rabatte, Werbekostenzuschüsse (WKZ), Schulungen des Handels
5. **Hinausverkaufsmaßnahmen (auch POS-, POP- oder Merchandising-Aktivitäten genannt):** Einsatz von Displays (auffällige Regale), Verkaufsdamen, Funkdurchsagen, Plakaten, Fenster- oder Türaufklebern

455 Listen Sie typische *Verkaufsförderungsmaßnahmen nach Meffert* auf.

Zielgruppe	Information	Motivation	Schulung/Training	Verkauf
Verkaufsorganisation	Verkäuferbriefe, Verkäuferinformationen, Verkäuferzeitungen	Entlohnung und Prämiensysteme	Tonbildschauen, Filme/Videos, Ausbildung zum Verkaufsberater	Sales Folder, Argumentationshilfe, Testergebnisse, Hostessen, Dekorateure, Verkaufshandbuch
Absatzmittler	Verkaufsbriefe, Anzeigen/Beilagen, Handelsmessen/Fachausstellungen, Info-Zentrale	Wettbewerbe/Preisausschreiben, Gadgets (Beigaben), Sonderkonditionen, Partneraktionen	Handelsseminare	Sonder-/Zweitplatzierungen, Displays, Sonderaktionen

Kommunikationsmix — Orga

Zielgruppe	Information	Motivation	Schulung/Training	Verkauf
Konsumenten	Handzettel, Prospekte, Verbraucherzeitung, Bedienungsanleitung Werksbesichtigungen, Verbraucherausstellungen	Preisausschreiben, Gewinnspiel, Sonderaktionen (Shows), Muster/Warenproben	Lehrveranstaltung	Rabatte/Sonderkonditionen, Zugaben/Gutscheine, Sell-Liquidating-Offers, Produkte mit Zusatznutzen

Sponsoring

Sponsoring umfasst **systematische Aktivitäten eines Unternehmens** zur **Förderung von Personen, Firmen oder Organisationen mithilfe von Finanzmitteln, Sachleistungen oder Diensten.** Meist ist es das Ziel des Sponsors, eine bestimmte Zielgruppe anzusprechen und sein von der Zielgruppe wahrgenommenes Image zu pflegen. Als Gegenleistung wird von der gesponserten Partei i. d. R. Werbung des Sponsors in der Öffentlichkeit präsentiert. Beim Sponsoring herrscht das Prinzip der Gegenseitigkeit (Leistung und Gegenleistung). Typische Ziele des Sponsors sind die direkte Zielgruppenansprache und die Verankerung des wahrgenommenen Images.

456 Definieren Sie den Begriff *Sponsoring*.

- Sportsponsoring (Sponsoring von sportlichen Aktivitäten)
- Kultursponsoring (Sponsoring von kulturellen Aktivitäten, auch Live-Events)
- Umweltsponsoring, auch Social- oder Ökosponsoring (Sponsoring von nachhaltigen, umweltorientierten Aktivitäten)
- Social Sponsoring (Sponsoring von gesellschaftlichen Aktivitäten)
- Verbandssponsoring (auch zur Lobbyarbeit)
- Wissenschaftssponsoring
- Programmsponsoring (Sponsoring von TV-Formaten)

457 Nennen Sie typische *Sponsoringformen*.

1. Klare Darstellung der Ziele und Zielgruppen des Veranstalters
2. Darstellen der Akzeptanz von Sponsoring bei den Zielgruppen
3. Herausarbeiten des Mehrwerts für den Sponsor, Skizzieren glaubwürdiger Darstellungsformen
4. Aufzeigen der möglichen Positionierung im Marketingmix des Sponsors
5. Aufzeigen der konkreten Nutzungsmöglichkeiten für den Sponsor, z. B. Platzierung von Logos in Printwerbung, Flyern und Plakaten
6. konkrete Darstellung möglicher Banner- und Bandenwerbung, Verlinkungen und weitere Möglichkeiten der Präsenz im Internet

458 Listen Sie sechs *Argumente zur Gewinnung potenzieller Sponsoren* auf.

Orga ✓ Veranstaltungsorganisation/-wirtschaft

459 *Wo können Sponsoren üblicherweise eingebaut werden?*

Videoausstrahlung, Werbetrailer, Beamer (Leinwände), Werbedurchsagen, Freikarten, Personalausstattung, Werbestand, Produktpräsentation, Einbindung in Pressearbeit, Bannerwerbung (Internet/Outdoor/Indoor), Bandenwerbung, Logo/Texteinbindung in Einladungen/Flyer/Plakate und auf Tickets, Mediaplanung: Radio-Fernsehwerbung (regional), Pressearbeit, Anzeigenwerbung, Verlinkungen, Einladungen, Außenwerbung, Plakatwerbung

460 *Wodurch kennzeichnet sich das Sport-Sponsoring?*

Sport-Sponsoring ist eine Art des Sponsorings, die auf die **Förderung von Sportarten, Sportveranstaltungen, Mannschaften und Einzelsportlern** zielt. Das Sport-Sponsoring ist derzeit noch die häufigste Form des Sponsorings. Insbesondere die Vermarktung von Fußballspielen, Formel-1-Rennen und sportlichen Turnieren hat zu hochfrequentierten Sponsoring-Aktivitäten geführt. Die Sponsoren profitieren von der hohen Aufmerksamkeit und der breiten Zielgruppe der Sportveranstaltungen, die sie für ihre Kommunikationsmaßnahmen nutzen.

ZP 461 *Was ist eine Werbekooperationen bzw. Präsentationspartnerschaft?*

In Abgrenzung zum Sponsoring handelt es sich bei einer **Werbekooperation** um den **Austausch von Ressourcen,** i. d. R. im Rahmen der angestrebten Schaffung einer kommunikativen Win-Win-Situation. Ein typisches Modell der Werbekooperation ist die Präsentationspartnerschaft eines Medienpartners für eine Veranstaltung, i. d. R. einer lokalen oder überregionalen TV- oder Radiostation, einer Stadtzeitung oder einer Website.

462 *Was ist der Unterschied zwischen Sponsoring und einer Werbekooperation?*

- **Sponsoring** umfasst systematische Aktivitäten eines Unternehmens zur Förderung von Personen, Firmen oder Organisationen mithilfe von Finanzmitteln, Sachleistungen oder Diensten. Meist ist es das Ziel des Sponsors, eine bestimmte Zielgruppe anzusprechen und sein von der Zielgruppe wahrgenommenes Image zu pflegen. Als Gegenleistung wird von der gesponserten Partei i. d. R. Werbung des Sponsors in der Öffentlichkeit präsentiert.
- In Abgrenzung zum Sponsoring werden bei einer **Werbekooperation** bereits vorhandene Ressourcen getauscht.

463 *Was bedeutet der Begriff Fundraising?*

Fundraising umfasst einerseits die **Beschaffung von Spendengeldern,** andererseits kann es die Mittelbeschaffung aller von einer Organisation für die Erfüllung ihres gemeinnützigen Satzungszwecks benötigten Ressourcen im Rahmen des Beschaffungsmarketings einer Nonprofit-Organisation bezeichnen. Fundraising unterscheidet sich von Sponsoring dadurch, dass der Mittelgeber keine Gegenleistung erhält.

Kommunikationsmix ✓ *Orga*

Mäzenatentum bezeichnet eine Form der Kunstförderung, bei der der Mäzen i. d. R. im Hintergrund und häufig ungenannt sowie ohne direkte Interessen Geldmittel zur Verfügung stellt.

Was macht ein *Mäzen?* **464**

Begriffe

Kernaufgabe ist i. d. R. die **Erstellung eines Internetauftrittes.** Die multimediale Kommunikation umfasst jedoch neben den kommunikativen Maßnahmen im Internet und dem Intranet eines Unternehmens auch alle weiteren multimedialen Interaktionsmaßnahmen, z. B. das Social Media-Marketing (Ansprache von Zielgruppen über Onlineaktivitäten und Onlinecommunities).

Welche Maßnahmen umfasst das *Onlinemarketing?* **465**

Product-Placement ist die **Integration eines Produkts, Namens, einer Verpackung oder eines Firmenlogos in Medien** wie TV, Kino, Games oder auch bei Events gegen Entgelt. Früher auch Schleichwerbung genannt, ist das Product-Placement seit 2010 in Deutschland in TV und Kino erlaubt, wenn es gekennzeichnet eingesetzt wird.

Was bedeutet *Product-Placement?* **466**

Guerilla-Marketing bezeichnet die mit einem sehr **kleinen Etat** genutzten **kreativen und effektiven Absatz- oder Kommunikationskanäle** mit oft fließenden Grenzen zu kontroversen oder irreführenden Methoden.

Was bedeutet der Begriff *Guerilla-Marketing?* **467**

Virales Marketing nutzt bereits existierende soziale Netzwerke und Medien, um Aufmerksamkeit auf Marken, Produkte oder Kampagnen zu lenken, indem Nachrichten sich epidemisch, wie ein seuchenhafter Virus ausbreiten. Die Urform ist die Mundpropaganda. Vor allem im Internet funktioniert die virale Verbreitung von Marketingbotschaften.

Was ist *virales Marketing?* **468**

Mobile Marketing bezeichnet Absatz- und Kommunikationsformen, die das Handy oder mobile Computer inkl. Tablet-PC-Lösungen und PDAs nutzen (SMS-Aktionen, Vermarktung von Klingeltönen usw.).

Was ist das sogenannte *Mobile Marketing?* **469**

Bartering bedeutet ursprünglich Tauschhandel. In unserer Branche wird der Begriff vielschichtig gebraucht, z. B. werden Kooperationsgeschäfte im Benefiz- oder Non-Profit-Bereich gerne als Bartering-Geschäfte bezeichnet, gerne auch Absprachen im Bereich Sachsponsoring. Medienkooperationen gelten z. B. dann als Bartering, wenn sogenannte Kompensationsgeschäfte verabredet werden (ein Radiosender präsentiert ein Festival, dafür erhält der Festivalanbieter einen gewissen kostenfreien Werberaum und das Radio gewisse Präsentationsflächen sowie Aufzeichnungsrechte usw.). Im Vertriebsbereich wird als Bartering z. B. der indirekte Tausch von Waren bezeichnet.

Was ist *Bartering?* **470**

Orga ✓ Veranstaltungsorganisation/-wirtschaft

471 Was ist Endorsement?

To endorse heißt eigentlich fürsprechen bzw. unterstützen. Endorsement nennt man in der Musikbranche die **Bindung eines Musikers** (dem sogenannten Endorser) **z. B. an einen Instrumentenhersteller.**

472 Was ist ein Testimonial?

Testimonial bedeutet im Englischen Referenz oder Zeugnis. In der Werbung ist hierbei eine – häufig **durch eine bekannte** oder auch erfundene **Persönlichkeit** – inszenierte **Fürsprache zur Erhöhung der Glaubwürdigkeit der Werbebotschaft** für ein Produkt, eine Dienstleistung, eine Idee oder Institution gemeint. Dabei bezieht sich der Begriff im deutschen Sprachraum sowohl auf die werbende Person als auch auf die Werbeaussage (ein Testimonial wird abgelegt).

2.2.4 Veranstaltungsmarketing: Werbe- und Mediaplanung

473 Was bedeutet Mediaplanung?

Mediaplanung ist ein operativ agierender Marketing-Bereich, der dem Pfeiler Kommunikationspolitik zugeordnet wird. Mediaplanung bezeichnet den Vorgang der **Buchung** bzw. des **Einkaufs von Werbezeiten.** Ein Mediaplan wird auch gerne als Werbeplan bezeichnet. Mediaplanung beantwortet die Frage, zu welcher Zeit mit welcher Frequenz Anzeigen, Werbespots und PR-Beiträge geschaltet werden; häufiges Prinzip: Maximalprinzip (maximale Wirkung bei gegebenem Budget).

Mediamix

474 Was bedeutet Mediamix?

Mediamix ist ein wesentlicher Teil der Mediaplanung und bezeichnet die **aufeinander abgestimmte Auswahl von Werbeträgern.** Werbemaßnahmen werden in Medien zeitlich gestaffelt und abgestimmt im Rahmen einer Werbekampagne mit dem Ziel eingesetzt, eine möglichst optimale Wirkung zu erzielen. Dabei sollten folgende Fragen beantwortet werden: Wer soll erreicht werden? In welchen Medien soll geworben werden? An welcher Stelle soll in einem Medium geworben werden? Wann soll geworben werden? Wie lange soll geworben werden? Mit welchen Unterbrechungen soll geworben werden? Wie stark soll geworben werden? Welches Budget wird benötigt?

475 Was machen Mediaplaner oder Mediaagenturen?

- **Mediaplaner arbeiten im Unternehmen selbst,** in einer klassischen Full-Service-Werbeagentur oder in einer Mediaagentur (eine auf den Einkauf von Werberaum, -fläche und -zeit spezialisierte Werbeagentur).

- **Mediaagenturen planen den Werbeplatzbedarf** eines Unternehmens für ein Produkt/eine Marketingkampagne und kaufen im Auftrag des Unternehmens Werbeplätze in TV, Radio, Internet, Printmedien usw.

Veranstaltungsmarketing: Werbe- und Mediaplanung ✓ *Orga*

Im Rahmen der Mediaplanung werden die Werbeträger einer Werbekampagne mithilfe der **Intermediaselektion (Auswahl der Werbeträger)** und der **Intramediaselektion (Auswahl zwischen Werbeträger A und B)** ausgewählt. Die Auswahl des Werbeträgers ist abhängig von der Effizienz der Zielgruppenansprache bezüglich der Reichweite, des zur Verfügung stehenden Zeitrahmens und dem zur Verfügung stehenden Budget.

476 Was bedeutet der Begriff *Inter- bzw. Intramediaselektion?*

- **Werbeträger** sind Medien, auf oder in denen Werbung geschaltet oder gedruckt wird.
- Ein **Werbemittel** transportiert über einen Werbeträger eine Werbebotschaft zur Zielgruppe.
- **Werbeelemente** sind die konkreten Bestandteile eines Werbemittels.

477 Grenzen Sie *Werbeträger*, *Werbemittel* und *Werbeelemente* voneinander ab.

Printmedien: Zeitung/Zeitschrift (Tageszeitung, Wochenzeitung, Anzeigenblatt, Illustrierte, Publikumszeitschrift, Programmzeitschrift, Beilagen, Fachzeitschrift, Magazin), Katalog, Branchenbuch, Buch.
Außenwerbung: Plakat, Litfaßsäule, City-Light, Verkehrsmittel.
Elektronische Medien: TV (Kabel, Satellit, Bildschirmtext, Pay-TV), Hörfunk, CD.
Onlinemedien: Portale, Webseiten, Suchmaschinen, E-Commerce-Marktplätze.
Sonstige Medien: Merchandising-Artikel, Produkte, Verpackungen, Schaufenster, Werbegeschenke

478 Nennen Sie typische *Werbeträger.*

Anzeigen und Beilagen in Printmedien, Funk- oder TV-Werbespots, Prospekte/Broschüren, Handzettel, Plakate, Displays, sonstige Erscheinungsformen einer Werbekampagne. Das Werbemittel wird im Rahmen der Mediaplanung einer Werbekampagne ausgewählt. Auswahl und Ausgestaltung der Werbemittel sind abhängig von der Zielgruppe und deren Interessen, Sprachgebrauch und Wertevorstellungen.

479 Nennen Sie typische Werbemittel.

Text, Logo, Foto

480 Nennen Sie typische Werbeelemente.

Orga ✓ Veranstaltungsorganisation/-wirtschaft

481 — Wie funktioniert eine *Werbekampagne*?

Bei der Entwicklung einer Werbekampagne sollten die Interessen und Bedürfnisse der Zielgruppen durch Kommunikationsideen angesprochen werden, die den Produktnutzen hervorheben und die Frage nach dem sogenannten „Reason Why" beantworten. Eine aufmerksamkeitsstarke Idee kann dabei in eine von den Zielgruppen akzeptierte visuelle, textliche und sprachliche Form gepackt werden.

482 — Welche *Werbemedien* lassen sich normalerweise für ein *Konzert* einsetzen?

Plakate, Litfaßsäulen, City-Light-Poster, Blow-Up-Flächen (Großplakate), Fahnen, Straßenüberspanner, mobile Displays, Diaprojektionen, Leuchtwerbung, Verkehrsmittelwerbung, Werbepostkarten, Broschürenauslagen in Hotel/Gastronomie/Kulturbetrieben, Anzeigen und Artikel in Stadtmagazinen/Zeitschriften/Tageszeitungen, Berichte und Belegung von Spots in Regional-TV/Radio, örtliche Kinowerbung, regionales Sportsponsoring, Messe- und Kongresspräsentation, Promotions, Point-of-Sale-Aktionen, Direktmailing-Aktionen (Database-Marketing), SMS-Aktionen, Präsentations-Kooperationen, Patenschaften durch Prominente

483 — Was bedeuten die Begriffe *Bruttoreichweite, Nettoreichweite, Durchschnittskontakte* und *TKP (Tausender-Kontakt-Preis)*?

- Der Begriff **Bruttoreichweite** bezeichnet die durch ein Medium erreichte Personenzahl (Kontaktsumme).
- Mit **Nettoreichweite** meint man den Anteil einer Zielgruppe, der mit dem Medium Kontakt hatte.
- **Durchschnittskontakte** nennt man die Berührung einer Person mit einem Medium (bei Bezug auf eine Werbeschaltung ist dies auch die Reichweite).
- Als **Tausender-Kontakt-Preis (TKP)** wird der Betrag bezeichnet, den man benötigt, um 1 000 Personen zu erreichen. Er wird errechnet durch die Formel:

$$\text{TKP} = \frac{\text{Preis der Schaltung}}{\text{Bruttoreichweite}} \cdot 1\,000$$

484 — Wie kommt die *Höhe* eines *Werbebudgets* zustande?

Die Höhe eines Werbebudgets hängt von Faktoren ab wie Art des Produkts, Werbeziele, Mittelausstattung und Zielgruppenaffinität. Manche Unternehmen legen bei der Festsetzung der Werbeausgaben einen prozentualen Anteil vom Jahresumsatz fest, z. B. 6–9 %. Andere bilden aus ihren Gewinnen Rücklagen für ihren Werbeetat, die sie nach Maßgabe der Werbeziele und der daraus abgeleiteten Werbemaßnahmen einsetzen.

485 — Wie macht man eine *Werbeerfolgskontrolle*?

Eine wirksame Werbeerfolgskontrolle setzt voraus, dass das Werbeziel in einer messbaren Größe ausgedrückt und dass die tatsächliche Werbewirkung gemessen wird. Die Werbewirkung lässt sich z. B. mithilfe von Befragungen und Interviews sowie weiteren statistischen Verfahren messen.

Weitere Marketingbegriffe: kleines Lexikon Marketing ✓ *Orga*

1. Titel der Veranstaltung
2. Ort und Datum
3. Abbildung der Location
4. Darstellung eines Logos
5. Portrait auftretender Künstler
6. Infotextblock

486 Nennen Sie sechs typische *Elemente eines Werbeplakates.*

1. Direktmailings/Social Media-Maßnahmen
2. Anzeigen in Fachzeitschriften und Zeitungen
3. Flyer- und Plakatwerbung
4. Pressemitteilungen/PR-Arbeit
5. Promotionaktionen in Zielgruppenspots
6. gezielte Onlinepräsenz

487 Nennen Sie sechs typische *Kommunikationsmaßnahmen für ein Konzert.*

2.2.5 Weitere Marketingbegriffe: kleines Lexikon Marketing

Lexikon

AC-Nielsen-Gebiete
Durch das Marktforschungsunternehmen AC Nielsen & Company geografisch sinnvoll untergliederte Zonen, die demografische, soziale und strukturelle Bedingungen der Konsumentenlandschaft berücksichtigen.

Activity Report
In der PR verwendeter Tätigkeitsbericht über vorgenommene Medienkontakte, die Agenturen als Arbeitsnachweis, zur Erfolgskontrolle und zur Rechnungslegung gegenüber dem Kunden benutzen.

ADAM
ADAM (Award der ausgezeichneten Messeauftritte) – Branchenpreis des FAMAB (Verband Direkte Wirtschaftskommunikation)

Advertorial
Bezahlte Zeitungsberichte, die den Public Relations eines Unternehmens dienen.

AE-Provision
Abkürzung für die früher vorhandene Anzeigen bzw. Annoncen-Expedition, Mittlerprovision, die an Werbeagenturen gezahlt wird.

Affiche
Ältere Bezeichnung für ein knapp und einprägsam gehaltenes Großplakat in der Außenwerbung, das gerne zur Ankündigung von Events wie Konzerten, Ausstellungen oder Sport-Events verwendet wird.

Affinität
Maß für die Eignung eines Werbemittels in einer bestimmten Zielgruppe

After-Sales-Marketing
kundenbindungsorientierte Marketingaktivitäten nach dem Kauf eines Produkts

Agentur
Mittler, die ihr Know-How zur Verfügung stellen, z. B. Werbeagentur, Eventagentur, Mediaagentur, PR-Agentur, Incentive-Agentur, Künstleragentur, Nachrichtenagentur, Promotionagentur, Personalagentur

AIDA-Formel
Phasenmodell; gewünschter Aufbau einer Werbewirkung; Attention = Aufmerksamkeit gewinnen, Interest = Interesse wecken, Desire = Kaufwunsch auslösen, Action = Kaufhandlung auslösen

Orga — Veranstaltungsorganisation/-wirtschaft

Alleinstellungsmerkmal (USP – Unique Selling Proposition)
besondere Produkt- oder Verkaufseigenschaft

Allensbacher Werbeträger-Analyse (AWA)
jährliche Studie des Instituts für Demoskopie Allensbach, in der die Daten zu Konsumgewohnheiten und Mediennutzung erhoben werden.

Attention Value
Ausdruck für den Aufmerksamkeitswert eines Werbemittels

Auflagenhöhe
Anzahl der gedruckten Exemplare einer Publikation

Ausschnittdienst (Presse-Clipping)
angefertigte Pressespiegel

Bandenwerbung
Außenwerbung mit Plakaten, Tafeln und Bannern auf Sportplätzen und Rennbahnen

Bedürfnispyramide (nach Maslow)
Modell der bedürfnisorientierten Handlungsbeschreibung, z. B.: Selbstverwirklichung, Achtung, soziale Bedürfnisse, Sicherheitsbedürfnisse, psychologische Bedürfnisse

Benchmarking
Vergleichsanalyse des eigenen Unternehmens mit Konkurrenten

Benefit (Reason why)
Nutzen für den Kunden/Verbraucher

Billboard
großflächige Plakatwände an hoch frequentierten Straßen

Bottom-Line
Bezeichnung für die letzte Zeile einer Werbung oder die Grundaussage eines Werbespots

Branding
Markenführung, Markenkennzeichnung, Markenpositionierung, Markenkommunikation

Brand Loyality
Markentreue von Konsumenten

Bumerangeffekt
gegenteilige Werbewirkung

Claim
zentrale kurze und klare Werbeaussage

Cluster-Analyse
statistisch-mathematisches Verfahren bei Befragungen – Einteilung von Personengruppen, die sich untereinander ähnlich und von anderen Gruppen unterscheidbar sind

Co-Branding
partnerschaftlicher Werbeauftritt mehrerer Anbieter

Corporate Social Responsibility (CSR)
unternehmerische Verantwortung für die Gesellschaft

Cross-Marketing/Cross-Media
paralleler Einsatz mehrerer Medien bei der Schaltung von Werbung; die Medien sollen sich in der Wirkung optimal ergänzen; Vorläuferbegriff für integrierte Kommunikation

Database-Marketing
Steuerung des operativen und kundenorientierten Marketings auf Grundlage einer EDV-gestützten Datenbank

Dialogmarketing/Direktkommunikation
Kommunikationsmaßnahmen, die zur gezielten Einzelansprache des Kunden eingesetzt werden

Display
Bezeichnung für Aufsteller, Broschürenhalter oder Bildschirm

Weitere Marketingbegriffe: kleines Lexikon Marketing

Diversifikationsformen
horizontale/mediale Diversifikation (Erweiterung um Produkte der gleichen Wirtschaftsstufe, sachlicher Zusammenhang zum bisherigen Produktprogramm); vertikale Diversifikation (Produkterweiterung aus vor- und nachgelagerten Wirtschaftsstufen, Erweiterung der Fertigungstiefe); laterale oder diagonale Diversifikation (Erweiterung des Produktionsprogramms mit neuen Produkten ohne Zusammenhang mit den bisherigen Produkten)

Dummy
Modellattrappe eines Produkts

E-Commerce/M-Commerce
Handel über das Internet oder mobile Systeme bzw. Anwendungen

Diversifikation
fortschreitende Produktentwicklung und weitergehende Produktplatzierung

EVA
Branchenpreis des früheren FME (Forum Marketing-Eventagenturen) für Marketing-Events

Exposé
kurzer Anriss eines Konzepts; zusammenfassender Überblick einer Kampagne

Eyecatcher
Blickfangelement

Face-to-Face-Kommunikation
persönliche Kommunikation mit dem Kunden

Fair
Trade Fair-Messe, Verkaufsausstellung

Fallback-Position
geplante, zweitbeste Möglichkeit, Alternativlösung

Folder
gefalzte Prospekte

Franchising
Licensing orientierte Zusammenarbeit zwischen Franchise-Nehmer und Franchise-Geber über Markennamen, Geschäftsmodell und Know-how; auf Basis von Einmalzahlungen und Umsatz- bzw. Ergebnisbeteiligung

Freebies
Werbeartikel und Werbemittel, die an Kunden und Interessenten gratis abgegeben werden

Gebietsmanagement
Einteilung von Vertriebsgebieten

Generics
Markenbezeichnungen, deren Namen zum Begriff für Produkte gleicher Art wurden

GfK (Gesellschaft zur Konsumforschung)
Marktforschungsinstitut

Give-Away
Werbeartikel, die verschenkt werden

Globalmarketing
Marketing mit übernationalem globalem Zuschnitt

Gross Billings
Bruttoumsatz einer Werbeagentur inklusive der Werbeeinschaltkosten

Gross Income
Nettoumsatz einer Werbeagentur (Honoraren und Provisionen)

Headline
prägnante, kernaussagenorientierte Überschrift einer Medienmitteilung

Hinausverkaufsmaßnahmen
Sales-Promotion-Maßnahmen zum Verkauf an den Endabnehmer, z. B. Einsatz von Displays (auffällige Regale), Verkaufsdamen, Funkdurchsagen, Plakate, Fenster- oder Türaufkleber.

Orga — Veranstaltungsorganisation/-wirtschaft

Hineinverkaufsmaßnahmen
Maßnahmen des Verkaufs an den Handel, z. B. Rabatte, Werbekostenzuschüsse (WKZ), Schulungen des Handels

Horizontale Kooperation
die Zusammenarbeit von Partnern auf einer Wirtschaftsstufe, z. B. die gemeinsame Herstellung eines Produkts

Imageanalyse
Image-Diagnose von Ursachen, Voraussetzungen, Entstehungszusammenhängen und Bestandteilen des Images, z. B. als Basis einer Stärken-Schwächen-Analyse

Imagetransfer
Übertragung eines bereits bestehenden Images eines Produktes auf ein anderes

Integrierte Kommunikation
die strategische und konkrete Abstimmung von Kommunikationsmaßnahmen aufeinander (Vernetzung, Verzahnung, Befruchtung)

Involvement
persönliches Engagement, mit dem sich eine Person einem Produkt zuwendet, z. B. Low-Involvement Product – Produkt wird nicht als wichtig empfunden und mit minimalem Aufwand erworben (z. B. Taschentücher, Zündhölzer) – oder High-Involvement Product – Kunde identifiziert sich stark mit dem wertigen Produkt

Käuferarten
Extensivkäufer (selten und sorgfältig gekauft), Intensivkäufer (oft und viel gekauft), Impulskäufer (spontanes Kaufen)

Kernbotschaft
der wichtigste Teil einer kommunikativen Aussage, meist kurz und prägnant

KISS
K(eep) I(t) S(hort) and S(imple) – Prinzip zur Formulierung von Werbeaussagen

Leadagentur
führende Agentur innerhalb eines internationalen Agenturnetzwerkes

Leads
amerikanischer Marketingbegriff für das Adressmaterial von potenziellen Kunden; mit Lead-Erzeugung ist das Gewinnen von Interessentenadressen gemeint, Leadmanagement bedeutet das kontakt- und vertriebsorientierte Führen dieses Prozesses.

Leaflet
Flyer, Prospekt oder Handzettel

Logo
Bild- und/oder Wortmarke

Mailing
Werbesendungen per Post, häufig personalisiert

Malrabatt/Malstaffel
gestaffelter Rabatt für Anzeigenkunden, wenn mehrmals geschaltet wird

Manntag
Abrechnungseinheit zur Berechnung von Personalkosten; Arbeitsleistung, die eine Person an einem Arbeitstag leistet

Markenrecht
Marke als herkunftsorientierte Unterscheidungsfunktion, z. B. unterscheidbare Namen oder Wortzeichen, geschäftliche Bezeichnungen, geografische Herkunftsangaben, i. d. R. für 20 Jahre geschützt durch Aufnahme der Benutzung

Marketingkooperation
Zusammenarbeit von zwei oder mehreren Unternehmen, um durch die Bündelung von Ressourcen Marktpotenziale auszuschöpfen

Weitere Marketingbegriffe: kleines Lexikon Marketing

Monopol-, Oligopol- und Polypolarten
bilaterales Monopol (1 Nachfrager, 1 Anbieter); beschränktes Angebotsmonopol (wenige Nachfrager, 1 Anbieter); Monopol (viele Nachfrager, 1 Anbieter); beschränktes Nachfragemonopol (1 Nachfrager, wenige Anbieter); bilaterales Oligopol (wenige Nachfrager, wenige Anbieter); Oligopol (viele Nachfrager, wenige Anbieter); Nachfrage-Oligopol (wenige Nachfrager, viele Anbieter); Polypol (viele Nachfrager, viele Anbieter)

Mäzen/Mäzenatentum
Form der finanziellen Kunstförderung, Mäzen bleibt i. d. R. im Hintergrund

Mediaagentur
selbstständige Werbeagentur, spezialisiert auf den Einkauf und die Planung von Werberaum, -fläche und -zeit

Mediadaten
relevante Infos über das jeweilige Medium (z. B. Auflage, Reichweite, Leser, Preise, Erscheinungsweise, Formate usw.)

Mediamix
aufeinander abgestimmte und systematische Auswahl von Werbeträgern

Mediaplanung
Buchung bzw. Einkauf von Werbeplätzen bzw. Werbezeiten; früher: Werbeplan

Medien-Event
Veranstaltung, die eine redaktionelle Berichterstattung zum Ziel hat

Medienpartner
Kooperation mit Radiostationen, Fernsehsendern und Printmedien, die ein Event mit werbenden Maßnahmen durch Medienveröffentlichungen unterstützen

Me too
Nachahmerprodukte und -dienstleistungen

Mengenrabatt/Mengenstaffel
wird bei Belegung mit Anzeigen oder Spots ab einer bestimmten Größe (mm, Sekunden) bzw. Sendezeit oder Frequenz erteilt

Onlinemarketingformen
Websiteerstellung, Bannerwerbung, Suchmaschinenmarketing, E-Mail-Marketing und -Werbung, Social-Media-Marketing (Twitter, Facebook, Youtube usw.), Affiliate-Marketing (= Partner), Videomarketing

Panel
regelmäßige Befragungen einer Gruppe

Pitch
Wettbewerbspräsentation mehrerer Agenturen auf Basis einer Ausschreibung

Plagiat
Aneignen fremder urheberrechtlich geschützte Werke oder Werkteile

Point of Purchase (POP)
Kassenbereich

Point of Sale (POS)
Verkaufsstelle

Postwurfsendung
im Gegensatz zum Mailing unpersonalisiert verteilte Werbemittel (über Briefkästen)

Preisabgabenverodnung (PAngV)
Regulierung bzgl. der Auspreisung; Preise müssen gegenüber Endverbrauchern einschließlich der Umsatzsteuer und sonstiger Nebenleistungen angezeigt werden

Press Kit/Electronic Press Kit
Pressemappe, Pressematerialien

Promoter/-in
Verkaufsförderungspersonal, i. d. R. Mitarbeiter/-innen eines Promotion-Teams, das ein Produkt oder eine Dienstleistung direkt an den Konsumenten bringt

Orga ✓ Veranstaltungsorganisation/-wirtschaft

Recall
Begriff aus der Werbeerfolgsanalyse, misst die Gedächtniswirkung einer Werbebotschaft

Recall-Methode
auch „Impact-Methode"; Befragte sollen eine gesehene Anzeige aus der Erinnerung wiedergeben; unterschieden in ungestützter (unaided) Recall und gestützter (aided) Recall

Recognition-Methode
auch Wiedererkennungsmethode; soll Aufschluss darüber geben, ob eine Anzeige (unterbewusst) in einem Medium wahrgenommen wurde

Reminder
an den vorher geschalteten Hauptspot anknüpfender Kurzspot

Response-Element
rücksendefähiges Antwortelement einer Werbeaktion, meist ein Brief

Response-Quote
Verhältnis der Anzahl der Personen, die auf ein Angebot reagiert haben, zur Menge der verschickten Exemplare bzw. zur Auflage des Anzeigenträgers

Roll out
Beginn der Einführung eines neuen Produkts oder einer Kampagne

Sampling
Fachausdruck der Verkaufsförderung, Verteilaktionen von Produkt- und Warenproben

Serviceführerschaft
Unternehmen bietet den besten Service auf dem Markt

Stakeholder/Shareholder
Stakeholder = Interessensgruppe; Shareholder = Teilhaber

Streuverlust
zusätzliche Kosten, die durch die Streuung von Werbemitteln an Personen entstehen, die nicht zur Zielgruppe des Unternehmens gehören

Tausender-Kontakt-Preis (TKP)
Werbekosten für eintausend Kontakte, Kennzahl für den Kostenvergleich bei Werbebuchungen im Rahmen der Mediaplanung beim Above-the-Line-Advertising (Anzeigenschaltungen in Print, TV, Radio- und Onlinemedien);
Berechnung: $\frac{\text{Preis der Schaltung}}{\text{Bruttoreichweite}} \cdot 1\,000 = \text{TKP}$

Teaser
Schlagzeile, die besonders hohe Aufmerksamkeit erregt

Tracking
Verfolgen der Bewegungen der Nutzer im Internet

Upselling
Bestreben des Anbieters, dem Kunden ein höherwertiges Produkt anzubieten

USP (Unique Selling Proposition)
einzigartiges Verkaufsargument, Alleinstellungsmerkmal

Vertrauen
basiert auf Integrität, Fairness, Respekt und Werten

Vertikale Kooperation
Zusammenarbeit von Partnern verschiedener Wirtschaftsstufen

Zyklische und antizyklische Werbung
zyklische Werbung orientiert sich am Umsatz des Unternehmens – je erfolgreicher das Unternehmen ist, desto höher sind die Werbeausgaben; antizyklische Werbung versucht, eine Rezession durch höhere Werbemaßnahmen zu bekämpfen

Marketing-Testfragen

2.2.6 50 ausgewählte Marketing-Testfragen

Prüfung

Pro Aufgabe werden jeweils 2 Punkte verteilt, insgesamt können 100 Punkte erreicht werden, die nach dem IHK-Punktesystem benotet werden. Teilbewertungen für teilrichtige Antworten sind folgenderweise möglich: eine von zwei richtigen Teilantworten ergeben z. B. 1/2 · 2 Punkte = 1 Punkt.

1. Als Marketing definiert man?

1. Bemühungen zur Absatzsteigerung und Steigerung der Kaufbereitschaft
2. Kundenorientierung in der Kommunikationspolitik
3. Marktplatzierung von Produkten, Unternehmen oder Dienstleistungen
4. vergleichende Wettbewerbsanalysen
5. nachfrageorientierte Angebotserstellung
6. den Prozess der Vermarktung

Lösung:
1
3
6

2. Werbung ist Bestandteil der ...

1. Distributionspolitik.
2. Kommunikationspolitik.
3. Marketingpolitik.
4. Preispolitik.
5. Produktpolitik.

Lösung:
2

3. Sogenannte Käufermärkte zeichnen sich aus durch ...

1. einen Nachfrageüberhang.
2. einen Angebotsüberhang.
3. ein Primat der Produktion.
4. ein Primat des Marketings.
5. eine umfassende Beschaffungs- bzw. Absatzorientierung.
6. eine umfassende Produktions- bzw. Marktorientierung.

Lösung:
2
4

4. Eine Werbeagentur unterstützt Unternehmen schwerpunktmäßig in der ...

1. Distributionspolitik.
2. Anwerbung von Mitarbeitern.
3. Marketingpolitik.
4. Preispolitik.
5. Produktpolitik.
6. Kommunikationspolitik.

Lösung:
6

Orga — Veranstaltungsorganisation/-wirtschaft

492

5. Händlerpromotions sind ...

Lösung: **3**

1. Teil der klassischen Werbung.
2. Teil des Dialogmarketings.
3. Teil der Verkaufsförderung.
4. Teil der PR.
5. Teil des Promotourneemanagements.

493

6. Bringen Sie die folgenden Planungsmaßnahmen in die richtige Reihenfolge.

Lösung:

4	Werbeträger auswählen	☐
6	Werbeerfolg kontrollieren	☐
5	Werbemittel einsetzen	☐
1	Marktanalyse durchführen	☐
2	Marktziele definieren	☐
3	Kommunikationskonzeption	☐

494

7. Die Abkürzung PR bedeutet ...

Lösung: **2**

1. Promotion.
2. Öffentlichkeitsarbeit.
3. Werbung.
4. Preisrealisierung.
5. Produktpolitik.
6. Pole Relations.

495

8. Im Marketing-Kommunikationsmix unterscheidet man die Begriffe „Above the Line" und „Below the Line". Welche zwei der folgenden Werbemaßnahmen gehören nicht zu Above the line-Maßnahmen?

Lösung: **3**, **5**

1. Printanzeigen
2. Radiospots
3. Marketing-Events
4. TV- und Kinospots
5. Dialogmarketingmaßnahmen
6. Public-Relation-Plakate

Marketing-Testfragen — Orga

9. Die verschiedenen Phasen, die ein Produkt von der Markteinführung bis zu seinem Ausscheiden aus dem Markt durchläuft, nennt man „Produktlebenszyklus". Ordnen Sie die Fachbezeichnungen den Phasen I-V zu.

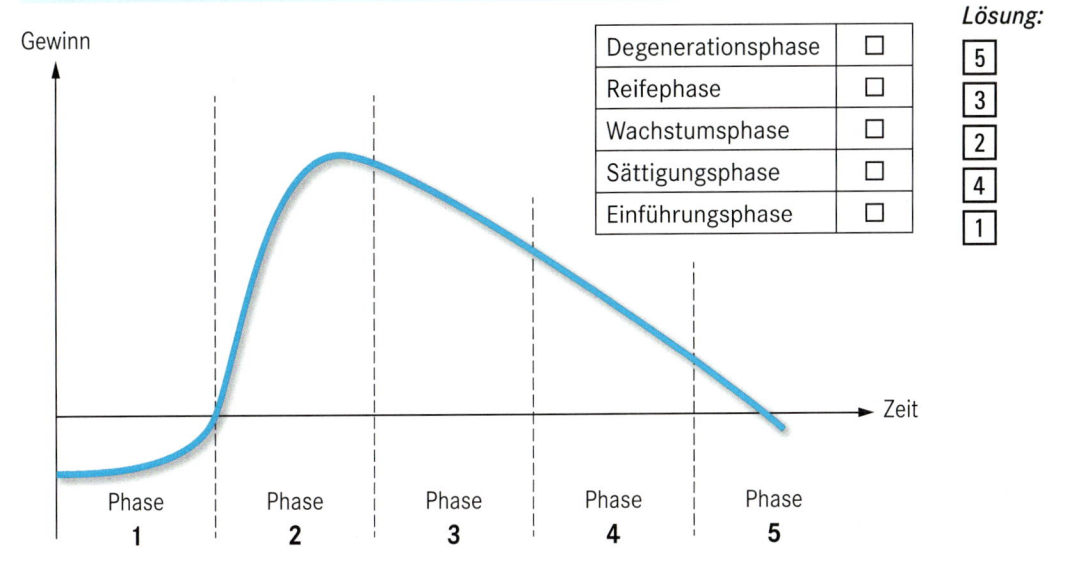

Degenerationsphase	☐
Reifephase	☐
Wachstumsphase	☐
Sättigungsphase	☐
Einführungsphase	☐

Lösung:
5
3
2
4
1

10. Es folgen Aspekte der Produktpolitik. Welcher dieser Aspekte ist zwar auf die Lebensmittelindustrie, i. d. R. aber nicht auf die Eventbranche anwendbar?

1. Corporate Design
2. imageorientierter Nutzen
3. Qualitätsvorteile
4. Haltbarkeit
5. erlebter Nutzen
6. Nachhaltigkeit

Lösung:
4

11. Welche der folgenden Aussagen ist falsch?

1. Werbung soll Aufmerksamkeit und Interesse wecken und den Kauf auslösen.
2. Werbepläne bezeichnen Streukreis, Streuzeit und Streugebiet.
3. Public Relations ist Bestandteil der Verkaufsförderung.
4. Zeitungsanzeigen werden geschaltet.

Lösung:
3

Orga — Veranstaltungsorganisation/-wirtschaft

499

12. Methoden der Marktforschung sind zum einen die Primär- und zum anderen die Sekundärforschung. Bei der Sekundärforschung wiederum lassen sich innerbetriebliche und außerbetriebliche Informationsquellen nutzen. Ordnen Sie die Beispiele der jeweiligen Informationsquelle zu.

Lösung: [2]

[2]
[1] 1. Innerbetriebliche Informationsquellen

[2]
[1] 2. Außerbetriebliche Informationsquellen
[1]

☐ Fachzeitschriften

☐ Statistiken der IHK

☐ Reklamationsschreiben

☐ Geschäftsberichte anderer Unternehmen

☐ Daten aus der Controllingabteilung

☐ Um- bzw. Absatzstatistiken (buchhaltungsbasiert)

500

13. Eventmarketing beschreibt ...

Lösung: [1]

1. die nachhaltige und emotionale Verankerung von Werbebotschaften mithilfe von Events.
2. die Vermarktung von Events.

501

14. Welchen Zeitraum versteht man unter dem feststehenden Begriff „Streuzeit der Werbung"?

Lösung: [3]

1. der Zeitraum, der benötigt wird, um z. B. einen Flyer an 10 000 Haushalte zu verteilen
2. der Zeitraum zwischen zwei verschiedenen Werbemaßnahmen
3. der Zeitraum, in dem die Werbung geschaltet ist
4. der Zeitraum, in dem eine bereits beendete Werbemaßnahme nachwirkt
5. der Zeitraum zwischen Wahrnehmung der Werbung und Kauf des Produkts

502

15. Mitarbeiter einer Marketingabteilung machen folgende Aussagen. Welche Aussage ist im Sinne des zielgruppenorientierten Marketings richtig?

Lösung: [4]

1. Wir orientieren Marketing an den Vorstellungen der Geschäftsleitung.
2. Marketing orientiert sich an den Bedürfnissen des Staates.
3. Wir optimieren Marketing nach den Bedürfnissen der Mitbewerber.
4. Wir orientieren uns an den Bedürfnissen der möglichen Kunden.
5. Unsere Marketingstrategie orientiert sich an den Bedürfnissen unserer Mitarbeiter.

Marketing-Testfragen — Orga

16. Ordnen Sie die typischen Partner den Organisationsarten zu.

1. Full Service Eventagentur
2. Kulturamt
3. Wirtschaftsunternehmen
4. Konzertagentur

☐ Tourneeorganisation
☐ Messeinszenierung
☐ Betrieb Schauspielhaus
☐ Messeauftritt

Lösung:
4
1
2
3

17. Sinus-Milieus matchen auf der x- bzw. y-Achse: ...

1. Marktgröße und Kaufkraft.
2. Kaufkraft und soziales Engagement.
3. Grundorientierung und soziale Lage.
4. Kaufkraft und Marktsituation.
5. Produktphase und Umsatzstärke.

Lösung:
3

18. Welche Wortpaarungen passen zusammen?

1. psychografische Erhebungen haben oft qualitativen Charakter
2. demografische Erhebungen haben oft qualitativen Charakter
3. psychografische Erhebungen haben oft quantitativen Charakter
4. Werte und Motivationen werden demografisch erhoben
5. Glaube und Hoffnungslosigkeit

Lösung:
1

19. Typische Fehler in einem Fragebogen sind ...

1. zu viele offene Fragen.
2. Eisbrecherfragen.
3. unübersichtliche Länge.
4. Kontrollfragen.
5. viele Ausweichmöglichkeiten, viele Wahlfelder.
6. kurze übersichtliche Texte.

Lösung:
1
3
5

Orga ✓ Veranstaltungsorganisation/-wirtschaft

507
20. Ordnen Sie die typischen Aktivitäten einer CD-Produktion den Marketingsäulen zu.

Lösung:

Säule	Maßnahmen
3	
1. Produktpolitik	☐ Vertriebsvertrag, EAN-Code und Bestellnummer, Salespromotion, Vorbestellungen durch Vertriebsvertreter veranlassen, Physische Verteilung der Tonträger an Shops, Bereitstellung von Download-Absatzmöglichkeiten
2. Preispolitik	
3. Distributionspolitik	
4. Kommunikationspolitik	
1	☐ Erstellung der Aufnahmen, Titel des Tonträgers, Auswahl u. Kopplung der Songs, Erstellen eines Covers, Fertigung der CD
2	☐ Festlegung der Preiskategorie, Projektkalkulation (Deckungsbeitragsberechnung), Ausstattung und Qualität des Produktes, Preiskampagnen/Sonderpreisaktionen, Service und Kundenbetreuung
4	☐ Logo und Fotoshooting, Plakatgestaltung, Schalten von Anzeigen, Promotion (Medienbemusterung), Einladen von Journalisten zu Gigs, Street- und Clubpromotion, Aufkleber, Vernetzung der Kommunikationsmaßnahmen

508
21. Was unterscheidet Public Relations in der Regel von Werbung?

Lösung: 3

1. die Mediennutzung
2. die enge Vernetzung miteinander
3. das Verwandeln des Unternehmens in eine Botschaft
4. die vergleichsweise hohen Kosten
5. der absatzorientierte Produktbezug

509
22. Was unterscheidet die Präsentationspartnerschaft vom Sponsoring?

Lösung: 2

1. die Systematik von Leistung und Gegenleistung
2. der ressourcenorientierte Austausch von Leistungen
3. der Tausch von Unterstützung gegen Bekanntheit
4. die kommunikationsorientierte Zusammenarbeit
5. die vergleichsweise hohen Kosten

510
23. Markterkundung bedeutet ...

Lösung: 5

1. Marktforschung über einen gewissen Zeitraum.
2. punktuelle Darstellung der Marktsituation.
3. Bildung einer Befragtengruppe.
4. Vorhersage über Marktentwicklungen.
5. unsystematische Marktdatenerhebung.

Marketing-Testfragen ✓ *Orga*

24. Bringen Sie die folgenden Marketingschritte in die richtige Reihenfolge:

Lösung:

☐ Marketingkonzept — 3

☐ Umsetzung der Marketingmaßnahmen — 4

☐ Marketingstrategie — 2

☐ Nachbereitung — 6

☐ Marktanalyse — 1

☐ Zielerreichung — 5

25. Marktsegmentierung bedeutet ...

1. Vollerhebung einer Zielgruppe.
2. Einteilung von Zielmärkten.
3. differenzierende Eingrenzung von Zielpersonen.
4. Aufteilung eines Markts in Käufergruppen.
5. mehrfache Befragung eines festen Personenkreises.

Lösung: 4

26. Die Preisbildung eines Eventunternehmens kann sich orientieren an ... (drei Antworten)

1. betrieblichen Zielen.
2. dem Preisindex des Statistischen Bundesamtes.
3. der gemittelten Inflation der letzten 30 Wirtschaftsjahre.
4. den Aktivitäten der Konkurrenz.
5. den Vorstellungen der Nachfrager.
6. den Preisen für Heizöl und Erdgas.

Lösung: 1, 4, 5

27. Ordnen Sie zu (1 = räumliche, 2 = zeitliche, 3 = sachliche und 4 = persönliche Preisdifferenzierung).

1. Ein Kinokette reduziert die Preise bei Kinderfilmen in Ostdeutschland.
2. Ein Erlebnispark bietet in der Nebensaison günstigere Preise an.
3. Das Schauspielhaus gewährt Studenten an bestimmten Tagen verbilligten Eintritt.
4. Bei einer Abnahme im Wert von unter 200,00 € erhebt ein Zulieferer für Gastronomiebedarf einen Mindermengenzuschlag in Höhe von 15 %.

Lösung: 1, 2, 4, 3

28. Question Marks weisen in der Portfolioanalyse folgende Merkmale auf.

1. ein hohes Marktwachstum und einen niedrigen relativen Marktanteil
2. ein niedriges Marktwachstum und einen niedrigen relativen Marktanteil
3. ein niedriges Marktwachstum und einen hohen relativen Marktanteil
4. ein hohes Marktwachstum und einen hohen relativen Marktanteil

Lösung: 1

Orga ✓ Veranstaltungsorganisation/-wirtschaft

516

29. Laut dem Gesetz gegen den unlauteren Wettbewerb ist es nicht erlaubt, …

Lösung: [2]

1. Kundendaten zu gewinnen und zu speichern.
2. ohne Einwilligung Kunden anzurufen.
3. Werbebroschüren über den Briefkasten zuzustellen.
4. vergleichende Werbung zu treiben.

517

30. Mediaplanung bedeutet …

Lösung: [1]

1. das kostenpflichtige Einschalten von Anzeigen und Spots in Medien.
2. das kostenfreie Positionieren von Pressemitteilungen.
3. das Planen von Medieninhalten.
4. das Organisieren von medialen Diensten.

518

31. Ordnen Sie zu: 1 für horizontale Diversifikation, 2 für vertikale Diversifikation und 3 für laterale Diversifikation.

Lösung:
[2]
[3]
[1]

1. Vor- oder nachgelagerte Produktions- oder Vertriebsstufen werden mit ins Leistungsprogramm aufgenommen (Location produziert Theaterstück nun selbst).
2. Es besteht keine Verbindungen zum bisherigen Produktionsprogramm, neue Produkte werden eingefügt (eine Vorverkaufsstelle verkauft nun auch Tabakwaren).
3. Das bisherige Produktionsprogramm wird um artverwandte Produkte derselben Produktionsstufe ergänzt (die Philharmonie veranstaltet nun Partys).

519

32. Ordnen Sie zu: 1 für Verkäufermarkt, 2 für Käufermarkt.

Lösung:
[2]
[1]

1. Unterversorgung, Nachfrageüberhang, Angebot kleiner als Nachfrage
2. Angebotsüberschuss, hoher Werbekommunikationsaufwand, viele Wettbewerbsprodukte

520

33. Ordnen Sie zu: (1) Kommunikationspolitik, (2) Preispolitik, (3) Produktpolitik und (4) Distributionspolitik.

Lösung:
[3] 1. Programm- und Sortimentsgestaltung
[1] 2. Verkaufsförderung
[4] 3. Außendienstorganisation
[2] 4. Kontrahierungspolitik
[1] 5. klassische Werbung
[1] 6. Markenführung
[1] 7. Public Relations
[2] 8. Kundendienst und Service
[2] 9. Rabatte
[4] 10. Absatzkanäle
[2] 11. Liefer- und Zahlungsbedingungen
[4] 12. Verteilungslogistik

Marketing-Testfragen

34. Wie nennt man die vergleichende Wettbewerbsanalyse?

1. Corporate Identity
2. Benchmarking
3. Produktportfolio
4. Analytic Rival Marketing
5. Promotion

Lösung: 2

35. Das Logo einer Eventagentur gehört ...

1. zum Corporate Behaviour.
2. zum Corporate Design.
3. zur Corporate Philosophy.
4. zum Corporate Event.

Lösung: 2

36. In der vorbereitenden Jahres- und Aktionsplanung von Werbemaßnahmen sollte man berücksichtigen ...

1. Werbekampagnendetails.
2. Buchung von Protagonisten.
3. Werbezeitraum und Werbegebiet.
4. Budgetrevision, Streuplan und Streuverlust.

Lösung: 3

37. Ordnen Sie zu: (1) Konsumentenargumente „für" Werbung, (2) Konsumenten-Argumente „gegen" Werbung

- ☐ Informationsüberflutung
- ☐ Auswahlmöglichkeiten
- ☐ Informationsbeschaffung
- ☐ Preiserhöhung
- ☐ Information
- ☐ Verschleierung
- ☐ Manipulationsabsicht

Lösung:
2
1
1
2
1
2
2

38. Werbekommunikation bedeutet ...

1. Reduzierung von Bekanntheit, Vermittlung von Kritikfähigkeit über Produkte oder Unternehmen.
2. durch Hinterfragen eines Images Eruption von Marktchancen eines Produktes erreichen.
3. Optimierung der Effizienz eines Unternehmens.
4. öffentliche, gezielte und geplante Kommunikation mit abgegrenzten Zielgruppen unter Einsatz werblicher Instrumente.

Lösung: 4

Orga ✓ Veranstaltungsorganisation/-wirtschaft

526

39. Werbeträger sind ...

Lösung: ⟨3⟩

1. wahrnehmbare Erscheinungsformen einer Werbebotschaft.
2. Logos, Claims und Bildwelten.
3. Objekte, die in der Lage sind, Werbemittel aufzunehmen und zu transportieren.
4. tragende Elemente.

527

40. Was unterscheidet in der Werbung ein Celebrity vom Testimonial?

Lösung: ⟨2⟩

1. die Glaubwürdigkeit
2. der Prominenzgrad
3. die Erfahrung
4. der Bekenntnischarakter

528

41. Wie grenzen sich Meinungsführer von Nicht-Meinungsführern ab (zwei Antworten)?

Lösung: ⟨2⟩ ⟨3⟩

1. niedrige Persönlichkeitsstärke und niedriges Standing
2. hohe Sachkompetenz und hohes Meinungsinteresse
3. hohe soziale Aktivität und Verantwortungsposition
4. private kommunikative Kompetenz
5. durchschnittlicher beruflicher und sozialer Status

529

42. Welches der folgenden Kommunikationsinstrumente wird nicht Below the Line eingeordnet?

Lösung: ⟨1⟩

1. klassische Werbung
2. Verkaufsförderung
3. Public Relations
4. Sponsoring
5. Eventmarketing
6. Dialogmarketing
7. Messemarketing
8. Onlinemarketing
9. Sponsoring

530

43. Welche Werbeform für ein Optikfachgeschäft findet am Point of Sale statt?

Lösung: ⟨6⟩

1. Plakatwerbung (City Lights)
2. Verkehrsmittelwerbung
3. Bandenwerbung
4. Luftwerbung
5. Lichtwerbung
6. Schauwerbung

Marketing-Testfragen

44. Ordnen Sie zu: (1) Verbundwerbung, (2) Gemeinschaftswerbung und (3) Kooperationswerbung.

Lösung:

1. innerhalb einer Branche, gemeinsames Anliegen, keine Markennennung, offizieller Charakter, hohe Glaubwürdigkeit — 2
2. gemeinsame Bewerbung von Produkten, Kombinationsprodukte, mit Namensnennung und Markenauftritt, z. B. Spülmaschine und Geschirrspültabs — 1
3. Unternehmen aus unterschiedlichen Wirtschaftsstufen, mit Namensnennung und Markenauftritt, z. B. Hersteller-Händler-Werbung — 3

45. Der Deutsche Werberat … (1 richtig und 2 falsch)

Lösung:

1. ist das selbstdisziplinäre Organ des „Zentralverbandes der deutschen Werbewirtschaft" (ZAW). — 1
2. behandelt verbraucherorientierte Einzelbeschwerden. — 2
3. darf keine Verhaltensregeln und Leitlinien zur inhaltlichen Werbebeschränkung entwickeln (z. B. kindergefährdende Werbung, Werbung für Alkohol, diskriminierende Werbung). — 2
4. behandelt Beschwerden über Wettbewerber. — 2

46. Berechnen Sie als Werbeagentur den Rechnungsbetrag brutto an den Kunden bei folgenden Vorgaben: Anzeigenpreis 1: 59 456,00 €; Anzeigenpreis 2: 51 726,00 €; Malrabatt 7 %; zzgl. 15 % AE-Provision.

59 456,00 € + 51 726,00 € = 111 182,00 € – 7 % = 103 399,26 € + 15 %
= 118 909,15 € (netto) + 19 % USt = **141 501,89 €**

Lösung: 141 501,89 €

47. Wie hoch ist die AE-Provision, die die Agentur netto einbehält?

118 909,15 € – 103 399,26 € = **15 509,89 €**

Lösung: 15 509,89 €

48. Welche Aussage ist richtig?

1. Verkaufsförderung beinhaltet die zielgruppenspezifisch, zeitlich und räumlich optimale sowie kosteneffiziente Auswahl von Werbeträgern zum zielgerichteten Transport von Werbemitteln.
2. Mediaplanung umfasst alle Maßnahmen, die dazu geeignet sind, den Absatz am Point of Sale kurzfristig zu stimulieren.
3. Sponsoring beruht auf dem Prinzip von Leistung und Gegenleistung; Geld, Sachmittel oder Dienstleistungen werden im Gegenzug mit kommunikativen Leistungen getauscht (Bartering).

Lösung: 3

Orga ✓ Veranstaltungsorganisation/-wirtschaft

536 49. Welcher kommunikationspolitische Vorteil ergibt sich in der Regel nicht aus Sponsoringaktivitäten?

Lösung:
☐ 5

1. Imagetransfer
2. Aktualisierung bzw. Steigerung der Bekanntheit
3. Demonstration der eigenen Leistungsfähigkeit
4. Demonstration gesellschaftlicher Verantwortung
5. kurzfristige Absatzsteigerung

537 50. Wobei handelt es sich um direkte Kommunikation?

Lösung:
☐ 2

1. Der Kommunikator beeinflusst den Kommunikanten unmittelbar.
2. Sender und Empfänger tauschen persönlich Informationen aus.
3. Der Sender sendet nur und empfängt nicht.
4. Die Ansprache erfolgt über mehrere Kanäle.

2.2.7 Eventmarketing

Eventmarketing

ZP 538 Erklären Sie den Unterschied zwischen *Eventmanagement* und *Eventmarketing*.

- **Eventmanagement** bezeichnet das Konzipieren, Planen, Organisieren, Durchführen und Nachbereiten einer Veranstaltung.
- **Eventmarketing** bezeichnet das Nutzen von Veranstaltungen zum Zweck der Absatzsteigerung eines (anderen) Produkts, Unternehmens oder einer (anderen) Dienstleistung.

Eventmanagement wird benötigt, um Eventmarketing zu betreiben.

ZP 539 In welche *Marketingsäule* lässt sich *Eventmarketing* einordnen?

In Anbetracht der oben genannten Definition ist **Eventmarketing Teil der Kommunikationspolitik,** da hier Events eingesetzt werden, um Unternehmensziele emotional verankert zu kommunizieren. Vernetzt mit anderen Maßnahmen im aufeinander abgestimmten Kommunikationsmix wird Eventmarketing genutzt, Mitarbeitern, Geschäftspartnern oder potenziellen Kunden unterhaltend, nachhaltig und emotionalisierend Produkte, Dienstleistungen oder Unternehmen nahe zu bringen.

ZP 540 Was bedeutet der Begriff *integrierte Kommunikation?*

Integrierte Kommunikation kann auch als vernetzte Kommunikation bezeichnet werden, da hier die Elemente des Kommunikationsmix zielgerichtet miteinander in Beziehung gesetzt werden. Integrierte Kommunikation ist die strategische und konkrete Abstimmung von Kommunikationsmaßnahmen aufeinander: die richtige Dosis zum richtigen Zeitpunkt in der richtigen Form für die richtige Zielgruppe. Integrierte Kommunikation bedeutet, die Kommunikationsmaßnahmen aufeinander abzustimmen, miteinander zu vernetzen, zu verzahnen und sich gegenseitig be-

Eventmarketing · Orga

fruchten zu lassen. Ein solches Vorgehen betreibt man nicht aus Spaß, sondern weil es effektiver wirkt. Beim Endkunden erzeugt ein abgestimmtes Miteinander der kommunikativen Ansprache eine stärkere Wirkung und einen nachhaltigeren Effekt und regt somit auf effiziente Weise die Kaufbereitschaft an. Ziel ist also eine synergetische Wirkungsverkettung der Elemente, um eine möglichst hohe kommunikative Wirkung zu erzielen.

Eventmarketingmaßnahmen sollten weiterhin eng abgestimmt und vernetzt werden mit der Unternehmenskultur und der Corporate Identity, der aktuellen Marketing- und Kommunikationsstrategie des Unternehmens, den Absatzzielen, dem bisherigen Erfahrungshorizont und dem Budgetrahmen.

541 ZP Mit welchen *Unternehmensaktivitäten* sollten *Eventmarketingmaßnahmen abgestimmt* werden?

- Corporate Identity
- Verkaufsförderung/Promotion (Roadshow, Probierstation)
- Marketing-Event (Bühnenshow)
- klassische Werbung (TV-, Radio- und Kinospots)
- Onlinemarketing (Internetkampagne)

542 ZP Welche Kommunikationselemente werden beim Coca Cola Weihnachts-Truck kombiniert?

Eventmarketingmaßnahmen werden als Werkzeug im Rahmen des Kommunikationsmix als Mittel zur indirekten oder direkten Steigerung des Unternehmensabsatzes genutzt. Typische Ziele hierbei sind:

1. Bewusstseinsbildung
2. Aufmerksamkeit
3. Produktpräsentation
4. Umsatzerhöhung
5. Emotionalisierung
6. Mitarbeitermotivation
7. Kontaktpflege
8. Information
9. Schulung
10. Erhöhung der Bekanntheit
11. Multiplikatorenansprache
12. Kundenbindung
13. Kundengewinnung
14. Imagebildung
15. Aktivierung
16. Honorierung

543 Nennen Sie 16 typische Kommunikationsziele von Eventmarketingmaßnahmen.

Ein Business-Event dient indirekt oder direkt immer dem Ziel der Absatzsteigerung. Um dieses Ziel zu erreichen, werden allgemeine und spezifische Kommunikationsziele erarbeitet. Um die definierten Kommunikationsziele zu erreichen, nutzen wir diejenigen Eventformen, die dazu am besten geeignet sind und gestalten sie entsprechend.

544 Wie hängen Absatzziele, Kommunikationsziele und Eventmarketingziele zusammen?

Veranstaltungsorganisation/-wirtschaft

545 Listen Sie drei *Stärken von Eventmarketingmaßnahmen* beschreibend auf.

Stärke	Aspekte
emotionale und direkte Kundenansprache bei Live-Events	hohe Akzeptanz der Botschaft, emotionale Verankerung der Botschaft, Aktivierung durch die Möglichkeit der interaktiven Ansprache, mögliche Einbindung der Zielgruppe, Ansprache aller Sinne, ganzheitliche Wahrnehmung, hohe Attraktivität der Maßnahme durch erlebbare Einmaligkeit
nachhaltiges Wirkungspotenzial ermöglicht einen hohen Grad an Kundenbindung	nachhaltige Wirkung und langes Erinnerungspotenzial, langfristiger, emotionaler Wirkungsgrad, effiziente Mittelverwendung durch wirkungsvolle Ansprache, gefühlte Imageübertragung auf Produkt und Unternehmen, Verinnerlichung der Botschaften beim Kunden, emotionale Verankerung von Loyalität zum Produkt
Zielgenauigkeit in der Wirkung	geringe Streuverluste im Gegensatz zu anderen Werbeformen, häufig geringere Kosten pro werthaltigem Kontakt, Möglichkeit der Alleinstellung gegenüber Mitbewerbern, zeitlich und räumlich präzise planbar

2.2.7.1 Marketing-Events

Marketing-Events

ZP 546 Grenzen Sie die Begriffe *Eventmarketing* und *Marketing-Event* voneinander ab.

Eventmarketing kann als Oberbegriff für eventorientierte Kommunikationsmaßnahmen angesehen werden, Marketing-Events als Veranstaltungen, die als Eventmarketingmaßnahmen konkret durchgeführt werden. Einfacher gesagt: **Eventmarketing bedeutet, Marketing-Events zu machen.** Eventmarketing bezeichnet alle die Maßnahmen, bei denen mithilfe von Marketing-Events Produkte, Dienstleistungen oder Unternehmen am Markt platziert und die Kaufbereitschaft der Kunden geweckt werden soll. Oder bildlich ausgedrückt: Eventmarketing ist die Summe der Marketing-Events, die zur Absatzförderung durchgeführt werden.

547 Nennen Sie sechs typische *Anlässe für Marketing-Events*.

1. Jubiläum/Jahrestag
2. Eröffnung/Neueröffnung
3. Marken-Relaunch
4. Jahreshauptversammlung
5. zyklische Messe
6. Produktlaunch/Kick-Off

Eventmarketing — Orga

- Corporate Events (Unternehmensveranstaltungen)
- Exhibition Events (Messe- und Ausstellungsinszenierungen)
- Mitarbeiter-Events
- Public-Events/Consumer-Events (endkundenorientierte Marketing-Events)
- Consumer-Events (Promotionveranstaltungen)
- Charity-Events (Benefizveranstaltungen) – Incentive-Events (Motivationsveranstaltungen)

548 In welche *Kategorien* teilt der Fachverband FAMAB *Marketing-Events* ein?

Corporate bedeutet in diesem Zusammenhang etwa Unternehmenskörper(-schaft). Mit Corporate Events sind in erster Linie echte Firmenveranstaltungen gemeint, z. B. Präsentations-, Informations- und Motivationsveranstaltungen für Händler, Mitarbeiter oder geladene Gäste.

549 Was bedeutet der Begriff *Corporate-Event*?

Kommunikationsziel	Event
Bewusstseinsbildung, Aufmerksamkeit	Aufklärungsveranstaltung, Veranstaltung zu Kampagnenbeginn
Emotionalisierung und Aktivierung	Get-Together-Event, Motivationsveranstaltung, Incentive-Event
Information und Kommunikation	Kongress, Forum, Kundgebung, Symposium, Tagung, Workshop
Produktkommunikation	Produktpräsentation, Kick-Off-Veranstaltung, Promotion-Event, Promotion-Tour, Event am Point of Sale (POS), Ausstellung, Messe-Event
Unternehmenskommunikation	Tag der offenen Tür, Unternehmenspräsentation, Jahreshauptversammlung, Messe-Event
Multiplikatorenansprache	Presse-Event, PR-Event, VIP-Event, Händler-Meeting
Imagebildung	alle Eventformen
indirekte Ziele	Sponsoringengagement; Event-Kooperation

550 Ordnen Sie typischen *Kommunikationszielen* passende Marketing-Eventformen zu.

Wesen und Motivation für das Durchführen von Business-Events bilden sich im Kommunikationsziel ab und rücken den Weg zur anvisierten Absatzsteigerung in den Mittelpunkt der Betrachtungsperspektive.

551 Warum ist es so fruchtbar, *Events* nach ihrem *Kommunikationsziel* zu *gliedern*?

Orga ✓ Veranstaltungsorganisation/-wirtschaft

552 Wer gibt *Marketing-Events in Auftrag?*

Unternehmen geben Marketing-Events im Rahmen von Eventmarketingkonzepten als absatzsteigerndes Kommunikationsinstrument bei spezialisierten Agenturen oder Dienstleistern bzw. Lieferanten in Auftrag. Das betriebswirtschaftlich ausgerichtete Unternehmen tritt dabei häufig als auftraggebender Kunde auf, das die Ziele und den Umfang von Eventmarketingmaßnahmen festlegt und bei der Konzeption und Umsetzung häufig auf spezialisierte Full-Service-Dienstleister wie Eventagenturen, Messebauer, Künstleragenturen, Caterer oder Locations zurückgreift.

553 Welche *Ansprechpartner* aus welchen *Unternehmensabteilungen* organisieren Marketing-Events?

Abteilung im Unternehmen	Ansprechpartner
Marketingkommunikation	Eventmanager als Spezialisten für Eventmarketingmaßnahmen, Messemanagement und interne Firmenveranstaltungen, ggf. Spezialisten für verkaufsfördernde Maßnahmen (Promotion)
Abteilung Vertrieb oder Vertriebsmanagement	Spezialisten für Verkaufsveranstaltungen, verkaufsfördernde Maßnahmen, Vertriebsschulungen
Assistenz der Geschäftsführung (Sekretariat)	Spezialisten für alle Arten von Firmenevents, die zur Chefsache gemacht werden
Pressestelle/Pressereferat	Spezialisten für Public-Relation-Events, interne Veranstaltungen für die Mitarbeiterkommunikation/-motivation
Personalabteilung	Spezialisten für Events zur Mitarbeitermotivation und Personalentwicklung
Produktmanagement	Produktentwickler

554 Nach welchen *Kriterien* sollte ein Kunde eine *Eventagentur* aussuchen?

Kriterium	Beschreibung
Zielorientierung	geplante Dauer und Intensität der Zusammenarbeit
Materialanalyse	Projektdokumentationen, Presseberichte Unternehmenspräsentationen auswerten
Agenturstruktur	Potenzial, Schwerpunkte, Aufbauorganisation, Personalstärke
Kreativität und Innovation	vermuteter Grad an Konzeptstärke in Relation zum benötigten Grad
Referenzen/Empfehlungen	Art und Dauer abgewickelter Projekte, dokumentierte Budgethöhe
Rankings	dokumentierte Größe und Schlagkraft

Eventmarketing

Kriterium	Beschreibung
Auszeichnungen	z. B. EVA (Event Award), ADAM (Award für Messebeteiligungen), MBA (Meeting Business Award), ADC (Art Directors Club Award)
Kostenstruktur	Honorarniveau, Vergütungsmodelle
Eignung	voraussichtliche „Chemie" der Zusammenarbeit
persönlicher Eindruck	Auftritt der Personen, Verträglichkeit, Zuverlässigkeit, Vertrauen, Niveau

2.2.7.2 Messe, Markt und Ausstellung

Gewerbeordnung

Für **Wochen-** oder **Jahrmärkte, Straßenfeste** und für **Messen** sowie **Ausstellungen** gilt die **Gewerbeordnung**. Die Gewerbeordnung ist eine bundesweite Regelung mit Gesetzescharakter, die den Ländern aufgrund der konkurrierenden Gesetzgebung (Föderalismus) Regulierungsrechte einräumt. Die Gewerbeordnung unterscheidet das sogenannte stehende Gewerbe (überwiegender Großteil), das Reisegewerbe und das Messe-, Ausstellungs- und Marktgewerbe. Diese besonderen Gewerbeformen unterliegen der behördlichen Genehmigungspflicht, d. h. sie werden „festgesetzt".

In welcher *gesetzlichen Grundlage* ist das *Markt- und Messewesen* geregelt? **555**

Eine **Messe** ist laut § 64 Gewerbeordnung (GewO) eine **zeitlich begrenzte, im Allgemeinen regelmäßig wiederkehrende Veranstaltung,** auf der eine Vielzahl von Ausstellern das wesentliche Angebot eines oder mehrerer Wirtschaftszweige ausstellt und überwiegend nach Muster an gewerbliche Wiederverkäufer, gewerbliche Verbraucher oder Großabnehmer vertreibt. Der Veranstalter kann in beschränktem Umfang an einzelnen Tagen während bestimmter Öffnungszeiten Endabnehmer zum Kauf zulassen.

Wie ist eine *Messe laut Gewerbeordnung* definiert? **556**

Eine **Ausstellung** ist laut § 65 GewO eine **zeitlich begrenzte Veranstaltung,** auf der eine Vielzahl von Ausstellern ein repräsentatives Angebot eines oder mehrerer Wirtschaftszweige oder Wirtschaftsgebiete ausstellt und vertreibt oder über dieses Angebot zum Zweck der Absatzförderung informiert.

Wie ist eine *Ausstellung laut Gewerbeordnung* definiert? **557**

Orga ✓ Veranstaltungsorganisation/-wirtschaft

558 Was ist der Unterschied zwischen einer *Messe* und einer *Ausstellung*?

- Eine **Messe** ist i. d. R. eine **branchenbezogene Fachveranstaltung,** zu der jeder Aussteller zugelassen werden muss, der der betreffenden Branche angehört, solange keine objektiven Gründe wie Platzmangel oder Unzuverlässigkeit des Ausstellers dagegen stehen.

- (Verbraucher-)**Ausstellungen** dagegen sind **Branchen- oder Themenveranstaltungen,** in denen A**ussteller den Endkunden ansprechen** wollen. Aus dieser historisch gewachsenen und im deutschen Ordnungsrecht grundlegend verankerten Aufteilung ergeben sich etliche Praxisunterschiede. So ist es auf Messen i. d. R. nicht erlaubt, Ware gegen Entgelt zu verkaufen.

559 Welche *Marktformen* werden weiterhin in der *Gewerbeordnung* unterschieden?

§ 66 definiert den **Großmarkt** (Warenvertrieb an gewerbliche Wiederverkäufer, gewerbliche Verbraucher oder Großabnehmer), § 67 den **Wochenmarkt** (Verkauf von Lebensmitteln, Obst- und Gartenbauerzeugnissen, Erzeugnissen der Land- und Forstwirtschaft und der Fischerei sowie durch Genehmigung Waren des täglichen Bedarfs an Verbraucher), § 68 regelt den **Spezialmarkt** (auf bestimmte Waren beschränkter Markt) und **Jahrmarkt** (Waren aller Art). Auf Märkten dürfen alkoholfreie Getränke und zubereitete Speisen, auf anderen Veranstaltungen im Sinne der §§ 64 bis 68 Kostproben zum Verzehr an Ort und Stelle verabreicht werden.

560 Darf man eine Veranstaltung Messe oder Börse nennen?

Begriffe wie **Messe** oder **Börse** sind sogenannte Begriffe des allgemeinen Sprachgebrauchs, d. h., sie können **keine Schutzmarken** sein und dürfen von jedermann gebraucht werden. Im Deutschen Sprachraum sind Begriffe wie Messe oder Börse Synonyme für wichtige öffentliche und ordnungsrechtliche Erscheinungsformen und finanzrelevante Vorgänge geworden. Veranstaltungen, die man Messe nennt, müssen also nicht unbedingt den oben genannten Definitionen der Gewerbeordnung entsprechen. Man spricht von einer Messe oder Verbraucherausstellung laut Gewerbeordnung dann, wenn diese von Amts wegen festgesetzt wurde.

561 Was ist eine *Festsetzung*?

Eine **behördliche Festsetzung** ist eine **Genehmigung,** die auf Basis eines Antrags und eines Bescheids erteilt wird. Die Festsetzung laut § 69 GewO bedeutet, dass die zuständige Behörde auf Antrag des Veranstalters eine Veranstaltung, die die Voraussetzungen der §§ 64 bis 67 oder 68 erfüllt, nach Gegenstand, Zeit, Öffnungszeiten und Platz für jeden Fall der Durchführung festzusetzen hat. Sie enthält i. d. R. den Gegenstand der Veranstaltung (Typenzwang), die Dauer und die Öffnungszeiten sowie den Ort und den Platz. Auf Antrag können, sofern Gründe des öffentlichen Interesses nicht entgegenstehen, Volksfeste, Großmärkte, Wochenmärkte, Spezialmärkte und Jahrmärkte für einen längeren Zeitraum oder auf Dauer, Messen und Ausstellungen für die innerhalb von zwei Jahren vorgesehenen Veranstaltungen festgesetzt werden. Die Festsetzung eines Wochenmarktes, eines Jahrmarktes oder eines Spezialmarktes verpflichtet den Veranstalter zur Durchführung der Veranstaltung. Die Absage einer festgesetzten Messe

Eventmarketing · Orga

oder Ausstellung oder eines festgesetzten Großmarktes muss der Veranstalter der zuständigen Behörde unverzüglich schriftlich anzeigen. Eine Ablehnung kann nur unter bestimmten Gründen erfolgen, z. B. Verstoß gegen Typenzwang, Unzuverlässigkeit des Antragstellers (Veranstalters) oder Verstöße gegen öffentliche Interessen.

Wenn eine festsetzbare Veranstaltungsform nicht festgesetzt wird, z. B. weil die Festsetzung nicht beantragt wurde, gelten für eine nicht festgesetzte Veranstaltung diejenigen Vorschriften und Regelungen, die generell für alle sonstigen Veranstaltungen gelten. Bei festgesetzten Veranstaltungen entstehen die sogenannten „Marktprivilegien" (Erleichterungen).

562 Muss eine Festsetzung erfolgen und welche Folge hat diese?

1. eine **Anzeige- oder Genehmigungspflicht** (Regelungen über stehendes oder über das Reisegewerbe nicht anwendbar)
2. Das **Ladenschlussgesetz gilt nicht** (sondern die genehmigten Öffnungszeiten).
3. Das **Sonn- und Feiertagsbeschäftigungsverbot gilt nicht;** ebenso das Arbeitszeitgesetz sowie das Jugendarbeitsschutzgesetz.
4. Für **ausländische Aussteller** gilt das generelle **Arbeitsverbot ohne behördliche Genehmigung nur eingeschränkt.**

Diese Privilegien gelten sowohl während der Veranstaltungszeit als auch für Auf- und Abbauzeiten. Allerdings werden zu sensiblen Bereichen, wie den letzten zwei Aspekten, i. d. R. behördliche Auflagen lokal verordnet.

563 Nennen Sie vier *Marktprivilegien* bei festgesetzten Veranstaltungen.

Typenzwang nennt man die **behördliche Benennung der Warenarten und Berufsgruppen,** die bei einer festgesetzten Veranstaltung zugelassen werden.

564 Was ist der sogenannte *Typenzwang?*

Im Grunde muss **jeder Bewerber** zugelassen werden. Aussteller haben generell einen Teilnahmeanspruch, wenn sie dem **Teilnehmerkreis nach Typenzwang** zugehören. Der Teilnahmeanspruch wird nur eingeschränkt durch Platzmangel oder sachliche Gründe, die der Aussteller zu verantworten hat, z. B. wenn das Angebot des Ausstellers nicht dem Veranstaltungstyp entspricht, das Angebot mangelnde Attraktivität besitzt, der Aussteller bei früheren Veranstaltungen gegen Teilnahmebedingungen verstoßen hat oder offene Forderungen aus früheren Veranstaltungen nicht beglichen wurden.

565 Welche *Aussteller* müssen auf Messen zugelassen werden?

Orga ✓ Veranstaltungsorganisation/-wirtschaft

566 Aus welchen *fünf Abteilungen* setzt sich normalerweise der *Mitarbeiterstamm auf der Messe* zusammen?

- **Abteilung Vertrieb:** Mitarbeiter aus dieser Abteilung treffen Kunden und vereinbaren Verträge
- **Abteilung Produktmanagement:** Mitarbeiter aus dieser Abteilung erklären und präsentieren Produkte
- **Abteilung Marketing-Kommunikation:** Mitarbeiter aus dieser Abteilung inszenieren den Auftritt und setzen die Kommunikationsmaßnahmen im Corporate Design um.
- **Abteilung Presse/PR:** Mitarbeiter aus dieser Abteilung knüpfen Pressekontakte
- **Abteilung Personal:** Mitarbeiter aus dieser Abteilung führen Bewerbergespräche

Messeziele

567 Welche *Marketingziele* verfolgen *ausstellende Unternehmen?*

Unternehmen, die auf Messen ausstellen, haben mehrere marketingbezogenen Gründe. Neben der Produktvorstellung und der Rolle als Absatzkanal kann ein Messeauftritt zusätzlich für PR-Aktionen, die Mitbewerberbeobachtung oder zu Marktforschungszwecken genutzt werden. Die Stärke liegt in der direkten Kommunikation, die im persönlichen Kontakt mit dem Besucher aufgebaut wird; Messen bieten eine große Bandbreite von Möglichkeiten zum Kontakt mit einer Vielzahl von Interessenten. Gerne wird die Beteiligung an Messen mit ergänzenden Aktionen, wie beispielsweise Inhouse-Seminaren, Kunden-Workshops, Roadshows oder Betriebsbesichtigungen, gekoppelt. Messen erschließen neue Märkte und Absatzmöglichkeiten, ermöglichen den direkten Vergleich von Preis, Leistung und Nutzen im Kreis der Anbieter, haben Erlebnischarakter und sprechen die menschlichen Sinne an, garantieren und vergrößern die Markttransparenz und fördern den intensiven Informationsaustausch.

568 Nennen Sie aus Ausstellersicht fünf *Argumente für einen Messeauftritt.*

1. Eine Messebeteiligung bietet **Raum für direkte, persönliche Gespräche,** die Vertrauen unter den Partnern schaffen.
2. Eine Messebeteiligung ermöglicht **individuelle Beratung** und die **Erarbeitung spezifischer und maßgeschneiderter Problemlösungen.**
3. Die **Image- und Kontaktpflege** der teilnehmenden Firma zu ihren Kunden kann „live" und direkt demonstriert werden.
4. Neben der **Beobachtung der Konkurrenz** kann auf Messen ein wertvoller **Überblick über die gesamte Marktlage** in der Branche gewonnen werden.
5. Messen bieten vor allem **neuen Unternehmen,** bzw. Unternehmen mit neuen Produkten und Innovationen, einen **kurzen und direkten Marktzugang.**

Eventmarketing

569 Nennen Sie pro Marketingsäule typische Aspekte, die durch einen Messeauftritt aktiviert werden können.

1. Eingebettet in den Kommunikationsmix können auf und durch Messen die Maßnahmenbereiche PR, Werbung und Verkaufsförderung umgesetzt werden. Im Rahmen der Kommunikationspolitik können das Corporate Design dargestellt, persönliche Kontakte geknüpft und Marktforschung aktiv betrieben werden.
2. Auf der Messe können Preise und Rabatte kommuniziert und verhandelt werden sowie Zahlungen angebahnt und Kundenservicedienstleistungen aktiv abgewickelt werden.
3. Auf der Messe wird Distribution organisiert, veranlasst, gezeigt und vereinbart.
4. Auf der Messe kann sich der Kunde oder Geschäftspartner von der Produktqualität des Sortiments überzeugen und das Produktdesign sowie die Marke interaktiv erleben.

570 Nennen Sie zehn *kommunikative Ziele* eines Messeauftritts.

1. Ausbau persönlicher Kontakte
2. Kennenlernen neuer Abnehmergruppen
3. Steigerung des Bekanntheitsgrades des Unternehmens
4. Steigerung der Werbewirkung des Unternehmens gegenüber Kunden und Öffentlichkeit
5. Vervollständigung der Abnehmerdatei
6. Ausbau der Pressearbeit
7. Diskussion mit Abnehmern über Wünsche und Ansprüche
8. Pflege der bestehenden Geschäftsbeziehungen
9. Sammlung neuer Marktinformationen
10. Umsetzung der Corporate Design-Konzeption

571 Nennen Sie drei *Distributionsziele* eines Messeauftrittes.

1. Ausbau des Vertriebsnetzes
2. Abschätzung der Ausschaltung einer Händlerstufe
3. Vertreter/Repräsentantensuche

572 Nennen Sie fünf *Produktziele* eines Messeauftrittes.

1. Akzeptanz des Sortiments am Markt testen
2. Vorstellung von Prototypen
3. Neuplatzierung eines Produkts am Markt testen
4. Vorstellung von Produktinnovationen
5. Produktneuentwicklungen der Konkurrenz beobachten und evtl. in eigene Konzepte einbeziehen

573 Nennen Sie drei *Preis-Konditions-Ziele* eines Messeauftrittes.

1. Auftreten am Markt mit überzeugenden Serviceleistungen
2. Ausloten von Preis- und Konditionen-Spielräumen
3. Überprüfen des eigenen Preis-Leistungs-Verhältnisses gegenüber der Konkurrenz

Orga ✓ Veranstaltungsorganisation/-wirtschaft

Messestand

574 Nennen Sie sechs *Kriterien* für die *Standauswahl* bzw. Positionierung einer Standfläche.

Kriterium	Begründung
Lage/Standort	Bevorzugte Lagen sind die Nähe der Halleneingänge und die Hauptdurchgangsachsen innerhalb der Halle.
Laufrichtung der Besucher	Hauptströme der Besucher zunächst in den breiten Hauptgängen, danach in den Nebenarmen, besondere Bedingungen der einzelnen Hallen sollten berücksichtigt werden
Standort der Wettbewerber	In der Nähe von Marktführern sollten sich nur kleinere Wettbewerber platzieren; dann kann evtl. an dem Zuschauer-Flow partizipiert werden.
Themenbereiche	Die Platzfläche sollte in einem passenden Themenbereich der Messe positioniert werden. Thematische Überschneidungen bringen Synergieeffekte.
Schnitt der Fläche	Ein günstiger Schnitt der Fläche bringt eine optimale Präsentation der Produkte, ermöglicht eine individuelle Beratung sowie den Einsatz von Exponaten und Medien.
Standart und Standgröße	Insel-/Block-, Kopf-, Eck- oder Reihenstand, passende Größe

Eine möglichst frühzeitige Standortauswahl erleichtert dabei die Anmietung von Wunschflächen.

575 Beschreiben Sie fünf typische *Standarten*.

- **Reihenstand:** günstigste Standvariante pro Quadratmeter, an einer Seite zum Gang hin offen, zwei Seitenwände und Rückwand, grenzt oft mit Rück- und Seitenwänden an Standnachbarn

- **Eckstand:** Stand am Ende einer Standreihe, nach zwei Seiten hin offen, Rückseite und Seitenwand grenzen an Nachbarstände, durch die Lage an zwei Gängen höhere Besucherfrequenz

- **Kopfstand:** Stand am Ende eines Standblocks, nach drei Seiten hin offen, repräsentative Gestaltungsmöglichkeiten, Rückfront grenzt an einen Standnachbarn

- **Block- oder Inselstand:** kostspieligste und unabhängigste Standform für die anspruchsvolle Präsentation, von allen vier Seiten zugänglich

- **Freigeländestände:** Ausstellungsflächen für große und sperrige Exponate im Freigelände, Überdachungen müssen selbst gebaut werden

Eventmarketing ✓ Orga

576 Welche typischen *Schritte* müssen in den *neun Monaten vor* einem *mittelgroßen Messeauftritt* organisiert werden?

9 Monate vorher: Unternehmensentscheidung für Messeteilnahme, erste Budgetkalkulation und Budgetfreigabe, Zusammenstellung Projektteam

7–8 Monate vorher: Messeunterlagen anfordern, ausfüllen und anmelden, Standgröße festlegen, Messebauer als Partner recherchieren, erste Standideen unter Beachtung des Produktportfolios

6 Monate vorher: Briefing des Messebauers, interne Vertriebskommunikation mit Zielplanung Messeauftritt

5 Monate vorher: Abnahme Standkonzeption, erster Personalplan, Unterbringungen optionieren

4 Monate vorher: Feinplanung interne Organisation, Feinplanung Vertriebseinladungen, Kataloge in Auftrag geben, Einladungen mit Gutscheinen versenden

3 Monate vorher: Personaldisposition erstellen, Grafikkonzept abnehmen, Unterbringungen buchen

2 Monate vorher: letzte Feinorganisation, Disposition, Einsatzpläne, Verpacken usw. organisieren

1 Monat vorher: Abnahme Messestand, Messeteam-Briefing

Anschließend: Durchführung Messeauftritt, Abbau und Rücktransport, Einlagern, Follow Up, Auswertung, Bericht

2.2.7.3 22 Beispielaufgaben mit Musterlösungsansätzen (Marketing- und Messe-Event)

Prüfung

Rahmenfall:
Die vertriebspartnerorientierte, national agierende Dresdner Marke „MediumComputer" konzipiert ihre Eventmarketingaktivitäten für das kommende Jahr. Neben Auftritten auf Fachmessen sind eine bundesweite Roadshow für Endkunden sowie eine zentrale Firmenveranstaltung im Spätsommer für 600 Vertriebspartner geplant.

mögliche Punktzahl: 100 Punkte

577

1. Die Marktstrategie des Unternehmens fokussiert die Marktdurchdringung laut Produkt-Markt-Matrix nach Harry Igor Ansoff. Benennen Sie beispielhaft drei typische Eckpfeiler der Ansoffschen Matrix (3 Punkte).

je 1 Punkte für die schlüssige von 3 Antworten

Auf Basis der Ansoffschen Matrix werden die strategischen Wachstumsmöglichkeiten unter Berücksichtigung von bestehenden bzw. neuen Produkten und bestehenden bzw. neuen Märkten dargestellt, aus denen sich grundsätzliche strategische Ansätze für ein Unternehmen und seine Marktbearbeitung ergeben, z. B.:

Marktdurchdringung – mit bestehenden Produkten den vorhandenen Markt stärker besetzen, Akquisition neuer Kunden in Deutschland bzw. Verdrängen von Wettbewerbern

Marktentwicklung – Segmentierung bzw. Ausweitung in neue Märkte; Akquisition von neuen Kunden in Nachbarländern oder Kunden in neuen Zielgruppen

Produktentwicklung – Innovation, Differenzierung, neue Angebote für bestehende Kundenzielgruppen

Alternativ: horizontale, vertikale oder laterale Diversifikation (neuer Markt, neue Produkte)

Orga ✓ Veranstaltungsorganisation/-wirtschaft

578
2. Das Unternehmen möchte durch Benchmarking neue Impulse setzen, um sogenannte Me-too-Produkte zu entwickeln. Was bedeuten diese Begriffe (4 Punkte)?

je 2 Punkte für die richtige von 2 Definitionen

- Beim **Benchmarking vergleicht ein Unternehmen Lösungen, Produkte und Beispiele anderer Unternehmen,** vor allem der Wettbewerber, um sein Portfolio zu verbessern. Dabei sollte man Wettbewerber und andere erfolgreiche Unternehmen identifizieren und beobachten, sich bewusst mit den eigenen Schwächen und Stärken des Unternehmens auseinandersetzen, um Optimierungs- und Lernprozesse im Unternehmen anzustoßen und umzusetzen.

- Ein **Me-too-Produkt** ist die **Nachahmung eines erfolgreichen anderen Produktes.** Nachahmerprodukte sind allerdings produktschutz-, wettbewerbs- oder urheberrechtlich geschützt. Wettbewerbsrechtlich ist es im Rahmen des wirtschaftlichen Fortschritts zwar erlaubt, ähnliche Produkte auf den Markt zu bringen; urheber- und markenschutzrechtlich findet dieses Vorgehen seine Grenzen allerdings darin, dass es nicht verwechselbar sein darf und schon gar nicht nachgebaut bzw. patentrechtlich gestohlen sein darf.

579
3. Was bedeutet es, solche Eventmarketingmaßnahmen im Rahmen von integrierten Kommunikationsmaßnahmen in die Kommunikationspolitik einzubetten? (5 Punkte)?

bis zu fünf Punkte für die schlüssige Argumentation

Die kommunikative Vorbereitung der Absatzförderung nennt man Marketingkommunikation oder auch **Kommunikationspolitik.** Sie umfasst Maßnahmen zur Vermittlung von Informationen zum Zweck der Auslösung gewünschter Reaktionen in der Zielgruppe/beim Kunden. **Eventmarketing** bedeutet, Events als Werkzeug zur Absatzsteigerung im Rahmen des Kommunikationsmix einzusetzen, bezeichnet also das Nutzen von Veranstaltungen zum Zweck der Absatzsteigerung eines Produkts, Unternehmens oder einer Dienstleistung. Eventmarketing ist Teil der Marketing-Kommunikation. **Integrierte Kommunikation** bezeichnet die vernetzte Abstimmung von Kommunikationsmaßnahmen, um einen höheren kommunikativen Wirkungsgrad zu entfalten. Eventmarketing als Kommunikationsinstrument ermöglicht im Besonderen eine nachhaltige und emotionale Kundenansprache mit langfristigem Wirkungsgrad sowie eine genaue Zielgruppenansprache mit wenig Streuverlusten. Auch Messeauftritte können als Eventmarketingmaßnahme in den Kanon der Marketing-Events eingeordnet werden. Ein **Marketing Event** ist eine Veranstaltung, welche Faktoren wie „Unterhaltung" und „Emotionalisierung" zur direkten oder indirekten Steigerung des Absatzes nutzt. Marketing-Events sind Veranstaltungen, deren Zweck das Erreichen eines oder mehrerer definierter Marketingziele ist. Marketing-Events können als inszenierte Ereignisse beschrieben werden, die einer definierten Zielgruppe zu einem festgelegten Zeitpunkt unternehmens- und produktbezogene Kommunikationsinhalte vermitteln. Sie bilden den inhaltlichen Kern des Eventmarketing.

580
4. Das Unternehmen möchte Mitglied in der AUMA werden. Wer ist der AUMA und welche Aufgaben übernimmt diese Organisation (4 Punkte)?

je 2 Punkte für die richtige von 2 Beschreibungen

AUMA bedeutet **Ausstellungs- und Messeausschuss der deutschen Wirtschaft.** Als Verband der deutschen Messewirtschaft vertritt er die Interessen der Messewirtschaft auf nationaler und internationaler Ebene gegenüber Parlament, Ministerien, Behörden und anderen Organisationen, informiert Aussteller und Besucher über Termine, Angebote, Aussteller- und Besucherzahlen von in- und ausländischen Veranstaltungen durch Internet, Printmedien und individuelle Informationen und veröffentlicht Fachbroschüren zur konkreten Vorbereitung und Durchführung von Messebeteiligungen. Außerdem nimmt der AUMA die Geschäftsführung der Gesellschaft zur Freiwilligen Kontrolle von Messe- und Ausstellungszahlen wahr, die einheitliche Regeln für die Ermittlung und Veröffentlichung von

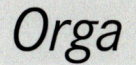

Eventmarketing ✓ *Orga*

Aussteller- und Besucherzahlen sowie für die Durchführung von Besucheranalysen aufstellt. Mitglieder des AUMA sind die Spitzenverbände der deutschen Wirtschaft (Industrie, Handel, Handwerk), messeinteressierte Fachverbände der ausstellenden Wirtschaft, messeinteressierte Fachverbände der besuchenden Wirtschaft und die deutschen Messe- und Ausstellungsveranstalter sowie die Durchführungsgesellschaften für Auslandsmessebeteiligungen sowie Verbände von Dienstleistungsunternehmen der Messewirtschaft aus den Bereichen Standbau, Design und Logistik sowie Verbände der Kongresswirtschaft.

5. Das ausstellende Unternehmen beauftragt ein Messebauunternehmen mit der Standkonzeption. Nennen Sie fünf typische Leistungen eines Messebauers (5 Punkte).
je 1 Punkt für die richtige von 5 Nennungen

Messebauunternehmen sind neben der Stand- und Ausstellungskonzeption i. d. R. spezialisiert auf Messearchitektur, -statik und -standbau. Für ausstellende Unternehmen übernimmt ein Messebauer alle handwerklichen und gestalterischen Leistungen für die Beteiligung bei Messen und Ausstellungen im In- und Ausland inkl. der Veranstaltungslogistik und der grafischen Abwicklung. Ein umfassendes Sortiment an Leihmaterial (Standsysteme, Messestandausstattung, Messemobiliar, Standardtechnik) rundet das Leistungsangebot ab.

6. Nennen Sie drei Argumente einer Messebeteiligung im Vergleich zum Onlinemarketing (3 Punkte).
je 1 Punkt für die richtige von 3 Argumenten

1. Der direkte Kontakt am Messestand schafft Möglichkeiten der nachhaltigen Kommunikation und Präsentation, die so mithilfe von elektronischen Medien nicht erreichbar sind. Der Face-to-Face-Kontakt am Messestand ermöglicht eine Imageübertragung in einem überschaubaren Zeitraum bei klar definierten Zielgruppen. Der zielgerichtete direkte Dialog lässt sich unmittelbarer herstellen.
2. Produkte und Unternehmen können haptisch und multisensorisch nachhaltig präsentiert werden (Erlebnischarakter, Wahrnehmung mit allen Sinnen).
3. Kontakte bei Messen erzielen eine tiefer gehende Wirkung als die Präsentation im Internet (vor allem vertriebsorientierte Vertrags-, Preis- und Kaufverhandlungen, Pressekontakte, Kontakte zu neuen Vertriebspartnern und Kooperationspartnern).

7. Für zwei kleinere Fachmessen liegen die folgenden Werte vor. Treffen Sie bitte eine begründete Entscheidung für eine der beiden Messen (4 Punkte).

Computerworld		PC-Systems	
Standmiete	21 000,00 €	Standmiete	19 250,00 €
Standkonzept	75 000,00 €	Standkonzept	75 000,00 €
Transportkosten	35 000,00 €	Transportkosten	39 000,00 €
Kommunikationskosten	7 000,00 €	Kommunikationskosten	7 000,00 €
Standbewirtung	4 200,00 €	Standbewirtung	4 200,00 €
Personal, Reise, Schulung	5 500,00 €	Personal, Reise, Schulung	6 000,00 €
Agenturhonorar	18 000,00 €	Agenturhonorar	13 500,00 €
Sonstiges	5 000,00 €	Sonstiges	5 000,00 €
Gesamt brutto	**170 700,00 €**	Gesamt brutto	**168 950,00 €**

Orga ✓ Veranstaltungsorganisation/-wirtschaft

	Computerworld		PC-Systems	
	2012	**2013**	**2012**	**2013**
Aussteller	830	838	924	934
Besucher	110 330	123 210	113 346	127 140
Fachbesucheranteil		80 %		55 %
Anteil inländischer Fachbesucher		82 %		61 %
Angebotsschwerpunkte	Computer, mobile Lösungen, Internetlösungen		Bauteile, Komponenten, PC-Systeme	
Messetermine im Jahr	April		Oktober	

bis zu 4 Punkten für die schlüssige Argumentation

Die Computerworld ist etwas teurer als die PC-Systems. Die Zahl der Gesamtbesucher ist bei der PC-Systems höher. Die Zielgruppe der Fachhändler bei der Computerworld liegt jedoch bei über 80 % (PC-Systems nur 61 %). Ausländische Händler sind zurzeit für den Aussteller nicht im Focus. Auf der Computerworld entsteht also ein größeres Kontaktpotenzial. Trotz der höheren Gesamtkosten ist die Computerworld zu empfehlen. Auch die Angebotsschwerpunkte von Computerworld passen besser zu den Zielgruppen.

584
8. Es soll das Standpersonal für den Messeauftritt ausgewählt und das vorbereitende Messetraining organisiert werden. Nennen Sie fünf persönliche Voraussetzungen der Bewerber sowie fünf wesentliche Inhalte des Messetrainings (5 Punkte).

je 0,5 Punkte für die richtige von 10 Nennungen

Persönliche Voraussetzungen: kommunikatives und offenes Wesen, seriöse und gepflegte Erscheinung, Fachkenntnisse, Erfahrung, Sortimentkenntnisse, Vertriebsorientierung
Inhalte Messetraining: Messeziele bekanntgeben, um effizient und zielgerichtet zum Messeerfolg beizutragen; Unternehmensphilosophie und gewünschtes Image vermitteln, um das Unternehmen angemessen zu repräsentieren; Kenntnisse über Struktur und Erwartung der Messebesucher vermitteln, um Kunden individuell und gezielt ansprechen zu können; Kenntnisse über Zielgruppen, Konkurrenten und deren Produkte vermitteln, um Unterschiede im Sortiment herausstellen zu können; Fähigkeiten zur verkaufs- und beratungsorientierten Gesprächsführung trainieren sowie Sensibilität in Form und Stil im Umgang mit Kunden und Mitarbeitern vermitteln

585
9. Nennen Sie fünf auf dem Messe-Lead-Prozess basierende Follow-up-Maßnahmen nach der Messe (5 Punkte).

je 1 Punkt für die richtige von 5 Nennungen

Kundenkontakte werden auf Messen im sogenannten Messe-Lead-Prozess in Form von Kontaktdatenzetteln festgehalten. Follow-up-Maßnahmen sind die nachfolgenden Maßnahmen, die i. d. R. kunden- und abatzorientiert die Messekontakte hin zu Vertriebs- und Verkaufskontakten entwickeln helfen sollen, z. B. Mailings mit Dankesschreiben, die Zusammenstellung und Zusendung der Messedokumentation, Informationen über Neuigkeiten und

Eventmarketing

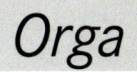

Weiterentwicklungen, der vertriebsorientierte Versand von Werbematerialien, das telefonische und persönliche Nachfassen der Kontakte, die Bemusterung mit Broschüren und Produktproben sowie das Akquirieren von Kundengesprächen, die Kontaktpflege bezüglich der erfassten Messebesucher und das gezielte Eingehen auf offen gebliebene Fragen.

10. Nennen Sie fünf Möglichkeiten zur Erfolgsmessung beziehungsweise -bewertung des Messeauftrittes (5 Punkte).

je 1 Punkt für die richtige von 5 Nennungen

Quantitative Auswertung der Besucherzahlen und der Besuchererfassung, zum Beispiel über eine Besucherzählung oder die Anzahl der Messe-Lead-Bögen (Messekontakte), qualitative Auswertung der Gesprächsnotizen, Manöverkritik und teaminterner Austausch über Schwachstellen und gute Erfahrungen, Ermitteln der Kosten pro Messekontakt, Auswerten der Vertragsanbahnungen/-abschlüsse

11. Für die Roadshow und das Vertriebspartner-Event soll eine Full-Service-Eventagentur beauftragt werden. Was macht eine solche Agentur konkret (5 Punkte)?

bis zu 5 Punkten für die schlüssige Darstellung

Full-Service-Marketing-Eventagenturen können als spezialisierte Werbeagenturen angesehen werden, die die komplette Konzeption, Planung, Organisation, Durchführung und Nachbereitung von Marketing-Events anbieten. Dabei übernehmen sie folgende Aufgaben:

Phase	Tätigkeitsfelder
Konzeption	Briefing auswerten, Recherchen, Motto formulieren, Konzeption erarbeiten, Präsentation erstellen, Angebot erstellen
Planung	Künstler und Dienstleister anfragen, Location scouten, Einladungsszenario erstellen, Projektpan erstellen, Programm entwickeln, Personaldisposition erarbeiten
Organisation	Künstler und Dienstleister buchen, Soll-Ist-Kontrolle, Produktionsbuch erstellen, Hotels, Catering und Reiselogistik buchen
Durchführung	Installation von Einrichtungen, Aufbauten und Dekorationen, Überwachung des Personaleinsatzes, Betreuung des Programms, Einhaltung des Ablaufplans
Nachbereitung	Abbau, Einlagern, Wegsortieren, Schäden abwickeln, Manöverkritik, Prozessanalyse, Nachkalkulation, Endabrechnung, Veranstaltungsdokumentation

Orga ✓ Veranstaltungsorganisation/-wirtschaft

588

12. Erläutern Sie fünf Vorteile einer Roadshow im Vergleich zu einem Messeauftritt (5 Punkte).

je 1 Punkt für die richtige von 5 Nennungen

1. Auf einer Roadshow kann man eine hohe Anzahl von Kontakten in kurzer Zeit knüpfen und diese auch intensivieren, da die Gäste i. d. R. überschaubare Anfahrtswege haben und dadurch etwas mehr Zeit mitbringen.
2. Bei einer Roadshow hat man die Möglichkeit, zielgruppenorientierte Teilmärkte genau zu erreichen. Die Teilnehmer kommen gezielt, um nur die Roadshow und nicht eine hohe Anzahl von Messeständen zu besuchen.
3. Eine Roadshow bietet Gelegenheiten für die Weitergabe gezielter Produktinformationen und das Führen persönlicher Gespräche. Fachvorträge transportieren Informationen über die neue Produktlinie zielgerichtet an die Teilnehmer weiter. Problembereiche werden thematisiert, Lösungsmöglichkeiten angeboten. Persönliche Gespräche nach den Vorträgen ermöglichen es, die Bedürfnisse der Besucher als potenzielle Geschäftspartner zu erfassen und aufzunehmen.
4. Die Möglichkeit einer nachhaltigen Emotionalisierung durch die direkte Kommunikation eines entsprechenden Rahmenprogramms auf einer Roadshow kann das Image des Unternehmens nach außen aufbauen.
5. Man ist auf einer Roadshow unabhängig von den Rahmenbedingungen einer Messebeteiligung (Standgröße, Standumfeld, Öffnungszeiten, Eintritt) und kann das Programm flexibler auf Produkte, örtliche regionale Gegebenheiten und potenzielle Teilnehmerbedürfnisse ausrichten.

589

13. Nennen Sie sieben wichtige organisatorische Planungsaspekte bei einer Roadshow (7 Punkte).

je 1 Punkt für die richtige von 7 Nennungen

Routing (Ablauf der Städte), Location-Scouting und Auswahl pro Veranstaltungsort, Gesamt-Budgetkalkulation und Einzelkalkulation pro Stadt/Termin, Disposition von Technik und Logistik, Einladungsszenario und Teilnehmermanagement, Programmablauf pro Veranstaltung, Einkauf und Organisation von externen Dienstleistungen

590

14. Nennen Sie acht Anforderungen an mögliche Veranstaltungsorte bei einer Roadshow (4 Punkte)?

je 0,5 Punkte für die richtige von 8 Nennungen

Verfügbarkeit am geplanten Terminfenster, Lage und Größe, Anzahl und Eignung entsprechender Räume, ausreichende Infrastruktur (inkl. Anfahrt, Parkplätze, Ausstattung, Telefon, DSL/WLAN), Bühne und Technik, entsprechendes Leistungsportfolio durch die Location oder durch örtliche Partner (z. B. Tagungsservice, Tagungstechnik, Dienste, Catering, Vorbereitungsarbeiten usw.), budgetnahes Preis-Leistungs-Verhältnis, Passung von Ausstrahlung und Image der Location

591

15. Auf der Roadshow sollen Vertriebspartner informiert und geschult werden. Welche Bestuhlungsform schlagen Sie vor (2 Punkte)?

bis zu 2 Punkte für die schlüssige Beschreibung

Die Räume sollten parlamentarisch bestuhlt werden. Eine parlamentarische Bestuhlung gewährleistet eine gute Sicht mit eindeutiger Blickrichtung auf die Bühne bzw. Präsentationsfläche. Die Teilnehmer können auf bereitgestellten Tischen mitschreiben, weiterhin ist genug Platz für kleine Dekorationen, Getränke und kleine Gedecke.

Eventmarketing — Orga

16. Ein Veranstaltungstechnik-Dienstleister soll die Roadshow begleiten. Welche Vorteile entstehen im Gegensatz zur jeweiligen lokalen Hinzumietung (4 Punkte)?

bis zu 4 Punkte für die schlüssige Darstellung

Die Vergabe an einen Partner vermindert den eigenen Abstimmungsbedarf mit den Technikdienstleistern, da das Technikunternehmen die Planungen und die Koordination vor Ort übernimmt. Wenn pro Stadt ein lokaler Dienstleister beauftragt würde, wären jeweils intensive Abstimmungsvorgänge nötig. Ein Ansprechpartner bereits im Vorfeld und im Lauf der Roadshow ermöglicht darüber hinaus eine gezieltere und einfachere Kommunikation, da der Partner mit der Produktion vertraut ist. Weiterhin ist die Qualität jeder einzelnen Veranstaltung dadurch gewährleistet, dass das beauftragte Technikunternehmen die Roadshow gut kennt und mehrfach abwickelt. Auftretende Probleme können so schnell und flexibel gelöst werden. An jedem Ort steht darüber hinaus die gleiche, an das Eventlayout angepasste und optimierte technische Lösung bereit. Die Bereitstellung, Betreuung und Wartung liegen in der Hand des Dienstleisters, der sich professionell mit der technischen Abwicklung beschäftigt.

17. Welche Leistungen sollten vor Ort hinzugebucht werden und welche logistischen Voraussetzungen sind vor Ort hilfreich (4 Punkte)?

bis zu 4 Punkte für die schlüssige Darstellung

Leistungen vor Ort: örtliche Helfer (Hands), Bestuhlung/Mobiliar, Verpflegung/Food and Beverage, Sicherheitskräfte (Security), Garderoben, sonstige Dienste (z. B. Reinigung, Parkplatzeinweiser), Bereitstellung von Hostessen

Logistische Voraussetzungen: optimierte Ladewege und Entlademöglichkeiten (kurze, ebenerdige Anfahrt an die Bühne inkl. Laderampe), detaillierte Auf- und Abbaupläne, vorbereitete und ggf. vorverkabelte Räume, die den Anforderungen entsprechen

18. Für die zentrale Vertriebsveranstaltung wurde ein altes Betonwerk im Hafengebiet von Duisburg ausgesucht. Die Eventagentur soll eine Wettbewerbspräsentation auf Basis einer nicht öffentlichen Ausschreibung (Pitch) konzipieren. Listen Sie acht Rahmeninformationen für ein solches Konzept auf Basis eines Briefings auf (4 Punkte).

bis zu 4 Punkte für die schlüssige Darstellung

Rahmeninformation	Erläuterung
Ziele	Was ist das (Kommunikations-)Ziel der Veranstaltung?
Teilnehmer/Zielgruppe	Wie viele Personen sollen teilnehmen? Stellung, Alter und Geschlecht der Teilnehmer zur Anpassung des Programms
Location	Fassungsvermögen, Maße, Pläne, Bestuhlung (Bestuhlungspläne), Mobiliar, Infrastruktur, Erreichbarkeit, Parkplätze, Planung der An-/Abreise (individuell/organisiert), Unterbringung der Gäste; Welche Leistungen kann/soll die Location erbringen?
Zeitablauf	gewünschtes Datum, verschiedene Räume oder Umbau von Tages- auf Abendveranstaltung nötig und möglich? Sind aufwendige technische Ein-/Ausbauten oder Proben notwendig? Steht die Location zur Verfügung? (auch für Vorbereitung und Rückbau)

Orga ✓ Veranstaltungsorganisation/-wirtschaft

Rahmeninformation	Erläuterung
Catering	Vorstellung des Kunden, Buffet, gesetztes Essen, Getränke, Wertigkeit, Zuliefererbindung der Location vorhanden?
Programm	Show: Was stellt sich der Kunde vor? Wer stellt Referenten für Schulung?
Marktdaten	Informationen über das Unternehmen, den Markt und die branchenspezifischen Rahmenbedingungen
Budget	Budgethöhe, Vertragsbedingungen, Zahlungsarten

595
19. Nennen Sie zehn technisch-infrastrukturelle Aspekte zur Beurteilung der Location (5 Punkte).
je 0,5 Punkte für die richtige von 10 Nennungen

Locationcheck vor Ort (Visite der Veranstaltungsstätte), Beurteilung der infrastrukturellen Gegebenheiten (Anfahrt, Parkplätze, Lage usw.), Genehmigungen und amtliche Anforderungen ausloten, Raumpläne abfordern inkl. Bestuhlungsmöglichkeiten, technische Informationen und Leistungsprofile abrufen, Stromanschlüsse, Hängepunkte, Raumbelastbarkeit, Energieversorgung (Heizung, Klima), sanitäre Einrichtungen, Wasser- und Abwasseranschlüsse, verfügbare Telekommunikationstechnik inkl. Internet, Brandschutz und Versammlungsstättensicherheit, Schließanlagen/Lagermöglichkeiten

596
20. Nennen Sie fünf Elemente eines Einladungsschreibens und fünf Maßnahmen, die im Verlauf eines Einladungsszenarios anfallen (5 Punkte).
je 0,5 Punkte für die richtige von 10 Nennungen

Elemente: Logo/Firmendaten/Absendernennung/Veranstalterangaben, Titel und Logo der Veranstaltung/Motto, Personalisierter Einladungstext inkl. Programmübersicht und Zielgruppennennung, Ziele der Veranstaltung, Programminfos/Zeiten/Ablaufplan, Ort/Anfahrt/Loaction-Informationen, Rückmeldeformular
Maßnahmen: Verarbeiten der Rücklaufinformationen, Reminder versenden, Verarbeiten der Teilnehmerdaten/regelmäßiges Datenupdate, Fragebogenversand mit Angaben zu Anreiseart, Hotelbedarf, Teilnehmeranzahl am Rahmenprogramm, Hotelbuchungen/Cateringbestellung usw., Versand von Informationsunterlagen, Kongressmappe usw., Teilnahmebestätigung und praktische Hinweise

597
21. Für ein Briefinggespräch mit dem Technikdienstleister sollen pro Gewerk je drei Informationen zusammengetragen werden (6 Punkte).
je 1 Punkt für die richtige von mindestens 6 Nennungen

Gewerk	Information
Bühne	Bühnengröße, Bühnenmaße, lichte Raumhöhe, Hängepunkteplan, Bodenbelastbarkeit, Lademöglichkeiten, Bühnenprogramm
Licht	Licht- und AV-Anforderungen, Rigging, Dekoration/Bühnenbild, Stromanforderungen, Anzahl Dimmerpacks und Cases

Rechtliche Rahmenbedingungen — Orga

Gewerk	Information
Ton	PA-Anforderungen (Delay Line, Effekte), Mikrofone, Monitoranforderungen, Stage Plot

22. Es sollen zwölf Kostenposten genannt werden, die in einer Kostenschätzungskalkulation bzgl. der Vorbereitung, Nachbereitung und Durchführung einer solchen Veranstaltung auftauchen (6 Punkte). (598)

je 0,5 Punkte für die richtige von 12 Nennungen

Location: Miete gesamter Zeitraum inkl. Auf-/Abbau inkl. NK, Bestuhlung, Dekoration, Bühne, Betriebskosten (Wasser/Heizung), Strom/Elektroanschlüsse, Reinigung, Verkehrskosten/Erschließung, Beschriftung, Besucherleitsystem
Technik: Strom, Ton, Licht, Bühne, Projektion, Effekte, Personal, EDV, TK, Kommunikation
Transport: Fahrzeuge, Fahrer, Benzin, Busse, Trucking, Zölle
Inszenierung: Konzeption, Buch, Regie, Choreografie, Maske, Kostüm, Requisite, Objekte, Dekoration, Bühnenbild, Medienproduktion (von Konzeption/Drehbuch bis Realisation und Banderstellung)
Unterbringung/Hotel, Travelkosten usw.
Personal: Honorare Künstler und Beteiligte (vgl. Personal), Referenten, Reisekosten, Transfers, Hotelkosten, Löhne/Gehälter, Lohnnebenkosten, Künstlersozialabgabe, Ausländersteuer, Verpflegung, Management/Künstlerbetreuung, Guest-Management/Gästebetreuung
Werbung: Anzeigenerstellung/-schaltung, Plakaterstellung/-druck, Spoterstellung/-schaltung, Flyer-/Programmheft, Kartendruck, Pressearbeit (vgl. PR)
Gebühren: GEMA, Urheberrechte, Behördenauflagen, evtl. Vergnügungssteuer, Konzessionen, Tombola/Preisausschreiben
Versicherungen: Veranstaltungshaftpflicht, Elektronikversicherung, Ausfallversicherung, Keyman-Versicherung (z. B. Hauptdarsteller), Unfallversicherungen (vgl. Kapitel Versicherungen)
Safety/Security: Security, Polizei, Feuerwehr, Sanitäter, Absperrungen, Kontrollen
Catering: Personal, Mobiliar, Speisen und Getränke, Geschirr, Reinigung, Lagerung, Entsorgung, Konzessionen
Agenturkosten: Konzeption, Grafik, Einladungsszenario, Kommunikation/PR, laufende Mehrkosten, Honorare
Bürobetriebskosten: Büromaterial, TK, Verbrauch, Gebühren, Material, Porto, Kopien, Buchhaltung
Fixkosten: Löhne, Ausstattung, Mieten, Fuhrpark, Inventar, Steuern, Versicherungen, Gebäude

2.3 Rechtliche Rahmenbedingungen

Als Legislative beschreibt man die gesetzgebende Gewalt. In Deutschland sind dies die Parlamente. Als Exekutive bezeichnet man die ausführende Gewalt, in Deutschland sind dies die Regierung und die Verwaltung. Als Judikative bezeichnet man die recht sprechende Gewalt, in Deutschland sind dies die Gerichte. Gewaltenteilung, differenzierter beschrieben als Gewaltenverschränkung, bezeichnet die Aufteilung verschiedener Befugnisse auf verschiedene Staatsträger.

> **Verfassung**
>
> Erklären Sie die Begriffe *Legislative, Exekutive* und *Judikative* sowie *Gewaltenteilung/Gewaltenverschränkung.* (599 ZP)

Orga ✓ Veranstaltungsorganisation/-wirtschaft

ZP 600 — Wer *erlässt in Deutschland Gesetze,* wer *Verordnungen,* wer *Vorschriften* laut *Satzungsrecht* und wer *Richtlinien?*

Gesetze werden von der Legislative erlassen (z. B. Landesimmissonsschutzgesetz), Verordnungen von der Exekutive (z. B. Versammlungsstättenverordnung). Vorschriften werden laut Satzungsrecht auch von Organen erlassen, die eine staatliche Funktion übernehmen (z. B. IHK und Berufsgenossenschaften). Sowohl Gesetze als auch Verordnungen und Vorschriften haben Gesetzeskraft, also bindenden Charakter. Richtlinien (z. B. die DIN-Normen) sind freiwillig selbstverpflichtende Regelwerke von Zusammenschlüssen oder Verbänden.

2.3.1 Vertragsrecht

Verträge

601 — Wie wird ein *Vertrag* definiert?

Ein Vertrag wird freiwillig zwischen zwei oder mehreren Parteien geschlossen; er regelt das gewünschte Verhalten durch Selbstverpflichtung. Verträge kommen durch Angebot und Annahme zustande. Der Inhalt einer für die Zukunft gewollten vertraglichen Vereinbarung muss von den Vertragsparteien im gleichen Sinn verstanden werden.

Vertragsparteien müssen rechtlich geschäftsfähig sein, um wirksame Willenserklärungen abgeben und am Geschäftsverkehr teilnehmen zu können. Generell herrscht in Deutschland Vertragsfreiheit in den Grenzen der gültigen gesetzlichen Bestimmungen und der gesellschaftlich anerkannten Sitten.

602 — Was passiert, wenn ein *Vertrag nicht eingehalten* wird.

Wenn ein Vertrag nicht eingehalten wird, spricht man von einer **Vertragsstörung**. Das bürgerliche Haftungsrecht laut BGB sieht hierfür etliche Definitionen und Folgen von Vertragsstörungen und Vertragsverletzungen vor. Pauschal ist diese Frage also nicht zu beantworten; der Einzelfall muss analysiert und bewertet werden.

603 — Was ist eine *Willenserklärung* und welche *Arten* sind bekannt?

Die **Willenserklärung** wird rechtswissenschaftlich bewertet als die **Äußerung eines Rechtsfolgewillens durch eine Person, die einen Rechtserfolg beabsichtigt.** Dieser soll eintreten, wie er gewollt war. Rechtsgeschäfte bestehen aus mindestens einer Willenserklärung, gegenseitige Verträge aus mindestens zwei Willenserklärungen oder auch Realakten, die durch den Eintritt der Rechtsfolge schon aufgrund eines entsprechend geäußerten Willens gekennzeichnet sind.

Zwei Arten von Willenserklärungen werden unterschieden: die (häufig vorkommende) **empfangsbedürftige** und die **nicht empfangsbedürftige Willenserklärung.** Empfangsbedürftig ist die Erklärung, wenn sie nach dem Gesetz abzugeben ist. Sie ist erst ab dem Zeitpunkt wirksam, an dem sie dem Empfänger unter gewöhnlichen Umständen zugeht. Nicht empfangsbedürftige Willenserklärungen sind schon im Moment der Abgabe wirksam.

Vertragsrecht

- **Beispiele für einseitige Rechtsgeschäfte:** Kündigung einer Mietwohnung (empfangsbedürftig), Kündigung eines Arbeitsvertrages (empfangsbedürftig), Anfechtung eines Vertrages (empfangsbedürftig), Testament (nicht empfangsbedürftig), Auslobung einer Belohnung (nicht empfangsbedürftig)

- **Beispiele für zwei- oder mehrseitige Rechtsgeschäfte:** Kaufvertrag (beidseitig verpflichtend), Schenkung (einseitig verpflichtend)

(604) Nennen Sie je zwei *Rechtsgeschäfte*, bei denen eine *einseitige*, und je zwei Rechtsgeschäfte, bei denen eine *zwei- oder mehrseitige Willenserklärung* erforderlich ist.

2.3.1.1 Vertragsrecht laut BGB und HGB

Handelsrecht

- Das **Bürgerliche Gesetzbuch (BGB)** regelt als Teil des Privatrechts die Beziehungen zwischen rechtlich gleichgestellten Rechtsteilnehmern (z. B. Bürgern und Unternehmen). Heute kann das bürgerliche Recht dabei als das Recht verstanden werden, das die generellen Regelungen für den alltäglichen Rechtsverkehr bereithält. Das BGB regelt das Vertrags- und Schuldrecht, das Sachen- und Eigentumsrecht und das Familien- und Erbrecht.

- Das **Handelsgesetzbuch (HGB)** regelt das Handelsrecht für Kaufleute und kann als Spezialisierung des BGB verstanden werden: Das BGB gilt für alle am geschäftlichen Verkehr Beteiligten, das HGB dagegen gilt für Kaufleute und Geschäfte unter Kaufleuten. Das HGB enthält weiterhin spezielle Regelungen für OHG, KG und Kapitalgesellschaften.

(605) Beschreiben Sie die *Geltungsbereiche des BGB und des HGB*.

In unserem Rechtssystem kann jeder Teilnehmer am gesellschaftlichen oder wirtschaftlichen Leben einen Stellvertreter bestimmen, um seine Willenserklärungen abzugeben und private, gesellschaftliche oder geschäftliche Vorgänge einzuleiten. Typische Stellvertreter sind privat Bevollmächtigte, geschäftliche Handlungsbevollmächtigte und Prokuristen, aber auch Anwälte, Makler und Vormünder.

(606) Kann ein *Vertrag* durch einen *Stellvertreter geschlossen* werden?

Natürliche Personen	Juristische Personen
Eltern, Elternteile, Vormund, Betreuer, Pfleger	Vorstandsmitglieder (AG, e. G., e. V.), Geschäftsführer (GmbH, OHG, KG), Insolvenzverwalter

(607) Nennen Sie je zwei Beispiele für gesetzliche Vertretung bei natürlichen und bei juristischen Personen.

1. Spezialvollmacht/Einzelvollmacht
2. Artvollmacht
3. allgemeine Handlungsvollmacht
4. Gesamtvollmacht
5. Generalvollmacht

(608) Welche *Vollmachten* im Rahmen der vertraglich vereinbarten Vertretung kennen Sie? (fünf Nennungen)

233

Orga — Veranstaltungsorganisation/-wirtschaft

609 Welche *Arten* der *Handlungsvollmacht* sieht das HGB vor?

Einzelprokura
Gesamtprokura
Filialprokura

610 Was bedeutet *Prokura*?

Prokura ist eine handelsrechtliche Vollmacht, die ausdrücklich und persönlich erteilt werden muss. Sie ermächtigt nach deutschem Handelsrecht gemäß § 49 Abs. 1 HGB „zu allen Arten von gerichtlichen und außergerichtlichen Geschäften und Rechtshandlungen, die der Betrieb eines Handelsgewerbes mit sich bringt". Die Prokura kann nur durch einen Kaufmann oder die Geschäftsführung erteilt werden. Die Unterschrift des Prokuristen enthält gewöhnlich den Zusatz „ppa" (per procura).

611 Welche Einschränkungen der Stellvertretung gibt es bei der Prokura? (sechs Nennungen)

1. Unterzeichnung von Bilanzen und Steuererklärungen
2. Leistungen eines Eides
3. Beantragung von Handelsregistereinträgen
4. Aufnahme von Gesellschaftern
5. Verkauf des Unternehmens
6. Beantragung eines Insolvenzverfahrens

612 Ab welchem Zeitpunkt beginnt die Prokura im Innenverhältnis und ab welchem Zeitpunkt im Außenverhältnis?

Im Innenverhältnis beginnt die Prokura mit der Erteilung, im Außenverhältnis nach erfolgreicher Eintragung in das Handelsregister (deklaratorische, d. h. rechtsbezeugende Wirkung).

613 Wann endet die Prokura? (fünf Nennungen)

Die **Prokura endet** bei
1. Kündigung oder Auflösung des Arbeits- oder Dienstvertrages
2. Widerruf seitens des Erteilers
3. Unternehmensauflösung
4. Tod des Prokuristen
5. bei Wechsel des Geschäftsinhabers, sofern der neue Inhaber die Prokura widerruft

Vertragsrecht — Orga

Vertragsarten

Listen Sie beispielhaft sieben typische *grundlegende Vertragsarten* laut BGB auf. (614)

Vertragsart	Inhalt	Beispiele	Häufigkeit
Kaufvertrag laut § 433 ff. BGB und § 373 ff. HGB	Veräußerung von Sachen oder Rechten gegen Entgelt mit Eigentumsübergang	Anschaffung von technischem Equipment; Kauf von Dekorationsmaterialien	normal
Mietvertrag laut § 535 ff. BGB	entgeltliche zeitweilige Überlassung eines Rechtes oder eine Sache zum Gebrauch	Miete von Räumen; Miete von Veranstaltungstechnik; Fahrzeugmiete	je nach Betätigungsfeld ausgeprägt und typisch
Pachtvertrag laut § 581 ff. BGB	entgeltliche zeitweilige Überlassung eines Rechtes oder eine Sache zum Gebrauch; der Erlös aus der Bewirtschaftung bleibt beim Pächter	selbstständiges Betreiben einer Gastwirtschaft unter Nutzung einer vorhandenen Schankanlage; Bewirtschaftung einer Tankstelle unter Nutzung einer vorhandenen Zapfanlage	selten, aber durchaus branchenspezifisch (Gastronomie)
Dienstvertrag laut § 611ff. BBG und § 59 ff. HGB	eine Tätigkeit wird geschuldet, die i. d. R. nicht messbar ergebnisorientiert ist, gegen Vergütung	typisch für die meisten Arbeitsverträge (ausgeführte Tätigkeit ist weisungsgebunden, z. B. Sachbearbeiter oder Sekretärin); typisch für Live-Events: Servicepersonal im Catering, Security-Mitarbeiter, Messehostessen, Tagungsdolmetscher, Promoter, Hands	als Arbeitsvertrag typisch; als Dienstleistung normal
Maklervertrag bzw. Mäklervertrag laut § 652 ff. BGB	selbstständige Vermittlungstätigkeit, die honoriert wird nach Zustandekommen des zugrundeliegenden Vertrags	Künstlervermittlung; Finanz- oder Versicherungsvermittlung; Wohnungs- oder Immobilienvermittlung	typisch für Management- und Agententätigkeiten (Booking)
Werkvertrag bzw. Werklieferungsvertrag laut § 631 ff. BGB	Herstellung eines Werkes oder Leistungserfolgs gegen Vergütung. Das vereinbarte Ergebnis wird honoriert.	Erstellen eines Bühnenbildes oder einer Dekoration; Bau eines Messestands; Darbieten eines Konzerts (inkl. Verkauf von Eintrittskarten) Erstellen eines Cateringbuffets	häufig, typischste spezifische Form im Live-Event; als Arbeitsvertragsvariante eher selten (z. B. bei Akkordlohn, Provisionsregelungen bei einem Vertriebsmitarbeiter)
Reisevertrag laut § 651a ff. BGB	Erbringung einer Gesamtheit von Reiseleistungen (z. B. Pauschalreise)	Anbieten einer Incentive-Reise; Anbieten einer Schulung mit integrierten Reiseleistungen	selten, aber durchaus branchenspezifisch (Incentive-Bereich)

Orga ✓ Veranstaltungsorganisation/-wirtschaft

615 Wann kommt ein *Kaufvertrag* zustande? Kann Schweigen auf ein Angebot die Annahme auslösen?

Ein **Kaufvertrag** kommt (ohne Formvorschriften) dann zustande, wenn sich durch **Angebot und Annahme** Verkäufer wie Käufer zur Sache, zur Bezahlung des Kaufpreises und zur Abnahme durch Willenserklärungen verpflichtet haben. Dabei kann z. B. beim Kauf auf Probe, bei dem die Sache dem Käufer zum Zweck der Probe oder Besichtigung übergeben wurde, sein Schweigen als Billigung, d. h. als Annahme gewertet werden. Ansonsten ist Schweigen nicht als Willenserklärung und i. d. R. nicht als Annahme zu werten.

616 Erklären Sie die Begriffe *Rechts- und Geschäftsfähigkeit* und deren Auswirkungen etwa auf Kaufverträge. Formulieren Sie zwei prägnante Beispiele

Natürliche und juristische Personen sind laut BGB rechtsfähig, d. h. sie können Träger von Rechten und Pflichten sein und rechtswirksame Erklärungen abgeben. Die **Geschäftsfähigkeit** ist die **Fähigkeit, rechtsverbindliche Erklärungen abzugeben und entgegenzunehmen.**
Auf Kaufverträge haben in der Praxis die volle Geschäftsfähigkeit (ab Volljährigkeit) und die beschränkte Geschäftsfähigkeit (Personen zwischen dem 7. und 18. Lebensjahr) Auswirkungen. Rechtsgeschäfte, die von beschränkt geschäftsfähigen Personen abgeschlossen werden, sind schwebend unwirksam und werden wirksam, wenn der gesetzliche Vertreter seine Einwilligung gibt. *Beispiele:*
1. Die 17-jährige Auszubildende Maria Magdalena wird angewiesen, für den Betrieb einen Labtop zu kaufen.
2. Der 17-jährige Paul Petrosch macht sich mit einem Onlinehandel selbstständig.

617 Grenzen Sie den *Mietvertrag* zum *Leih- und Pachtvertrag* ab.

- Ein **Mietvertrag** regelt die zeitweilige Überlassung von Sachen zum Gebrauch gegen Entgelt bei gegenseitigen Verträgen. Der Vermieter verpflichtet sich dem Mieter die Mietsache mangelfrei zu überlassen, für einen bestimmten Zeitraum. Der Mieter seinerseits ist verpflichtet die vereinbarte Miete an den Vermieter zu entrichten.

- Beim **Leihvertrag** handelt es sich um eine Überlassung ohne Entgelt.
- Beim **Pachtvertrag** handelt es sich wie beim Mietvertrag um eine Überlassung gegen Entgelt, allerdings bleibt der Erlös aus der Bewirtschaftung beim Pächter (Beispiele: Landwirtschaft, Tankstelle, Gastwirtschaft).

618 Grenzen Sie den *Dienstvertrag* vom *Werkvertrag* ab.

- Ein **Dienstvertrag** regelt die Erbringung von Tätigkeit gegen Vergütung bei gegenseitigen Verträgen mit wechselseitigen Pflichten. Diese Form von Vertragsart findet man bei Arbeitsverträgen, für die weiterhin charakteristisch ist, dass die ausgeführte Tätigkeit weisungsgebunden und fremdbestimmt ist. Demzufolge wird die Tätigkeit und nicht das Ergebnis (der Erfolg) geschuldet, z. B. bei einem Sachbearbeiter oder einer Sekretärin.

- Der **Werkvertrag** regelt die Herstellung eines Leistungsergebnisses gegen Vergütung bei gegenseitigen Verträgen. Der Unternehmer verpflichtet sich zur Herstellung des vereinbarten Werkes, der Besteller im Gegenzug verpflichtet sich zur Zahlung der vereinbarten Vergütung. Diese Form von Vertrag ist ergebnisorientiert und eine häufige Vertragsform für unsere Branche. Als Arbeitsvertragsvariante eher selten (Akkordlohn, Provisionen).

Vertragsrecht — Orga

Dienstvertrag laut § 611 ff. BBG und § 59 ff. HGB	Eine Tätigkeit wird geschuldet, die i. d. R. nicht messbar ergebnisorientiert ist, gegen Vergütung.	typisch für die meisten Arbeitsverträge (ausgeführte Tätigkeit ist weisungsgebunden, z. B. Sachbearbeiter oder Sekretärin) typisch für Live-Events: Servicepersonal im Catering, Security-Mitarbeiter, Messehostessen, Tagungsdolmetscher, Promoter, Hands
Werkvertrag bzw. Werklieferungsvertrag laut § 631 ff. BGB	Herstellung eines Werkes oder Leistungserfolgs gegen Vergütung. Das vereinbarte Ergebnis wird honoriert.	Erstellen eines Bühnenbildes oder einer Dekoration Bau eines Messestandes Darbieten eines Konzerts (inkl. Verkauf von Eintrittskarten) Erstellen eines Cateringbuffets

619 Nennen Sie jeweils zwei typische *Anwendungsbeispiele* in unserer Branche für einen *Werkvertrag* und einen *Dienstvertrag*.

Ein **Reisevertrag** regelt die **Erbringung einer Gesamtheit von Reiseleistungen** (z. B. bei einer Pauschalreise) gegen Vergütung bei gegenseitigen Verträgen. Der Veranstalter verpflichtet sich zur Erbringung eines Leistungspaketes gegen Entgelt. In der Eventbranche kommt diese Vertragsform normalerweise bei Incentive-Reisen oder auch bei kombinierten Schulungsangeboten zustande, sobald Anreise, Übernachtung, Verpflegung und Programm im Paket angeboten werden. Die besonderen Regelungen für Reiseverträge laut BGB müssen dann beachtet werden.

620 Wann kommt in der Eventbranche ein *Reisevertrag* zustande?

AGB

AGB sind **Allgemeine Geschäftsbedingungen,** also **vorformulierte Vertragskonditionen,** die i. d. R. der Anbieter einer Ware oder einer Leistung erstellt, um den Geschäftsverkehr erleichternd abzuwickeln und für ihn günstige Konditionen im Vorfeld der Vertragsabwicklung zu verankern.

621 Was sind *AGB*, wer erstellt diese in der Regel und warum?

AGB werden **bei Vertragsabschluss gültig,** wenn im Vorfeld darauf hingewiesen wurde und der Vertragspartner die Möglichkeit zur klaren und ausführlichen Kenntnisnahme besaß.

622 Wann werden *AGB gültig*?

Orga ✓ Veranstaltungsorganisation/-wirtschaft

623 An welche zwei *Kundengruppen* richten sich in der Regel die allgemeinen Geschäftsbedingungen eines Unternehmens?

In der Regel richten sich AGB an **Endkunden und Nichtkaufleute,** da AGB unter Kaufleuten laut HGB keinen Vorrang vor der einzelvertraglichen Regelung haben.

624 Was ist beim *Ticketing* hinsichtlich der *Veröffentlichung von allgemeinen Geschäftsbedingungen* besonders zu beachten?

Besonders zu beachten ist, dass die **AGB des Veranstalters dem Käufer vor Abschluss des Kaufs bekannt gemacht werden müssen.** Beim Onlinekauf ist das unproblematisch (Link zu den AGB), ebenso beim Direktverkauf durch den Veranstalter (z. B. Aushang am Kaufort). Problematisch ist der Vorgang beim Kauf in der Vorverkaufsstelle, da dort Tausende Veranstaltungen von Hunderten von Veranstaltern durch den Vorverkäufer vertrieben werden. Wenn z. B. die AGB auf der Rückseite der Eintrittkarte abgedruckt sind, werden sie ungültig, da sie dem Käufer erst nach Abschluss der Kaufhandlung zugänglich werden. Wenn AGB ungültig werden, gelten stattdessen die grundlegenden gesetzlichen Regelungen (z. B. laut BGB).

2.3.1.2 Eventspezifisches Vertragsrecht

Verträge

625 Welche *Rechtsnatur* haben Aufführungs-, bzw. *Konzert- und Gastspielverträge* nach gängiger Auffassung?

Über die **Rechtsnatur von Gastspiel-, Konzert- und Aufführungsverträgen** bestehen verschiedene Auffassungen. Moderne Autoren beurteilen insbesondere den Gastspielvertrag als Werkvertrag, wenn eine bestimmte künstlerische Wertschöpfung (Aufführung) geschuldet wird. Die konservative Meinung in Literatur und Rechtsprechung ordnet den Konzert- beziehungsweise Aufführungsvertrag allerdings teilweise in die Gruppe der selbstständigen Dienstverträge ein.

Das Bundessozialgericht geht sogar regelmäßig von einem selbstständigen Dienstvertrag aus. Hier schuldet der Dienstverpflichtete das Tätigwerden, also das Einsetzen seiner Arbeitskraft, jedoch keinen bestimmten Arbeitserfolg. Es kommt also in der Beurteilung darauf an, wie genau die künstlerische Tätigkeit fixiert ist; je genauer, um so eher ist von einem Werkvertragscharakter auszugehen.

626 Formulieren Sie je ein *Beispiel* für einen *Werk-* bzw. einen *Dienstvertrag* bei einem *Marketing-Event.*

- **Werkvertrag:** Eine Eventagentur verpflichtet eine Sängerin, dreimal täglich bei einem Messeauftritt anlässlich einer Produktpräsentation ein zeitlich und inhaltlich definiertes Programm zu performen.

- **Dienstvertrag:** Ein Artist soll als Walking Act bei dieser Messeinszenierung tagsüber das Messepublikum unterhalten.

Vertragsrecht — Orga

627 Wie sind Verträge zwischen Künstler und Manager zu klassifizieren?

Verträge zwischen Veranstalter, Manager und Künstlermanager schließen die Verträge für die Künstler ab und kümmern sich auch sonst um das wirtschaftliche und karriereorientierte Wohlergehen des Künstlers. Dabei haben sie häufig eine Generalvollmacht inklusive Unterschriftsvollmacht, d. h., sie führen alle Geschäfte des Künstlers und unterschreiben auch für diesen. Häufig führen sie ein sogenanntes Treuhandkonto für den Künstler. **Managerverträge** sind **Dienstverträge mit Geschäftsbesorgungscharakter**. Wenn Manager Verträge mit Dritten abschließen, wirken diese zwischen dem Künstler und dem Dritten, da der Manager nur in Vertretung abschließt – er handelt als Stellvertreter gemäß § 164 BGB. Diese Vertretung wird im Managementvertrag geregelt. Für seine Tätigkeit wird der Manager i. d. R. mit einer Beteiligung (Ergebnisprovision) in Höhe von 10–30 % der Künstlererlöse honoriert.

628 Wie sind Verträge zwischen Künstler, Agent und Veranstalter zu klassifizieren?

Auch Künstleragenturen (Künstlervermittler, Booker) schließen Verträge für Künstler ab, allerdings i. d. R. nur punktuell. Sie führen nicht alle Geschäfte des Künstlers, doch kann es auch vorkommen, dass sie für den Künstler unterschreiben und gegebenenfalls ein Treuhandkonto für ihn führen. Ein **Agenturvertrag**, d. h. ein Vertrag mit einer Künstler-, Konzert- oder Spezialagentur, die Künstler vermittelt, ist ein **Maklervertrag** nach § 652 BGB. Wenn eine Agentur einen Vertrag mit einem Dritten abschließt, wirkt auch sie zwischen dem Künstler und dem Dritten als Stellvertreterin gemäß § 164 BGB. Diese Vertretung wird im Agenturvertrag geregelt. Für ihre Tätigkeiten wird die Agentur i. d. R. mit einer Beteiligung (Provision) in Höhe von 10–20 % der Künstlererlöse honoriert.

629 Der bekannte Alpenrocker DJ Fuzzi wird über seinen Manager Alpenrock Productions von der Aachener Diskothek Scheunenstall für einen Auftritt gebucht. Die Gage beträgt 10 000,00 € netto. Wer stellt hier, kaufmännisch betrachtet, wem eine Rechnung? (Wer ist jeweils der Rechnungsabsender?)

Der Künstler DJ Fuzzi ist der eine Rechnungsabsender und stellt eine Rechnung an den Veranstalter Scheunenstall; der Manager Alpenrock Productions ist der andere Rechnungsabsender und stellt eine Rechnung an den Künstler DJ Fuzzi.

630 Welchen Betrag muss DJ Fuzzi als Umsatz versteuern?

DJ Fuzzi stellt eine Rechnung über 10 000,00 € zzgl. 700,00 € USt (= 10 700,00 € brutto). Er muss 10 000,00 € als Einnahme versteuern (Einkommensteuer) und 700,00 € als Umsatzsteuer.

Orga ✓ Veranstaltungsorganisation/-wirtschaft

631 Wie hoch ist der Betrag (brutto), den der Manager bei einer Provision von 15 % einbehält?

Der Manager behält 15 % von 10 000,00 € zzgl. 19 % USt ein, also 1 500,00 € zzgl. 285,00 € (= 1 785,00 € brutto).

632 Die Gage ist zunächst auf das durch den Manager verwaltete Treuhandkonto überwiesen worden. Der Manager hat dann den Betrag abzüglich seines Anteils an den Künstler weitergeleitet. Welcher Betrag geht in diesem Fall auf dem Privatkonto von DJ Fuzzi ein?

Der Manager überweist 10 700,00 € abzgl. 1 785,00 € (= 8 915,00 €) an DJ Fuzzi. DJ Fuzzi kann die 1 500,00 € als Ausgabe in der Einkommensteuererklärung geltend machen sowie die 285,00 € als Vorsteuer gegen die Umsatzsteuer gegenrechnen.

633 Begründen Sie, warum trotz der (ergebnisorientierten) Vergütung über eine Provisionszahlung der Managementvertrag als Dienstvertrag anzusehen ist.

Die Art und Weise der Vergütung definiert nicht den Charakter eines Vertrags; es geht beim Management trotz einer häufig anzutreffenden ergebnisorientierten Vergütung letztlich um die Tätigkeit des Managements an sich und z. B. nicht um eine anvisierte Anzahl von Abschlüssen.

634 Welche *Verträge* entstehen bei der *Arbeit von Produzenten/Konzertdirektionen*?

Produzenten und Konzertdirektionen (auch Tourmanager gehören häufig hierzu) nehmen Künstler unter Vertrag und erstellen eigenwirtschaftlich komplette Produktionen, die sie dann beispielsweise als Gastspiel an Veranstalter verkaufen. Die Direktionen übernehmen dabei meistens die organisatorische, rechtliche und wirtschaftliche Verantwortung sowie das unternehmerische Risiko (Gewinn-/Verlustrisiko). Lieferanten und Dienstleister werden vom Produzenten direkt beauftragt. Es entsteht i. d. R. ein **Künstlervertrag** oder ein Vertrag zwischen einem Künstler und der Konzertdirektion, meistens ein **Werkvertrag**. Wenn eine Direktion einen Vertrag mit einem Dritten (üblicherweise einem Veranstalter) abschließt, wirkt dieser zwischen der Direktion und dem Dritten i. d. R. als Gastspielvertrag (meistens mit Werkvertragscharakter).

Vertragsrecht ✓ Orga

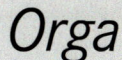

Ein Künstlervertrag ist solange kein Arbeitsvertrag, wie der Künstler persönlich auf Gewinn arbeitet, weisungsunabhängig bleibt und für mehrere Auftraggeber tätig ist. Werden diese Kriterien nicht eingehalten, kann eine sogenannte Scheinselbstständigkeit vorliegen und der Künstler müsste mit einem Arbeitsvertrag fest angestellt werden.

635 Wann wird ein *Künstlervertrag* ein *Arbeitsvertrag*?

- Im Mittelpunkt der **vertraglichen Haftung** steht i. d. R. der **Veranstalter** – bei ihm laufen die Verträge zusammen wie bei der Spinne im Netz.

- Im Mittelpunkt der **gesetzlichen Haftung** in Bezug auf die **Veranstaltungssicherheit** steht der **Hallenbetreiber** (die Location), die mit ihrer sogenannten Garantenstellung die Veranstaltungssicherheit zu gewährleisten hat.

636 Wer steht im Mittelpunkt der *vertraglichen Haftung* und wer im Mittelpunkt der *gesetzlichen Haftung* bzgl. der Veranstaltungssicherheit?

Die **Bühnenanweisung** ist i. d. R. **Bestandteil des Vertrags.** Somit hat der örtliche Veranstalter die Inhalte der Anforderung zu erfüllen. Bei Nichterfüllen von Teilen der Bühnenanweisung treten Vertragsstörungen ein.

637 Welchen *rechtlichen Stellenwert* hat eine *Bühnenanweisung* in der Regel und welche Auswirkungen hat dies auf den örtlichen Durchführer (Veranstalter)?

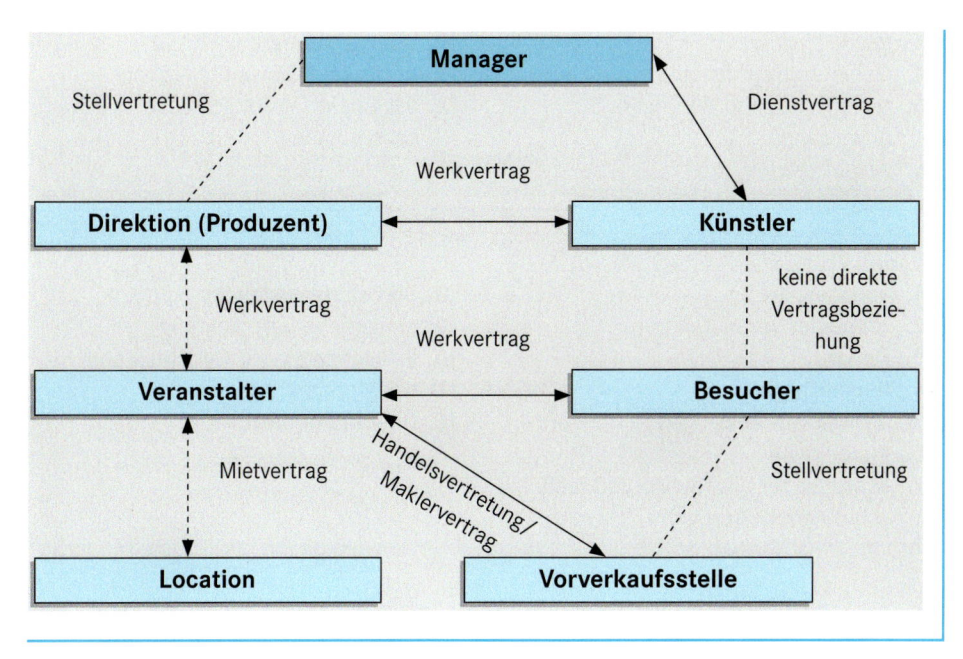

638 Erstellen Sie ein *Schaubild*, in dem die folgenden Funktionen mit den jeweiligen *Vertragsbeziehungen und -arten* vorkommen: ein Künstler, ein Manager, eine Direktion, ein Veranstalter, eine Location (als Hallenvermieter), eine Vorverkaufsstelle, ein Besucher.

Orga ✓ Veranstaltungsorganisation/-wirtschaft

639 Listen Sie sechs typische Vertragsbeziehungen im Public Event-Bereich tabellarisch auf.

Vertrag	Vertragspartner 1	Vertragspartner 2	Vertragsart	Vertragsinhalte (grob)/ Honorierung
Managementvertrag	Manager	Künstler	Dienstvertrag	umfassende Künstlervertretung, häufig in Handlungs- und Abschlussvollmacht und mit Treuhandkonto, ca. 10 % bis 30 % Ergebnisprovision
Agenturvertrag	Agentur (Booker)	Künstler	Maklervertrag	abschlussorientierte Künstlervertretung, ca. 10 % bis 20 % Vermittlungsprovision
Künstlervertrag/ Engagementvertrag, auch Starvertrag	Direktion (Produzent)	Künstler	Werkvertrag	Vertrag über die Mitwirkung an einer Produktion
Gastspielvertrag/ Konzertvertrag	Künstler, vertreten durch Agentur oder Manager	Veranstalter	Werkvertrag	Vertrag über die Bereitstellung eines Auftrittes
Arrangementvertrag/Gastspielvertrag, auch Aufführungsvertrag	Direktion (Produzent)	Veranstalter	Werkvertrag	Vertrag über die Bereitstellung einer komplett produzierten Show
Mietvertrag	Location	Veranstalter	Mietvertrag	Vertrag über die Anmietung einer Halle

640 Nennen Sie zwölf typische Vertragsbestandteile eines Konzert- bzw. Gastspielvertrags.

1. Vertragspartner
2. Datum/Uhrzeit/Länge
3. Gagenhöhe/Abrechnungsbedingungen
4. Gebietsschutzklausel
5. technische Anforderungen/Bühnenanweisung
6. Ablaufzeiten
7. Werbemaßnahmen
8. GEMA-Regelungen
9. Catering
10. Übernachtung
11. Vertrags-/Konventionalstrafe
12. allgemeine Vertragsklausel (salvatorische Klausel)

641 Nennen Sie zwölf typische Vertragsbestandteile eines Vertrags zur Anmietung einer Location.

1. Vertragspartner
2. Name der Veranstaltung
3. Datum
4. Räumlichkeit
5. Verweis auf AGB
6. Konditionen
7. Mietpreis für allgemeine und technische Dienstleistungen
8. Bewirtungsangebot
9. steuerliche Verpflichtung
10. Erfüllungsort und Gerichtsstand
11. salvatorische Klausel
12. Übergabeprotokoll

Vertragsrecht — Orga

1. Vertragspartner
2. Vertragsgegenstand/DJ-Name
3. Veranstaltungsort
4. Datum/Uhrzeit
5. Auflistung der Leistungen des Künstlers
6. Spieldauer/Gestaltung
7. Vergütungsansprüche
8. sonstige Leistungen
9. Bereitstellung von technischen Geräten
10. Werbung/Promotion
11. Vertragsstrafe (Konventionalstrafe)
12. salvatorische Klausel

642 Nennen Sie zwölf typische *Inhalte eines Vertrags mit einem DJ.*

In einem solchen Falle schließt der Auftraggeber mit jedem einzelnen Dienstleister einen Vertrag ab und nimmt Bestellung, Lieferung und Rechnungsstellung vor. Die Eventagentur ist als Projektleitung für die Führung des gesamten Ablaufs einschließlich der Vermittlung der Dienstleister zuständig. Am Ende des Projekts berechnet die Agentur dem Kunden dann ihr Honorar. Agenturverträge, in denen Agenturen für ein Projekt Dienstleistungen vermitteln und für diese Tätigkeit ein Honorar beim Auftraggeber berechnen, sind i. d. R. Dienstverträge. Wenn Agenturen Verträge zwischen einem Dienstleister und einem Kunden vermitteln, werden diese direkt zwischen dem diesen beiden geschlossen. Die Agentur fungiert hier nur stellvertretend; die Vertretung wird im Agenturvertrag geregelt.

643 Welche Verträge treten auf, wenn eine Eventagentur für den Kunden oder Auftraggeber nur vermittelnd tätig ist?

Die Art und Weise der Vergütung definiert nicht den Charakter eines Vertrags; es geht beim beschriebenen Agenturvertrag trotz der ergebnisorientierten Vergütung letztlich um die unterstützende und vermittelnde Tätigkeit der Eventagentur als Dienstleister und nicht um die Bereitstellung eines Veranstaltungsergebnisses (Werks) wie in einem Generalunternehmervertrag. Als Produzent des Live-Events tritt beim Agenturenvertrag (mit Vermittlungscharakter) der auftraggebende Kunde auf.

644 Begründen Sie, warum trotz der (ergebnisorientierten) Vergütung über eine Provisionszahlung der Agenturvertrag als ein Dienstvertrag anzusehen ist.

- **Vorteile, z. B.:** niedriges finanzielles Risiko für die Agentur, da sie nur ihre Tätigkeit und nicht die Bereitstellung eines Gesamtwerkes bezahlt; der auftraggebende Kunde behält einen Überblick über den Aufwand und die Kosten, da die Bestellungen von Teildienstleistungen bei ihm zusammen laufen; der auftraggebende Kunde ist auch Produzent/Veranstalter

- **Nachteile, z. B.:** hoher Kommunikationsaufwand, da alle kaufmännischen Vorgänge im Dreieck Agentur-Dienstleister-Kunde geklärt werden müssen; aus Agentursicht können bestimmte Margen nicht verdeckt kassiert werden, da alle kaufmännischen Prozesse über den Kunden laufen; die Eventagentur könnte auf die Idee kommen, neben der Provision durch den Auftraggeber noch eine verdeckte Provision beim vermittelnden Dienstleister zu kassieren

645 Welche *Vor-* und welche *Nachteile* hat aus Ihrer Sicht der im oben aufgeführten Beispiel beschriebene *Vermittlungsprozess?*

Orga ✓ Veranstaltungsorganisation/-wirtschaft

646 — **Weshalb kassiert die Künstleragentur im Public Event die Provision beim Künstler, die Eventagentur im Marketing-Event hingegen beim Auftraggeber?**

Die Künstleragentur ist in erster Linie dem Künstler verpflichtet und setzt dessen Interessen um. Auftraggeber ist der Künstler.

Die Eventagentur ist in erster Linie dem auftraggebenden Kunden verpflichtet und setzt dessen Interessen um. Auftraggeber ist das eventmarketingorientierte Unternehmen. Beide Verhältnisse haben sich historisch entwickelt.

647 — **Welche Verträge treten auf, wenn eine Eventagentur für den Kunden ein Marketing-Event komplett zusammenstellt?**

Wenn eine Agentur als wirtschaftlicher Produzent auftritt, d. h. alle Dienstleistungen einkauft, daraus die Leistung zusammenstellt und das gesamte Leistungspaket dem Kunden liefert, liegt i. d. R. ein Werkvertrag vor. Einen komplexen Werkvertrag, der auch andere Vertragsarten beinhaltet, nennt man Generalunternehmervertrag. Agenturen kaufen die Leistungen ein und verkaufen sie im neuen Ensemble weiter. Die Lieferanten sind zum Teil als Subunternehmer für die Agentur tätig. Verträge zwischen Dienstleistern und der Agentur sowie zwischen der Agentur und dem Kunden sind jeweils eigenständig. Dienstleister wie Eventagentur arbeiten eigenständig auf Gewinn. Die Eventagentur kalkuliert ihre Gewinnaufschläge auf die Eigenleistungen und die eingekauften Fremdleistungen intern und berechnet dem Kunden einen Gesamtpreis.

648 — **Welche Vorteile hat ein Kunde als Auftraggeber eines Generalunternehmers und welche Risiken entstehen bei der betreffenden Eventagentur?**

Als zentrale Vorteile für den Kunden sind die Abwicklung sowie die Abrechnung aus einer Hand (für den Auftraggeber nur ein Buchungsbeleg) zu nennen. Das Haftungsrisiko ist auf die Agentur abgewälzt. Probleme für die Agentur entstehen vor allem bei Leistungsmängeln.

649 — **Welche systematischen Unterschiede zwischen Generalunternehmung im Business-Event-Geschäft und Direktion im Public-Event-Geschäft können Sie erkennen?**

Die Eventagentur als Generalunternehmer im Business-Event-Geschäft erstellt die Live-Event-Produktion gezielt für einen Auftrag gebenden Kunden. Die Direktion im Public-Event-Geschäft erstellt die Produktion aus eigener gewinnorientierter Initiative, um sie dann i. d. R. an Veranstalter zu verkaufen.

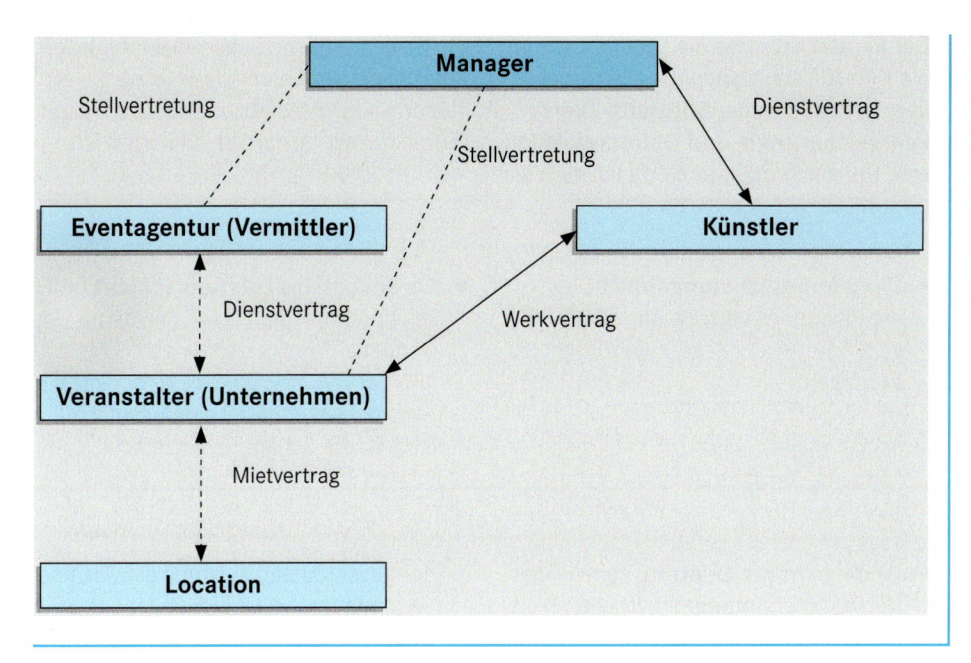

Vertragsrecht

Schaubild:
- Manager ↔ Künstler: Dienstvertrag
- Manager --- Eventagentur: Stellvertretung
- Manager --- Künstler: Stellvertretung
- Eventagentur (Vermittler) ↕ Veranstalter (Unternehmen): Dienstvertrag
- Veranstalter (Unternehmen) → Künstler: Werkvertrag
- Veranstalter (Unternehmen) ↕ Location: Mietvertrag

650 Erstellen Sie ein Schaubild, in dem die folgenden Funktionen mit den jeweiligen Vertragsbeziehungen und -arten vorkommen: Künstler, Manager, vermittelnde Eventagentur, Unternehmen als Veranstalter und angemietete Location.

2.3.1.3 Vertragliche Haftung

Haftung

Die Begriffe außer- und vorvertragliche Haftung umfassen Pflichten von am Verkehr Beteiligten, die auch ohne Vertragsgenerierung entstehen, also Dinge, an die sich jeder halten muss. Diese Dinge sind entweder in Gesetzen, Verordnungen und Vorschriften festgelegt oder durch traditionelle Werte und Sitten eingebürgert. Die vorvertragliche Haftung laut § 311 BGB kann z. B. bei Aufnahme von Vertragsverhandlungen entstehen und zwar dann, wenn der Veranstalter eine der sogenannten Nebenpflichten, wie z. B. seine Aufklärungspflicht, verletzt.

651 Was bedeuten die Begriffe *außer- und vorvertragliche Haftung?*

Die Gefährdungshaftung ist dem Bereich der außervertraglichen Haftung zuzuordnen. Der Begriff bedeutet, dass derjenige, der eine gefährliche Sache in den Verkehr bringt, auch für die Schäden haften muss, die dadurch entstehen. Dies gilt grundsätzlich auch für einen Veranstalter, denn dieser ist verantwortlich dafür, dass die Konzertbesucher zu einem Konzert zusammenkommen. Erst dadurch entstehen Gefahrenpotenziale wie die Gefahr von Schäden am Mobiliar oder an Sachen, die die Besucher mit sich führen. Daraus folgt, dass zunächst der Veranstalter für den entstandenen Schaden haftet und gegebenenfalls Schadenersatz leisten muss. Aus diesem Grund ist es ratsam, eine Veranstalter-Haftpflichtversicherung abzuschließen, die Risiken der beschriebenen Art abfedert. Dem Veranstalter bleibt es übrigens unbenommen, die letztendlichen Verursacher der Schäden ausfindig zu machen und sich den Schaden von diesen ersetzen zu lassen. Er kommt i. d. R. allerdings nicht umhin, erst selbst den Schaden gegenüber den Geschädigten abzuwickeln.

652 Was bedeutet der Begriff *Gefährdungshaftung* für *Veranstalter?*

Orga ✓ Veranstaltungsorganisation/-wirtschaft

653 Nennen Sie weitere *außervertragliche Pflichten*.

Der Veranstalter und die Location sowie die Dienstleister haben vor allem gegenüber dem Zuschauer **Sorgfalts-, Verkehrssicherungs- und Obhutspflichten.** Demnach müssen die Beteiligten die im Verkehr erforderlichen Sicherheitsvorkehrungen treffen, die dazu dienen, Gefahren von Dritten abzuwenden, solange ihnen dies wirtschaftlich zumutbar ist.

654 Was bedeuten im Vertragsrecht die Begriffe *primäre und sekundäre Leistungspflicht?*

- Die **primäre Leistungspflicht** ist die Pflicht der Vertragspartner, die vertraglich festgelegten Leistungen zu erbringen.

- Als **sekundäre Leistungspflicht** bezeichnet man die Folgen, die eintreten, wenn die primäre Leistungspflicht nicht erfüllt bzw. gestört wird. Eine typische sekundäre Leistungspflicht ist z. B. die Schadenersatzpflicht.

655 Was sind *Mängelansprüche* und *Leistungsstörungen?*

- Ist die bewirkte **Leistung** seitens des Veranstalters **mangelhaft**, entstehen laut BGB **Mängelansprüche**, wie z. B. Nacherfüllung (§ 439 BGB) oder Rücktritt vom Vertrag (§ 323 BGB).

- **Leistungsstörungen** sind **problematische Abwicklungen bei einem Vertrag.** Diese können sein: Unmöglichkeit (§ 275 BGB: Ausfall der geschuldeten Leistung), Schuldnerverzug (§ 286 BGB: zu späte Bewirkung der geschuldeten Leistung seitens des Veranstalters), Gläubigerverzug (§ 293 BGB: Nichtannahme der geschuldeten Leistung), Mängelhaftung (§ 437 BGB: ist die mangelhafte Erbringung der Vertragsleistung seitens des Veranstalters), Schlechterfüllung oder auch positive Vertragsverletzung (Die erbrachte Leistung ist nicht wie geschuldet.). Bei Erfüllung dieser Tatbestände können Schadenersatzpflichten aus § 280 ff. entstehen.

656 Kann man auch haften, wenn man nicht schuld ist?

Generell wird für eine Haftung ein Verschulden vorausgesetzt, um eine Schadenersatzpflicht geltend zu machen. Der Schuldner muss dabei die Pflichtverletzung zu vertreten haben. Allerdings gibt es auch Phänomene der verschuldensunabhängigen Haftung, z. B. aus Gefährdungshaftung oder aus der Verletzung außervertraglichen Pflichten.

657 Was bedeutet der Begriff *Unmöglichkeit* und welche Folgen hat eine solche?

Kann eine **Veranstaltung aus rechtlichen oder tatsächlichen Gründen** vom Veranstalter **nicht durchgeführt** werden, liegt der Fall einer **Unmöglichkeit** vor. Gemäß § 275 ist er dann von seiner Leistungspflicht befreit, der primäre Leistungsanspruch des Gläubigers erlischt. Eventuell kann dieser jedoch Sekundäransprüche wie Schadenersatz geltend machen, falls der Veranstalter die Unmöglichkeit zu vertreten hat.

Vertragsrecht — Orga

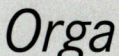

Erbringt der Schuldner die Leistung nicht rechtzeitig, kommt er in Schuldnerverzug. Nimmt der Gläubiger die Leistung nicht rechtzeitig an, gerät er in Gläubigerverzug. Ein Schuldnerverzug liegt nach Eintritt der Fälligkeit vor, wenn er auf Mahnung des Gläubigers nicht geleistet hat und der Schuldner die Leistungsverzögerung zu vertreten hat. Die Verspätung einer Leistung kann auch auf das Verhalten des Gläubigers zurückgehen, insbesondere dann, wenn er eine ihm angebotene Leistung nicht entgegennimmt.

658 Erklären Sie zwei typische *Verzugsarten*.

---

1. **Kaufmängel:** Ist die gekaufte Sache mangelhaft, kann der Käufer die Beseitigung des Mangels oder die Lieferung einer mangelfreien Sache beanspruchen. Der Verkäufer kann entscheiden, welches Verfahren gewählt wird.
2. **Mietmängel:** Bei Mängeln der Mietsache kann der Mieter die Miete mindern. Ist die Gebrauchstauglichkeit ganz aufgehoben, braucht überhaupt keine Miete gezahlt werden. Ferner kann der Mieter Schadenersatz verlangen wenn, der Mietmangel bereits bei Vertragsabschluss vorhanden war.
3. **Werkmängel:** Ist das Werk mangelhaft, kann der Besteller primär Nacherfüllung verlangen, in einem solchen Fall kann der Unternehmer nach seiner Wahl den Mangel beseitigen oder ein neues Werk herstellen.
4. **Reisemängel:** Bei Pauschalreisen kann der Reisende bei Mangel Abhilfe verlangen, Minderung des Preises beanspruchen und bei erheblichen Mängeln kündigen. Schadenersatz kann verlangt werden wenn der Veranstalter den Mangel zu vertreten hat.

659 Beschreiben Sie vier *typische Mängel laut BGB*.

Die salvatorische Klausel besagt, dass **bei Nichtigkeit oder Ungültigkeit eines Vertragsteils der gesamte Vertrag in seinen übrigen Teilen gültig bleibt**. Nichtig oder ungültig sind beispielsweise gesetzeswidrige, sittenwidrige oder rechtlich als unmöglich zu wertende Vereinbarungen.

660 Was genau regelt die *salvatorische Klausel*?

Die salvatorische Klausel sieht vor, dass **ein nichtiger oder rechtswidriger Vertragsbestandteil nicht den gesamten Vertrag außer Kraft setzt**. Sie gilt hier nicht, da sie ausschließlich auf nichtige (d. h. ungültige oder rechtswidrige) Bestimmungen anwendbar ist. Hier liegt die Verletzung einer vertraglichen Nebenpflicht vor.

661 Ein Teil der Bühnenanweisung, der die Bereitstellung eines bestimmten Getränks zu einer bestimmten Uhrzeit an den Künstler zum Inhalt hat, kann durch den Veranstalter nicht eingehalten werden. Warum tritt in diesem Fall nicht die salvatorische Klausel in Kraft?

Orga ✓ Veranstaltungsorganisation/-wirtschaft

662 Was sind vertragliche *Haupt- und Nebenleistungspflichten*?

- **Hauptleistungspflichten** sind Vertragsbestandteile, die unbedingt notwendig zur Leistungserbringung sind (z. B. der Auftritt eines Künstlers und die Stellung eine PA).
- **Nebenpflichten** sind Vertragsbestandteile, die nicht unbedingt notwendig zur Leistungserbringung sind.

663 Kann der Künstler den Auftritt mit der Begründung des Vertragsbruches durch den Veranstalter absagen?

Da eine Verletzung einer Vertragsnebenpflicht nicht die Aussetzung einer vertraglichen Hauptpflicht zur Folge haben kann, muss der Künstler den Auftritt auch dann absolvieren, wenn er das in der Bühnenanweisung, die i. d. R. Teil des Vertrags ist, geordnete Getränk nicht erhält. Er kann gegebenenfalls ein Ersatzgetränk verlangen.

664 Nennen Sie drei Beispiele für *anfechtbare Rechtsgeschäfte, die auf Irrtum, Täuschung oder einer Drohung beruhen*.

- **Irrtum:** Preise werden telefonisch falsch übermittelt, die gekaufte Eintrittskarte stellt sich als Fälschung oder gestohlen heraus (ohne dass der Verkäufer dies wusste), der Preis wurde vom Verkäufer verwechselt.
- **Täuschung:** Verschweigen eines Schadens
- **Drohung:** Verkauf einer Sache unter Androhung von Schmerzen oder Gewalt

665 Erklären Sie anhand von Beispielen aus dem Veranstaltungsgeschäft die *Anfechtbarkeit von Kaufverträgen wegen arglistiger Täuschung, Erklärungsirrtum und Inhaltsirrtum*.

- **Arglistige Täuschung:** Der dubiose Booker Marius Müller-Schwesternhagen behauptet, ein Original-Autogramm von Robbie Williams auf einer Damenunterhose zu verkaufen. Die Unterschrift ist von ihm persönlich gefälscht worden.
- **Erklärungsirrtum:** Der Verkäufer eines Merchandisingartikels verwechselt den Preis, den er falsch abliest (statt 21,00 € nimmt er 12,00 €).
- **Inhaltsirrtum:** Michael Mumpf will sechs Tonnen Sand für eine Beach-Area auf einem Live-Event kaufen. Da er denkt, ein Dutzend entspräche sechs, bestellt er ein Dutzend Tonnen Kies.

666 Die Einschalttaste eines frisch gekauften Beamers funktioniert nicht. Welches Recht kann man geltend machen (Nachbesserung oder Neulieferung)?

Der Käufer hat eine mangelhafte Lieferung erhalten. Er kann nun laut BGB Nacherfüllung verlangen, d. h. zwischen Nachbesserung und Neulieferung wählen. Die Neulieferung kann der Verkäufer aber bei unverhältnismäßig hohen Kosten verweigern. Da diese bei einem Beamer anfallen könnten, kann im Zweifel nur das Recht auf Nachbesserung, d. h. Reparatur, geltend gemacht werden. Aus Kulanzgründen wird häufig eine direkte Neulieferung durch den Verkäufer veranlasst, um den Kunden nicht zu vergraulen.

Vertragsrecht — Orga

667 Ein Künstler faxt ein Attest eines Facharztes an den Veranstalter über einen Stimmschaden. Welche Form der Leistungsstörung liegt vor und welche grundlegenden Folgen hat diese?

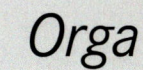

Es liegt Unmöglichkeit vor (Ausfall der geschuldeten Leistung). Mögliche Folge ist gemäß § 275 BGB, dass der Künstler von seiner Leistung befreit wird und der primäre Leistungsanspruch des Veranstalters erlischt.

668 Welchen Anspruch haben die Besucher, die bereits ein Ticket gekauft haben? Gegen wen ist der Anspruch gerichtet?

Besucher mit bereits bezahlten Tickets können ihr Eintrittsgeld (Endpreis brutto) vom Veranstalter zurück erhalten.

669 Kann der Veranstalter Schadenersatz gegen den Künstler sowie die Zahlung der vertraglich festgelegten Konventionalstrafe geltend machen?

In diesem Fall kann er keine Konventionalstrafe oder sekundären Ansprüche wie Schadenersatz geltend machen, da der Künstler die Unmöglichkeit nicht zu vertreten hat. Der Veranstalter bleibt auf seinen Kosten sitzen, muss aber auch keine Gage an den Künstler zahlen und kann ggf. gezahlte Vorschüsse zurückfordern. In der Praxis wird i. d. R. ein Ersatztermin zu besseren Konditionen für den Veranstalter vereinbart.

670 Was ist der Unterschied zwischen Garantie und Gewährleistung?

Die Gewährleistung bezeichnet die Mängelhaftung des Verkäufers im Rahmen eines Kauf- oder Werkvertrags. Als Mindeststandard beim gewerblichen Verkauf an private Endverbraucher ist eine Mindest-Verjährungsfrist von zwei Jahren nach Lieferung, innerhalb der ersten sechs Monate mit Beweislast beim Verkäufer geregelt. Von der gesetzlich vorgeschriebenen Gewährleistung ist die frei gestaltbare Garantie zu unterscheiden; diese ist insofern freiwillig, als dass es keine gesetzliche Verpflichtung zur Abgabe eines Garantieversprechens gibt.

Versicherung

671 Wie arbeiten *Versicherungen*?

Eine Versicherung arbeitet nach dem Prinzip der kollektiven Risikoübernahme. Viele Versicherungsnehmer zahlen einen Versicherungsbeitrag in einen Fonds bei einem Versicherer ein, um im Versicherungsfall einen Schadenausgleich aus diesem Fonds zu erhalten.

Orga — Veranstaltungsorganisation/-wirtschaft

672 Erstellen Sie eine *tabellarische Übersicht* über typische *gewerbliche Versicherungen*.

Schadentyp	Gewerbliche Versicherung (Live-Event)
Haftpflichtschaden	Betriebshaftpflichtversicherung inkl. Umweltschäden
	Veranstalter-Haftpflichtversicherung
	gewerbliche Kfz-Haftpflicht
Diebstahl/Eigentumsschaden/Vermögensschaden	Garderobenversicherung
	Geschäftsgebäudeversicherung
	Geschäftsinhaltsversicherung
	Elektronikversicherung
	Betriebsunterbrechungsversicherung
	Veranstaltungsausfallversicherung
	Break-even-Versicherung
	Ausstellungs-/Transportversicherung
Personenschäden	Berufsunfähigkeitsversicherung
	Lebensversicherung
	private Rentenversicherung
	private/gesetzliche Krankenversicherung
	gesetzliche Unfallversicherung
Sonstige Schäden	gewerbliche Rechtsschutzversicherung
	Gewinnspielversicherung
	gesetzl. Reiseveranstalterversicherung

673 Beschrieben Sie die *Veranstalter-Haftpflichtversicherung*.

Aufgrund der gesetzlichen Gefährdungshaftung muss der Veranstalter gewährleisten, dass jeder die Veranstaltung besuchen kann, ohne Schaden zu nehmen. Daher ist es für Veranstalter sinnvoll, sich mit einer **Veranstalter-Haftpflichtversicherung** gegen die Folgen von Schäden an Gesundheit oder Eigentum Dritter abzusichern. Die Veranstalter-Haftpflichtversicherung umfasst den Zeitraum der Veranstaltung inkl. Aufbau, Darbietung, Abbau. Die Versicherung deckt das Risiko des Veranstalters ab, im Fall von Personen- oder Sachschäden, die im Rahmen der Veranstaltung unter seiner Verantwortung entstanden sind, finanziell und haftungsrechtlich belangt zu werden. Typische Deckungssummen sind 2. Mio. Euro für Personenschäden, 1 Mio. Euro für Sachschäden, 100 000,00 € für Vermögensschäden, 20 000,00 € für Leitungs- und Tätigkeitsschäden sowie 1 Mio. Euro für Schäden an gemieteten Gebäuden infolge von Brand oder Explosion. Das Haftungsrisiko kann vom Veranstalter nur durch eine im Voraus erteilte ausdrückliche Freistellung auf einen Partner (etwa die Location oder den Auftraggeber) übertragen werden, um z. B. dessen Versicherung zu bemühen. Bei Schäden an einer Mietsache ist generell zunächst der Mieter haftbar; er kann sich gegebenenfalls im nächsten Zug an den Verursacher wenden, wenn dieser bekannt ist und den Schaden zu vertreten hat.

Vertragsrecht — Orga

Schäden aus Auf- und Abbau von Technik, Dekoration, Bestuhlung usw., im Rahmen der Bewachung der Veranstaltung inklusive der Tätigkeit von Fremddienstleistern; Schäden aus der Verletzung von Verkehrssicherungspflichten; Schäden aus der Durchführung von Werbemaßnahmen; Mietsachschäden (oft nur für Schäden an Gebäuden oder Gebäudeteilen); Schäden durch Kraftfahrzeuge oder Arbeitsmaschinen.

674 Wann tritt die Veranstalterhaftpflichtversicherung beispielsweise ein?

Die **Elektronikversicherung** empfiehlt sich insbesondere für Dienstleister im Bereich Veranstaltungstechnik, aber auch für alle Unternehmen, die teures elektronisches Material besitzen. Dieses kann gegen folgende Risiken versichert werden (Allgefahrenversicherung): Fahrlässigkeit, unsachgemäße Handhabung, Vorsatz Dritter, Kurzschluss, Überspannung, Induktion, Brand, Blitzschlag, Ex- oder Implosion, Wasserschäden, Einbruchdiebstahl, Diebstahl, Beraubung, Plünderung, Sabotage, höhere Gewalt, Konstruktions-, Material- oder Ausführungsfehler. Auch Mietgeräte können versichert werden. Zu beachten sind i. d. R. die Eigenbeteiligung pro Gerät und der Ersatz des Geräts zum Zeitwert.

675 Was ist eine *Elektronikversicherung*?

Eine **Veranstaltungsausfallversicherung** gewährt dem Versicherten **Versicherungsschutz beim Ausfall einer Veranstaltung,** etwa durch Nichterscheinen des Künstlers; beim Abbruch einer Veranstaltung, z. B. wegen schlechten Wetters (Achtung: Das allgemeine Wetterrisiko muss i. d. R. extra versichert werden.); bei einer Änderung oder Einschränkung der Durchführungsänderung, z. B. aufgrund eines behördlichen Eingriffs; bei einer zeitlichen Verschiebung; bei einer örtlichen Verlegung. Die Versicherung ist eine Eigenschadenversicherung und soll einen Veranstalter so stellen, als sei die Veranstaltung planmäßig abgelaufen. Die Versicherung übernimmt im Schadenfall die angefallenen Kosten und, falls mitversichert, den entgangenen Gewinn. Nicht versichert sind i. d. R. Schäden durch höhere Gewalt (z. B. durch Streik, Krieg, Atomunfall, Attentat). Zu beachten ist die Schadenminderungspflicht des Veranstalters, der alles tun muss, um den Schaden zu minimieren.

676 Beschreiben Sie die *Veranstaltungsausfallversicherung*.

Die **Break-even-Versicherung** wird auch **Shortfall-Versicherung** genannt und **versichert einen festzulegenden finanziellen Schaden,** den der Veranstalter dadurch erleiden kann, dass **zu wenig Tickets** für die Veranstaltung **abgesetzt** werden. Versichert wird im Höchstfalle der Differenzbetrag zwischen dem festgelegtem Break-even und einem angesetzten Mindestumsatz. Auf der Basis der örtlichen Kosten, der Künstlergage und abzüglich der Sponsoringeinnahmen muss ein Ticketumsatz den Veranstaltungs-Break-even glaubhaft erreichen können. Der Versicherungsbeitrag selbst ist dabei nicht Teil des Break-evens. Als Untergrenze und Selbstbeteiligung des Veranstalters wird eine Mindestverkaufsprognose festgelegt. Die Differenz zwischen dem Veranstaltungs-Break-even und der Mindestverkaufsprognose ist der höchstens durch die Versicherung abzudeckende Schaden.

677 Was ist eine *Break-even-Versicherung* und wie nennt man sie auch?

Orga ✓ Veranstaltungsorganisation/-wirtschaft

678 Beschreiben Sie drei *weitere Spezialversicherungen* im Veranstaltungsgeschäft.

- Bei Incentive-Veranstaltungen und Veranstaltungen mit sportlicher Betätigung der Teilnehmer bietet sich eine kurzfristige **Unfall- oder Krankenversicherung** für die Teilnehmer an. Bei Risikosportarten ist es ratsam, die Teilnehmer zuvor eine Haftungsausschlussklausel unterzeichnen zu lassen. Eine solche Klausel sollte eine Haftungsbegrenzung beziehungsweise Selbsthaftung der Teilnehmer vorsehen.

- Eine **Garderobenversicherung** (die etwa 10–12 Cent pro Garderobenschein kostet) bietet sich an, wenn eine bewachte Garderobe angeboten wird.

- Eine **Lotterieversicherung** oder auch eine **Versicherung gegen werblichen Übererfolg** versichert den oder die Hauptgewinne einer Lotterie oder eines Gewinnspiels. Sie ist mittlerweile bei hohen Gewinnsummen, die z. B. im Rahmen von Fernseh-Gewinnspielen ausgesetzt und nur selten geknackt werden, üblich. Die gewonnene Million stammt in solchen Fällen also nicht vom Sender, sondern von der Versicherung. Achtung: Diese Versicherungsart ist recht teuer!

2.3.2 Eventspezifische Gesetze, Verordnungen und Vorschriften

Vorschriften

679 Erstellen Sie eine Übersicht über *wichtige Spezialvorschriften für Veranstaltungskaufleute.*

Abkürzung	Bezeichnung	Bemerkung
MVStättV: Muster-Versammlungsstättenverordnung Im Bundesland: VStättVO	Musterverordnung über den Bau und Betrieb von Versammlungsstätten, nach und nach Umsetzung durch die Bundesländer	neu seit Mai 2002, Vereinheitlichung und Modernisierung der bestehenden Verordnungen, geändert Juni 2005
BGV A1 (DGUV Vorschrift 1; DGUV = Deutsche Gesetzliche Unfallversicherung e.V., Berlin) Grundsätze der Prävention	berufsgenossenschaftliche Vorschrift für Sicherheit und Gesundheit bei der Arbeit, Unfallverhütungsvorschrift Grundsätze der Prävention	
BGV A3 (DGUV Vorschrift 3) Elektrische Anlagen und Betriebsmittel	berufsgenossenschaftliche Vorschrift für Sicherheit und Gesundheit bei der Arbeit, Unfallverhütungsvorschrift elektrische Anlagen und Betriebsmittel	
BGV C1 (DGUV Vorschrift 17) UVV für Veranstaltungs- und Produktionsstätten für szenische Darstellung	berufsgenossenschaftliche Vorschrift für Sicherheit und Gesundheit bei der Arbeit in Veranstaltungs- und Produktionsstätten für szenische Darstellung	

Eventspezifische Gesetze, Verordnungen, Vorschriften

Orga

Abkürzung	Bezeichnung	Bemerkung
BGV C2 (DGUV Vorschrift 19)	Unfallverhütungsvorschrift für Schausteller- und Zirkusunternehmen	
GewO	Gewerbeordnung	Neufassung 1999
LImschG	Landes-Immissionsschutzgesetz	Fassung vom 17. Januar 1994 (NRW)
BImschG/TA-Lärm	Bundes-Immissionsschutzgesetz	6. Ausführungsverordnung: Technische Anleitung zum Schutz gegen Lärm vom 26.8.1998
FlBauR Fliegende Bauten FlBauVV Fliegende Bauten	Richtlinie über den Bau und Betrieb Fliegender Bauten; Verwaltungsvorschrift über Ausführungsgenehmigungen für Fliegende Bauten und deren Gebrauchsabnahmen	Separate Vorschriften, da nicht in der VStättVO geregelt

2.3.2.1 Gewerbeordnung

Ein **Gewerbe** laut EStG ist eine **auf Dauer angelegte, selbstständige Tätigkeit,** die auf Gewinnerzielung angelegt ist und sich am allgemeinen wirtschaftlichen Verkehr beteiligt. Einen Gewerbeschein bekommt man nur, wenn man diese Kriterien alle erfüllt; auch das Finanzamt beurteilt die Einstufung nach diesen Kriterien.

GewO

Wie wird im Einkommensteuergesetz der Begriff *Gewerbe* definiert? (680)

Die GewO unterscheidet grundlegend in das **stehende Gewerbe,** das **Reisegewerbe** und das **Messe-, Ausstellungs- und Marktgewerbe.** Stehende Gewerbeformen machen den überwiegenden Teil aller Gewerbeformen in Deutschland aus. Ein stehendes Gewerbe benötigt eine feste Niederlassung, die Ausübung findet i. d. R. auf Bestellung statt. Es ist i. d. R. genehmigungsfrei, aber anzeigepflichtig, d. h., der Gewerbetreibende muss sich einen Gewerbeschein beim Gewerbe- oder Ordnungsamt besorgen. Manche Gewerbe sind genehmigungspflichtig und/oder mit Auflagen verbunden, etwa der Betrieb einer Metzgerei. Ein Reisegewerbe ist ein Gewerbe ohne oder außerhalb einer Niederlassung, die ohne Bestellung und selbstständig ausgeübt wird. Wer so herumreist, benötigt eine Reisegewerbekarte; zudem wird seine Zuverlässigkeit zum Schutz der Kunden als vorbeugende Gefahrenkontrolle vom Amt untersucht (zu den besonderen Regelungen zum Messe-, Ausstellungs- und Marktgewerbe siehe Seite 217, 2.2.7.2).

Welche *Gewerbeformen* werden in der Gewerbeordnung (GewO) grundlegend unterschieden? (681)

Orga ✓ Veranstaltungsorganisation/-wirtschaft

682 Benötigt ein *Promoter* einen *Gewerbeschein* oder eine *Reisegewerbekarte*?

Ein selbstständiger **Promoter** benötigt i. d. R. einen **Gewerbeschein,** da er i. d. R. einen festen Betriebssitz hat und nicht dem Reisegewerbe zuzurechnen ist.

683 Welche Behörde genehmigt Promotern, in der Fußgängerzone Werbung zu machen?

Wenn der öffentliche Raum zu Werbezwecken genutzt wird, bedarf es einer kommunalen Genehmigung. In der Regel ist das **kommunale Ordnungsamt** zuständig.

684 In welchen *Ertragszweigen* gilt die *Gewerbeordnung* nicht?

Die Gewerbeordnung (GewO) findet laut § 6 **keine Anwendung auf Fischerei, Land- und Fortwirtschaft** sowie **Freiberufler.**

685 Was ist der Unterschied zwischen *Freiberuflern* und *selbstständigen Gewerbetreibenden*?

Selbstständige Gewerbetreibende benötigen einen **Gewerbeschein** (bzw. eine Gewerbeanmeldung), **Freiberufler** sind Selbstständige **ohne Gewerbeschein.** Freiberufler sind also Personen, deren berufliche Tätigkeit nicht der Gewerbeordnung unterliegt. Historisch betrachtet, hat sich dieses Privileg im Zug der bürgerlichen Revolutionen herausgebildet, in deren Verlauf bestimmte Berufsgruppen ihre Unabhängigkeit von staatlicher Reglementierung erstritten. Freie Berufe haben die persönliche, eigenverantwortliche und fachlich unabhängige Erbringung von Dienstleistungen im Interesse von Auftraggeber und Allgemeinheit auf der Grundlage einer besonderen beruflichen Qualifikation oder schöpferischen Begabung zum Inhalt. Generell kann man sagen, dass ihre Tätigkeit dem Staat und der Gesellschaft dient. In § 18 Einkommensteuergesetz (EStG) werden die freien Berufe etwas enger gefasst und in wissenschaftliche, künstlerische, schriftstellerische, unterrichtende und erzieherische sowie ähnlich gelagerte Tätigkeiten untergliedert.

686 Welche *Berufsgruppen* können *freiberuflich tätig* werden?

Der Gesetzgeber versteht als freiberufliche Tätigkeit die selbstständige Berufstätigkeit von Ärzten, Zahnärzten, Tierärzten, Rechtsanwälten, Notaren, Patentanwälten, Vermessungsingenieuren, Ingenieuren, Architekten, Handelschemikern, Wirtschaftsprüfern, Steuerberatern, beratenden Volks- und Betriebswirten, vereidigten Buchprüfern, Steuerbevollmächtigten, Heilpraktikern, Dentisten, Krankengymnasten, Journalisten, Bildberichterstattern, Dolmetschern, Übersetzern, Lotsen und ähnlicher Berufe. Dabei ist es unerheblich, ob der Freiberufler fachlich vorgebildete Arbeitskräfte beschäftigt. **Maßgeblich ist allein seine leitende und eigenverantwortliche Tätigkeit aufgrund von eigenen Fachkenntnissen.** Freiberufler werden steuerlich genauso behandelt wie selbstständige Unternehmer. Die Vorschriften der Gewerbeordnung gelten für sie allerdings nicht, ebenso sind sie nicht gewerbesteuerpflichtig.

Eventspezifische Gesetze, Verordnungen, Vorschriften

Als **freie Mitarbeit** wird die Tätigkeit von Personen bezeichnet, die **ab und zu auf eigene Rechnung** für einen Auftraggeber tätig werden. Je nach Berufszweig können dies selbstständig Gewerbetreibende mit Gewerbeschein oder Freiberufler sein.

687 Grenzen Sie die freiberufliche Tätigkeit zur *freien Mitarbeit* ab.

Die **Sachkundeprüfung nach § 34a GewO** wird durch die **örtliche IHK** durchgeführt. Sie besteht aus einem schriftlichen Teil sowie einem mündlichen Teil. Die Sachkundeprüfung ist erforderlich für Unternehmer und Mitarbeiter bei Tätigkeiten im öffentlichen Verkehrsraum, in Hausrechtsbereichen mit tatsächlichem öffentlichem Verkehr, wie z. B. Bestreifung öffentlicher Parks oder Einkaufszentren, im Bereich des Personennah- und Fernverkehrs, für Kaufhausdetektive und für Türsteher vor gastgewerblichen Diskotheken. In der Regel benötigen also Security-Mitarbeiter und -Unternehmer diesen Nachweis.

688 Was ist die *Sachkundeprüfung nach § 34a Gewerbeordnung* und wer benötigt diese?

§ 34a GewO macht die **Erteilung der Erlaubnis für den Betrieb eines Bewachungsunternehmens** davon abhängig, dass der Antragsteller und seine Beschäftigten durch eine Bescheinigung einer Industrie- und Handelskammer nachweisen, dass sie über die für die Ausübung dieses Gewerbes notwendigen rechtlichen Vorschriften unterrichtet worden sind und mit ihnen vertraut sind.

689 Was wird laut § 34a GewO unterrichtet?

Benötigt wird pro Mitarbeiter ein **Nachweis des Unterrichtungsverfahrens** nach § 34a der Gewerbeordnung (Kurse bei der IHK). An einer 80-stündigen Unterrichtung (Stunden zu je 45 Minuten) müssen Unternehmer und Selbstständige im Bewachungsgewerbe teilnehmen. An einer 40-stündigen Unterrichtung müssen die Mitarbeiter der Bewachungsfirmen teilnehmen. Des Weiteren sollten die Mitarbeiter und das Unternehmen folgende Kriterien erfüllen:

- psychologische und soziale Stabilität im Umgang mit Gästen
- Anwendung von deeskalierenden Methoden bei der Lösung von Problemen (z. B. zum Schlichten von aufkommenden Streitigkeiten)
- seriöse, ruhige und bestimmende Ausstrahlung der Mitarbeiter
- nachweisliche Erfahrung in ähnlichen Veranstaltungen, Referenzen
- multikulturelle Ausrichtung auf Struktur der Besucher (z. B. türkischsprachige Security-Mitarbeiter)
- weibliche Mitarbeiterinnen sollten zum Check der Besucherinnen gestellt werden können
- professionelle Ausrüstung (Funkgeräte) sowie seriöse, kennzeichnende Dienstkleidung

690 Welche *Voraussetzungen* sollten *Security-Unternehmen* sowie deren Mitarbeiter zur Wahrnehmung ihrer Aufgaben mitbringen?

Orga — Veranstaltungsorganisation/-wirtschaft

2.3.2.2 Immissionsschutz

LImSchG

691 Was bedeuten die Begriffe *Emission* und *Immission*?

Emission bedeutet aussenden, Immission bedeutet hineinsenden. Im Allgemeinen wird hierunter die Einwirkung von **Störfaktoren auf die Umwelt** verstanden, die Quelle wird dabei Emission genannt. Jede Immission kann also auf Emittenten zurückgeführt werden. In der Umweltgesetzgebung sind hierfür zum Schutz der Umwelt Grenz-, Richt- und Orientierungswerte verankert.

692 Für wen gelten die *Landes-Immissionsschutzgesetze*?

Die **Landes-Immissionsschutzgesetze** gelten für die Errichtung und den Betrieb von Anlagen sowie für das Verhalten von Personen, soweit dadurch schädliche Umwelteinwirkungen verursacht werden können.

693 Nennen Sie fünf typische *Regeln* laut LImschG.

1. **Grundregeln:** Jeder hat sich so zu verhalten, dass schädliche Umwelteinwirkungen vermieden werden. Wer einen anderen zu einer Verrichtung bestellt, hat durch geeignete Maßnahmen für die Einhaltung der Pflichten zu sorgen. Bei der Errichtung von Anlagen ist Vorsorge gegen schädliche Umwelteinwirkungen zu treffen. Der Stand der Technik ist einzuhalten.
2. **Nachtruhe:** Von 22:00 bis 06:00 Uhr sind Betätigungen verboten, die die Nachtruhe stören. Die zuständige Behörde kann auf Antrag Ausnahmen von diesem Verbot zulassen, wenn die Ausübung der Tätigkeit während der Nachtzeit im öffentlichen Interesse geboten ist. Die Ausnahme kann an Bedingungen geknüpft und mit Auflagen verbunden werden, z. B. für Messen, Märkte, Volksfeste, Volksbelustigungen, ähnliche Veranstaltungen und für Zwecke der Außengastronomie sowie für die Nacht vom 31. Dezember zum 1. Januar. Ein öffentliches Bedürfnis liegt i. d. R. vor, wenn eine Veranstaltung auf historischen, kulturellen oder sonstigen sozial gewichtigen Umständen beruht.
3. **Tongeräte:** Musikinstrumente, Tonwiedergabegeräte und andere Geräuschquellen dürfen nur in solcher Lautstärke benutzt werden, dass unbeteiligte Personen nicht erheblich belästigt werden. Ausnahmen unterliegen einer Einzelfallprüfung. Örtliche Regelungen bestehen für Parteien im Wahlkampf (vier Wochen vor der Wahl außer am Wahltag).
4. **Feuerwerk:** Wer ein Feuerwerk oder an bewohnten oder von Personen besuchten Orten Feuerwerkskörper abbrennen will, bedarf hierzu der Erlaubnis der örtlichen Ordnungsbehörde. Das Feuerwerk darf höchstens 30 Minuten dauern und muss um 22:00 Uhr, in den Monaten Mai, Juni und Juli um 22:30 Uhr beendet sein; in dem Zeitraum, für den die Sommerzeit eingeführt ist, darf das Ende des Feuerwerks um eine halbe Stunde hinausgeschoben werden. Die örtliche Ordnungsbehörde kann bei Veranstaltungen von Bedeutung Ausnahmen zulassen.
5. **Anordnungsbefugnis:** Die Behörden können anordnen, dass Zustände beseitigt werden, die dem Immissionsschutzgesetz oder den aufgrund dieses Gesetzes erlassenen Rechtsvorschriften widersprechen. Verfügungen, die die Errichtung, Änderung, Nutzungsänderung oder den Abbruch baulicher Anlagen zum Gegenstand haben, sind im Einvernehmen mit den Bauaufsichtsbehörden zu treffen.

Eventspezifische Gesetze, Verordnungen, Vorschriften

TA-Lärm

Was ist die TA-Lärm? (694)

TA-Lärm bedeutet **Technische Anleitung zum Schutz gegen Lärm** und ist eine **allgemeine Verwaltungsvorschrift** in der Bundesrepublik Deutschland, die dem Schutz der Allgemeinheit und der Nachbarschaft vor schädlichen Umwelteinwirkungen durch Geräusche dient. Bedeutung hat die TA-Lärm für Genehmigungsverfahren von Gewerbe- und Industrieanlagen sowie zur nachträglichen Anordnung bei bereits bestehenden genehmigungsbedürftigen Anlagen. Sie ist nicht anzuwenden bei Straßenverkehrs-, Schienenverkehrs-, Flug- oder Sportlärm. Außerdem gilt sie u. a. nicht für nicht genehmigungsbedürftige landwirtschaftliche Anlagen, Tagebaue, Seehäfen, Anlagen für soziale Zwecke (z. B. Kindergärten und Schulen) und Baustellen.

Wo wird der Lärm gemessen? (695)

Der maßgebliche Ort der Immission ist die **Messstelle**, an welcher der von einer Anlage verursachte Lärm beurteilt wird. Dieses kann z. B. das einem Gewerbebetrieb nächstgelegene Wohnhaus sein und dort kann dann das vom Lärm am stärksten betroffene Wohnraumfenster maßgebend sein, z. B. bei bebauten Flächen 0,5 m außerhalb vor der Mitte des geöffneten Fensters des vom Geräusch am stärksten betroffenen schutzbedürftigen Raumes (z. B. Schlafzimmerfenster).

Wie lauten die Immissionsrichtwerte für den Beurteilungspegel? (696)

Ausweisung	Immissionsrichtwert tags (06:00 bis 22:00 Uhr)	Immissionsrichtwert nachts (22:00 bis 06:00 Uhr)
Industriegebiete	70 dB(A)	70 dB(A)
Gewerbegebiete	65 dB(A)	50 dB(A)
Kern-, Dorf- und Mischgebiete	60 dB(A)	45 dB(A)
allgemeine Wohngebiete	55 dB(A)	40 dB(A)
reine Wohngebiete	50 dB(A)	35 dB(A)
Kurgebiete, Krankenhäuser und Pflegeanstalten	45 dB(A)	35 dB(A)

Orga ✓ Veranstaltungsorganisation/-wirtschaft

2.3.2.3 Arbeits- und Gesundheitsschutzvorschriften

Übersicht

ZP 697 Listen Sie zehn für das Ausbildungsverhältnis *relevante rechtliche Regelungsgebiete* auf.

Thema	Gesetz/Verordnung	Bereitstellung durch AG
Arbeitsvertrag	Bürgerliches Gesetzbuch (BGB)	Aushangpflicht (für arbeitsrechtliche Vorschriften)
Arbeitszeit	Arbeitszeitgesetz (ArbZG)	Aushangpflicht
Urlaubsregelungen	Bundesurlaubsgesetz (BUrlG)	Aushang empfohlen
Mitbestimmung	Betriebsverfassungsgesetz (BetrVG)	
Mutterschutz/Elternzeit	Mutterschutzgesetz (MuschG), Bundeselterngeld- und Elternzeitgesetz (BEEG), Sozialgesetzbuch (SGB)	Aushangpflicht
Kündigungsschutz	Kündigungsschutzgesetz (KSchG)	
Gleichbehandlung	Allgemeines Gleichbehandlungsgesetz (AGG)	Aushangpflicht
Datenschutz	Bundesdatenschutzgesetz (BDSG)	
Anforderungen für Arbeitsstätten	Verordnung über Arbeitsstätten (ArbStättV)	Aushang empfohlen
Tarife, Entlohnung, betriebliche Ordnung	Tarifvertragsgesetz (TVG), Entgeltfortzahlungsgesetz	
Arbeitsschutz	Jugendarbeitsschutzgesetz	Aushangpflicht

ZP 698 Welche Inhalte hat das *Jugendarbeitsschutzgesetz*?

Ziel	Gesundheit, Arbeitskraft und Leistungsfähigkeit Jugendlicher schützen (15–17 Jahre)
Arbeitszeit	Dauer nicht mehr als 8 Stunden täglich und 40 Stunden wöchentlich
Beschäftigungsverbot	bei Berufsschulunterricht vor 09:00 Uhr, an Berufsschultagen mit mehr als 5 Unterrichtsstunden, bei Blockunterricht von mindestens 25 Std./Woche
Anrechnung Berufsschulzeiten	Berufsschultag mit 8 Stunden, Berufsschulwoche mit 40 Stunden
Freistellungsverpflichtung	für den Tag vor der Abschlussprüfung und die Prüfungstage

Eventspezifische Gesetze, Verordnungen, Vorschriften *Orga*

Ruhepausenregelung	Pause mindestens 15 Minuten, mindestens 1 Stunde nach Arbeitsbeginn oder vor Arbeitsende Pause, bei 4,5–6 Std. Arbeitszeit: 30 Minuten Pause, bei mehr als 6 Std. Arbeitszeit: 1 Stunde Pause, längste Arbeitszeit ohne Pause: 4,5 Std.
Schichtzeit	Arbeitszeit und Pausen: höchstens 10 Stunden(Bergbau 8, Landwirtschaft/Gaststätte/Bau: 11)
Freizeit	tägliche Zeit zwischen Schichten: mindestens 12 Stunden
Nachtarbeit	Verboten zwischen 20:00–06:00 Uhr (Ausnahme: Schausteller, Gaststätten, Bäckereien)
Samstags	Arbeitsverbot (Ausnahmen: Krankenhaus, Verkauf, Theater, Sport usw.)
Sonntags	Verboten

Welche Inhalte hat das *Arbeitszeitrechtsgesetz?* ZP 699

Gültig für	alle Arbeitnehmer ab 18 Jahre
Arbeitszeitgesetz	ist Bestandteil des Arbeitszeitrechtsgesetzes
Ziel	bundeseinheitliche Arbeitsschutzregelung für Frauen und Männer
Arbeitszeit	Beginn bis Ende der Arbeitszeit ohne Pausen und ohne Wegezeiten
Regelung Arbeitszeit	werktägliche Höchstarbeitszeit 8 Stunden, Wochenarbeitszeit also 48 Stunden, Verlängerung der täglichen Arbeitszeit auf 10 Stunden zulässig, wenn innerhalb von 24 Wochen durchschnittlich 8 Stunden erreicht werden (Aufzeichnungspflicht)
Aufsicht	zuständige Aufsichtsbehörde NRW: Staatliches Amt für Arbeitsschutz
Mindestpausen	Pause spätestens nach 6 Stunden, bei 6–9 Stunden 30 Minuten, bei über 9 Stunden 45 Minuten, Pausenlänge mindestens 15 Minuten
Ruhezeiten	11 Stunden, Ausnahmen Gaststätten- und Verkehrsgewerbe 10 bei Ausgleich
Nachtarbeit	Arbeit, die mehr als zwei Stunden der Nachtzeit umfasst, Nachtzeit 23:00–06:00 Uhr.
Sonntags	Sonn- und Feiertagsruhe verpflichtend; Ausnahmen in o. g. Gewerben bei Ausgleich an Werktagen. Mindesten 15 Sonntage/Jahr müssen frei bleiben.

Orga ✓ Veranstaltungsorganisation/-wirtschaft

ZP 700 — Wie dürfen *Überstunden ausgeglichen* werden?

Das Unternehmen darf beim Fehlen entsprechender Betriebsvereinbarungen betriebsbedingt anordnen, wann und wie die angefallenen Überstunden ausgeglichen werden (Freizeit oder Ausbezahlung).

ZP 701 — Sie haben abends bis 23:00 Uhr in der Location gearbeitet. Ihr Chef verlangt von Ihnen, am nächsten Morgen bereits wieder um 08:00 Uhr zum Aufräumen zu erscheinen. Was antworten Sie ihm?

Nach Beendigung der täglichen Arbeitszeit müssen Arbeitnehmer laut § 5 ArbZG eine ununterbrochene Ruhezeit von mindestens 11 Stunden haben. Dieser Zeitraum ist hier nicht gegeben; die Arbeit darf frühestens um 10:00 Uhr morgens wieder aufgenommen werden.

ZP 702 — Ihr Arbeitgeber verlangt von Ihnen, wöchentlich 46 Stunden an sechs Werktagen exklusive Pausen zu arbeiten. Ist das zulässig?

Ja, dies ist zulässig, solange es vertraglich festgehalten wurde. Maximal darf man als Erwachsener 48 Stunden die Woche arbeiten (6 Werktage à 8 Stunden exklusive Pausen). § 3 ArbZG erlaubt sogar eine Verlängerung der Arbeitszeit auf bis zu 50 Stunden pro Woche. Allerdings muss dann ein Zeitausgleich innerhalb von 24 Wochen bzw. 6 Monaten erfolgen.

ZP 703 — Nennen Sie auf der Grundlage der *Arbeitsstättenverordnung* fünf *Kriterien*, die bei der *Ausstattung des Arbeitsplatzes* berücksichtigt werden sollten.

1. Am **Schreibtisch** muss eine freie **Bewegungsfläche** von mind. 1,50 m² vorhanden sein; die Fläche je Arbeitsplatz sollte 8–10 m² betragen.
2. Die gleichmäßige und flimmerfreie **Beleuchtung** soll sich nach der Art der Tätigkeit richten und mindestens 500 Lux betragen.
3. Das **Tageslicht** sollte im 90 Grad Winkel (seitlich) auf den Computerbildschirm treffen.
4. Der **Geräuschpegel** sollte bei 55 dB liegen.
5. **Bildschirmarbeitsplatz:** Der Bildschirm soll blendfrei, flimmerfrei und schwenkbar sein. Die Tastatur soll frei beweglich und vom Bildschirm getrennt sein. Der Arbeitstisch soll 1,50 m breit, 90 cm tief, 72 cm hoch und höhenverstellbar sein.

ZP 704 — Listen Sie die wichtigsten Regelungen zur Lenkzeit auf.

Lenkzeit: alle Zeiten, die tatsächlich mit Lenkertätigkeit zugebracht werden, insbesondere auch Wartezeiten im Straßenverkehr oder Verladetätigkeiten, wenn das Fahrzeug immer nur kurz steht.

Pausen: Lenkpausen oder Lenkzeitunterbrechungen müssen innerhalb der vorgesehenen 4,5 Stunden Lenkzeit oder unmittelbar danach erfolgen, es dürfen keine anderen Arbeiten (z. B. Be- oder Entladetätigkeiten, Wartungs- und

Eventspezifische Gesetze, Verordnungen, Vorschriften

Orga

Instandsetzungsarbeiten) ausgeführt werden. Nach jeder Unterbrechung von insgesamt 45 Minuten (zusammenhängend oder in Teilen) beginnt ein neuer, für die Unterbrechung relevanter Lenkzeitabschnitt von 4,5 Stunden. Dies bedeutet, dass auch nach einer beispielsweise nur 2-stündigen Lenkzeit mit anschließender 45-minütiger Unterbrechung ein neuer Lenkzeitabschnitt von 4,5 Stunden beginnt.

Ruhezeit: ist jeder ununterbrochene Zeitraum von mindestens einer Stunde, in der Lenker/-innen frei über ihre Zeit verfügen können. Die Ruhezeit muss täglich 8 Stunden betragen; sie muss innerhalb eines 24-Stunden-Zeitraums liegen. Die tägliche Ruhezeit kann im Fahrzeug verbracht werden, sofern es mit einer Schlafkabine ausgestattet ist und nicht fährt. Dies gilt auch bei der Zwei-Lenker-Besetzung.

Höchste tägliche Fahrzeit: 9 Stunden, ausnahmsweise 2 Tage die Woche 10 Stunden bei späterem Ausgleich

Fahrtenschreiber-/Tachografenpflicht herrscht für Kfz ab 3,5 t Gesamtgewicht (ab großer Sprinter), Höchstgeschwindigkeit für Lkw: 80 km/h.

BGV

705 ZP Wer ist der *Träger der gesetzlichen Unfallversicherung*?

Die **gesetzliche Unfallversicherung** ist eine der fünf Säulen der gesetzlichen Sozialversicherung. Ihre **Träger** sind die **gewerblichen Berufsgenossenschaften**, die als Körperschaften des öffentlichen Rechts in Selbstverwaltung organisiert sind. Jeder Mitarbeiter eines Unternehmens ist über die Berufsgenossenschaften unfallversichert, auch Praktikanten.

706 ZP Was ist eine *Körperschaft des öffentlichen Rechts*?

Eine **Körperschaft des öffentlichen Rechts** in Selbstverwaltung ist eine gemeinschaftlich verfasste und unabhängig vom Wechsel der Mitglieder bestehende Organisation, die ihren Status als Rechtssubjekt nicht der Privatautonomie, sondern einem Hoheitsakt verdankt. Häufig ist dies in Deutschland eine nicht staatliche Organisation mit staatlichen Aufgaben. Sie beruht auf der Überlegung, dass bestimmte staatliche Aufgaben von den Betroffenen eigenverantwortlich geregelt werden sollen, weshalb diese Aufgaben aus der staatlichen Verwaltungshierarchie ausgegliedert und rechtsfähigen Organisationen übertragen werden. Körperschaften des öffentlichen Rechts unterscheiden sich von den Körperschaften des Privatrechts wie Vereine oder Privatunternehmen dadurch, dass sie öffentlich-rechtlich organisiert sind und öffentlich-rechtlich handeln können.

707 ZP Was ist eine *Berufsgenossenschaft* und welche von ihnen ist für die Eventbranche zuständig?

Die **Berufsgenossenschaften** sind für den **Arbeitsschutz in den Betrieben zuständig.** Sie finanzieren sich ausschließlich aus Beiträgen der ihnen durch Pflichtmitgliedschaft zugeordneten Unternehmen; sie dürfen keine Gewinne erzielen, sondern müssen die Mitgliedsbeiträge im Sinne ihres gesetzlichen Auftrags aufwenden. Die Berufsgenossenschaften unterliegen der staatlichen Aufsicht. Die Aufsichtsbehören (zuständige Bundesministerien) wachen darüber, dass die Berufsgenossenschaften sich an Recht und Gesetz halten, ihre gesetzlich vorgegebenen Aufgaben ordnungsgemäß erfüllen und ihre Kompetenzen nicht überschreiten. Die zuständige Berufsgenossenschaft für die Veranstaltungsbranche ist die **Verwaltungs-Berufsgenossenschaft (VBG).** Die meisten Unternehmen der Veranstaltungsbranche sind hier Mitglied und zahlen Beiträge an die VBG.

Orga ✓ Veranstaltungsorganisation/-wirtschaft

ZP 708 — Was sind die wichtigsten *Aufgaben einer Berufsgenossenschaft*?

Zu den wichtigsten Aufgaben der Berufsgenossenschaften von betrieblicher Seite gehört die **Unfallprävention.** Sie teilen sich diese Aufgabe mit den Gewerbeaufsichtsämtern, welche die Betriebe im Auftrag der Landesarbeitsämter kontrollieren. Vorbeugend sollen **Wege- und Arbeitsunfälle vermieden** werden. Dies ist im besonderen Interesse der Berufsgenossenschaften, da sie im Schadenfall, wie jede andere Versicherung, finanziell in Anspruch genommen werden.

ZP 709 — Was ist eine *UVV*?

Die Berufsgenossenschaften veröffentlichen in den Berufsgenossenschaftlichen Vorschriften (BGV) Regeln und Bestimmungen zur Vermeidung und Verhütung von Arbeitsunfällen, beispielsweise die **Unfallverhütungsvorschriften (UVV).** Diese Vorschriften der Berufsgenossenschaften gelten für Unternehmen (Arbeitgeber) und Versicherte (Arbeitnehmer).

ZP 710 — Was hat sich seit 2014 beim *Schriftenwerk der Berufsgenossenschaften geändert*?

Ab dem 01.05.2014 ändert sich die Systematik des Schriftenwerks. Dies ist notwendig, um Überschneidungen, welche sich aus der Fusion beider Spitzenverbände (Berufsgenossenschaft und öffentliche Unfallversicherungsträger) ergeben, zu bereinigen und zu vereinheitlichen. Kürzel wie BGV/GUV-V, BGR/GUV-R, BGI/GUV-I, BGG/GUV-G oder GUV-SI wird es deshalb zukünftig nicht mehr geben. Die Schriften werden durchgängig in vier Kategorien eingeteilt: DGUV Vorschriften, DGUV Regeln, DGUV Informationen und DGUV Grundsätze (DGUV = Deutsche Gesetzliche Unfallversicherung e.V., Berlin). Parallel dazu erhält das Nummerierungssystem der Schriften ebenfalls eine neue Ordnung, z. B.:
BGV A1 wird DGUV Vorschrift 1
BGV A3 wird DGUV Vorschrift 3
BGV A8 wird DGUV Vorschrift 9
BGV C1 wird DGUV Vorschrift 17
BGV C2 wird DGUV Vorschrift 19
BGV C25 wird DGUV Vorschrift 42
Weitere Informationen unter:
www.dguv.de/publikationen

ZP 711 — Welche Regelungen umfasst die *BGV A1 (DGUV Vorschrift 1) – Grundsätze der Prävention*?

Die **berufsgenossenschaftliche Vorschrift BGV A1 (DGUV Vorschrift 1)** fasst die **Grundsätze der Vermeidung von Arbeitsunfällen** zusammen. Sie gelten für alle Unternehmen. Die weiteren Unfallverhütungsvorschriften bauen darauf auf. Zielsetzung ist eine Verzahnung zwischen dem staatlichen Arbeitsschutzrecht (Verordnung über Arbeitsstätten, ArbStättV) und dem berufsgenossenschaftlichen Satzungsrecht. Die BGV A1 unterscheidet Pflichten für Versicherte (Arbeitnehmer) und Pflichten für die Mitglieder (Unternehmen).

ZP 712 — Nennen Sie wichtige *Pflichten des Unternehmers laut BGV A1 (DGUV Vorschrift 1)*.

Der **Arbeitgeber** muss zur Verhütung von Arbeitsunfällen, Berufskrankheiten und arbeitsbedingten Gesundheitsgefahren erforderliche Maßnahmen ergreifen; für Erste Hilfe erforderliche Maßnahmen ergreifen; die allgemeinen Grundsätze des Arbeitsschutzgesetzes beachten; Gefährdungen und Belastungen der Arbeitnehmer bei der Arbeit beurteilen und geeignete Maßnahmen treffen; die Beurteilungen dokumentieren und bei Veränderungen erneuern; die Arbeitnehmer regelmäßig über Arbeitssicherheit und Gesundheitsschutz unterweisen und die Unterweisung dokumentieren; bei der Vergabe von Aufträgen für Einrichtungen und Arbeitsverfahren und bei der Beschaffung von Arbeitsmitteln, Ausrüstungen oder Arbeitsstoffen dem Auftragnehmer die für Arbeitssicherheit und Gesundheitsschutz geltenden Pflichten aufgeben; bei der Zusammenarbeit mit

Eventspezifische Gesetze, Verordnungen, Vorschriften ✓ *Orga*

Fremdunternehmen die Koordination der Gefährdungsbeurteilung und der Überwachung sicherstellen; die Befähigung eines Beschäftigten berücksichtigen, die nötig ist, um die für Arbeitssicherheit und Gesundheitsschutz geltenden Bestimmungen einhalten zu können; bei gefährlicher Arbeit, die von mehreren Personen gemeinschaftlich durchgeführt wird, für eine zuverlässige Aufsichtsperson sorgen; im Fall von Mängeln an Arbeitsmitteln, Einrichtungen oder Arbeitsver diese zur Abwehr von Gefahren für die Beschäftigten stilllegen; eine Fachkraft für Arbeitssicherheit und einen Betriebsarzt bestellen; Sicherheitsbeauftragte ernennen, Meldeeinrichtungen zum Herbeiholen von Hilfe schaffen; bei unmittelbaren, erheblichen Gefahren (z. B. Explosionen, Austreten von Gefahrstoffen) besondere Abwehrmaßnahmen und Vorkehrungen zur Rettung treffen, Notfallmaßnahmen planen; Maßnahmen vorsehen, wenn bei Arbeiten im Freien wetterbedingte Unfall- oder Gesundheitsgefahren entstehen können.

Versicherte müssen für Arbeitssicherheit und Gesundheitsschutz sorgen, auch für die betroffenen Beschäftigten; sich selbst und andere nicht durch den Konsum von Alkohol oder Drogen gefährden; den Unternehmer durch die Meldung von Mängeln und Gefahren unterstützen und im Rahmen der eigenen Aufgabe und Befähigung Mängel unverzüglich beseitigen; Einrichtungen, Arbeitsmittel, Arbeitsstoffe sowie Schutzvorrichtungen nur bestimmungsgemäß benutzen; sich an gefährlichen Stellen nur im Rahmen der übertragenen Aufgaben aufhalten; sich zum Ersthelfer zur Verfügung stellen; Unfälle unverzüglich melden; persönliche Schutzausrüstungen (PSA) bestimmungsgemäß benutzen.

713 ZP Nennen Sie wichtige *Pflichten der versicherten Arbeitnehmer* laut BGV A1 (DGUV Vorschrift 1).

Der Unternehmer muss dafür sorgen, dass die erforderlichen Einrichtungen, Sachmittel und Personal zur Verfügung stehen; nach einem Unfall unverzüglich Erste Hilfe geleistet wird und ärztliche Versorgung gewährleistet wird; Verletzte sachkundig transportiert werden; Versicherte einem Durchgangsarzt vorgeführt werden; Versicherte bei schweren Verletzungen einem BG-Krankenhaus zugeführt werden; bei Augen-, Nasen-, Ohrenverletzungen ein entsprechender Facharzt hinzugezogen wird; Versicherten in aktueller schriftlicher Form Hinweise über Erste Hilfe, Notruf und Rettungseinrichtungen gegeben werden; jede Erste-Hilfe-Leistung dokumentiert wird und die Dokumentation fünf Jahre lang verfügbar gehalten wird; durch Meldeeinrichtungen und organisatorische Maßnahmen unverzüglich die notwendige Hilfe herbeigerufen und an den Einsatzort geleitet werden kann; Erste-Hilfe-Material schnell zugänglich und in ausreichender Menge bereitgehalten wird; Rettungsgeräte und Rettungstransportmittel bereitgehalten werden.

714 ZP Was muss laut BGV A1 (DGUV Vorschrift 1) zur *Ersten Hilfe* im Betrieb geregelt sein?

Kategorie I – geringfügige Risiken	Handschuhe, Sonnenbrille
Kategorie II – mittlere Risiken, die ernste Verletzungen zur Folge haben können	Gehörschutz, Schutzbrille, Schutzhandschuh, Sicherheitsschuh, Schweißeranzug, Schnittschutzhose für Motorsägen
Kategorie III – tödliche oder nicht mehr rückgängig zu machende Schäden	Atemschutzgerät, Tauchgerät, Absturzsicherung

715 ZP Listen Sie *Elemente der persönlichen Schutzausrüstungen* (PSA) laut BGV A1 (DGUV Vorschrift 1) auf.

Orga — Veranstaltungsorganisation/-wirtschaft

ZP 716 Was regelt die *BGV C1 (DGUV Vorschrift 17)* (Veranstaltungs- und Produktionsstätten für szenische Darstellung)?

Diese Schutzvorschrift ist neben der Versammlungsstättenverordnung (VStättV) die wohl wichtigste der Veranstaltungsbranche. Sie gilt i. d. R. in jedem produzierenden Veranstaltungsbetrieb (also nicht im Büro, sondern z. B. in Proberäumen, Locations, Lagern). Die BGV C1 (DGUV Vorschrift 17) regelt unter anderem die Abläufe und Vorgänge in der Produktionserstellung. Sie umfasst den bühnentechnischen und darstellerischen Bereich von Veranstaltungsstätten sowie den produktionstechnischen und darstellerischen Bereich von Produktionsstätten für Film, Fernsehen, Hörfunk und Fotografie. Sie gilt nicht für Filmtheater ohne Szenenfläche (Kinos) sowie Schausteller- und Zirkusunternehmen. Für letztere gibt es eine gesonderte Vorschrift, die BGV C2 (DGUV Vorschrift 19).

ZP 717 Was ist der Unterschied der BGV C1 (DGUV Vorschrift 17) zur Versammlungsstättenverordnung?

- Die **VStättVO,** ist vom Baurecht abgeleitet und richtet sich an Betreiber von Versammlungsstätten (Locations) beziehungsweise deren Vertragspartner (Veranstalter). Hier steht der Schutz der Zuschauer und Beteiligten im Vordergrund. Die Geltung der VStättVO hängt von bestimmten Voraussetzungen ab, beispielsweise dem Fassungsvermögen von Versammlungsstätten. In geschlossenen Räumen gilt sie ab einem Fassungsvermögen von mindestens 200 Personen, im Freien ab einer Kapazität von 1 000 Personen.
- Die **BGV C1 (DGUV Vorschrift 17)** gilt für die an Veranstaltungsproduktionen beteiligten Unternehmen und deren Mitarbeiter. Ihre Inhalte sind immer anzuwenden – unabhängig von der Größe des Betriebes oder des Betriebsorts. Hier liegt der Schwerpunkt auf dem präventiven Schutz der Mitarbeiter und anderer an der Produktion Beteiligter wie Künstler und Artisten. Die BGV C1 gilt also auch in Locations, die nicht unter das Anwendungsgebiet der VStättVO fallen.

ZP 718 Nennen Sie die wichtigsten *Inhalte der BGV C1 (DGUV Vorschrift 17) von A–Z.*

Absturzsicherung: Flächen, die höher sind als 1 m, müssen durch Einrichtungen wie Auffangnetze oder Anseilsicherungen gegen Abstürzen gesichert werden. Falls dies nicht möglich ist, etwa bei Kanten von Szenenflächen oder durch Regieanweisung, müssen die Flächen mit selbst leuchtenden oder stark reflektierenden Bändern gesichert werden.

Artistische Darbietungen: Aufbau nur durch die Artisten selbst; vor Gebrauch haben sie sich vom sicheren Zustand zu überzeugen.

Aufenthaltsverbot: unnötiger Aufenthalt während Um-/Auf-/Abbau auf Bewegungsflächen, auf Beleuchterbrücken, auf hochgelegenen Arbeitsplätzen, in sonstigen Gefahrenbereichen, unter bewegten kraftgetriebenen Bühnenabschlüssen, Regelung durch Ausschilderung und Kennzeichnung von Gefahrenbereichen

Ausstattung: Dekorationen, Kostüme, Möbel, Requisiten und Effekte müssen so beschaffen sein, dass Verletzungen und Schädigungen vermieden werden, Abgase müssen unmittelbar ins Freie geleitet werden. Besondere Vorsicht ist bei E-Geräten, Klebe- und Lösungsmitteln, Glas, Laser, Waffen usw. geboten.

Beschäftigungsbeschränkung: Beschäftigung ab dem 18. Lebensjahr für Führung und Wartung von maschinentechnischen Einrichtungen; Auszubildende über 16 Jahre mit einem Aufsichtsführenden im Rahmen der Ausbildung

Brandschutz (vorbeugender): Rauchen, Feuer, offenes Licht in Produktions- und Darstellungsstätten sind verboten. Aufbauten und Dekorationen müssen mindestens schwer entflammbar sein (B1). Abweichungen nur, wenn aus szenischen Gründen unumgänglich (Abstimmung mit der Feuerwehr)

Fach- und körperliche Eignung: Einspruchsmöglichkeit der Bühnen-/Studio-Fachkraft gegenüber künstlerischen Forderungen aus Sicherheitsgründen

Eventspezifische Gesetze, Verordnungen, Vorschriften — Orga

Gefährliche szenische Vorgänge: Schutzmaßnahmen bei gefährlichen Sequenzen (z. B. Bewegung des Studio-/Bühnenbodens, Abspringen von Personen, Einstürzen von Bauteilen usw.)

Instandhaltung: Sicherheitstechnische und maschinentechnische Einrichtungen müssen instand, sauber und staubfrei gehalten werden. Dazu sind sie mindestens einmal jährlich gründlich zu reinigen. Instandhaltungsarbeiten dürfen nur ausgeführt werden, wenn sichergestellt ist, dass keine unbeabsichtigten Bewegungen ausgelöst werden können.

Leitung und Aufsicht: Leitung und Aufsicht sowie Freigabe von Szenenflächen nur durch und an Fachkräfte; Festlegung der Zuständigkeit bei Nutzung durch Dritte (Bekanntgabe an Versicherte)

Orchestergräben, Proben- und Stimmräume: Sie dürfen keine gesundheitsschädlichen Einwirkungen aufweisen. Es müssen entgegengesetzt liegende Rettungswege vorhanden sein. Der Mindestplatz je Musiker beträgt 1,3 m². Die Sitzgelegenheiten müssen ergonomisch gestaltet sein.

Pyrotechnische Gegenstände: Nur bestimmte Klassen (I, II, III, T1 und T2) sind geprüft und zugelassen. Die sprengstoffrechtlichen Vorschriften müssen eingehalten werden.

Schusswaffen: nur bauartgeprüfte, zugelassene, gekennzeichnete und beschossene/abgenommene (über 4 mm) verwenden; nur Kartuschenmunition erlaubt (oder Anwesenheit eines Sachverständigen); Zulassung der Sachverständigen durch die Physikalisch-Technische Bundesanstalt; Beschusserlaubnis durch die staatlichen Beschussämter

Schutz gegen herabfallende Gegenstände: bei Beleuchtungs-, Bild- und Beschallungsgeräten durch zwei unabhängig voneinander wirkende Einrichtungen (Safeties)

Schutz gegen unbeabsichtigte Bewegungen: Unbeabsichtigte Bewegungen sind ungewolltes Verdrehen, Kippen, Absinken, Versagen usw. von beweglichen Einrichtungen der Ober- und Untermaschinerie (Prospektzüge, Flugwerke, Beleuchtungsträger, Saalpodien, Bühnenwagen usw.); Schutz durch geeignete Triebwerke, Bremsen usw.

Sichere Begehbarkeit: Personen müssen sicher agieren können, also gilt: Der Bühnenboden muss eben, splitterfrei und fugendicht sein. Spalten und Öffnungen sind abzudecken. Bodenbeläge sind gegen Verrutschen zu sichern. In verdunkelten Räumen muss eine sichere Orientierung möglich sein (Orientierungslicht, reflektierende Markierung).

Standsicherheit und Tragfähigkeit: Flächen und Aufbauten müssen so aufgestellt, verankert usw. werden, dass sie die anfallenden statischen und dynamischen Lasten aufnehmen und ableiten können.

Tiere: dem Tier gerechte Sicherheitsmaßnahmen ergreifen; Einsatz nur mit einer dem Tier vertrauten Person; gefährliche Reaktionen des Tieres müssen berücksichtigt werden.

Tragmittel und Anschlagmittel: Tragmittel sind mit der Bühnenmaschinerie fest verbundene Teile zum Aufnehmen der Last. Anschlagmittel sind die verbindenden Teile zwischen Tragmittel und Last. Sie dürfen nur mit einem bestimmten Bruchteil der vom Hersteller angegebenen Tragfähigkeit belastet werden.

Unterweisung: regelmäßige Unterweisung und Schulung von beteiligten Personen und Fachpersonal hinsichtlich Bedienung sowie Unfallverhütungsmaßnahmen; bei gefährlichen szenischen Vorgängen regelmäßig wiederholte Unterweisungen

Prüfungen: Der Unternehmer muss dafür sorgen, dass sicherheitstechnische und maschinentechnische Einrichtungen vor der ersten Inbetriebnahme und nach wesentlichen Änderungen durch Sachverständige geprüft werden.

Wiederkehrende Prüfung: Der Unternehmer hat dafür zu sorgen, dass sicherheitstechnische und maschinentechnische Einrichtungen mindestens alle vier Jahre

Orga — Veranstaltungsorganisation/-wirtschaft

durch einen Sachverständigen geprüft werden; Sicht- und Belastungsprüfung in Bewegung von Flugeinrichtungen vor jedem Einsatz durch einen Sachkundigen; Belastungsproben mit Personen nur bei Absturzhöhen weniger als 1 m.

ZP 719 — Was wird in der BGV A8 (DGUV Vorschrift 9) geregelt?

Die BGV A8 (DGUV Vorschrift 9) regelt die Sicherheits- und Gesundheitsschutzkennzeichnung am Arbeitsplatz, in ihr sind die normierten Kennzeichen zur Vermeidung von Unfällen aufgelistet:

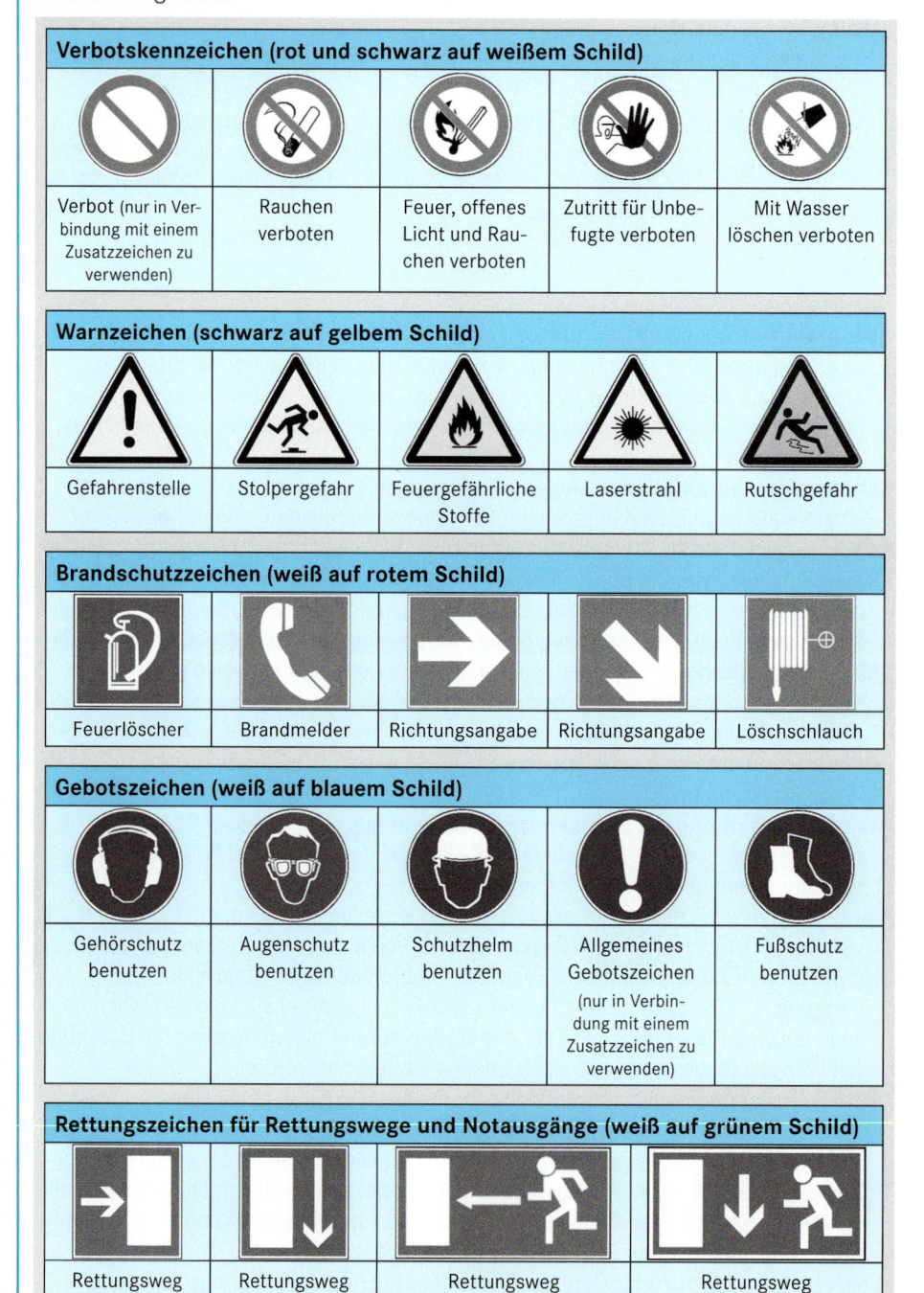

Verbotskennzeichen (rot und schwarz auf weißem Schild)

| Verbot (nur in Verbindung mit einem Zusatzzeichen zu verwenden) | Rauchen verboten | Feuer, offenes Licht und Rauchen verboten | Zutritt für Unbefugte verboten | Mit Wasser löschen verboten |

Warnzeichen (schwarz auf gelbem Schild)

| Gefahrenstelle | Stolpergefahr | Feuergefährliche Stoffe | Laserstrahl | Rutschgefahr |

Brandschutzzeichen (weiß auf rotem Schild)

| Feuerlöscher | Brandmelder | Richtungsangabe | Richtungsangabe | Löschschlauch |

Gebotszeichen (weiß auf blauem Schild)

| Gehörschutz benutzen | Augenschutz benutzen | Schutzhelm benutzen | Allgemeines Gebotszeichen (nur in Verbindung mit einem Zusatzzeichen zu verwenden) | Fußschutz benutzen |

Rettungszeichen für Rettungswege und Notausgänge (weiß auf grünem Schild)

| Rettungsweg | Rettungsweg | Rettungsweg | Rettungsweg |

Eventspezifische Gesetze, Verordnungen, Vorschriften

Orga

Umwelt

Die tendenziell unökologische Ausrichtung einer rein gewinnorientierten Ökonomie mit einer kompromisslosen Ressourcennutzung konkurriert heutzutage mit Konzepten einer nachhaltig mehrwert- und auch gewinnorientierten Einbindung ökologisch ausgerichteter Grundkonzepte in einer modernen Ökonomie.

720 ZP Welches *Spannungsverhältnis* sehen Sie zwischen *Ökologie und Ökonomie?*

Träger des Grünen Punkts ist das Duale System Deutschland GmbH (DSD) – das größte privatwirtschaftlich orientierte Entsorgungssystem in Deutschland. Seit 1991 gilt in Deutschland die Verpackungsordnung, durch die die Produzentenverantwortung festgelegt wurde. Ziel ist, dem Verwertungssystem möglichst viele Verpackungen wieder zurückzuführen. Konkret bedeutet dies, dass in Deutschland sämtliche Hersteller und Vertreiber von Verpackungen – auch ausländische Unternehmen – verpflichtet sind, diese umweltgerecht zu entsorgen und diese Entsorgung auch zu dokumentieren.

721 ZP Was bedeutet das Zeichen *Der Grüne Punkt?*

Laut § 43 Infektionsschutzgesetz muss jeder Mitarbeiter in Catering oder Gastronomie eine Erstbelehrung durch das Gesundheitsamt nachweisen, die jährlich durch den Arbeitgeber aufgefrischt werden muss.

722 ZP Was regelt § 43 *Infektionsschutzgesetz?*

Nein. Brandschutzvorschriften finden sich in vielen Vorschriften, z. B. in der BGV A1, BGV A3, BGV C1 und in der Versammlungsstättenverordnung (VStättVO).

723 ZP Gibt es eine eigene *Brandschutzverordnung?*

2.3.2.4 Baurecht, Versammlungsstättenverordnung und Fliegende Bauten

Baurecht

Das Bauordnungsrecht obliegt in Deutschland den Bundesländern. Das öffentliche Baurecht wird grundlegend durch die Bauordnung (BauO) und die jeweiligen Landesbauordnungen (LBO) der Bundesländer geregelt. In diesen Bauordnungen sind die Anforderungen formuliert, die bei Bauvorhaben zu beachten sind, also die Grundstücke und die Bebauung (Erschließung, Art der baulichen Nutzung, Gemeinschaftsanlagen, Spielflächen und Stellflächen, Nachbarschutz, die Flucht- und Rettungswege sowie das Baugenehmigungsverfahren und die Organisation der Bauaufsichtsbehörden). Jedes erschlossene Grundstück und Gebäude unterliegt also diesen grundlegenden baurechtlichen Regelungen sowie einem umfangreichen Planungs-, Genehmigungs- und Abnahmeverfahren durch die zuständigen Baubehörden.

724 Ordnen Sie Bauordnung, Landesbauordnungen und Versammlungsstättenverordnung ein.

267

Orga ✓ Veranstaltungsorganisation/-wirtschaft

725 — Wann und für wen gilt die *Versammlungsstättenverordnung* in erster Linie?

Da die VStättVO vom Baurecht abgeleitet ist, gilt sie in erster Linie für Betreiber von Versammlungsstätten (Location) sowie deren Vertragspartner. Auflagen und Genehmigungsverfahren werden von den Bau- und Ordnungsbehörden der Kommunen gemacht bzw. über sie abgewickelt. Indoor gilt die VStättVO für Räume mit mehr als 200 Besuchern Fassungsvermögen (egal wie viele Besucher tatsächlich anwesend sind und unabhängig davon, ob eine Szenenfläche vorhanden ist). Kleinere Räume fallen bereits dann unter den Geltungsbereich, wenn sie gemeinsame Rettungswege haben. Gaststätten fallen bereits ab 100 m² Grundfläche unter den Anwendungsbereich. Outdoor gilt die VStättVO für Outdoor-Locations mit Szenenflächen, die mehr als 1 000 Besucher Fassungsvermögen im Besucherbereich haben (egal wie viele Besucher tatsächlich anwesend sind) und ganz oder teilweise aus baulichen Anlagen bestehen (hier reicht schon das Vorhandensein von Toiletten oder eine einfache Abschrankung im Besucherbereich). In Sportstadien gilt die VStättVO für Stadien mit mehr als 5 000 Besucher Fassungsvermögen (egal wie viele Besucher tatsächlich anwesend sind). Nicht angewandt wird die VStättVO bei Kirchen (nur bei kirchlichen Veranstaltungen, beispielsweise Gottesdiensten), Museen/Ausstellungshallen, Unterrichtsräume in Schulen, Hochschulen und Akademien. Des Weiteren gilt die VStättVO nicht bei sogenannten fliegenden Bauten, d. h. Anlagen, die dafür geeignet und bestimmt sind, an verschiedenen Orten aufgebaut und wieder zerlegt zu werden, z. B. Veranstaltungszelte (hier gibt es eigenständige Vorschriften) im Rahmen von Wochen- oder Jahrmärkten oder auch von Straßenfesten. Für die letztgenannte Art von Veranstaltungen gilt die Gewerbeordnung, sie fallen nicht unter das allgemeine Baurecht. Ansprechpartner sind hier i. d. R. die kommunalen Gewerbe- oder Ordnungsämter.

726 — Wann muss ein *Nutzungsänderungsantrag* gestellt werden?

Ein Nutzungsänderungsantrag muss gestellt werden, wenn ein Objekt als Versammlungsstätte genutzt wird, das vorher für eine andere Nutzung ausgeschrieben war. Auch in Kirchen, Museen und Schulen ist ggf. ein Nutzungsänderungsantrag zu stellen, wenn eine nicht bestimmungsgemäße Veranstaltung, z. B. eine Party, ein Konzert oder eine Kabarettveranstaltung, geplant ist.

VStättVO

727 — Wie viele *Besucher* darf eine Versammlungsstätte insgesamt fassen?

Die **maximal zulässige Besucherzahl** ist aus folgenden Regelungen abzuleiten:

Sitzplätze an Tischen	1 Besucher/-in je m² Grundfläche des Versammlungsraums
Sitzplätze in Reihen und für Stehplätze	2 Besucher/-innen je m² Grundfläche des Versammlungsraums
Stehplätze auf Stufenreihen	2 Besucher/-innen je laufendem Meter Stufenreihe

Für Besucher nicht zugängliche Bereiche (z. B. Backstagebereiche, Front of House-Platz für Licht und Tonregie) werden abgezogen.

Ausstellungsräume	1 Besucher/-in je m² Grundfläche des Ausstellungsraums

Eventspezifische Gesetze, Verordnungen, Vorschriften — Orga

1 500 m² – 340 m² Szenenfläche/Backstage – 12 m² FOH – 60 m² Buffet/Service = 1 088 m² zugängliche Fläche

728 Eine Veranstaltungslocation hat eine Gesamtfläche im Haupt-Versammlungsraum von 1 500 m². Szenenfläche und Backstagebereich haben 340 m², FOH 12 m², Buffet und Servicekräfte 60 m². Wie hoch ist die zugelassene Veranstaltungsfläche in m²?

Gesamtfläche: 30 · 60 m = 1 800 m²

bei parlamentarischer Bestuhlung	1 800 PAX (Abk. für Personen)
bei Reihenbestuhlung	3 600 PAX
bei Benutzung von Stehplatztribünen (10 Reihen je 22 m)	440 PAX
bei Nutzung als Ausstellungsfläche für eine örtliche Messe	1 800 PAX

729 In einem Tagungshotel hat der Hauptversammlungsraum die Maße 30 m x 60 m. Wie viele Besucher sind bei gängigen Bestuhlungen maximal zugelassen?

Das Hauptziel ist eine **möglichst rasche Evakuierung der Versammlungsstätte im Notfall.** Rettungswege müssen ins Freie zu öffentlichen Verkehrsflächen führen und ständig frei bleiben (Ausgänge, Gänge, Stufengänge, Flure und Treppen). In jedem Geschoss müssen mindestens zwei voneinander unabhängige bauliche Rettungswege sein. Räume mit mehr als 100 m² Grundfläche müssen jeweils mindestens zwei möglichst weit auseinander/entgegengesetzt liegende Ausgänge ins Freie/zu Rettungswegen haben. Rettungswege sind dauerhaft und gut sichtbar zu kennzeichnen (Fluchtwegpiktogramme). Die Entfernung von jedem Besucherplatz bis zum nächsten Ausgang darf nicht länger als 30 m (bis zu einer von Höhe 5 m/ab 5 m je 2,5 m mehr weitere 5 m Fluchtweglänge) und insgesamt nicht länger als 60 m sein. Die Entfernung von jeder Stelle einer Bühne bis zum nächsten Ausgang darf nicht länger als 30 m sein.

730 Was ist das *Hauptziel* der Verordnung bei der *Bemessung und Führung der Rettungswege*?

1. Weg aus dem Versammlungsraum
2. Weg von dort ins Freie
3. direkter, ungehinderter Weg zur nächsten Verkehrsfläche

731 Aus welchen *Teilen* besteht ein *Rettungsweg*?

Orga ✓ Veranstaltungsorganisation/-wirtschaft

732 — Wie *breit* müssen *Rettungswege* mindestens sein und wie wird das Fassungsvermögen eines Raums berechnet?

Damit ein Versammlungsraum schnell evakuiert werden kann, müssen die Rettungswege an jeder Stelle (also nicht nur an den Ausgängen) mindestens 1,20 m breit sein; im Freien und Sportstadien mindestens 1,20 m Rettungswegbreite je 600 Besucher. Bei allen anderen Versammlungsstätten 1,20 m Rettungswegbreite je 200 Besucher. Staffelungen sind nur in Schritten von 0,60 m zulässig (je 300 bzw. 100 Besucher je weitere 0,60 m). Grundlage dieser Bemessung ist die Notwendigkeit, dass zwei Personen gleichzeitig nebeneinander den Rettungsweg passieren können. Man rechnet pro Person 0,60 m Platzbedarf. Dies entspricht der DIN EN 13200. Es wird immer von der maximal möglichen Personenzahl ausgegangen.

733 — Welche *Anforderungen* werden an *Türen und Tore* gestellt?

Türen und Tore müssen **feuerhemmend, rauchdicht und selbstschließend** sein, in Rettungswegen müssen sie in Fluchtrichtung aufschlagen, keine Schwellen haben, jederzeit von innen leicht und in voller Breite zu öffnen sein. Schiebetüren sind nur automatisch erlaubt, selbstschließende Türen müssen auch von Hand schließbar sein.

734 — Was ist ein *Bestuhlungs- und Rettungswegeplan?*

Eine Ausfertigung des für die jeweilige Nutzung genehmigten **Plans mit** allen **genehmigten Bestuhlungsplänen und Rettungswegen** ist in der Nähe des Haupteingangs und am Eingang eines jeden Versammlungsraums **gut sichtbar** anzubringen. Die Zahl der im jeweiligen Bestuhlungs- und Rettungswegeplan genehmigten Besucherplätze darf nicht überschritten und die genehmigte Anordnung der Besucherplätze darf nicht geändert werden.

735 — Welche *Anforderungen* werden an *Bestuhlung, Gänge und Stufengänge* gestellt?

Stuhlreihen müssen unverrückbar befestigt sein; vorübergehende Stuhlreihen sind zu verbinden. Blöcke für Sitzplätze dürfen maximal 30 Reihen haben. Für Rollstuhlbenutzer muss mindestens 1 % der Besucherplätze, mindestens 2 Plätze, auf ebenen Standflächen mit zugeordneten Besucherplätzen für Begleitpersonen vorgesehen sein. Die Mindestbreite vom Stufenreihen beträgt 0,85 m.

736 — Welche *Anforderungen* werden an *Abschrankungen und Schutzvorrichtungen* gestellt?

Begehbare Flächen, die an tiefer liegende Flächen grenzen, sind zu umwehren (Ausnahme: den Besuchern zugewandte Seite der Szenenfläche/Bühne). Abschrankungen, wie Umwehrungen, Geländer, Wellenbrecher, Zäune, Absperrgitter oder Glaswände, müssen vor begehbaren Flächen mindestens 1,10 m hoch sein. Abschrankungen müssen so bemessen sein, dass sie dem Druck einer Personengruppe standhalten (2 KN/m). Vor Sitzplatzreihen genügen Umwehrungen von 0,90 m.

Eventspezifische Gesetze, Verordnungen, Vorschriften ✓ *Orga*

Sitzplätze müssen generell mindestens 0,50 m breit und 0,45 m tief sein und zwischen den Reihen eine lichte Durchgangsbreite von 0,40 m haben. Seitlich eines Gangs dürfen höchstens 10 Sitzplätze, bei Versammlungsstätten im Freien höchstens 20 Sitzplätze angeordnet sein. Zwischen zwei Seitengängen dürfen 20 Sitzplätze, bei Versammlungsstätten im Freien höchstens 40 Sitzplätze angeordnet sein. In Versammlungsräumen dürfen zwischen zwei Seitengängen höchstens 50 Sitzplätze angeordnet sein, wenn auf jeder Seite des Versammlungsraums für jeweils vier Sitzreihen eine Tür mit einer lichten Breite von 1,20 m angeordnet ist.

737 Wie *breit* müssen *Sitzplätze* mindestens sein? Wie viele Sitzplätze dürfen je Reihe angeordnet sein?

Von jedem Tischplatz darf der Weg zu einem Gang nicht länger als 10 m sein.

738 Wie *lang* darf der *Weg von einem Tisch zu einem Gang* sein?

Behindertenplätze müssen **mindestens 1 % der Besucherplätze** ausmachen. Mindestens 2 Plätze müssen auf ebenen Standflächen (1,5 m x 1,5 m) ohne Sichtbehinderung zur Szenenfläche eingerichtet werden. Den Plätzen sind Besucherplätze für Begleitpersonen zuzuordnen. Plätze und Wege dorthin müssen gut gekennzeichnet werden. Rampen dürfen nicht mehr als 6 % geneigt und müssen mindestes 1,20 m breit sein.

739 Wie viele *Plätze* müssen für *Rollstuhlbenutzer* vorhanden sein?

Nicht brennbare Stoffe:
- **A1** ohne brennbare Bestandteile (z. B. Sand oder Glas)
- **A2** mit brennbaren Bestandteilen (z. B. Gipskarton)

Brennbare Stoffe:
- **B1** schwer entflammbare Stoffe (z. B. Leichtbauplatten oder imprägnierter Molton)
- **B2** normal entflammbare Stoffe (z. B. Hölzer)
- **B3** leicht entflammbare Stoffe

740 Nennen Sie die wichtigsten *Brandschutzklassen*.

Vorhänge von Bühnen und Szenenflächen müssen aus mindestens schwer entflammbarem Material bestehen. Requisiten müssen aus mindestens normal entflammbarem Material und Ausschmückungen aus mindestens schwer entflammbarem Material bestehen (in Treppenhäusern und Fluren aus nicht brennbaren Materialien).

741 Welche *Materialien* müssen welchen *Brandschutzklassen* entsprechen?

Orga ✓ Veranstaltungsorganisation/-wirtschaft

742 – Welche Regelungen gelten für *elektrische Anlagen*?

Versammlungsstätten müssen eine Sicherheitsstromversorgungsanlage haben für die Absicherung von Sicherheitsbeleuchtung, automatischen Feuerlösch- und Druckerhöhungsanlagen für die Löschwasserversorgung; ferner für die Rauchabzugs-, Brandmelde- und Alarmierungsanlagen. Elektrische Schaltanlagen dürfen für Besucher nicht zugänglich sein. In Versammlungsstätten muss eine Sicherheitsbeleuchtung mit getrenntem Stromkreis vorhanden sein (z. B. Treppenhäuser, Stufenbeleuchtung, Rettungswegeschilder usw.). Versammlungsräume und sonstige Aufenthaltsräume mit mehr als 200 m² Grundfläche sowie Bühnen müssen Rauchabzugs- und Lüftungsanlagen haben.

743 – Welche *Sonderregelungen* gelten für *Großbühnen mit Bühnenhaus*?

Ab 200 m² Szenefläche (Bühnengröße) gilt eine Bühne als Großbühne. Alle für den Bühnenbetrieb notwendigen Räume und Einrichtungen sind in einem eigenen, von dem Zuschauerhaus getrennten Bühnenhaus unterzubringen. Eine feuerbeständige selbstständig innerhalb von 30 Sekunden schließende Trennwand (Eiserner Vorhang) wird benötigt. Beim Schließen muss ein Warnsignal zu hören sein. Täglich vor Beginn der ersten Vorstellung muss der Schutzvorhang auf Betriebsbereitschaft geprüft werden. Großbühnen benötigen eine automatische Sprühwasserlöschanlage, Wandhydranten sowie Brandmelder. Auf jeder Seite der Bühnenöffnung muss für die Brandsicherheitswache ein Platz von mindestens 1 x 1 Meter vorhanden sein (2,20 m hoch). Die Bühne muss einzusehen sein.

744 – Welche *Sonderregelungen* gelten für *Abschrankungen bei Großveranstaltungen* und in *Stadien*?

Wellenbrecher: Werden mehr als 5 Stufen von Stehplatzreihen hintereinander angeordnet, so ist vor der vordersten Stufe eine durchgehende Schranke von 1,10 m Höhe anzuordnen. Nach jeweils fünf weiteren Stufen sind Schranken gleicher Höhe (Wellenbrecher) anzubringen, die einzeln mindestens 3 m und höchstens 5,50 m lang sind. Die seitlichen Abstände zwischen den Wellenbrechern dürfen nicht mehr als 5 m betragen. Die Abstände sind nach höchstens 5 Stehplatzreihen durch versetzt angeordnete Wellenbrecher zu überdecken, die auf beiden Seiten mindestens 0,25 m länger sein müssen als die seitlichen Abstände zwischen den Wellenbrechern.

- **Abschrankung von Stehplätzen vor Szenenflächen:** Zwischen Szenenfläche und Stehplätzen muss ein Gang von mindestens 2 m Breite abgeschrankt sein. Mindestens zwei seitlich zugängliche Bereiche sind zu bilden (Seite mindestens 5 m, Mitte mindestens 10 m Abstand/jeweils max. 1 000 Besucher).
- **Einfriedungen und Eingänge:** Einfriedungen um Stadionanlagen müssen mindestens 2,20 m hoch sein.
- **Besondere Zufahrten für Polizei, Rettungskräfte usw.:** mindestens 3 m breit und 3,50 m hoch bei gradliniger Wegführung sind zu ermöglichen, ebenso müssen Einzelkontrollen ermöglicht werden.

Eventspezifische Gesetze, Verordnungen, Vorschriften

Orga

Was muss bezüglich einer Brandsicherheitswache und dem Sanitäts- und Rettungsdienst beachtet werden? (745)

Bei Veranstaltungen mit erhöhten Brandgefahren hat der Betreiber eine **Brandsicherheitswache** einzurichten. Die Verpflichtung, eine Brandsicherheitswache einzurichten, ist eine Betreiberpflicht. Veranstaltungen mit voraussichtlich mehr als 5000 Besuchern sind der für den Sanitäts- und Rettungsdienst zuständigen Behörde rechtzeitig anzuzeigen. Rauchen, Verwendung von offenem Feuer und pyrotechnischen Gegenständen ist nur dann erlaubt, soweit das Rauchen in der Art der Veranstaltung begründet ist (Feuerwehr/Brandwache informieren). Das Gleiche gilt für brennbare Flüssigkeiten, Gase, Pyrotechnik und explosionsgefährliche Stoffe. Brandschutzmaßnahmen müssen im Einzelnen mit der Feuerwehr abgesprochen werden (Absprechen/-stimmen = Zustimmung der Feuerwehr).

Wer kann Verantwortlicher für Veranstaltungstechnik sein? (746)

Verantwortliche für Veranstaltungstechnik dürfen sein:
- **geprüfte Meister/-innen für Veranstaltungstechnik** der Fachrichtungen Bühne/Studio, Beleuchtung oder Halle;
- **technische Fachkräfte mit bestandenem** fachrichtungsspezifischen Teil der **Prüfung** (Fachkräfte mit Befähigungszeugnis nach altem Recht sind Meistern gleichgestellt);
- **Hochschulabsolventen/-absolventinnen** mit berufsqualifizierendem Hochschulabschluss der Fachrichtung Theater- oder Veranstaltungstechnik mit **mindestens einem Jahr Berufserfahrung** im technischen Betrieb von Bühnen, Studios oder Mehrzweckhallen in der jeweiligen Fachrichtung, denen die zuständige Stelle ein Befähigungszeugnis ausgestellt hat (z. B. Diplomingenieure mit abgeschlossener Fachrichtung);
- **Kräfte mit einer gleichwertigen Ausbildung,** die in einem anderen Mitgliedstaat der Europäischen Union absolviert wurde und durch einen Ausbildungsnachweis belegt wird.

Welche Aufgaben und Pflichten hat der Verantwortliche für Veranstaltungstechnik? (747)

Verantwortliche für Veranstaltungstechnik müssen mit den bühnen-, studio- und beleuchtungstechnischen sowie sonstigen technischen Einrichtungen der Versammlungsstätte vertraut sein und deren Sicherheit und Funktionsfähigkeit, insbesondere hinsichtlich des Brandschutzes, während des Betriebs gewährleisten. Sie sind der **haftbar zu machende Ansprechpartner** und haben dementsprechende Entscheidungsbefugnisse.
Auf- oder Abbau bühnen-, studio- und beleuchtungstechnischer Einrichtungen von Großbühnen oder Szenenflächen mit mindestens 200 m² Grundfläche oder in Mehrzweckhallen mit mindestens 5000 Besucherplätzen, wesentliche Wartungs- und Instandsetzungsarbeiten an diesen Einrichtungen und technische Proben dürfen nur von einer(m) Verantwortlichen für Veranstaltungstechnik geleitet und beaufsichtigt werden.

Bei Generalproben, Veranstaltungen, Sendungen, Aufzeichnungen auf Großbühnen oder Szenenflächen mit mind. 200 m² Grundfläche oder in Mehrzweckhallen mit mehr als 5000 Plätzen müssen mind. eine(r) Verantwortliche(r) für Veranstaltungstechnik der Fachrichtung Bühne/Studio oder Halle sowie ein(e) Verantwortliche(r) der Fachrichtung Beleuchtung anwesend sein.
Bei Szenenflächen mit mind. 50 m² und höchstens 200 m² Grundfläche oder in Mehrzweckhallen mit nicht mehr als 5000 Plätzen reicht für die Aufgaben eine Fachkraft für Veranstaltungstechnik (mind. drei Jahre Berufserfahrung).
Für Szenenflächen/Mehrzweckhallen mit einfacher bühnen- und beleuchtungstechnischer Ausstattung, genügt ein erfahrener Bühnenhandwerker oder Beleuchter während der Vorstellungen und des sonstigen technischen Betriebs.

Orga ✓ Veranstaltungsorganisation/-wirtschaft

748 Welche *Pflichten* haben der *Betreiber*, der *Veranstalter* und ihre Beauftragten?

Der Betreiber ist für die Sicherheit der Veranstaltung und die Einhaltung der Vorschriften verantwortlich (laut VStättVO und allgemeinen Ordnungsrecht). Während der Veranstaltung muss der Betreiber/Veranstaltungsleiter ständig anwesend sein. Der Betreiber ist zur Zusammenarbeit mit Sanitätswache, Polizei, Feuerwehr und Ordnungspersonal verpflichtet. Bei nicht betriebsfähigen Anlagen oder Einrichtungen ist der Betreiber zur Einstellung des Betriebs verpflichtet. Der Betreiber kann seine Pflichten, nicht jedoch seine Haftungsverpflichtung, durch schriftliche Vereinbarung an den Veranstalter übertragen.

749 Welche Gründe könnte es für das *Prinzip der doppelten Haftung* laut VStättVO für Location und Veranstalter geben?

Ein wichtiger Grund für das in der Verordnung verankerte **Prinzip der doppelten Haftung** ist sicherlich, dass gewährleistet werden soll, dass der eine **Partner dem anderen nicht die Verantwortung überträgt** bzw. sie ihm in die Schuhe schiebt. Die doppelte Haftungspflicht soll dafür sorgen, dass die beiden wesentlichen Beteiligten (Location und Veranstalter) achtsam mit der Sicherheit für die Beteiligten und Zuschauer umgehen.

Sicherheit

750 Nennen Sie *spezielle Sicherheitsvorkehrungen*, die für Versammlungsstätten mit mehr als 5 000 Besucherplätzen vorgeschrieben sind.

Es muss eine **Lautsprecherzentrale vorhanden** sein, von der aus die Besucherbereiche und der Innenbereich überblickt und Polizei, Feuerwehr und Rettungsdienste benachrichtigt werden können. Es muss eine **Einsatzleitung der Polizei mit einer räumlichen Verbindung zur Lautsprecherzentrale und Videoanlage** zur Überwachung der Besucherbereiche vorhanden sein. Darüber hinaus muss ein **ausreichend großer Raum für den Sanitäts- und Rettungsdienst** zur Verfügung stehen. Bei großen temporären Open-Air-Anlagen ist die Einkopplung der Polizei für Notfalldurchsagen in das Beschallungssystem der Veranstaltung als Lenkungsinstrument gut anwendbar.

751 Was muss bezüglich eines *Sicherheitskonzeptes* und eines *Ordnungsdienstes* beachtet werden?

Erfordert es die Art der Veranstaltung, hat der **Betreiber** ein **Sicherheitskonzept aufzustellen** und einen **Ordnungsdienst einzurichten.** Die Forderung, ein Sicherheitskonzept aufzustellen und Ordnungsdienste einzurichten, stützt sich auf § 3 MBO (Musterbauordnung). Daher ist die Aufstellung des Sicherheitskonzeptes für die Betriebsbedingung jeder Versammlungsstätte notwendig. Bei mehr als 5 000 Besuchern ist ein Sicherheitskonzept in Zusammenarbeit und Einvernehmen mit den Ordnungsbehörden (insbesondere Feuerwehr, Polizei, Rettungsdienste) zu erstellen (Einvernehmen = Zustimmung der beteiligten Behörden).

752 Worauf basiert eine *Gefährdungsbeurteilung* als Grundlage für ein Sicherheitskonzept?

Nach folgenden **Kriterien** kann bei einer **Gefährdungsbeurteilung** vorgegangen werden:
- Bestimmung des zu schützenden Objektes und der Schutzziele
- Analyse der Bedrohungen/Schadenszenarien/Gefahren
- Bewertung von Eintrittswahrscheinlichkeit und potenzieller Schadensschwere
- Entwicklung von Maßnahmen zur Reduzierung der Eintrittswahrscheinlichkeit/Schadenshöhe

Eventspezifische Gesetze, Verordnungen, Vorschriften — Orga

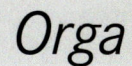

- Planung von Maßnahmen und Bereitstellung von Mitteln zur Schadensbekämpfung und -eindämmung
- Analyse der eigenen Risikotragbarkeit und Genehmigung des Restrisikos

Im Besonderen sollten folgende Aspekte einbezogen werden:
mögliche Besucherzahl, Räumlichkeiten, Verkehrsflächen, -wege, unterschiedliche Untergründe (Belastungen), mögliche Nutzungseinschränkungen (Umweltschutz), Wetter, Gefahrenneigung, Erkenntnisse von Polizei/Feuerwehr, Personenmassen, Personendichten, Aufenthaltsdauer, Brandgefahren (Energie, Ausbreitung, Fahrlässigkeiten, offene Flammen), technische Gefahren, medizinische Gefahren, Übersichtlichkeit/Führungsprobleme, biologische und chemische Gefahren, Katastrophengefahren, Panikgefahren, Steigerungsfaktoren, Stark-Wetter, Versorgungsengpässe, Verständigungs-, Mentalitätsprobleme, potenzielle Gewalttätigkeiten

---

753 — Wie wird ein *Sicherheitskonzept erstellt* und von wem abgestimmt?

Ziel eines Sicherheitskonzepts ist die **vorausschauende Gefahrenabwehr** im Vorfeld einer Veranstaltung durch den Veranstalter unter Zuhilfenahme hoheitlicher Einrichtungen, professioneller Hilfsdienste und spezialisierter Unternehmen. Zur Erfüllung der Schutzziele legt die zuständige Behörde eine Lastenverteilung zwischen öffentlicher Gefahrenvorbeugung und -abwehr auf der einen Seite und privater Gefahrenvorbeugung und -abwehr durch den Veranstalter auf der anderen Seite fest. Betreiber, Veranstalter, Stadt (u. a. Ordnungsamt, Bauaufsichtsbehörden), Feuerwehr, Polizei sowie Unfalldienste, Technisches Hilfswerk (THW), Stadtservice-Betriebe (Stadtwerke), Security-Firmen und Technikanbieter (Bühnen, Beschallung usw.) sollten zusammenarbeiten.

---

754 — Welche *Bestandteile* sollte ein *Sicherheitskonzept* enthalten?

- Gefährdungsanalyse
- Maßnahmen des vorbeugenden Brandschutzes (Brandschutzordnung)
- Rettungswegeplan (Zufahrten, Durchfahrten)
- Verkehrsleitplanung
- Sanitätsstandorte
- Evakuierungsplan
- Errichtung eines qualifizierten Lagezentrums (Funk und Videoüberwachung)
- Errichtung von Notfalldurchsageanlagen
- allgemeiner Notfallplan
- Personalstabsdisposition (Verantwortlicher für Veranstaltungstechnik, Verantwortlicher für Brandschutz, Ordnungsdienstleiter)
- Rettungsdienste
- Organigramm

---

755 — Was ist ein *Gastspielprüfbuch*?

Der Veranstalter ist durch das Gastspielprüfbuch von der Verpflichtung entbunden, an jedem Gastspielort die Sicherheit des Szenenaufbaues und der dazu gehörenden technischen Einrichtungen erneut nachzuweisen. Es wird also hauptsächlich für Tourneeproduktionen genutzt. Das Gastspielprüfbuch ist der für den Gastspielort zuständigen Bauaufsichtsbehörde rechtzeitig vor der ersten Veranstaltung am Gastspielort vorzulegen. Die Geltungsdauer ist auf die Dauer der Tournee befristet und kann auf schriftlichen Antrag verlängert werden.

Orga ✓ Veranstaltungsorganisation/-wirtschaft

756 — Wie werden *Sanitäterzahlen* berechnet?

Zur Berechnung der Einsatzstärke von Rettungskräften dient das Maurer-Schema. Es ist ein von Klaus Maurer entwickeltes Verfahren zur Risikobewertung bei Großveranstaltungen. Mithilfe eines Algorithmus kann ermittelt werden, welches Gefahrenpotenzial von einer Veranstaltung ausgeht und wie viele Einsatzkräfte des Sanitätswachdienstes vorgehalten werden sollten. Dem Algorithmus liegen Erfahrungswerte zugrunde, die gegebenenfalls noch an die örtlichen Gegebenheiten angepasst werden müssen.

757 — Was sind *Fliegende Bauten*?

Fliegende Bauten sind **Anlagen,** die dafür geeignet und bestimmt sind, **an verschiedenen Orten aufgebaut und wieder zerlegt** zu werden (z. B. Veranstaltungszelte). Das wesentliche Merkmal bei fliegenden Bauten ist das Fehlen der festen Beziehung der Anlage zum Boden bzw. Grundstück. Bei fliegenden Bauten muss ein technisches Prüfbuch zwingend mitgeführt werden.

758 — Für welche fliegenden Bauten ist *keine Ausführungsgenehmigung* erforderlich?

Keine Ausführungsgenehmigung ist erforderlich für: Anlagen bis 5 m Höhe, die nicht von Besuchern betreten werden, Fahrgeschäfte bis 5 m Höhe mit Geschwindigkeit max. 1m/s, Bühnen einschließlich Überdachungen und sonstige Aufbauten bis 5 m Höhe, Grundfläche max. 100 m², Fußbodenhöhe bis 1,5 m, eingeschossige Zelte bis 75 m² Grundfläche (z. B. Rote-Kreuz-Zelte)

759 — Für eine Wahlkampfveranstaltung soll ein Zelt aufgebaut werden. Welche Verordnung greift und welches Amt ist für gewöhnlich für die Abnahme zuständig?

Fliegende Bauten Verordnung; Bauamt

2.3.2.5 Ämter und Genehmigungen

Ämter

760 — Erstellen Sie eine *Liste von eventspezifischen Ämtern und Genehmigungen.*

	Genehmigung	Zuständigkeit
Location	Baugenehmigung (z. B. § 75 Bauordnung)	Bauamt (Ordnungsamt)
	Nutzungsänderung/-genehmigung	Gewerbeamt, (Bauamt, Amt für Liegenschaften usw.)
	Bauabnahme laut VStätt-VO (auch: Gastspielprüfbuch)	Bauamt

Eventspezifische Gesetze, Verordnungen, Vorschriften

Orga

	Genehmigung	Zuständigkeit
Location	Konzession Gastronomie (§ 12 Gaststättengesetz), Schankerlaubnis, (Sperrstunde: Curfew)	Gewerbeamt (Ordnungsamt) Gesundheitsamt (Belehrung)
	Pyrotechnik	Ordnungsamt, Feuerwehr
Öffentliche Flächen	Straße, Platz	Ordnungsamt
	Grünfläche	Grünflächenamt, Forstamt
	Lautstärke (§ 10 Landesimmissionsschutzgesetz), Nachtruhe	Ordnungsamt
	Verkehrslenkung	Ordnungsamt, Polizei
Veranstalter	Renn-, Wett- und Lotteriesteuer	Finanzamt
	Vergnügungssteuer	Amt für Steuern und Gebühren
	Security-Belehrung laut § 34a Gewerbeordnung	IHK
Sonstiges	Unfall	Sanitäter
	Brand	Feuerwehr

2.3.2.6 Urheberrecht und Markenrecht

UrhG

Das **Urheberrecht** ist **grundrechtsähnlich** und **schützt die Schöpfer eines Werkes** (z. B. Buch, Musik, Bild, Foto, Zeichnung, Software, Wissenschaft). **Zentrales Recht** ist das **Recht auf Veröffentlichung** und **angemessene Vergütung bei Nutzung.** Neben Urhebern genießen noch Interpreten (ausübende Künstler, Regisseure, Dirigenten, Schauspieler und Tonträgerhersteller) die sogenannten verwandten Schutzrechte (Leistungsschutzrechte). Die Schutzrechte von Veranstaltern gelten bis 25 Jahre, die von Interpreten bis 50 Jahre nach Veröffentlichung. Die Schutzrechte der Urheber gelten bis 70 Jahre nach ihrem Tod; vertreten werden sie nach dem Tod von den Erben. Ideen sind nicht geschützt, ein Werk muss ausgearbeitet sein.

Was sind wichtige *Elemente des Urheberrechts?* **761**

Wahrgenommen werden die Urheber- und Leistungsschutzrechte von sogenannten Verwertungsgesellschaften, geregelt wird dies im Urheberrechtswahrnehmungsgesetz. Die bekannteste Wahrnehmungsgesellschaft ist die **GEMA (Gesellschaft für musikalische Aufführungs- und mechanische Vervielfältigungsrechte)**, die Komponisten, Textdichter und Musikverlage vertritt. Interpreten und Plattenfirmen werden von der **GVL (Gesellschaft zur Verwertung von Leistungsschutzrechten)** vertreten. Textautoren vertritt die **VG Wort.**

Was sind *Wahrnehmungsgesellschaften* laut Urheberrechtswahrnehmungsgesetz? **762**

Orga ✓ Veranstaltungsorganisation/-wirtschaft

763 **Woraus ergeben sich *Markenrecht* und *Titelschutzrecht*?**

Die **Grundlage** des deutschen **Markenrechts** ist das **Markengesetz (MarkenG)**, die Rechtsgebiete Patentrecht und Gebrauchs- und Geschmacksmusterrecht sind hier angeschlossen. Das **Titelschutzrecht** ergibt sich aus dem **Werkcharakter** laut Urhebergesetz sowie dem Markenschutz laut § 5 Abs. 3 MarkenG.

764 **Wie können *Marken geschützt* werden?**

Namen sind gemäß dem Markenrecht **schutzfähig** und werden **durch öffentliche Benutzung umgehend geschützt.** Sie müssen allerdings unterscheidbar und funktional sein sowie ein Wortzeichen darstellen. Bürgerliche Namen sind laut Gesetz geschützt, Wahlnamen durch Aufnahme der Benutzung. **Marken** können **geschäftliche Bezeichnungen** (Unternehmenskennzeichen, Werktitel) und **geografische Herkunftsangaben** sein. Die Marke muss nach der Idee als Format oder Konzept verwirklicht sein.

765 **Was bedeutet der Begriff *Patentschutz*?**

Ein Patent schützt eine technische oder erfinderische Konstruktion oder Lösung. Es muss beantragt, bezeichnet, beansprucht und beschrieben werden. Der **Patentschutz** dauert **maximal 20 Jahre**, als **Gebrauchsmuster zehn Jahre.** Das Patentamt übernimmt auch die Registrierung von Marken und Warenzeichen. Geschützt sind Namen, Logos und Unternehmenskennzeichen. Eine nationale Marke ist in Deutschland beim Deutschen Patent- und Markenamt (DPMA) in München anzumelden. Vor der Markenanmeldung sollte in jedem Fall eine professionelle Ähnlichkeitsrecherche durchgeführt werden. Für die Analyse des Rechercheberichtes und die Anmeldung des Patentes ist die Einschaltung einer Rechtsanwaltskanzlei empfehlenswert, die sich auf Markenrecht spezialisiert hat.

766 **Was bedeutet der Begriff *Titelschutz*?**

Voraussetzung für den Schutz eines Titels ist das Vorliegen eines (künstlerischen) Werkes beziehungsweise der konkreten Absicht, ein Werk zu schaffen. Der **wettbewerbsrechtliche Titelschutz** knüpft an die Kennzeichnungsfunktion des Titels an und **dient der Individualisierung.** Er setzt aber nicht voraus, dass der Titel selbst eine eigentümlich geistige Schöpfung ist (urheberrechtlicher Schutz). **Voraussetzung für den Titelschutz** ist vielmehr die **Unterscheidungskraft.** Durch eine vom gewöhnlichen Sprachgebrauch abweichende Benutzung kann auch ein Wort der Umgangssprache Unterscheidungskraft erlangen. Der Werktitelschutz beginnt mit der Benutzung des Titels, d. h., wenn ein Printmedium erscheint, ein Filmwerk gezeigt oder ein Tonträger hörbar gemacht wird. Mit einer Titelschutzanzeige kann der Werktitelschutz zeitlich vorgezogen werden. So kann der rechtliche Schutz schon in der Produktionsphase einsetzen. Die Titelschutzanzeige selbst stellt noch keine Benutzung dar, sie sichert lediglich den Zeitrang durch eine Veröffentlichung.

767 **Wie *kollidieren Markenrecht* und *Wettbewerbsrecht*?**

Wettbewerbsrecht und Markenrecht kollidieren einerseits im wettbewerbsrechtlichen Grundsatz der Nachahmungsfreiheit, andererseits im markenrechtlichen Grundsatz der Verwechslungsgefahr. Nachahmung ist im Interesse des wirtschaftlichen Fortschritts zwar erlaubt, eine wirtschaftliche Betätigung darf aber

Eventspezifische Gesetze, Verordnungen, Vorschriften — Orga

für den Kunden nicht verwechselbar sein. Verstöße gegen Marken-, Titel- oder Wettbewerbsrechte können schon ohne Prozess teuer werden: Bei Verstoß oder Problemen kann der potenziell Geschädigte Ansprüche auf Unterlassung geltend machen. Dazu muss der Verursacher der Schutzverletzung i. d. R. die hohen Rechtsanwaltskosten des Geschädigten übernehmen. Die nächste Stufe der rechtlichen Auseinandersetzung wäre dann der Erlass einer einstweiligen Verfügung auf Unterlassung und der anschließende Prozess vor dem zuständigen Gericht.

GEMA

768 Welche Aufgaben übernimmt die GEMA?

Die **GEMA** ist eine **Urheberrechtswahrnehmungsgesellschaft** in der Rechtsform des Vereins. Sie darf keine Überschüsse erwirtschaften. Die bei den Verwertern eingeholten Inkassoerlöse verteilt sie an ihre Mitglieder, d. h. an die in der GEMA organisierten Komponisten, Textdichter und Musikverlage (als deren Vertreter) sowie an deren Erben. Die GEMA schützt und fördert die Urheber von Musikstücken und vertritt deren Interessen. Auf dieser Basis ist jeder, der Musik öffentlich abspielt, dazu verpflichtet, an die GEMA Nutzungsgebühren zu zahlen. Die GEMA kassiert viele Beträge für die GVL gleich mit.

769 Wer zahlt die GEMA-Nutzungsgebühr bei Veranstaltungen?

Üblicherweise übernimmt der **Veranstalter** die **an die GEMA zu entrichtenden Gebühren,** da er die urheberrechtlich geschützte Musik der Öffentlichkeit zugänglich macht. Die GEMA-Anmeldung hat also über den Veranstalter zu erfolgen. Die GEMA schließt jedoch auch Rahmenverträge mit Locations ab. Der Rahmenvertrag gilt allerdings streng genommen nur für Eigenveranstaltungen der jeweiligen Location. Der Vertrag des Rauminhabers gilt nur für die Musikwiedergaben, die er im eigenen Namen auf eigene Rechnung durchführt.

770 Wie rechnet die GEMA ab?

Die **Berechnung der Vergütung** erfolgt je nach Tarif **nach Raumgröße, Eintrittspreis und Dauer und Art der verwendeten Musik.** Man benötigt keine förmliche Einwilligung; die GEMA erteilt Einwilligung durch Annahme der Meldung und Rechnungsstellung. Eine Nichtanmeldung führt zu einer nachträglichen doppelten Vergütung. Auch die Nutzung GEMA-freier Musik muss vorab durch einen Freistellungsantrag gemeldet werden. Es besteht darüber hinaus eine Verpflichtung zur Auflistung des genutzten GEMA-Repertoires bei Livemusik (Musikfolge) und in Fernsehen und Rundfunk (Sendeliste). Alternativ zum oben genannten Grundtarif kann seit 2012 auf Antrag die Abrechnung eines Livekonzerts auch auf Basis der verkauften Tickets vorgenommen werden.

771 Welche Angaben sind für die Formularbearbeitung nötig?

- Name des Veranstalters
- Name der Location
- Höhe des Eintrittsgeldes
- Größe des Raumes/der bespielten Fläche
- Art der Veranstaltung/Musikdarbietung
- Länge der Veranstaltung/Darbietung
- Auflistung der gespielten GEMA-Werke (Musikfolge bei Livemusik)

Orga ✓ Veranstaltungsorganisation/-wirtschaft

772 — Wie werden Marketing Events vor geladenen Gästen abgerechnet?

Bei Marketing-Events, bei denen i. d. R. **kein Eintritt** genommen wird, wird von der GEMA der **Wert der dargebotenen Leistungen als Berechnungsgrundlage** genommen und dann **durch die Besucherzahl geteilt**. Dieser **angenommene Eintrittspreis** definiert dann die **Tarifhöhe**.

773 — Was ist der Unterschied zwischen dem sogenannten *kleinen* und *großen Recht*?

- Wenn ein Veranstalter **große Werke**, d. h. **Theaterstücke** und **musikalische Werke**, aufführen möchte, muss er im Rahmen des sogenannten **Großen Rechts** die **urheberrechtlichen Tantiemen** (Lizenzgebühren für die Nutzungsgenehmigung durch die Urheber, d. h. Autoren und Komponisten) an den Rechteinhaber (häufig ein Verlag oder Produzent) **direkt zahlen**. Diese Gebühren nennt man auch Verlagstantiemen. Üblich sind hier rund **10 % der Bruttoeinnahmen aus dem Ticketerlös.**

- Bei Konzerten von **Unterhaltungs- und Rockmusikgruppen,** die dem sogenannten **Kleinen Recht** zugeordnet werden, übernimmt die **GEMA** die Wahrnehmung der musikalischen Urheberrechte.

774 — Wer ist und was macht die GVL?

- Die **GVL (Gesellschaft zur Verwertung der Leistungsschutzrechte)** nimmt die sogenannten Zweitverwertungsrechte für die ausübenden Künstler (Interpreten) und die Tonträgerhersteller wahr. Sie bezieht Gebühren u. a. von Hörfunk- und Fernsehsender für die Verwendung erschienener Tonträger; von Diskotheken, Gaststätten, Hotels etc. für die öffentliche Wiedergabe von Tonträgern und von Radio- und Fernsehsendungen. Das Inkasso läuft bei Events in der Regel über die GEMA.

775 — Wer ist und was macht die VG Wort?

- Die **VG WORT (Verwertungsgesellschaft WORT)** vertritt Schriftsteller, Journalisten, Übersetzer, Drehbuchautoren und Buch- sowie Zeitschriftenverleger. Ihre Hauptaufgabe ist es, optimale Erträge für Autoren und Verlage von den Vergütungspflichtigen einzuziehen und diese Erträge unter möglichst geringem Verwaltungsaufwand an die Wahrnehmungsberechtigten auszuschütten. Bei Events fallen nur selten Abgaben an die VG WORT an.

776 — Was bedeuten die Begriffe *Merchandising* und *Licensing*?

Mit **Merchandising** beschreibt man **gebrandete Handelswaren. Licensing** bedeutet das **Geschäft mit der Lizensierung einer Marke.** § 30 MarkenG begründet das Recht, dass Eintragung, Benutzung oder die Bekanntheit der Marke „für alle oder für einen Teil der Waren oder Dienstleistung, für die die Marke Schutz genießt, Gegenstand von ausschließlichen und nicht ausschließlichen Lizenzen für das Gebiet der Bundesrepublik Deutschland insgesamt oder einen Teil des Gebiets" sein kann. Eine Lizenz kann räumlich, zeitlich, örtlich und inhaltlich begrenzt oder unbegrenzt vergeben werden. Typische Waren für Merchandising-Produkte einer Popband sind CDs, gebrandete Kleidung (Shirts, Pullis usw.), Kappen/Mützen, Badges/Sticker, Taschen, Schlüsselanhänger (Lanyards), Wäsche, Geschirr, Accessoires, Sportartikel, Fahnen, andere Gebrauchsprodukte, Convenience-Food usw.

Steuern und Abgaben

2.3.3 Steuern und Abgaben

2.3.3.1 Umsatzsteuer

- Der Begriff „**Mehrwertsteuer**" ist in der kaufmännischen Fachsprache ein **Überbegriff.**

- Die **Umsatzsteuer** ist eine **Verkehrssteuer,** die den Umsatz von wirtschaftlichen Leistungen belastet. Diese **Beträge gehören dem Staat.** Endverbraucher müssen sie bezahlen, Wirtschaftsbetriebe müssen sie berechnen und an den Staat abführen (durchlaufender Posten). Die Umsatzsteuer ist also der gesetzlich festgelegte Aufschlag auf den vereinbarten Preis einer Lieferung oder Leistung. Der Preis der Leistung ohne Aufschlag ist der Nettopreis, der Preis einschließlich Umsatzsteuer ist der vom Käufer der Leistung zu zahlende Bruttopreis. Die Umsatzsteuer kann auch als eingenommene oder vereinnahmte Mehrwertsteuer bezeichnet werden.

- **Vorsteuer** ist die auf eine bezogene Lieferung oder Leistung **gezahlte Umsatzsteuer.** Die Vorsteuer kann auch als ausgegebene Mehrwertsteuer bezeichnet werden.

- Die Möglichkeit zum **Vorsteuerabzug** bedeutet: **Umsatzsteuer minus Vorsteuer = Zahlbetrag an das Finanzamt.**

USt

777 ZP Definieren Sie die Begriffe *Mehrwertsteuer, Umsatzsteuer, Vorsteuer* und *Vorsteuerabzug.*

Eintrittseinnahmen bei Kulturveranstaltungen unterliegen laut § 12 Absatz 2 Nr. 7a Umsatzsteuergesetz dem begünstigten Umsatzsteuersatz von 7 %. Ebenso sind Leistungen von Theatern, Orchestern, Kammermusikensembles und Chören sowie Solokünstlern mit 7 % besteuert; auch literarische Kabaretts, Puppentheater, Kleinkunst usw. Die 7-%-Regelung kann also dann angewendet werden, wenn eine Veranstaltung mit Live-Künstlern durchgeführt wird. Veranstalter, die eine Veranstaltung anbieten, in deren Mittelpunkt eine Live-Darbietung steht, können ebenfalls den ermäßigten Umsatzsteuersatz berechnen. Dasselbe gilt für Show-Produzenten (Direktionen, Tourneemanager), wenn der Kern der Produktion in einer Live-Darbietung besteht. Dies gilt auch für Auftritte bei Firmenfeiern oder im Rahmen von Produktpräsentationen (Marketing-Events). Auch GEMA-, GVL- und VG-Wort-Erlöse unterliegen der 7-%-Regelung.

778 ZP Erklären Sie, welche *Eventleistungen mit 7 % Umsatzsteuer* versehen sind.

Ein Rave wird generell als Disco- oder Tanzveranstaltung eingestuft und nicht als ein steuerbegünstigtes Live-Konzert. Der Regelsteuersatz von 19 % ist hier anzuwenden, ebenso wie bei Partys, bei denen das Tanzvergnügen im Vordergrund steht und nicht das Live-Konzert-Erlebnis. Als Konzert gilt das Aufführen von Musikstücken, bei denen Instrumente oder die menschliche Stimme eingesetzt werden. Bei einem Rave dagegen wird nach Technomusik vorwiegend getanzt. DJs spielen primär Musik von Tonträgern ab und müssen generell 19 % Umsatzsteuer berechnen. Eine Tanzveranstaltung bzw. ein DJ-Auftritt kann allerdings dann als ein Konzert im Sinne des § 12, Absatz 2, Ziffer 7a UStG gewertet werden, wenn nicht lediglich Tonträger abgespielt werden, sondern der Discjockey seine Musik künstlerisch darbietet. Im Zweifel sollte eine Auskunft des zuständigen Finanzamts eingeholt werden.

779 ZP Berechnen *DJs 7 % oder 19 % Umsatzsteuer?*

Orga ✓ Veranstaltungsorganisation/-wirtschaft

ZP 780 Listen Sie weitere wichtige *umsatzsteuerermäßigte Leistungen (7 %)* auf.

- Taxi (Stadtfahrt)
- Bücher
- Zeitschriften
- Grundnahrungsmittel (Brötchen, Milch)
- Nahrungsmittel zum Mitnehmen
- Blumen
- Kaffee/Tee/Kakao
- Kunstgegenstände

ZP 781 Wie kann eine *Umsatzsteuerbefreiung* erreicht werden?

- **Kleinunternehmerregelung:** Kleinunternehmer, deren Umsatz im vergangenen Geschäftsjahr 17 500,00 € nicht überstiegen hat und im laufenden 50 000,00 € voraussichtlich nicht übersteigt, können auf Antrag von der Umsatzsteuerpflicht befreit werden (§ 19 Abs. 1 Satz 1 UStG).
- **Künstlereigenschaft:** Die Leistungen von Orchestern, Kammermusikensembles, Chören und Theater der öffentlichen Hand sind umsatzsteuerbefreit. Aber auch andere Künstler bzw. Einrichtungen können eine Befreiung nach § 4, Nr. 20a Umsatzsteuergesetz in Anspruch nehmen. Diese Befreiung setzt eine Bescheinigung der zuständigen Landesbehörde voraus, dass die Künstler die gleichen Aufgaben erfüllen wie die Orchester, Musikensembles und Theater der öffentlichen Hand. Bei Auftritten dieser Ensembles sind nicht nur die Gagen, sondern nach UStG § 4 Nr. 20b auch die Eintrittseinnahmen von der Umsatzsteuer befreit. Und nicht nur Künstler, sondern auch Einrichtungen, die Kulturveranstaltungen durchführen, können eine Befreiung nach § 4 Nr. 20a UStG beantragen, wenn sie die gleichen kulturellen Aufgaben erfüllen wie die Einrichtungen der öffentlichen Hand.

ZP 782 Listen Sie *weitere umsatzsteuerbefreite Unternehmen* auf.

Unternehmensart	Beispiel
Ämter, öffentliche Institutionen	Kulturamt, Stadtverwaltung, Ministerien, soziale Organisation (DRK usw.)
Banken und Versicherungen	
öffentlich-rechtliche Institutionen	öffentliche Rundfunkanstalten (ARD, ZDF, WDR usw.), öffentliche Krankenversicherungen (AOK usw.), Berufsgenossenschaften
häufig: Vereine	e. V. (eingetragene Vereine haben häufig weitere Steuervergünstigungen)

ZP 783 Berechnen Sie beispielhaft ein *Brutto- wie Nettobudget*.

Wenn ein Budget einer umsatzsteuerbefreiten Institution verwaltet wird, handelt es sich um ein **Brutto wie Netto-Budget, d. h. ein Vorsteuerabzug ist nicht möglich.** Das bedeutet: Erst muss pauschal die Umsatzsteuer herausgerechnet werden, damit die Summer der potenziellen Einkäufe stimmt, die i. d. R. netto angeboten werden.

Als Beispiel: Ihre Eventagentur erhält ein Budget in Höhe von 40 000,00 € von einer Bank zur Durchführung eines viertägigen Kleinkunstfestivals. Wie hoch ist der Betrag, den Sie netto ausgeben/veranschlagen können (inkl. 15 % Agenturprovision)?

Lösung:
Bruttobudget – 19 % Umsatzsteuer = Nettobudget
(40 000,00 € – 6 386,55 € = **33 613,45 €**)

Steuern und Abgaben ✓ *Orga*

Errechnung von 15 % Agenturprovision zzgl. 19 % Umsatzsteuer = Rechnungsbetrag
(5 042,02 € + 957,98 € = **6 000,00 €**)
Ausgeben/veranschlagen dürfen wir (netto): 33 613,45 € – 5 042,02 € = **28 571,43 €**
brutto zzgl. 19 % Umsatzsteuer 5 428,57 € = **34 000,00 €.**

2.3.3.2 Einkommensteuer/Ausländersteuer

Jeder Arbeitnehmer, jeder Selbstständige, jeder Freiberufler und jede Firma muss in Deutschland ihr Einkommen versteuern. Beim Arbeitnehmer läuft das über die Lohnsteuer, die monatlich neben weiteren Lohnabzügen für die Sozialversicherungsträger an das Finanzamt entrichtet wird (das sogenannte Lohnabzugsverfahren). Selbstständige, Freiberufler und Betriebe müssen dem Finanzamt i. d. R. eine Gewinnermittlung oder Bilanz vorlegen, auf deren Basis dann die an den Staat abzuführende Einkommenssteuer berechnet wird (jährlich, vierteljährlich, monatlich nachträglich oder im Vorauszahlungsverfahren). Die Einkommensteuer besteuert also den Gewinn einer Person oder eines Unternehmens. Die Einkommensteuer gilt für juristische und natürliche Personen, d. h. alle Betriebe, Selbstständige und freiberufliche Gewerbetreibende und Arbeitnehmer. Eine weitere Einkommensteuer sind die Kapitalertragssteuer von Kapitalgesellschaften, die Körperschaftsteuer und die Ausländersteuer, die beschränkte Einkommenssteuerpflicht heißt.

784 Welche *Einkommensteuerarten* sind bekannt?

Ausländersteuer

Die **Ausländersteuer** ist eine pauschale, vorab erhobene Einkommenssteuer, die gewährleisten soll, dass z. B. die nur vorübergehend in Deutschland auftretenden ausländischen Künstlerinnen und Künstler (Freiberufler) ihr in Deutschland erzieltes Einkommen auch in Deutschland versteuern. Der Staat hat sich dabei gedacht, dass er diese Steuer nur dann auch sicher bekommt, wenn er sie direkt erhebt, denn später sind die Betroffenen wieder ausgereist und evtl. nur schwer greifbar. Und damit es auf jeden Fall klappt, hat man entschieden, die Beträge direkt beim deutschen Vertragspartner des ausländischen Künstlers einzutreiben, denn dieser arbeitet ja i. d. R. in Deutschland und ist besser greifbar.

785 Was ist die *Ausländersteuer* (beschränkte Einkommensteuerpflicht nach § 50a EStG)?

Normale (unbeschränkte) Steuerpflicht	Beschränkte Steuerpflicht (Ausländersteuer)
– Weltweit erzieltes Einkommen wird in Deutschland besteuert. – progressiver (d. h. gestaffelter) Steuersatz – Abzug von Betriebskosten und Sonderausgaben mit Verlustvortragsverrechnung nach Grundfreibetrag	– Nur die in Deutschland erzielten Einkünfte werden besteuert. – Pauschalsteuersatz – kein Abzug von Betriebskosten und Sonderausgaben, kein Verlustvortrag, personen- und tagesbezogener Freibetrag

786 Vergleichen Sie die *normale* Einkommensteuerpflicht mit der *beschränkten Einkommensteuerpflicht*.

Orga ✓ Veranstaltungsorganisation/-wirtschaft

787 Wer ist als *Steuer-Ausländer* ausländersteuerpflichtig?

Wer sich mehr als **183 Tage im Ausland** aufhält und keinen Wohnsitz im Inland hat, muss nur sein in Deutschland erzieltes Einkommen in Deutschland versteuern (Ausländersteuer). Entscheidend für die Einordnung ist neben der o. g. Tagesregelung, dass sich der Betriebssitz des leistenden Unternehmers im Ausland und der Ort der Leistung im Inland befinden und der ausländische Unternehmer darüber hinaus **keine Steuernummer in Deutschland** hat.

788 Wer muss die *Ausländersteuer* konkret zahlen?

Der **deutsche Vertragspartner** muss als **Haftungsschuldner** die Höhe der Steuerabgabe berechnen. Die Steueranmeldung ist bis zum 10. des Quartalfolgemonats an das Finanzamt abzugeben und die Steuer zzgl. Solidaritätszuschlag einzubehalten bzw. abzuführen. In der Regel nehmen dies der Tourmanager oder der Veranstalter vor.

789 Welche *Befreiungsmöglichkeiten von der Ausländersteuer* gibt es?

Bei einem **Kulturaustausch entfällt** die **Ausländersteuer,** ebenso wenn der Nachweis darüber geführt wird, dass der ausländische Vertragspartner sein Einkommen bereits im Ursprungsland versteuert und mit diesem Land ein Doppelbesteuerungsabkommen besteht.

790 Gibt es eine *Freigrenze*?

Pro Künstler pro Auftritt ist ein **Honorar in Höhe von 250,00 €** steuerfrei.

791 Sind *Nebenkosten* auch ausländersteuerpflichtig?

Generell sind **alle Zahlungen** an den ausländischen Vertragspartner **steuerpflichtig,** also auch in Rechnung gestellte Reise- und Nebenkosten.
Reise- und Übernachtungskosten werden ab 2009 allerdings – anders als in den Vorjahren – dann nicht mehr in die Bemessungsgrundlage einbezogen, wenn sie die tatsächlichen Kosten nicht übersteigen. Zahlungen, die über die tatsächlich entstandenen Kosten hinausgehen, müssen allerdings versteuert werden. Die Ausländersteuer wird ebenfalls nicht auf die pauschale Erstattung von Verpflegungskosten im Rahmen der Steuerfreibeträge bezogen, wenn diese dem Künstler erstattet werden. Nur die Anwendung der folgenden Pauschalen (pro Person pro Tag) befreit für diese Beträge von der Ausländersteuer:

Reisekostenart	Steuerfreie Pauschale
Verpflegungsmehraufwand	Abwesenheit vom Betriebsort weniger als 8 Stunden: 0,00 € 8 bis 14 Stunden: 6,00 € 14 bis 24 Stunden: 12,00 € über 24 Stunden (pro Tag): 24,00 €

Da in der Vertrags- und Gagenpraxis vor allem Verpflegungskosten in weit größerem Kostenumfang als diese Pauschalen erstattet werden bzw. entstehen, fallen diese Beträge weiterhin in die Bemessungsgrundlage und müssen versteuert werden. Die genaue Behandlung der Nebenkostenproblematik in der Praxis stellt sich weiterhin ziemlich unüberschaubar dar.

Steuern und Abgaben ✓ Orga

Brutto-Vereinbarung (Vertragsgage!) *brutto bedeutet in diesem Fall = ohne (Steuer-)Abzüge*

Vertragsgage in € (Ausländer-Brutto)	Berechnungssatz in % der Brutto-Vergütung	Berechnungssatz für den Solidaritätszuschlag in % des Steuerbetrags	Auszahlung in €
ab 250,00	− 15,00 %	− 5,5 % von 15 %	= Ausländer-Netto (Netto-Auszahlungsbetrag)
auf diese Betrag ist die Umsatzsteuer aufzurechnen			

Erstellen Sie *Tabellen zur Berechnung der Ausländersteuer.* **792**

Bei Netto-Vereinbarung (Auszahlungsgage!) *netto bedeutet in diesem Fall = inkl. Abzüge*

Auszahlung in € (Ausländer-Netto)	Berechnungssatz für die Steuer in % der Netto-Vergütung	Berechnungssatz für den Solidaritätszuschlag in % der Netto-Vergütung	Ausländergage in % (Ausländer-Brutto)	zzgl. Umsatzsteuer (Bruttobetrag)
ab 250,00	+ 17,82 %	+ 5,5 % von 17,82 %	= 100 %	107 / 119 %
an den Künstler	an das Finanzamt	an das Finanzamt	Ausländersteuer-Bemessungsgrundlage	= Umsatzsteuer (brutto)

Verkürzte Version (zur Zeit Grundlage der IHK-Prüfungen) – ohne Umsatzsteuer

Vertrags-Gage	Bruttobetrag	Steuersatz %	Solidaritätszuschlag %	Summe	Nettobetrag	*Auszahlungs-Gage*	Steuersatz bei Zurückrechnung	Solidaritätszuschlag bei Zurückrechnung %	Summe
x €	100	15 %	0,825	**15,825**	84,175	x €	17,82 %	0,98 %	**18,80**

Anmerkung: 15,825 % = 15 % + 5,5 von 15 % 18,80 % = 17,82 % + 5,5 % von 17,82 %

1. Check, ob die Ausländer-Netto- (= Auszahlungs-) oder Ausländer-Brutto- (= Vertrags-)Gage gefragt ist, um den richtigen Prozentsatz anwenden zu können (− 15,825 % von A-Brutto/Vertrags-Gage oder + 18,80 % von A-Netto-Gage/Auszahlungssumme). Ausländer-Netto ist dabei die Auszahlungssumme an den Künstler!
2. Ausrechnen der Ausländersteuer (auf Basis der Bemessungsgrundlage) inkl. Ausrechnen des Solidaritätszuschlags
3. Check, ob Umsatzsteuer anfällt (die vom deutschen Vertragspartner an das Finanzamt abgeführt werden muss). Achtung: Bezug der Umsatzsteuer immer auf die A-Brutto-Gage!
4. Den gefragten Betrag errechnen.

Nach welchem *Schema* kann man *Ausländersteuer und Solidaritätszuschlag ausrechnen?* **793**

Orga ✓ Veranstaltungsorganisation/-wirtschaft

794 Der englische Sänger James Scott bekommt für Auftritte in Deutschland 15 000,00 €, er trägt alle anfallenden Nebenkosten selbst. Wie hoch ist die Ausländersteuer inkl. Solidaritätszuschlag?

15 000,00 € · 17,82 % + 5,5 % von 17,82 % = 2 820,02 €

alternativ: 15 000,00 € · 18,80 % = 2 820,00 €

---

795 Top Act auf Pat`s German-Punk-Festival sind die Romanas aus den USA. Die Auszahlungssumme beträgt 44 000,00 €. Wie hoch ist die Ausländersteuer inklusive Solidaritätszuschlag?

Möglichkeit 1:
von A-Netto-Gage 17,82 % ASt + 5,5 % SolZ von ASt = x
17,82 % von 44 000,00 € = 7 840,80 € + 431,24 € = 8 272,04 € ASt inkl. SolZ

Möglichkeit 2 (verkürzter Weg):
Netto-Gage 44 000,00 € · 18,80 % (ASt inkl. SolZ) = 8 272,00 € ASt/SolZ

---

796 Der englische Comedy-Künstler Monty Thypon bekommt für seinen Auftritt in der Kölner Location Waschsalon 1 080,00 € als Honorargage ausgezahlt. Wie hoch ist die Ausländersteuer inkl. Solidaritätszuschlag, die Typhoon Entertainment abführen muss?

A-Netto-Gage + Nebenkosten = Bemessungsgrundlage
von Bemessungsgrundlage 17,82 % ASt + 5,5 % SolZ von ASt = x

$$\frac{1\,080,00\ €}{100 - 17,82} = \frac{192,456\ €}{100 - 5,5} = 10,585\ €$$

192,456 € + 10,585 € = 203,04 € ASt inkl. SolZ

Verkürzter Weg: 1 080,00 € · 18,80 % = 203,04 € ASt inkl. SolZ

---

797 Einem ausländischen Künstler werden nach Abzug der Ausländersteuer und des Solidaritätszuschlags 3 500,00 € ausgezahlt. Nebenkosten werden nicht berücksichtigt. Wie hoch ist die Ausländersteuer inkl. Solidaritätszuschlag?

	Ausländer-Netto Gage	3 500,00 €
+	Ausländer-Steuer (hier: 17,82 %)	+ 623,70 €
+	5,5 % Soli-Zuschlag von Ausländersteuer	+ 34,30 €
=	Ausländer-Netto Gage (Bemessungsgrundlage)	4 158,00 €

Richtige Antwort: 623,70 € + 34,30 € = 658,00 €

Steuern und Abgaben — Orga

	Agentur zahlt an Künstler		**Verkürzter Rechenweg**	
Netto Gage	1 800,00 €		1 800,00 €	
Ausländersteuer	320,76 €	17,82 %		
Solidaritätszuschlag	17,64 €	5,50 %		
Abzüge gesamt	+ 338,40 €		+ 338,40 €	18,80 %
Ausländergage brutto	= 2 138,40 €		= 2 138,40 €	
Umsatzsteuer	149,69 €	7 %	149,69 €	7 %
Rechnungsbetrag	2 288,09 € Brutto + USt		2 288,09 € Brutto + USt	

798 Ihre Agentur Universal Event GmbH bucht den Schweizer Mundartkünstler Urs Musikli für ein Gastspiel. Urs Musikli hat eine Netto-Gage in Höhe von 1 800,00 € vereinbart. Wie hoch ist die durch Sie an das Finanzamt abzuführende Umsatzsteuer von Urs Musikli bei einem Prozentsatz von 7 %?

Ausländersteuer fällt hier nicht an, da der Vertrag mit der deutschen Direktion besteht.

Netto-Gage	1 800,00 €
Umsatzsteuer 7 %	126,00 €
Rechnungsbetrag	1 926,00 €
Auszahlungssumme	1 926,00 €

799 Wie hoch ist die Umsatzsteuer, wenn die Universal Event GmbH Urs Musikli zum gleichen Honorar über die Agentur Showservice (mit Sitz in Freiburg) bucht, die mit dem Künstler einen Vertrag hat?

			Verkürzter Weg:
Honorar Agentur Showservice:	1 800,00 €		1 800,00 €
15 % Provision:	− 270,00 €		− 270,00 €
Ausländer-Brutto-Gage:	= 1 530,00 €		= 1 530,00 €
15 % Ausländersteuer	− 229,50 €		
5,5 % Solidaritätszuschlag	− 12,62 €	− 15,825 %	242,12 €
Ausländer-Netto-Gage	= 1 287,88 €	= Auszahlungssumme	= 1 287,88 €

800 Welchen Betrag bekommt Urs Musikli von den 1 800,00 € (netto) ausgezahlt, wenn seine Freiburger Agentur, die mit ihm den Vertrag hat, erst 15 % Provision (netto ohne Berücksichtigung von etwaigen Umsatzsteuerbeträgen) abzieht und dann weiter rechnet?

Orga ✓ Veranstaltungsorganisation/-wirtschaft

801 Eine ausgehandelte Vertragsgage (Ausländer-Brutto/MwSt.-Netto) beläuft sich auf 3 500,00 €. Alle Nebenkosten trägt der Künstler. Wie hoch ist die Ausländersteuer inkl. Solidaritätszuschlag?

Ausländer-Brutto-Gage	3 500,00 €
− Ausländersteuer (hier: 15 %)	− 525,00 €
− 5,5 % Soli-Zuschlag von Ausländersteuer	− 28,88 €
= Ausländer-Netto-Gage (Auszahlungssumme)	2 946,12 €

Richtige Antwort: 525,00 € + 28,88 € = 553,88 €

---

802 Der englische Comedy-Künstler Monty Thypon hat mit dem Düsseldorfer Veranstalter Königsgala eine Vertragsgage in Höhe von 730,00 € vereinbart. Nebenkosten trägt der Künstler selbst. Wie hoch ist die Ausländersteuer inkl. Solidaritätszuschlag, die Königsgala an das zuständige Finanzamt abführen muss, die Höhe der Umsatzsteuer, die ebenfalls Königsgala abführen muss und die Auszahlungssumme an Monty Thypon?

1. Ausländersteuer inkl. Solidaritätszuschlag
   von Brutto-Gage 15 % ASt + 5,5 % SolZ von ASt = x

   a) $\dfrac{730,00\ €}{100 \cdot 15} = 109,50\ €$

   b) $\dfrac{109,50\ €}{100 \cdot 5,5} = 6,02\ €$

   c) 109,50 € + 6,02 € = 115,52 € ASt inkl. SolZ

   Verkürzter Weg:

   $\dfrac{730,00\ €}{100 \cdot 15,825} = 115,52\ €$ ASt inkl. SolZ

2. Umsatzsteuer
   7 % von Brutto-Gage = x

   $\dfrac{730,00\ €}{100 \cdot 7} = 51,10\ €$ Umsatzsteuer

3. Auszahlungssumme
   Brutto-Gage − 15 % ASt − 5,5 % SolZ von ASt = x
   730,00 € − 109,50 € − 6,02 € = 614,48 € Auszahlungssumme

---

803 Skizzieren Sie die Gewinnbesteuerung als Alternative zur Pauschalbesteuerung.

Alternativ zur oben skizzierten Pauschalbesteuerung (die Berechnung betreffend in der Vertrags- bzw. Auszahlungsvariante) kann seit 2009 – auf Antrag des Vergütungsschuldners – eine Gewinnbesteuerung gewählt werden, allerdings nur, wenn der betroffene Künstler aus der EU kommt. Diese Variante heißt Nettobesteuerung und basiert auf einer vor 2009 bereits möglichen Steuerminderungsvariante, in der die Steuer gemindert werden konnte, wenn die Ausgaben einer Veranstaltung mehr als 50 % der Einnahmen betrugen. Die neue Gewinnbesteuerung funktioniert wie folgt: erzielte Einnahmen minus veranstaltungsbezogene Ausgaben gleich zu versteuerndes Ergebnis. Folgende (angepasste) Steuersätze sind anzuwenden.

Steuern und Abgaben

Nettobesteuerung bei Bruttovereinbarung mit Abzug von Betriebsausgaben			
	Steuersatz	SolZ	Summe
natürliche Person	30 %	1,65 %	31,65 %
Körperschaften oder Personenvereinigungen i. S. d. Körperschaftssteuergesetzes	15 %	0,825 %	15,825 %

2.3.3.3 Künstlersozialabgabe

Verwerter zahlen eine **Künstlersozialabgabe (KSA)** an die **Künstlersozialkasse (KSK)** zur Finanzierung der **Künstlersozialversicherung (KSV)**, in der professionell tätige selbstständige Künstler und Publizisten (Freiberufler) pflichtversichert sind.

KSK

Fassen Sie die Begriffe Künstlersozialabgabe, Künstlersozialkasse und Künstlersozialversicherung und ihre Beziehungen zueinander in einem Satz zusammen. (ZP 804)

Listen Sie zwölf wichtige *Regeln zur Künstlersozialabgabe* auf. (ZP 805)

1. Der aktuelle Abgabensatz beträgt 5,2 % auf an Künstler oder Publizisten ausgezahlte Netto-Beträge (2015).
2. Die Künstlersozialabgabe zahlt immer derjenige Verwerter, welcher den direkten Vertrag mit dem Künstler oder dem Publizisten hat (i. d. R. also der Produzent/Tourmanager oder der Veranstalter).
3. Der Verwerter zahlt die Künstlersozialabgabe auf alle diejenigen Netto-Beträge, die an den Künstler bzw. Publizisten gegen Rechnung ausgezahlt werden (also auf die Gage und ggf. auch die Nebenkosten; Nebenkosten also nur dann, wenn der Künstler sie in Rechnung gestellt hat).
4. Typische Verwerter zahlen die Künstlersozialabgabe immer.
5. Sonstige Verwerter zahlen laut § 24 KSVG (sogenannte Generalklausel) nur dann die Künstlersozialabgabe, wenn sie regelmäßig oder mindestens vier Mal im Jahr Künstler engagieren. Bei Publizisten reicht ein Mal jährlich.
6. Die Künstlersozialabgabe ist nur bei öffentlichen Veranstaltungen fällig (rein betriebsinterne Veranstaltungen bleiben abgabenfrei). Auch Veranstaltungen von und für Privatleute bleiben abgabenfrei.
7. Zahlungen an Körperschaften oder Kapitalgesellschaften sind abgabenfrei.
8. Es ist egal, ob der Künstler oder Publizist selbst Mitglied der Künstlersozialkasse oder Ausländer ist. Die Künstlereigenschaft wird besteuert, nicht die Mitgliedschaft in der Künstlersozialkasse.
9. Auch die Ausländersteuer inkl. Solidaritätszuschlag ist künstlersozialabgabepflichtig.
10. Der Künstler ist für sich selbst nie künstlersozialabgabepflichtig.
11. *Ausnahme 1:* Pauschal erstattete und ausgewiesene Steuerfreibeträge (z. B. Verpflegungsmehraufwand/Kilometerpauschale) sind abgabefrei (Achtung: ausschließlich die gesetzlich festgelegten Steuerfreibeträge).
12. *Ausnahme 2:* Ein Vertreter ist nur ausnahmsweise zur Künstlersozialabgabe verpflichtet und zwar dann, wenn der Vertragspartner des Künstlers nicht selbst abgabepflichtig ist.

Veranstaltungsorganisation/-wirtschaft

ZP 806 — Welche *Aufgaben* übernimmt die *Künstlersozialkasse*?

Die Künstlersozialkasse **prüft die Zugehörigkeit zum versicherungspflichtigen Personenkreis.**
Sie **entscheidet,** ob die gesetzlichen **Voraussetzungen der Versicherungspflicht vorliegen.** In diesem Fall erlässt sie Bescheide über Beginn, Umfang und ggf. Ende der Versicherungspflicht. Sie ist darüber hinaus für die Einziehung der Beiträge von den Versicherten, der sogenannten Künstlersozialabgabe von den abgabepflichtigen Unternehmen sowie des Zuschusses vom Bund verantwortlich. Für die Durchführung der Renten-, Kranken- und Pflegeversicherung ist die Künstlersozialkasse aber nicht zuständig.

Sie meldet die versicherten Künstler und Publizisten lediglich bei den selbst gewählten Kranken- und Pflegekassen (z. B. der AOK) und bei dem zuständigen Rentenversicherungsträger (Bundesversicherungsanstalt für Angestellte – BfA) an und leitet die Beiträge dorthin weiter. Leistungen aus dem Versicherungsverhältnis (Rente, Krankengeld, Pflegegeld usw.) erbringen ausschließlich die gesetzlichen Kranken- und Pflegekassen (AOK, Barmer, BKK usw.) und die Deutsche Rentenversicherung Bund (früher: BfA – Bundesversicherungsanstalt für Angestellte) als Rentenversicherungsträger.

ZP 807 — *Wer* ist zur *Künstlersozialabgabe* verpflichtet?

Die **Künstlersozialabgabe,** die Unternehmen zu zahlen haben, ist eine Art indirekter „**Arbeitgeberanteil" zur Sozialversicherung von freiberuflichen Künstlern und Publizisten.** Erst einmal sind **alle potenziellen Vertragspartner** von Künstlern und Publizisten **abgabepflichtig** (private Unternehmen und Betriebe, öffentlich-rechtliche Körperschaften und Anstalten, eingetragene Vereine und andere Personengemeinschaften).

ZP 808 — Was sind *typische* und *sonstige Verwerter*?

Das Künstlersozialversicherungsgesetz unterscheidet Unternehmen, die **üblicherweise** als **Verwerter künstlerischer oder publizistischer Werke oder Leistungen** tätig werden und **sonstige Verwerter (alle sonstigen Unternehmen).**
Typische Verwerter sind z. B. Verlage und Presseagenturen, professionelle Theater (ausgenommen Filmtheater), Orchester und Chöre, Theater-, Konzert- und Gastspieldirektionen, Rundfunk- und Fernsehanbieter, Hersteller von Bild- und Tonträgern, Galerien und Kunsthandel, Werbeagenturen, Varieté- und Zirkusunternehmen, Museen, Ausbildungseinrichtungen für künstlerische und publizistische Tätigkeiten usw.
Typische Verwerter sind immer künstlersozialabgabepflichtig.

ZP 809 — Wann sind *sonstige Verwerter* abgabepflichtig?

Zur Künstlersozialabgabe sind auch Unternehmer und Unternehmen verpflichtet, die für Zwecke ihres eigenen Unternehmens **Werbung oder Öffentlichkeitsarbeit** betreiben und dabei nicht nur gelegentlich Aufträge an selbstständige Künstler oder Publizisten erteilen. In der sogenannten Generalklausel laut § 24 des Künstlersozialversicherungsgesetzes (KSVG) ist festgelegt, dass diese dann Künstlersozialabgabe zahlen müssen, wenn **im Zusammenhang mit dieser Nutzung Einnahmen erzielt werden sollen** und **in einem Kalenderjahr mehr als drei Veranstaltungen** durchgeführt, in denen künstlerische oder publizistische Werke oder Leistungen aufgeführt oder dargeboten werden.

Steuern und Abgaben — Orga

Alle Zahlungen, die ein Verwerter im Lauf eines Jahres **an selbstständige Künstler und Publizisten** leistet, müssen aufgezeichnet und **addiert** und dann **mit** dem für das Jahr entsprechenden **Abgabesatz multipliziert** werden. Das Ergebnis ist die für das jeweilige Jahr zu zahlende Künstlersozialabgabe. Sämtliche Nebenkosten, die an einen Künstler oder Publizisten gegen Rechnung ausgezahlt oder überwiesen werden (Materialkosten, Transportkosten usw.), müssen in die Berechnung einbezogen und bis zum 31. März des Folgejahres bei der Künstlersozialkasse gemeldet werden. Aufgrund der Abrechnung für das Vorjahr berechnet die Künstlersozialkasse ggf. monatliche Vorauszahlungen für das laufende Jahr (ein Zwölftel des Jahresbeitrags nach dem aktuellen Abgabesatz). Das Gesetz sieht ein Bußgeld von mittlerweile bis zu 50 000,00 € für diejenigen Unternehmen vor, die ihren Meldepflichten nicht nachkommen.

ZP 810 Wie wird die *Künstlersozialabgabe berechnet und gezahlt?*

Verwaltungsverfahren zur Erhebung der Künstlersozialabgabe	
Schritt 1	Erstmeldung bei der Künstlersozialkasse
Schritt 2	Entscheidung der KSK über die Abgabepflicht nach § 24 KSVG; unter Umständen droht die Nachberechnung der letzten fünf Jahre, falls die Künstlersozialabgabe nicht gezahlt wurde.
Schritt 3	jährliche Meldung über die im Vorjahr gezahlten Entgelte an selbstständige Künstler/Publizisten
Schritt 4	je nach Höhe Vorauszahlungen (monatlich)

Ja, die Agentur ist zur Abgabe verpflichtet. Die Verpflichtung zur Meldung und Abgabe der Künstlersozialabgabe ist unabhängig davon, ob der gebuchte Künstler selbst bei der Künstlersozialversicherung sozialversichert oder Ausländer ist.

ZP 811 Der amerikanische Zauberkünstler Dick Cappelsberg gibt an, nicht nach dem KSVG versichert zu sein. Ist die Eventagentur HJP GmbH als Vertragspartner zur Meldung gemäß KSVG verpflichtet?

$$\frac{45\,480{,}00\,\€}{100 \cdot 5{,}2\,\%} = 2\,364{,}96\,\€$$

ZP 812 Eine Filmproduktionsfirma hat im Jahr 2015 insgesamt netto 45 480,00 € Gagen und Honorare an freie Künstler und Drehbuchautoren gezahlt. Wie hoch ist die Künstlersozialabgabe?

Orga ✓ Veranstaltungsorganisation/-wirtschaft

ZP 813 Der Jazzkeller Dinslaken hat 2015 für seine Veranstaltungen einen Betrag von 15 660,00 € für Live-Gagen (brutto) an die gebuchten Künstler überwiesen. Ferner wurden diesen insgesamt 881,60 € (brutto) an Materialkosten erstattet. Die MwSt. (19 %) wurde separat ausgewiesen. Wie hoch ist der an die KSK zu zahlende Jahresbetrag?

1. Netto von Brutto-Honoraren: $\dfrac{15\,660{,}00\,€ \cdot 100}{107} = 14\,635{,}51\,€$
2. KSK auf Nettohonorare: $\dfrac{14\,635{,}51\,€}{100 \cdot 5{,}2} = 761{,}05\,€$
3. Netto von Brutto-Nebenkosten: $\dfrac{881{,}60 \cdot 100}{119} = 740{,}84\,€$
4. KSK auf Nebenkosten: $\dfrac{740{,}84\,€}{100 \cdot 5{,}2} = 38{,}52\,€$
5. KSK zusammenrechnen: 761,05 € + 38,52 € = 799,57 €

ZP 814 Ein Tourneeveranstalter hat 2015 insgesamt netto 20 000,00 € Honorar an den amerikanischen Soulstar Blackmann bar ausgezahlt. Wie viel Künstlersozialabgabe ist zu zahlen?

Für die Lösung dieser Frage muss auf den Nettobetrag erst noch die Ausländersteuer inkl. Solidaritätszuschlag in Höhe von 18,80 % aufgeschlagen werden.

Lösungsweg: 20 000,00 € + 18,80 % = 23 760,00 €, davon 5,2 % = 1 253,52 €

ZP 815 In der Stadthalle Garmisch-Partenkirchen findet jedes Jahr am 30.04. die Veranstaltungsreihe Heimatrock statt. Top Act sind neben drei lokalen DJs die drei Damen der Kapelle ‚Die bumsfidelen Bayern-Madeln'. Veranstalter ist die örtliche Konzertagentur Alpenblues. Flyer und Plakate werden von freiberuflichen Grafikern auf Honorarbasis gestaltet. Welche speziellen Abgaben muss die Veranstaltungsagentur leisten? Nennen Sie drei typische Abgaben und ihre Empfänger.

1. Künstlersozialabgabe an die Künstlersozialkasse
2. Nutzungsentgelt für urheberrechtlich geschützte Musikwerke an die GEMA
3. Vergnügungssteuer an das örtliche Steueramt

Steuern und Abgaben — Orga ✓

Die GmbH ist die Vertragspartnerin der einzelnen Künstlerinnen. Der Veranstalter muss in diesem Fall keine KSA zahlen, da er einen Vertrag mit einer juristischen Person (der GmbH) hat. Die GmbH wird vermutlich die KSA in die Gagenkalkulation einrechnen.

816 ZP — Wer zahlt die Künstlersozialabgabe, wenn die ‚Die bumsfidelen Bayern-Madeln' als GmbH firmieren und jede Dame der GmbH eine eigene Rechnung stellt?

Die Künstlersozialabgabe fällt auf folgende (künstlerische) Kosten an:

Honorar für Design und Entwurf	3 480,00 €
Materialien	1 690,00 €
Reisekosten für die Präsentation	246,00 €
gesamt	5 416,00 €

davon 5,2 % = 281,63 € Künstlersozialabgabe
Auf die Montage und die Transporte kommt keine KSA, da es handwerkliche Tätigkeiten sind.

817 ZP — Für die Veranstaltung Heimatrock am 30.04.2015 ist ein Bühnenbildner engagiert worden, der eine Themenarena im Look eines Eisbärgeheges gestaltet hat. Die Besucher sollen in diesem Single-Dating-Bereich als Flocke und Knut verkleidet Kontakte knüpfen. Montage und Transport erfolgt durch einen Dienstleister. Bühnenbildner und Monteur stellen folgende Kosten in Rechnung (netto):

Designer
Honorar für
Design und
Entwurf   3 480,00 €
Design-Materialien   1 690,00 €
Reisekosten
für Entwurfspräsentation 246,00 €
Monteur Ausstattungsbau/
Montage   4 312,00 €
Transportpauschale   640,00 €

Wie hoch ist die Abgabe an die Künstlersozialkasse?

Veranstaltungsorganisation/-wirtschaft

2.3.3.4 Weitere besondere Eventsteuern

Abgaben

818 Was beinhaltet die *Renn-, Wett- und Lotteriesteuer*?

Lotterien und Wetten bedürfen der Genehmigung und Mitteilung an das Finanzamt. Steuerpflichtig ist der Veranstalter. Nur öffentliche Lotterien sind steuerpflichtig; Höhe: 20 % des Nettopreises sämtlicher Lose.

819 Was ist die *Vergnügungssteuer*?

Die Vergnügungssteuer ist eine spezielle Verbrauchssteuer mancher (traditionell katholisch geprägter) kommunaler Gemeinden auf z. B. Tanzveranstaltungen, Miss-Wahlen, Spielclubs/-casinos, Filmveranstaltungen, Kirmes usw. Steuerfrei sind i. d. R. Familienfeiern, Vereins- und Betriebsfeiern, Gewerkschafts- und Parteiveranstaltungen, Charity- und Benefiz-Events, kostenfreie Apparate auf Kirmesveranstaltungen. Die Höhe der Vergnügungssteuer variiert bei ca. 10–20 % des Eintrittsentgelts (brutto).

820 Was ist die sogenannte *Bettensteuer*?

Die Bettensteuer (auch Kulturförderabgabe genannt) ist eine Art Kurtaxe, also eine kommunale Gemeindeabgabe auf Übernachtungen in Hotels und Pensionen.

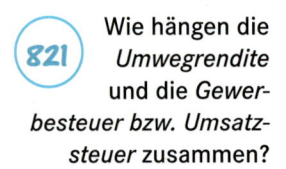

821 Wie hängen die *Umwegrendite* und die *Gewerbesteuer bzw. Umsatzsteuer* zusammen?

Umwegrendite bezeichnet die z. B. durch Kongresse, Messen, Ausstellungen und Veranstaltungen in einer Stadt und deren Umkreis bzw. Umland mittelbar entstehende allgemeine Rendite, die sich in Arbeitsplätzen, Umsätzen und letztlich auch Steuern widerspiegelt. Von Veranstaltungen profitieren neben den lokalen Dienstleistern die Gastronomie (wie Restaurants, Hotels, Geschäfte) und öffentliche Verkehrsmittel sowie Taxiunternehmen und Einzelhandelsgeschäfte. Infolge von Produktionsprozessen, daraus resultierenden Einkommen und Gewinnen sowie durch privaten Verbrauch ergeben sich außerdem Steuereinnahmen, die durch die lokale Gewerbesteuer und die auch lokal verteilten Umsatzsteuereinkünfte in die kommunalen Kassen zurückfließen.

2.4 Organisation und Projektmanagement

2.4.1 Betriebliche Arbeitsorganisation

Organisation

ZP 822 Beschreiben Sie die Begriffe *Aufbau- und Ablauforganisation*.

- Die **Aufbauorganisation** eines Unternehmens beschreibt, in welchen Aufgabenbereichen welche Funktionen mit welchen Mitarbeitern besetzt werden und wer im Unternehmen welche hierarchische Stellung einnimmt.

- Die **Ablauforganisation** beschreibt, in welcher Abfolge die Arbeitsprozesse organisiert sind.

Betriebliche Arbeitsorganisation — Orga

- Die Aufbauorganisation eines Unternehmens bezieht sich auf die Verortung der Mitarbeiter, beschreibt die Hierarchiestruktur und verteilt die Aufgabengebiete. Sie klärt die Positionen der Mitarbeiter in der Unternehmenshierarchie und legt die Entscheidungs- und Handlungsspielräume fest.

- Bei der Ablauforganisation werden betriebliche Arbeitsvorgänge hinsichtlich ihrer zeitlichen und räumlichen Abfolge geordnet, zu Arbeitsabläufen bzw. -prozessen zusammengefasst und den bearbeitenden Mitarbeitern sowie Betriebsmitteln zugeordnet.

Die Aufbauorganisation bildet den Rahmen bzw. die Grundlage für die betriebliche Ablauforganisation, die widerspiegelt, was wann von wem womit erledigt wird. Vor allem für wiederkehrende Aufgaben, aber auch für besondere Projekte bildet die Aufbauorganisation den verbindlichen Rahmen.

823 ZP Erläutern Sie die wesentlichen Unterschiede zwischen Aufbauorganisation und Ablauforganisation. Wie hängen die beiden Phänomene zusammen?

Unternehmen der ausstellenden Wirtschaft: komplex organisierte konzernartige Abteilungs-, Hierarchie-, Berichts- und Meetingstrukturen

Eventagenturen und Eventlieferanten/-dienstleister: aufgaben- und tätigkeitsbezogene Strukturen, Projektteams, oft starke Stellung von Gründer bzw. Geschäftsführer

Veranstaltungsanbieter in der kommunalen Verwaltung: traditionell demokratisch-bürokratische Strukturen, Hierarchieprinzip mit Über- und Unterordnung von Amtsträgern, genaue Zuständigkeits-, Verfahrens- und Ausführungsbestimmungen, wechselseitige Kontrolle unter den Stelleninhabern, zunehmend Kollegialprinzip in sachlich-fachlichen Planungs- oder Projektgruppen.

824 ZP Listen Sie typische Strukturen in der Aufbauorganisation eventorientierter Unternehmen oder Abteilungen auf.

Organigramm

Das **Organigramm** ist die **visuelle Darstellung der Aufbauorganisation** eines Unternehmens oder manchmal auch eines Projektes. Aus dem Organigramm werden organisatorische Einheiten sowie deren Aufgabenbereiche und Kommunikationsbeziehungen untereinander ersichtlich.

825 ZP Was ist ein *Organigramm*?

Es gibt keine wirklich einheitlichen Regeln für die Erstellung von Organigrammen, doch hat es sich in der Praxis bewährt, die Symbole für die unterschiedlichen Stellen horizontal oder vertikal anzuordnen. Stellen auf der gleichen Ebene der Hierarchie stehen nebeneinander, Stellen untergeordneter Ebenen werden vertikal angeordnet. Die Linien zwischen den Stellen beschreiben die Weisungsbeziehungen.

826 ZP Wie wird ein *Organigramm* üblicherweise dargestellt?

Orga — Veranstaltungsorganisation/-wirtschaft

ZP 827 Listen Sie vergleichend *typische Organigrammformen der betrieblichen Unternehmensorganisation* tabellarisch auf.

Einliniensystem	Jeder Mitarbeiter erhält Weisungen von einem Vorgesetzten. Der Weisungsweg verläuft von oben nach unten. Der Berichtsweg verläuft in umgekehrter Richtung, das heißt einheitlich von unten nach oben. **Vorteile:** • klare Abgrenzung der Zuständigkeiten und Kompetenzen • leicht überschaubar **Nachteile:** • Überlastung der Instanzen • schwerfälliger Instanzenweg
Mehrliniensystem	Die untergeordneten Stellen erhalten von mehreren Instanzen Weisungen. **Vorteile:** • kurze Informationswege • Sachkenntnisse der Vorgesetzten • flexibler Einsatz **Nachteile:** • Kompetenzstreitigkeiten • Koordination schwierig
Stab-Linien-System	Einliniensystem mit beratenden Stabsstellen, auch als Spartenvariante denkbar **Vorteile:** • einheitliche Anordnungswege • Entlastung der Instanzen • Beratung fördert Entscheidungssicherheit **Nachteil:** • Abstimmungsbedarf zwischen Linie und Stab
Divisionalsystem (Spartenorganisation)	Aufteilung des Unternehmens in Sparten/Abteilungen **Vorteile:** • Marktnähe der Sparten • Abteilungsdenken/-identifikation **Nachteile:** • Risiko der doppelten Ausführung von Arbeiten • Abstimmungsbedarf zwischen Sparten

Betriebliche Arbeitsorganisation — Orga

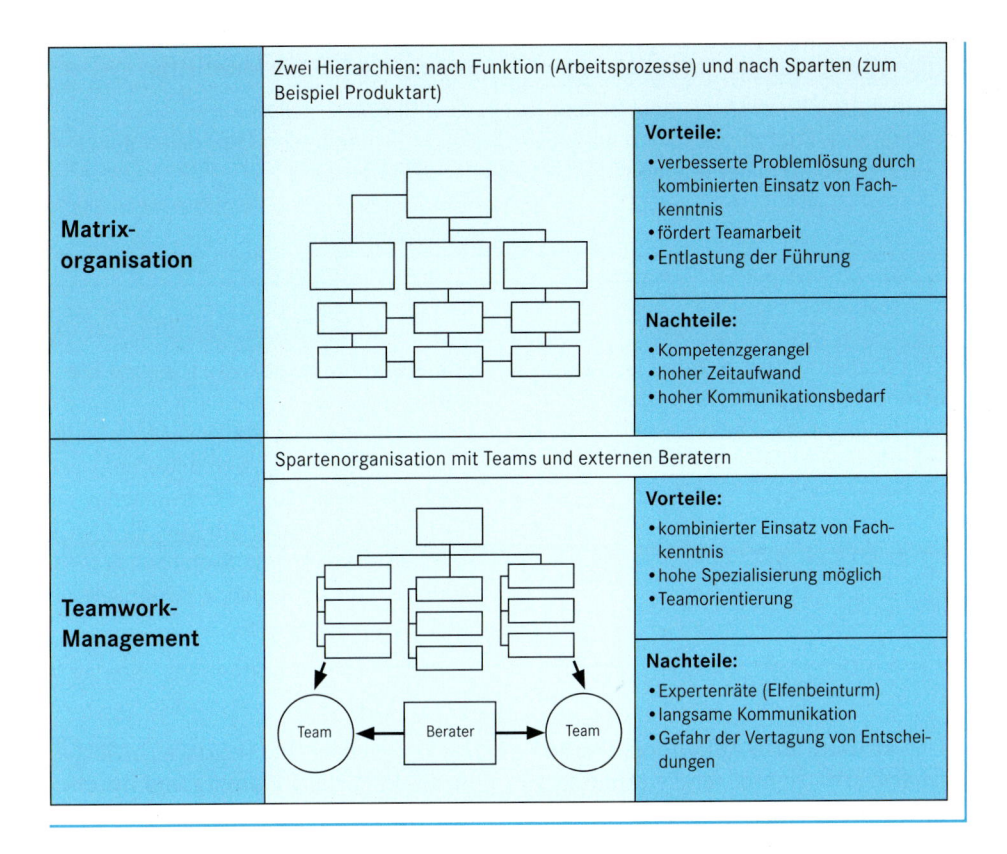

Matrix-organisation	Zwei Hierarchien: nach Funktion (Arbeitsprozesse) und nach Sparten (zum Beispiel Produktart) **Vorteile:** • verbesserte Problemlösung durch kombinierten Einsatz von Fachkenntnis • fördert Teamarbeit • Entlastung der Führung **Nachteile:** • Kompetenzgerangel • hoher Zeitaufwand • hoher Kommunikationsbedarf
Teamwork-Management	Spartenorganisation mit Teams und externen Beratern **Vorteile:** • kombinierter Einsatz von Fachkenntnis • hohe Spezialisierung möglich • Teamorientierung **Nachteile:** • Expertenräte (Elfenbeinturm) • langsame Kommunikation • Gefahr der Vertagung von Entscheidungen

Häufig finden sich **Stabliniensysteme,** wenn die Agentur groß genug ist, um Abteilungen zu bilden. Oft ist auch durch die Projektausrichtung einer Marketing-Eventagentur die Aufbauorganisation im Teamwork-Management anzutreffen (wenn für die Abwicklung von einzelnen Eventprojekten Projektteams quer durch die Abteilungen zusammengestellt bzw. gebildet werden).

828 ZP Welches *System der Aufbauorganisation* findet bei *Eventagenturen* häufig Anwendung?

- **Leitungstiefe** ist die Anzahl der Hierarchieebenen eines Unternehmens.
- **Leitungsspanne** bezeichnet die Anzahl der direkt unterstellten Mitarbeiter.

829 ZP Was bedeuten die Begriffe *Leitungstiefe und -spanne?*

Stellenbeschreibung

Ein gut organisiertes Unternehmen verfügt über Beschreibungen aller eingerichteten Stellen, die Auskunft über die jeweils wesentlichen Aufgaben und Zuständigkeiten geben. So können freie Stellen effektiver beworben und schneller besetzt oder umbesetzt werden.

830 ZP Welche *Aufgaben* haben *Stellenbeschreibungen?*

Stelleninhaber, Stellenbezeichnung, Rang, organisatorische Eingliederung, direkter Vorgesetzter, direkt unterstellte Stellen, Vertretungsregelungen, inhaltliche Ausgestaltung, Stellenziele, Aufgaben, Berichtspflichten, Befugnisse, ggf. Prokura

831 ZP Welche *Inhalte* hat eine *Stellenbeschreibung?*

Orga ✓ Veranstaltungsorganisation/-wirtschaft

ZP 832 Erläutern Sie die *Funktionen der Stellenschreibung* für den Bewerber/Mitarbeiter und das Unternehmen.

Funktionen für das Unternehmen	Funktionen für den Mitarbeiter
- Grundlage für die Stellenbewertung - Überblick über die verteilten Aufgaben - Kommunikation der Aufgaben	- Kenntnis der eigenen Aufgaben - Kenntnis der an den Mitarbeiter gerichteten Erwartungen - Information über die Einbindung in das Unternehmen

ZP 833 Welche *Inhalte* hat eine *Stellenausschreibung bzw. -anzeige*?

Eine **Stellenausschreibung** ist die **Veröffentlichung einer freien Stelle,** um Bewerbungen zu erhalten.

Eine **Stellenanzeige** sollte folgende **Elemente** enthalten: Vorstellung der Firma, Aufgaben, verkürzte Stellenbeschreibung, Anforderungsprofil an den Bewerber, Arbeitsbedingungen und Entwicklungsmöglichkeiten, Leistungen (Gehalt, Sozialleistungen), Organisatorisches (Adresse, Eintrittstermin, erforderliche Bewerbungsunterlagen).

ZP 834 In welchen *zwei* betrieblichen Betätigungsbereichen ist eine *strukturierte Ablauforganisation* sinnvoll?

Eine **strukturierte Ablauforganisation** ist einerseits sinnvoll für die **effektive betriebliche Organisation,** um widerzuspiegeln, was wann von wem erledigt werden soll.

Des Weiteren ist eine strukturierte Ablauforganisation in der **Planung und Durchführung eines Projekts** (z. B. eines Events) wichtig, in dem die verschiedensten Gewerke und Spezialdienstleistungen koordiniert geführt werden sollten.

ZP 835 Definieren Sie die Begriffe *Geschäfts- und Leistungsprozess.*

Abläufe in Unternehmen zu organisieren heißt, die notwendigen Arbeitsvorgänge hinsichtlich ihrer räumlichen und zeitlichen Abfolge sinnvoll und zielorientiert zu ordnen und zu gestalten. Das übergeordnete Ziel der Ablaufplanung in der betrieblichen Leistungserstellung lautet, das Portfolio des Unternehmens (d. h. die

Kollektion von Produkten, Dienstleistungen, Projekten oder Marken) in der festgelegten Qualität effizient und gewinnbringend zu erstellen und zu vermarkten. Alle darauf gerichteten Maßnahmen sind die Geschäfts- und Leistungsprozesse eines Unternehmens.

ZP 836 Wie können *Geschäftsprozesse* und *Arbeitsabläufe visuell* dargestellt werden?

Geschäftsprozesse und Arbeitsabläufe können entweder anleitungsartig schrittweise aufgelistet werden oder mithilfe eines **Ablaufdiagramms (Flow Chart)** visualisiert werden. Beispiel für ein entsprechendes Flow-Chart für die Prozesse in einem Catering-Unternehmen:

Betriebliche Arbeitsorganisation — Orga

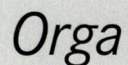

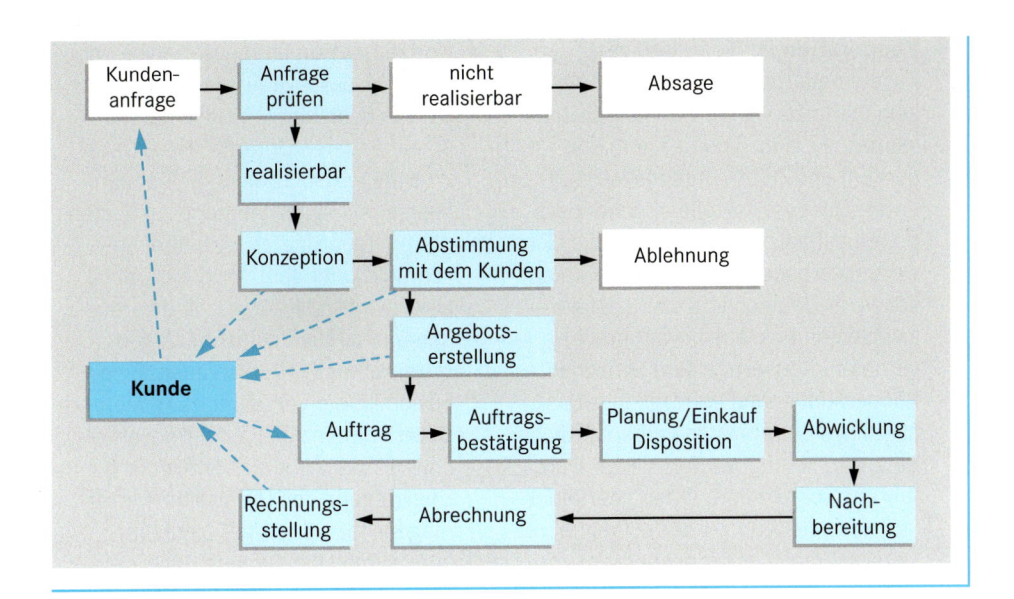

```
Kundenanfrage → Anfrage prüfen → nicht realisierbar → Absage
                      ↓
                 realisierbar
                      ↓
                 Konzeption → Abstimmung mit dem Kunden → Ablehnung
                                      ↓
                              Angebotserstellung
                                      ↓
                              Auftrag → Auftragsbestätigung → Planung/Einkauf Disposition → Abwicklung
                                                                                                  ↓
                              Rechnungsstellung ← Abrechnung ← Nachbereitung
                              
                              Kunde
```

- **Außenbeziehungen:** zu Kunden/Auftraggebern, Lieferanten/Dienstleistern/Subunternehmern, Verbänden/öffentlichen Institutionen, Finanzierungspartnern, Meinungsführern, Besuchern

- **Abhängigkeiten:** wirtschaftliche Lage, politische Lage, Kaufkraft/Budgethöhen, stilistischer Zeitgeist, Mediennutzungsverhalten, Verfügbarkeiten von Ressourcen

Kooperation

Listen Sie je sechs typische *Außenbeziehungen und Abhängigkeiten einer Eventagentur* auf. (837 ZP)

Gute Beziehungen zu Partnern im Beschaffungs-, Kapital-, Arbeits- und Meinungsmarkt sind deswegen so wichtige Faktoren für den betriebswirtschaftlichen Erfolg, weil

- sie einen flexiblen und konstruktiven Rahmen für eine erfolgsorientierte Zusammenarbeit bilden können.
- sie durch Verlässlichkeit und Marktpräsenz ein gutes Image zur Folge haben sollten.
- sie gute Konditionen sichern können.
- funktionierende und erprobte gemeinsame Prozesse im Zweifel schnell und erfolgreich abgerufen werden können.
- gute Absprachen und verlässliche Erfahrungen gerade in komplizierten und schwierigen Situationen eine gute Basis für konstruktive Problemlösungen bilden können.

Warum sind gute Beziehungen zu *Partnern im Beschaffungs-, Kapital-, Arbeits- und Meinungsmarkt* wichtige betriebswirtschaftliche Faktoren? (838 ZP)

Orga — Veranstaltungsorganisation/-wirtschaft

ZP 839 Definieren Sie die betriebswirtschaftlichen Begriffe *Kooperation* und *Konzentration*.

- **Kooperation** ist die freiwillige Zusammenarbeit mehrerer rechtlich selbstständiger Unternehmen. Dabei werden die drei Typen Kartell, Konsortium und Unternehmensverband unterschieden. Kartelle sind Kooperationen auf vertraglicher Basis, die sich wettbewerbsbeschränkend auswirken sollen. In Deutschland sind Kartelle im Rahmen des Wettbewerbsrechts verboten. Konsortien sind ähnliche Kooperationen auf vertraglicher Basis, allerdings ohne wettbewerbsrechtliche Relevanz. Häufig werden sie zur Durchführung von Großprojekten gegründet und anschließend wieder aufgegeben. Unternehmensverbände werden zur gemeinsamen Interessenvertretung gegenüber der Öffentlichkeit oder dem Staat gebildet. Darüber hinaus zählt auch die gemeinsame Gründung eines neuen Unternehmens durch mehrere bestehende Unternehmen zu den Kooperationen. Hier ist die Kooperation durch Kapitalbeteiligungen der Gesellschaftsunternehmen gekennzeichnet.

- **Konzentration** ist die freiwillige oder auch unfreiwillige Angliederung eines bereits bestehenden Unternehmens an ein anderes Unternehmen. Dabei wird die wirtschaftliche Selbstständigkeit des Unternehmens zugunsten der übergeordneten Einheit eingeschränkt oder geht verloren. Dabei wird zwischen Fusionen und verbundenen, rechtlich selbstständigen Unternehmen unterschieden. Eine Fusion ist die Verschmelzung mehrerer Unternehmen zu einer wirtschaftlichen Einheit. Sie wird entweder durch Übertragung des Unternehmensvermögens mit vorheriger Liquidation oder durch Übertragung des Unternehmensvermögens im Rahmen der Gesamtrechtsnachfolge bei Kapitalgesellschaften vollzogen. Demgegenüber sind verbundene Unternehmen durch kapitalmäßige Verflechtung oder vertragliche Vereinbarung miteinander verbunden. Dabei kann es sich um eine Minderheitsbeteiligung (bei Beteiligungsquoten bis zu 25 %), eine Sperrminorität (bei Beteiligungsquoten bis zu 50 %) eine Mehrheitsbeteiligung (bei Beteiligungsquoten bis zu 75 %), eine Dreiviertelmehrheitsbeteiligung (bei Beteiligungsquoten bis zu 95 %) oder eine Eingliederungsbeteiligung (bei Beteiligungsquoten im Bereich zwischen 95 % und 100 %) handeln.

ZP 840 Was bedeutet der Begriff *Rationalisierung*?

Rationalisierung bedeutet einerseits die Optimierung von Betriebsabläufen, zum anderen die Ersetzung menschlicher Arbeitskraft durch Maschinen, um Kosten zu senken und die Produktivität zu erhöhen. Ein häufiges Ziel ist dabei die Steigerung der Effizienz durch die optimierte Nutzung von Möglichkeiten.

Rationalisierung dient der Erhaltung oder Verbesserung der Wirtschaftlichkeit und damit der betriebswirtschaftlichen Bestandssicherung durch Erhöhung der Wettbewerbsfähigkeit. Eine Grundlage für Rationalisierungsmaßnahmen können Prozessanalysen und Erfolgskontrollen sein.

Betriebliche Arbeitsorganisation — Orga

Prozesse

Prozessanalysen und **Erfolgskontrollen** können durch fortwährende Kontrollen, implementierte Qualitätsmanagementsysteme, begleitende und bewertende Controlling- und Supervising-Maßnahmen sowie evaluierende Gutachten durchgeführt werden. Ziel solcher Maßnahmen sollte die Sicherstellung einer höchstmöglichen Qualität sowie das Erreichen einer optimierten Effizienz sein. Durch das Feststellen von Fehlerquellen und Formulieren von Verbesserungsvorschlägen können geeignete Korrekturnahmen eingerichtet werden.

841 ZP — Wie können *Prozessanalysen* und *Erfolgskontrollen* konkret durchgeführt werden?

Die Mitarbeiter werden anhand des betrieblichen Vorschlagswesens und durch umfangreiche Weiterbildungsmaßnahmen in die Weiterentwicklung von Produkten und Produktionsprozessen einbezogen. Die Führung des Unternehmens orientiert sich nicht nur am Wettbewerb und am Markt bzw. am Kunden, sondern nutzt auch das Potenzial der Mitarbeiter. Der Ansatz des betrieblichen Vorschlagswesens findet sich heute in Teilen im **Total-Quality-Management-Ansatz** wieder. Das reine Vorschlagswesen nennt man auch **Kaizen** (aus dem Japanischen). Kaizen trägt zur stärkeren Identifikation der Mitarbeiter mit ihrem Unternehmen und letztlich zu einer stetigen Verbesserung der Wettbewerbsposition bei.

842 ZP — Was ist *betriebliches Vorschlagswesen* und welche *Methode* dafür ist bekannt?

1. Aktenführung
2. Archivierung
3. Brief- und Mailkorrespondenz
4. Schriftsatzerstellung
5. Ordnerführung
6. Registratur
7. Bürobedarfsermittlung
8. Bürobedarfsbestellung
9. Bürobedarfsverwahrung
10. Aktenvernichtung
11. Buchführung
12. Lohnbuchhaltung
13. Kassenführung
14. Urlaubsplanung
15. Personalplanung
16. Arbeitsplatzausstattung
17. Datenerfassung und -eingabe
18. Datenarchivierung
19. Drucken
20. Kopieren/Vervielfältigen

843 ZP — Nennen Sie 20 typische *bürowirtschaftliche Aufgaben und Handlungsabläufe*.

1. Ausschreibung
2. Anfrage
3. Angebot/Kostenvoranschlag
4. Auftrag/Bestellung
5. Auftragsbestätigung
6. Lieferschein
7. Rechnung
8. Reklamation/Mängelrüge
9. Mahnung

844 ZP — Nennen Sie neun typische *Geschäftsbriefe*.

Orga ✓ Veranstaltungsorganisation/-wirtschaft

Disposition

ZP 845 — Was bedeutet der Begriff *Disposition*?

- Der Begriff der **Disposition in der Eventbranche** meint im weitesten Sinn eine **einteilende, vorausschauend planende Vorbereitung, Organisation und schriftliche Aufbereitung relevanter Fakten für besondere Ereignisse.** Aus dem Filmsegment stammend übernahm die Medien-, Event- und Werbebranche den Begriff der Tagesdisposition – verkürzt Disposition oder Dispo –, die im Film genutzt wird als für den Drehtag erstellte Übersicht des Pensums mit spezifischen Informationen für die einzelnen Mitglieder des Filmteams. Die Dispo dient den Anwesenden am Set als überblicksartiger Anhaltspunkt, was wann durch wen zu erledigen ist. Im Film erstellt die Dispo der Aufnahmeleiter, im Event der Projektleiter. Im Film ergibt sich die Tagesdisposition aus dem Drehplan, im Event basiert sie auf dem Projektplan; im Event enthält eine Disposition dann gerne einen konkreten Ablaufplan.

- In der **Betriebswirtschaftlehre** bezeichnet der Begriff ‚disponieren' die **mengenmäßige Einteilung von Aufträgen mit aktuellen Leistungsanforderungen und die terminierte Zuweisung zu den verfügbaren Ressourcen.** Dabei wird unterschieden zwischen der bedarfsgesteuerten und der verbrauchsgesteuerten Disposition, in einigen Fällen werden auch angemessene subjektive Verfahren (Schätzungen) angewendet.

ZP 846 — Was ist ein *Produktions-Rider* oder ein *Tourneebuch*?

- Ein **Produktions-Rider** ist ein Dokument, in dem **übersichtsartig wichtige Dokumente einer Produktion** für die Produktionsbeteiligten zusammengestellt werden.

- Ein **Tourneebuch** ist eine **Übersicht pro Tourneetag** mit den wichtigsten Daten und Ansprechpartnern.

ZP 847 — Was sind *Checklisten* und wann sollten sie benutzt werden?

Checklisten sind geeignete **Planungsgrundlagen** für das Projektmanagement. Sie dienen als begleitendes Werkzeug und Hilfsmittel in den Phasen Planung, Organisation, Durchführung und Nachbereitung und gewährleisten, dass alle Punkte bearbeitet werden und nichts vergessen wird. Sie klären Verantwortungsbereiche und dokumentieren notwendige Vorgänge.

ZP 848 — Welche *Arten von Checklisten* kennen Sie?

Aufgabenbezogene Checklisten: Zielformulierung, systematische Aufgabenordnung, Personen- und Verantwortungsbenennung, Dokumentation von Entscheidungen

Entscheidungsbezogene Checklisten: zusätzlich Vorgabe von Werten, Rahmenbedingungen und Auswertungsfaktoren

Ablauforientierte Checklisten: zeitliche Ordnung

Themenbezogene Checklisten: sachliche Ordnung

Personalchecklisten: Personenorientierung

Projektplanung und Teamorganisation ✓ *Orga*

Kopf: Firma, Name Bearbeiter, Name Verantwortlicher, Datum, Status, Beschreibung

Mitte: Themen, stichwortartig: Aufgaben, Ergebnisbereich: Kästchen/Linien, Zeit, Bearbeiter

Fuß: Erledigungsvermerk, Bemerkungen

849 ZP Nennen Sie typische *Bestandteile von Checklisten*.

Protokoll

- logischer Aufbau
- sach- und zeitgerechte Dokumentation von Ergebnissen
- sachlicher Stil
- prägnante stichwortartige Zusammenfassung
- tabellarische Form
- für Außenstehende verständlich
- Dokumentations- oder Anweisungscharakter

850 ZP Welche *Anforderungen* sollten an ein *Protokoll* gestellt werden?

- **Besprechungs- und Entscheidungsprotokoll:** Was wurde von wem besprochen? Wer hat wann was entschieden? Wer muss wann was mit wem erledigen?

- **Übergabe- oder Abnahmeprotokoll:** Was wurde wann von wem wie vereinbart, festgelegt, bemängelt?

851 ZP Welche *zwei Protokollarten* sind verbreitet?

In Abnahmen werden Checklisten gerne eingesetzt. Wenn diese nicht von allen Seiten unterzeichnet werden, dienen Protokolle als Indizienmittel der Beweissicherung.

852 ZP Wann und warum sind *protokollierte Abnahmen* in der Eventbranche wichtig?

- Thema
- Termin
- Beteiligte
- Verteiler
- Ergebnisse
- Verantwortlichkeiten
- Terminierung
- Delegation

853 ZP Wie ist ein *Besprechungsprotokoll* aufgebaut?

2.4.2 Projektplanung und Teamorganisation

Planung

Planung bedeutet das zukunftsbezogene, systematische Festlegen von Zielen und der zur Zielerreichung geeigneten Mittel, Wege und Maßnahmen. Eng verbunden mit der Planung sind die Prozesse der Kontrolle und Steuerung in Form des regelmäßigen Vergleichs von Soll- und Istwerten sowie bei Bedarf von Plananpassungen. Die Steuerung und Kontrolle sollen die Umsetzung des Plans in die Wirklichkeit begleiten und sicherstellen.

854 ZP Ordnen Sie den Begriff *Planung* ein.

Orga ✓ Veranstaltungsorganisation/-wirtschaft

ZP 855 — Listen Sie vier wesentliche *Schritte in der Prozessplanung* auf.

1. Beschreibung der Problemstellung, Zielbestimmung und Handlungsbegründung
2. Benennen von Rahmenbedingungen und Ressourcenbestimmung (Mittel und Instrumente)
3. Erarbeiten eines Maßnahmenkatalogs
4. Darstellung von Timing und Verantwortlichkeiten (Teamzusammenstellung)

856 — Grenzen Sie die Begriffe *strategische und operative Planung* im Rahmen der Unternehmensplanung ab.

Pläne können auf den Ebenen der Unternehmensorganisation und der Projektabwicklung unterschiedlich grobkörnig angelegt werden. Während die Projektplanung zeitlich und inhaltlich begrenzte Aufgaben angeht, wird Planung auf der Ebene der funktionalen Unternehmensplanung als Instrument zur Entscheidungsvorbereitung und Prozessdefinition angewendet. Man unterscheidet dabei die Phasen der strategischen und der operativen Planung.

Als Strategie bezeichnet der Duden einen besonderen, „genauen Plan des eigenen Vorgehens, der dazu dient, ein (...) Ziel zu erreichen, indem man diejenigen Faktoren, die in die eigene Aktion hineinspielen könnten, von vornherein einzukalkulieren versucht".

- Die **strategische Planung** legt fest, wie sich das Unternehmen im Marktgeschehen positionieren möchte und definiert die strategischen Ziele, Mittel und Maßnahmen. Sie umfasst dabei einen grundlegenden längeren Planungshorizont.
- Die **operative Planung** benennt auf der Grundlage der strategischen Planung die konkreten Ziele und Abläufe für einzelne Teilbereiche, Teilfunktionen und Teilabschnitte. Sie zerlegt die strategischen in fassbare operative Ziele.

857 — Nennen Sie acht typische *Themenfelder* in der strategischen Unternehmensplanung.

1. Unternehmensanalyse
2. Kundenanalyse
3. Marktanalyse
4. Potenzialanalyse
5. Umfeldanalyse
6. Wettbewerbsanalyse
7. Produktanalyse
8. Wertschöpfungsanalyse

858 — Nennen Sie acht typische Themenfelder in der operativen Unternehmensplanung.

1. Marketingplanung inkl. Kommunikationsplanung
2. Absatzplanung
3. Produktionsplanung
4. Beschaffungsplanung
5. Verwaltungsplanung
6. Personalplanung
7. Finanz-/Liquiditätsplanung inklusive Investitionsplanung
8. Bilanzplanung

859 — Was bedeuten die Begriffe *Top-down-, Bottom-up-Planung* und *Gegenstromverfahren*?

- In der **Top-down-Planung** werden die Ziele auf den Leitungsebenen entwickelt und den untergeordneten Ebenen bis hin zum Sachbearbeiter vorgegeben. Es herrscht das Prinzip vor „Hier sind die Ziele, die Sie bitte bis dahin zu erreichen haben."
- In der **Bottom-up-Planung** werden die Ziele in den Fachabteilungen erarbeitet und an die vorgesetzten Entscheidungsebenen weitergegeben. Es herrscht das Prinzip vor „Teilen Sie mir bitte als Fachmann mit, welche Ziele bis wann erreicht werden sollten."
- Das **Gegenstromverfahren** verbindet beide Ansätze.

Projektplanung und Teamorganisation

Orga — Projekt

Laut DIN 69901 ist ein Projekt ein Vorhaben, das im Wesentlichen durch die Einmaligkeit der Bedingungen in ihrer Gesamtheit gekennzeichnet ist, wie z. B. eine Zielvorgabe, begrenzte zeitliche, finanzielle, personelle Ressourcen und eine projektspezifische Organisation.

Projektdefinition: Wann ist ein Projekt ein Projekt? — 860 ZP

Ein Event-Vorhaben ist i. d. R. ein Projekt, weil es einmalig ist und ein eindeutiges Ziel verfolgt wird. Ein Event muss in einem sinnvollen Zeitraum abgewickelt werden, i. d. R. gewinn- oder budgetorientiert, mithilfe eines Teams.

Warum ist ein *Event ein Projekt?* — 861 ZP

1. Analyse
2. Zieldefinition
3. Strategie
4. Konzeption
5. Organisation
6. Durchführung
7. Nachbereitung/Erfolgskontrolle

Benennen Sie sieben *typische Phasen* in der *Marketingplanung.* — 862 ZP

1. Initiierungsphase
2. Definitionsphase
3. Planungsphase
4. Realisierungsphase
5. Abschlussphase

In welche fünf *Phasen* lässt sich ein *Projekt unterteilen?* — 863 ZP

1. Konzeption
2. Planung
3. Organisation
4. Durchführung
5. Nachbereitung

Begleitend erstreckt sich der Kalkulationsprozess über die verschiedenen Phasen.

Benennen Sie fünf *typische Phasen im Eventmanagement.* — 864 ZP

De facto laufen die skizzierten **Phasen nicht nacheinander** ab, sondern **ineinander verschränkt.** So ist beispielsweise die Konzeptionsphase im Grunde schon Teil der Planung. Planung und Organisation erfolgen de facto gleichzeitig, wobei die Organisation die gedanklichen Planungsaktivitäten in konkrete Handlungen umsetzt.

Laufen diese *Phasen* genau hintereinander ab? — 865 ZP

Im Marketing-Eventmanagement arbeiten Eventagenturen dem Kunden zielgerichtet zu, der auf die Agentur als spezialisierten Dienstleister zurückgreift. Entscheidend für die Auftragserteilung, die häufig im Rahmen einer Wettbewerbspräsentation auf Basis einer Ausschreibung (Pitch) erstritten werden muss, ist aus der Sicht der Agentur, zunächst die Vorstellungen des Unternehmens und die Kommunikationsziele des Live-Event-Projekts genau zu erfassen und im Sinne des Kunden umzusetzen. Beim Management von Marketing-Events ist dann die Phase der Konzeption besonders wichtig, da erst die Präsentation vor dem Kunden über die Auftragsvergabe entscheidet. Manche Betrachtungsweisen erweitern das Fünf-Phasen-Modell in diesem Segment daher um eine zusätzliche Phase, die Phase der Präsentation und Auftragsvergabe im Anschluss an die Konzeption und im Vorfeld der Planung.

Welche *Besonderheiten* in der *Projektphasenplanung* gibt es bei Marketing-Events? — 866 ZP

Orga ✓ Veranstaltungsorganisation/-wirtschaft

867 — Was bedeutet der Begriff *Projekt- oder Eventcontrolling?*

Projekt- oder Eventcontrolling bedeutet, ein **Projekt begleitend zu bewerten.**

868 — Wie wird in diesem Zusammenhang die *SMART-Formel* angewendet?

SMART bedeutet in der Ausformulierung der einzelnen Anfangsbuchstaben Folgendes:
- **S – spezifisch,** d. h. die Ziele und Maßnahmen für das Event sollten eindeutig und präzise sein sowie konkret formuliert werden.
- **M – messbar,** d. h. die Ziele und Maßnahmen sollten, z. B. bezüglich ihrer Inhalte und ihres Umfangs, zählbar (quantifizierbar) und bewertbar (qualifizierbar) sein.
- **A – angemessen,** d. h. die Ziele und Maßnahmen sollten sich im Rahmen erreichbarer Möglichkeiten und im Rahmen der mit dem Event verbundenen Vorstellungen bewegen.
- **R – relevant,** d. h. Ziele und Maßnahmen sollten eine bestimmte Bedeutsamkeit besitzen; auch: realistisch, Ziele sollten erreichbar sein.
- **T – terminiert,** d. h. Ziele und Maßnahmen sollten zeitlich gesetzt sein.

Ein begleitendes Projektcontrolling mithilfe der SMART-Formel kann von Anfang an systematisch erfolgen; auch in der Umsetzung und Nachbereitung kann die SMART-Formel erkenntnisorientiert und bewertend genutzt werden.

869 — Was bedeuten die Kurzformen *PURE und CLEAR?*

- **P** – positively stated (positiv formuliert)
- **U** – understood (verständlich)
- **R** – respect others (respektvoll)
- **E** – ethical (moralisch begründet)

- **C** – challenging (herausfordernd)
- **L** – legal (rechtmäßig)
- **E** – environmental (umweltverträglich)
- **A** – agreed (akzeptiert)
- **R** – recorded (protokolliert)

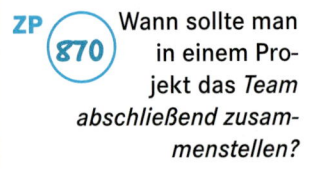

ZP 870 — Wann sollte man in einem Projekt das *Team abschließend zusammenstellen?*

Erst nach Zieldefinition und Strategieformulierung beginnt die Phase der Konzeption. Die Teamzusammenstellung sollte in dieser Konzeptionsphase geschehen, in der die zu erledigenden Aufgaben konkretisiert werden. Wir benötigen das richtige Team zur Bewältigung der anstehenden Aufgaben. Es wäre ineffizient, wenn jemand eine Aufgabe bewältigen müsste, obwohl er dazu gar keine ausreichenden Fähigkeiten besitzt.

ZP 871 — Was sind *Meilensteine* in einem Projekt?

Der Ablauf eines Projekts erfolgt in aufeinander aufbauenden Abschnitten (Phasen). **Wichtige Teilergebnisse** werden häufig als **Meilensteine** bezeichnet. Sie sind wichtige Punkte, die in der Projektplanung angesteuert werden bzw. in der Projektumsetzung entstehen.

ZP 872 — Nennen Sie Argumente für die Anwendung von *Techniken des Projektmanagements.*

Die konsequente Anwendung von Techniken und Instrumenten des Projektmanagements führt zur Qualitätssicherung und einer wesentlichen Optimierung der Abläufe. Effektives Projektmanagement führt Events effizient und budgetkonform zum Erfolg.

Projektplanung und Teamorganisation

Orga

Projektplan

Ein **Projektplan** wird meistens in der **Planungsphase** in den Wochen und Monaten vor der Eventdurchführung genutzt und dient der kommunikativen (und ggf. visualisierenden) **Strukturierung der Planungs- und Organisationsaufgaben.**

ZP 873 In welcher Eventphase und wofür benutzen Sie einen *Projektplan*?

Ein **Projektsstrukturplan (PSP)** gliedert die Planungsaufgaben eines Projekts und visualisiert sie, z. B. in der typischen Darstellungsform in Anlehnung an ein Organigramm. Den Projektstrukturplan kann man noch weiter unterteilen. Die kleine Einheit des Strukturplans ist das Arbeitspaket. Unterteilt man eine Großaufgabe in kleinere Arbeitspakete, ist eine bessere zeitliche Planung möglich. Der Projektstrukturplan bildet die Grundlage für den aufgabenorientierten Projektplan.

ZP 874 Was ist ein *Projektstrukturplan*?

Mitarbeiterfest

Programm	Teilnehmer-management	Technik/Logistik
Künstlerbuchung	Einladungsszenario	Bühnenaufbau und Zeitplanung
Ablaufplanung	VIP-Betreuung	Licht, Ton, AV
Bühnenplanung	Besucherleitsystem	Genehmigungen
Vertragsgestaltung	Travel Management	Sanitäre Anlagen

ZP 875 Erstellen Sie auszugsweise einen *einfachen Projektstrukturplan in Organigrammform* für ein Mitarbeiterfest.

Ausgewählte Arbeitsfelder in der Eventplanung

Konzeption	Thema/Inhalt	Ort (Stadt)	
	Besucherprofil	Terminierung	Projektplan
Planung	Musik/Tanz/Show	Location	Personal/Dienste
	Technik/Bauten	Catering	Genehmigungen
Programm	Vorprogramm	Hauptprogramm	After Show
Marketing	Werbung	Materialien	
	Presse/PR	Besuchermanagement	Dokumentation
Finanzierung	Kalkulation	Materialien	Sponsoring
	Kosten	Liquidität	Versicherungen
Nachbereitung	Erfolgskontrolle	Manöverkritik	Dank

ZP 876 Handelt es sich bei der links stehenden Grafik um einen *Projektstrukturplan*?

Ja, es handelt sich um einen Projektsstrukturplan, der von links nach rechts gelesen werden sollte. Zu den Arbeitsfeldern Konzeption, Planung, Programm, Marketing, Finanzierung und Nachbereitung gehören die jeweiligen Arbeitspakte, die rechts daneben liegen.

Orga ✓ Veranstaltungsorganisation/-wirtschaft

ZP 877 — Was ist ein *Balkendiagramm bzw. Gantt-Chart?*

Eine visuelle Darstellung zu erledigender Aufgaben im Balkendiagrammformat wird nach seinem Erfinder Henry L. Gantt (1861–1919) auch **GANTT-Chart** genannt. Es besteht üblicherweise aus den folgenden vier Elementen: Aufgaben- und Teilaufgabenleiste (Definitionsspalte), Zeitleiste (Definitionszeile), Bearbeiterinformation und Meilensteine (wichtige Teilschritte). Ein Balkendiagramm wird häufig in der Phase der Projektplanung erstellt und muss permanent aktualisiert werden. Es wird beispielsweise mithilfe der Software MS Project erstellt. Aber auch in Excel lassen sich Balkendiagramme gut erstellen.

ZP 878 — Wie funktioniert die *Zeitstrahltechnik?*

Hier erfolgt die Anordnung von **Meilensteinen entlang** eines **Zeitstrahls**.

879 — Wie funktioniert die *Netzplantechnik?*

Die **Netzplantechnik** ist eine Projektprognosetechnik, die in der Planung und Durchführung komplexer Projekte zur Abschätzung der voraussichtlichen Dauer und Kosten und zur Kontrolle des zeitlichen Verlaufs eingesetzt wird. Für jede Aktivität wird eine Vorgangsdauer, der frühestmögliche Anfangstermin sowie der spätestmögliche Endtermin errechnet und festgehalten. Anhand dieser Daten lässt sich ein möglicher oder der kritische Pfad (Weg, für den keine Pufferzeiten zur Verfügung stehen) ermitteln. Mit dieser Technik kann man Abhängigkeiten im Projektablauf sowie realistische End- und Zwischentermine ermitteln und drohende Terminüberschreitungen erkennen. Die gängigste Methode ist die Vorgangsknotennetztechnik, die wie eine kleine Programmiersprache funktioniert. Die Netzplantechnik ist verwandt mit dem Balkendiagramm, liefert aber wesentlich genauere Daten über die Abhängigkeiten der zu erledigenden Aufgaben untereinander.

Beispiel: **Netzplan für eine Konzeption**

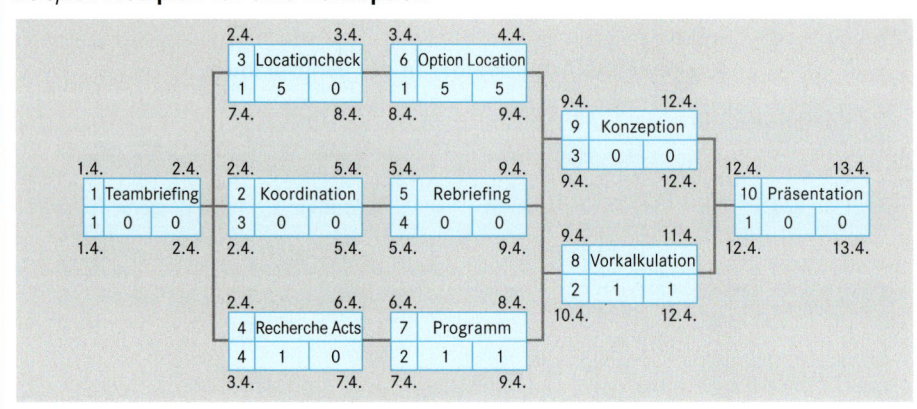

880 — Wo liegt in diesem Netzplan der *kritische Pfad?*

Der kritische Pfad, in dem keine Puffer mehr möglich sind, liegt bei folgender Reihenfolge: Vorgang 1 – 2 – 5 – 9 – 10.

Projektplanung und Teamorganisation — Orga

Dann verlängert sich die Projektdauer im Zweifel um einen Tag und wird frühestens am 14.04. beendet sein können.

881 Was tun Sie, wenn die Recherche der Künstler zwei Tage länger dauert?

Hier würde sich die Projektdauer im Zweifel sogar um zwei Tage verlängern und frühestens am 15.04. beendet sein können.

882 Was tun Sie, wenn die Koordination zwei Tage länger dauert?

Dann verlängert sich die Projektdauer im Zweifel um einen Tag und wird frühestens am 14.04. beendet sein können.

883 Was tun Sie, wenn die Vorkalkulation zwei Tage länger dauert?

Dann verkürzt sich die Projektdauer im Zweifel um einen Tag und kann bereits am 12.04. beendet sein.

884 Was tun Sie, wenn die Konzeption nach einem Tag abgeschlossen ist?

Ablaufplan

Ein **Ablaufplan** wird meistens für die Eventdurchführung genutzt (Aufbau und Eventablauf) und dient der kommunikativen (und ggf. visualisierenden) Darstellung der zeitlichen Abfolge in der Durchführung des Eventprojekts.

885 Für wann, für wen und wofür erstellen Sie einen Ablaufplan?

Der **Regieplan** ist ein **wesentlich detaillierterer Ablaufplan** (teilweise minutengenau), der vor allem die Anweisungen für die technischen Gewerke abbildet, damit diese im Detail für den Einsatz gebrieft sind.

886 Was unterscheidet den Ablaufplan vom Regieplan? Wer erhält einen Regieplan?

Uhrzeit	Programm/Aktivität	Beteiligte	Ort	Bemerkung
ab 08:00 Uhr	Aufbau Bühne	Technik	Ballsaal 1	
16:00 Uhr	Ankunft Produktionsleitung	+ Produktionsleitung		
17:00 Uhr	Abnahme Bühne			
17:30 Uhr	Soundcheck	+ Band	Bühne 1	
18:00 Uhr	Stellprobe	+ Firmenmitarb.		
18:45 Uhr	Standby	alle		Inszenierung Foyer
19:00 Uhr	Doors open			Licht- und Soundinstallation

887 *Erstellen* Sie einen A*blaufplan* mit fünf Spalten für eine Abendveranstaltung eines Kick-Off-Events.

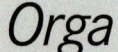

Orga ✓ Veranstaltungsorganisation/-wirtschaft

Uhrzeit	Programm/ Aktivität	Beteiligte	Ort	Bemerkung
19:20 Uhr	Auftaktinszenierung	Darsteller		
19:30 Uhr	Begrüßung	Vorstand		
19:45 Uhr	Tagesshow	AV-Technik		Einspielung
20:00 Uhr	Eröffnung Buffet	Catering Stand-by	Saal	begleitende Inszenierung Bühne
20:40 Uhr	Dessert-Roll-in	Kochpersonal		Pyrotechnik
21:00 Uhr	Anmoderation	Moderator		
21:10 Uhr	Samba-Show	Samba XXL		
21:45 Uhr	Anmoderation, Umbau	Moderator		
22:00 Uhr	Show-Act	Top 40 Kapelle		
23:30 Uhr	Abmoderation, DJ-Act	Moderator, DJ		
24:00 Uhr	Karaoke-Aktion	Vorstand		Playback Stand-by
01:00 Uhr	Last orders			
01:30 Uhr	Veranstaltungsende			Start Abbau

888 Erstellen Sie auszugsweise zum obigen Ablaufplan einen knapp gehaltenen Regieplan.

Der Regieplan ist meist querformatig angelegt und gibt möglichst minutengenau Auskunft über den Einsatz der Gewerke. Er ist die Regieanweisung für alle Beteiligten mit Stichworten und Zeitrahmen.

Uhrzeit	Programm	Licht	Ton Front	Ton Bühne	AV-Technik	Bemerkung
18:50 Uhr	Foyerinszenierung	Effekte Foyer	Standby	Standby	Standby	Nebelinszenierung
19:00 Uhr	Einlass	Installation 1	Countdown, DJ Space Mix	Standby	Logos und Bildwelten 1	Tunneleinlass, Hostessenbetreuung
19:15 Uhr	Plätze einnehmen	Installation 2	Background	Standby	Bildwelten 2	Walking Act
19:20 Uhr	Auftaktinszenierung	Saal und Bühne	Playback	3 Headsets	Einspielung 1	Business Dance Theater
19:30 Uhr	Intro	Black und Flash	Star Wars	Mikroansage aus dem Off	Space-world	
19:32 Uhr	Auftritt Moderator & Regionalleiter	Spot, Atmo	Star Trek	2 x Wireless	Logo-Einspielungen, Kamerabild, Gobos	Kostümauftritt & Hostessen

Projektplanung und Teamorganisation — Orga

Uhrzeit	Programm	Licht	Ton Front	Ton Bühne	AV-Technik	Bemerkung
19:40 Uhr	Tagesshow	Black	AV	AV	Einspielung 2	Filmeinspielung
19:48 Uhr	Moderation	Saalspot		1 x Wireless	Kamerabild	im Saal, Aufbau Zauberer
19:52 Uhr	Zauberer 1	nach Anweisung	Einspielung	Headset	Kamerabild	anschließend: Vorhang zu
20:05 Uhr	Abmoderation	Saalspot		1 x Wireless	Kamerabild	im Saal
20:08 Uhr	Eröffnung Buffet	Moving Lights	Countdown	Standby	Einspielung Feuerwerk	fallender Vorhang am Buffet; Pyrotechnik
bis 20:40 Uhr	Buffet	Installation 2	Kammerorchester Bühne	nach Anweisung	Standby im Logo-Betrieb	begleitendes Damen-Bratschenensemble
20:40 Uhr	Dessert-Roll-in	Moving Lights		Mikroansage aus dem Off	Feuerwerk	Kochpersonal mit Wunderkerzen
21:10 Uhr	Anmoderation	Spot, Atmo		1 x Wireless	Kamerabild	
21:15 Uhr	Samba XXL	Show-Licht	Live-Ton	nach Anweisung	Kamerabild	

Das **Briefing** informiert über Ziele und Rahmenbedingungen für das Projekt. **Team-Meetings** bilden das Skelett der internen Verständigung und Planung. Eine **Agenda** strukturiert vorausschauend Themen, Zeitbedarf und Inhalte. Ein **Protokoll** dokumentiert die Gesprächsergebnisse und hält fest, was es zu tun gibt. Vertieft wird das alles durch einen **Aktionsplan**. Ein **Projektstrukturplan** (z. B. als Ablauforganigramm) zerlegt das Projekt in verschiedene Aufgabenpakete. Ein **Projektplan** (z. B. als Balkendiagramm) ist die grundlegende Aufstellung von Aufgaben, Personal, Zeit und Kosten. Ein **Phasenplan** (z. B. als Zeitstrahl) stellt die Aufgaben zeitlich strukturiert dar.

Ein **Organigramm** (als Dokument der Aufbauorganisation) veranschaulicht die hierarchische Kommunikationsstruktur. Eine **Kostenkalkulation** liefert Zahlen für das Budget oder ermittelt den Angebotspreis. Kontaktlisten geben eine Übersicht über die Projektbeteiligten. **Checklisten** für Location, Hotel, Rebriefing sowie Pack- und Ladelisten helfen, den Überblick zu behalten. **Probenpläne, Aufzeichnungen** und **Produktions-Rider** runden das Bild ab. Wichtige Helfer sind **Transferübersichten, Personalpläne** und **Hotelbelegungslisten**. Der **Ablaufplan** schließlich ist für alle Eventbeteiligten die ultimative Übersicht. Verfeinert wird er durch den gewerkeorientierten **Regieplan**.

889 Fassen Sie übliche Techniken und Materialien im Projektmanagement im Fließtext zusammen.

Orga ✓ Veranstaltungsorganisation/-wirtschaft

890 — Was ist ein *Lasten- bzw. Pflichtenheft?*

Ein **Lastenheft** wird auch Spezifikation, Anforderungskatalog oder Produktskizze genannt und beschreibt die Anforderungen bzw. Forderungen des Auftraggebers an die Lieferungen und Leistungen eines Auftragnehmers. Das Lastenheft kann der Auftraggeber in einer Ausschreibung verwenden und an mehrere mögliche Auftragnehmer verschicken. Mögliche Auftragnehmer erstellen auf Grundlage des Lastenhefts ein **Pflichtenheft**, welches in konkreterer Form beschreibt, wie der **Auftragnehmer die Anforderungen im Lastenheft zu lösen plant.** Häufig ist dieses Lastenheft strukturiert wie ein detaillierter Projektplan.

Führung

ZP 891 — Nennen Sie fünf wesentliche *Vorteile von Teamarbeit.*

1. Austausch von Ideen, Kreativität und Know-how; Innovationsfreundlichkeit
2. Bündelung der Einzelkräfte zu einer gesamten Stärke
3. Flexibilität und optimierte Ressourcennutzung
4. abgestimmtes Einbringen persönlicher Kompetenzen
5. Stärkung des Teamgedankens

ZP 892 — Welche *Aufgabe* übernimmt die *Projektleitung?*

Die **Projektleitung übernimmt** innerhalb des Projektteams zusätzlich zur normalen Projektarbeit – die sie wie jedes Teammitglied ausführt – **Koordinierungsaufgaben und Entscheidungskompetenzen.** Sie ist Ansprechpartnerin bei größeren Problemen und leitet die Projektbesprechungen. Sie berichtet den Vorgesetzten und gegebenenfalls dem Auftraggeber und ist für den erfolgreichen Ablauf der Veranstaltung verantwortlich.

ZP 893 — Formulieren Sie vier *Qualifikationen und Fähigkeiten einer Projektleitung.*

1. Fundierte und detaillierte Kenntnisse des Unternehmens, seiner Betätigungsfelder und aller Abteilungen
2. umfangreiche Erfahrung in der erfolgreichen Abwicklung von Veranstaltungen
3. Durchsetzungsfähigkeit, Belastbarkeit, kommunikative Fähigkeiten, diplomatisches Geschick
4. Führungsqualitäten (verstehen, motivieren, beratend begleiten, vorbildhaft sein, anweisen können)

894 — Was bedeuten die Begriffe *kooperativer Führungsstil, Moderation* und *situative Führung?*

Nach moderner Auffassung gibt es das ultimative Führungsrezept nicht, obwohl sich in der modernen betriebswirtschaftlichen Auffassung eine deutliche Tendenz zum kooperativen Führungsstil herausgebildet hat.

- Das zentrale Merkmal des **kooperativen Führungsstils** ist die Fähigkeit der führenden Persönlichkeit, Arbeitsprozesse moderierend zu begleiten.
- Die Technik des **Moderierens** umfasst das zielgerichtete Motivieren und Auslösen von Interaktionen sowie das Visualisieren und Strukturieren von Diskussions- und Arbeitsprozessen. Ein Moderator ordnet, stellt Leitfragen, arbeitet Argumente heraus, fasst Ergebnisse zusammen, erstellt To-do-Listen und dokumentiert Ergebnisse.
- Neben der Tendenz zur kooperativen Führung setzt sich zunehmend das Modell der **situativen Führung** durch, d. h. eines an die Situation, die Aufgabe, das Umfeld und das Gegenüber angepassten Kommunikations- und Führungsverhaltens einer authentischen Persönlichkeit.

Marketing-Eventkonzept und Präsentation

2.4.3 Marketing-Eventkonzept und Präsentation

Einen **Pitch** nennt man eine Wettbewerbspräsentation von Agenturen auf Basis einer nicht öffentlichen Ausschreibung vor einem Kunden/Auftraggeber.

Konzeptpräsentation

Was ist ein *Pitch*? **ZP 895**

Briefing kommt vom englischen brief (kurz und knapp). Der Begriff ist dem militärischen Sprachgebrauch entlehnt und steht heute in Marketing-Zusammenhängen meist für eine knappe Anweisung zur Erstellung eines Konzeptes oder Entwurfs.

Das Briefing in unserem Sinn ist also keine Diskussionsgrundlage, sondern die Basis für die zielgerichtete Durchführung eines Marketing-Teilprojektes. Auf Grundlage eines firmeninternen Briefings wird zunächst ein Grobkonzept erstellt.

Definieren Sie den Begriff *Briefing*. **ZP 896**

Welche *Fragen* sollten Sie zu *Beginn der Ausschreibung* an den Kunden stellen? **897**

Briefingthemen	Ausgewählte Details
Ziel	Was ist das kommunikative Ziel der Veranstaltung?
Allgemein	Wie viele Personen sollen teilnehmen? Hat das Unternehmen bereits ähnliche Veranstaltungen vorgenommen? Welche Erfahrungen wurden dabei gemacht? Besteht bereits ein Konzept? Welche Leistungen sind gewünscht, z. B. Location-Auswahl, Programm, Catering? Welche Leistungen sollen noch angeboten werden, z. B. Einladungsszenario, Evaluation?
Location	Fassungsvermögen, Maße, Pläne, Bestuhlung (Bestuhlungspläne), Mobiliar, Infrastruktur, Erreichbarkeit, Parkplätze, Planung der An-/Abreise (individuell/organisiert), Unterbringung der Gäste, welche Leistungen kann/soll die Location erbringen?
Zeitablauf	Gewünschtes Datum? Gewünschter Ablauf? Verschiedene Räume oder Umbau von Tages- auf Abendveranstaltung nötig und möglich? Sind aufwendige technische Ein-/Ausbauten oder Proben notwendig? Steht die Location zur Verfügung (auch für Vorbereitung und Rückbau)?
Programm	Was stellt sich der Kunde vor? Wer stellt Referenten, Künstler usw.
Catering	Vorstellung des Kunden, z. B. Buffet, gesetztes Essen, Getränke? Wertigkeit? Zuliefererbindung der Location vorhanden?
Technik	Künstleranforderungen: Was ist vorhanden, was wird benötigt, z. B. Stromversorgung, Gewerke, Effekte, Besonderheiten?
Bühnenbau, Dekoration	Was ist gewünscht, was ist vorhanden, was wird benötigt?
Sonstiges	Lassen sich die Vorstellungen des Kunden bezüglich Zeit, Ort und Budget umsetzen? Berücksichtigung der einschlägigen Vorschriften (VStättV, Fliegende Bauten, Brandschutz, Arbeitszeitgesetz, berufsgenossenschaftliche Vorschriften usw.)

Orga ✓ Veranstaltungsorganisation/-wirtschaft

898 — Was bedeuten die Begriffe *Exposé, Ideenskizze* und *Treatment?*

Ein **Exposé** ist die konzeptartige Darlegung der Hauptidee und des Handlungsgangs eines literarischen Werks oder Drehbuchs. Es ist knapp formuliert und enthält weder Dialoge noch Einzelheiten. Vorläufer des Exposés ist die **Ideenskizze,** die nächste Stufe das **Treatment.**

899 — Sind *Ideen* urheberrechtlich geschützt?

Nein, eine **reine Idee** oder eine **Sammlung von Ideeansätzen** ist noch **nicht urheberrechtlich geschützt.** Urheberrechtlich geschützt sind Werke, eine Idee muss bereits recht stark ausgebaut sein, um einen Werkcharakter erkennen zu lassen. Werke sind bereits vor ihrer Veröffentlichung geschützt, Produkte, Namen, Marken oder Titel erst mit einer Veröffentlichung.

900 — Was passiert in der *Post-Briefing-Phase* und beim *Rebriefing?*

Nach dem Briefing wird an einer Konzeption gearbeitet. Diese Konzeption bildet dann die Grundlage der Planung und Durchführung des Events. Nach einer ausführlichen Unternehmens- und Produktrecherche inkl. Klären der Corporate Identity werden auf der Basis der Analyse des Briefings im **Rebriefing** weitere Fragen mit dem Auftraggeber geklärt, und es wird sich über erste Ideenansätze ausgetauscht. Für das Rebriefing mit dem Auftraggeber sollte ein inhaltlich ausgerichteter Fragenkatalog vorbereitet werden. Nach der anschließenden Ausarbeitung eines Grobkonzeptes werden zunächst Arbeitspakete und zugehörige zielorientierte Leitfragen formuliert und zusammengestellt, die sich immer stärker in der Feinkonzeption konkretisieren.

901 — Listen Sie konkret typische *Aspekte einer internen Feinkonzeption* auf.

- Programmvorschlag
- grober Ablaufplan
- Recherche und Planung der Location
- erste Aufrisszeichnungen und Bestuhlungspläne
- erste Teilnehmer- und Personalübersichten
- Skizze des Einladungsszenarios
- Kalkulation
- erste Ablaufpläne

902 — Wie kommt man zu einer *Konzeption?*

Erstes Ziel nach dem Briefing durch den Auftraggeber ist die Erstellung eines Konzeptes, das dem Kunden in einer Präsentation vorgestellt wird. Ziel der Konzeption ist die Kreation eines möglichst einzigartigen Event-Layouts. Dazu muss frühzeitig ein Zeitplan erstellt werden, und auch die Aufgaben sollten im Team klar definiert werden. Die fundierte Recherche ist die tragende Säule einer guten Kreation. Mithilfe von Kreativitätstechniken, wie dem moderierten Brainstorming, dem Mindmapping oder dem morphologischen Kasten, nimmt eine Eventidee immer konkretere Formen an.

Präsentation

903 — Welche *Inhalte* hat eine *Präsentationskonzeption?*

Ein **Konzept,** das als Grundlage für die Präsentation dient, kann folgendermaßen **gegliedert** sein:

- Deckblatt mit Inhaltsübersicht
- evtl. auch Kurzvorstellung der Agentur
- Ausgangslage
- Zielgruppe

Marketing-Eventkonzept und Präsentation — Orga

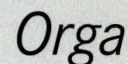

- Aufgabe/Ziel
- Idee/Motto
- Strategie
- Umsetzung/Programm (einzelne Maßnahmen)
- Ablauf (inklusive Ablaufplan)
- Details (Location, Acts, Catering, Teilnehmermanagement)
- ggf. Alternativen/Add-ons
- Budgetübersicht
- beispielhafte Balkendiagramme oder beispielhafte Einladungslayouts

Auf der Grundlage des aus dem Briefing ersichtlichen Event-Themas sollten die Idee/das Leitmotiv/der rote Faden oder der Grundgedanke unter dem Event-Titel oder -Motto in einem Claim (d. h. einem motivierenden Slogan) zielgenau präsentiert werden.

In der Präsentation des Konzeptes (mindestens als PowerPoint-Präsentation, gestützt durch ein vierfarbiges Booklet und nach Bedarf auch durch ein maßstabsgetreues Modell oder andere überzeugende Visualisierungen) sollten vor allem die Highlights herausgearbeitet werden. Eine gute Präsentation ist zuschauerorientierte Kommunikation. Eine Präsentation ist bereits ein Mini-Event, vergleichbar mit einem Mini-Theaterstück. Seien Sie der Regisseur, inszenieren Sie ein Ereignis. Die Fähigkeit, zuschauergerecht und zielorientiert zu präsentieren, ist eine der wesentlichen Eigenschaften, die von den Beschäftigten in der Veranstaltungsbranche erwartet werden. Typisch ist die visuelle Darstellung von Inhalten, Angeboten und Ergebnissen, die extern mit dem Kunden oder intern bei Meetings und Projektbesprechungen erörtert werden.

904 Wie präsentiert man ein solches Konzept?

905 Listen Sie typische *Präsentationsmedien* vergleichend auf.

Medium	Vorteile	Nachteile	Bemerkungen
PC bzw. Notebook mit Datenprojektor (Beamer)	• Präsentationen vor größeren Gruppen sind möglich. • professionelle Qualität • Blättern/Springen möglich • Einfügen von Verweisen und Hyperlinks möglich • Einbindung von Audio- und Videopassagen möglich	• Technik ist anfällig. Vorsicht vor Systemabstürzen! • Zweitlösung unbedingt nötig • Gefahr von unpersönlichen Präsentationen	• Standard • Technik vorher testen!
Overheadprojektor	• einfache Erstellung der Folien • Folien sind leicht zu transportieren. • Präsentationen vor größeren Gruppen sind möglich.	• Oftmals sind die Folien schlecht gestaltet (z. B. ist die Schrift zu klein). • Lüftergeräusch kann stören.	• Die Folien müssen gut lesbar sein. • Zusätzliche Techniken sind nötig, beispielsweise Aufdecktechnik, Überlegtechnik, Unterlegtechnik • gute Zweitlösung bei Beamerpräsentationen

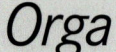

Orga ✓ Veranstaltungsorganisation/-wirtschaft

Medium	Vorteile	Nachteile	Bemerkungen
Flipchart (großer Standblock)	• Farbe kann als Gestaltungsmittel einfach eingesetzt werden. • Die dargestellten Inhalte bleiben erhalten. • Es können Moderationskarten aufgeklebt werden. • oft vorhanden • persönlicher Touch	• Nur bei relativ kleinem Publikum sinnvoll • Flipcharts sind sperrig und stehen unter Umständen vor und nach der Präsentation im Weg. • Darstellungen sind nur schwer korrigierbar.	• Bei „Papiertafeln" können die DIN-Blätter ganz oder teilweise vorbereitet werden. • Die DIN-Blätter können „unsichtbar" mit Bleistift vorgezeichnet werden oder Notizen enthalten.
Pinnwand (Metaplan/verfahren)	• Das Aufpinnen bringt Bewegung in die Präsentation. • Die Teilnehmer können gut eingebunden werden. • leichte Korrektur von Gestaltungsfehlern • mobil	• nur bei relativ kleinem Publikum sinnvoll • Pinnwände können stören. • aufwendige und sorgfältige Vorbereitung notwendig	• Vorbereitetes Material kann gut angebracht werden. • gut für interaktive Präsentationen, beispielsweise mit Teilnehmerkarten • fördert das Entwickeln von Gedanken während des Vortrags
Magnettafel (White Board)	• flexibel wie eine klassische Tafel • magnetfähig	• nur bei relativ kleinem Publikum sinnvoll • Stifte wirken oft dünn • schlecht transportierbar	Deckende Stifte sind notwendig.
Film und Video	• Einsatz vor größeren Gruppen ist gut möglich. • Ideale Ergänzung, wenn der Film zum Thema und zum Publikum passt	• Verbale Unterbrechungen sind nur schwer möglich. • Filme bergen die Gefahr nachhaltiger Ablenkung. • Aufwendige Vorbereitung (Videoschnitt)	• Für viele Themenbereiche können fertige Filme bezogen werden. • Denkbar ist ein Film als Einstieg in ein Sachthema. • Macht Regie in Erstellung und Abspielung notwendig

906 Erstellen Sie eine *Checkliste* für eine gelungene Präsentation.

Adressatenorientierung	
Ausarbeitung an den Zuschauern orientiert?	Form der Präsentation angemessen?
Inhaltliche Aspekte	
Thema geklärt und erfasst?	Dramaturgischer, spannender Aufbau?
Informationsgehalt okay?	Niveau/Schwierigkeitsgrad angepasst?
Verständlich formuliert?	Klarer Aufbau (Einleitung/Hauptteil/Schluss)?

Übersicht Kreativitätstechniken A–Z   ✓ Orga

Auf das Wesentliche beschränkt?	Inhaltsverzeichnis/Übersicht?
Angemessen im Umfang?	Sachlich richtig?
Selbstständig verfasstes/zusammengetragenes Material?	Quellenangaben?
Logischer Aufbau/schrittweise Entfaltung des Themas?	Sinnvolle Anordnung der Inhalte?
Pro- und Kontra-Argumente abgewogen?	Wichtige Punkte herausgehoben?
Formale Aspekte	
Anschaulich, übersichtlich, klar?	Symbole, Grafiken, Bilder?
Ansprechendes Layout/Design?	Form und Inhalt aufeinander abgestimmt?
Kontrastreiche, für den Ausdruck geeignete Farben?	Schriftgröße, Lesbarkeit?
Ganze Sätze vermieden, stattdessen überwiegend Stichworte?	Einfache, nachvollziehbare Grafiken/Schaubilder?
Sonstiges	
Eingeübte, überzeugende Vortragstechnik?	Körperhaltung, Lautstärke, Gestik und Mimik okay?
Angemessenes Outfit?	Auflockernde oder humorvolle Gimmicks eingebaut?
Technik vorbereitet und getestet?	Räumliche Bedingungen berücksichtigt?

Wenn Sie im Team präsentieren, achten Sie darauf, dass entweder eine gleichmäßige, abgestimmte Rollenverteilung vorgenommen oder eine klare Rollenverteilung gezeigt wird (z. B. nach Kompetenz, Fähigkeit, Aufgabenbereich). Bevor sechs Teammitglieder in einer Reihe aufgestellt dastehen, ohne zu präsentieren, ist es ratsamer, beispielsweise einem Mitglied des Teams die Aufgabe zuzuweisen, die Folien umzublättern (Chart-Operating), einem anderen, die Exponate herumzugeben, zwei als Beisitzer heranzuziehen und zwei für die Präsentation als solche einzusetzen. Beim Wechsel der „Hauptrolle" bietet es sich an, den Nachfolgenden in Form eines kurzen Dialogs namentlich anzukündigen, ähnlich dem von Moderator und Reporter in einer Fernsehnachrichtensendung.

Wie *präsentiert* man *im Team?* ZP 907

2.4.4 Übersicht Kreativitätstechniken A–Z

Glossar

Kreativitätstechniken dienen zur Entstehung und Entwicklung von Ideen und Lösungsansätzen durch ideenanregende Prinzipien wie Assoziation, Abstraktion, Analogie, Kombination und Variation. Kreativitätstechniken können als Individual- oder Gruppentechniken angewendet werden. Sie werden in freie und systematische Methoden unterschieden.

6-Hut-Methode
  Probleme und Aufgaben werden aus verschiedenen Blickwinkeln analysiert, protokolliert und gelöst. Es stehen sechs symbolische Hüte zur Verfügung, die jeweils eine bestimmte Denkrichtung oder einen Charakter

darstellen. Die Teilnehmer können wahlweise einen Hut aufsetzen und beliebig oft wechseln, um sich die Denkrichtung anzueigen und sie auszudrücken. Die Bedeutung der einzelnen Hüte geht in folgende Richtungen: weißer Hut (Objektivität und Neutralität), roter Hut (subjektive Meinung und persönliches Empfinden), schwarzer Hut (objektiv negative Aspekte), gelber Hut (objektiv positive Aspekte), grüner Hut (hin zu neuen Ideen) und blauer Hut (Kontrolle und Organisation).

6-3-5-Methode
Diese Methode umfasst sechs Personen, drei Lösungsvorschläge und fünf Durchgänge. Nach der Aufgabendefinition produziert jeder der sechs Teilnehmer drei Lösungsvorschläge innerhalb weniger Minuten. Diese drei Vorschläge werden auf ein Blatt in eine Tabelle geschrieben und an den Nachbarn weitergegeben. Der Vorgang wird fünf Mal wiederholt. Im Anschluss wird in der Gruppe über die erfolgversprechenden Lösungsvorschläge diskutiert. Die 6-3-5-Methode kann je nach Anzahl der Teilnehmer beliebig abgewandelt werden (5-3-4- oder 7-3-6-Methode).

Brainstorming (Assoziation)
Über einen begrenzten Zeitraum werden beim Brainstorming in einer Gruppe Ideen und Schlagworte zu einem klar definierten Problem in die Runde geworfen. Im Anschluss werden die von einem Gruppenmitglied mitgeschriebenen Schlagworte und Ideen strukturiert und besprochen. Beim Brainstorming sind folgende Regeln zu beachten: viele Ideen in kurzer Zeit, Quantität vor Qualität; Ideen und Schlagworte aufgreifen und weiterentwickeln; möglichst keine Kritik oder Wertung; der Phantasie freien Lauf lassen.

Brainwriting (Metaplantechnik)
Erfassung der Ideen, die Visualisierung und Strukturierung erfolgt durch die Teilnehmer auf Karten, die an eine Metaplan-Tafel gehängt, strukturiert und ergänzt werden. Benötigt werden: vier bis zwölf Teilnehmer, ein Moderator, Metaplanwand, Flipchart oder Schreibfläche.

Buzz-Session (Diskussion 66)
Erweiterung des klassischen Brainstormings bei größeren Teilnehmerkreisen; Einteilung in Arbeitsgruppen mit je sechs Personen inkl. Sprecher sowie Protokollführer; sechsminütiges Brainstorming, dessen Ergebnisse im Anschluss vom Gruppensprecher dem gesamten Teilnehmerkreis präsentiert werden. Alle Ergebnisse der einzelnen Arbeitsgruppen werden dann vom gesamten Teilnehmerkreis diskutiert und weiterentwickelt.

Fragenkaskade
Die tiefgreifende Analyse einer Problemstellung steht im Mittelpunkt. Alle Teilnehmer hinterfragen die Problemstellung so lange nach dem Warum, bis sie zu der eigentlichen Ursache durchdringen.

Flip-Flop-Technik (Umkehr-Methode)
Probleme werden auf den Kopf gestellt. Man formuliert das Problem in sein Gegenteil. Danach kehrt man diese Idee wieder in ihr Gegenteil und analysiert die Umsetzbarkeit für das eigentliche Problem.

I/O-Methode (Black-Box-Methode)
zweckmäßige Betrachtungsweise, um komplexe Systeme grob zu strukturieren. Zunächst werden die Ein- und Ausgangsgrößen untersucht, die innere Struktur (Black Box) bleibt unberücksichtigt. Erst wenn man sich über die äußere Struktur einen Überblick verschafft hat, wird die unbekannte innere Struktur betrachtet und dabei stufenweise aufgelöst.

Mindmapping
Problemstellungen und Lösungsvorschläge werden bildlich dargestellt. Teilnehmer schreiben das Thema in die Mitte eines Blattes und kreisen es ein. Vom Themenkreis werden Verästelungen gezogen, die das Problem in weitere Teilthemen gliedern. Ausgehend von den Teilthemen werden weitere Zweige mit Lösungsvorschlägen gebildet. Jedes Wort bekommt eine Linie. Jeder Gedanke ist es wert, festgehalten zu werden. Jede Linie ist mit einer anderen verbunden. Am Schluss entsteht eine sogenannte Mind-Map, die die Themenstellung detailliert und von verschiedenen Sichtweisen abbildet.

Morphologischer Kasten
Das Problem wird in der linken Spalte einer Tabelle in verschiedene Einzelaspekte zerlegt. Die rechten Spalten werden mit Lösungsvorschlägen zu den Einzelaspekten versehen. Am Schluss können die Teilnehmer durch die Kombination der einzelnen Lösungsvorschläge die Gesamtlösung herausarbeiten.

Veranstaltungsplanung, -organisation, -durchführung ✓ *Orga*

Osborn-Methode
Fragenkatalog zur Problemanalyse mit neun Fragenkomplexen:
Put to other uses: Wofür kann ich es noch verwenden? Kann ich es anders einsetzen?
Adapt: Weist das Problem auf andere Ideen hin? Ist es etwas anderem ähnlich?
Modify: Was lässt sich ändern? Welche Eigenschaften lassen sich umgestalten?
Magnify: Lässt sich etwas vergrößern, hinzufügen, vervielfältigen?
Minify: Lässt sich etwas verkleinern, wegnehmen, verkürzen?
Substitute: Was kann ersetzt werden? Welche Bedingungen können geändert werden?
Rearrange: Kann die Reihenfolge oder Struktur geändert werden?
Reverse: Kann die Idee ins Gegenteil gekehrt werden? Kann der Ablauf umgekehrt werden?
Combine: Können Ideen kombiniert, vermischt oder verbunden werden?

Pareto-Prinzip (ABC-Analyse)
Ein Pareto-Diagramm ist ein Säulendiagramm, in dem die einzelnen Werte der Größe nach geordnet wiedergegeben werden. Der größte Wert ist ganz links, der kleinste ganz rechts. Pareto-Prinzip: Die meisten Auswirkungen eines Problems (80 %) sind häufig auf nur eine kleine Anzahl von Ursachen (20 %) zurückzuführen. Aus vielen möglichen Ursachen eines Problems werden diejenigen herausgefiltert, die den größten Einfluss haben. Die Wichtigkeit einer Ursache kann direkt aus dem Diagramm abgelesen werden.

Poster-Session
Ergebnisse einer Tagung, eines Kongresses oder einer Konferenz visualisieren. Auch einzelne Vorträge können auf Postern dargestellt werden. Durch eine Poster-Session können sich Teilnehmer informieren und werden angeregt, untereinander zu diskutieren.

Satzergänzung und Schreibkonferenz (kreatives Schreiben)
Sätze werden mehr oder weniger assoziativ ergänzt.

Walt-Disney-Methode
Das Vorhaben wird aus drei verschiedenen Perspektiven beleuchtet. Man verwendet drei Stühle, die symbolhaft für den Träumer, den Planer/Realisten und den Kritiker/Bedenkenträger stehen. Der Träumer entwickelt Ideen, Ziele und Visionen. Der Realist liefert praxisbezogene Vorschläge für die Umsetzung der Träume. Der Kritiker betrachtet nüchtern die Idee und hinterfragt einzelne Schritte aus einiger gewissen Distanz.

2.5 Veranstaltungen planen, durchführen und nachbereiten

2.5.1 Veranstaltungsplanung, -organisation und -durchführung

Mit **Einzugsgebiet** werden Orte und Gegenden bezeichnet, von denen aus sich Menschen zu einem bestimmten Ort hinbewegen können bzw. wollen oder werden. Das Einzugsgebiet ist sowohl bei der Auswahl von Locations als auch bei der Entscheidung für die Größenordnung einer Veranstaltung von Bedeutung. Um möglichst viele Besucher für ein Event gewinnen zu können, sollte ein möglichst passendes Einzugsgebiet vorliegen.

Planung

Welche Bedeutung hat das *Einzugsgebiet eines Events?* (908)

Orga ✓ Veranstaltungsorganisation/-wirtschaft

909 Was meint man mit dem Begriff *Veranstaltungskalender*?

Einerseits meint man mit Veranstaltungskalender die Auflistung interner und externer Veranstaltungen eines Unternehmens oder einer Organisation. Andererseits bieten Veranstaltungsunternehmen und Locations mit ihrem Veranstaltungskalender der Öffentlichkeit die angebotenen Veranstaltungen innerhalb eines bestimmten Zeitraums an. Zeitungen und Zeitschriften (insbesondere regionale Printmedien) und Internetpublikationen offerieren einen unabhängigen redaktionell geführten Veranstaltungskalender.

910 Listen Sie typische *Aufgaben in der Konzeptionsphase* eines Marketing-Events auf.

Aufgabe	Details
Idee zur Veranstaltung	Recherche, erstes Grobkonzept, erste interne Ausarbeitung
Beschluss zur Planung der Veranstaltung	Prüfung erste Ausarbeitung, evtl. Korrekturen, erster Budgetplan/erste Kalkulation
Festlegen der Veranstaltungsziele	Hauptziele, Nebenziele
Definieren der Veranstaltungszielgruppe	Hauptzielgruppe, weitere Zielgruppen
Recherche/Fixierung von Rahmenbedingungen	Beteiligte, Orte, Termine
Zuständigkeiten hausintern festlegen	Projektleitung, Projektbeteiligte
Recherche und Briefing von externen Dienstleistern/Spezialisten	z. B. Agenturen, Locations, Künstlervermittler, Caterer, Referenten, Logistiker, Werbegrafiker
Festlegen des Veranstaltungszeitpunktes und ggf. des Veranstaltungsortes	Check paralleler Events und Termine; wann und wo ist der größtmögliche Erfolg zu erwarten?

911 Was unterscheidet *Ausschreibungen im privatwirtschaftlichen Bereich* von öffentlichen Ausschreibungen?

Bei **privatwirtschaftlichen Ausschreibungen** ist man nicht an die formalen Vorgaben des Vergaberechts gebunden. Man unterscheidet die Leistungsanfrage (Anfrage an potenzielle Lieferanten über einen skizzierten Bedarf), die Preisanfrage (Anfrage für detaillierten Bedarf mit unverbindlichen Preisen), die Aufforderung zur Angebotsabgabe oder die darauf aufbauende Aufforderung zur Angebotserweiterung.

Folgende **Ausschreibungsregeln** gelten dagegen für **öffentliche Auftraggeber**: Ab einem Schwellenwert muss öffentlich ausgeschrieben werden, und es gelten die Vergabeordnungen des Gesetzes gegen Wettbewerbsbeschränkungen. Unterhalb der Schwellenwerte kann beschränkt oder unbeschränkt im offenen oder nicht offenen Verfahren öffentlich ausgeschrieben werden.

912 Listen Sie typische *Fremdleistungen* auf, die Sie für eine Veranstaltung hinzubuchen.

Location, Bestuhlung, Dekoration, Bühnenbau, Reinigung/Entsorgung, Beschriftungen, Besucherleitsystem, Technik (Strom, Ton, Licht, Bühne, Projektion, Effekte, Backline), Personal, Kommunikationssysteme, Transportlogistik, Medienproduktion/Dokumentation, Transfers, Hotels und Unterbringung,

Veranstaltungsplanung, -organisation, -durchführung — Orga

Werbung (Anzeigenerstellung/-schaltung, Plakaterstellung/-druck, Spoterstellung/-schaltung, Flyer/Programmheft), Kartendruck, Pressearbeit, Versicherungen, Safety/Security, Feuerwehr, Sanitäter, Absperrungen, Kontrollen, Catering (Personal, Mobiliar, Speisen und Getränke, Geschirr, Reinigung, Lagerung, Entsorgung, Konzessionen), Ticketing-System, Teilnehmerregistrierung

---

913 Welche Aspekte beachten Sie bei der *Anfrage an einen Künstler*?

Datum der Veranstaltung (ggf. Ersatztermin), Auftrittsort, Location, Kapazität, Bühnengröße, Einbindung in Programmgestaltung, Honorarvorstellungen, sonstige Wünsche

---

914 In welcher *Reihenfolge buchen* Sie *Künstler* für Ihre Veranstaltung?

- Recherche infrage kommender Acts oder Produktionen
- Kontaktaufnahme mit dem Booker, Produzent oder Künstlermanager ggf. mit dem Künstler selbst
- Abstimmung von Termin und Konditionen
- Vertragsverhandlungen inkl. Übersendung und Prüfung des Vertragsentwurfs inkl. Bühnenanweisung
- ggf. Nachverhandlungen
- Vertragsunterzeichnung und Rücksendung der unterschriebenen Vertragsexemplare
- Vorbereiten und Organisieren der konkreten Vertragsinhalte
- Betreuung des Künstlers vor Ort
- Abrechnung mit dem Vertragspartner

---

915 Was ist eine *Finale-Verpflichtung*?

Die Finale-Verpflichtung ist eine Klausel in Künstlerverträgen, die besagt, dass der Künstler bis zum Veranstaltungsende bleiben und beim Finale auf der Bühne anwesend sein muss. In der Klausel ist auch geregelt, was in diesem Finale konkret passiert.

---

916 Welche Aufgaben hat ein *Moderator bzw. Conférencier*?

- Ein **Conférencier** ist ein moderierender Entertainer, der als Ansager, Sprecher, Plauderer oder Sänger auf unterhaltende und/oder komische Art durch ein Programm führt.
- Ein **Moderator** ist jemand, der durch Ansagen, Textbeiträge oder auch Interviews das Programm begleitet.

---

917 Was ist ein *Walking Act*?

Ein Walking Act mischt sich unter das Publikum und sorgt im direkten Kontakt (und nicht von einer Bühne herunter) für die Unterhaltung der Gäste.

---

918 Was bedeuten die Begriffe *Haupt- und Generalprobe*?

- **Hauptproben** sind technische Durchläufe einer Produktion.
- Die **Generalprobe** ist die letzte Probe vor der Veranstaltung; sie wird so durchgeführt, als handle es sich schon um die richtige Veranstaltung. Generalproben werden häufig bereits vor Publikum durchgeführt.

Orga ✓ Veranstaltungsorganisation/-wirtschaft

919 — Was bedeuten die Begriffe *Dramaturgie* und *Klimax?*

Dramaturgie bedeutet die **gestaltende Realisierung des Spannungsbogens mithilfe szenischer Mittel.** Die **Klimax** stellt den **Höhepunkt einer Dramaturgie** dar. Bei Veranstaltungen sollten Dramaturgie und Klimax entsprechend eingeleitet werden und die Gäste inspirieren, animieren und vor allen Dingen faszinieren. Überraschungsmomente spielen dabei eine wichtige Rolle.

920 — Dramaturgie und Inszenierung

Dramaturgie bedeutet, den gefühlten Spannungsbogen zu gestalten. Das Werkzeug dazu ist die Inszenierung. Event-Dramaturgie befasst sich mit der Struktur der Veranstaltung, der abstrakten Form, den konkreten Bauformen, mit Motiven und Figuren, die Spannung erzeugen. Die Inszenierung ist die konkrete Form und umfasst die szenischen Mittel, z. B. Protagonisten, Darstellungsart, Bühne und Raum, Veranstaltungstechnik oder Einsatz von Medien.

921 — Formen von Dramaturgie

- **Offene Form:** Nummerndramaturgie; der Ablauf ist in einzelne Programmpunkte mit mehr oder weniger geschickten Übergängen eingeteilt.
- **Geschlossene Form:** der Ablauf ist in Akte bzw. größere Abschnitte eingeteilt, die aufeinander abgestimmt sein. Figuren und Motive bestimmen die Handlung (Plot), die häufig psychologische und emotionale Entwicklung der Figuren bestimmt den Spannungsgehalt der Handlung.

922 — Klassische Dramaturgie

1. Einführung/Exposition
2. Steigerung, Plot Points
3. Höhepunkt
4. Umschwung
5. Lösung (Rückkehr, Katastrophe etc.)

923 — Mittel der Inszenierung

Motto, Rahmenhandlung und der moderne Ansatz einer ganzheitlichen Inszenierung werden durch die szenischen Mittel des Theaters umgesetzt. Botschaften, Themen und Inhalte werden auf darstellerische sowie audiovisuelle Weise emotional wirkungsvoll vermittelt. In einem Drehbuch wird das Konzept konkretisiert. Musik wirkt emotional und stark assoziativ. Die Location sollte sich in das Konzept integrieren lassen, Kulisse, Bühnenbild und Dekoration werten sie auf.
Licht und Projektion können durch Inszenierung von Helligkeit und Dunkelheit, Farben und Kontrasten gewünschte Stimmung, Atmosphäre und Effekte generieren.
Ton ist Träger von Sprache, Gesang und Musik. Tontechnik und Lautstärke auf einem angenehmes und wirkungsvolles Niveau wichtig. Das Catering spricht ebenfalls die Sinne an und lässt sich inhaltlich mit dem Event verknüpfen. Angebot, Zubereitung und Reihenfolge sollten von der Event-Idee abgeleitet werden.

Veranstaltungsplanung, -organisation, -durchführung — Orga

Compliance meint die Einhaltung des geltenden Rechts. Compliance kann auch als regelkonformes Verhalten beschrieben werden. Das wichtigste Ziel von Compliance besteht darin, Rechtsverstöße zu unterbinden und damit rechtliche und steuerliche Schwierigkeiten für das Unternehmen abzuwenden. Im Eventbereich reichen Compliance- Themen vom Sponsoring über Geschenke und Einladungen, Rednerhonorare, Wahl der Leistungsträger, dem Gemeinnützigkeits- und persönlichen Haftungsrecht bis hin zum richtigen Umgang mit Daten (online wie offline).

- Beim Thema Einladungen sollte eine entsprechende Transparenz gewahrt werden. So sollte beispielsweise die persönliche Adressierung des Einzuladenden vermieden werden und diese statt dessen gegenüber dem Unternehmen ausgesprochen werden, dem der Einzuladende angehört.
- Der Ort der Veranstaltung sowie das Veranstaltungsprogramm sollten fachlich ausgerichtet sein. Touristische Erwägungen dürfen keine Rolle spielen. Das Rahmenprogramm sollte nicht mehr Zeit und wirtschaftlichen Aufwand in Anspruch nehmen als der unternehmerische Anteil der Veranstaltung.
- Ehe- und Lebenspartner, Kinder sowie sonstige Angehörige des Veranstaltungsteilnehmers sollten nur im Einzelfall eingeladen werden.
- Die Übernahme von Reise-, Unterkunft und Nebenkosten muss angemessen sein.
- Geschäftsessen sind dann zulässig, wenn eine überschaubare Anzahl an Personen teilnimmt und sich während des Essens über fach- sowie sachbezogene Themen unterhalten wird. Hierbei ist zu beachten, dass der genaue Anlass sowie die Personen bei der Abrechnung dokumentiert werden müssen. Strittig hingegen sind Geschäftsessen, welche einen Abschluss eines Geschäftes zugute kommen.
- Bei der Annahme oder Abgabe von Geschenken sind Einschränkungen zu beachten. So ist es zum Beispiel in Ordnung, wenn man zum Geburtstag einen Strauß Blumen verschenkt oder geschenkt bekommt. Fällt das Geschenk allerdings vom Wert her größer aus, kann es den Anschein von Bestechung haben und somit strafbar sein.

Unternehmensabläufe und Geschäftsvorgänge sollten generell möglichst offen und transparent geführt und dokumentiert werden. Wenn nötig, sollten Verweise auf notwendige Genehmigungen und Rechtsgrundlagen gelegt werden. Alle kritischen Aktivitäten sollten von Vorgesetzten oder Revisionsabteilungen genehmigt und nachvollziehbar dokumentiert werden.

924 Was bedeutet der Begriff *Compliance* und was muss hierbei beachtet werden?

Casting ist die **Auswahl von Darstellern** für Film- und Fotoproduktionen auf Basis der Auswertung von sogenannten Setcards und Vorspielen. Im Theater nennt man den Vorgang Vorsprechen, im Musical Audition. Auswahlverfahren können in mehreren Stufen/Phasen stattfinden. Neben der Auswahl von Darstellern finden Castings in modernen Eventproduktionen gelegentlich bereits für Hostessen, Servicekräfte und Promoter statt.

925 Was bedeutet der Begriff *Casting* und wo verwenden wir ihn im Eventgeschäft?

Orga ✓ Veranstaltungsorganisation/-wirtschaft

Organisation

926 Welche *Aufgaben* übernehmen *Bühnenbildner*, *Bühnenbauer* und *Dekorateur*?

Der **Bühnenbildner** entwirft ein Bühnenbild, der **Bühnenbauer** setzt es um. Der **Dekorateur** fertigt im Rahmen des Bühnenbaus diejenigen Dekorationsbauten an, die mit Stoff zu tun haben, z. B. Vorhänge, Prospekte, Segel, Bodenbeläge, Polsterarbeiten usw. Dekorateure haben häufig eine Ausbildung als Schauwerbegestalter oder als Raumausstatter.
Als Dekorationen wird allgemeiner gehalten die Gesamtheit aller zur Ausschmückung dienenden Gegenstände für einen Raum oder das Szenen-/Bühnenbild und die Kulissen bezeichnet. Dekorationsumbau ist die Veränderung der Dekoration während der Vorstellung/Veranstaltung/Drehzeit am Produktionsort. Als Dekorationsstoff wird eine Vielzahl von Stoffen verwendet, wie Molton, Fahnentücher, Gewebe- und Seidenstoffe. Im Dekorationsbau eingesetzte Stoffe müssen schwer entflammbar sein (Brandschutzklasse B1).

927 Welche *Aufgaben* übernehmen der *Requisiteur*, *Kostümbildner* und die *Garderobiere*?

Requisiten sind bewegliche Einrichtungs- und Ausstattungsgegenstände von Bühnen- oder Szenenbildern. Ein **Requisiteur** erstellt in enger Abstimmung mit dem Bühnenbildner eine Requisitenliste, die alle für die Veranstaltung benötigten Gegenstände enthält. Er beschafft die Requisiten und platziert sie vor der Veranstaltung. Außerdem ist er für die Pflege, Instandhaltung und Reparatur der Requisiten verantwortlich sowie für die Kalkulation und Budgetüberwachung.
Ein **Kostümbildner** entwirft die Kostüme, die Kostümschneider umsetzen und die die **Garderobiere** zusammen mit dem Maskenbildner anlegen.

928 Auf was haben sich im Event *Verleihservice-Dienstleister* spezialisiert?

Events benötigen kurzfristig viele Ausstattungsgegenstände, Equipment, Fahrzeuge und Kleinmaterialien. Bei seltenem oder unregelmäßigem Einsatz der Gegenstände ist eine Anschaffung der benötigten Materialien nicht sinnvoll. Es gibt eine Vielzahl von Unternehmen, die auf die Vermietung dieser Gegenstände spezialisiert sind: Lkws, Limousinen und Kühlfahrzeuge, Veranstaltungstechnik, Messe- und Veranstaltungsmobiliar, Geschirr und Küchenausstattung, Dekorationsmaterialien und Requisiten, Kleidung und Kostüme, Pflanzen usw.

929 Welche Bedeutung haben *Feuerwehrzufahrt* und *Feuermeldesystem*?

Die **Feuerwehrzufahrt** muss so **frei gehalten** werden, dass der Einsatz von öffentlichen Brandbekämpfungs- und Rettungsgeräten ohne Schwierigkeiten möglich ist. Der Veranstalter hat in Verbindung mit dem Hausmeister oder Hallenwart dafür Sorge zu tragen, dass durch geeignete Maßnahmen sichergestellt wird, dass Angriffswege für Feuerlösch- und Rettungsfahrzeuge ständig frei gehalten werden. Die erforderlichen Flächen sind in Plänen eingetragen, die beim Hausmeister/Hallenwart hinterlegt sind.
Das **Feuermeldesystem** muss in Bezug auf Rauchmelder oder Notrufmelder im Vorfeld und bei der Veranstaltung genau beachtet werden, um **unnötige Brandmeldungen** zu **vermeiden,** die ohne Grund teure Einsätze auslösen können.

Veranstaltungsplanung, -organisation, -durchführung — Orga

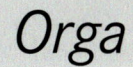

Brandschutz ist der Überbegriff für alle Maßnahmen, die im Vorfeld und während einer Veranstaltung die Entstehung und Ausbreitung von Bränden verhindern bzw. einschränken sollen. Zum Brandschutz gehören: bauliche Maßnahmen, Beschränkungen im Umgang mit Brandquellen, Beschränkungen im Umgang mit brennbaren Materialien, Aufenthaltsbeschränkungen für Personen, Unterweisungen und Schulungen für Brandfälle. Die baulichen Maßnahmen zum Brandschutz sind sehr vielfältig und erstrecken sich von den verwendeten Baustoffen und Bauteilen über die Fluchtwegeplanung hin zu Löschanlagen. Wichtige Aspekte sind der Feuerwiderstand der Baustoffe, das Brandverhalten von Baustoffen, die Aufteilung der Gebäude durch Brandwände und -schutztüren, die Fluchtwegplanung, die Notbeleuchtung, die Feuerwehranfahrtszonen und Löschwassereinspeisung.

930 Welche *Maßnahmen* gehören zum *Brandschutz*?

Der Begriff **Garderobe** hat in der Veranstaltungsorganisation drei unterschiedliche Bedeutungen.
Die Garderobe ist zum einen der Ort, an dem die Gäste ihre Mäntel und Jacken für die Dauer der Veranstaltung hinterlegen können. Das Arrangieren und Abwickeln der Garderobe ist ein wichtiges Element, um einen reibungslosen Ablauf der Veranstaltung zu gewährleisten.
Die andere Bedeutung des Garderoben-Begriffs bezieht sich auf den Backstage-Bereich und meint den Aufenthaltsort für Künstler und Darsteller vor und nach der Veranstaltung. Bei der Einrichtung und Bestückung der Künstlergarderobe durch den Veranstalter ist auf die Künstlerwünsche in der Bühnenanweisung zu achten. Als dritte Bedeutung kommt die Bekleidung der Besucher in Betracht.

931 Welche Bedeutung hat der Begriff *Garderobe*?

Man greift auf **Personalvermittlungsagenturen** zurück, welche die passenden Fachkräfte zur Verfügung stellen, um den Personalbedarf für die Durchführung eines Events zu decken. Häufig haben die Fachkräfte ein Arbeitsverhältnis mit der Personalagentur und werden nur für das Event ausgeliehen. Die Abrechnung erfolgt per Rechnungslegung durch die Personalagentur. Die Lohnsteuer und Sozialversicherungsbeiträge werden, wie in der Zeitarbeit, durch die Personalagentur abgeführt. Bei der Zusammenarbeit mit Personalagenturen ist zu beachten, dass sie ggf. eine „Erlaubnis zur gewerbsmäßigen Arbeitnehmerüberlassung" besitzt.

932 Welche *Aufgaben* hat eine *Personalagentur*?

Hosts/Hostessen übernehmen auf Events, Kongressen und Messen die **Gäste- und Teilnehmerbetreuung** und arbeiten in vielen Besucherbereichen (z. B. Einlass, Counter oder VIP-Lounge). Sie kümmern sich um den reibungslosen Ablauf der Veranstaltung für die Teilnehmer. Hosts/Hostessen können bei spezialisierten Personalagenturen gebucht werden.

933 Welche *Aufgaben* übernehmen *Hosts* bzw. *Hostessen*?

Orga ✓ Veranstaltungsorganisation/-wirtschaft

934 — Was ist ein *Hospitality Desk*?

Ein Hospitality Desk ist ein **Empfangsschalter oder eine zentrale Anlaufstelle für Informationen aller Art,** häufig mit einem Infoboard (angebrachte Tafel bzw. Pinnwand für das Anheften von Mitteilungen). Am Empfangsschalter finden Check-in (Anmeldung, Registrierung) und auch der Check-out (Abmeldung, Abreise, Auslasskontrolle) statt.

Einladung

935 — Was ist ein *Early Bird-Tarif*?

Bei der Anmeldung zu einer Veranstaltung bis zu einem bestimmten Zeitpunkt kann man dem Kunden/Gast durch den **Frühbucher-Rabatt** eine Vergünstigung (z. B. Rabatt auf den Eintrittspreis) anbieten. Dieser wird eingesetzt, um potenziellen Kunden/Gästen einen Anreiz zu geben, sich frühzeitig anzumelden.

936 — Nennen Sie typische *Elemente des Einladungsmanagements*.

Zum Einladungsmanagement gehören folgende Aufgaben: Konzipierung einer Einladungskampagne, Adressenaufbereitung für mehrstufige Einladungs-Mailings, Konzeption, Kommissionierung und Durchführung von Einladungs- und Bestätigungsversand, Nachfassaktionen bei noch unentschlossenen Teilnehmern, Teilnehmerhandling, Teilnehmerregistrierung.

937 — Welche *Grundlagen* sollten Sie im *Einladungsszenario* berücksichtigen?

Der potenzielle Gast sollte sich bereits mithilfe einer kreativen Einladungsdramaturgie in die Welt des kommenden Events einfinden. Die Besucheransprache kann mithilfe von Briefen, Broschüren, E-Mail-Nachrichten, über die Mitarbeiterzeitschrift, das Intranet oder das Internet, mithilfe von überraschenden Aktionen, Flüsterpropaganda oder sogar Promotionteams erfolgen. Dabei achtet man heutzutage auf eine individuelle, höfliche und lebendige Ansprache des Adressaten und verzichtet auf Phrasen in Wortwahl und Schreibstil.

938 — Listen Sie elf typische *Schritte eines Einladungsmanagements* auf.

1. Definition und Ansprache des Teilnehmerkreises über passende Medien (persönliche Einladung, Internet, Fachzeitschriften usw.)
2. Terminblocker mit Ankündigung des Termins etwa sechs bis zwölf Monate vor der Veranstaltung
3. detaillierte Ankündigung der Veranstaltung etwa drei bis sechs Monate vorher
4. Versand der Einladungen etwa zwei bis fünf Monate vorher; Szenario repräsentativ an der Corporate Identity des veranstaltenden Unternehmens orientieren; Inhalte: Motto und Key-Visual, Anlass, Programm, Zeitpunkt und Dauer, Ort und Anreise, Antwortelement
5. nach Bedarf Rabatte/Angebotsaktionen
6. beiliegende Antwortkarte/Fax-Rückläufer
7. alternativ: E-Mail basiertes Onlineszenario (internetgestützt)
8. Erinnerung/Nachfassaktion
9. Fragebogen mit Fragen zu Anreise, Hotelbedarf, Teilnahme am Rahmenprogramm
10. Teilnahmebestätigung und praktische Hinweise mit allen Details inklusive Dresscode
11. Versand von Informationsunterlagen, Kongressmappe, Plänen usw.

Veranstaltungsplanung, -organisation, -durchführung — Orga

Der Registrierungsvorgang beginnt nach dem Versand der Einladungen und endet nach der Veranstaltung. Im Vorfeld sollen Teilnehmeranmeldungen angenommen, erfasst und verarbeitet werden, Rückläufe, Zusagen, Absagen und Umbuchungen angenommen und verarbeitet werden, Hotelzimmer kontingentiert und die nötigen Travelmanagement-Maßnahmen ergriffen werden, der Zahlungsverkehr sowie der Rechnungsstellungsvorgang und das Forderungsmanagement von Teilnahmegebühren vorgenommen werden. Vor Ort sollte die konkrete Teilnehmerregistrierung und das Vor-Ort-Inkasso erfolgen, die Teilnehmerunterlagen und Namensschilder verteilt werden, eine begleitende Teilnehmerbetreuung sowie eine Zutritts- und Anwesenheitskontrolle durchgeführt werden.

939 Listen Sie wesentliche *Elemente der Teilnehmerregistrierung* auf.

Aufgabe	Details
Beginn Planung Programminhalt/Programmablauf	Start Detailplanung, permanentes Update
Projektplan erstellen und laufend abarbeiten	permanente Aktualisierung
Angebote einholen, überprüfen, verhandeln und beauftragen, Liefertermine kontrollieren, Abnahmen, Proben usw.	z. B. Unterbringung, Catering/Verpflegung, Travel Management, Logistik, Regie, Programm/Show, Technik (Bühne, Ton, Licht, AV-Projektion), Raumdekoration, Drucksachen, Personal
permanentes Abgleichen der Kalkulation	begleitende Soll-Ist-Kontrolle von Plan und Realität
Beteiligte briefen	extern und intern
Teilnehmer einladen	Verfahren festlegen, planen und durchführen
begleitende Kommunikation planen	PR-Auswertung und hausinterne Kommunikation
Listen, Pläne und Abläufe erstellen	Feinabstimmung von Gewerken und Materialien
Personaldisposition	Zuständigkeiten kommunizieren, Personal buchen
konkrete Event-Vorbereitung	Packen, Anreise, Vorbereitung und Aufbau vor Ort

940 Listen Sie typische *Aufgaben in der Planungs- und Organisationsphase* eines Marketing-Events auf.

Orga ✓ Veranstaltungsorganisation/-wirtschaft

Logistik

941 — Wie stehen *Terminplanung* und *Logistik* in Verbindung?

In der **Terminplanung** (auch **scheduling** genannt) werden Anfangs- und Endtermine für das Durchführen von Aufgaben und Dienstleistungen festgelegt. Voraussetzung für eine Terminplanung ist eine strukturierte Ablaufplanung, in der eine logische Folge der erforderlichen Aktivitäten festgelegt wird. Eine **strukturierte und zielorientierte Terminierung** ist **Voraussetzung für eine funktionierende Logistik,** die definiert ist als Planung Organisation, Steuerung, Abwicklung und Kontrolle des nötigen Material- und Warenflusses mit den damit verbundenen Informationsflüssen. Generell sollte dabei versucht werden, überflüssige Wege und Transporte zu vermeiden.

942 — Was ist ein *Event-Manual?*

Als **Event-Manual** bezeichnet man ein **Handbuch mit der Ablaufplanung eines Events.** Als grundlegendes Planungsinstrument werden vom Konzept über Adresslisten und Ablaufpläne bis zum Technical-Rider alle relevanten Dokumente im Event-Manual zusammengefasst. Eine andere Bezeichnung ist Produktions-Rider.

943 — Welche Unterlagen finden in einem *Projektordner* Platz?

Der **Projektordner** ist das Organisationswerkzeug, der **relevante Informationen, Pläne und Kontakte enthält,** die für die Realisierung des Events notwendig sind. Der Projektordner sollte in jeder Projektphase den sofortigen Zugriff auf die relevanten Informationen ermöglichen und kann folgende Bestandteile beinhalten: Eventkonzept und -zielsetzung, Zeitpläne, Ablaufpläne und Zuständigkeiten, Telefonliste aller Mitwirkenden und Verantwortlichen, Protokolle, Checklisten, Finanzplanungsunterlagen, Personallisten, Grundrisse und Skizzen, Verträge und Schriftverkehr, Genehmigungen.

944 — Was ist ein *Bauzeitenplan?*

Der **Bauzeitenplan** ist ein spezifischer Projektplan, meist eine **grafische Darstellung des zeitlichen Bauablaufs** und der Abfolge der verschiedenen für ein Bauvorhaben (z. B. Bühnenbau) notwendigen unterschiedlichen Gewerke. Während der Bauphase ist durch einen Bauzeitenplan jederzeit ein Soll-Ist-Vergleich für alle Beteiligten vorhanden.

945 — Was ist eine *Deadline?*

Als **Deadline** bezeichnet man einen **Schlusstermin,** zu dem etwas fertig sein muss, z. B. der letzte Abgabetermin für ein Konzept, den Aufbau einer Bühne usw.

946 — Was ist eine *ABC-Analyse?*

Mithilfe der **ABC-Analyse** versucht man sich auf die wesentlichen Aufgaben zu konzentrieren. Beim Projektmanagement werden in der ABC-Analyse Aufgaben, Probleme und Geschäftsbeziehungen in drei Stufen eingeteilt: A = sehr wichtig, B = wichtig, C = weniger wichtig und in der Rangfolge ihrer Wichtigkeit abgearbeitet.

Veranstaltungsplanung, -organisation, -durchführung ✓ *Orga*

Die **zeitliche und räumliche Disposition von Arbeitskräften, Equipment, Transportmitteln** und anderen benötigten Hilfsmitteln ist **Aufgabe der Ressourcenplanung.** Der Zeitplan und der Projektstrukturplan sind die Basis der Ressourcenplanung. Die im Projektstrukturplan vermerkten Arbeitspakete werden mit den erforderlichen Ressourcen belegt. Ziel der Ressourcenplanung ist der optimale Einsatz von Mitarbeitern, Transportmitteln und Equipment. Eventmanager müssen insbesondere Störungen, Wegezeiten, Wartezeiten, Pausen oder technische Probleme bei der Ressourcenplanung berücksichtigen.

947 Was versteht man unter *Ressourcenplanung?*

- Die **Ablaufstruktur** ist ein Begriff aus dem Projektmanagement und beschreibt den zeitlichen und logischen Ablauf von Vorgängen und Aktivitäten, um Organisationsaufgaben strukturiert zu erledigen, Gewerke zu koordinieren und Produktions- sowie Veranstaltungsabläufe zu visualisieren und Ablaufpläne zu verfassen.
- **Ablaufpläne** (auch Running Order genannt) sind meist tabellarisch aufgelistete Abfolgen von Abläufen.

948 Was ist der Unterschied zwischen *Ablaufstruktur* und *Ablaufplan?*

Umbauzeiten müssen bei Raumveränderungen berücksichtigt werden oder zwischen zwei unterschiedlich bestuhlten Veranstaltungen im gleichen Raum; auch bei Umbauten zwischen Szenen eines Theaterstücks oder zwischen Auftritten von Bands auf Festivals.

949 Wobei berücksichtigt man *Umbauzeiten?*

Die wohl meiste Zeit benötigt man für den **Aufbau und die Einrichtung der technischen Gewerke** in einer Location und die **Bestuhlung.** Genügend Zeit sollte auch für die **Proben** und den **Soundcheck** eingeplant werden.

950 Für welche Tätigkeiten sollte man während des Veranstaltungsaufbaus die nötigen Zeiträume einplanen?

Die Personaldisposition, d. h. die Einteilung von Live-Event-Personal für eine Veranstaltung, erfolgt mithilfe von **Personaltabellen,** die nach dem zeitlichen Einsatz, dem örtlichen Einsatz und nach Personalgruppen geordnet sind. Auch das Balkendiagramm eignet sich als Hilfsmittel. Hier werden in die Definitionsspalte die Personengruppen und in die Definitionszeile eine Zeitfolge eingetragen. Den einzelnen Personen werden dann in Balkenform Einsatzzeiten zugeordnet. Auch Urlaubspläne können so grafisch visualisiert werden.

951 Mit welchen *Darstellungsformen* werden *Personaleinsatzpläne* erstellt?

Orga ✓ Veranstaltungsorganisation/-wirtschaft

Personal

952 Listen Sie typische *Personalgruppen* für eine Veranstaltung auf.

Tätigkeitsbereich	Funktion
Bühne	Künstler, Schauspieler, Tänzer, Musiker, Moderator, Referent inkl. Begleitung bzw. Management
Künstlerische Produktion	Regie, Choreografie, Bühnenbild, Dekoration, Kostümbild, Konzeptioner, Ausstattung/Requisite, Produzent
Abendablauf	Projektleiter, Projektassistenz, Abendregie, Techniker für die Gewerke, Hands, Transporte
Service	Hostess, Promoter, Dolmetscher, Standdienst, Künstler- und Gästebetreuer, Runner, Fahrer, Kellner, Köche, Küchenhelfer, Reinigungskraft, Toiletten- und Garderobenpersonal, Parkplatzeinweiser
Sicherheit	Security, Feuerwehr, Sanitäter, Verantwortlicher für Veranstaltungstechnik
Sonstige	VIP-Gäste, Sponsoren, Geschäftspartner

953 Liste Sie ausgewählte *Teilaspekte* in der *Organisation eines Marketing-Events* auf.

Themenfeld	Zu beachten
Programmgestaltung	Programm detailliert mit dem Auftraggeber abstimmen kein Event ohne Top Act oder Prominenz Rednerzeiten auf ein Minimum reduzieren, Texte abstimmen Redner des Auftraggebers (Unternehmen) briefen und inszenieren Chart-Operating (Folien einlegen) einplanen
Entertainment	Ein Event lebt von Überraschungseffekten und der (am besten interaktiven und haptischen) Einbeziehung der Gäste.
Location	Ausstrahlung, Atmosphäre und Image müssen zu Unternehmen und Eventkonzept passen.
Aufplanung	Zeichnungen, Modelle usw. maßstabsgerecht erstellen Backstage-Planung Verortung von Küche und Catering
Technik	technische und veranstaltungstechnische Ausstattung beachten Versammlungsstättenverordnung beachten Strom, Rigging (Hängepunkte, Trussing, Bodenbelastbarkeit), Licht, Ton (Delay Line, Sendemikrofone, Ersatzsender), Monitorpult, Zuspielgeräte
AV-Medien/Projektion	AV-Medien planen und in Gesamtkonzept einbinden Corporate Design des Auftraggebers einbinden zentral oder dezentral (Screens oder TV-Monitore), Auf- oder Rückprojektion, Regieplatz, Ersatz-PC (Absturzrisiko) Normen, Zuspielgeräte, Kameras (Livebild)
Kommunikation	Funkgeräte, Intercom, Handys Wer redet mit wem auf welchem Kanal (Funkkreise und Funkhierarchie)?
Effekte	Sicherheitsbestimmungen einhalten (Pyrotechnik) Nebel, Laser, Strobo, Beduftung

Veranstaltungsplanung, -organisation, -durchführung

Orga

Themenfeld	Zu beachten
Bauten/Dekoration	Verkleidung und Kaschierung unnötiger Elemente (Technik, Instrumente) Wand- und Raumgestaltung
Interne Logistik	An-, Abfahrt- und Ladewege eruieren und einplanen, Fahrzeugplan, Fahrtenplan Materiallisten, Stauraum, Lagerflächen, Depots
Catering	Catering-Bindungen beachten Form und Umfang der Verpflegung
Dienste	Reinigung, Entsorgung, Garderobe, Security, Parksituation, Platzanweisung usw.
Teilnehmermanagement	Travel-Management VIP-, Presse-, Künstlerbetreuung Leit-, Orientierungssysteme, Garderobenszenario

Durchführung

Tätigkeitsbereich	Themenbereich	Beispiele
Übernahme der Location	Checkliste, Protokoll	Abnahmeprotokoll erstellen
Überwachung der Installation von Einrichtungen, Aufbauten und Dekorationen	Ausstattung, Sicherheit und Struktur der Veranstaltungsstätte, technische Einrichtungen, Logistik	Aufbaupläne erstellen, kontrollieren und überwachen
Einweisung von Personal, Überwachung des Personaleinsatzes	Personalkoordination, Personaleinsatzplanung	Personaldispositionen erstellen, Einhaltung überwachen, Location-Begehung, Abnahmen
Proben organisieren und durchführen	Probenplanung	Proben, Soundcheck, Technikchecks in die Wege leiten
Mitwirkende betreuen	Künstlerbetreuung, VIP-Betreuung, Geschäftspartner- und Sponsorenbetreuung	Catering planen, Hotelbuchungen vornehmen und koordinieren
Kassen und Abrechnung vorbereiten	Ticketing, Vertragsabwicklung	Abendkasse bestücken, Abrechnung und Rechnungsstellung gemäß Deal vorbereiten, Dienstleister auszahlen

954 Listen Sie typische *Tätigkeiten in der Aufbauphase einer Veranstaltung* auf.

Der **Zuschauerbereich** ist der Bereich, von dem aus die Zuschauer ein Event betrachten. Dazu gehören Sitz-, Stehplätze und Plätze für Rollstuhlbenutzer sowie die dazugehörigen Zugänge sowie ggf. Versorgungsbereiche.

955 Was umfasst der *Zuschauerbereich* bzw. das *Auditorium*?

Ein Interkom oder **Interkom-System** ist ein **drahtgebundenes Hör- und Sprechverbindungssystem,** das bei Events von den meist technischen Mitarbeitern getragen wird, um eine reibungslose interne Kommunikation zu gewährleisten, z. B. zwischen FOH-Operater und Bühnentechniker. Gegebenenfalls ist ein Interkom-System erweiterbar um funkbasierte Verbindungen und Stationen.

956 Was ist ein *Interkom-System?*

Orga ✓ Veranstaltungsorganisation/-wirtschaft

957 — Was ist mit *Doors open* gemeint?

Mit **Doors open** meint man den **Zeitpunkt für den Einlass der Besucher**, Gäste oder Teilnehmer. Je nach Veranstaltungsart unterscheiden sich die Anforderungen an die Einlassmitarbeiter. Bei geschlossenen Veranstaltungen werden die Gäste i. d. R. persönlich begrüßt. Die mitgebrachten Einladungen werden mit der Gästeliste verglichen und dem Gast werden weitere Informationen zur Veranstaltung ausgehändigt. Öffentliche Veranstaltungen zeichnen sich häufig durch eine höhere Sicherheitskontrolle aus. Eintrittskarten werden kontrolliert und Personenkontrollen durchgeführt.

958 — Wofür wird ein *Dayroom* benötigt?

Ein **Dayroom** ist ein i. d. R. **günstigeres Hotelzimmer, das über den Tag ohne Übernachtung genutzt** wird, damit sich die Künstler oder die Crew frisch machen können; genutzt wird es z. B. für den Fahrer eines Trucks oder Nightliners bzw. deren Mitfahrer.

959 — Was ist das *Crew-Catering*?

Das **Crew-Catering verpflegt die Mitarbeiter und Mitwirkenden** von Veranstaltungen beim Auf- und Abbau sowie während der Veranstaltung inkl. der Künstlergarderobenbestückung laut Bühnenanweisung sowie die gastronomische Ausstattung im Künstleraufenthaltsraum. Das Crew-Catering kann lokal organisiert werden, wird aber auch gerne bei Tourneen mit auf Tour genommen.

960 — Welche Aufgaben übernimmt die *Security* (Ordnungsdienst)?

Insbesondere bei größeren öffentlichen Veranstaltungen – Events mit VIP-Beteiligung – ist die Erstellung und Umsetzung eines Sicherheitskonzeptes notwendig. Ein im Planungsprozess erstelltes Sicherheitskonzept unterstützt die präventive Gefahrenabwehr. Es gibt spezialisierte Security-Unternehmen, die sowohl in der Planung wie auch in der Umsetzung (Bereitstellung von Ordnern) tätig sind. Zu den Aufgaben des Security-Personals vor Ort gehören die Parkplatzeinweisung und -überwachung, die Einlasskontrolle, die Kontrolle der Fluchtwege, die Zugangskontrollen zum Backstage-Bereich und die Betreuung von VIP-Personen. Beim Einsatz von Ordnungspersonal ist das Versammlungsstättenrecht zu berücksichtigen und mit den Ordnungsbehörden zusammenzuarbeiten.

961 — Wie finden *Zugangskontrollen* statt?

Jede Veranstaltung hat verschiedene Zonen, die nicht für alle Besucher zugänglich sein sollen. Insbesondere sind hier VIP-Lounge und der Backstage-Bereich zu nennen. Zur Kennzeichnung von Personen, die Zutritt zu den jeweiligen Bereichen haben dürfen, gibt es unterschiedliche Möglichkeiten, den Crew- bzw. Backstage-Pass, Armbänder, Einlassstempel, Chipkarten- oder Lesegerätesysteme. Die jeweilige Kennzeichnung wird vom Sicherheitspersonal an den Zugängen kontrolliert.

Veranstaltungsplanung, -organisation, -durchführung — Orga

Der Transfer von Künstlern bei Festivals oder Teilnehmern bei größeren Veranstaltungen ist durchaus eine **logistische Herausforderung,** um die Teilnehmer bequem und ohne Verspätungen, z. B. vom Flughafen oder vom Hotel, zum Veranstaltungsort zu befördern. Insbesondere die verschiedenen Ankunftszeiten der Teilnehmer sowie Verschiebungen in der Zeitplanung erfordern ein gewisses Koordinationsgeschick. Der Transfer kann mithilfe von Shuttle-Bussen oder Chauffeurdiensten erfolgen.

962 Welche Herausforderungen müssen beim *Teilnehmer- und Künstlertransfer* bewältigt werden?

Bei der gewerblichen Personenbeförderung ist zu beachten, dass jeder Fahrer einen sogenannten Personenbeförderungsschein besitzt (gültige Fahrerlaubnis zur Fahrgastbeförderung). Anforderungen: Führerschein, mindestens 21 Jahre, augenärztliches Zeugnis, ärztliche Bescheinigung über die körperliche und geistige Eignung (Arzt: Zusatzbescheinigung „Arbeitsmedizin" oder „Betriebsmedizin")

963 Was muss generell bei der *gewerblichen Personenbeförderung* beachtet werden?

Als Durchlasskapazität wird die **Zuschauerzahl** bezeichnet, die in einer **festgelegten Zeit sicher** eine **vorgegebene Zugangs- und Ausgangsbreite eines Eingangs passieren** kann.

964 Was ist die *Durchlasskapazität?*

- Das **Backoffice** übernimmt die Abwicklung aller internen Geschäftsprozesse. Das Backoffice wird im Veranstaltungsbereich auch als Projektbüro oder Projektsekretariat bezeichnet.
- Der **Backstage-Bereich** ist der für das Publikum i. d. R. unzugängliche Hinterbühnenbereich.

965 Wie unterscheiden sich die Begriffe *Backoffice* und *Backstage?*

Als **Crew bzw. Staff** oder Team wird die eine Produktion oder **Veranstaltung begleitende Besatzung** bzw. Mannschaft bezeichnet.

966 Was bedeuten die Begriffe *Crew* bzw. *Staff?*

Crew-Pässe ermöglichen den **Zutritt** in den **Backstage-Bereich.** Mit den Pässen können auch verschiedene Zutrittsrechte vergeben werden, wie z. B. Backstage, Zuschauerraum, Bühnenraum, Künstlergarderoben und VIP-Lounges. Die visuelle Darstellung der Zutrittsrechte erfolgt meist durch verschiedene Farben auf den Pässen. Die Kontrolle der Pässe wird durch das Sicherheitspersonal (Security), das an allen Zugängen positioniert ist, vorgenommen. Pässe, die Zugang zu allen Bereichen ermöglichen, werden mit dem Zusatz All Areas gekennzeichnet. Dem Sicherheitspersonal müssen vor der Veranstaltung alle Passarten bekannt sein.

967 Was ist ein *Crew- bzw. Backstage-Pass?*

Der **Abendregisseur** ist vergleichbar mit dem Aufnahmeleiter, der für die Einhaltung des Produktionsablaufplans und für den reibungslosen und termingerechten Arbeitsablauf vor und während der Veranstaltung verantwortlich ist.

968 Welche Aufgabe übernimmt im Marketing-Event der *Abendregisseur?*

333

Orga ✓ Veranstaltungsorganisation/-wirtschaft

969 Wie werden *Rettungskräfte und Sanitäter* bei Veranstaltungen koordiniert?

Die Anzahl von anwesenden Rettungskräften und Sanitätern wird auf **Basis von Erfahrungen und behördlichen Auflagen** festgelegt. Je nach Größe der Veranstaltung schreibt die Versammlungsstättenverordnung Grundregeln für die Anwesenheit, Einsatzbereitschaft und infrastrukturellen Voraussetzungen vor. Grundregeln zu Sanitätsdiensten werden aufgrund der Garantiehaftung des Hallenbetreibers oft bereits in Hallen- oder Geländemietverträgen festgeschrieben.

970 Listen Sie typische *Tätigkeiten während der Durchführung einer Veranstaltung* auf.

Tätigkeitsbereich	Themenbereich	Beispiele
Abendkasse abwickeln	Verkauf und Abrechnung	Plätze vergeben, Tickets verkaufen, Quittungen erstellen
Einlasskontrolle, Überwachung Besucherregistrierung	organisatorische Maßnahmen zum Veranstaltungsbeginn, Veranstaltungssicherheit, Besucherbetreuung	Zutrittsberechtigung überwachen, Eintrittskartenkontrolle, Backstage-Kontrolle
Überwachung Besucherbetreuung	Besucherbetreuung, Kundenorientierung	Kontrolle der Dienstleister
Ablaufplan einhalten, Korrekturmaßnahmen bei Abweichung einleiten	Terminplanung, Ablaufplanung, Regiepläne	Ablauf- und Regiepläne erstellen, prüfen und überwachen
Reklamationen bearbeiten, Lösungen anbieten	Fehleridentifikation, Kundenbetreuung, Verbesserungsvorschlagswesen	Beschwerden entgegennehmen, Maßnahmen einleiten
Reaktion auf veränderte Anforderungen, erforderliche Maßnahmen veranlassen	Feinplanung von Veranstaltungen, situatives Führen	Personal anweisen, Ablaufpläne ändern, Änderungen kommunizieren und umsetzen
Künstler und Beteiligte betreuen	Prozessmanagement	Einhaltung der Bühnenanforderungen überwachen, Catering prüfen

971 Listen Sie typische *Aufgaben in der Durchführungsphase* eines Marketing-Events auf.

Aufgabe	Details
Ablauf und Regiepläne kommunizieren	Gewerke und Beteiligte briefen
Produktions-Rider kommunizieren	interne Produktionsübersicht an alle Beteiligten
evtl. Proben begleiten/Abnahmen vornehmen	Durchläufe, Hauptproben, Generalprobe, Korrekturen vornehmen
Travel- und Teilnehmermanagement vor Ort, Einchecken in Location und Hotel	umfassende Gästebetreuung, Transfers, Garderobe usw.
Betreuung und Leitung Beteiligte	z. B. Referenten, Technik, Künstler, Hostessen, Service
Veranstaltung abwickeln	Regie, Dokumentation, Kontrolle, Anweisungen
Erfolgskontrolle, Rückmeldung, Auswertung	

Kurze Checkliste Green Event ✓ *Orga*

Abbau

Listen Sie typische *Tätigkeiten* in der Abbauphase einer Veranstaltung auf. **972**

Tätigkeitsbereich	Themenbereich	Beispiele
Abbau von Einrichtungen, Aufbauten und Dekorationen sicherstellen	Abbauplanung, Logistik	Abbaupläne erstellen und überwachen, Transportplanung, sicheres Verpacken
ordnungsgemäße Übergabe der Veranstaltungsstätte	Übergabe von Veranstaltungsstätten, Protokoll	Schadenanalyse durchführen, Schäden dokumentieren, weitere Verfahren und Haftung, Übergabeprotokoll anfertigen
Vorbereitung und Durchführung von Auszahlungen und Abrechnungen	Zahlungsverkehr, Rechnungsbearbeitung, Vertragsbearbeitung	Zahlungsvorgänge bearbeiten und überwachen, Deals abrechnen

Die Grundanzahl von nötigen Sanitäranlagen ist in der Versammlungsstättenverordnung festgelegt. Gerade bei Open-Air-Veranstaltungen ist auf die **ausreichende Bereitstellung** von Sanitäranlagen und Toiletten zu achten. Es gibt dafür diverse mobile Systeme wie Toilettenwagen, Toilettencontainer, Toilettenkabinen und Sanitärcontainer sowie marketingorientierte Aktionsgeräte wie Body-Wash-Anlagen. Die Systeme können tageweise von spezialisierten Verleihern angemietet werden.

Auf welche Anforderungen bzgl. *Sanitäreinrichtungen* ist besonders bei Open-Air-Veranstaltungen zu achten? **973**

- Papier
- Pappe
- Kartonagen
- Glas
- Restmüll
- Speisereste
- organische Abfälle

Nach Möglichkeit ist eine Trennung des Abfalls zu koordinieren. Nach der Veranstaltung muss die Endreinigung der Location (bei Open-Air-Veranstaltungen die Straßenreinigung) koordiniert und vorbereitet werden.

Welche *Abfallarten* sollten bei der Entsorgung berücksichtigt werden? **974**

2.5.2 Kurze Checkliste Green Event

Green Event

- Nutzung regenerativer Energiequellen und Ressourcen schonender Heizquellen
- Einsatz von Energiesparlampen, Schaltuhren und Bewegungsmeldern
- Einsatz automatischer Klimadrosselungsanlagen bei Nichtbelegung
- moderne Wärmeschutzisolierung
- Einsatz energiesparender Geräte
- Nutzung von Stromunterbrechungslösungen bei Nichtnutzung (Reduz. Standby-Betrieb)

Listen Sie mögliche *Energieeinsparungsmöglichkeiten* bei einer Veranstaltung in einer Location auf. **975**

- Durchflussbegrenzer
- Sparduschköpfe
- WC-Stopp-Tasten
- angepasster Handtuch- und Bettwäschewechsel
- Regen- und Grauwassernutzung
- Einsatz Wasser sparender Maschinen

Listen Sie mögliche *Wassereinsparungsmöglichkeiten* bei der Auswahl einer Hotelbelegung auf. **976**

Orga ✓ Veranstaltungsorganisation/-wirtschaft

977 Listen Sie mögliche *Müllreduzierungsmaßnahmen* auf.

- Papierreduzierung
- Einsatz von Mehrwegverpackungen
- Mülltrennung
- Verzicht auf Portionsverpackungen
- Nutzung von Großgebinden
- Nutzung regional erzeugter und saisonaler Produkte
- Vermeidung von Überangeboten
- Nutzung wieder verwendbarer Materialien inkl. Geschirr

978 Wie *reduzieren Sie Belastungen der Umwelt in Anreise und Verkehr*?

- Nutzung von Jobtickets und Mitfahrgelegenheiten
- Nutzung von Bahn- und ÖPNV
- Fahrrad- oder Elektrofahrradnutzung
- Nutzung von Erdgas-, Elektro- oder Hybridfahrzeugen
- gemeinsame Abholung von Bahnhof oder Flughafen

979 Wie können *CSR-Maßnahmen* umgesetzt werden?

CSR bedeutet Corporate Social Responsibility. Eine CSR-Maßnahme kann umgesetzt werden durch Unterstützung von Tafeln, Mitarbeiterbeteiligung an sozialen Projekten, Beschäftigung und Inklusion von Behinderten, ein Diversity-Management (Förderung der kulturellen und sozialen Vielfalt unter fördernder Einbeziehung von Migranten, Senioren und Randgruppen), Positionierung von Frauen in Führungspositionen, CO_2-kompensierende Mobilitäts- und Produktionslösungen, Workshops und Schulungen zur Nachhaltigkeitsförderung, Umsetzung solcher Maßnahmen in Prozess- und Bestellvorgängen.

980 Was umfasst die *Umweltverträglichkeitsprüfung*?

Die Umweltverträglichkeitsprüfung (UVP) ist ein gesetzlich vorgesehenes systematisches Prüfungsverfahren, mit dem die unmittelbaren und mittelbaren Auswirkungen von Vorhaben bestimmten Ausmaßes auf die Umwelt (Natur, Gesellschaft, Wirtschaft) im Vorfeld der Entscheidung über die Zulässigkeit des Vorhabens festgestellt, beschrieben und bewertet werden. Umweltverträglichkeitsprüfungen ermitteln, beschreiben und bewerten die Auswirkungen auf die umweltbezogenen Schutzgüter. Dies sind die Menschen, einschließlich der menschlichen Gesundheit, Tiere, Pflanzen und die biologische Vielfalt, Boden, Wasser, Luft, Klima, Landschaft, Kultur- und sonstige Sachgüter sowie die Wechselwirkung zwischen diesen. Bei Großveranstaltung könnten die Grundlagen analog angewendet werden. Für Veranstaltungen ist sie nicht verpflichtend.

2.5.3 Nachbereitung von Veranstaltungen

Nachbereitung

981 In welche *Bereiche* kann die *Veranstaltungsnachbereitung* untergliedert werden?

Die Nachbereitung einer Veranstaltung gliedert sich in organisatorische, quantitative, qualitative und kaufmännische Aspekte. Zur qualitativen Analyse empfiehlt sich neben dem Abgleich mit den Veranstaltungszielen ein Vergleich mit bekannten Werten, z. B. aus Vorjahren, aus Erfahrungen bei ähnlichen Veranstaltungen oder von Mitbewerbern.

Nachbereitung von Veranstaltungen — Orga

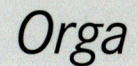

Art der Nachbereitung	Nachbereitungsziele	Beispiele
Organisatorische Nachbereitung	Betriebsbereitschaft wiederherstellen	Abbau, Aufräumen, Rücktransport, Einlagerung, Kommissionsabrechnung und -rückgabe, Bestandskontrolle, Fahrzeugrückgabe, Projektunterlagen abheften und archivieren
	Schäden abwickeln	z. B. gegenüber Geschäftspartnern, Dienstleistern, Vermietern, Versicherungen
Quantitative Nachbereitung	Absatz- und Verbrauchszahlen	Besucherzahlen eruieren und vergleichen, Ticketverkauf nach Kategorien analysieren
	Umsatzzahlen	Kassen-, Thekenumsätze usw. auswerten
	Response auf Aktionen	Promotions, Merchandising, Kampagnen auswerten
Qualitative Nachbereitung	Betrachten der Imagewirkung	Presse-Clipping veranlassen (Zusammenstellung der Medienberichte) und auswerten
	Manöverkritik, Prozessanalyse	Teamgespräch oder Befragung von Mitarbeitern, Kunden und Dienstleistern, Verbesserungsvorschläge auflisten
	Kundenfeedback	Beschwerden, Befragungen auswerten
	Abgleich mit Veranstaltungszielen	Soll-Ist-Vergleich, Abweichungen auflisten und präsentieren, Korrekturmaßnahmen einleiten
Kaufmännische Nachbereitung	Nachkalkulation	zeitliche/sachliche Rechnungsprüfung, Ausgaben und Einnahmen analysieren, Rabatte und Provisionen betrachten
	Endabrechnung	Werte intern und extern aufarbeiten
	Abgaben und Steuern	Ausländersteuer, Künstlersozialabgabe, GEMA, Vergnügungssteuer und Lotteriesteuer abwickeln
Sonstiges	Veranstaltungsdokumentation	Aufbereitung für die interne Ablage und zum Zweck der externen Werbung (z. B. Imagevideo, Fotodokumentation, Pressespiegel, Broschüre, Internet, Power-Point-Präsentation)
	Dank	Beteiligte, Zuschauer, Medienpartner und Sponsoren, Geschäftspartner

Listen Sie typische *Nachbereitungsmaßnahmen* vergleichend und beispielhaft auf. (982)

Orga ✓ Veranstaltungsorganisation/-wirtschaft

Evaluation

983 Welche *Maßnahmen* umfasst die *Erfolgskontrolle* (Evaluation) eines Marketing-Events?

Eine Erfolgskontrolle von Marketing-Events prüft Bewertungskriterien, anhand derer beurteilt werden kann, ob die Marketing-Kommunikationsziele erreicht wurden. **Evaluation oder Ergebnisbewertung** ist die systematische Untersuchung von Qualität oder Nutzen von Maßnahmen oder die Abschätzung von deren Wirksamkeit. Der Erfolg einer Maßnahme kann z. B. nach der SMART-Formel bewertet werden. In einem Projekt anvisierte Ziele müssen danach spezifisch (d. h. definiert), messbar, angemessen (d. h. erreichbar), relevant (d. h. bedeutsam) und terminiert (d. h. mit einem Zeitrahmen versehen) sein. Neben einer Nachbesprechung mit dem Auftraggeber und einer kritischen projektteaminternen Auswertung empfiehlt sich eine Evaluation etwa durch ein internes oder externes Event-Gutachten. Motive für einen solchen Event-Check können die betriebsinterne Dokumentation des Erfolgs, das Einholen eines unabhängigen Feedbacks zur Fehleranalyse oder die Einleitung von Korrekturmaßnahmen sein. Einen weiteren Ansatzpunkt der Bewertung bilden Besucherbefragungen.

984 Nach welchen *Kriterien* kann eine *Event-Evaluation* erfolgen?

Kriterium	Erläuterung
Vorbereitung/Planung	Die Qualität der Maßnahmen zur internen und externen Vorbereitung und Planung eines Business-Events wird bewertet.
Organisation	Die Qualität der Maßnahmen in der Organisation eines Business-Events wird bewertet.
Technisch-logistische Durchführung	Die Qualität der faktischen Durchführung wird prozessorientiert bewertet.
Story und Dramaturgie	Die Eventidee und ihre Umsetzung im Spannungsbogen werden bewertet.
Unternehmen, Marke, Produkt	Die Darstellung des Unternehmens, die Integration der Marke und die Qualität der Produktpräsentation im Event werden bewertet.
Image	Der Transport des Imagefaktors mittels des Events wird bewertet.
Integrierte Kommunikation	Die Vernetzung mit anderen Kommunikationsmaßnahmen wird bewertet.
Informationsgehalt	Die Qualität der angebotenen Informationen und ihre Wirkung werden bewertet.
Emotionale Verankerung	Die Qualität und Nachhaltigkeit des emotionalen Erinnerungswertes werden bewertet.
Teilnehmeraktivierung	Die Integration der Besucher wird bewertet.
Innenwirkung	Die Wirkung im Unternehmen des Auftraggebers wird bewertet.
Verkaufsförderung	Aspekte der Wirksamkeit verkaufsfördernder Maßnahmen werden bewertet.

Beispielaufgaben zu 2.3–2.5 ✓ *Orga*

2.5.4 20 Beispielaufgaben mit Musterlösungsansätzen (zu 2.3–2.5)

Prüfung

Rahmenfall:
Die Juniversal-Eventagentur bekommt den Auftrag, zum 100-jährigen Bestehen eines großen deutschen Getränkeherstellers ein zentrales viertägiges Sommerfestival in der Innenstadt einer mittelgroßen Stadt zu organisieren. Es ist ein Stadtfest mit mehreren Outdoor-Bühnen und Kultur- und Genussmeilen sowie einem Marktbereich geplant. Eine Betriebsfeier mit 2 500 geladenen Gästen bildet den Auftakt.

mögliche Punktzahl: 100 Punkte

1. Nennen Sie zwölf wesentliche Planungsaspekte für die Auftaktveranstaltung (6 Punkte).

je 0,5 Punkte für jede schlüssige Nennung

1. Zielgruppendefinition
2. Idee/Motto/Leitmotiv
3. Programm
4. Künstler
5. Location
6. Dekoration
7. Catering
8. Unterbringung der Beteiligten
9. Ablaufplan
10. Einladungsszenario
11. Kalkulation/Budget
12. Projektplan

2. Wie sollte im Projektteam miteinander kommuniziert werden (4 Punkte)?

bis zu 4 Punkte für die schlüssige Erläuterung

Je nach Status des Projektes sollten die Ergebnisse in regelmäßigen Team-Meetings sachlich überprüft und die Aufgabenstellungen fachlich angepasst werden. Die Teammitglieder sollten sich bemühen, persönliche Befindlichkeiten angesichts eines erfolgreichen Projekts aus Diskussionen herauszuhalten. Auftretende Probleme sollten offen, respektvoll und lösungsorientiert angesprochen, Lösungsansätze konstruktiv und gemeinsam gesucht werden. Über regelmäßige Teambesprechungen hinaus sollte mithilfe von E-Mails und einem zentralisierten Datentransfer Dokumente, Fotos oder Pläne ausgetauscht werden. Die Ergebnisse der Team-Meetings sollten protokolliert und allen Beteiligten digital übermittelt werden.

Orga ✓ Veranstaltungsorganisation/-wirtschaft

987
3. Nennen Sie zehn Punkte eines möglichen Einladungsszenarios (5 Punkte).
je 0,5 Punkte für jede schlüssige Nennung

1. Definition und Ansprache des Teilnehmerkreises über passende Medien (persönliche Einladung, Internet, Fachzeitschriften usw., nach Bedarf Rabatte/Angebotsaktionen)
2. Terminblocker mit Ankündigung des Termins etwa sechs bis zwölf Monate vor der Veranstaltung
3. detaillierte Ankündigung der Veranstaltung etwa drei bis sechs Monate vorher
4. Versand der Einladungen etwa zwei bis fünf Monate vorher; Szenario repräsentativ an der Corporate Identity des veranstaltenden Unternehmens orientieren; Inhalte: Motto und Key-Visual, Anlass, Programm, Zeitpunkt und Dauer, Ort und Anreise, Antwortelement
5. beiliegende Antwortkarte/Fax-Rückläufer
6. alternativ: E-Mail basiertes Onlineszenario (internetgestützt)
7. Erinnerung/Nachfassaktion
8. Fragebogen mit Fragen zu Anreise, Hotelbedarf, Teilnahme am Rahmenprogramm
9. Teilnahmebestätigung und praktische Hinweise mit allen Details inklusive Dresscode
10. Versand von Informationsunterlagen, Plänen usw.

988
4. Beschreiben Sie das einzuleitende Genehmigungsverfahren, wenn die Auftaktveranstaltung in einer firmeneigenen Abfüllhalle stattfinden soll (4 Punkte).
je 1 Punkt für die richtige Beschreibung eines Aspektes

Genehmigungsverfahren:
a) Antrag auf befristete „Nutzungsänderung" („Änderung der genehmigten Nutzungsart") mit dem Ziel, die Abfüllhalle vorübergehend als Versammlungsstätte einzurichten
b) Bauantrag bei der Bauordnungsbehörde auf Basis der Bauordnung der Länder sowie der jeweilige landesrechtlichen Umsetzung der Musterversammlungsstättenverordnung.

Einzureichende wesentlichen Unterlagen:
1. Bauantrag (amtliche Vordrucke)
2. Bauzeichnungen (hier besonders bei Versammlungsstätten Bestuhlungs- und Rettungswegeplan sowie sonstige Vorgaben bzw. Auflagen der landesrechtlichen Umsetzung der Musterversammlungsstättenverordnung – z. B. Nachweis Standsicherheit, Brandschutz, Schallschutz –, Lageplan – Flurkarte – Deutsche Grundkarte (die Flurkarte sollte nicht älter als sechs Monate sein; Maßstab mindestens 1:1 000)
3. Bauvorlageberechtigung (Unterschrift bauvorlageberechtigter Entwurfsverfasser – diese sind von den zuständigen Kammern anerkannte Ausführungsberechtigte/Sachverständige, z. B. Architekten, Ingenieure)

989
5. Das Management einer Band erwähnt eine Abgabepflicht gegenüber der KSK. Wer trägt diese, wer erhält den Betrag und was passiert damit (4 Punkte)?
bis zu 4 Punkte für die schlüssige Beschreibung

Es handelt sich um die Künstlersozialabgabe des Vertragspartners der Band auf Basis des Künstlersozialversicherungsgesetzes (KSVG) an die Künstlersozialkasse. Die Künstlersozialversicherung ermöglicht freiberuflichen Künstlern und Publizisten den subventionierten Zugang zur gesetzlichen Kranken-, Pflege- und Rentenversicherung. Der Finanzbedarf wird dabei nur knapp zur Hälfte aus Beiträgen der Versicherten aufgebracht. Die andere Beitragshälfte tragen der Bund über einen Zuschuss sowie die „Verwerter" von künstlerischen Leistungen in Form der „Künstlersozialabgabe", die mit einem jährlich neu berechneten Prozentsatz der vereinbarten Nettogage inklusive Ausla-

Beispielaufgaben zu 2.3–2.5 — Orga

gen und Nebenkosten zusätzlich an die Künstlersozialkasse abzuführen ist, die für die Versicherungsveranlagung und die Beitragserhebung zuständig ist. Dabei besteht eine gesetzliche Meldepflicht des Verwerters ohne besondere Aufforderung.

6. Grenzen Sie die Begriffe „Versammlungsstätte" und „Fliegende Bauten" ab (4 Punkte).
je 2 Punkte für jede schlüssige Beschreibung

Versammlungsstätten sind bauliche Anlagen oder Teile baulicher Anlagen, die für die gleichzeitige Anwesenheit vieler Menschen bei Veranstaltungen bestimmt sind, sowie Schank- und Speisewirtschaften.

Fliegende Bauten sind bauliche Anlagen, die geeignet und bestimmt sind, an verschiedenen Orten wiederholt aufgestellt und zerlegt zu werden. Wesentliches Merkmal eines Fliegenden Baus ist das Fehlen einer festen Beziehung der Anlage zu einem Grundstück, z. B. ein Festzelt.

7. Nennen Sie fünf wesentliche Informationen, die Sie über die potenziellen Besucher benötigen und deren mögliche Auswirkungen (5 Punkte).
je 1 Punkt für jede richtige Nennung

1. Anzahl (Berechnung der notwenigen Fläche, Bewirtungsaufwendungen, Transport, Unterbringung)
2. geschlechtliche und soziale sowie Alters-Zusammensetzung inkl. Begleitpersonen (Auswirkung auf Programm)
3. Herkunft (regional, national, international) (Auswirkung auf Verpflegung)
4. religiöse Zusammensetzung (Auswirkung auf Verpflegung)
5. Anwesenheit von VIPs bzw. hochrangigen Politikern (erhöhte Sicherheitsvorkehrungen, ggf. Protokoll)

8. Sie suchen neue Veranstaltungstechnik-Dienstleister. Welche Recherchewege benutzen Sie zur Informationsbeschaffung und wie überprüfen Sie Eignung und Leistungsfähigkeit (4 Punkte)?
je bis zu 2 Punkte für jede schlüssige Beschreibung

Recherchewege: Internetrecherche, Fachmessebesuche, Marktbeobachtung/Referenzveranstaltungen, Firmenbesuche, Auswertung von Korrespondenz, Medienberichte in Fachmedien, Recherche bei Kollegen

Auswahlkriterien: Stand der Technik/Equipment, Personalstand und -struktur, Kapazität und Leistungsangebot, Unternehmensgröße/Branchenvergleich, Image/Referenzen, Angebotsverhalten, Preis- und Leistungs-Verhältnis, Glaubwürdigkeit

Orga ✓ Veranstaltungsorganisation/-wirtschaft

993

9. Welche sieben Kriterien legen Sie bei der Personalauswahl zugrunde (7 Punkte)?

je 1 Punkt für jede richtige Nennung

1. Fachkompetenz
2. Ausbildungshintergrund/Lebenslauf/Referenzen
3. persönliches Erscheinungsbild
4. Zuverlässigkeit
5. Teamfähigkeit
6. Führungsverhalten
7. Bewertungen

994

10. Welche Zertifizierungen benötigen Zulieferer- und Dienstleistungsfirmen sowie das eingesetzte Personal (10 Punkte)?

je 2 Punkte für jede richtige Nennung und Beschreibung

Tätigkeitsbereich	Details
Sicherheitspersonal	Sachkundenachweis/Belehrung (§ 34a GewO Abs. 1 Satz 5) Sachkundeschulung/Prüfung durch IHK – 40 Std., Betreiber von Sicherheitsfirmen (Sachkundeschulung/Prüfung durch IHK – 80 Std.)
Personal zur Zubereitung/Verkauf von Speisen und Getränken	Bescheinigung nach dem Infektionsschutzgesetz (IfSG): Schulung durch zertifizierte Unternehmen bzw. Gesundheitsämter (1. Belehrung); Folgebelehrung jährlich (i. d. R. durch Arbeitgeber)
Verantwortlicher für Veranstaltungstechnik nach VStättVO der Länder	Vertrautheit mit den bühnen-, studio- oder hallentechnischen Einrichtungen sowie sonstigen technischen Einrichtungen inkl. der sicherheitstechnischen Gebäudeausrüstung. Zertifizierung z. B. gemäß § 39 SBauVO NRW bzw. VStättVO der Länder sowie Technische Leitung Veranstaltungstechnik nach DIN 15750:2005 – 08.(Meister und Ingenieure für Veranstaltungstechnik, unterrangig Fachkräfte für Veranstaltungstechnik)
Personal für pyrotechnische Gegenstände (Mittelfeuerwerk; Großfeuerwerk)	Fachkundenachweis (§ 9 SprengG) nach dem Sprengstoffgesetz zum Abbrennen von pyrotechnischen Gegenständen dieser Art (z. B. Feuerwerk-Meister, Feuerwehrangehörige mit Zusatzausbildung – verantwortliche Person nach § 19 SprengG und SBauVO, § 35 (2) bzw. VStättVO der jeweiligen Bundesländer)
Personal zur Fahrgastbeförderung	entsprechende Führerscheine und Fahrgastbeförderungsscheine, Mietwagenkonzession

Ein Auftraggeber hat generell sicherzustellen, dass nur geeignete, d. h. zuverlässige, fach- und sachkundige Auftragnehmer beauftragt werden. Er hat auf Besonderheiten der Veranstaltungs- bzw. Produktionsstätte, veranstaltungsbedingte Gefährdungen und auf die Einhaltung von geltenden Rechtsnormen hinzuweisen, z. B. der Hygienevorschriften beim Verkauf von Speisen/Getränken laut Trinkwasserverordnung.

Beispielaufgaben zu 2.3–2.5 — Orga

11. Was bedeutet der Hinweis, die BGV einzuhalten (4 Punkte)?

bis zu 4 Punkte für die schlüssige Darstellung

Die Berufsgenossenschaftlichen Vorschriften (BGV) sind die von den deutschen Berufsgenossenschaften erlassenen Unfallverhütungsvorschriften. Als wichtigste BG-Vorschrift gilt die BGV A1 – Grundsätze der Prävention. Für unsere Branche ebenfalls zentral ist die „Unfallverhütungsvorschrift BGV C1 – Veranstaltungs- und Produktionsstätten für szenische Darstellung". Die gewerblichen Berufsgenossenschaften sind die Träger der gesetzlichen Unfallversicherung für die Unternehmen der deutschen Privatwirtschaft und deren Beschäftigte. Sie haben die Aufgabe, Arbeitsunfälle und Berufskrankheiten sowie arbeitsbedingte Gesundheitsgefahren zu verhüten. Bei den Berufsgenossenschaften handelt es sich um Sozialversicherungsträger. Sie sind als Körperschaften des öffentlichen Rechts mit Selbstverwaltung organisiert und finanzieren sich ausschließlich aus Beiträgen der ihnen durch Pflichtmitgliedschaft zugeordneten Unternehmen.

12. Listen Sie sechs Sicherheitsvorschriften im Hinblick auf die Bestuhlung auf (6 Punkte).

je 1 Punkt für jede richtige Nennung

Auf Grundlage der jeweils gültigen Versammlungsstättenverordnung müssen folgende Vorschriften bzgl. der Bestuhlung eingehalten werden:

1. Bei Tischbestuhlung mindestens ein m^2-Fläche pro Teilnehmer, bei Reihenbestuhlung höchstens ein m^2-Fläche pro zwei Teilnehmer
2. Die Anzahl und die Breite der Türen bestimmt das höchst zulässige Fassungsvermögen des Raumes (mindestens zwei Türen à 120 cm, pro 60 cm höchstens 100 Besucher)
3. Die Rettungswege müssen eingehalten werden (Gänge mit mindestens 120 cm Breite), Entfernung von jedem Besucherplatz bis zum nächsten Ausgang nicht länger als 30 m (bis Höhe 5 m/ab 5 m je 2,5 m mehr weitere 5 m Fluchtweglänge), insgesamt nicht länger als 60 m
4. Mindestbreite und -tiefe der Sitzplätze (mindestens 50 cm Breite und 45 cm Tiefe)
5. Ein genehmigter Bestuhlungsplan muss vorliegen (ggf. erstellt werden), in der Nähe des Eingangs angebracht und eingehalten werde. Auf Grundlage der Regelungen der Versammlungsstättenverordnung muss bei einer Abweichung von bestehenden Genehmigungsplänen ein neuer Plan erstellt und vor der Veranstaltung von der zuständigen Behörde abgenommen werden (i. d. R. ist die örtliche Baubehörde zuständig).
6. Stuhlreihen müssen unverrückbar befestigt sein. Vorübergehende Stuhlreihen sind zu verbinden.

13. Beschreiben Sie zwölf Maßnahmen für das Einlassszenario der Firmenveranstaltung mit geladenen Gästen (6 Punkte).

je 0,5 Punkte für jede richtige Nennung

1. Berücksichtigung der unmittelbaren Anreise zum Veranstaltungsort (Vorfahrts- und Haltemöglichkeit für Individual-Pkw, Taxis, Busse, Wendemöglichkeit für Fahrzeuge, Organisation des eintreffenden und des ablaufenden Verkehrs, Organisation von Parkflächen für zu erwartende Fahrzeuge, Ordnungsdienst zur Hilfestellung der Parkflächenzuweisung, besondere Parkflächen für VIP-Fahrzeuge, Taxi-Organisation)
2. Wegeplanung des Eingangsbereichs unter Berücksichtigung von Gästezufluss und -abfluss während der gesamten Veranstaltung um Stauungen zu vermeiden, Vorbereitung einer Schlechtwetteroption (Überdachung des Eingangsbereichs, Servicepersonal mit Schirmen, zusätzliche Wegbefestigung und -beleuchtung)
3. Organisation von Einlass- und Sicherheitspersonal; an allen Positionen geschultes und vorbereitetes Personal; Vorhaltung von entsprechendem fremdsprachigem Personal, wenn fremdsprachliche Gäste erwartet werden

Orga ✓ Veranstaltungsorganisation/-wirtschaft

4. Gästeakkreditierung (Überprüfung, ob der eintreffende Gast auf der Einladungsliste steht, Dokumentation, dass er eingetroffen ist; Anzahl der Akkreditierungsstellen abhängig von der Anzahl und der zu erwartenden Gleichzeitigkeit des Gästeeintreffens; eventuell Ausgabe von Namensschildern, Tischzuweisungen bei festgelegten Sitzordnungen)
5. Organisation einer Kommunikations- und Entscheidungsstruktur für die einzelnen Akkreditierungsstellen, kompetenter und entscheidungsbefugter Vertreter des Kunden für unvorhergesehene kurzfristige zusätzliche Zugangsberechtigungen
6. gesonderter Empfangsbereich für Presse, besondere Gäste (VIP)
7. Ausgabe einer Identifikation, die im Fall des Verlassens einen Wiedereintritt ermöglicht
8. Information über Veranstaltungsablauf und Räumlichkeiten (Garderoben, Toiletten, Raucherplätze)
9. Planung des Garderobenbereichs (ausreichend besetzt um Wartezeiten der Gäste zu vermeiden)
10. Ausgabe von Begrüßungsgetränken und Fingerfood
11. Organisation von eventuellen Werbepositionen der Veranstaltungs-Sponsoren im Eingangsbereich
12. Vorbereitung der Gästeverabschiedung, Ausgabe von kleinen Geschenken

998

14. Die Veranstaltungen sollen nachhaltig und ökologisch optimiert durchgeführt werden. Welche acht Maßnahmen beachten Sie (4 Punkte)?

je 0,5 Punkte für jede richtige Nennung

Verwendung von regionalen und saisonalen Produkten sowie Bioprodukten im Warenangebot, Produkte aus fairem Handel, Verpackung minimieren, abfallarmes Warenangebot, möglichst keine Kleinverpackungen, Bevorzugung von wieder verwendbarem Geschirr, Einsatz von ökologisch verträglichen Reinigungsmitteln, Pfandsysteme, Abfallvermeidung, Abfalltrennung und Entsorgung, Einrichtung zusätzlicher temporärer Wertstoffinseln, aufkommensabhängige Leerung, Abfallvermeidung bei der Errichtung von temporären Bauten (Nutzung von zum wiederholten Auf- und Abbau konstruierten Bauteilen und Materialien), Minimierung von Wegwerfartikeln, papierarme/elektronische Medien bevorzugen, Nutzung von Recyclingpapier, Maßnahmen zur sparsamen Wassernutzung, Energie sparen (Energiesparlampen), Effizienz bei Kühlung und Heizung, Lärmemmission planen und kontrollieren, bestehende Grünflächen schützen, attraktive Wegeführung für Besucher anbieten, ÖPNV-Angebot für Veranstaltung optimieren, Kombiticket Transport und Veranstaltung anbieten, attraktive Alternativen zur Individualanreise bieten, Parkflächen am Ortsrand mit Shuttleservice zur Veranstaltungsfläche organisieren, alle Beteiligten in die Planung mit einbinden und zum gemeinsamen Ziel verpflichten, Klimabelastung/CO_2-Ausstoß feststellen und durch Kompensationsmaßnahmen ausgleichen

999

15. Beschreiben Sie die in den §§ 38–43 der MVStättV genannten verantwortlichen Personen mit ihren Funktionen und Verantwortlichkeiten (4 Punkte).

bis zu 4 Punkte für die schlüssige Darstellung

MVStättVO Abschnitt 4: Verantwortliche Personen
§ 38 Pflichten der Betreiber, Veranstalter und Beauftragten von Versammlungsstätten
§ 39 Verantwortliche für Veranstaltungstechnik
§ 40 Aufgaben und Pflichten der Verantwortlichen für Veranstaltungstechnik
§ 41 Brandsicherheitswache, Sanitäts- und Rettungsdienst für Versammlungsstätten
§ 42 Brandschutzordnung, Feuerwehrpläne für Versammlungsstätten
§ 43 Sicherheitskonzept, Ordnungsdienst für Versammlungsstätten
Betreiber, Veranstaltungsleiter: Der Betreiber ist für die Sicherheit der Veranstaltung und die Einhaltung der Vorschriften verantwortlich. Während des Betriebs von Versammlungsstätten muss er oder ein beauftragter Veranstaltungsleiter ständig anwesend sein. Der Betreiber muss die Zusammenarbeit von Ordnungsdienst, Brandsi-

cherheitswache und Sanitätswache mit der Polizei, der Feuerwehr und dem Rettungsdienst gewährleisten. Er ist zur Einstellung des Betriebs verpflichtet, wenn für die Sicherheit der Versammlungsstätte notwendige Anlagen, Einrichtungen oder Vorrichtungen nicht betriebsfähig sind oder wenn Betriebsvorschriften nicht eingehalten werden können. Der Betreiber kann die genannten Verpflichtungen durch schriftliche Vereinbarung auf den Veranstalter übertragen. Diese Person oder die von dieser mit der Leitung der Veranstaltung Beauftragten müssen mit der Versammlungsstätte und deren Einrichtungen vertraut sein. Die Verantwortung des Betreibers bleibt unberührt.

Verantwortlicher für Veranstaltungstechnik: Um die Sicherheit und Funktionsfähigkeit der technischen Einrichtungen der Versammlungsstätte sicherzustellen, wird i. d. R. ein Verantwortlicher für Veranstaltungstechnik benötigt. Wer Verantwortlicher für Veranstaltungstechnik ist, regelt § 39 Abs. 1 Satz 1 der landesrechtliche Umsetzung der Musterversammlungsstättenverordnung. Aufgaben und Pflichten der Verantwortlichen für Veranstaltungstechnik: Nach § 40 Abs. 1 müssen die Verantwortlichen für Veranstaltungstechnik mit den bühnen-, studio- und beleuchtungstechnischen und sonstigen technischen Einrichtungen der Versammlungsstätte vertraut sein und deren Sicherheit und Funktionsfähigkeit, insbesondere hinsichtlich des Brandschutzes, während des Betriebs gewährleisten.

Brandsicherheitswache: Bei Veranstaltungen mit erhöhten Brandgefahren hat der Betreiber eine Brandsicherheitswache einzurichten. Bei jeder Veranstaltung auf Großbühnen sowie Szenenflächen mit mehr als 200 m² Grundfläche muss eine Brandsicherheitswache der Feuerwehr anwesend sein. Der Betreiber oder eine von ihm beauftragte Person hat im Einvernehmen mit der Brandschutzdienststelle eine Brandschutzordnung aufzustellen und durch Aushang bekannt zu machen. Veranstaltungen mit voraussichtlich mehr als 5 000 Besuchern sind den für den Sanitäts- und Rettungsdienst zuständigen Behörden rechtzeitig anzuzeigen.

Ordnungsdienstleiter: Erfordert es die Art der Veranstaltung, hat der Betreiber ein Sicherheitskonzept aufzustellen und einen Ordnungsdienst einzurichten. Der nach dem Sicherheitskonzept erforderliche Ordnungsdienst muss von einer vom Betreiber oder vom Veranstalter bestellten Person geleitet werden. Die Ordnungsdienstleiterin oder der Ordnungsdienstleiter und die Ordnungsdienstkräfte sind für die betrieblichen Sicherheitsmaßnahmen verantwortlich. Sie sind insbesondere für die Kontrolle an den Ein- und Ausgängen und den Zugängen zu den Besucherblöcken, die Beachtung der maximal zulässigen Besucherzahl und der Anordnung der Besucherplätze, die Beachtung der Verbote des § 35 (Rauchen, Verwendung von offenem Feuer und pyrotechnischen Gegenständen), die Sicherheitsdurchsagen sowie für die geordnete Evakuierung im Gefahrenfall verantwortlich.

16. Geben Sie fünf vorbereitende Maßnahmen zur Abrechnung der Veranstaltung gegenüber dem Kunden an (5 Punkte).

je 1 Punkt für jede richtige Nennung

1. Grobkalkulation (Excel-Übersicht)
2. Auflistung und Sortierung von Belegen nach Art und Vorgang
3. Prüfen und Bewerten von Rechungsbelegen und Zahlungsvorgängen (vor allem der Dienstleister)
4. Mitarbeiterzeiterfassung zur Stundenabrechnung (Personalabrechnung)
5. Auflisten von Abgaben, Steuern und Genehmigungskosten

Orga ✓ Veranstaltungsorganisation/-wirtschaft

1001

17. Für den Loungebereich sollen 400 Sessel einer bestimmten Marke angemietet werden. Sie sollen Angebote bei drei Lieferanten einholen, über die folgende Daten vorliegen:

	Sessel GmbH (Hannover)	Lounge Ltd. (Brüssel)	LME (London)
Mindestmenge	20 Stück	50 Stück	keine
Mietpreis	18,00 € pro Tag	20,00 € pro Tag	16,00 € pro Tag
Verpackungskosten	Pauschal 150,00 €	frei Haus	je 50 Stück 50,00 € Verpackungs-/Transportpauschale
Rabatt/Skonto	5 % bei mind. 300 Stck./Tag	3 % Skonto bei Zahlung innerhalb von 10 Tagen	-
Erfahrungsbericht über Lieferant (Auszüge)	- zufriedenstellende Abwicklung - Lieferverhalten positiv - gute Qualität - zufriedenstellendes Reklamationsverhalten - gute Beratung, gutes Image trotz schwächerer Marktstellung Manko: Internetauftritt und Werbematerialien	- deutschsprachige Fachleute mit guter Beratungsqualität - kulantes Reklamationsverhalten - gutes Image, gute Marktstellung - gute Werbematerialien - hohe Produktqualität - pünktliche Abwicklung Manko: längere Lieferzeiten	- kurzfristiges, aber bisweilen unzuverlässiges Lieferverhalten - gute Produktqualität - intensive Endkundenbewerbung Manko: Billighersteller-Image, gelegentlich Falschlieferungen, teilweise sperrig bis schleppende Reklamationsbearbeitung

Ermitteln Sie den jeweiligen Bezugspreis unter Berücksichtigung einer Bestellmenge von 400 Stck. und Skontonutzung (6 Punkte).

je 2 Punkte für jede richtige Lösung, ggf. Teilpunkte für richtige Zwischenlösungen

Art	Sessel GmbH (Hannover)	Lounge Ltd. (Brüssel)	LME (London)
Bestellmenge	400	400	400
Listenpreis	7 200,00 €	8 000,00 €	6 400,00 €
- Rabatt	360,00 €	0,00 €	0,00 €
= Zieleinkaufspreis	6 840,00 €	8 000,00 €	6 400,00 €
- Skonto	0,00 €	240,00 €	0,00 €
= Bareinkaufspreis	6 840,00 €	7 760,00 €	6 400,00 €
+ weitere Kosten	150,00 €	0,00 €	400,00 €
= Bezugskosten	6 990,00 €	7 760,00 €	6 800,00 €

Beispielaufgaben zu 2.3–2.5 — Orga

18. Welche acht Kriterien außerhalb des Bezugspreises dienen als Grundlage für die Lieferantenauswahl (4 Punkte)?

je 0,5 Punkte für jede richtige Nennung

1. Erfahrung mit Bestellabwicklung
2. Lieferverhalten
3. Qualität
4. Reklamationsverhalten
5. Beratungsniveau
6. Image
7. Marktstellung
8. Internetauftritt/Werbematerialien

19. Nennen Sie vier Gründe für eine Nachkalkulation (4 Punkte).

je 1 Punkt für jede richtige Nennung

1. Einzelaufstellung tatsächlich entstandener Kosten
2. Vorbereitung der Unterlagen für die Buchführung
3. Ermittlung der Soll-Ist-Abweichung zur Vorbereitung des analysierenden Kostencontrollings
4. ggf. Grundlage für die angleichende Korrektur der Abrechnung gegenüber dem Kunden

20. Listen Sie acht für das Stadtfest typische Genehmigungsverfahren bei den unterschiedlichen Behörden unter Nennung der Regelwerke und möglicher Auflagen auf (4 Punkte).

je 0,5 Punkte jede richtige Beschreibung

1. Antrag auf Erlaubnis einer Sondernutzung an öffentlichen Straßen und Verkehrsflächen nach § 46 Abs. 1 StVO (Straßenverkehrsordnung) und § 18 Abs. 1 und 2 StWG (Straßenwegegesetz): Straßenverkehrsamt, Ordnungsamt, Umwelt-/Grünflächenamt (Parkanlagen/Grünflächen).
   Mögliche Auflagen: Rettungswegevorhaltung (z. B. 3,50 m) für Rettungsdienste, Müllgefäße/Müllentsorgung/Reinigung der Verkehrsflächen, baustatische Abnahme (Baurecht NRW bzw. jeweiliges der Bundesländer)
2. Antrag auf Erlaubnis nach § 10 Landesimmissionsschutzgesetz (LImschG) – Betrieb von Tonwiedergabegeräten und Musikinstrumenten/Mikrofonanlagen usw. beim Ordnungsamt (ggf. Umweltamt).
   Mögliche Auflagen: Begrenzung der Musiklautstärke zwischen 13:00–15:00 Uhr (Mittagsruhe), Begrenzung der Musiklautstärke ab 22:00 Uhr
3. Antrag auf Gestattung eines vorübergehenden Gaststättenbetriebs nach dem Gaststättengesetz (§ 12, Abs. 1 und 3 GastG) beim Ordnungsamt bzw. Gewerbeamt.
   Mögliche Auflagen: Einhaltung der Vorgaben durch das Infektionsschutzgesetz (IfSG), Einhaltung der Vorgaben der Trinkwasserverordnung (TrinkwV), Aushang Jugendschutzgesetzgebung, generelles oder lokal begrenztes Glasverbot, Preisauszeichnung, Abortanlagen
4. Beantragung einer Marktfestsetzung nach der Gewerbeordnung (GewO, § 69) beim Ordnungsamt oder Gewerbeamt.
   Mögliche Auflagen: Beschränkung der Aussteller- und Anbietergruppen, Müllentsorgung/Endreinigung
5. Antrag auf vorübergehende Nutzungsänderung eines Gebäudes nach Baurecht (z. B. BauO NRW, § 82 Abs. 3, unter Berücksichtigung der Sonderbauverordnung/SBauVO NRW, Teil 1: Versammlungsstätten; VStättVO der

Orga ✓ Veranstaltungsorganisation/-wirtschaft

jeweiligen Bundesländer) bei der Baubehörde (Bauordnungsamt) zzgl. brandgutachterliche/feuerpolizeiliche Genehmigung (Feuerwehr)
Auflagen: ergeben sich aus der Einhaltung der Vorgaben der SBauVO oder VStättVO
Wichtig: Ein entsprechender Bestuhlungsplan inklusive Rettungswegeplan ist dem Antrag beizulegen.

6. Antrag auf feuerpolizeiliche Genehmigung eines Feuerwerks (Grundlage: Sprengstoffgesetz und SBauVO NRW, Teil 1, § 35 bzw. VStättVO der jeweiligen Bundesländer; LImschG à Feuerwehr, Ordnungsamt)
Mögliche Auflagen: gesonderte Brandschutzauflagen nach Art und Ort

7. Abnahme von fliegenden Bauten nach der Landesbauordnung (z. B. BauO NRW § 79 Abs. 1) und den Verwaltungsvorschriften über Ausführungsgenehmigungen für fliegende Bauten und deren Gebrauchsabnahme (FlBauVV bzw. BauO der jeweiligen Bundesländer) beim Bauordnungsamt. Grundlage: Prüfbuch

8. Antrag auf Genehmigung von Veranstaltungen im Rahmen des Sonn- und Feiertagsgesetzes beim Ordnungsamt und/oder Gewerbeamt (hier: z. B. im Rahmen der „Marktfestsetzung")
Auflagen: z. B. Einhaltung der Mittagsruhe, Vermeidung der Störung von Gottesdiensten

2.6 Finanzierung, Kostenkalkulation und Budgetierung

2.6.1 Beschaffung, Rechnungslegung und Finanzierung

Beschaffung

ZP 1005 Was ist der Unterschied zwischen der *Ein- und Verkaufsabteilung?*

Die **Einkaufsabteilung** ist für die **Versorgung des Unternehmens mit Gütern und Dienstleistungen** zuständig, die zur Produktion benötigt werden. Sie kann als Teil der Materialwirtschaft für die Beschaffung zuständig sein. Es wird dabei zwischen strategischen und operativen Einkäufen unterschieden. Strategische Einkaufsvorgänge betreffen die Prozesse der Beschaffung, z. B. Marktuntersuchungen, die Lieferantenauswahl und -beurteilung, Preisverhandlungen und Vertragsverhandlungen sowie die Vereinbarung von Liefer- und Zahlungskonditionen.
Operative Einkaufsvorgänge betreffen die Bestellabwicklung, die Mengenplanung sowie die Lagerbestandsvorbereitung und -überwachung. Die **Verkaufsabteilung** ist **Teil des Vertriebs.**

ZP 1006 Stellen Sie drei Fragen, die bei einer *Bedarfsanalyse* eine Rolle spielen.

1. Welche Ressourcen (Arbeitsmittel und Personal) hat das Unternehmen bereits zum jetzigen Zeitpunkt zur Verfügung?
2. Welche dieser jetzt verfügbaren Ressourcen können eingesetzt werden?
3. Welche zusätzlichen Mittel müssen beschafft werden?

ZP 1007 Nennen Sie typische *Maßnahmen in Beschaffungsplanung und Beschaffungsentscheidung.*

Zunächst sind konkrete Bedarfsinformationen wie Art, Anzahl und Zeitpunkt von benötigter Lieferung oder Leistung nötig sowie Informationen über potenzielle Lieferanten, um einen Angebotsvergleich anzuvisieren. Nach dieser Bedarfsermittlung müssen eine Sortimentsplanung (Waren und Artikel), Mengenplanung (Anzahl und Stückzahlen), eine Zeitplanung (Bestellung, Anschaffung, Lieferung) und eine Bezugsquellenermittlung (Lieferanten und Dienstleister) durchgeführt werden.

Beschaffung, Rechnungslegung und Finanzierung

Orga

Bei der Bezugsquellenermittlung können zunächst bereits bestehende Geschäftsverbindungen zu Lieferanten und Dienstleistern genutzt werden. Des Weiteren sollten in einer Datenbank die bestehenden und potenziellen Lieferanten zu wesentlichen Geschäfts- und Bedarfsfeldern erfasst sein. Darüber hinaus helfen die regelmäßig eintreffenden Werbeinformationen der verschiedenen Anbieter sowie gezielte Recherche im Internet. Auch Branchenverzeichnisse, die Gelben Seiten, Messen und Ausstellungen und Wirtschaftsverbände können zugrunde gelegt werden.

1008 ZP Beschreiben Sie, wie die *Bezugsquellenermittlung* erfolgen kann.

- Eine **Anpreisung** (Anzeige, Auslage, Plakat, Katalog, Werbespot) richtet sich an die Allgemeinheit und stellt noch kein Angebot dar.
- Durch eine **Anfrage** an einen potenziellen Lieferanten werden Informationen, Muster, Kataloge und Verzeichnisse sowie Preise und Konditionen, Lieferbedingungen und -zeiten eingefragt. Eine Anfrage ist unverbindlich und noch ohne rechtliche Bedeutung für den Kauf- oder Werkvertrag.
- **Angebote** sind an keine Formvorschrift gebundene, allerdings rechtlich verbindliche Willenserklärungen, Waren oder Werke zu bestimmten Konditionen zu liefern oder leisten, an die sich der Lieferant dann halten muss.
- Ein **Kostenvoranschlag** ist ebenfalls eine ähnliche verbindliche Willenserklärung, allerdings ist hier der endgültige Preis noch 10–20 % variabel. Ein Kostenvoranschlag wird eher bei Dienstleistungen gestellt, bei denen Umfang und Ergebnis leicht variieren können.

1009 ZP Beschreiben Sie die Begriffe *Anpreisung, Anfrage, Angebot* und *Kostenvoranschlag.*

Angebot

Ein Angebot ist wie ein Kostenvoranschlag rechtlich verbindlich. Eine Grobkostenschätzung ist eine erste unverbindliche Schätzung und stellt noch kein verbindliches Angebot dar. Beim Angebot darf der berechnete Endpreis nicht vom angebotenen Preis abweichen; bei Veränderungen oder Erweiterungen müssen vor Lieferung und Rechnungslegung zusätzliche Bestellungen erfolgen.

1010 ZP Was ist der Unterschied zwischen *Angebot, Kostenvoranschlag* und *Grobkostenschätzung?*

Das Angebot ist nicht an eine besondere Form gebunden. Wenn es kein Ablaufdatum enthält, ist es so lange gültig, wie unter normalen Umständen und verkehrsüblichen Bedingungen mit einer Antwort gerechnet werden kann. Aber ein Angebot kann durch sogenannte Freizeichnungsklauseln in seiner rechtlichen Wirksamkeit eingeschränkt werden und zwar sowohl zeitlich, räumlich, vom Umfang und der Menge her, als auch in Bezug auf Konditionen. Ebenso kann der Anbieter sein Angebot rechtzeitig widerrufen.

1011 ZP Kann ein *Anbieter* ein *Angebot* einschränken?

Kaufleute möchten durch den **Angebotsvergleich** das **bestmögliche Preis-Leistungs-Verhältnis finden,** also für einen bestimmten Bedarf die qualitativ beste und günstigste Lösung ermitteln. Dafür müssen neben der angebotenen Qualität, der Menge und der konkreten Preise auch Aspekte wie Abzüge, Zahlungs- und Lieferungsbedingungen, Rücklieferungs- und Reklamationsregeln sowie Erfahrungswerte und Bewertungen zugrunde gelegt werden.

1012 ZP Welches *Ziel* hat ein *Angebotsvergleich?*

349

Orga ✓ Veranstaltungsorganisation/-wirtschaft

ZP 1013 Nennen Sie drei typische *Freizeichnungsklauseln.*

Freizeichnungsklausel	Bedeutung
„freibleibend"	unverbindliches Angebot, an das man sich nicht halten muss
„solange der Vorrat reicht"	Begrenzung der angebotenen Mange
„Preisänderungen vorbehalten"	Der Preis muss nicht gehalten werden.
„Angebot gültig bis ..."	Das Angebot wird nur bis zum genannten Zeitpunkt gehalten werden.

ZP 1014 Listen Sie typische *Preisnachlässe (Rabatte)* auf.

Preisnachlass	Kurzbeschreibung
Rabatt	vertraglich angebotener und festgelegter Preisnachlass
Rabattarten	Mengenrabatt, Treuerabatt, Jubiläumsrabatt, Personalrabatt, Naturalrabatt
Skonto	nachträglicher Preisrabatt, Motivation zu zügiger Zahlung
Bonus	umsatzbezogener nachträglicher Preisrabatt

ZP 1015 Listen Sie typische *Versandkostenregelungen* auf.

Versandkostenregelung	Kurzbeschreibung
Tara	Verpackungsgewicht; wird i. d. R. bei der Berechnung abgezogen
Beförderungskosten	Die Beförderungskosten trägt laut § 448 BGB der Käufer einer Ware (gesetzliche Regelung).
Lieferung ab Werk, ab Lager	Der Käufer trägt die gesamten Beförderungskosten.
Lieferung unfrei	Die Kosten ab der Versandstation trägt der Käufer bzw. Sendungsempfänger.
Lieferung frachtfrei	Der Verkäufer trägt die Kosten bis zur Empfangsstation. Die Kosten von Empfangsstation zum Empfangsstandort trägt der Käufer.
Lieferung frei Haus	Der Verkäufer trägt die Beförderungskosten.

Beschaffung, Rechnungslegung und Finanzierung — Orga

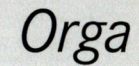

Lieferzeitenregelung	Kurzbeschreibung
Gesetzliche Regelung	Der Verkäufer ist zur unverzüglichen Lieferung verpflichtet.
Fixkaufregelung	Vereinbarung eines festen Liefertermins
Zeitraumregelung	Vereinbarung der Lieferung innerhalb einer Zweitspanne
Terminregelung	Die Lieferung muss bis zu einem bestimmten Endtermin (Deadline) erfolgen.

Listen Sie typische *Lieferzeitenregelungen* auf. (1016 ZP)

Zahlungsbedingung	Kurzbeschreibung
Gesetzliche Regelung	Der Verkäufer kann eine sofortige Zahlung verlangen (§ 270 BGB).
Gesetzliche Regelung (Rechnung)	Die Rechnung muss bis 30 Tage nach Rechnungsdatum bezahlt werden.
Zahlung vor Lieferung	Vereinbarte Vorkasse oder Vorauszahlung (Abschlagszahlung)
Nachnahme, Zahlung netto Kasse	Zahlung bei Auslieferung bzw. Warenübergabe
Zielkauf	Festlegung eines bestimmbaren Zahlungstermins
Ratenkauf	Der Rechnungsbetrag wird in vereinbarten Raten beglichen (zahlungsbezogene Kosten wie Gebühren und Zinsen trägt dabei meistens der Käufer).

Listen Sie typische *Zahlungsbedingungen* auf. (1017 ZP)

Erfüllungsort	Kurzbeschreibung
Gesetzlicher Erfüllungsort	Leistungsort; für die Lieferung ist dies der Sitz des Verkäufers
Ort des Gefahrenübergangs	Ort, an dem die Gefahr der zufälligen Verschlechterung auf den Vertragspartner übergeht (die Ware reist i. d. R. auf die Gefahr des Käufers, der Käufer trägt also i. d. R. das Transportrisiko)
Gerichtlicher Erfüllungsort (Gerichtsstand)	Den Erfüllungsort bestimmt das zuständige Gericht auf Basis der gesetzl. Regelungen.
Erfüllungsort für die Geldzahlung	Sitz des Käufers; der Käufer muss die Zahlung fristgerecht abschicken und trägt das Risiko für einen potenziellen Geldverlust
Vertraglicher Erfüllungsort	von den Vertragsparteien frei vereinbarter Erfüllungsort

Listen Sie typische *Erfüllungsorte* auf. (1018 ZP)

Orga ✓ Veranstaltungsorganisation/-wirtschaft

ZP 1019 Listen Sie wesentliche *Bestellungsregeln* auf.

Bestellungsregel	Kurzbeschreibung
Bestellung laut Angebot	Die Wiederholung der Angaben laut detailliertem Angebot ist nicht erforderlich; die Angabe von Ware, Menge und Preis reicht.
Nachträgliche Änderungen	Nachträgliche Änderungen gelten als neuer Antrag.
Widerruf der Bestellung	Ein Widerruf muss spätestens zusammen mit der Bestellung eintreffen.
Bestellung ohne Angebot	Eine Bestellung ohne Angebot gilt als Antrag, der durch eine Auftragsbestätigung angenommen werden muss.

ZP 1020 Beschreiben Sie die *Auswirkungen einer Auftragsbestätigung.*

Eine **Auftragbestätigung** dient i. d. R. der **Kontrolle der vereinbarten Bedingungen.** Weiterhin kann eine Auftragsbestätigung (auch Bestellungsannahme genannt) sinnvoll sein, um bestimmte Bedingungen zu fixieren, wie z. B. einen späteren Liefertermin. Sinnvoll erscheint sie auch bei telefonischer Bestellung oder bei einer Erstbestellung. Bei einer Bestellung ohne Angebot muss eine Auftragsbestätigung erfolgen, damit das Geschäft zustande kommt. Weiterhin ist eine Auftragsbestätigung notwendig, wenn das Angebot geändert oder verspätet angenommen wurde oder freibleibend war.

Warenannahme

ZP 1021 Wie ist die richtige *Reihenfolge bei der Warenannahme* laut HGB?

1. Anschrift prüfen
2. äußere Schäden am Paket prüfen
3. Empfang quittieren
4. Ware entnehmen
5. Ware auf sichtbare Mängel prüfen
6. Ware einlagern

ZP 1022 Was ist bei einer *Beschädigung* zu tun?

Wenn die Verpackung beschädigt ist, muss eine umgehende Klärung mit der Versandfirma erfolgen, i. d. R. durch ein Schadenprotokoll. Eine Abnahme der Ware kann verweigert werden oder unter Vorbehalt erfolgen. Wenn Mängel an der Ware erkennbar sind, ist eine umgehende Reklamation beim Absender bzw. Lieferanten erforderlich.

ZP 1023 Wie müssen Sie bei der *Prüfung der Ware* vorgehen?

Bei Lieferung auf Basis eines **zweiseitigen Handelskaufs** (laut HGB) reicht eine **stichprobenartige Prüfung,** die allerdings unverzüglich erfolgen muss. Bei Lieferung auf Basis des BGB ist auch eine verzögerte Prüfung möglich.

Beschaffung, Rechnungslegung und Finanzierung *Orga*

Wenn der Käufer die Lieferung **ungeprüft abgelehnt** hätte, wäre er in **Annahmeverzug** geraten. Ab dem Verzugszeitpunkt geht die Gefahr auf ihn über. Der Verkäufer haftet während des Verzugs nur für Vorsatz und grobe Fahrlässigkeit.

1024 ZP — Was passiert, wenn man die *Lieferung der Ware ungeprüft ablehnt*?

Art des Kaufs	Offene Mängel	Versteckte Mängel
Bei zweiseitigem Handelskauf laut HGB § 377 ff.	unverzüglich bemängeln	unverzüglich nach Entdeckung, spätestens aber vor Ablauf von sechs Monaten nach Lieferung bemängeln
Bei Kauf unter Privatleuten und einseitigem Handelskauf laut BGB § 477 ff. bzw. HGB § 377 ff.	innerhalb von sechs Monaten nach der Lieferung	

1025 ZP — Listen Sie die *Voraussetzungen* für eine *Reklamation bzw. Mängelrüge* auf.

Bei einem **zweiseitigen Handelskauf** hat der Kaufmann eine **sofortige Prüfpflicht** (Sichtkontrolle und Wareneingangskontrolle), eine **unverzügliche Rügepflicht** und eine **ordnungsgemäße Aufbewahrungspflicht der gerügten Ware.** Die gelieferte Ware muss ordnungsgemäß eingelagert werden und dem Lieferanten jederzeit zur Abholung zur Verfügung stehen. Gegebenenfalls kann die Ware auf Kosten des Lieferanten bei einem Spediteur eingelagert werden. Bei einer Mängelrüge auf Basis eines Kaufvertrags kann eine Nacherfüllung, d. h. Nachbesserung, oder eine Ersatzlieferung innerhalb einer angemessenen Frist verlangt werden. Lässt der Lieferant diese Frist verstreichen, kann man vom Kaufvertrag zurücktreten beziehungsweise Kaufpreisminderung verlangen, unter Umständen auch Schadenersatzforderungen geltend machen.

1026 ZP — Welche *Pflichten* und welche *Rechte* hat man im *Kaufvertrag* bei einer *Mängelrüge*?

- Anfrage
- Angebot
- Bestellung
- Widerruf einer Bestellung
- Ablehnung einer Bestellung
- Auftragsbestätigung
- Rechnung
- Lieferschein
- Mängelrüge/Reklamation
- Mahnung bei Zahlungsverzug
- Annahmeverzug
- Lieferverzug

1027 ZP — Nennen Sie weitere *Formen des kaufmännischen Schriftverkehrs* zur Wahrung der Rechte aus einem Kaufvertrag.

Orga ✓ Veranstaltungsorganisation/-wirtschaft

Kauf

ZP 1028 Nennen Sie den Unterschied zwischen einem *Fixkauf* und einem *Zweckkauf*.

- Der **Fixkauf** ist eine spezielle Form eines Kaufvertrags, bei dem die Lieferung der Ware innerhalb einer genau bestimmten Frist oder zu einem festgelegten Termin erfolgen muss. Wird die Leistung nicht innerhalb der gesetzten Frist erbracht, kann der Käufer bei einem einseitigen oder zweiseitigen Handelsgeschäft nach § 376 HGB wahlweise vom Kaufvertrag zurücktreten oder Schadenersatz verlangen. Auf eine Erfüllung muss der Käufer beim Handelskauf sofort nach Fristablauf bestehen. Liegt ein bürgerlicher Kauf vor, werden beim absoluten Fixgeschäft § 275 BGB (Unmöglichkeit) und beim relativen Fixgeschäft § 323 II Nr. 2 BGB (Rücktritt) angewendet.

- Ein **Zweckkauf** liegt vor, wenn eine Ware für einen bestimmten Zweck bestellt wurde, z. B. ein Kostüm anlässlich einer Aufführung; kommt die Ware erst nach dem Auftritt, hat sie ihren Zweck verfehlt.

Der Verkäufer gerät beim Fixkauf und beim Zweckkauf mit dem Überschreiten des vereinbarten Liefertermins automatisch in Verzug, auch wenn kein Verschulden vorliegt. Der Käufer kann dann ohne Mahnung vom Vertrag zurücktreten, auf Lieferung bestehen, muss dies aber dem Verkäufer sofort nach dem Stichtag (unverzüglich) mitteilen und bei Verschulden des Verkäufers statt der Lieferung Schadenersatz wegen Nichterfüllung verlangen. Bei besonderen Umständen, z. B. bei einem Just-in-Time-Geschäft ist der sofortige Rücktritt bzw. die sofortige Geltendmachung des Schadenersatzanspruches auch ohne vorherige Fristsetzung gerechtfertigt, wenn der festgelegte Termin nicht eingehalten wird.

ZP 1029 Definieren Sie die Begriffe *Kreditor* und *Debitor*.

- **Kreditoren** sind in der Buchführung Lieferanten, deren Rechnungen das Unternehmen noch bezahlen muss.

- **Debitoren** sind in der Buchführung Kunden, die die Rechnungen, die das Unternehmen ihnen gestellt hat, noch bezahlen müssen.

Die Personenkonten für Kreditoren und Debitoren werden in Nebenbüchern erfasst. Häufig werden die Vorgänge alphabetisch nach Namen sortiert in Papierordnern abgelegt.

Fakturierung

ZP 1030 Was bedeutet der Begriff *Fakturierung*?

Fakturierung ist der **Prozess der Rechnungsstellung vom Lieferanten an seinen Kunden.** Eine Rechnung muss dabei nicht als solche bezeichnet werden. Als Rechnung wird jede Urkunde angesehen, in der über eine Lieferung oder sonstige Leistung abgerechnet wird. Rechnungen sind als Abrechnungspapiere für die Umsatzsteuerpflicht von wesentlicher Bedeutung. Für den Leistungsempfänger besteht bei Vorliegen einer Rechnung die Möglichkeit, den Vorsteuerabzug in Anspruch zu nehmen, soweit er die Voraussetzungen dafür erfüllt. Der leistende Unternehmer schuldet dem Finanzamt die in der Rechnung ausgewiesene Umsatzsteuer.

Beschaffung, Rechnungslegung und Finanzierung — Orga

1. die dem Rechungssteller (leistenden Unternehmer) vom Finanzamt erteilte **Steuernummer** oder ersatzweise die ihm vom Bundesamt für Finanzen erteilte Umsatzsteuer-Identifikationsnummer sowie
2. eine fortlaufende Nummer mit einer oder mehreren Zahlenreihen, die zur Identifizierung der Rechung vom Rechungsaussteller einmalig vergeben wird (**Rechungsnummer**).

Wenn ab dem 1. Januar 2004 die Steuernummer oder die Umsatzsteuer-Identifikationsnummer auf Rechungen nicht angegeben sind, steht dem Empfänger der Vorsteuerabzug nicht mehr zu.

1031 ZP — Welche *Mindestangaben* muss eine *ordnungsgemäße Rechnung* für das Vorsteuerabzugsverfahren beinhalten?

---

1. vollständiger Name und vollständige Adresse des Rechungsstellers (leistenden Unternehmers) und des Adressaten (Leistungsempfängers)
2. das Ausstellungsdatum der Rechnung
3. der Umfang und die Art der Leistung (oder der gelieferten Gegenstände)
4. der Zeitpunkt der Lieferung oder Leistung oder der Vereinnahmung des Entgeltes, sofern dieser Zeitpunkt feststeht und nicht mit dem Ausstellungsdatum der Rechung identisch ist
5. bei Anzahlungen der Zeitpunkt der Zahlung (sofern der Zeitpunkt feststeht und nicht mit dem Ausstellungsdatum identisch ist)
6. das nach Steuersätzen und einzelnen Steuerbefreiungen aufgeschlüsselte Entgelt für die Lieferung oder Leistung sowie jede im Voraus vereinbarte Minderung des Entgeltes, sofern sie nicht bereits im Entgelt berücksichtigt ist
7. der anzuwendende Umsatzsteuersatz
8. der auf das Entgelt entfallende Steuerbetrag
9. im Fall einer Steuerbefreiung einen Hinweis darauf, dass für die Lieferung oder Leistung eine Steuerbefreiung gilt

1032 ZP — Nennen Sie weitere wichtige *Pflichtbestandteile einer Rechnung.*

Kleinunternehmer, die gemäß § 19 UStG von der Umsatzsteuer befreit sind, müssen keine Steuernummer angeben, jedoch in der Rechnung auf die Steuerbefreiung hinweisen. Bei Rechnungen über Kleinbeträge (unter brutto 100,00 €) kann auf die Angabe von Leistungsempfänger und Ausweis der Umsatzsteuer verzichtet werden. Hier reicht der Ausweis des Bruttobetrages mit dem Verweis „enthält x % Umsatzsteuer".

1033 ZP — Wer muss *keine Steuernummer* angeben?

Seit dem 1. Januar 2004 ist ein Doppel jeder ausgestellten Rechnung und jede erhaltene Rechnung zehn Jahre lang aufzubewahren und lesbar zu halten. Die den Liefervorgang betreffenden Unterlagen müssen sechs Jahre lang aufbewahrt werden.

1034 ZP — Wie lang muss eine *Rechnung aufbewahrt* werden?

Die Form einer Rechnung leitet sich wie für alle Geschäftsbriefe von der DIN-Norm 5008 „Schreib- und Gestaltungsregeln für die Textverarbeitung" ab. Diese Regeln sind aus bewährten Erfahrungen der Praxis und Erkenntnissen der Rationalisierung entstanden. Diese Norm legt nicht fest „was" zu schreiben ist, sondern „wie" ein vorgegebener Inhalt dargestellt werden soll.

1035 ZP — Welche *Form* sollte eine *Rechnung nach DIN 5008* haben?

Orga — Veranstaltungsorganisation/-wirtschaft

ZP 1036 — Wann sind *Zahlungsziele* gültig?

Generell gilt: Eine Rechnung muss bis 30 Tage nach Rechnungsdatum bezahlt werden (gesetzliche Frist). Diese Frist gilt dann, wenn keine andere gültige Frist gesetzt wurde. Es empfiehlt sich jedoch, ein genaues und konkretes Zahlungsziel (z. B. „bis zum 15.05." oder „14 Tage nach Rechnungsdatum") zu setzen. Dieses Datum muss für den Debitoren erreichbar sein, darf aber auch weniger oder mehr als 30 Tage betragen.

ZP 1037 — Was passiert bei *ungültigen Zahlungszielen*?

Bei unklaren Zahlungszielangaben (z. B.: „sofort ohne Abzug", „innerhalb von 14 Tagen" usw.) entsteht folgendes Problem: Da kein gültiges Zahlungsziel gesetzt wurde, gilt auch die gesetzliche Frist nicht mehr. Das bedeutet: Der Debitor muss nicht zahlen und gerät auch nicht in Zahlungsverzug, ein gültiges Inverzug setzen ist nicht möglich. Dafür muss erst ein erneutes, diesmal gültiges Zahlungsziel gesetzt werden.

ZP 1038 — Nennen Sie fünf typische *Schritte des Mahnwesens*.

1. Zahlungseingang kann innerhalb der gesetzten oder gesetzlichen Frist nicht verzeichnet werden
2. erste schriftlich Mahnung mit Fristsetzung, Kosten und Verzinsung
3. zweite schriftliche Mahnung mit Fristsetzung, Kosten und Verzinsung
4. (kostenpflichtiges) gerichtliches Mahnverfahren mit Mahnbescheid durch Gerichtsvollzieher und Widerspruchsrecht des Säumigen; evtl. Vollstreckungsbescheid
5. anschließend nur noch aufwendiges Klageverfahren möglich (Zivilklage laut BGB)

Zahlung

ZP 1039 — Nennen Sie wichtige *Methoden des modernen Zahlungsverkehrs*.

- Barzahlung
- bargeldlose Zahlung
- elektronischer Zahlungsverkehr
- Kreditkartenzahlung

ZP 1040 — Nennen Sie die *gesetzlichen Zahlungsmittel*.

Gesetzliches Zahlungsmittel ist in Deutschland und den übrigen teilnehmenden Mitgliedstaaten der EWU seit dem 1. Januar 2002 das Eurobargeld (laut § 14 Absatz 1 Satz 2 Bundesbankgesetz die von der EZB ausgegebenen Euroscheine), bei Münzgeld gilt eine eingeschränkte Annahmepflicht; niemand ist verpflichtet, mehr als fünfzig Münzen bei einer einzelnen Zahlung anzunehmen.

ZP 1041 — Welche *Möglichkeiten der bargeldlosen Zahlung* gibt es?

- Einzel- oder Sammelüberweisung
- Verrechnungsscheck
- Dauerauftrag
- Lastschriftverfahren

Beschaffung, Rechnungslegung und Finanzierung — Orga ✓

Ein Verrechnungsscheck darf vom Geldinstitut nur auf einem Konto des Scheckeinreichers gutgeschrieben werden.

Was ist ein *Verrechnungsscheck*? — 1042 ZP

- Bargeldabhebung am Geldautomaten
- bargeldlose elektronische Zahlungsabwicklung
- beleglose Datenträgeraustausch (DTA, offline)
- Datenfernübertragung (DFÜ, online)
- Electronic Banking

Nennen Sie die *Möglichkeiten im elektronischen Zahlungsverkehr*. — 1043 ZP

Die Kostenübernahme ist ein Dokument, in dem eine Person oder ein Unternehmen bestätigt, anfallende Kosten für die in Anspruch genommene Leistung auszugleichen. In Hotel und Gastronomie sollten Kostenübernahmen ausgefüllt werden, um die spätere Abrechnung reibungslos zu ermöglichen.

Was ist eine *Kostenübernahme*? — 1044 ZP

Lagerhaltung

1. Sicherungsfunktion (des betrieblichen Ablaufs)
2. Zeitausgleichsfunktion
3. Mengenausgleichsfunktion (zwischen Produktion und Absatz)
4. Umformungsfunktion (Güterveredelung)
5. Spekulationsfunktion (Preisvorteile bei Mengenabnahme)

Nennen Sie fünf *Aufgaben der Lagerhaltung*. — 1045 ZP

1. Eingangslager
2. Zwischenlager
3. Fertigwarenlager
4. Verkaufslager
5. Reservelager als Eigenlager oder Fremdlager

Nennen Sie fünf wichtige *Lagerarten*. — 1046 ZP

1. Lagerordnung
2. Lagerbestandskontrolle
3. sachgerechte Lagerkonstruktion und -einrichtung
4. laufende Stückgutverwaltung (Ein- und Auslagerung)
5. Lagerführung, z. B. die beständige Verwaltung des Lagerbestandes

Nennen Sie vier wichtige *Aufgaben der Lagerverwaltung*. — 1047 ZP

Optimal ist ein **Lagerbestand** dann, wenn die **Lieferbereitschaft durchweg aufrechterhalten** werden kann, die Nachteile eines zu großen Lagers aber so weit wie möglich vermieden werden können.

Welche Aspekte sind maßgeblich für einen *optimalen Lagerbestand*? — 1048 ZP

Orga ✓ Veranstaltungsorganisation/-wirtschaft

ZP 1049 — Was bedeutet „just in time"?

Just-in-time-Produktion (JIT) nennt man auch **bedarfssynchrone Produktion** mit dem Ziel, durchgängige Material- und Informationsflüsse entlang der Wertschöpfungskette (Supply Chain) zu schaffen. Die JIT soll zur schnellen Auftragsbearbeitung führen. Industriebetriebe z. B. lassen sich die benötigten Rohstoffe und Vorprodukte dann direkt in die Fertigung liefern, wenn sie zur Verarbeitung benötigt werden. Dieses Vorgehen will Lagerkosten minimieren. Versandfirmen z. B. bearbeiten und versenden Bestellungen möglichst schnell direkt nach Bestelleingang.

1050 — Erklären Sie die folgenden Begriffe: Mindestbestand, Meldebestand, Höchstbestand, Bestellzeitpunkt und durchschnittlicher Lagerbestand.

- **Mindestbestand:** Reserve, die nur angetastet wird, wenn die verkaufs- bzw. Produktionsbereitschaft gefährdet ist (Sicherheitsbestand)
- **Meldebestand:** Höhe des Bestandes, an dem eine Nachbestellung ausgelöst wird
- **Höchstbestand:** wird festgelegt, um ein überhöhtes Lager und die damit verbundenen Kosten zu begrenzen
- **Bestellzeitpunkt:** Bei Erreichen des Meldebestands ist eine umgehende Bestellung nötig.
- **Durchschnittlicher Lagerbestand:** Welcher Warenbestand bzw. welcher Warenwert liegt durchschnittlich auf Lager?

1051 — Wie lauten wesentliche Lagerformeln?

Meldebestand = (Tagesverbrauch · Liefertage) + Mindestbestand

$$\text{Durchschnittlicher Lagerbestand} = \frac{\text{Jahresanfangsbestand} + \text{Jahresendbestand}}{2}$$

$$\text{Umschlagshäufigkeit} = \frac{\text{Wareneinsatz}}{\text{durchschnittlicher Lagerbestand}}$$

$$\text{Durchschnittliche Lagerdauer} = \frac{360}{\text{Umschlagshäufigkeit}}$$

$$\text{Lagerzinssatz} = \frac{\text{Jahreszinssatz} \cdot \text{durchschnittliche Lagerdauer}}{360}$$

1052 — Wie wird der Wareneinsatz ermittelt?

Der Wareneinsatz ist der tatsächliche Warenaufwand und wird wie folgt ermittelt:

Warenanfangsbestand + Wareneinkäufe + Bezugskosten − Preisnachlässe − Rücksendungen − Lieferantenskonto − Lieferantenbonus − Warenendbestand = **Wareneinsatz**

1053 — Nennen Sie drei wichtige Lagerkennziffern.

1. durchschnittlicher Lagerbestand
2. Umschlagshäufigkeit
3. durchschnittliche Lagerdauer, Lagerzinssatz

Beschaffung, Rechnungslegung und Finanzierung

Orga

Kredit

Kreditfinanzierung: Ein Kredit ist die Gebrauchsüberlassung von Geld oder vertretbaren Sachen (Warenkredit) auf Zeit. Zur Absicherung des Risikos sind bei Abschluss eines Kreditvertrages i. d. R. persönliche oder sachliche Sicherheiten des Kreditnehmers zu erbringen.

1054 Was ist ein *Kredit*?

- Kreditsummen
- Laufzeit und Rückzahlungsmodalitäten
- Zinssatz/Disagio (Kreditsummenabschlag)/Bearbeitungsgebühren
- Sicherheiten

1055 Welche Bedingungen sind mindestens in einem Kreditvertrag enthalten?

Kredite werden unterscheiden
- nach Laufzeit in kurz-, mittel- oder langfristige Kredite,
- nach Verwendungsart in Produktiv- oder Konsumtivkredite,
- nach Art des Kreditgebers in Bank- oder Lieferantenkredite,
- nach Art der der Besicherung in Personal- oder Realkredite und
- nach Art der Bereitstellung in Geld- oder Kreditleihe.

1056 Wie werden Kredite unterschieden?

Die **Kreditfähigkeit** bezeichnet die rechtliche Fähigkeit, Kredite überhaupt aufnehmen zu dürfen. Sie ist durch die **Geschäfts- bzw. Rechtsfähigkeit der Person bzw. der Gesellschaft** determiniert. Eine natürliche Person ist dann kreditfähig, wenn sie voll geschäftsfähig ist.
Bei der **persönlichen Kreditwürdigkeit** nimmt die Vergangenheit des Kreditsuchenden eine wichtige Funktion ein. Es wird geprüft, ob es beispielsweise zu Wechselprotesten bzw. eidesstattlichen Versicherungen gekommen ist oder eine negative SCHUFA-Auskunft vorliegt (SCHUFA = Schutzgemeinschaft für allgemeine Kreditsicherung). Bei Unternehmern ist zusätzlich auch die persönliche Eignung und Kompetenz entscheidend.
Die **wirtschaftliche Kreditwürdigkeit** wird beurteilt im Rahmen von Bilanzanalysen und durch Prüfung der Sicherheiten. Folgende Unterlagen sind von Interesse:
- die letzten Jahresbilanzen und Gewinn- und-Verlust-Rechnung,
- Handelsregisterauszüge,
- Verzeichnis der Sicherheiten,
- Prognosen über Umsatzentwicklung,
- Auftragslage,
- Beschäftigungssituation sowie
- Wettbewerbsstellung,
- Berichte der Wirtschaftsprüfer und
- Steuerbescheide.

1057 Was bedeuten die Begriffe *Kreditfähigkeit* und *Kreditwürdigkeit*?

Der Begriff **„per annum"** (auch „per anno, abgekürzt p. a.") bedeutet **aufs Jahr gerechnet** oder pro Jahr.

1058 Was bedeutet der Begriff *„per annum"* und wie wird er abgekürzt?

359

Orga ✓ Veranstaltungsorganisation/-wirtschaft

1059 Nennen Sie mindestens zwei wesentliche *Arten von Bankkrediten*.

1. **Langfristige Bankkredite:** Hypothekendarlehen.
2. **Kurzfristige Bankkredite:** Kontokorrentkredit, Diskontkredit, Lombardkredit, Akzeptkredit, Avalkredit

1060 Nennen Sie weitere *Kreditarten* neben den Bankkrediten.

Neben Bankkrediten gibt es noch Kredite, die durch wirtschaftliche Leistung erteilt werden, z. B. Lieferantenkredite, Kundenanzahlungen und Verbindlichkeiten wie Löhne und Gehälter sowie Privatkredite, z. B. sogenanntes privates Beteiligungskapital (private equity). Hier wird von privaten und institutionellen Anlegern Risiko-Beteiligungskapital bereitgestellt.

1061 Wann *endet* eine *Kreditbeziehung* zwischen Kreditgeber und Kreditnehmer?

Eine Kreditbeziehung endet mit der **vollständigen und vereinbarungsgemäßen Rückzahlung des Kredites,** durch Zeitablauf (z. B. bei einem befristeten Kontokorrentkredit) oder durch Kündigung.

1062 Nennen Sie wichtige *Grundlagen der kaufmännischen Zinsrechnung*.

Ein Monat wird mit 30 Tagen gerechnet, das Jahr mit 360 Tagen. Bei Fälligkeit am 28. bzw. 29.02. wird mit 28 bzw. 29 Tagen gerechnet; ansonsten mit 30 Tagen (auch bei Fälligkeit am 31.). Der Tag der Einzahlung wird nicht gerechnet, jedoch der Tag der Auszahlung.

1063 Berechnen Sie die Tage für die Zinszeiträume 01.02.–31.05. bzw. 15.01.–28.02. eines Jahres.

01.02.–31.05. = 120 Tage;
15.01.–28.02. = 43 Tage.

1064 Mit welcher *allgemeinen Formel* können Sie eine *Zinsberechnung* durchführen?

Die Höhe der Zinsen (ohne Berücksichtigung von Kapitaltilgungen) lässt sich mithilfe der allgemeinen Zinsformel errechnen:

$$\text{Zinsen} = \frac{\text{Kapital} \cdot \text{Zinssatz} \cdot \text{Laufzeit in Tagen}}{100 \cdot 360}$$

Beschaffung, Rechnungslegung und Finanzierung — Orga ✓

1. **Zinsen bei einer Kreditsumme von 5 000,00 €, einem Zinssatz von 5,5 % und 90 Tage Laufzeit:**

   $Z = \dfrac{K \cdot p \cdot t}{100 \cdot 360}$ Also $\dfrac{5\,000{,}00\,€ \cdot 5{,}5 \cdot 90}{100 \cdot 360} = 68{,}75\,€$ Zinsen

2. **Kreditsumme bei einem Zinssatz von 4 %, einer Laufzeit von 60 Tagen und 40,00 € Zinsen:**

   $K = \dfrac{Z \cdot 100 \cdot 360}{p \cdot t}$ Also $\dfrac{40{,}00\,€ \cdot 100 \cdot 360}{4 \cdot 60} = 6\,000{,}00\,€$

3. **Zinssatz bei einer Laufzeit von 120 Tagen, 80,00 € Zinsen und 4 000,00 € Kreditsumme:**

   $p = \dfrac{Z \cdot 100 \cdot 360}{K \cdot t}$ Also $\dfrac{80{,}00\,€ \cdot 100 \cdot 360}{4\,000{,}00\,€ \cdot 120} = 6\,\%$

4. **Zeit bei 100,00 € Zinsen, einer Kreditsumme von 3 000,00 € und einem Zinssatz von 8 %:**

   $t = \dfrac{Z \cdot 100 \cdot 360}{K \cdot p}$ Also $\dfrac{100{,}00\,€ \cdot 100 \cdot 360}{3\,000{,}00\,€ \cdot 8} = 150$ Tage

Berechnen Sie die Zinsen für die folgenden ausgewählten Beispiele 1 bis 4. **1065**

Beschreiben Sie typische langfristige Kreditmöglichkeiten. **1066**

Art	Beispiele	Details
Bankdarlehen	Durch Geschäftsbanken, Hypothekenbanken, Versicherungen, öffentliche Kreditgeber, wie die Kreditanstalt für Wiederaufbau (KfW) oder die Deutsche Ausgleichsbank (DtA)	Laufzeit (Tilgungsjahre und Dauer der Zinsfestschreibung), Nominalzins (Zins pro Jahr in Euro), Effektivzins (zzgl. klassische Gebühren und Provisionen wie Disagio, Bearbeitungsgebühr, Kreditvermittlungsprovision sowie die Zinsfälligkeit), Auszahlungsbetrag, Tilgung
	Tilgungsdarlehen: Abzahlungsdarlehen	Tilgung von Anfang bis zum Ende der Laufzeit in Raten mit jährlich gleichbleibenden Tilgungsraten
	Tilgungsdarlehen: Annuitätendarlehen	Tilgung von Anfang bis zum Ende der Laufzeit in Raten bei steigenden Tilgungsanteil und jährlich fallendem Zinsanteil
	Fälligkeitsdarlehen:	Rückzahlung der Darlehensschuld am Ende der Laufzeit als komplette Summe, Belastung während der Laufzeit auf die Zinszahlung. Tilgungsersatz: Abtretung von Ansprüchen, die separat bespart und am Ende der Laufzeit zur Rückführung des Darlehens verwendet werden
Schuldverschreibung	Festverzinsliche Wertpapiere, Anleihen (Bund oder Industrie), Obligationen (Kommune), Rentenpapiere, Pfandbriefe (Hypothekenbank)	Nennwert, Nominalzins (Ertrag), Kurswert (Börsenpreis), Disagio (Differenz von Nennwert zu Kurswert)

Orga ✓ Veranstaltungsorganisation/-wirtschaft

1067 Errechnen Sie die monatliche Zinslast bei 5 % Nominalzins für ein Darlehen über 250 000,00 €.

Die Zinslast im ersten Jahr beträgt 12 500,00 €, als monatliche Belastung in Höhe von 1 041,67 €.

1068 Berechnen Sie Zinsen und Rückzahlungsbetrag für die ersten drei Jahre bei einer Darlehensaufnahme in Höhe von 30 000,00 €, einem Nominalzinssatz von 10 % bei einer Tilgung von 500,00 €/Jahr und einer Annuität von 4 000,00 €/Jahr, jeweils für ein Abzahlungs- und ein Annuitätendarlehen.

Abzahlungsdarlehen (mit 500,00 € Tilgung konstant)/Annuitätendarlehen (Annuität ist mit 4 000,00 € konstant)

Jahr	Betrag	Zinsen	Tilgung	Rückzahlung	Jahr	Betrag	Zinsen	Tilgung	Rückzahlung
1	30 000,00	3 000,00	500,00	3 500,00	1	30 000,00	3 000,00	1 000,00	4 000,00
2	29 500,00	2 950,00	500,00	3 450,00	2	29 000,00	2 900,00	1 100,00	4 000,00
3	29 000,00	2 900,00	500,00	3 400,00	3	27 900,00	2 790,00	1 210,00	4 000,00

1069 Wie wird ein *Annuitätendarlehen berechnet?*

Mit dem **Annuitätendarlehen** soll eine **gleichmäßige Belastung des Kreditnehmers durch Zins und Tilgung** erreicht werden. Dabei wird auf den Annuitätenfaktor zurückgegriffen, der finanzmathematisch gemäß Laufzeit und Zinssatz mit dem gesamten Darlehensbetrag zu multiplizieren ist.

1070 Wozu dienen *kurzfristige Kreditfinanzierungsarten?*

Langfristige Finanzierungen dienen vor allem der **Finanzierung des Anlagevermögens**, kurzfristige Kredite der **Finanzierung des Umlaufvermögens**.

1071 Beschreiben Sie den *Lieferantenkredit.*

Der Verkäufer gewährt den **Lieferantenkredit** in Zusammenhang mit dem Warenabsatz, die Tilgung erfolgt aus entsprechenden Umsatzerlösen, um den Zeitraum zwischen Beschaffung und Wiederabsatz oder Verwendung der Ware zu überbrücken. Üblicherweise erfolgt dies durch ein **langes Zahlungsziel** oder eine geringe Kreditwürdigkeitsprüfung.

Beschaffung, Rechnungslegung und Finanzierung

Bei Zahlung am 10. Tag mit Skonto in Höhe von 19 600,00 € entstehen vergleichend 20 Tage Kontokorrentzinsen $\frac{19\,600{,}00\,€ \cdot 11\,\% \cdot 20\,\text{Tage}}{360}$ in Höhe von 119,78 €. Im Vergleich zu einer Zahlung von 20 000,00 € nach 30 Tagen hat der Zahlende eine Ersparnis brutto in Höhe von 280,33 € (400,00 € – 119,67 €).

1072 — Vergleichen Sie die Skontoausnutzung mit einer Kontokorrentnutzung auf Basis der folgenden Werte: Rechnung über 20 000,00 € brutto; zahlbar in 10 Tagen mit 2 % Skonto oder in 30 Tagen netto. Zinssatz für Kontokorrentkredit 11 % pro Jahr.

Bei einem **Ausstattungskredit** wird z. B. in der Gastronomie die Einrichtung von der Brauerei finanziert und bereitgestellt; der Gastronom verpflichtet sich im Gegenzug zur langfristigen Abnahme der Brauereierzeugnisse.

1073 — Was ist ein *Ausstattungskredit*?

Wenn der Abnehmer die noch ausstehende Lieferung einer Ware anzahlt, fungiert er als Kreditgeber. Neben der Finanzierungshilfe für das produzierende Unternehmen bedeutet eine Anzahlung auch ein verringertes Risiko der Nichtabnahme bzw. Nichtzahlung durch den Käufer.

1074 — Wer fungiert als *Kreditgeber bei einer Kundenanzahlung*?

Ein **Kontokorrentkredit** ist eine durch die Bank **genehmigte Überziehungslinie** mit recht hohen Kosten für den Kontoinhaber. Vorteile sind die Hilfe in finanziellen Engpässen zur Aufrechterhaltung der Liquidität, die Flexibilität und die fehlende Zweckgebundenheit.

1075 — Was ist ein *Kontokorrent- bzw. Dispositionskredit*?

Beim **Factoring** bietet ein Dienstleister die Verwaltung von kurzfristigen Forderungen von Unternehmen durch den Ankauf von Forderungen aus Warenlieferungen und Dienstleistungen an.

1076 — Was ist *Factoring*?

Leasing

Beim **Finance-Leasing kauft eine Leasinggesellschaft Geräte** und **bietet diese** Privat- und Geschäftskunden **zur Nutzung für einen vertraglich festgesetzten Zeitraum und zu vereinbarten Konditionen an.** Für den Vertragszeitraum wird eine meist monatliche Leasingrate fällig. Diese kann steuerlich voll als Betriebsausgabe geltend gemacht werden. Nach Vertragsende gehen die Geräte an den Eigentümer zurück. Je nach Vertragsgestaltung kann der Leasingnehmer am Ende der Vertragslaufzeit die Geräte, z. B. die Fahrzeuge, zu bestimmten Konditionen (Restwert) übernehmen (kaufen). Dies ist häufig beim Privatleasing der Fall. Beim Geschäftsleasing wird oft ein Anschlussvertrag über die Nutzung neuer Geräte geschlossen.

1077 — Was bedeutet der Begriff *Leasing*?

Veranstaltungsorganisation/-wirtschaft

1078 Wie ist *Leasing steuerlich* zu betrachten?

Bei Finance-Leasing-Verträgen kann innerhalb einer festen Grundmietzeit der Vertrag von beiden Vertragspartnern nicht gekündigt werden. Bei einer unkündbaren Grundmietzeit unter 40 % bzw. über 90 % der betriebsgewöhnlichen Nutzungsdauer ist der Wert grundsätzlich dem Leasingnehmer zuzurechnen, bei einer unkündbaren Grundmietzeit zwischen 40 % und 90 % dem Leasinggeber.

1079 Was ist der Unterschied zwischen *direktem und indirektem Leasing*?

Beim **direkten Leasing** ist der **Hersteller** oder **Händler** selbst der **Leasinggeber**, beim **indirekten Leasing** ist eine **Leasinggesellschaft dazwischengeschaltet**, die als Leasinggeber auftritt.

1080 Welche *Vor- und Nachteile* hat ein *Leasingvertrag*?

Vorteile	Nachteile
Steuerliche Vorteile: Leasingraten sind als Betriebsausgaben steuerlich voll absetzbar, wenn das Leasingobjekt steuerlich dem Leasinggeber zugeordnet ist.	**Hohe Gesamtkosten:** Leasingraten sind i. d. R. höher als bei einem fremdfinanzierten Kauf des Leasinggutes. Hinzu kommen laufende Kosten für Versicherungen, Reparaturen oder Instandhaltungsmaßnahmen.
Planungssicherheit: Die Höhe der Leasingraten und Vertragslaufzeit stehen von Beginn an fest.	**Vertragslaufzeit:** Ein Leasingvertrag ist i. d. R. unkündbar. Bei Unbenutzbarkeit oder Unwirtschaftlichkeit des geleasten Gegenstandes kommt es zu unwirtschaftlichen Kostenbelastungen.
Bilanzneutralität: Leasinggegenstände erscheinen nicht in der Bilanz des Leasingnehmers. Lediglich die Leasingraten werden als Betriebsausgaben in der Gewinn-und-Verlust-Rechnung verbucht. Die Eigenkapitalquote und der Verschuldungsgrad verändern sich nicht. Der Leasinggeber aktiviert das Leasinggut als Anlage- bzw. Vermietvermögen.	**Kein Eigentumserwerb:** Der Leasinggegenstand geht nach Ablauf der Leasingzeit wieder an den Leasinggeber zurück. Der Leasingnehmer hat nicht die Möglichkeit das Objekt bei eventueller Nichtnutzung zu verkaufen. Bei Anschlusskauf wird das Gut in der Bilanz wirksam.
Individuelle Vertragsgestaltung: Durch die individuelle Vertragsgestaltung in Bezug auf Laufzeit, Amortisations- und Zahlungsverlauf sowie die Zahlungsweise wird die Anpassung an verschiedene Bedürfnisse möglich.	**Kündigungsgefahr:** Der Leasinggeber kann den Vertrag fristlos kündigen, wenn der Leasingnehmer in Zahlungsverzug ist. Hinzu kommen evtl. auch noch Schadenersatzforderungen.
Liquidität: Da die Leasinggesellschaft die Finanzierung des Objektes übernimmt, entsteht für den Leasingnehmer ein breiterer finanzieller Handlungsspielraum für künftige Entscheidungen. Die Abhängigkeiten von Kreditinstituten verlagern sich.	
Kalkulationsgrundlage: Die Leasingrate wird auch langfristig nicht verändert und dient als sichere Kalkulationsgrundlage.	

Beschaffung, Rechnungslegung und Finanzierung ✓ *Orga*

Das Mieten von Gegenständen für den Einsatz bei Veranstaltungen gehört im Eventbereich zum Tagesgeschäft. Locations und teures Equipment wie Fahrzeuge, Veranstaltungstechnik, Toilettenwagen, Gastronomiezubehör und Dekorationsmaterial werden für einzelne Tage oder längere Zeiträume von verschiedenen Anbietern gemietet. Grundlage einer Anmietung von Gegenständen ist ein Mietvertrag.

1081 Welche Dinge mietet man im Veranstaltungsbereich häufig?

Miete

Der Mietvertrag verpflichtet den Vermieter, dem Mieter die vermietete Sache zu überlassen. Im Gegenzug schuldet der Mieter dem Vermieter den Mietzins. Der Vermieter bleibt der Eigentümer der Sache, der Mieter wird während des Mietzeitraums der Besitzer.

1082 Welche Dinge regelt ein *Mietvertrag*?

Die Fahrzeuge gehen in das Eigentum der Firma über, wenn der Kreditbetrag abgezahlt ist, sie sind jederzeit verfügbar, sie können selbstständig disponiert und verwaltet werden, Kreditraten sind monatlich abzahlbar (variable Belastung) und der Eigentumserwerb erfolgt parallel zur Nutzung und nicht durch Auflösung von Kapital oder Rücklagen.

1083 Welche Aspekte unterstützen bei der Fahrzeuganschaffung eine Kreditfinanzierung?

1084 Welche *Vor- und Nachteile* hat die Anschaffung von Fahrzeugen über einen *Leasingvertrag* im Vergleich mit einer *Mietlösung*?

Leasing	Miete
Vorteile	
Steuerliche Vorteile: Leasingraten sind als Betriebsausgaben steuerlich voll absetzbar.	**Steuerliche Vorteile:** Mietraten sind als Betriebsausgaben steuerlich voll absetzbar.
Planungssicherheit: Die Höhe der Leasingraten und Vertragslaufzeit stehen von Beginn an fest.	**Planungsflexibilität:** Die Mietgebühr wird nur bei Anmietung (Nutzung) fällig.
Bilanzneutralität: Leasinggegenstände erscheinen nicht in der Bilanz des Leasingnehmers. Lediglich die Leasingraten werden als Betriebsausgaben in der Gewinn-und-Verlust-Rechnung verbucht.	**Bilanzneutralität:** Mietgegenstände erscheinen nicht in der Bilanz des Mieters. Lediglich die Mietraten werden als Betriebsausgaben in der Gewinn-und-Verlust-Rechnung verbucht.
Individuelle Vertragsgestaltung: Durch die individuelle Vertragsgestaltung in Bezug auf Laufzeit, Amortisations- und Zahlungsverlauf sowie die Zahlungsweise wird die Anpassung an verschiedene Bedürfnisse möglich.	**Individuelle Vertragsgestaltung:** Durch die individuelle Vertragsgestaltung in Bezug auf Mietgebühr, Nebenpflichten sowie die Zahlungsweise wird die Anpassung an verschiedene Bedürfnisse möglich.
Liquidität: Da die Leasinggesellschaft die Finanzierung des Objektes übernimmt, entsteht für den Leasingnehmer ein breiterer finanzieller Handlungsspielraum für künftige Entscheidungen.	**Liquidität:** Da der Vermieter die Finanzierung des Objektes übernimmt, entsteht für den Mieter ein breiterer finanzieller Handlungsspielraum für künftige Entscheidungen.
	Vertragslaufzeit: Mietverträge sind häufig nicht auf Dauer abgeschlossen, sondern auf die tatsächlich geplante Nutzungsdauer flexibel abgestimmt.
Nachteile	
Hohe Gesamtkosten: Leasingraten sind i. d. R. höher als bei einem fremdfinanzierten Kauf des Leasingguts. Hinzu kommen laufende Kosten für Versicherungen, Reparaturen oder Instandhaltungsmaßnahmen.	**Hohe Gesamtkosten:** Mietraten sind i. d. R. höher als bei einem fremdfinanzierten Kauf des Guts. Laufende Kosten für Versicherungen, Reparaturen oder Instandhaltungsmaßnahmen sind in den Mietpreis mit eingerechnet.

Orga ✓ Veranstaltungsorganisation/-wirtschaft

Leasing	Miete
Vertragslaufzeit: Ein Leasingvertrag ist i. d. R. unkündbar. Bei Unbenutzbarkeit oder Unwirtschaftlichkeit des geleasten Gegenstandes kommt es zu unwirtschaftlichen Kostenbelastungen.	
Kein Eigentumserwerb: Der Leasinggegenstand geht nach Ablauf der Leasingzeit wieder an den Leasinggeber zurück. Bei Anschlusskauf wird das Gut in der Bilanz wirksam.	**Kein Eigentumserwerb:** Der Mietgegenstand geht nach Ablauf der Mietzeit wieder an den Vermieter zurück. Ein Anschlusskauf ist nicht vorgesehen.

ZP 1085 Nennen Sie den *Unterschied* zwischen *Eigentum* und *Besitz* und formulieren Sie jeweils drei Beispiele.

Als Eigentum wird Verfügungsgewalt über eine Sache auf rechtlicher Grundlage bezeichnet (materielles und immaterielles Eigentum). Vom Besitz unterscheidet sich das Eigentum dadurch, dass es einen Rechtstitel voraussetzt. Beispiele:

Eigentum	Besitz
Dem Eigentümer gehört eine vermietete Wohnung.	Der Mieter wohnt in der Mietwohnung.
Dem Eigentümer wurde ein Fahrrad gestohlen.	Das gestohlene Fahrrad befindet sich im Besitz des Diebes.
Der Eigentümer einer PA vermietet diese an einen Kunden.	Die PA befindet sich in dessen Besitz.

ZP 1086 Was bedeutet in diesem Zusammenhand der Begriff des *treuhändischen Eigentümers*?

Ein treuhänderischer Eigentümer (Treuhänder) verwaltet ein Eigentumsrecht für den Eigentümer und tritt i. d. R. als Mittelsmann auf. Treuhänder können Notare, Banken, Makler und Verwalter sein. Beim Kauf eines Grundstücks z. B. erfolgt die Eintragung in das Grundbuch nicht umgehend. Also vereinbaren Verkäufer und Käufer, dass die Kaufpreissumme vom Käufer erst an einen Notar als Treuhänder gezahlt wird. Nachdem der Käufer als Eigentümer im Grundbuch eingetragen ist, zahlt der Notar die Kaufpreissumme an den Verkäufer aus.

ZP 1087 Was unterscheidet die *akzessorische* von der *abstrakten Sicherheit*?

- Bei einer **akzessorischen Sicherheit** sind Bestand, Umfang und Dauer von der Forderung abhängig. Beispiele dafür sind die Bürgschaft und Hypothek.
- Bei einer **abstrakten Sicherheit** sind Bestand, Umfang und Dauer nicht von der Forderung abhängig. Beispiele sind die Garantie und Grundschuld.

ZP 1088 Was unterscheidet die *Ausfallbürgschaft* von der *selbstschuldnerischen Bürgschaft*?

- Bei der **Ausfallbürgschaft** tritt der Bürge für die Verbindlichkeiten des Schuldners erst für den Fall ein, dass der Gläubiger trotz des Ausschöpfens aller rechtlichen Möglichkeiten nicht ganz oder teilweise nicht befriedigt werden konnte.

Beschaffung, Rechnungslegung und Finanzierung — Orga

- Bei einer **selbstschuldnerischen Bürgschaft** haftet der Bürge gegenüber dem Gläubiger aus der Bürgschaft, bereits ohne dass der Gläubiger den Hauptschuldner in Anspruch genommen hat, d. h. sofort bei Fälligkeit. Der Gläubiger kann auch dann die Forderungen beim Bürgen geltend machen, wenn die Einziehung der Forderungen gegen den Hauptschuldner noch möglich ist.

- **Persönliche Sicherheiten:** Garantie, Schuldbeitritt, Patronatserklärung
- **Sachliche Sicherheiten:** Pfandrecht an beweglichen Sachen bzw. Forderungen/Rechten, Grundpfandrecht (Hypothek, Grundschuld), Sicherungszession (Abtretung)

1089 – Welche weiteren Sicherungen zur Kreditsicherung sind bekannt?

Bei einer **Verpfändung** bleibt der **Kreditnehmer Eigentümer des verpfändeten Gegenstandes, verliert** allerdings den **Besitz**. Das Pfand dient als Sicherheit und kann später wieder ausgelöst werden.

1090 – Beschreiben Sie die Verpfändung.

Die **Sicherungsübereignung** ist eine Form der **sachlichen Sicherung.** Die Bank als Kreditgeber erhält die Eigentumsrechte im Weg der Übereignung. Sie bleibt somit so lange treuhändische Eigentümerin, bis die Kreditsumme vom Kreditnehmer vollends zurückgezahlt wurde. Nur im Falle einer Nichtzahlung des Kreditnehmers kann die Bank als Kreditgeber von seinem Eigentumsrecht Gebrauch machen und die Geräte verwerten (Sicherungsfall).

1091 – Was ist eine Sicherungsübereignung als Kreditsicherheit?

Bei einer **Zession** werden **bestehende oder zukünftig noch entstehende Forderungen abgetreten,** z. B. Lohn- und Gehaltsforderungen, Miet- und Pachtvertragsforderungen oder Erlöse aus Lizenzverträgen oder Urheberrechten. Bei einer stillen Zession wird der Schuldner von der bestehenden Abtretung nicht in Kenntnis gesetzt. Bei einer offenen Zession erfolgt die Mitteilung an den Schuldner. Bei einer Einzelabtretung geht es um eine bestimmte Forderung, bei der Mantelzession um Forderungen zur Sicherstellung in einer bestimmten Höhe, bei einer Globalzession geht es um gegenwärtige und künftig entstehende Forderungen gegenüber bestimmten Schuldnern.

1092 – Wie funktioniert eine Abtretung (Zession) von Rechten und Forderungen?

Ein **Eigentumsvorbehalt** ist die übliche Sicherheit bei Lieferantenkrediten bei Warenlieferungen. **Die gelieferte Ware bleibt bis zur vollständigen Bezahlung Eigentum des Verkäufers.** Der verlängerte Eigentumsvorbehalt besagt, dass sich der Verkäufer den bei Weiterverkauf erzielten Umsatzerlös abtreten lässt, und der erweiterte Eigentumsvorbehalt sagt aus, dass der Verkäufer auch Eigentümer an einer weiterverarbeiteten Ware bleibt.

1093 – Wie funktioniert ein Eigentumsvorbehalt?

Orga ✓ Veranstaltungsorganisation/-wirtschaft

1094 Was sind *Grundpfandrechte* und wofür ist das *Grundbuch* da?

Im **Grundpfandrecht** werden **unbewegliche Sachen an einem Grundstück verpfändet,** z. B. als Grundschuld, Hypothek oder Rentenschuld. Grundpfandrechte entstehen mit Eintragung ins öffentliche Grundbuch beim zuständigen Grundbuchamt.

1095 Was ist der Unterschied zwischen *Hypothek, Grundschuld* und *Rentenschuld?*

- Eine **Hypothek** berechtigt den Gläubiger, eine bestimmte Geldsumme zur Befriedigung einer ihm zustehenden Forderung aus dem belasteten Grundstück zu verlangen. Sie ist akzessorisch, d. h. vom Bestand der dazugehörigen Geldforderung abhängig. Mit den gezahlten Tilgungsraten seitens des Kreditnehmers ermäßigt sich auch die Hypothek.
- Eine **Grundschuld** berechtigt den Gläubiger, eine bestimmte Geldsumme aus dem belasteten Grundstück zu verlangen. Sie ist abstrakt, d. h. unabhängig von einer persönlichen Forderung. Ihre Eintragung in das Grundbuch sagt nichts über das Bestehen einer Schuld aus. Kreditinstitute bevorzugen in der Praxis Grundschulden, da sie bei Streitigkeiten das Bestehen und die Höhe der Forderung nicht nachweisen müssen, wozu sie bei einer Hypothek verpflichtet wären. Sie kann zügiger bezogen werden.
- Die **Rentenschuld** ähnelt einer Grundschuld, nur ist hier lediglich eine regelmäßig wiederkehrende Rente zu zahlen.

Finanzierung

1096 Beschreiben Sie einen *Finanz- und Liquiditätsplan.*

In einem **Finanzplan** werden die **benötigten Finanzmittel berechnet** und bestehende oder zu erwartende Finanzierungslücken gedeckt. Ein **Liquiditätsplan** ist **Teil eines Finanzplans,** der ein- und ausgehende Zahlungsströme innerhalb der betreffenden Budgetperiode zusammenfasst, um die Zahlungsfähigkeit sicherzustellen. Langfristige Pläne nennt man Kapitalbedarfsplan.

Buchhalterische Formel zur **Errechnung der Deckung:**
  Anfangsbestände aus flüssigen Mitteln zum Beginn der Planung
+ voraussichtliche Einnahmen während der Planperiode
− voraussichtliche Ausgaben während der Planperiode
= Über- bzw. Unterdeckung

1097 Welche Aufgaben umfasst die *Liquiditätsplanung?*

Die **Überwachung der Liquidität** ist die Hauptaufgabe des Projektfinanzmanagements. Alle Einnahmen und Ausgaben müssen zeitlich und wertmäßig geplant und überwacht werden. Hierfür müssen die Zahlungsbedingungen (insbesondere Akontozahlungen) mit dem Auftraggeber und den Lieferanten vereinbart und überwacht werden.

1098 Was versteht man unter dem Begriff *Investitionsrechnung?*

Die **Investitionsrechnung** ist ein rechnerisches Verfahren zur **Beurteilung der Vorteilhaftigkeit einer Investition;** es werden die finanziellen Konsequenzen analysiert und beurteilt.

Beschaffung, Rechnungslegung und Finanzierung

- **Statistische Methoden:** Kostenvergleich, Gewinnvergleich, Rentabilität, Amortisationsdauer
- **Dynamische Methoden:** Kapitalwertmethode, Methode des internen Zinsfußes

Neben den statistischen und dynamischen Investitionsrechnungsverfahren sind noch der Einbezug von Unsicherheiten und Steuern bekannt.

1099 Welche *Investitionsrechnungsverfahren* kennen Sie?

Bei der **Investition** steht die **Mittelverwendung (Aktivseite der Bilanz)** im Vordergrund, bei der **Finanzierung** die **Mittelherkunft (Passivseite der Bilanz).**

1100 Was ist der Unterschied zwischen *Finanzierung* und *Investition*?

Die Unterscheidung in Eigen- und Fremdfinanzierung erfolgt nach der Rechtsstellung der Kapitalgeber.
Als **Eigenfinanzierung** bezeichnet man die Finanzierung mithilfe von Eigenkapital, entweder durch Einlagen der Unternehmenseigner (Einlagen- und Beteiligungsfinanzierung) oder aus einbehaltenem Gewinn. Eigenkapital ist von an der Unternehmung Beteiligten aufgebrachtes Kapital.
Als **Fremdfinanzierung** (Finanzierung mit Fremdkapital) wird die Finanzierung aus Rückstellungen sowie die Aufnahme von Darlehen bezeichnet. Aufnahme von Fremdkapital ist i. d. R. abhängig von Sicherheiten.

1101 Was ist der Unterschied zwischen *Eigen- und Fremdfinanzierung*?

Die Unterscheidung zwischen Innen- und Außenfinanzierung erfolgt nach der Mittelherkunft.
Bei der Innenfinanzierung stammt das Kapital aus dem Unternehmen selbst. Folgende Varianten der Innenfinanzierung sind dabei denkbar: Selbstfinanzierung (aus einbehaltenem Gewinn), Finanzierung aus Abschreibungen, Zuführung zu den Rückstellungen, Finanzierung durch Vermögensumschichtung.
Bei der Außenfinanzierung werden finanzielle Mittel von außen zugeführt, z. B. durch Einlagen oder kurz- bzw. langfristige Fremdfinanzierung von Gläubigern. Kurzfristige Finanzierungen haben dabei eine Laufzeit von bis zu einem Jahr, langfristige eine Laufzeit von vier Jahren. Weiterhin wird die Beteiligungsfinanzierung (Formen der Eigenkapitalbeschaffung von Gesellschaftern) oder die Kreditfinanzierung (Fremdkapital wird von außen aufgenommen, es entstehen Gläubigerrechte, die einen schuldrechtlichen Anspruch verbriefen) unterschieden.

1102 Was ist der Unterschied zwischen *Innen- und Außenfinanzierung*?

---

1. Dem Unternehmen werden Mittel von außen zugeführt. Der Unternehmer führt dem Unternehmen Eigenkapital in Form von Einlagen zu (Eigenfinanzierung in Form einer Beteiligungsfinanzierung). Auch durch die Aufnahme neuer Gesellschafter oder eine Aktienausgabe ist eine Beteiligungsfinanzierung möglich.
2. Fremdfinanzierung: Dem Unternehmen wird Fremdkapital zur Verfügung gestellt, z. B. durch eine Kreditfinanzierung (Kapital gelangt von außen durch Kreditgeber in das Unternehmen).

1103 Nennen Sie zwei *Beispiele* für eine *Außenfinanzierung*.

Orga ✓ Veranstaltungsorganisation/-wirtschaft

1104 — Was ist und woher stammen die *Mittel einer Innenfinanzierung*?

Mit Innenfinanzierung meint man diejenige Kapitalbeschaffung, die aus dem Unternehmen selbst stammt. **Innenfinanzierung** bedeutet **Finanzierung durch Einbehaltung von Gewinnen oder Verwendung von stillen Reserven** (Selbstfinanzierung). Voraussetzungen: Dem Unternehmen fließen liquide Mittel aus dem innerbetrieblichen Umsatz- und Leistungsprozess zu, dem keine zahlungswirksamen Auszahlungen gegenüberstehen. Ebenso kann die Innenfinanzierung aus der Verwendung von freigesetztem Kapital erfolgen (z. B. aus Abschreibungen, Vermögensumschichtungen oder Rückstellungen).

1105 — Welche *Arten der Selbstfinanzierung* sind bekannt?

Selbstfinanzierung ist die Finanzierung aus zurückbehaltenen Gewinnen.

- Die **offene Selbstfinanzierung** ist aus der Bilanz ersichtlich und erfolgt in Form der Rücklagenzuführung, also bei Kapitalgesellschaften durch Zuführung in die Gewinnrücklagen, während bei Personengesellschaften, die keine Rücklagen ausweisen, die offene Selbstfinanzierung direkt in das Eigenkapital geht. Diese Zuführung erfolgt aus versteuertem Gewinn.

- Die **stille Selbstfinanzierung** ist aus der Bilanz nicht ersichtlich. Es handelt sich um eine Einbehaltung nicht ausgewiesenen Gewinns. Der Gewinn wird durch bilanzpolitische Bewertungsakte verringert, wodurch stille Reserven entstehen und vor der Ausschüttung bewahrt bleiben. Da die stillen Reserven erst bei Auflösung der Besteuerung unterliegen, erfolgt diese Art der Selbstfinanzierung aus noch unversteuertem Gewinn.

1106 — Wie funktioniert eine *Finanzierung aus Abschreibungen*?

Abschreibung bedeutet, dass Gegenstände des Anlagevermögens durch Nutzung in ihrem Wert gemindert werden. Um einen Finanzierungseffekt mit sich zu bringen, müssen zwei Bedingungen erfüllt sein: Die verrechneten Abschreibungen müssen über Umsatzerlöse verdient sein und die Abschreibungsgegenwerte müssen der Unternehmung als Einzahlung zugeflossen sein.

1107 — Was bedeutet *Finanzierung aus Rückstellungen*?

Rückstellungen sind Verbindlichkeiten, deren Höhe oder Fälligkeit zum Bilanzstichtag ungewiss sind. Da Rückstellungen für Aufwendungen gebildet werden, vermindert sich der auszuschüttende Gewinn und damit zugleich auch die zu zahlende Ertragsteuer. Die Bildung von Rückstellungen hat also positive Auswirkungen auf die liquiden Mittel des Unternehmens.

ZP 1108 — Welche Maßnahmen zur *Vermögensumschichtung* dienen der Finanzierung?

Eine Finanzierung durch Vermögensumschichtung liegt vor, wenn im Vermögen gebundene Kapitalanteile durch eine Veräußerung freigesetzt werden; dies kann erfolgen im Anlagevermögen (Grundstücke, Maschinen) oder im Umlaufvermögen (Rationalisierung, Einsparungen, Wertpapiererlöse).

Kalkulation von Leistung und Angebot

Der **Cash-Flow** eines Unternehmens ist als Zahlungsstromrechnung der **Saldo aus Ein- und Auszahlungen,** welche die Zahlungskraft eines Unternehmens beurteilen hilft.

> **1109** Was meint man mit dem *Cash-Flow*?

Als **Financial Relations** (bei börsennotierten Unternehmen: Investor Relations) wird die **PR-Arbeit eines Unternehmens** bezeichnet, die auf die **Dialoggruppe der Kapitalanleger** abzielt. Zu der Dialoggruppe gehören Aktionäre, Gesellschafter und auch Finanzjournalisten. Die Maßnahmen der Financial Relations reichen von Geschäftsberichten über Pressekonferenzen bis hin zu Investoren-Events.

> **1110** Was sind *Financial Relations*?

Während man mit **Finanzierung** die zuvor ausgeführten Weisen der **Geld- und Mittelbeschaffung** bezeichnet, wird die **Budgetierung** als der Prozess der **vorausschauenden Planung und Festlegung notwendiger finanzieller Mittel** mithilfe von Kalkulationstechniken beschrieben.

> **1111** Wie unterscheiden sich die Begriffe *Finanzierung* und *Budgetierung*?

2.6.2 Kalkulation von Leistung und Angebot im Eventmarketing

Kalkulation

Während man unter **Budgetierung** den Prozess der **vorausschauenden Planung** und Festlegung **notwendiger finanzieller Mittel** versteht, meint man mit **Kalkulation** generell die **kosten- und erlösorientierte vorausschauende Planung.** Der Begriff Kalkulation ist also als Oberbegriff anzusehen; ein Budget ist immer das Ergebnis eines kalkulatorischen Vorgangs.

> **1112** Wie unterscheiden sich die Begriffe *Budgetierung* und *Kalkulation*?

Budget und **Etat** sind **synonym** verwendete Begriffe; ein Budget sind die für einen **bestimmten Zweck errechneten, festgelegten und bereitgestellten finanziellen Mittel** oder ein Mittelrahmen.

> **1113** Was versteht man unter den Begriffen *Budget* und *Etat*?

- **Budgetvergabe:** Planungsphase (Kosten für das Projekt möglichst genau schätzen), Genehmigungsphase (Mittel in Form des Budgets vorgeben), Mittel vergeben
- **Budgetaktualisierung:** Budgetkorrekturen vornehmen, Aktualisierung als Nachtrag oder Rückgabe

> **1114** Aus welchen *Schritten* besteht die *Budgetverwaltung*?

Orga ✓ Veranstaltungsorganisation/-wirtschaft

1115 **Welche zwei *Methoden der Budgetermittlung* im Eventmarketing sind möglich?**

1. Der Auftraggeber bestimmt das Budget und verteilt es auf eine bestimmte Anzahl geeigneter Marketing-Event-Maßnahmen. Die Maßnahmen setzt er selbst um oder er beauftragt Marketing-Eventagenturen damit. Den Agenturen teilt er die Beträge zu, die diese jeweils veranschlagen können. Diese Methode folgt dem Top-down-Ansatz (erst Festlegung des zur Verfügung stehenden Budgets, dann Anpassung des Eventlayouts an dieses Budget).

2. Der Auftraggeber plant eine Anzahl von Marketing-Event-Maßnahmen und setzt sie entweder selbst um oder beauftragt Marketing-Eventagenturen damit. Für jedes Projekt kalkuliert er die Kosten oder er lässt sich von den Eventagenturen Kostenvoranschläge/Angebote erstellen. Die Summe der Kalkulationsergebnisse bildet das Eventmarketingbudget. Diese Methode folgt dem Bottom-up-Ansatz (erst Konzeption von Eventlayouts, dann Kalkulation der Preise und Bestimmung des Budgets).

1116 **Wie kann das *Agenturhonorar* im Rahmen der beiden genannten Methoden *abgerechnet* werden?**

Bei Methode 1 wird das Agenturhonorar bereits häufig als Provisionsanteil (z. B. in Höhe von 15 % des Eventbudgets) in dem Gesamtbudget enthalten sein. So kann eine Eventagentur bei einem Budget in Höhe von 250 000,00 € (z. B. für ein zweitägiges Vertriebs-Kickoff für 500 Mitarbeiter) 37 500,00 € Honorar für ihre Arbeitsleistung berechnen. Weitere Umsatzmöglichkeiten für die Agentur ergeben sich dann aus dem Auftragswert der zu vermittelnden Leistungen und daraus, ob diese ebenfalls provisioniert werden. Wenn die Agentur z. B. Hotelkapazitäten für 50 000,00 € einkauft und mit einem Handlungskostenzuschlag in Höhe von 15 % für 57 500,00 € weitergibt, hat sie hier weitere 7 500,00 € Erlös erzielt. Bei Methode 2 wird das Agenturhonorar in Form von Tagessätzen oder als Pauschalpreis berechnet.

1117 **Welche Vorteile und Risiken bietet aus Agentursicht die zweite Variante?**

Die zweite Variante bietet aus Agentursicht den Vorteil, dass die einzelnen Elemente des Eventlayouts erst einmal frei kalkuliert werden können und (zumindest nicht bereits in den ersten Phasen) an die Vorgaben des zur Verfügung stehen Budgets angepasst werden müssen. Es kann freier an die Umsetzung der Kommunikationsziele herangegangen werden – es wird zuerst gefragt, mit welchem Konzept diese Ziele am besten umgesetzt werden können, bevor reflektiert wird, ob dies mit einem zur Verfügung stehenden Budget möglich ist. Es wird bei Methode 2 im Grunde zuerst gefragt, was wir wollen, bevor wir rechnen, was es kostet. Das Risiko für die Agentur besteht bei Methode 2 darin, dass der Kunde ggf. auf die Ideen anspringt, sich diese aber nicht so teuer vorgestellt hat. Der Vorteil der Methode 1 für das auftraggebende Unternehmen besteht in der Planungsklarheit, indem die Agentur sich von Beginn an konzeptionell im vorgegebenen Budgetrahmen bewegen muss. Das Risiko bei Methode 2 besteht darin, dass der auftraggebende Kunde manchmal mehr haben will, als er sich mit seinem Budget erlauben kann. Es wird bei Methode 1 im Grunde zuerst gefragt, wie viel Geld wir haben, bevor wir rechnen, was wir dafür bekommen können.

Kalkulation von Leistung und Angebot

Ein **Angebot ist bindend** und kann rechtlich nur durch eine beidseitige Willenserklärung von Anbieter und Auftraggeber angepasst werden. Es ist dann die richtige Entscheidung, wenn der zu erwartende Aufwand zu kalkulieren ist. Bei Live-Events jedoch sind in der Planung, Organisation und Durchführung häufig **Veränderungen und Anpassungen nötig**, sodass sich oft ein **Kostenvoranschlag** anbietet (Der **Preis** darf **aufwandsabhängig um bis zu 20 % nach unten oder oben** angepasst werden.).

1118 Wann sollte eine Eventagentur einen *Kostenvoranschlag* erstellen, wann ein *Angebot*?

---

1. Die Agentur rechnet auf **Honorarbasis (Tages- oder Stundensätze)** oder gegen ein **Pauschalhonorar** ab. Diese Form ist üblich bei beratenden Tätigkeiten und Tätigkeiten allgemeiner Unterstützung.
2. Die Agentur erhält eine **pauschale Provision** in Höhe von **12 % bis 22 % des Projektbudgets**. Diese Form ist üblich bei Methode 1 (Projektbudget wird vom Kunden zugewiesen). Die Pauschalprovision ist dann i. d. R. Teil des Projektbudgets. In der Werbebranche nennt man diese Art der Vergütung AE-Provision (Anzeigen-Expeditions-Provision).
3. Die Agentur berechnet die **Selbstkosten**, versieht diese mit einen **Gewinnaufschlag von 10–30 %** und schlägt auf die **Kosten von Fremdleistungen** einen **Handlingsaufschlag von rund 15 %** auf. Die Summe der so ermittelten Werte bildet den Angebotspreis. Diese Form der Vergütung ist üblich bei Methode 2 (Agentur erstellt Kostenvoranschlag).

1119 Welche drei Möglichkeiten der *Agenturvergütung* sind üblich?

Bei großen Projekten wird viel Geld bewegt, und die Agentur muss häufig in Vorleistung treten. Damit die Liquidität gesichert ist, hat es sich eingebürgert, einen **Teil der Auftragssumme bei Auftragserteilung** (z. B. 30 %), einen **weiteren bei Abnahme** (z. B. 40 %) und den **Rest mit der Endabrechnung/Rechnungslegung** in Rechnung zu stellen.

1120 Wie wird bei *Eventmarketing-Aufträgen* häufig *abgerechnet*?

Die **Akontozahlung** kann Bestandteil der Zahlungsmodalitäten sein und wird in der Eventpraxis oft genutzt. Für die Abwicklung eines Auftrags verlangt der Auftragsnehmer eine oder mehrere **Abschlagszahlungen** vom Auftraggeber. Diese verwendet der Auftragsnehmer für die Finanzierung seiner Fremdleistungen für das jeweilige Projekt. Akontozahlungen sind dabei ein wichtiges Instrument zur Liquiditätssicherung.

1121 Was versteht man unter einer *Akontozahlung*?

Orga ✓ Veranstaltungsorganisation/-wirtschaft

1122 — Wie kann man bewerten, ob ein *Marketing-Event teuer oder preiswert* ist?

Vergleichbar werden Marketing-Events, wenn man die Kosten zur Zahl der Tage und der Teilnehmer ins Verhältnis setzt. Kennt man die Kosten eines Events pro Gast und Tag, so kann man abschätzen, ob das Event preiswert (bis 200,00 € pro Person und Tag) oder teuer (mehr als 500,00 € pro Person und Tag) ist. Die mittlere Preislage entspricht der Spanne von 200,00 € pro Person und Tag bis 500,00 € pro Person und Tag. Generell ist auch der konkrete Leistungsumfang von Bedeutung (Anreise, Catering, Übernachtung, Programm, Transfers, Give-aways usw.). Messeauftritte werden nach Ausstellungsfläche pro m² berechnet, Filme pro Minute, Tonträger/Werbematerialien pro Stück.

1123 — Erstellen Sie pro Vertrags- und Abrechnungsvariante ein Schaubild, aus dem hervorgeht, wer in welchem Vertragsverhältnis zueinander steht und wer wem eine Rechnung stellt.

1. Agentur beauftragt Dienstleister und berechnet Leistungen mit Aufschlag an Auftraggeber	2. Agentur vermittelt Dienstleister an Auftraggeber und berechnet Provision auf Auftragssummen
Vorteil: höhere (und versteckte) Provisionierung möglich **Nachteil:** höherer Umsatz (hohe Umsatz- und Einkommenssteuervorauszahlung) hohes Risiko, da kaufmännische Haftung	**Vorteil:** niedriges kaufmännisches Risiko, da zielorientierter Umsatz Haftung begrenzt auf Verkehrspflichten **Nachteil:** hoher Kommunikationsaufwand, Reibungsverluste bei Abstimmungsproblemen

3. Zusätzlich möglich: Bei Vermittlung eines Dienstleisters an Auftraggeber – Berechnung einer Provision beim Dienstleister

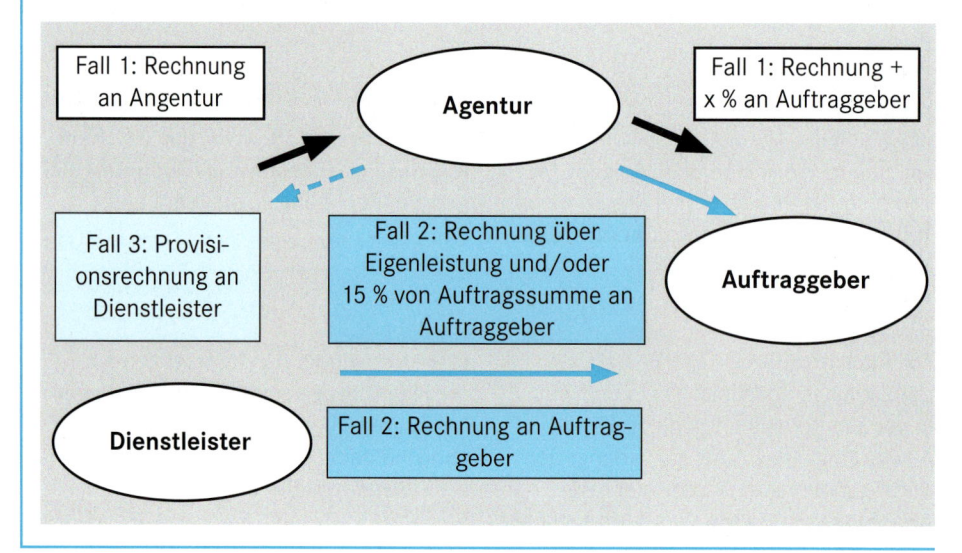

- Fall 1: Rechnung an Agentur
- Fall 1: Rechnung + x % an Auftraggeber
- Fall 3: Provisionsrechnung an Dienstleister
- Fall 2: Rechnung über Eigenleistung und/oder 15 % von Auftragssumme an Auftraggeber
- Fall 2: Rechnung an Auftraggeber

(Agentur – Dienstleister – Auftraggeber)

Kalkulation von Leistung und Angebot

Variante	Vorteile		Nachteile	
	für den Kunden	für die Agentur	für den Kunden	für die Agentur
Vertrag als Vermittler/Consulter	Klarheit über die Höhe des Agenturhonorars bei Budgetbindung	Klarheit über die Höhe des Agenturhonorars durch Budgetbindung Bei Berechnung auf Aufwandsbasis steigt die Höhe der Vergütung aufwandsbezogen	Bei Berechnung auf Aufwandsbasis Höhe der Vergütung aufwandsbezogen	Bei Budgetbindung sinkt die Spanne bei Erhöhung des Arbeitsaufwands
Produzenten- bzw. Generalunternehmervertrag	Haftungsrisiken werden auf die Agentur übertragen Alles aus einer Hand, ein Ansprechpartner nur eine Gesamtrechung d. h. ein Buchungsbeleg	Bei wirtschaftlich effizienter Umsetzung höhere Margen möglich Gestaltungsspielraum in der Planung liegt bei der Agentur	Bei nicht transparenter Abrechnung Margen der Agentur nicht ersichtlich Es besteht kein direkter rechtlicher Kontakt zu den einzelnen Dienstleistern bzw. Gewerken	Fehlplanungen bzw. kostenintensive Änderungen gehen häufig zu Lasten der Agentur (kaufmännisches Risiko) Das Haftungsrisiko liegt bei der Agentur Hoher Aufwand v. a. in Vertragsgestaltung und Abrechnung der einzelnen Buchungsbelege
Vertrag als Arrangeur/Vermittler	Permanente Kontrolle und Führung des Projekts Rechtlicher Kontakt besteht zu allen Einzelgewerken	Das kaufmännische Risiko sowie das Haftungsrisiko beschränkt sich auf die Eigenleistung der Agentur	Hoher Aufwand v. a. in Vertragsgestaltung und Abrechnung der einzelnen Buchungsbelege Hoher Kommunikationsaufwand (Dreieckskommunikation zwischen Auftraggeber, Dienstleister und arrangierender Agentur)	Honorierung ist auf den Arbeitsaufwand begrenzt Hoher Kommunikationsaufwand (Dreieckskommunikation zwischen Auftraggeber, Dienstleister und arrangierender Agentur) Die Agentur steht häufig kommunikativ zwischen den Stühlen
Doppelte (verdeckte) Provision	Keine, wird auch nicht gerne gesehen	Erhöhte Erlöse	Vertrauen in die Agentur sinkt, wenn das Verfahren bekannt wird	Wirkt in alle Richtungen unseriös

Listen Sie *Vor- und Nachteile* von typischen *Vertrags- und Abrechnungsvarianten* auf.

Orga ✓ Veranstaltungsorganisation/-wirtschaft

Kosten

1125 Listen Sie typische Einzelkosten für ein Marketing-Event auf.

Kostenverursacher	Kostenpositionen (Beispiele)
Location	Miete (inkl. Auf-/Abbauzeit), Mietnebenkosten, Bestuhlung, Dekoration, Bühne, Betriebskosten (Wasser/Heizung), Strom/Elektro, Reinigung, Verkehrskosten/Erschließung, Beschriftung, Besucherleitsystem, Hauspersonal
Technik	Strom, Ton, Licht, Bühne, Projektion, Effekte, Personal, EDV, Kommunikation
Transport/Logistik	Fahrzeuge, Fracht, Lieferung, Fahrer, Benzin, Busse, Trucking, Zölle
Inszenierung/Programm	Konzeption, Buch, Regie, Choreografie, Maske, Kostüm, Requisite, Objekte, Dekoration, Bühnenbild, Medienproduktion (von Konzeption/Drehbuch bis Realisation und Banderstellung), Künstler, Künstlernebenkosten, Abgaben (KSA, GEMA, Ausländersteuer), Referenten, Reisekosten, Transfers, Hotelkosten, Verpflegung, Management/Künstlerbetreuung,
Personal	Eventpersonal, Guest-Management/Gästebetreuung usw.
Materialien	Plakaterstellung/-druck, Spoterstellung/-schaltung, Broschüren/Programmheft, Kartendruck, Pressearbeit (vgl. PR)
Gebühren	GEMA, Urheberrechte, Behördenauflagen, evtl. Vergnügungsteuer, Konzessionen, Tombola/Preisausschreiben
Versicherungen	Veranstaltungs-Haftpflicht, Elektronikversicherung, Ausfallversicherung (z. B. Keymanversicherung/Hauptdarsteller), Unfallversicherungen
Security	Security, Polizei, Feuerwehr, Sanitäter, Absperrungen, Kontrollen
Catering	Personal, Mobiliar, Speisen und Getränke, Geschirr, Reinigung, Lagerung, Entsorgung, Konzessionen
Agenturkosten	Konzeption, Grafik, Einladungsszenario, Kommunikation/PR, laufende Mehrkosten, Honorare, Selbstkosten und Gemeinkosten
Büro- und Betriebskosten	Büromaterial, Telekommunikation, Verbrauch, Gebühren, Material, Porto, Kopien, Buchhaltung
Weitere Fixkosten	Löhne und Gehälter, Lohnnebenkosten, Ausstattung, Mieten, Fuhrpark, Inventar, Steuern, Versicherungen, Gebäudekosten
Unterbringung/Hotel	Zimmermieten, Raummieten, Verzehr
Anreisekosten und Transfers	Travel-Management für die Teilnehmer
Dekoration und Ausstattung	Bauten, Vorhänge, Banner, Mobiliar, Bestuhlung, Displays

Kalkulation von Leistung und Angebot — Orga

1126 Beschreiben Sie die Begriffe *Fremdkosten* und *Handlungskostenzuschlag*.

Typische Fremdkosten einer Agentur in der Leistungserstellung sind Honorare für Dienstleister und Fremdpersonal, Kosten für externe Gewerke und Dienstleistungen, Mieten für Location, Technik und Materialien sowie Abgaben, z. B. GEMA-Gebühren und Künstlersozialabgaben.

Die Höhe der Fremdkosten kann bei den Anbietern recherchiert und mit einem Handlungskostenzuschlag (Handling Fee) an den Kunden weiterberechnet werden, um die Gemeinkosten zu decken, die mit dem Handling der externen Dienstleister und Gewerke in der Agentur anfallen.

1127 Wie werden *Selbstkosten* definiert?

Selbstkosten werden definiert als Personalkosten + Sachkosten + anteilige Gemeinkosten. Selbstkosten sind die im eigenen Unternehmen direkt anfallenden Kosten, unter anderem für das eigene Projektpersonal. Die Sachkosten umfassen beispielsweise Kosten für spezielle Gerätschaften, gefertigte Bühnenbilder, Dekorationen, Finanzierungskosten, Reise-/Fahrt-/Übernachtungskosten usw.

1128 Wie kalkuliert man *Personalkosten* als Tages- oder Stundensätze?

Zur Ermittlung der kalkulatorischen Kosten für einen Mitarbeiter gilt die folgende Formel:
Personalkosten = Bruttolohn + Arbeitgeberanteil zur Sozialversicherung + Abgabe Berufsgenossenschaft + x % Urlaub + 5 % Krankheitstage.
Diese Personalkosten werden als betriebsspezifischer Faktor errechnet, z. B. der Faktor 1,57. Pro Jahr können 220 Arbeitstage inklusive Urlaub und Krankheitstage zugrunde gelegt werden. Die folgenden Formeln führen zu den Monats- beziehungsweise Tageskosten:

$$\text{Tageseinzelkostensatz} = \frac{\text{Personalkosten}}{\text{effektive Zahl der Arbeitstage}}$$

$$\text{Stundeneinzelkostensatz} = \frac{\text{Tageseinzelkosten}}{\text{Arbeitsstunden pro Tag}}$$

Beispiel:

$$\text{Tageseinzelkosten} = 30\,000{,}00\ €\ \text{Bruttolohn} \cdot 1{,}57 = \frac{47\,100{,}00\ €}{220\ \text{Arbeitstage}} = 214{,}09\ €$$

$$\text{Stundeneinzelkosten} = 214{,}09\ €\ \frac{\text{Tageseinzelkosten}}{8\ \text{Arbeitsstunden}} = 26{,}76\ €$$

1129 Was sind *Gemeinkosten*?

Einzelkosten sind i. d. R. einem Kostenträger direkt zurechenbar, Gemeinkosten dagegen nicht. Typische Gemeinkosten einer Agentur sind: Büro- und Agenturausstattung, Fuhrpark, Material, Hardware, Software, Telefon- und Fax, Mieten, Energiekosten, sonstige Mietnebenkosten, Gebäudekosten (Reinigung, Instandhaltung), Versicherungen (Geschäftsinhaltsversicherung, Elektronikversicherung, Haftpflicht, Rechtsschutz), Unternehmenssteuern, Werbung und PR (Anzeigen, Broschüren, eigener Webauftritt, Werbeartikel), allgemeine Personalkosten (Verwaltung, Akquise, Empfang) inklusive Lohnnebenkosten, allgemeine Verwaltungskosten (Kopien, Kommunikationskosten, Telefonanlage usw.). Durch die Zuschlagskalkulation möchte man erreichen, dass alle Kosten von den Kostenträgern bzw. Kosten verursachenden Projekten getragen werden. Dafür werden die Gemeinkosten anteilig umgelegt.

Orga ✓ Veranstaltungsorganisation/-wirtschaft

1130 — Wie lautet die *Formel* zur *Errechnung des Angebotspreises* (netto)?

Personaleinzelkosten + Sacheinzelkosten + anteilige Gemeinkosten = Selbstkosten
Selbstkosten + Fremdkosten + Handlungskostenzuschlag (nur auf Fremdkosten) = Projektkosten
Projektkosten + Gewinnaufschlag = Angebotspreis (netto)

1131 — Wie werden die *Preisuntergrenzen aus Selbstkostenoptik* berechnet?

Kurzfristige Preisuntergrenze = Fremdkosten + Personaleinzelkosten + Sacheinzelkosten; Langfristige Preisuntergrenze = Fremdkosten + Personaleinzelkosten + Sacheinzelkosten + anteilige Gemeinkosten

1132 — Listen Sie die *zehn Kalkulationsschritte im Marketing-Eventmanagement* auf.

Projektphase	Kalkulationsschritt
1. Kundenanfrage 2. Briefing und Rebriefing	
3. Konzeption inkl. Ressourcenrecherche (Lösungen, Kosten, Dienstleister und Lieferanten)	1. Grobkostenschätzung
4. Optionierung von Ressourcen/Lieferanten/Dienstleistern	2. Vorkalkulation
5. Erstellen des Konzepts	
6. Präsentation inkl. ausgewählter Projekt- und Ablaufpläne	
7. Auftragsvergabe	3. Budgetverhandlung (Einsparpotenziale) 4. Kostenvoranschlag/Angebot 5. Auftrag/Bestellung/Auftragsbestätig.
8. Detailplanung inkl. Raum- u. Ablaufpläne	6. Feinkalkulation
9. Organisation/Produktion/Umsetzung inkl. Beauftragung der Lieferanten 10. Durchführung inkl. Produktionsbesprechung, Kundenabnahme und Ablaufregie	7. Fortlaufender Soll-Ist-Vergleich
11. Nachbereitung inkl. Qualitätskontrolle und Nachbesprechungen	8. Endabrechnung 9. Rechnungslegung 10. Nachkalkulation

1133 — Nennen Sie typische *Vertragsbestandteile eines Generalunternehmervertrages.*

- Gegenstand des Vertrages
- Durchführung
- Änderung des Leistungsverzeichnisses
- Pflichten des Generalunternehmers
- Gewährleistung
- Haftung
- Erwerb von Rechten
- Ansprechpartner
- Lagerung
- Vergütung
- Eigentumsübergang
- Kündigung
- Sonstiges sowie Anlagen wie Leistungsverzeichnis, Ansprechpartner Übersicht, Bau-/Einkaufsbedingungen, Abnahmeprotokolle

Kalkulation von Leistung und Angebot — Orga

Im Zuge der Nachkalkulation einer Eventagentur soll die abschließende Rechnungslegung an den Kunden vorgenommen werden. Folgende Abweichungen zum Angebot an den Kunden lassen sich feststellen:

Kostenart	Angebotskalkulation in Euro	Nachkalkulation in Euro
Personaleinzelkosten	14 500,00	17 500,00
+ Sacheinzelkosten	21 000,00	19 000,00
+ Gemeinkosten	17 000,00	17 500,00
= Selbstkosten	52 500,00	54 000,00
+ Fremdleistungskosten	65 000,00	67 000,00
= Projektkosten	117 500,00	
+ Gewinnzuschlag (15 %)	17 625,00	
= Verkaufspreis	135 125,00	135 125,00

1134 Ermitteln Sie den *Gewinn in Euro* zu obigen Daten.

54 000,00 € Selbstkosten + 67 000,00 € Fremdleistungskosten = 121 000,00 € Projektkosten
135 125,00 € Erlös − 121 000,00 € Projektkosten = 14 125,00 € Gewinn

1135 Ermitteln Sie den *tatsächlichen Gewinn in Prozent*.

$$\frac{14\,125{,}00\ \text{€ Gewinn} \cdot 100}{121\,000{,}00\ \text{€ Projektkosten}} = 11{,}67\ \%$$

1136 Nennen Sie vier *Gründe* für eine *Nachkalkulation*.

1. Einzelaufstellung tatsächlich entstandener Kosten
2. Vorbereitung der Unterlagen für die Buchführung
3. Ermittlung der Soll-Ist-Abweichung zur Vorbereitung des analysierenden Kostencontrollings
4. ggf. Grundlage für die angleichende Korrektur der Abrechnung gegenüber dem Kunden

1137 Interpretieren Sie die *Abweichung in der Nachkalkulation*.

Die tatsächlichen Kosten sind höher als die veranschlagten Kosten; zwar sind die Sachkosten gesunken, die Personal- und die Fremdkosten aber gestiegen. Da es sich um einen Angebotspreis handelt (fester Verkaufspreis), wird der Gewinn um die Abweichung gemindert. Ein Kostenvoranschlag hätte es der Agentur vielleicht erlaubt, die Abweichung an den Kunden weiterzugeben.

Orga — Veranstaltungsorganisation/-wirtschaft

2.6.3 Betriebliches Rechnungswesen

Buchführung

ZP 1138 Auf welcher gesetzlichen Grundlage basiert die *Pflicht zur ordentlichen Buchführung*?

Die Pflicht eines Unternehmens zur Information über seine Vermögens-, Finanz- und Ertragslage basiert auf dem **HGB (§ 238)**.

ZP 1139 Was sind die *Aufgaben des betrieblichen Rechnungswesens*?

Daten betrieblicher Prozesse werden im Betrieb im angewandten **Rechnungswesen** erfasst, aufbereitet und ausgewertet. Rechnungswesen ist die **Abbildung des gesamten Unternehmensgeschehens in zahlenmäßiger Form** durch systematische Erfassung, Kontrolle und Auswertung. Die Hauptaufgaben des Rechnungswesens sind dabei die Dokumentation und Aufzeichnung aller Geschäftsfälle im Unternehmen, die Information über die Vermögens-, Finanz- und Ertragslage des Unternehmens, die Kontrolle wichtiger Daten des Unternehmens wie Wirtschaftlichkeit, Rentabilität und Liquidität und die Planung der zu erwartenden Ausgaben und Einnahmen und der Investitionen. Rechnungswesen umfasst also kaufmännische Grundlagen wie Buchführung, Bilanzierung, Kalkulation und Controlling.

ZP 1140 Beschreiben Sie die einzelnen *Bereiche des betrieblichen Rechnungswesens*.

- **Buchführung** bedeutet die Aufzeichnung aller Geschäftsfälle in zeitlicher und sachlicher Ordnung aufgrund von Belegen. Die Höhe des Vermögens, des Eigen- und Fremdkapitals sowie das Ergebnis werden am Ende einer Abrechnungsperiode (Monat, Quartal oder Jahr) ermittelt. Der gesetzlich vorgeschriebene Jahresabschluss gibt Aufschluss über die Höhe und Zusammensetzung des Kapitals und des Vermögens sowie über das Betriebsergebnis des Unternehmens.
- Die **Kosten- und Leistungsrechnung (KLR)** befasst sich mit dem eigentlichen Betriebszweck des Unternehmens, der Produktion, dem Vertrieb und dem Absatz. Die vergleichende Aufrechnung von Kosten (Wertevezehr) und Erlösen (Wertezuwachs) ist die Kernaufgabe der KLR.
- Die **Statistik** bereitet die Ergebnisse der KLR auf und wertet sie aus. In der Planungsrechnung wird die künftige Entwicklung von Investitionen, Personalbedarf, Beschaffung, Umsatz und Finanzen im Sinne von Sollwerten ermittelt.
- Das **Controlling** bewertet geplante Vorgänge kaufmännisch auf der Basis der Analyse vergangener Daten und einer nutzenorientierten Vorschau. Es dient der Steuerung und Kontrolle der betriebswirtschaftlichen Vorgänge im Unternehmen.

ZP 1141 Nennen Sie wichtige *Kriterien zur doppelten Buchführung* und zur *Bilanzierungspflicht*.

Das **System der doppelten Buchführung** erlaubt **umfangreichere und genauere Analysen und Berichte.** Die Pflicht zur doppelten Buchführung und zur Bilanzierung hängt von der Gesellschaftsform und vom Umsatz bzw. Gewinn ab. Ins Handelsregister eingetragene Kaufleute sind nach dem HGB zur doppelten Buchführung verpflichtet. In § 238 HGB ist die Buchführungspflicht geregelt, die Vermögensdarstellung und Gewinndarstellung erfolgt aus § 242

Betriebliches Rechnungswesen

HGB. Die Verpflichtung zur Buchführung beginnt mit dem ersten Geschäftsvorfall nach Aufnahme des Handelsgewerbes. Bei Kapitalgesellschaften beginnt die Buchführungspflicht mit Abschluss des Gesellschaftsvertrages. Gewerbliche Unternehmer, die nicht im Handelsregister eingetragen sind, sind nach § 141 Abgabenordnung zur Bilanzierung verpflichtet, wenn sie folgende Voraussetzungen erfüllen: Umsatz mehr als 500 000,00 € oder Gewinn mehr als 50 000,00 €. Bei nicht originär zur Buchführung Verpflichteten beginnt die Buchführungspflicht mit Beginn des Wirtschaftsjahres, das auf die Bekanntgabe der Mitteilung des Finanzamtes folgt, dass die genannten Grenzen überschritten sind und zur doppelten Buchführung übergegangen werden soll. Bei der Bilanzierung sind – so weit sich aus dem Steuerrecht nichts anderes ergibt – die Grundsätze ordnungsgemäßer Buchführung des Handelsrechts zu beachten.

Das Steuerrecht erlaubt den Personen, die nicht zur doppelten Buchführung verpflichtet sind, die Ermittlung des steuerpflichtigen Gewinns durch eine **Einnahmen-Überschuss-Rechnung.** Nur bei Unternehmen mit einem Umsatz unter 17 500,00 € lässt die Finanzverwaltung dabei auch formlose Einnahmen-Überschuss-Rechnungen zu. Die Pflichten des Unternehmers sind bei der Einnahmen-Überschuss-Rechnung geringer als bei der doppelten Buchführung. Bei der Einnahmen-Überschuss-Rechnung handelt es sich um eine einfache Gegenüberstellung von Betriebseinnahmen und Betriebsausgaben nach dem Prinzip **Betriebseinnahmen – Betriebsausgaben = Gewinn** beziehungsweise Verlust. Maßgeblich ist grundsätzlich der tatsächliche Zeitpunkt des Zuflusses/Abflusses. Die Geschäftsvorfälle werden in chronologischer Reihenfolge aufgrund der Buchungsbelege in einem Journal aufgezeichnet. Dabei ist es zweckmäßig, die einzelnen Posten beispielsweise nach Kostenarten zu sortieren. Außerdem müssen das Nettoentgelt, die Umsatzsteuer und der Gesamtbetrag einzeln aufgezeichnet werden. Gewerbliche Unternehmer sind verpflichtet, den Warenein- und den Warenausgang aufzuzeichnen. Letzteres allerdings nur, wenn die Ware an einen anderen gewerblichen Unternehmer zur Weiterveräußerung oder zum Verbrauch geliefert wird.

Was bedeutet *Einnahmen-Überschuss-Rechnung*? (1142 ZP)

Ist-Versteuerung bedeutet, dass die an das Finanzamt abzuführende Umsatzsteuer nach den tatsächlich vereinnahmten Entgelten berechnet wird, während bei der **Soll-Versteuerung** die vereinbarten Entgelte relevant sind. Die Ist-Versteuerung bedeutet einen Liquiditätsvorteil für den Unternehmer, da er die Umsatzsteuer erst dann an das Finanzamt abführen muss, wenn er das Entgelt vereinnahmt hat und nicht schon bei Rechnungstellung. Die Ist-Versteuerung muss beantragt werden. Voraussetzung nach § 20 UStG ist, dass der Unternehmer im vorangegangenen Kalenderjahr nicht mehr als 500 000,00 € Gesamtumsatz erzielt hat oder von der steuerrechtlichen Buchführungspflicht gemäß § 148 AO befreit ist oder Freiberufler ist. Die Soll-Versteuerung zieht automatisch eine doppelte Buchführungspflicht nach sich, für die Ist-Versteuerung ist eine Einnahmen-Überschuss-Rechnung ausreichend (auch einfache Buchführung genannt).

Was bedeuten die Begriffe *Soll- und Ist-Versteuerung*? (1143 ZP)

Orga ✓ Veranstaltungsorganisation/-wirtschaft

ZP 1144 — Nennen Sie die *Grundsätze der ordnungsmäßigen Buchführung.*

Ordnungsmäßige Buchführung bedeutet, dass sich ein sachverständiger Dritter (z. B. Steuerprüfer des Finanzamts) innerhalb angemessener Zeit anhand der Buchführungsunterlagen und Aufzeichnungen ein Bild von den Geschäftsvorfällen und der Lage des Unternehmens machen kann. Alle Geschäftsvorfälle sind vollständig, richtig und geordnet zu erfassen, sodass sie in ihrer Entstehung und Abwicklung nachvollziehbar sind. Der Gewinnermittlungszeitraum ist dabei grundsätzlich das Kalenderjahr. Unter bestimmten Voraussetzungen kann das Wirtschaftsjahr aber auch davon abweichen. Die Unterlagen zur Gewinnermittlung müssen zehn Jahre aufbewahrt werden, alle anderen Unterlagen, soweit sie für die Besteuerung von Bedeutung sind, sechs Jahre.

Typische Aspekte klarer und übersichtlicher Buchführung sind Klarheit und Wahrheit, ordnungsmäßige Erfassung aller Geschäftsvorfälle (keine Buchung ohne Beleg), formelle Richtigkeit, richtige Zeitfolge, Vollständigkeit, periodengerechte Abgrenzung sowie Bilanzwahrheit, Bilanzklarheit, Bilanzvollständigkeit und Bilanzkontinuität. Ein wichtiger Aspekt ordnungsmäßiger Aufbewahrung ist die Nachprüfbarkeit.

ZP 1145 — Was ist eine *Inventur?*

Die **Inventur** ist die **Erfassung aller vorhandenen Bestände.** Die Vermögenswerte und Schulden werden zu einem Stichtag ermittelt und schriftlich dokumentiert. Das Ergebnis einer Inventur ist das Inventar. Kaufleute sind gemäß § 240 HGB und §§ 140, 141 AO im Rahmen der ordnungsmäßigen Buchführung zur Inventur bei der Gründung oder Übernahme eines Unternehmens verpflichtet, zum Ende des Geschäftsjahres (meist zum 31. Dezember) und bei Auflösung oder Verkauf des Unternehmens.

ZP 1146 — Was ist ein *Inventar?*

Das **Inventar** ist ein **Bestandsverzeichnis,** in dem alle Vermögensteile und Schulden nach Art, Menge und Wert sowie das Eigenkapital aufgeführt sind.

ZP 1147 — Wie führen Unternehmen der Veranstaltungsbranche in der Regel ihre *Inventur* durch?

Die meisten dienstleistungsorientierten Unternehmen in der Veranstaltungsbranche führen eine **Buchinventur** durch, da sie i. d. R. keine umfangreichen Lagerbestände aufweisen, die gezählt werden müssten. Es reicht i. d. R. aus, die Werte aus den buchhalterischen Aufzeichnungen zu entnehmen.

ZP 1148 — Wie wird das *Eigenkapital* ermittelt?

Das **Eigenkapital** eines Unternehmens, d. h. sein Vermögen abzüglich seiner Schulden, auch Reinvermögen genannt, ist ein wichtiger Indikator, der Hinweise darauf gibt, ob das Unternehmen wirtschaftlich erfolgreich arbeitet. Man ermittelt es durch eine einfache Formel. Die Werte dazu werden aus dem Inventar entnommen, das auf Grundlage der Inventur erstellt worden ist. Um das Eigenkapital zu ermitteln, werden die **Schulden vom Vermögen subtrahiert:** Eigenkapital (C) = Vermögen (A) minus Schulden (B). Da jedes Jahr zum 31. Dezember eine Inventur durchgeführt wird, lassen sich die jeweils resultierenden Werte des Eigenkapitals miteinander vergleichen. Allerdings müssen bei der Beurteilung der Wertentwicklung etwaige Privatentnahmen und -einlagen berücksichtigt werden. Bei positivem Erfolg (Eigenkapitalmehrung) spricht man von einem Gewinn. Bei negativem Erfolg (Eigenkapitalminderung) spricht man von einem Verlust.

Betriebliches Rechnungswesen — Orga

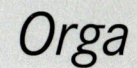

Die **Bilanz** ist eine **Kurzfassung des Inventars.** Aus ihr kann man das Verhältnis von Vermögen und Schulden des Unternehmens entnehmen. Die Bilanz muss wie eine Waage immer im rechnerischen Gleichgewicht gehalten werden muss (Bilanzgleichung: Aktiva = Passiva oder Vermögen = Kapital). Im Gegensatz zum Inventar, das in gestaffelter Form Vermögen, Schulden und Eigenkapital untereinander stellt, werden in der Bilanz Vermögen und Kapital in Form eines ausführlichen T-Kontos gegenübergestellt. Es wird nur der Gesamtwert gleichartiger Vermögens- oder Schuldenteile dargestellt. Die Bilanzstruktur eines Unternehmens, d. h. das Eigenkapital im Verhältnis zur Bilanzsumme, gibt Aufschluss darüber, ob das Unternehmen vorwiegend mit eigenen oder mit fremden Mitteln arbeitet.

ZP 1149 Wie hängen *Bilanz* und *Inventar* zusammen?

- Die **linke Seite der Bilanz erfasst die Aktiva,** also alle Vermögensteile im Anlage- und Umlaufvermögen. Sie gibt Auskunft über die Verwendung der Mittel, d. h. über deren Einsatz.

- Die **rechte Seite der Bilanz erfasst die Passiva,** also das Kapital des Unternehmens als Eigen- und Fremdkapital. Sie gibt Auskunft über die Herkunft des Kapitals.

ZP 1150 Was sind *Aktiva* und *Passiva*?

Aktiva (Vermögen)	Passiva (Kapital)
A. Anlagevermögen (Grundstücke, Gebäude, Fuhrpark, Betriebs- und Geschäftsausstattung)	A. Eigenkapital
B. Umlaufvermögen (Warenvorräte, Forderungen, Wertpapiere, Kasse, Bank)	B. Rückstellungen
C. Rechnungsabgrenzungsposten	C. Verbindlichkeiten (gegenüber Kreditinstituten, aus Lieferungen und Leistungen)
Bilanzsumme	Bilanzsumme
Die Bilanzsummen von Aktiva und Passiva müssen identisch sein	
Die Aktiva-Seite gibt Auskunft über Mittelverwendung, Investierung, Vermögensarten und Vermögen	Die Passiva-Seite gibt Auskunft über Mittelherkunft, Finanzierung, Kapitalquellen und Kapital

ZP 1151 Wie werden in der *Bilanz* die vorhandenen Werte ausgewiesen?

Die **Bilanz** ist eine Kurzfassung des Inventars. Aus ihr kann man das Verhältnis von Vermögen und Schulden des Unternehmens entnehmen. Zusammen mit der Gewinn-und-Verlust-Rechnung bildet die Bilanz den **Jahresabschluss** eines Unternehmens. Dieser muss persönlich unterschrieben und zehn Jahre aufbewahrt werden. Einzelunternehmer müssen persönlich unterschreiben, Jahresabschlüsse einer AG von allen Vorstandsmitgliedern, bei einer GmbH der Geschäftsführer.

ZP 1152 Beschreiben Sie den *Unterschied* zwischen *Bilanz* und *Jahresabschluss.*

Orga ✓ Veranstaltungsorganisation/-wirtschaft

ZP 1153 Nach welchen *zwei Methoden* kann eine *Gewinn-und-Verlust-Rechnung (GuV)* gegliedert sein?

Gesamtkostenverfahren (GKV)

   Umsatzerlös
+ Bestandsveränderung
+ Eigenleistung
= Gesamtleistung
+ sonstige Erträge
− Materialaufwand
= Rohergebnis
− Personalaufwand
− Abschreibungen
− sonstige betriebliche Aufwendungen
+ Zinserträge
− Zinsaufwendungen
= Ergebnis der gewöhnlichen Geschäftstätigkeit
+ außerordentliche Erträge/Aufwendungen
= Ergebnis vor Steuern
− Steuern vom Einkommen und Ertrag
= Jahresüberschuss/Jahresfehlbetrag

Umsatzkostenverfahren (UKV)

   Umsatzerlös
− Herstellkosten
= Bruttoergebnis vom Umsatz
− Vertriebskosten
− allgemeine Verwaltungskosten
+ sonstige betriebliche Erträge
− sonstige betriebliche Aufwendungen
+ Zinserträge
− Zinsaufwendungen
= Ergebnis der gewöhnlichen Geschäftstätigkeit
+ außergewöhnliche Erträge/Aufwendungen
= Gewinn vor Steuer bzw. Verlust
− Steuern
= Gewinn nach Steuern bzw. Verlust

ZP 1154 Nennen Sie den *Unterschied* zwischen einem *Kontenrahmen* und einem *Kontenplan*.

- Ein **Kontenrahmen** ist eine geordnete Übersicht aller Konten, die in einem Unternehmen innerhalb eines bestimmten Wirtschaftszweigs (z. B. Banken, Groß- und Einzelhandel, Industrie) vorkommen können. Da es in verschiedene Wirtschaftszweigen unterschiedliche buchhalterische Besonderheiten gibt, sind von den einzelnen Wirtschaftsverbänden speziell zugeschnittene Kontenrahmen geschaffen worden, z. B. der im IHK-Stoffkatalog vorgegebene Kontenrahmen SKR 04 oder auch der in der Veranstaltungsbranche gerne genutzte Kontenrahmen SKR 03.

- Ein **Kontenplan** ist das Verzeichnis aller Konten eines Unternehmens, Betriebes oder Vorhabens und Bestandteil der doppelten Buchführung. Er orientiert sich häufig am Kontenrahmen des Wirtschaftszweiges.

ZP 1155 Wie werden *Belege* buchhalterisch in Bezug auf *Grund- und Hauptbuch* behandelt?

Ein Beleg ist ein Dokument im betrieblichen Rechnungswesen, das Daten über einen Geschäftsfall enthält. Er dokumentiert ein Ereignis im Geschäftsprozess, das sich auf die finanzielle Situation des Unternehmens auswirkt. Zu jedem Geschäftsfall wird der entsprechende Beleg aufbewahrt. Auf der Grundlage der Belege werden in einem Grundbuch (Journal) schriftlich oder mithilfe einer Software Buchungssätze erstellt. Im Hauptbuch erfolgen dann die Buchungen auf den einzelnen Sachkonten. Der Buchungsbeleg ist die Grundlage jeder Buchung. Es gilt der Grundsatz: „Keine Buchung ohne Beleg". Belege müssen zehn Jahre lang aufbewahrt werden. Die dazu gehörenden Vorgänge (z. B. Schriftverkehr, Angebote, Zahlungserinnerungen usw.) sechs Jahre lang. Dabei wird ab dem Schluss des Kalenderjahres gerechnet.

Betriebliches Rechnungswesen

Erstellen Sie einen verkürzten Kontenplan basierend auf SKR 04.

Kontenklasse 0 Anlagevermögen	Kontenklasse 1 Umlaufvermögen	Kontenklasse 2 Eigenkapital	Kontenklasse 3 Fremdkapital
0215 unbebaute Grundstücke	1100 Warenbestand	2900 gezeichnetes Eigenkapital	3000 Rückstellungen
0240 Geschäftsbauten	1200 bis 1206 Forderungen aus Lieferungen und Leistungen (Debitoren)		3150 Verbindlichkeiten gegenüber Kreditinstituten (Darlehen)
0400 technische Anlagen und Maschinen	1400 Vorsteuer		3300 bis 3303 Verbindlichkeiten aus Lieferungen und Leistungen (Kreditoren)
0520 Pkw	1600 Kasse		3730 Verbindlichkeiten aus Lohn- und Kirchensteuer
0540 Lkw	1700 Postbank (Guthaben)		3740 Verbindlichkeiten im Rahmen der sozialen Sicherheit
0650 Büroeinrichtung	1800 Bank (Guthaben)		3800 Umsatzsteuer
0670 geringwertige Wirtschaftsgüter bis 410,00 €	1900 ARA		3900 PRA

Kontenklasse 4 Betriebliche Erträge	Kontenklasse 5 Betriebliche Aufwendungen	Kontenklasse 6 Betriebliche Aufwendungen	Kontenklasse 7 Weitere Erträge und Aufwendungen
4000 Umsatzerlöse	5200 Wareneingang ohne MwSt.	6000 Löhne, Gehälter	7100 Zinserträge
4010 Umsatzerlöse Firmen-Events	5700 Nachlässe	6110 gesetzliche soziale Aufwendungen	7300 Zinsaufwendungen
4020 Umsatzerlöse Incentives	5900 Fremdleistungen	6120 Beiträge zur Berufsgenossenschaft	7400 außerordentliche Erträge
4030 Umsatzerlöse Messen	5910 Catering	6220 Abschreibungen auf Sachanlagen	7500 außerordentliche Aufwendungen
4040 Umsatzerlöse Seminare, Tagungen, Kongresse	5920 Personal	6300 sonstige betriebliche Aufwendungen	
4050 Umsatzerlöse Public Events	5930 Technik	6310 Mietaufwendungen	
4500 Provisionserlöse	5940 Dekoration	6320 Heizung	
4700 Erlösschmälerungen (Gutschriften)	5950 Programm	6325 Gas, Strom, Wasser	
4830 sonstige betriebliche Erträge	5960 Location	6400 Versicherungen	

Orga — Veranstaltungsorganisation/-wirtschaft

Kontenklasse 4 Betriebliche Erträge	Kontenklasse 5 Betriebliche Aufwendungen	Kontenklasse 6 Betriebliche Aufwendungen	Kontenklasse 7 Weitere Erträge und Aufwendungen
	5970 sonstige Fremdleistungen	6420 Beiträge	
		6490 Reparaturen und Instandhaltung	
		6500 Fahrzeugkosten	
		6600 Werbekosten	
		6640 Bewirtungskosten	
		6740 Ausgangsfrachten	
		6800 Porto	
		6805 Telefon	
		6815 Bürobedarf	
		6820 Zeitschriften, Bücher	
		6855 Nebenkosten des Geldverkehrs	

ZP 1157 Welche *Arten von Belegen* fallen in der Buchführung an?

In der Buchführung fallen folgende typischen externen Belege/Fremdbelege und internen Belege/Eigenbelege an.

Externe Belege/Fremdbelege	Abkürzung	Interne Belege/Eigenbelege	Abkürzung
Eingangsrechnung der Veranstaltungstechnikfirma für geliehenes Equipment und Personal	ER (Eingangsrechnung)	Ausgangsrechnung über einen Teilbetrag an den Auftraggeber (Krankenversicherung) nach Abschluss der ersten Projektphase (Vorbereitung und Planung)	AR (Ausgangsrechnung)
Eingangsrechnung der Deko-Firma für Material und Personal	ER	Ausgangsrechnung über den Restbetrag an den Auftraggeber (Krankenversicherung) nach erfolgreich durchgeführter Veranstaltung	AR

Betriebliches Rechnungswesen — Orga

Externe Belege/ Fremdbelege	Abkürzung	Interne Belege/ Eigenbelege	Abkürzung
Eingangsrechnung der Mietwagen-Firma für den Shuttle-Service	ER	Selbst erstellter Beleg (Eigenbeleg oder Notbeleg) als Ersatz für einen verloren gegangenen Barbeleg	EB (Eigenbeleg)
		Barquittungen über die Auszahlung von Aushilfsentgelten für Stagehands	KB (Kassenbeleg)
Bankbelege (Kontoauszüge)	BA (Bankauszug)	Gehaltslisten	GL
Barbeleg über den Einkauf von Gaffatape (Spezialklebeband) und Absperrband am Veranstaltungstag	KB	Belege über Privatentnahmen (Eigenverbrauch)	EB

Interne Belege werden selbst erstellt. Externe Belege gelangen auf unterschiedlichen Wegen in die Buchhaltung: Die Eingangsrechnungen der Lieferanten werden i. d. R. per Post oder per Mail versandt. Externe Barbelege werden meist von Mitarbeitern der Buchhaltung zur Abrechnung vorgelegt.

Was ist ein Kassenbuch? ZP 1158

Zur Dokumentation von Einnahmen und Ausgaben wird ein Kassenbuch geführt – manchmal auch Kassenbericht genannt. Die einer Auflistung im Kassenbuch zugrunde liegenden Belege sind meistens Barquittungen. Der Empfänger eines Geldbetrags quittiert dabei den Erhalt des Geldes. Das unterschriebene (i. d. R. weiße) Original bekommt der zahlende Kunde, die (i. d. R. gelbe) Durchschrift behält der Lieferant.

Wie entstehen Buchungssätze? ZP 1159

Nach dem Eintreffen der Belege in der Buchhaltung werden anhand der Beleginformationen Buchungssätze gebildet und chronologisch mit fortlaufenden Belegnummern in das Grundbuch (Journal) eingetragen. Hierzu bedient man sich heute i. d. R. einer speziellen kaufmännischen Software. Hierbei müssen folgende Fragen beantwortet werden: Welche Konten werden berührt? Handelt es sich um aktive oder passive Bestandskonten bzw. Aufwands- oder Ertragskonten? Ergibt sich aus dem Beleg eine Mehrung oder eine Minderung dieser Konten? Auf welcher Kontenseite (Soll oder Haben) ist demnach zu buchen? Mit Konto ist dabei nicht das Bankkonto gemeint, sondern die Konten laut Kontenplan, also eine Art Gattungsschublade in der Buchhaltung. Es wird dabei immer zuerst im Soll und dann im Haben gebucht.

Orga ✓ Veranstaltungsorganisation/-wirtschaft

ZP 1160 — Wie bucht man auf *Bestandskonten*?

Man unterscheidet **Aktivkonten (Vermögen)** und **Passivkonten (Kapital)**. Da sie Bestände enthalten, nennt man sie auch **Bestandskonten**. Am Anfang des Geschäftsjahres werden sie nach Auflösung der Bilanz (Eröffnungsbilanz = Schlussbilanz des letzten Geschäftsjahres) durch Eintragen der Anfangsbestände eingerichtet. Die Anfangsbestände stehen bei Aktivkonten im Soll, bei Passivkonten im Haben (entsprechend der Seiten der Bilanz). Mehrungen werden auf der Seite des Anfangsbestands gebucht, Minderungen auf der entgegengesetzten Seite des Anfangsbestands. Der Schlussbestand eines Kontos ergibt sich als Saldo auf der schwächeren Seite, bei Aktivkonten im Haben, bei Passivkonten im Soll. Die Schlussbestände der einzelnen Konten werden am Ende des Rechnungsjahres in die Schlussbilanz übernommen. Dabei werden die der Aktivkonten auf die linke Seite und die der Passivkonten auf die rechte Seite der Bilanz übernommen. Bei Buchungen von Geschäftsfällen auf Bestandskonten verändern sich lediglich Vermögen und Schulden eines Unternehmens.

ZP 1161 — Listen Sie die fünf *Grundregeln zum Buchungssatz* auf.

1. Welche Konten werden berührt?
2. Handelt es sich um aktive oder passive Bestandskonten oder Aufwands- bzw. Ertragskonten?
3. Ergibt sich aus dem Beleg eine Mehrung oder eine Minderung der Konten?
4. Auf welcher Kontenseite (Soll oder Haben) ist demnach zu buchen?
5. Dann erst im Soll und dann im Haben buchen.

ZP 1162 — Zeigen Sie Buchungssätze auf Aktiv- und Passivkonten.

Aktivkonten: Zugänge werden im Soll, Abgänge im Haben gebucht

SOLL	HABEN
Anfangsbestand aus Eröffnungsbilanz	– Abgänge
+ Zugänge	Endbestand in Schlussbilanz
Kontensumme Soll	Kontensumme Haben

Passivkonten: Zugänge werden im Haben, Abgänge im Soll gebucht

SOLL	HABEN
– Abgänge	Anfangsbestand aus Eröffnungsbilanz
Endbestand in Schlussbilanz	+ Zugänge
Kontensumme Soll	Kontensumme Haben

ZP 1163 — Wie lautet die *Eröffnungsbuchung*?

Aktivkonto an Eröffnungsbilanzkonto (EBK) und Eröffnungsbilanzkonto (EBK) an Passivkonto.

ZP 1164 — Was sind *Erfolgskonten*?

Buchungen auf Erfolgskonten, also Ertragskonten bzw. Aufwandskonten mehren das Eigenkapital als Ertrag oder mindern es als Aufwand. Die Erfolgskonten werden über das Gewinn- und Verlustkonto abgeschlossen, dessen Saldo (Gewinn oder Verlust) auf das Eigenkapitalkonto übertragen wird.

Betriebliches Rechnungswesen — Orga

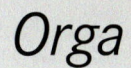

Aufwandskonten: Aufwendungen werden im Soll gebucht	
SOLL	HABEN
Summe der Aufwendungen	– Saldo der Aufwendungen (Aufwandsmind.)
	evtl. Korrekturbuchungen
	= Schlussbestand in GuV
Kontensumme Soll	Kontensumme Haben

Ertragskonten: Erträge werden im Haben gebucht	
SOLL	HABEN
– Saldo der Erträge (Ertragsminderungen)	Summe der Erträge
evtl. Korrekturbuchungen	Endbestand
= Schlussbestand in GuV	
Kontensumme Soll	Kontensumme Haben

1165 ZP Zeigen Sie *Buchungssätze auf Aktiv und Passivkonten*.

Für jeden Kunden (Debitor) und Lieferanten (Kreditor) wird ein eigenes Konto angelegt. Rabatte werden nicht eingebucht, sondern später verbucht. Weiterberechnete Transport- und Verpackungskosten sowie Portogebühren werden als umsatzsteuerpflichtige Erlöse behandelt. Direkt verbrauchte gelieferte Waren werden dem entsprechenden Aufwandskonto belastet. Warenwert und Umsatzsteuer werden netto getrennt erfasst.

1166 ZP Welche *Grundlagen* gelten bei *Buchungen zum Ein- und Verkauf?*

Eingangsrechnungen: Aufwand und Vorsteuer
    an Verbindl. aus Lieferung und Leistung bzw. Kreditorenkonto
Bezugskosten (Fracht, Rollgeld usw.): Bezugskosten und Vorsteuer
    an Verbindl. oder direkt an Kasse oder Bank
Ausgangsrechnungen: Forderung aus Lieferung und Leistung bzw. Debitorenkonto
    an Erlös und Umsatzsteuer

1167 ZP Wie werden *Ein- und Ausgangsrechnungen* gebucht?

Zahlungseingänge werden im Soll auf Kasse oder Bank gebucht, z. B.:
    Bank
    an Forderung
Zahlungsausgänge werden im Haben auf Kasse oder Bank gebucht, z. B.:
    Verbindlichkeit
    an Bank

1168 ZP Wie lauten typische *Buchungen im Zahlungs- und Finanzverkehr?*

Rücksendungen/Lieferantengutschriften: Verbindlichkeiten
    an Aufwand und Vorsteuer (umgekehrt)
Rücknahmen/Gutschriften: Erlös und Umsatzsteuer
    an Forderungen
Bei Nachlässen/Lieferskonti: Verbindlichkeiten
    an Nachlässe und Vorsteuer
Erlösschmälerungen/Kundenskonti: Erlösberichtigungen und Umsatzsteuer
    an Forderungen

1169 ZP Wie bucht man *Rücksendungen, Rücknahmen* und *Skonto?*

Orga ✓ Veranstaltungsorganisation/-wirtschaft

ZP 1170 — Wie bucht man *zweifelhafte Forderungen* und *Forderungsausfälle (uneinbringlich gewordene Forderungen)?*

Uneinbringlich gewordene Forderungen werden direkt abgeschrieben und die Umsatzsteuer muss korrigiert werden; der Buchungssatz lautet: Außerordentliche Aufwendungen und Umsatzsteuer an Forderungen.
Zweifelhafte Forderungen werden mit einem wahrscheinlichen Wert angesetzt, bei großen Forderungsverlusten einzelner Kunden wird eine Einzelwertberichtigung durchgeführt; der Buchungssatz lautet: Außerordentliche Aufwendungen an Wertberichtigung auf Forderungen. Pauschalwertberichtigungen nimmt man dann vor, wenn man erfahrungsbasiert einen gewissen Prozentsatz vom gefährdeten Forderungsbestand ausbucht; der Buchungssatz lautet dann: Außerordentliche Aufwendungen an Pauschalwertberichtigungen auf Forderungen. Die Umsatzsteuerkorrektur erfolgt immer erst bei einer endgültigen Buchung der Forderung.

ZP 1171 — Was bedeutet der Begriff *Anlagegüter?*

Anlagegüter im Anlagevermögen sind Gegenstände, die **dauernd dem Geschäftsbetrieb dienen.** Sie müssen über die Nutzungsjahre anteilig abgeschrieben werden.

ZP 1172 — Wie werden die *Anschaffungskosten ermittelt?*

```
  Anschaffungspreis (netto)
− Anschaffungsminderungen (Rabatt, Bonus, Skonti)
+ Anschaffungskosten (z. B. Transportkosten, Installationskosten)
+ nachträgliche Anschaffungskosten
= Anschaffungskosten
```

ZP 1173 — Was sind *GWG?*

GWG steht für **geringwertige Wirtschaftsgüter,** die im Anschaffungsjahr komplett als Aufwand abgesetzt werden können. Seit 1. Januar 2010 gilt folgende Regelung aus dem Wachstumsbeschleunigungsgesetz: Anschaffungskosten bis zu 150,00 € netto können sofort oder nach gewöhnlicher Nutzungsdauer abgeschrieben werden; bei Anschaffungskosten ab 150,01 € bis 410,00 € netto ist eine Sofortabschreibung möglich oder eine Abschreibung nach gewöhnlicher Nutzungsdauer oder die Buchung in Sammelposten mit Abschreibung über fünf Jahre. Bei Anschaffungskosten von 410,01 € bis 1 000,00 € netto kann als Sammelposten mit Abschreibung über fünf Jahre oder nach der gewöhnlichen Nutzungsdauer abgeschrieben werden. Ab Anschaffungskosten in Höhe von 150,01 € besteht eine besondere Aufzeichnungspflicht.

ZP 1174 — Was sind *Abschreibungen?*

Mit der Abschreibung erfasst man im betrieblichen Rechnungswesen planmäßige oder außerplanmäßige Wertminderungen von Vermögensgegenständen. Die Abschreibung korrespondiert dabei mit dem Wertverlust von Unternehmensvermögen (Anlagevermögen und Umlaufvermögen) innerhalb eines Zeitraums. Dabei kann der Wertverlust durch allgemeine Gründe wie Alterung und Verschleiß oder durch spezielle Gründe wie einen Unfallschaden oder Preisverfall veranlasst sein. Die Abschreibung wird meist aus betriebswirtschaftlicher Sicht ermittelt und – unter Beachtung handels- und steuerrechtlicher Besonderheiten – als Aufwand in der Gewinnermittlung berücksichtigt. Abschreibungen müssen seit 2007 monatsgetreu berechnet werden.

Betriebliches Rechnungswesen

Was bedeutet *AfA* und wie wird der *Buchwert* ermittelt? ZP 1175

AfA ist der angesetzte Absetzungsbetrag für die Abnutzung. Buchungsbeträge für die Abschreibung des jeweiligen Abschreibungsvermögens werden wie folgt ermittelt:

Anschaffungskosten
Herstellungskosten

$$AfA = \frac{\text{fortgeführte Anschaffungskosten}}{\text{fortgeführte Herstellungskosten (Buchwert, Restwert)}}$$

Wie kann *linear abgeschrieben* werden? ZP 1176

Lineare Abschreibung bedeutet die Geltendmachung jährlich gleichbleibender Abschreibungsbeträge als Aufwand. Der Anschaffungsmonat gilt dabei als voller erster Monat, im Anschaffungsjahr und im Endjahr wird anteilig abgeschrieben nach der Formel:

$$\text{AfA-Betrag} = \frac{\text{Anschaffungskosten}}{\text{Nutzungsdauer}}$$

$$\text{AfA-Satz (\%)} = \frac{100\,\%}{\text{Nutzungsdauer}}$$

Anschaffungskosten – AfA = Buchwert bzw. Restwert
Lineare Abschreibung = Abschreibung vom Anschaffungswert = gleiche Abschreibungsbeträge
Bei Anschaffung eines Fahrzeuges im Januar zum Preis von 25 000,00 € und einer Mindestnutzungszeit von fünf Jahren ergibt sich beispielsweise ein jährlicher Abschreibungsbetrag in Höhe von 5 000,00 €.

Was bedeutet *Aktive Rechnungsabgrenzung (ARA)* und wie wird gebucht? ZP 1177

Ausgaben vor dem Abschlussstichtag, die für das Folgejahr entstehen und dort einen Aufwand darstellen, müssen aktiv abgegrenzt werden. Die Ausgabe erfolgt jetzt, der Aufwand später. Es wird z. B. bei im Voraus gezahlten Mietbeiträgen folgendermaßen gebucht:
bei Rechnungseingang:
   Mietaufwand
   an Verbindlichkeiten

bei der Zahlung:
   Verbindlichkeiten
   an Bank
im Jahresabschluss (der Aufwand wird neutralisiert, ARA wird gebildet):
   ARA
   an Mietaufwand
im Januar (der Aufwand wird in die richtige Periode gebucht, ARAP wird aufgelöst):
   Mietaufwand
   an ARA

Was bedeutet *Passive Rechnungsabgrenzungen (PRA)* und wie wird gebucht? ZP 1178

Einnahmen vor dem Abschlussstichtag, die für das Folgejahr entstehen und dort einen Ertrag darstellen, müssen passiv abgegrenzt werden, z. B. Vorauszahlungen von Kunden.
Beispiel: Ein Theater (Geschäftsjahr vom 1. Januar bis 31. Dezember) verkauft am 1. Dezember 2013 ein Halb-Jahresabonnement für 600,00 €. Das Geld wird sofort bar bezahlt. Das Theater hat also für das Jahr 2014 550,00 € eingenommen. Diese anteiligen 550,00 € für die Zeit von Januar bis Mai 2014 werden als passiver Rechnungsabgrenzungsposten bilanziert.

Orga ✓ Veranstaltungsorganisation/-wirtschaft

ZP 1179 — Wie lauten die *Abschlussbuchung an GuV bzw. Schlussbilanzkonten (SBK)?*

GuV
an Aufwandskonten
Bei Gewinn: Betriebsergebnis
              an GuV
GuV (Gewinn)
an Eigenkapital
SBK
an Aktivkonten

bzw.

Ertragskonten
an GuV
Bei Verlust: GuV
             an Betriebsergebnis
Eigenkapital
an GuV (Verlust)
Passivkonten
an SBK

ZP 1180 — Fassen Sie wichtige *Buchungsregeln* zusammen.

1. Keine Buchung ohne Beleg.
2. Der Buchungssatz lautet:
   Soll
   an Haben.
3. Die Bilanz besteht aus Aktiv- und Passivkonten.
4. Aktivkonten nehmen im Soll zu und im Haben ab.
5. Passivkonten nehmen im Soll ab und im Haben zu.
6. Aufwendungen werden im Soll gebucht.
7. Erträge werden im Haben gebucht.
8. Aufwands- und Ertragskonten werden über das GuV-Konto abgeschlossen.
9. Das GuV-Konto wird über das Eigenkapitalkonto abgeschlossen.
10. Erträge – Aufwendungen = Gesamtergebnis; Leistungen – Kosten = Betriebsergebnis

ZP 1181 — Wie wird die *Umsatzsteuerzahllast* ermittelt und das *Umsatzsteuerkonto* abgeschlossen?

Zunächst wird der Betrag durch die **Formel** ermittelt: **Umsatzsteuer minus Vorsteuer gleich Zahllast.**
Bei einer **positiven Zahllast** wird **gebucht:**
  Umsatzsteuer
  an Vorsteuer
  Umsatzsteuer
  an Bank (bei monatlicher Zahlung) bzw. am Jahresende
  Umsatzsteuer
  an SBK
Bei einem **Vorsteuerüberhang** wird **gebucht:**
  Vorsteuer
  an Umsatzsteuer
  Bank
  an Vorsteuer (bei Zahlungseingang der Rückerstattung) bzw.
  SBK
  an Vorsteuer (am Jahresende)

ZP 1182 — Erstellen Sie wesentliche *Formeln zur Berechnung von umsatzsteuerlichen Brutto- und Nettopreisen.*

Berechnungsziel	Formel (Dreisatz)	Verkürzte Formel
Berechnung von netto auf brutto (19 %)	$\dfrac{\text{Nettobetrag} \cdot 119}{100} = \text{Bruttobetrag}$	$\text{Nettobetrag} \cdot 1{,}19 = \text{Bruttobetrag}$
Berechnung von brutto auf netto (19 %)	$\dfrac{\text{Bruttobetrag} \cdot 100}{119} = \text{Nettobetrag}$	$\dfrac{\text{Bruttobetrag}}{1{,}19} = \text{Nettobetrag}$
Berechnung von netto auf brutto (7 %)	$\dfrac{\text{Nettobetrag} \cdot 107}{100} = \text{Bruttobetrag}$	$\text{Nettobetrag} \cdot 1{,}07 = \text{Bruttobetrag}$
Berechnung von brutto auf netto (7 %)	$\dfrac{\text{Bruttobetrag} \cdot 100}{107} = \text{Nettobetrag}$	$\dfrac{\text{Bruttobetrag}}{1{,}07} = \text{Nettobetrag}$

Betriebliches Rechnungswesen — Orga

Berechnungsziel	Formel (Dreisatz)	Verkürzte Formel
Berechnung der Umsatzsteuer auf netto (19 %)	$\dfrac{\text{Nettobetrag}}{100 \cdot 19}$ = Umsatzsteuer	Nettobetrag · 0,19 = Umsatzsteuer
Berechnung der Umsatzsteuer von brutto (19 %)	$\dfrac{\text{Bruttobetrag}}{119 \cdot 19}$ = Umsatzsteuer	
Berechnung der Umsatzsteuer auf netto (7 %)	$\dfrac{\text{Nettobetrag}}{100 \cdot 19}$ = Umsatzsteuer	Nettobetrag · 0,19 = Umsatzsteuer
Berechnung der Umsatzsteuer von brutto (7 %)	$\dfrac{\text{Bruttobetrag}}{107 \cdot 7}$ = Umsatzsteuer	
Berechnung von Umsatzsteuer auf netto (19 %)	$\dfrac{\text{Umsatzsteuer} \cdot 100}{19}$ = Nettobetrag	
Berechnung von Umsatzsteuer auf brutto (19 %)	$\dfrac{\text{Umsatzsteuer} \cdot 119}{19}$ = Bruttobetrag	
Berechnung von Umsatzsteuer auf netto (7 %)	$\dfrac{\text{Umsatzsteuer} \cdot 100}{7}$ = Nettobetrag	
Berechnung von Umsatzsteuer auf brutto (7 %)	$\dfrac{\text{Umsatzsteuer} \cdot 107}{7}$ = Nettobetrag	

$\dfrac{17{,}99 \, € \cdot 100}{119} = 15{,}12\,€$ Nettopreis der CD; $\dfrac{17{,}99\,€}{119 \cdot 19} = 2{,}87\,€$ Umsatzsteuer

1183 ZP — Eine CD kostet 17,99 € brutto. Wie hoch sind Erlös und Umsatzsteuer netto?

$\dfrac{2\,380{,}00\,€}{119 \cdot 19} = $ **380,00 € Vorsteuer**

1184 ZP — Sie zahlen eine Werbeartikel-Rechnung über 2 380,00 €. Wie hoch ist die Vorsteuer?

Einkäufe zu 19 %:
19 % = 34 200,00 €; x = 100 %
$x = \dfrac{34\,200\,€ \cdot 100}{19} =$ **180 000,00 €**

Verkäufe zu 7 %:
7 % = 14 700,00 €; x = 100 %
$x = \dfrac{14\,700{,}00\,€ \cdot 100}{7} =$ **210 000,00 €**

Umsatzsteuer − Vorsteuer = Zahllast ans Finanzamt: 14 700,00 € − 34 200,00 € =
− 19 500,00 € Rückerstattung (die Vorsteuer ist ausnahmsweise höher als die Umsatzsteuer)

1185 ZP — Im abgelaufenen Quartal haben Sie 34 200,00 € Vorsteuer gezahlt und 14 700,00 € Umsatzsteuer eingenommen. Wie hoch ist der Nettowert der Einkäufe bei einem Steuersatz von 19 %, und wie hoch der Nettowert der Verkäufe bei 7 %?

Umsatz − Einkäufe = Erlös:
210 000,00 € − 180 000,00 € = **30 000,00 € (netto)**

1186 ZP — Welchen Betriebserlös haben Sie auf Grundlage dieser Werte erzielt?

Orga — Veranstaltungsorganisation/-wirtschaft

ZP 1187 Aus der Buchhaltung liegen Ihnen die folgenden Werte vor: Summe der Umsatzsteuerbeträge 24 000,00 €; Summe der Vorsteuerbeträge 16 000,00 €. Noch zu buchen sind der Einkauf von Werbeartikeln in Höhe von 2 380,00 € (brutto) sowie Einnahmen aus Live-Auftrittsgagen in Höhe von 6 420,00 € (brutto). Wie hoch ist die Zahllast an das Finanzamt, die sich aus diesen Werten ergibt?

1. Berechung der zusätzlichen Umsatzsteuer:

$$\frac{6\,420,00\ €}{107 \cdot 7} = 420,00\ €$$

2. Berechung der zusätzlichen Vorsteuer:

$$\frac{2\,380,00\ €}{119 \cdot 19} = 380,00\ €\ \text{Vorsteuer}$$

3. Umsatzsteuer (24 000,00 € + 420,00 € = 24 420,00 €) – Vorsteuer (16 000,00 € + 380,00 € = 16 380,00 €) = **8 040,00 € Zahllast an das Finanzamt**

2.6.4 Kosten- und Leistungsrechnung

KLR

ZP 1188 Beschreiben Sie typische *Ziele der Kosten- und Leistungsrechnung*.

Mithilfe der Kosten- und Leistungsrechnung soll die **betriebswirtschaftliche Planung optimiert** werden. Dafür werden anfallende Kosten erfasst, zugeordnet, verteilt und analysiert. Die Kosten- und Leistungsrechnung wertet unternehmensintern und zielgerichtet relevante Finanzbuchhaltungsinformationen aus. Typische Ziele und Aufgaben sind

- die Wirtschaftlichkeitskontrolle von Prozessen, Kostenstellen, Abteilungen usw.
- die Kostenkalkulation und Nachkalkulation und Bewertung von Kostenträgern.
- die Gewinnung von Informationen als Basis für Entscheidungsrechnungen im Rahmen der Produkt- oder Preispolitik.
- die Bewertung der Warenvorräte in der Jahresbilanz.

ZP 1189 Nennen Sie jeweils drei *Aufgaben* und drei *Ziele* der *Kosten- und Leistungsrechnung*.

Aufgaben	Ziele
Darstellung des Ressourcenverbrauchs	Verbesserung der Wirkkraft
Transparenz der betrieblichen Kosten	Entscheidungsunterstützung
Ermittlung der Selbstkosten	Vergleich der Produkte/Leistungen
Bewertung der Leistungen	Ermittlung der Wirtschaftlichkeit in der Leistungserstellung
Ermittlung der Deckungsbeiträge der Leistungen	Grundlage für leistungsorientierte Planungen

Kosten- und Leistungsrechnung

Die Kostenrechnung arbeitet nach Kriterien der Kostenentstehung und -aufteilung in drei Stufen: der Kostenartenrechnung, der Kostenträgerrechnung und der Kostenstellenrechnung, die alle auf der Finanzbuchhaltung basieren.

1190 ZP Was meint man mit den *drei Stufen der abgrenzenden Kostenrechnung?*

Es gibt eine Vielzahl von Einteilungssystemen nach Kostenträgern:
- Einteilung nach Art der verbrauchten Produktionsfaktoren (betriebsbedingte Kosten), z. B. in Personal-, Material-, Fertigungs-, Vertriebs-, Verwaltungskosten usw.
- Einteilung nach der Herkunft der Kostengüter, z. B. Primär- und Sekundärkosten
- Einteilung nach der Zurechenbarkeit in Einzel- und Gemeinkosten
- Einteilung in neutrale Kosten und zweckgebundene Kosten wie Grund-, Anders- und Zusatzkosten
- Einteilung nach der Verortung bzw. Herkunft, z. B. in Selbst- und Fremdkosten
- Einteilung nach Beweglichkeit, z. B. in fixe und variable Kosten

Die Kostenartenrechnung ist die Schnittstelle zwischen Finanzbuchhaltung und Kostenstellen- bzw. Kostenträgerrechnung, d. h. erst einmal müssen wir die Daten in der Finanzbuchhaltung aufzeichnen, dann in der Kostenträgerrechnung klassifizieren, um sie in der Kostenträger- oder Kostenstellenrechnung zu bewerten.

1191 Listen Sie typische *Modelle der Kostenartenrechnung* auf.

- Fremdkosten und Primärkosten sind häufig fälschlicherweise synonym gebrauchte Begriffe. Der Begriff Primärkosten erwächst aus einer anderen Perspektive und ist weiter gefasst; **Fremdkosten sind streng genommen Bestandteil der Primärkosten.** **Primärkosten** als Kostenbegriff in der Güterproduktion sind der **bewertete Verzehr von Gütern und Dienstleistungen,** die ein Unternehmen von außerhalb bezieht und die es im betrieblichen Leistungsprozess einsetzt. Primärkosten sind ursprüngliche Kosten, so wie sie in der Finanzbuchhaltung gebucht und von dort in die Kostenrechnung übernommen werden. Sie sind der Höhe nach eindeutig bestimmbar. Neben Fremdkosten fallen weitere externe Kosten wie Werkstoff-, Betriebsmittel- und Kapitalkosten unter die Primärkosten; aber auch die Arbeitskosten sind den Primärkosten zugeordnet – diese würden unter die Kategorie Selbstkosten (Personaleinzelkosten) fallen.
Der synonyme Begriff für Fremdkosten bzw. Fremdleistungskosten ist Dienstleistungskosten.

- **Sekundärkosten** sind ein Sammelbegriff für **eigene Kosten** bzw. selbst erstellte Leistungen, die Kosten verursachen. Sie werden innerhalb der innerbetrieblichen Leistungsverrechnung auf die Endkostenstellen umgerechnet. Sekundärkosten werden im Rahmen der Vollkostenrechnung auch in variable Kosten und fixe Kosten unterteilt.
Die Begriffe Sekundärkosten und Selbstkosten (Eigenkosten) sind sich ähnlich.

1192 Sind *Primärkosten* Fremdkosten? Sind *Sekundärkosten* Eigenkosten? Erklären Sie die Überschneidungen der Begriffe.

Orga ✓ Veranstaltungsorganisation/-wirtschaft

1193 Nennen Sie für die folgenden Kostenarten typische Beispiele: a) Materialkosten, b) Personalkosten und c) Dienstleistungskosten.

Kostenart	Beispiele
Materialkosten	Werkstoffkosten wie Rohstoffe, Teile, Handelswaren; Hilfsstoffkosten wie Verpackungsmaterial, Reinigungsmittel; Betriebsmittelkosten wie Strom, Gas, Öl; Materialverwaltung
Personalkosten	Lohnkosten, Sozialversicherungsbeiträge, Entgeltfortzahlungen, Fortbildungsmaßnahmen, Mitarbeiterverwaltung
Dienstleistungskosten (auch: Fremdleistungskosten)	Versicherungskosten, Transportkosten, Kosten für Marketingmaßnahmen, Instandhaltungskosten, Post-, Telefon-, Faxkosten, Abgaben, auch Betriebsmittelkosten

1194 Was sind *kalkulatorische Kosten*? Wie werden sie unterteilt?

Kalkulatorische Kosten sind *Kosten, die nicht als Ausgabe in der GuV* erfassbar sind, aber einen **tatsächlichen betriebswirtschaftlichen Werteverzehr** hervorrufen. Sie werden unterteilt in Anderskosten und Zusatzkosten.

1195 Bringen Sie die vier Schritte zur Überführung der Ertrags- und Aufwandsdaten der Finanzbuchhaltung in Kosten- und Erlösdaten der Kosten- und Leistungsrechnung in die richtige Reihenfolge.

1. Gegenüberstellung von Aufwand und Ertrag aus der Finanzbuchhaltung
2. Aussonderung von betriebsfremden Aufwands- und Ertragspositionen
3. Korrektur der verbleibenden Aufwands- und Ertragsdaten
4. Gegenüberstellung von Kosten und Leistungen

1196 Was bedeutet der Begriff *Kostenstelle*?

Kostenstellen bezeichnen den **Ort der Leistungserbringung** sowie **Kostenentstehung**, werden meist nach Funktion, Tätigkeit oder Verantwortungsbereich eingerichtet und sind rechnerisch abgegrenzte Teilbereiche eines Unternehmens, die die angefallenen Kosten sammeln, um selbstständig abgerechnet zu werden. Typische Kostenstellen sind z. B. Vertrieb, Werbung, Messeauftritte aber auch Material, Verwaltung, Reisekosten und Bürobedarf.

1197 Nennen Sie die Unterschiede zwischen *Haupt-, Hilfs-* und *Nebenkostenstellen*.

- **Hauptkostenstellen** (auch Endkostenstellen) bilden die unmittelbare Leistungserstellung ab.
- **Nebenkostenstellen** sind den Hauptkostenstellen strukturiert zugeordnet.
- **Hilfskostenstellen** (auch Vorkostenstellen) geben Leistungen an andere Kostenstellen ab.

Kosten- und Leistungsrechnung

Kostenstellen sollten sinnvoll strukturiert so eingerichtet werden, dass sie die anfallenden Kosten in der betrieblichen Leistungserbringung den Kostenverursachern tätigkeitsorientiert zuordnen. Sie sollten vor allem die **Kostenverursachungsrealität abbilden.**

1198 Nennen Sie *Kriterien* für die *Einrichtung von Kostenstellen.*

Die **Kostenstellenrechnung** klärt die Frage, **wo Kosten anfallen.** Dazu teilt man den Betrieb oder dessen Produkte in Kostenbereiche auf. Durch die Kostenstellenrechnung werden Leistungsbeziehungen im Unternehmen dargestellt, die Wirtschaftlichkeit besser kontrolliert und die Kostenträgerrechnung vorbereitet. In erster Linie soll nach dem Verursacherprinzip im Rahmen der Vollkostenrechnung durch die Verteilung von Gemeinkosten auf die Kostenstellen ermittelt werden, wie hoch die Kosten dort wirklich sind. Durch eine anschließende Berechnung von Zuschlagssätzen kann eine Kostenträgerrechnung erfolgen. Die Vollkostenrechnung hat zum Ziel, die effektiv oder planmäßig entstandenen Kosten eines Kostenträgers (Ware, Dienstleistung, Produkt) festzustellen.

1199 Wozu dient die *Kostenstellenrechnung?*

Der **Betriebsabrechnungsbogen** erfasst die **Kosten tabellarisch nach strukturierten Teilbereichen für die einzelnen Kostenstellen.** Dabei werden die anfallenden Gemeinkosten auf die Kostenstellen nach einem Verteilungsschlüssel umgelegt. Er wird **periodisch,** d. h. regelmäßig erstellt, z. B. monatlich.

1200 Welche *Aufgabe* hat ein *Betriebsabrechnungsbogen* und wie oft wird er erstellt?

Die Kostenstellenrechnung erfolgt nach der Kostenartenrechnung. Kosten, die im Unternehmen anfallen, werden bestimmten Kostenstellen zugeordnet – im Idealfall dort, wo sie verursacht wurden. Kostenstellen können organisatorisch abgegrenzte Teilbereiche oder auch Produktlinien eines Unternehmens sein. Die Kostenstellenrechnung erlaubt eine Budgetierung auf Vollkostenbasis. Kriterien für die Einrichtung von Kostenstellen sind generell Funktionen, Tätigkeiten oder Verantwortungsbereiche. Im Betriebsabrechnungsbogen (BAB) werden die einzelnen Positionen der Kostenstellenrechnung ermittelt und zusammengefasst. Hier werden die Gemeinkosten, über die Kostenbereiche auf die einzelnen Kostenstellen verteilt, z. B. Kosten wie Gehälter, Mieten oder Verwaltungskosten auf alle Kostenstellen anteilig. Die Anteile der einzelnen Kostenstellen an den Gemeinkosten werden mithilfe eines festzulegenden Verteilungsschlüssels errechnet.

1201 Wie hängen *Kostenstellenrechnung* und *Betriebsabrechnungsbogen* zusammen?

1. vorbereitende Unterscheidung von Aufwendungen/Erträgen und Kosten im Rahmen der Ergebnisrechnung
2. Übernahme der Kosten aus der Buchführung in den BAB
3. Ermittlung der Verteilungsschlüssel zur Verteilung der Gemeinkosten auf die Kostenstellen
4. Umlage der Gemeinkosten auf die Kostenstellen
5. Ermittlung der Selbstkosten je Kostenträger im Rahmen der Kostenträgerrechnung

1202 Fassen Sie die einzelnen *Schritte der abgrenzenden Kostenrechnung* zusammen.

Orga ✓ Veranstaltungsorganisation/-wirtschaft

1203 Beschreiben Sie wesentliche *Aspekte der Kostenträgerrechnung.*

Die **Kostenträgerrechnung** steht am Ende der Kostenrechnung und soll klären, wofür die Kosten entstanden sind. Die zentrale Aufgabe besteht in der **Ermittlung der Herstellungskosten (Selbstkosten)**. Neben der Kostenträgerzeitrechnung ist für Fertigungsunternehmen die Kostenträgerstückrechnung typisch:

Hier erfolgt eine Erfassung der anfallenden Kosten pro Kostenträger. Typische Kostenträger sind bestimmte Produkte. In der Kostenartenrechnung wird zwischen Einzelkosten und Gemeinkosten unterschieden. In der Kostenträgerrechnung werden am Ende mittels Zuschlagskalkulation die Selbstkosten ermittelt.

1204 Nach welchen Mustern laufen *Kostenträgerzeitrechnung und -stückrechnung* ab?

Kostenträgerzeitrechnung: Selbstkostenverfahren Handelsunternehmen	Kostenträgerstückrechnung: Herstellkostenverfahren Fertigungsunternehmen
Umsatzerlöse - Wareneinsatz	Materialeinzelkosten + Materialgemeinkosten
= Rohertrag - Personalkosten - kalkulatorischer Unternehmerlohn - Miete - Steuern, Beiträge - kalkulatorische Zinsen - Werbekosten - Verkaufsprovision - Transportkosten - Kosten des Fuhr- und Wagenparks - allgemeine Verwaltungskosten - kalkulatorische Abschreibungen	= Materialkosten + Fertigungskosten (Fertigungslohn- und -gemeinkosten) = Herstellkosten der Fertigung + Bestandsminderung - Bestandsmehrung = Herstellkosten des Umsatzes + Verwaltungsgemeinkosten + Vertriebsgemeinkosten = Selbstkosten des Auftrags + Erlöse - Selbstkosten des Auftrags
= Betriebsgewinn/-verlust	= Betriebsergebnis

1205 Wie arbeitet die *Deckungsbeitragsrechnung?*

Unterscheidet man in der Kostenartenrechnung nach variablen und fixen Kosten, spart man sich den BAB und geht direkt in die Kostenträgerrechnung bzw. macht eine **Deckungsbeitragsberechnung.** Hierbei werden die **Deckungsbeiträge (DB) der hergestellten Produkte** ermittelt. Man unterscheidet die einstufige und die mehrstufige Deckungsbeitragsrechnung.
Bei der **einstufigen Deckungsbeitragsrechnung** werden zunächst die aufsummierten Deckungsbeiträge ermittelt und von diesen dann die kompletten Fixkosten abgezogen.

Die **mehrstufige Deckungsbeitragsrechnung** versucht, den Fixkostenblock weiter aufzuspalten und die Kosten den verursachenden Unternehmensbereichen zuzurechnen. Durch diese Betrachtungsart wird es möglich, den Betrag eines verkauften Stückes, einer verkauften Stunde oder einer Arbeitseinheit zu errechnen, mit dem die fixen Kosten gedeckt werden können. Diese sogenannte Deckungsbeitragsberechnung ermöglicht uns vor allem, den Gewinn eines Produktes oder einer Produktion zu errechnen und auch den Produktpreis zu bestimmen.

Kosten- und Leistungsrechnung — Orga

- **Variable Kosten** sind Kosten, die bei der Herstellung einer Ware (Stückkosten, im Live-Event z. B. Vorverkaufsgebühren, Kosten für Ticketing-Systemanbieter pro verkauftem Ticket) oder bei der Erbringung einer Leistung (Projektkosten, im Live-Event z. B. Hallenmiete, externes Personal, Plakate usw.) anfallen. Mit steigender Produktionsmenge oder Leistung steigen sie i. d. R. an.

- **Fixkosten** sind konstante Kosten über einen längeren Zeitraum hinweg (Büromiete, Gehälter, TK-Anlage, Versicherungen usw.), die anfallen, egal ob ein Unternehmen Leistungen erbringt oder nicht. Auch Kosten für die Betriebsbereitschaft genannt. Bei steigender Menge ändern sie sich nicht.

- Variable Kosten und Fixkosten zusammengerechnet ergeben die **Gesamtkosten**.

- Der **Deckungsbeitrag** bezeichnet in der Kosten- und Leistungsrechnung die Differenz zwischen den erzielten Erlösen und den variablen Kosten (netto). Es wird dabei in der einstufigen Deckungsbeitragsberechnung der Betrag bezeichnet, der zur Deckung der fixen Kosten beiträgt.

- Als (kaufmännischen) **Break-even** bezeichnet man den Punkt, an dem die Gesamtkosten gedeckt sind.

1206 Welche *Kostenarten* kennt die *Deckungsbeitragsberechnung*?

- **Geschäftsfixkosten** (auch Overheadkosten genannt) umfassen die Kosten für die Betriebsbereitschaft, also die Kosten, die in einem Betrieb dafür anfallen, dass es ihn gibt, ohne dass etwas geleistet oder produziert würde.

- **Leistungsspezifische Fixkosten** (auch projektfixe Kosten genannt) sind aus Sicht der Betriebsbereitschaft den variablen Kosten zuzurechnen, da sie erst entstehen, wenn ein Projekt oder eine Leistung erbracht wird. Hierbei umfassen sie diejenigen Kosten, die in jedem Fall anfallen, ohne dass z. B. ein Stück hergestellt wird (z. B. Konzeptionskosten).

1207 Nennen Sie den *Unterschied* zwischen *leistungsspezifischen Fixkosten und Geschäftsfixkosten*.

Die Juniversal Event- und Veranstaltungsagentur GmbH hat ein Projekt erfolgreich abgeschlossen. Für ein mittelständisches Softwareunternehmen wurde ein Messeauftritt auf der Cebit realisiert. Das Honorar von 1.000 000,00 € wurde, wie im Generalunternehmervertrag vereinbart, in mehreren Teilbeträgen vom Kunden gezahlt. Herr Richthofen möchte nun zusammen mit dem verantwortlichen Projektleiter den Gewinn aus diesem Projekt für das Unternehmen ermitteln, der in das zu versteuernde Betriebsergebnis einfließen wird. Folgende Werte sind ermittelt worden: Umsatz 1 000 000,00 €, variable Kosten 600 000,00 €, projektspezifische Fixkosten 120 000,00 €, geschäftsfixe Kosten 80 000,00 €.

Der Projektleiter errechnet in drei Stufen die Deckungsbeiträge. In der ersten Stufe zieht er die variablen Kosten vom Umsatz ab. Dies ergibt den Deckungsbeitrag I, den wir zur Berechnung der nächsten Stufen benötigen.
DB I = Umsatz − variable Kosten = 1 000 000 € − 600 000,00 € = **400 000,00 €**
Der DB I entspricht noch nicht dem Betrag, der zur Deckung der fixen Kosten dient. In der zweiten Stufe subtrahiert der Projektleiter deshalb die projektspezifischen Fix-

1208 Wenden Sie die *mehrstufige Deckungsbeitragberechnung* beispielhaft an.

Orga ✓ Veranstaltungsorganisation/-wirtschaft

kosten. Bei einem Messeprojekt sind das normalerweise angeschaffte Messemöbel, angeschaffte Technik oder andere Anschaffungen, die das Unternehmen für andere Projekte weiter benutzen möchte. Der ermittelte Deckungsbeitrag II dient zur Deckung der geschäftsfixen Kosten.

DB II = DB I – leistungsspezifische Fixkosten, d. h. 400 000,00 € – 120 000,00 € = **280 000 €**

Um abschließend den Betrag zu ermitteln, mit dem alle Kosten gedeckt sind (den Gewinn vor Steuern), müssen vom Deckungsbeitrag II die Geschäftsfixkosten abgezogen werden. Diese werden ermittelt, indem sie im Betriebsabrechnungsbogen (BAB) auf die Kostenstelle Messe-Event umgelegt werden.

DB III = DB II – Geschäftsfixkosten, d. h. 280 000,00 € – 80 000,00 € = **200 000,00 €**

Der ermittelte DB III entspricht dem Gewinn, den das Unternehmen mit diesem Projekt erzielt hat.

1209 Beschreiben Sie den Zusammenhang von *Deckungsbeitragsberechnung und Kalkulation.*

Man kann die **Deckungsbeitragsberechnung** auch dazu **nutzen,** für ein **Projekt im Voraus zu kalkulieren,** ob und wie viel Gewinn es machen wird. Mit der Deckungsbeitragsberechnung können der Break-even sowie der echte Gewinn bzw. Verlust eines Projekts im Voraus berechnet werden. Die DB-Berechnung ist damit eine wichtige kaufmännische Kalkulations- und Entscheidungsgrundlage.

1210 Wie wird der *Einstandspreis in der Bezugspreiskalkulation* ermittelt?

   Listenpreis
– Rabatte (Mengenrabatte, Treuerabatte, Funktionsrabatte)
= Zieleinkaufspreis
– Skonti (für kurzfristige Zahlungen)
= Bareinkaufspreis
+ Bezugskosten (Verpackung, Fracht, Versicherung, Zölle, Provision)
= Einstandspreis

1211 Wie wird der *Listenpreis in der Angebotskalkulation* ermittelt?

   Bezugspreis
+ Handlungskosten
= Selbstkosten
+ Gewinn
= Barverkaufspreis
+ Kundenskonto
+ Vertreterprovision
= Zielverkaufspreis
+ Kundenrabatt
= Listenpreis

Kosten- und Leistungsrechnung

1212 Wie wird der *Bezugspreis* in der *Rückwärtskalkulation* ermittelt?

```
   Listenpreis
 - Kundenrabatt
 = Zielverkaufspreis
 - Vertreterprovision
 - Kundeskonto
 = Barverkaufspreis
 - Gewinn
 = Selbstkosten
 - Handlungskosten
 = Bezugspreis
```

1213 Wie werden *Betriebsergebnis* oder *Verkaufspreis* in der *teilkostenorientierten Deckungsbeitragsrechnung* ermittelt?

Umsatzerlöse − variable Kosten = Deckungsbeitrag zur Deckung der fixen Kosten

Alternative 1	Alternative 2
Verkaufspreis	Deckungsbeitrag
− Kunderabatt	+ variable Kosten
= Zielverkaufspreis	= Barverkaufspreis
− Kundenskonto	+ Kundenskonto
= Barverkaufspreis	+ Vertreterprovision
− variable Kosten	= Zielverkaufspreis
= Deckungsbeitrag	+ Kundenrabatt
− fixe Kosten	= Verkaufspreis netto
= Betriebsergebnis	

Controlling

1214 Was bedeutet *Controlling* im Bereich des betriebswirtschaftlichen Rechnungswesens?

Controlling bedeutet die Führung eines Unternehmens durch zielorientierte Planung, Steuerung und Kontrolle der Unternehmenstätigkeit. Dabei betrachtet das Controlling einerseits betriebswirtschaftliche Kennziffern, die sie der Buchführung, der Kosten- und Leistungsrechnung sowie der Projektkalkulation entnimmt. Andererseits bewertet das Controlling Vorhaben aus der Reflektion der Vergangenheit für die Zukunft, indem es sie auf weitestgehend betriebswirtschaftliche Aspekte wie Sinnhaftigkeit, Gewinnorientierung und Effizienz fachlich sachlich beurteilt.

1215 Beschreiben Sie die wichtigsten *Aufgaben eines Controllers*.

Der Controller arbeitet der Unternehmensführung im Sinn der kaufmännischen Auswertung und der betriebswirtschaftlichen Zielfindung zu. Er stellt das Instrumentarium für Planung, Soll-Ist-Kontrolle und Kalkulationsrechnung bereit und überwacht die erarbeiteten Pläne und Ziele. Er plant, bewertet, lenkt und überwacht.
Mögliche Aufgaben:

1. **Planung:** Aufstellung von Unternehmensplänen zur Lenkung und Kontrolle des Geschäftsablaufs. Gewinnpläne, Programme für Kapitalinvestitionen und Finanzierungen, Absatzpläne, Fertigungspläne, Gemeinkostenbudgets und Kostenstandards

2. **Berichterstattung und Interpretation:** Der Controller wertet die Daten betriebswirtschaftlich aus und berichtet in der Regel an die Geschäftsleitung.

3. **Beratung:** Maßnahmen für die Erreichung der gesetzten Ziele und

Orga ✓ Veranstaltungsorganisation/-wirtschaft

Wirksamkeit der Richtlinien und Anordnungen, die von der Unternehmensführung erlassen wurden

4. **Steuerangelegenheiten:** Richtlinien und Verfahren für die Bearbeitung von Steuerangelegenheiten entwickeln und deren Einhaltung überwachen
5. **Berichterstattung an staatliche Stellen:** Koordination und Kontrolle
6. **Sicherung des Vermögens:** Kontrollen und Prüfungen zur Sicherung des Vermögens durchführen inkl. Versicherungsschutz
7. **Volkswirtschaftliche Untersuchungen** und deren mögliche Auswirkungen auf das Unternehmen analysieren und beurteilen

---

1216 Erklären Sie die Begriffe *„strategisches Controlling"* und *„operatives Controlling"*. Nennen Sie jeweils drei wichtige Instrumente.

- **Strategisches Controlling** befasst sich mit mittel- und langfristigen Chancen und Risiken des Unternehmens über mindestens drei Jahre.
  Drei wichtige Instrumente: Konkurrenzanalyse/Benchmarking, Portfolioanalyse, Potenzialanalyse, kennzahlenorientierte Balanced Scorecard, Produktlebenszyklusanalyse

- **Operatives Controlling** überprüft die Zielbildung und begleitet die Planung und Steuerung der Unternehmenstätigkeit über einen kurzfristigen Zeitraum, z. B. ein Jahr.
  Drei wichtige Instrumente: Budgetierung, Break-even-Analyse/Deckungsbeitragsberechnung, Soll-Ist-Vergleich, Return on Investment-Analyse (ROI), ABC-Analyse, Kennzahlenerstellung und -vergleich

Formeln

1217 Listen Sie wichtige *Formeln zur Investitionsanalyse und Vermögensstruktur* auf.

$$\text{Anlagenintensität} = \frac{\text{Anlagevermögen}}{\text{Gesamtvermögen}} \cdot 100\,\%$$

$$\text{Vermögensstruktur} = \frac{\text{Anlagevermögen}}{\text{Umlaufvermögen}} \cdot 100\,\%$$

$$\text{Umlaufintensität} = \frac{\text{Umlaufvermögen}}{\text{Gesamtvermögen}} \cdot 100\,\%$$

$$\text{Vorratsintensität} = \frac{\text{Vorräte}}{\text{Gesamtvermögen}} \cdot 100\,\%$$

$$\text{Anlagennutzung} = \frac{\text{Umsatz}}{\text{Sachanlagevermögen}} \cdot 100\,\%$$

$$\text{Vorratshaltung} = \frac{\text{Vorräte}}{\text{Umsatz}} \cdot 100\,\%$$

$$\text{Umschlagsdauer Vorratsvermögen} = \frac{\text{durchschnittl. Lagerbestand des UV}}{\text{Umsatz}} \cdot 360\,\text{Tage}$$

$$\text{Umschlagshäufigkeit} = \frac{\text{Umsatzerlöse}}{\text{durchschnittlicher Lagerbestand des UV}}$$

$$\text{Debitorenziel/Forderungslaufzeit} = \frac{\text{durchschnittl. Bestand an Forderungen pro Jahr}}{\text{Umsatzerlöse pro Jahr}} \cdot 365\,\text{Tage}$$

$$\text{Investitionsquote} = \frac{\text{Nettoinvestition Sachanlagenvermögen}}{\text{Anschaffungskosten Sachanlagevermögen}} \cdot 100\,\%$$

Kosten- und Leistungsrechnung

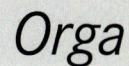

Eigenkapitalquote = $\dfrac{\text{Eigenkapital}}{\text{Gesamtkapital}} \cdot 100\,\%$

Fremdkapitalquote = $\dfrac{\text{Fremdkapital}}{\text{Gesamtkapital}} \cdot 100\,\%$

Verschuldungskoeffizient = $\dfrac{\text{Fremdkapital}}{\text{Eigenkapital}} \cdot 100\,\%$

Vermögensentwicklung = $\dfrac{\text{Vermögensanteil}}{\text{Betriebsleistung}} \cdot 100\,\%$

Rücklagenquote = $\dfrac{\text{Rücklagen}}{\text{Eigenkapital}} \cdot 100\,\%$

Selbstfinanzierungsgrad = $\dfrac{\text{Gewinnrücklagen}}{\text{Gesamtkapital}} \cdot 100\,\%$

Listen Sie wichtige Formeln zur Kapitalstrukturanalyse auf. (1218)

Anlagendeckung (goldene Bilanzregel):

Deckungsgrad I = $\dfrac{\text{Eigenkapital (+ Pensionsrückstellung)}}{\text{Anlagevermögen (AV)}} \cdot 100\,\%$

Deckungsgrad II = $\dfrac{\text{Eigenkapital + langfristiges Fremdkapital}}{\text{Anlagevermögen (AV)}} \cdot 100\,\%$

Deckungsgrad III = $\dfrac{\text{Eigenkapital + langfristiges Fremdkapital}}{\text{Anlagevermögen (AV) + langfristiges Umlaufvermögen}} \cdot 100\,\%$

Die Deckungsgrade sollten > 100 % sein!

Liquiditätskennzahlen: Es soll geprüft werden, ob das kurzfristige Fremdkapital (= kurzfristige Verbindlichkeiten) durch die liquiden (flüssige) Mittel bzw. durch das kurzfristige liquidierbare Umlaufvermögen gedeckt ist.

Liquidität 1. Grades = $\dfrac{\text{liquide Mittel (Zahlungsmittelbestand)}}{\text{kurzfristiges Fremdkapital}} \cdot 100\,\%$

Liquidität 2. Grades = $\dfrac{\text{liquide Mittel + kurzfristige Forderungen}}{\text{kurzfristiges Fremdkapital}} \cdot 100\,\%$

Liquidität 3. Grades = $\dfrac{\text{liquide Mittel + kurzfristige Forderungen + Vorräte}}{\text{kurzfristiges Fremdkapital}} \cdot 100\,\%$

oder

Liquidität 3. Grades = $\dfrac{\text{Umlaufvermögen}}{\text{kurzfristiges Fremdkapital}} \cdot 100\,\%$

Working Capital = Umlaufvermögen − kurzfristiges Fremdkapital

Die Liquiditätsbeurteilung mit einem negativen Working Capital bedeutet die Finanzierung von Teilen der AV durch kurzfristiges Fremdkapital. Ein positiver Wert ergibt sich, wenn eine teilweise Finanzierung des UV durch langfristiges Fremdkapital vorliegt.

Listen Sie wichtige Formeln zur Liquiditätsanalyse auf. (1219)

Orga ✓ Veranstaltungsorganisation/-wirtschaft

1220 Listen Sie wichtige *Formeln zur Aufwands- und Ertragsstruktur* auf.

$$\text{Personalintensität} = \frac{\text{Personalaufwand}}{\text{Umsatz}} \cdot 100 \quad \text{oder}$$

$$\text{Personalkostenquote} = \frac{\text{Personalkosten}}{\text{Gesamtleistung}} \cdot 100\,\%$$

$$\text{Materialeinsatzquote} = \frac{\text{Materialaufwand}}{\text{Gesamtleistung}} \cdot 100\,\% \quad \text{oder}$$

$$\text{Materialintensität} = \frac{\text{Materialaufwand}}{\text{Umsatz}} \cdot 100\,\%$$

$$\text{Abschreibungsquote} = \frac{\text{planmäßige Jahresabschreibung auf Sachanlagen}}{\text{Gesamtleistung}} \cdot 100\,\% \quad \text{oder}$$

$$\text{Abschreibungsintensität} = \frac{\text{planmäßige Jahresabrechnung auf Sachanlagen}}{\text{Umsatz}} \cdot 100\,\%$$

$$\text{Herstellungsintensität} = \frac{\text{Herstellungskosten}}{\text{Umsatz}} \cdot 100\,\%$$

$$\text{Vertriebsintensität} = \frac{\text{Vertriebskosten}}{\text{Umsatz}} \cdot 100\,\%$$

$$\text{Forschungs- und Entwicklungsintensität (FuE Intensität)} = \frac{\text{FuE-Kosten}}{\text{Umsatz}} \cdot 100\,\%$$

$$\text{Verwaltungsintensität} = \frac{\text{Verwaltungskosten}}{\text{Umsatz}} \cdot 100\,\%$$

Produktivität der Mitarbeiter/Pro-Kopf-Leistung:

$$\text{Leistung pro Kopf} = \frac{\text{Gesamtleistung (€)}}{\text{Mitarbeiterzahl}} = (\text{€/Kopf})$$

$$\text{Leistung pro Stunde} = \frac{\text{Gesamtleistung}}{\text{produktive Stunden}} = (\text{€/Std.})$$

Wertschöpfung der Mitarbeiter:

Wertschöpfung = Umsatzerlöse – Materialkosten – Fremdleistung (€/Periode) oder:

  Materialkosten
+ Fertigungskosten
+ Fertigungsgemeinkosten
+ Sondereinzelkosten der Fertigung
+ Entwicklungskosten
+ Verwaltungskosten
+ Vertriebsgemeinkosten
+ Sondereinzelkosten des Vertriebs
+ Gewinn
= Wertschöpfung

$$\text{WPK-Wert} = \frac{\text{Wertschöpfung}}{\text{Personalkosten}} \cdot 100\,\%$$

Wertschöpfung bezogen auf Personalkosten:

$$\text{Wertschöpfung/Kopf} = \frac{\text{Wertschöpfung}}{\text{Mitarbeiterzahl}} = (\text{€/MA})$$

$$\text{Wertschöpfung/Stunde} = \frac{\text{Wertschöpfung}}{\text{produktive Stunden}} = (\text{€/Std.})$$

Kosten- und Leistungsrechnung

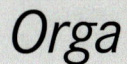

Eigenkapitalrentabilität = $\dfrac{\text{Gewinn}}{\text{Eigenkapital}} \cdot 100\,\%$

Gesamtkapitalrentabilität (Rgk) = $\dfrac{\text{Gewinn + FKZ}}{\text{Gesamtkapital (EK + FK)}} \cdot 100\,\%$

(EK = Eigenkapital, FK = Fremdkapital, FKZ = Fremdkapitalzinsen)

Umsatzrentabilität (Ru) = $\dfrac{\text{Gewinn (oder Betriebsergebnis)}}{\text{Umsatz}} \cdot 100\,\%$

Kapitalumschlag (KU) = $\dfrac{\text{Umsatz}}{\text{Gesamtkapital}}$

RoI (Return of Investment) = $\dfrac{\text{Gewinn}}{\text{Umsatz (UR)} \cdot 100\,\% \cdot \text{Umsatz Gesamtkapital (Kapitalumschlag)}}$

(UR = Umsatzrentabilität)

Wirtschaftlichkeit = $\dfrac{\text{Umsatz}}{\text{Kosten}}$

Listen Sie wichtige Formeln zur Rentabilitätsanalyse auf. **1221**

Aktiva	Bilanz		Passiva
Geschäftsbauten	1 500 000,00 €	Eigenkapital	400 000,00 €
Technische Anlagen und Maschinen	110 000,00 €	Rückstellungen	25 000,00 €
Andere Anlagen, Betriebs- und Geschäftsausstattung	100 000,00 €	Darlehen (10 Jahre)	900 000,00 €
Warenvorräte	160 000,00 €	Darlehen (5 Jahre)	100 000,00 €
Forderungen a. LL.	95 000,00 €	Darlehen (3 Jahre)	250 000,00 €
Zweifelhafte Forderungen	10 000,00 €	Verbindlichkeiten a. LL.	325 000,00 €
Bank	20 000,00 €		
Kasse	5 000,00 €		
	2 000 000,00 €		2 000 000,00 €

Ihnen liegt die links stehende Bilanz am Ende eines Geschäftsjahres vor. Ermitteln Sie die Liquidität 1., 2. und 3. Grades (Barliquidität). **1222**

$\dfrac{\text{Flüssige Mittel 1. Ordnung}}{\text{kurzfristige Verbindlichkeiten}} \cdot 100$ = Liquidität 1. Grades (Barliquidität)

$\dfrac{\text{Bank 20 000,00 € + Kasse 5 000,00 €}}{\text{Verbindlichkeiten a. LL. 325 000,00 €}} \cdot 100$ = **7,69 % Liquidität 1. Grades**

$\dfrac{\text{Flüssige Mittel 1. + 2. Ordnung}}{\text{kurzfristige Verbindlichkeiten}} \cdot 100$ = Liquidität 2. Grades (einzugsbedingte Liquidität)

$\dfrac{\text{Bank 20 000,00 € + Kasse 5 000,00 € + Forderungen a. LL. 95 000,00 €}}{\text{Verbindlichkeiten a. LL. 325 000,00 €}} \cdot 100$ = **36,92 % Liquidität 2. Grades**

$\dfrac{\text{Flüssige Mittel 1. + 2. + 3. Ordnung}}{\text{kurzfristige Verbindlichkeiten}} \cdot 100$ = Liquidität 3. Grades (umsatzbed. Liquidität)

$\dfrac{\text{Bank 20 000,00 € + Kasse 5 000,00 € + Forderungen a. LL. 95 000,00 € + Warenvorräte 160 000,00 €}}{\text{Verbindlichkeiten a. LL. 325 000,00 €}} \cdot 100$ = **86,15 % Liquidität 3. Grades**

(a. LL. = aus Lieferungen und Leistungen)

Orga ✓ Veranstaltungsorganisation/-wirtschaft

1223 Sie haben im Geschäftsjahr einen Gewinn von 130 000,00 € erzielt. Berechnen Sie die Eigenkapitalrentabilität.

$$\frac{\text{Gewinn}}{\text{Kapital}} \cdot 100 = \text{Eigenkapitalrentabilität}$$

$$\frac{130\,000,00\,€}{400\,000,00\,€} \cdot 100 = 32,5\,\%\ \text{Eigenkapitalrentabilität}$$

2.6.5 Break-even- und Gewinnberechnung im Public Event

Break Even

1224 Was meint man mit *Break-even-Analyse*?

Die Break-even-Analyse ist eine betriebswirtschaftliche Berechnung zur Ermittlung der Gewinnschwelle. Der kaufmännische Break-even-Point (Gewinnschwelle) ist der Punkt, an dem die gesamten Kosten und die Erlöse eines Unternehmens sich die Waage halten. Auf Basis der Break-even-Analyse wird berechnet, bei welcher Absatzmenge bzw. welchem Erlös ein Gewinn erzielt wird. Dabei kann neben Produktberechnungen der gesamte Produktlebenszyklus von der Produktentwicklung, über den Markteintritt bis hin zum Marktaustritt berücksichtigt werden. Das heißt: Alle Preis- und Marktveränderungen können in der Berechnung simuliert werden. In der Branchenpraxis selbst werden die veranstaltungstypischen Break-even-Arten nicht immer einheitlich gebraucht.

1225 Was meint man mit *Deal-Break-even*?

Als Deal-Break-even wird der Betrag bezeichnet, ab dem in einem Vertrag zwischen Veranstalter und Künstler bzw. Produzent die abgesprochenen, d. h. verhandelten Veranstaltungskosten gedeckt sind. Der Erlös einer Veranstaltung jenseits dieses Punktes wird i. d. R. nach einem festgelegten prozentualen Schlüssel an die Partner verteilt. Gängige prozentuale Aufteilungsschlüssel sind z. B. 70:30 oder 60:40. Die Seite des Künstlers wird dabei i. d. R. als erste genannt, die des Veranstalters als zweite. Es ist in der Public-Event-Branche durchaus üblich, die fixen Kosten des Veranstalters in der Deal-Break-even-Analyse auszuklammern. Aufgelistet werden lediglich die Kosten, die direkt aufgrund des Live-Events anfallen. Üblich ist es in der Branche auch, diese Kosten vorab aufzulisten, zu veranschlagen und nach Art und Höhe unter den Vertragspartnern abzustimmen. Der Deal-Break-even wird umgangssprachlich auch ungenau Veranstaltungs-Break-even genannt.

1226 Was ist mit *Veranstaltungs-Break-even* gemeint?

Der Veranstaltungs-Break-even ist der Betrag, ab dem die tatsächlichen Veranstaltungskosten des Veranstalters gedeckt sind. Dieser Betrag ist Teil der internen Kostenrechnung und wird dem Vertragspartner i. d. R. nicht offengelegt. Der Veranstaltungs-Break-even des Veranstalters sollte identisch sein mit dem kaufmännischen Break-even.

Break-even und Gewinnberechnung   ✓ *Orga*

Die bekannte Ethno-Folk-Gruppe Hilli Galli gastiert in der Stadthalle Fürth. Das Kulturamt tritt als Veranstalter auf und verpflichtet die Gruppe direkt. Als Festgage wird im Gastspielvertrag ein Künstlerhonorar (Festgage) in Höhe von 5 000,00 € (brutto) festgelegt. Da der Veranstalter (das Kulturamt Fürth) sowie die Gruppe umsatzsteuerbefreit sind, wird in diesem Fall eine Abrechnung auf der Basis der Bruttoerlöse vereinbart. Die Aufteilung des Bruttoumsatzes aus dem Kartenverkauf soll nach Deal-Break-even im Verhältnis 70 zu 30 erfolgen, d. h., 70 % der Bruttoerlöse erhält der Künstler, 30 % verbleiben beim Veranstalter. Als sonstige Veranstaltungskosten werden für den Deal-Break-even brutto 15 000,00 € vereinbart. Die im Beispiel genannte Veranstaltung erbringt einen Umsatz aus Ticketing in Höhe von 35 000,00 €.

Veranstalterkosten, z. B.: Location-Miete und -Nebenkosten, Personalkosten, Technik, Backstagecatering, Hotelübernachtung Künstler und Tourcrew, Werbung, Dekoration, Versicherungen, GEMA, Künstlersozialabgabe, ggf. Ausländersteuer, Vorfinanzierungskosten

1227 Listen Sie beispielhaft für die links stehende Vereinbarung mindestens zehn *Kostenarten* auf, die dem Veranstalter als sonstige Veranstaltungskosten entstehen.

Art	€
Künstlerhonorar	– 5 000,00
Kosten Veranstalter	– 15 000,00
Deal-Break-even	20 000,00

Der *Deal-Break-even* beträgt: 15 000,00 € Kosten Veranstalter + 5 000,00 € Künstlerhonorar = 20 000,00 € Veranstaltungskosten

1228 Berechnen Sie den *Deal-Break-even* auf der Grundlage der im obigen Beispiel skizzierten Vereinbarung.

Art	€
Einnahmen aus Kartenverkauf	35 000,00
Deal-Break-Even	– 20 000,00
Verteilt werden	= 15 000,00
70 % Künstler	10 500,00
30 % Veranstalter	4 500,00

Der Künstler erhält 5 000,00 € Festgage + 10 500,00 € Beteiligung = 15 500,00 € Auszahlungssumme (in diesem Falle brutto).

1229 Welchen *Erlös* erzielt die *Gruppe?*

Der Veranstalter erhält 4 500,00 €.

1230 Welchen *Erlös* erzielt der *Veranstalter?*

Der Veranstalter hat die (variablen) Veranstaltungskosten gedeckt, er muss vom Erlös noch die fixen Betriebskosten decken. Der darüber hinausgehende Betrag ist sein zu versteuernder Gewinn.

1231 Welche *Kostenposten* deckt der *Veranstalter* aus seinem Erlös?

Orga ✓ Veranstaltungsorganisation/-wirtschaft

1232 Welche *Kostenposten* deckt die *Gruppe* aus ihrem Erlös?

Die Gruppe deckt aus dem Erlös sowohl die variablen Tourneeproduktions- und Tourneedurchführungskosten als auch die fixen Kosten für den Betrieb. Die Festgage sollte dabei der Deckung der variablen Kosten dienen, die Beteiligung ab Break even der Deckung der fixen Kosten und der Gewinnerzielung.

1233 Welche sechs *Deal-Arten* sind für *Konzertgastspiele* typisch?

1. Garantiegage beziehungsweise Festgage ohne prozentuale Beteiligung,
2. prozentuale Aufteilung ab der ersten Karte (z. B. 70 % für Künstler bzw. Tourmanager, 30 % für Veranstalter),
3. prozentuale Aufteilung ab Deal-Break-even (d. h. ab Deckung der Veranstaltungskosten),
4. Mindestgage zuzüglich prozentuale Aufteilung ab Deal-Break-even,
5. Mindestgage oder prozentuale Aufteilung ab der ersten Karte bzw. ab Deal-Break-even (letzteres dann, wenn der Beteiligungsbetrag höher ist),
6. besondere Deals, z. B. „bis 200 zahlende Zuschauer 500,00 € Gage, bis 500 zahlende Zuschauer 1 000,00 € Gage" oder „ab dem hundertsten zahlenden Zuschauer 5,00 € pro zahlendem Zuschauer".

In der Regel werden Umsatzsteuer-Nettobeträge abgerechnet. Nur im Fall von mit öffentlichen Mitteln finanzierten Veranstaltungen (z. B. auf der Grundlage von Kulturetats) sind Deals auf der Basis von Umsatzsteuer-Bruttoabrechnungen üblich.

1234 Was bezeichnet man als *Ticket-Break-even*?

Der **Ticket-Break-Even** bezeichnet die **Zahl der verkauften Tickets, ab der die Veranstaltungskosten des Veranstalters gedeckt sind**. Der Ticket-Break-even wird berechnet, indem man den errechneten Veranstaltungs-Break-even durch den kalkulierten Erlös pro Ticket teilt.

1235 Als örtlicher Durchführer haben Sie für eine Konzertveranstaltung die rechts stehende Kostenkalkulation erstellt. Berechnen Sie, ausgehend von einem Ticketpreis von 30,00 € (brutto), den *Deckungsbeitrag*. Die Vorverkaufsgebühr beträgt 10 % des Ticketpreises (netto), die CTS-Systemgebühr 1,25 € pro Ticket (netto). Runden Sie in den Einzelschritten.

Kalkulation Projektkosten		
	Marketingbudget	5 000,00 €
+	Garantiegage	4 000,00 €
+	Location-Miete	800,00 €
+	Veranstaltungstechnik	1 800,00 €
+	Hotel (pauschal an Künstler)	450,00 €
+	GEMA	588,00 €
+	Personal	600,00 €
+	Catering (pauschal an Künstler)	200,00 €
+	KSK 4,1 % auf Gage + NK (4 650,00 €)	190,65 €
+	Versicherungen	346,50 €
−	Sponsoring (Einnahme)	1 000,00 €
=	**Veranstaltungskosten**	**12 975,15 €**
+	Overheadkosten (Fixkosten Betrieb)	2 500,00 €
=	**Veranstaltungsgesamtkosten**	**15 475,15 €**

408

Break-even und Gewinnberechnung — Orga

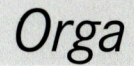

	Ticketpreis (brutto)	Einnahme		30,00 €	30,00 €
					oder:
–	Umsatzsteuer (Prozent)	7	28,04 €	1,96 €	1,9626 €
	Variable Kosten (Stückkosten)				
–	Anteil VVK	10 %	auf Netto-umsatz	2,80 €	2,8037 €
–	CTS			1,25 €	1,25 €
=	**Summe Abzüge**			6,01 €	6,0163 €

(ungerundet)

Deckungsbeitragberechnung (Verkaufserlös minus variable Stückkosten)		
Ticketpreis (brutto)	30,00 €	
– Umsatzsteuer (7 %)	1,96 €	
– Anteil VVK (10 % vom Netto-Ticketpreis)	2,80 €	
– CTS (on top)	1,25 €	oder:
= **Deckungsbeitrag**	23,99 €	23,9837 €

(ungerundet)

Break-even-Berechnung		ungerundet:	
Produktionsgesamtkosten	15 475,15 €	15 475,15 €	
– Deckungsbeitrag	23,99 €	23,9837 €	
= **Break Even**	645,07 €	645,24 €	Stück
Stückzahl aufrunden!	646	646	

1236 Berechnen Sie den *kaufmännischen Ticket-Break-even* der Veranstaltung.

Verlustkalkulation bei niedrigerem Absatz		
Tatsächliche Auftrittszahl	600	ungerundet:
· Deckungsbeitrag	23,99 €	23,9837 €
= **Summe**	14 394,00 €	14 390,22 €
– Produktionsgesamtkosten	15 475,15 €	15 475,15 €
= Verlust	– 1 081,15 €	– 1 084,93 €

1237 Wie hoch wäre das Ergebnis (Gewinn oder Verlust), wenn 600 Tickets abgesetzt würden?

Orga ✓ Veranstaltungsorganisation/-wirtschaft

1238 Für den Backfischstand auf dem Rostocker Hafenfest kalkuliert ein Unternehmer folgende Werte: variable Kosten (Einkaufspreis pro Stück) 0,50 € netto, Verkaufspreis pro Stück (brutto) 3,00 €, projektfixe Kosten (z. B. Standmiete, Material) 1 500,00 €, betriebsfixe Kosten (Betriebskosten wie Personal, Ausstattung, Fahrzeug usw.) – umgelegt auf den Verkaufstag – 1 800,00 €. Wie kann der genannte *Satz für die betriebsfixen Kosten pro Verkaufstag* berechnet werden?

Anteilige Umlage auf das Projekt Verkaufsstand am Hafenfest z. B.:

$$\frac{\text{Jahresfixkosten}}{\text{Verkaufstage}} = \text{Umlage}$$

z. B.: $\frac{180\,000,00\ €}{100\ \text{Verkaufstage}} = 1\,800,00\ €$ pro Verkaufstag

---

1239 Wie hoch ist der *Deckungsbeitrag pro Stück*, d. h., wie viel Euro je verkauftem Fischgericht bleiben zur Deckung der Fixkosten?

Lösungsweg ungerundet:

$\frac{3,00\ €\ (\text{Nahrungsmittel/Mitnahmeartikel})}{1,07} = 2,803738\ € - 0,50\ € = 2,303738\ €$

Lösungsweg gerundet:

$\frac{3,00\ €}{1,07} = 2,80\ € - 0,50\ € = \mathbf{2,30\ €}$

1240 Wo liegt der *Break-even-Punkt*, d. h., wie viele Fischgerichte müssen verkauft werden, um die Gesamtkosten zu decken?

Lösungsweg ungerundet:

$\frac{\text{Gesamtkosten}\ 3\,300,00\ €}{2,303738\ €} = 1\,432,45456\ \text{Stück} = \mathbf{1\,433\ Stück}$ (Stück immer aufrunden)

Lösungsweg gerundet:

$\frac{\text{Gesamtkosten}\ 3\,300,00\ €}{2,30\ €} = 1\,434,78\ \text{Stück} = \mathbf{1\,435\ Stück}$ (Stück immer aufrunden)

Break-even und Gewinnberechnung — Orga

Lösungsweg ungerundet:
2 200 Stck. · 2,303738 € = 5 068,22 € − 3 300,00 € = **1 768,22 €**

Lösungsweg gerundet:
2 200 Stck. · 2,30 = 5 060,00 € − 3 300,00 € = **1 760,00 €**

Nicht berücksichtigt: Verluste durch abhanden gekommenen oder verdorbenen bzw. selbst verzehrten Fisch.

1241 Wie hoch ist der *Gewinn in Euro*, wenn der Unternehmer 2 200 Backfischgerichte absetzt?

$$\frac{\text{Kosten inkl. Garantiegage}}{28{,}00\ \text{€ Erlös pro Ticket}} = \frac{55\,000{,}00\ \text{€}}{28{,}00\ \text{€ Erlös pro Ticket}} = \mathbf{1\,964{,}28\ Stück,}\ \text{also } 1\,965\ \text{Stück (kaufmänn. Ticket-Break-even).}$$

Die Künstlersozialabgabe soll hier nicht berücksichtigt werden, da in der Aufgabe nicht genannt.

1242 Der Local Promoter Berlin Connection plant mit dem TV-Comedian M. Vollbart ein Konzert auf einer Freilichtbühne mit 3 600 Plätzen. Er erhält folgendes Angebot: Ticketerlös netto (abzgl. aller Gebühren) 28,00 €, Garantiegage 30 000,00 €. Die lokalen Kosten liegen bei 25 000,00 €, es werden 3 200 Zuschauer erwartet. Wie hoch ist der *kaufmännische Ticket-Break-even?*

---

3 200 Tickets · 28,00 € = 89 600,00 € − 55 000,00 € = **34 600,00 €**

1243 Wie hoch ist der *Gewinn bei der erwarteten Zuschauerzahl?*

Lösungsweg:
$\frac{7\,200{,}00\ \text{€}}{6\,000\ \text{Stück}}$ = 1,20 € Gesamtkosten pro Stück, abzüglich 0,80 € variable Stückkosten = **0,40 €** Fixkosten-Anteil pro Stück

1244 Ein Merchandisinghersteller möchte 6 000 kleine Schlüsselanhänger-Plüschtiere zu einem Gesamtkostenpreis in Höhe von 7 200,00 € herstellen. Pro Schlüsselanhänger wird ein Nettoerlös von 1,50 € erzielt. Die variablen Stückkosten betragen 0,80 €. Wie hoch sind die *fixen Kosten pro Stück?*

Orga ✓ Veranstaltungsorganisation/-wirtschaft

1245 Wie hoch ist der *Deckungsbeitrag pro Stück?*

Lösungsweg:
1,50 € Umsatz abzgl. 0,80 variable Stückkosten = 0,70 € Deckungsbeitrag zur Deckung der fixen Kosten

1246 Wo liegt der *Break-even-Punkt in Euro Umsatz und in verkauften Stück?*

Lösungsweg: Der Break-even liegt bei 7 200,00 € Gesamtkosten.

Break-even in Stückzahl: $\dfrac{7\,200{,}00\ \text{€ Gesamtkosten}}{1{,}50\ \text{€ Umsatz pro Stück}}$ = **4 800 Stück**

Gewinnberechnung bei Absatz aller Plüschtiere: 6 000 · 1,50 € = 9 000,00 € Umsatz abzgl. 7 200,00 € Gesamtkosten = 1 800,00 € Gewinn

1247 Der Produzent einer Comedy-Tournee hat die folgenden kalkulatorischen Werte ermittelt: 6 465,00 € Tageskosten und 50 600,00 € Produktionskosten. Geplant sind 32 Gastspiele. Wie hoch ist der *Gagen-Break-even?*

$\dfrac{(32 \cdot 6\,465{,}00\ \text{€} + 50\,600{,}00\ \text{€})}{32}$ = **8 046,25 €**

oder

$\dfrac{50\,600{,}00\ \text{€} + 6\,465{,}00\ \text{€}}{32}$ = **8 046,25 €**

1248 Wie hoch muss die *Forderungsgage* im Durchschnitt sein, wenn der Produzent 20 % Gewinn anstrebt?

8 046,25 € · 1,2 = **9 655,50 €**

1249 Wie hoch sind *Gagen-Break-even und Forderungsgage* unter Verwendung der Vorgaben in den beiden zuvor genannten Aufgaben, wenn fünf Off-Tage (auftrittsfreie Tourneetage) hinzukommen, an denen der Produzent im Durchschnitt 4 200,00 € Tageskosten hat, weil er die gesamte Tour-Bagage bezahlen muss?

$\dfrac{32 \cdot 6\,465{,}00\ \text{€} + 50\,600{,}00\ \text{€} + 21\,000{,}00\ \text{€}}{32}$ = **8 702,50 €** · 1,2 = **10 443,00 €**

oder

$\dfrac{50\,600{,}00\ \text{€}}{32} + 6\,465{,}00\ \text{€} + \dfrac{21\,000{,}00\ \text{€}}{32}$ = **8 702,50 €** · 1,2 = **10 443,00 €**

Testfragen zu Finanzierung, Kalkulation, Budegtierung ✓ *Orga*

Ein wesentlicher Bestandteil des Veranstaltungs-Break-even ist die Forderungsgage. Die Höhe der Forderungsgage beeinflusst also maßgeblich die Höhe des Veranstaltungs-Break-even.

1250 Wie beeinflusst die Forderungsgage den Veranstaltungs-Break-even?

Als **Pay- oder Buy-out** wird der Betrag bezeichnet, den ein Darsteller für die Rechte an der TV-Ausstrahlung oder ein Musiker bei einer Tonträgerproduktion erhält, mit dem dieser alle Nutzungsrechte gegen ein Festhonorar abgibt.

1251 Was ist ein *Pay- oder Buy-out*?

- Eintrittsgelder bzw. Teilnehmergebühren
- Einnahmen aus Bewirtung/Gastronomie bzw. Standplatzverpachtung
- Einnahmen aus Merchandising/Licensing
- Einnahmen aus Sponsoring bzw. Werbekostenzuschüsse (WKZ) oder Spenden
- Einnahmen aus Gewinnspielen/Lotterien
- Einnahmen aus Medienauswertungen

1252 Nennen Sie typische *Einnahmenquellen für Live-Events*.

2.6.6 50 ausgewählte Testfragen zu Finanzierung, Kalkulation und Budgetierung

Prüfung

1253

1. Die Deckungsbeitragsberechnung (Break-even-Berechnung unter strukturierter Gegenüberstellung von erwarteten stückbasierten Einnahmen und Ausgaben) kann im Eventbereich selten genutzt werden für die Kalkulation von ...

1. Tourneeproduktionen.
2. Konzerten und Theaterveranstaltungen.
3. Marketing-Events.
4. Public Events.

Lösung:
3

1254

2. Der Begriff der „beschränkten Einkommensteuerpflicht" bezeichnet die sogenannte ...

1. Vergnügungssteuer.
2. Künstlersozialsteuer.
3. Lohnsteuer.
4. Ausländersteuer.
5. GEMA.
6. Lotteriesteuer.

Lösung:
4

Orga ✓ Veranstaltungsorganisation/-wirtschaft

1255 3. Beim Kostenvoranschlag …

Lösung: [2]
1. ist der Angebotspreis fix.
2. kann der Abrechnungspreis noch variieren.

1256 4. In der Projektkostenkalkulation werden mehrere Aufschläge genommen auf …

Lösung: [2]
1. firmeninterne Selbstkosten.
2. extern bezogene Fremdkosten.

1257 5. Ein Budget beschreibt …

Lösung: [3] [4]
1. das, was ein Chef zur Projektabwicklung zur Verfügung stellt.
2. die Kalkulation der Kosten für ein Projekt.
3. die finanziellen Mittel, die für ein Projekt oder eine Ausgabenposition zur Verfügung stehen.
4. die Höhe der finanziellen Mittel, die ein Auftraggeber für ein Projekt zur Verfügung stellt.

1258 6. Bottom up bedeutet …

Lösung: [1]
1. die Planung eines Budgets von unten herauf.
2. die Planung eines Budgets von oben herab.

1259 7. Selbstkosten ermittelt man in der Projektkostenkalkulation nach der Formel …

Lösung: [6]
1. Fremdkosten + Eigenkosten = Selbstkosten
2. Personaleinzelkosten + Eigenkosten + Sacheinzelkosten = Selbstkosten
3. Gemeinkosten + Projektkosten + Personaleinzelkosten = Gesamteigenkosten
4. Sachgemeinkosten + Personalfremdkosten = Selbstkosten
5. Fixkosten + variable Kosten = Gesamtkosten
6. Sacheinzelkosten + Personaleinzelkosten + Gemeinkosten = Selbstkosten

1260 8. Bringen Sie die folgenden Feldbezeichnungen der Definitionszeile einer internen Excelkalulation in die richtige Reihenfolge.

Lösung:

[3]	Soll	☐
[2]	Kostenposten	☐
[1]	Vorgangsnummer	☐
[4]	Ist	☐
[5]	Abweichung	☐

Testfragen zu Finanzierung, Kalkulation, Budegtierung — Orga

9. Der Gemeinkostenanteil einer Agentur liegt bei 78 %. Welche der folgenden Aussagen ist korrekt?

1. Dieser Wert ist in Ordnung.
2. Dieser Wert ist beinahe optimal und marktgerecht.
3. Dieser Wert ist zu hoch.
4. Dieser Wert liegt am unteren Rand.
5. Wie soll man einen solchen Wert errechnen? Er ist nicht aussagekräftig.

Lösung:

| 3 |

10. Ermitteln Sie für Ihre Mitarbeiterin Frau Laberfeld (Bruttogehalt 3 000,00 €) die Höhe der Tageseinzelkosten (Kosten pro Tag) unter Annahme folgender Werte: Arbeitgeberanteil Faktor 1,55 bei 220 Arbeitstagen.

$$\frac{3\,000{,}00\ € \cdot 12 \cdot 1{,}55}{220} = 253{,}64\ €$$

Lösung:

| 253,64 € |

11. Wie ist die richtige Reihenfolge zur Ermittlung und Zahlung der Umsatzsteuerzahllast bei monatlicher Vorauszahlungspflicht des Steuerpflichtigen?

1. Ermittlung der Zahllast
2. Überweisung an das Finanzamt
3. Ermittlung der Umsatzsteuerhöhe für das betreffende Steuerjahr
4. Ermittlung der Vorsteuerhöhe für das betreffende Steuerjahr
5. ggf. Steuererstattung durch das Finanzamt

Lösung:

| 4 |
| 1 |
| 2 |
| 3 |
| 5 |

12. Die Rechnungssumme, die der Kunde überweisen muss, ist ...

1. inklusive Rabatt, Skonto und Bearbeitungsgebühr.
2. ein Nettobetrag.
3. ein Bruttobetrag.
4. inklusive Umsatzsteuer (aus Agenturensicht).
5. abzüglich Vorsteuer (aus Agenturensicht).
6. ein zu versteuernder Teil des Einkommens (aus Kundensicht).

Lösung:

| 3 |
| 4 |

13. Wie ist die richtige Reihenfolge bei der Ermittlung des kaufmännischen Gagen-Break-even?

1. Ermittlung der Kosten der Produktionserstellung
2. Ermittlung der Tageskosten
3. Ermittlung des Gagen-Break-even
4. Gewinnaufschlagsrechnung
5. Ermitteln der Forderungsgage
6. Aushandeln der Tagesgage

Lösung:

| 1 |
| 2 |
| 3 |
| 4 |
| 5 |
| 6 |

Orga ✓ Veranstaltungsorganisation/-wirtschaft

1266 14. Ein Promoter benötigt in der Regel …

Lösung:
[2]
1. eine Reisegewerbekarte.
2. einen Gewerbeschein.

1267 15. Der bekannte Alpenrocker DJ Fuzzi wird über seinen Manager Alpenrock Productions von der Werbeagentur Schokostreusel für einen Werbespot gebucht. Die Gage beträgt 20 000,00 € netto. Wie hoch ist der Betrag (brutto), den der Manager bei einer Provision von 15 % einbehält?

Lösung:
[3 570,00 €]

$$\frac{20\,000,00\ € \cdot 15}{100} = 3\,000,00\ € + 19\ \%\ USt = 3\,570,00\ €$$

1268 16. Eine Werbeagentur kassiert eine Provision in der Regel …

Lösung:
[2]
1. beim Dienstleister.
2. beim Auftraggeber (Kunden).

1269 17. Eine Werbeagentur produziert einen Messestand und verkauft diesen zum Festpreis an den Auftraggeber weiter.

Lösung:
[1]
1. Sie tritt als Generalunternehmer auf und erhebt dabei auf Fremdkosten einen Handlungsaufschlag.
2. Sie arbeitet als Subunternehmer recht risikolos.
3. Sie arbeitet als vermittelnde Agentur auf verdeckter Provisionsbasis.

1270 18. Die Berliner Werbeagentur Fun Productions schließt einen Künstlervertrag mit der World-Music-Kapelle Black Dixies, welcher der Band 4 000,00 € Garantiegage pro Gig sichert. Fun Productions verkauft die Darbietungen der Band für 5 400,00 € an das Unternehmen Debikom für dessen jährliches Sommerfest weiter. Wie hoch ist der Gewinn von Fun Productions in Prozent und wer zahlt die Künstlersozialabgabe?

Lösung:
[35 %]

$$\frac{1\,400,00\ € \cdot 100}{4\,000,00\ €} = 35\ \%;$$

KSA zahlt der Vertragspartner, hier also die Fa. Fun Production

1271 19. Welche zwei der folgenden Aussagen zur Künstlersozialkasse sind falsch?

Lösung:
[1]
[5]
1. Der Beitragssatz zur Künstlersozialabgabe steigt seit 2002 kontinuierlich an.
2. Nebenkosten für Hotel und Verpflegung sind Teil der Bemessungsgrundlage, wenn diese auf Rechnung direkt an Künstler gezahlt werden.
3. Die Bußgelder der KSK betragen bis zu 50 000,00 €.
4. Wer als normaler Gewerbetreibender nicht mehr als drei Veranstaltungen im laufenden Kalenderjahr mit Künstlerbeteiligung durchführt, bleibt abgabefrei.
5. Bahnkosten sind immer Teil der Bemessungsgrundlage, Kosten für Mietwagen aber nicht.

Testfragen zu Finanzierung, Kalkulation, Budegtierung — Orga

20. Für eine kulturelle Abendveranstaltung engagieren Sie das Klassiktrio „Bad Blue Notes" für brutto 6 800,00 €. Wie hoch ist die Künstlersozialabgabe (2015)?

$$\frac{6\,800,00\ €}{1,07} = 6\,355,14\ € \cdot 5,2\ \% = 330,47\ €$$

Lösung:
330,47 €

21. Die Formel zur Ermittlung des Ticket-Break-even lautet ...

1. $\dfrac{\text{Veranstaltungs-Break-even} \cdot \text{Erlös pro Ticket}}{\text{KSK-Satz}}$ = Ticket-Break-even
2. $\dfrac{\text{Veranstaltungs-Break-even}}{\text{Erlös pro Ticket}}$ = Ticket-Break-even
3. $\dfrac{\text{Gagen-Break-even}}{\text{Veranstaltungskosten}}$ = Ticket-Break-even
4. $\dfrac{\text{Deckungsbeitrag} \cdot \text{Erlös pro Ticket}}{\text{Produktionskosten}}$ = Ticket-Break-even

Lösung:
2

22. Ihre Eventagentur erhält den Auftrag, ein Marketing-Event inkl. Rahmenprogramm für den Kunden Ruud van Nistelkamp B. V. aus der Logistikbranche zu planen und durchzuführen. Im Showprogramm soll das ukrainische Gesangstrio Ukrainian Rapsody auftreten. Der Eventmanager des Auftraggebers bucht aufgrund persönlicher Beziehungen die Künstler direkt. Welche der nachfolgend aufgeführten zwei Aussagen ist laut Sachverhalt richtig?

1. Die Eventagentur hat als Auftragnehmer dafür Sorge zu tragen, dass die sogenannte Ausländersteuer an das zuständige Finanzamt abgeführt wird.
2. Der Kunde hat dafür Sorge zu tragen, dass die Ausländersteuer an das zuständige Finanzamt abgeführt wird, da er direkte vertragliche Beziehungen zu den Künstlern hat.
3. Da die Ukraine kein Mitgliedsstaat der EU ist, wird keine Ausländersteuer erhoben.
4. Wenn die Ukrainian Rapsody mehr als 183 Tage im Jahr hauptsächlich im deutschsprachigen Ausland auf Tournee sind, gelten sie als eingeschränkt abgabensteuerpflichtig. Dann ist eine Ausländersteuer nicht zu zahlen.
5. Da die Ukrainian Rapsody vermutlich weniger als 183 Tage im Jahr in Deutschland auf Tournee sind, gelten sie wahrscheinlich als beschränkt einkommensteuerpflichtig. Ausländersteuer ist in diesem Fall zu zahlen, wenn kein Ausschlussgrund vorliegt.

Lösung:
2
5

23. Ihr Kunde erkundigt sich bei Ihnen als erfahrener Dienstleister nach möglichen Befreiungsmöglichkeiten von der ggf. zu zahlenden Ausländersteuer. Welche der nachfolgenden Aussagen ist in diesem Zusammenhang richtig?

1. Veranstalter können auf Antrag von der Zahlung der Ausländersteuer befreit werden, wenn ihre Ausgaben mehr als 50 % der Einnahmen betragen. Sie müssen dies dem zuständigen Finanzamt mit einer Einnahmen-Ausgaben-Überschussrechnung des Projekts im Original belegen.
2. Veranstalter können in besonderen Fällen aufgrund eines Doppelbesteuerungsabkommens mit dem zuständigen Finanzamt von der Ausländersteuerpflicht befreit werden.
3. Als Agentur sind Sie sehr sensibel mit dem Herausgeben von internem Know-how, für das der Kunde nicht zahlt. Sie verweigern die Information und empfehlen ihm, stattdessen ab sofort gefälligst Ihre Dienstleistungen in Anspruch zu nehmen.

Lösung:
4

Orga — Veranstaltungsorganisation/-wirtschaft

4. Kommunale Veranstalter können sich (z. B. bei einem Kulturaustausch) von der Ausländersteuer befreien lassen.
5. Es gibt grundsätzlich keine Ausnahmen bei der Zahlung der Ausländersteuer.

1276
24. Bitte berechnen Sie die abzuführende Ausländersteuer zuzüglich Solidaritätszuschlag unter Berücksichtigung folgender Daten: Die vom Management des Künstlers mit dem Pharmaunternehmen ausgehandelte Vertragsgage beläuft sich auf 3 500,00 €.

Lösung: 15,825 % von 3 500,00 € = 553,88 €

553,88 €

1277
25. Bringen Sie folgende Schritte des Budget-Kalkulations-Prozesses in die richtige Reihenfolge.

Lösung:

2	1. Kostenvoranschlag
5	2. Nachkalkulation
1	3. Kostenschätzung
4	4. Soll-Ist-Vergleich
3	5. Auftrag

1278
26. Wie ist die richtige Reihenfolge bei der Ermittlung eines Angebotspreises?

Lösung:

1	1. Ermittlung der Selbstkosten (Personal-, Sach- und Gemeinkosten)
2	2. Ermittlung der Fremdkosten
3	3. Handlungskostenzuschlag auf Fremdkosten
4	4. Gewinnzuschlag
5	5. Nettopreisangebot

1279
27. Ein Dauerauftrag ist …

Lösung: 2

1. eine Form der Lastschrift.
2. eine besondere Form der Überweisung.
3. eine halbbare Zahlung.
4. eine Voraussetzung für den Scheckverkehr.

1280
28. Ein Lieferung per Nachnahme …

Lösung: 1, 3

1. wird im Zug der Aushändigung vom Empfänger an die Post bar gezahlt.
2. wird nach Geschäftsschluss noch ausgeliefert.
3. wird nach der baren Zahlung an den Lieferanten überwiesen.
4. ist an den Nachnamen adressiert.

Testfragen zu Finanzierung, Kalkulation, Budegtierung

29. Eine Rechnung enthält eine rechtlich gültige Zahlungsfrist, wenn …

1. ein genaues und erreichbares Datum genannt ist.
2. sie die Formulierung „zahlbar sofort ohne Abzüge" enthält.
3. die Frist innerhalb von drei Tagen nach Rechnungsdatum liegt.
4. keine Zahlungsfrist genannt ist.

Lösung:
| 1 |
| 4 |

30. Zum Vorsteuerabzug muss eine Rechnung die folgenden Elemente enthalten:

1. Rechnungsnummer, Steuernummer, ausgewiesene Umsatzsteuer in Prozent, ausgewiesene Umsatzsteuer in Euro, genaue Firmierung, genaue Adresse
2. Umsatzsteuer-Identifikationsnummer, Steuernummer, ausgewiesene Umsatzsteuer in Prozent, ausgewiesene Umsatzsteuer in Euro, genaue Firmierung, genaue Adresse
3. Rechnungsnummer, ausgewiesene Umsatzsteuer in Prozent, ausgewiesene Umsatzsteuer in Euro, genaue Firmierung, genaue Adresse

Lösung: 1

31. Der Prozess der Beschaffung besteht aus den folgenden Elementen:

1. Bedarfsermittlung, Bestandsbereinigung, Kostenanalyse, Lieferantenanfrage, Bestellung, Bestellüberwachung, Wareneingang, Zahlungsabwicklung
2. Bedarfsermittlung, Bestandskontrolle, Budgetermittlung und -freigabe, Lieferantenauswahl, Kostenvoranschläge, Warenversand, Rechnungsstellung, Zahlungsabwicklung
3. Bedarfsermittlung, Bestandskontrolle, Budgetermittlung und -freigabe, Lieferantenauswahl, Bestellung, Bestellüberwachung, Wareneingang, Zahlungsabwicklung

Lösung: 3

32. Leasing ist eine Form …

1. der Miete.
2. der Pacht.
3. der Leihe.
4. des Kaufs.

Lösung: 1

33. Das gerichtliche Mahnverfahren …

1. kann eine stumpfe Waffe werden, wenn der Säumige dem Anspruch einfach widerspricht.
2. ist ein wirkungsvolles Mittel, das uns die Zahlung so gut wie garantiert.
3. kostet kein Geld.

Lösung: 1

34. Ein Kreditor …

1. schuldet unserer Firma Geld.
2. hat uns eine Rechnung gestellt, die noch beglichen werden muss.

Lösung: 2

Orga ✓ Veranstaltungsorganisation/-wirtschaft

35. Ein Fixkauf ...

Lösung: **2**
1. wird schnell abgewickelt.
2. bedeutet, dass die Ware zu einem bestimmten Termin geliefert werden muss.

36. Welcher der folgenden Beträge ist umsatzsteuerpflichtig?

Lösung: **4**
1. Verzugszinsen einer Mahnung
2. Nutzung eines Betriebsfahrzeugs
3. Einkauf von Briefmarken bei der Post
4. Verkauf einer Eintrittskarte

37. Die Umsatzsteuerzahllast an das Finanzamt wird ermittelt durch ...

Lösung: **2**
1. Vorsteuer minus Umsatzsteuer.
2. Umsatzsteuer minus Vorsteuer.
3. Mehrwertsteuer minus 7 %.
4. 19 % minus 7 %.

38. Ein „Brutto- wie Nettobudget" eines Kulturamtes beinhaltet in der Regel ...

Lösung: **2**, **3**
1. die Differenz von netto minus brutto.
2. die gesetzliche Umsatz- beziehungsweise Vorsteuer.
3. die Provision der beauftragten Eventagentur.
4. die Abzüge vom Finanzamt.

39. Bei welchem der folgenden Zahlungsmittel handelt es sich um eine bare Zahlung?

Lösung: **2**
1. Zahlschein
2. Geldschein
3. Verrechnungsscheck
4. Zahlungsanweisung zur Verrechnung
5. Dauerauftrag
6. Banküberweisung

40. Das Quittungsoriginal behält der ...

Lösung: **1**
1. Käufer.
2. Verkäufer.

Testfragen zu Finanzierung, Kalkulation, Budegtierung

41. Die Buchführung im Betrieb hat folgende Aufgabe zu erfüllen:

1. Mitarbeiter im Betrieb in der Buchhaltungsabteilung einsetzen
2. Grundlage für die Aufbauorganisation eines Betriebes bilden
3. Aufwendungen und Erträge und somit den Erfolg des Unternehmens erfassen
4. Verkaufspreise bestimmen

Lösung:
3

42. Welche der folgenden Belege sind externe Belege?

1. Eingangsrechnung des Lieferanten
2. Kopie der Ausgangsrechnung an einen Kunden
3. Kassenquittung über Bargeldentnahme
4. Quittung über Bareinkauf in einem Ladengeschäft
5. Lohnabrechnung
6. Beleg über Bareinzahlung auf das Bankkonto

Lösung:
1
4

43. Buchungsbelege sowie Bilanzen, Inventare und Erfolgsrechnungen müssen ...

1. mindestens fünf Jahre aufbewahrt werden.
2. nach eigenem Ermessen aufbewahrt werden.
3. zehn Jahre bis zum 31.12. aufbewahrt werden.
4. handschriftlich geführt und abgezeichnet werden.

Lösung:
3

44. Zum betrieblichen Rechnungswesen gehört nicht ...

1. das Controlling.
2. die Kosten- und Leistungsrechnung.
3. die Planungsrechnung.
4. die Warenbestandskontrolle.
5. die Statistik.
6. die Buchführung.

Lösung:
4

45. Ein Inventar ist die ...

1. Aufnahme von Schulden und Vermögen.
2. Bestandsaufnahme am Schluss des Geschäftsjahres.
3. Erfindung eines Onlineavatars.
4. Bestandsliste mit den Inventurergebnissen.

Lösung:
4

Orga ✓ Veranstaltungsorganisation/-wirtschaft

1298
46. Die Bilanz eines Unternehmens ist ...

Lösung:
2

1. der Geschäftsbericht eines Unternehmens.
2. die Gegenüberstellung von Vermögen und Schulden.
3. ein Einblick in die Berichte der Abteilungen.
4. eine Inventarisierung der Inventur.

1299
47. Anfangsbestände werden ...

Lösung:
2
4

1. bei Aktivkonten im Haben gebucht.
2. bei Aktivkonten im Soll gebucht.
3. bei Passivkonten im Soll gebucht.
4. bei Passivkonten im Haben gebucht.

1300
48. Im Betriebsabrechnungsbogen werden ...

Lösung:
2

1. die fixen Kosten auf die variablen Kosten verteilt.
2. die Gemeinkosten auf die Kostenstellen umgelegt.
3. die Einzelkosten den Fremdkosten aufgeschlagen.

1301
49. Wie lautet die korrekte Formel für die Gesamtkosten?

Lösung:
1

1. variable Kosten + fixe Kosten
2. fixe Kosten – variable Kosten
3. Fremdkosten + Einzelkosten
4. Fremdkosten + Gemeinkosten

1302
50. Welche der folgenden Formeln entspricht dem Beitrag zur Deckung der fixen Kosten?

Lösung:
3

1. Erlös – Umsatzsteuer
2. variable Kosten – Umsatz
3. Umsatz – variable Kosten
4. Erlös – Umsatz

2.6.7 25 ausgewählte Buchhaltungsaufgaben

1303
1. In Ihrem Unternehmen werden Büromaterialien beschafft. Wie müssen Sie bei Barzahlung buchen?

Lösung:
3, 4 an 1

1. Kasse (1600)
2. Büroeinrichtung (0650)
3. Vorsteuer (1400)
4. Bürobedarf (6815)
5. Verbindlichkeiten aus Lieferung und Leistungen (3300)
6. Umsatzsteuer (3800)

Buchhaltungsaufgaben — Orga

2. Wie buchen Sie bei Bestellung auf Rechnung?

1. Kasse (1600)
2. Büroeinrichtung (0650)
3. Vorsteuer (1400)
4. Bürobedarf (6815)
5. Verbindlichkeiten aus Lieferung und Leistungen (3300)
6. Umsatzsteuer (3800)

Lösung:

3, 4 an 5

3. Ein Kunde bestellt bei Ihnen Ware für 17 400,00 €. Wie buchen Sie diesen Geschäftsfall?

1. Verbindlichkeiten an Lieferung und Leistung (3300)
2. Forderungen aus Lieferung und Leistung (1200)
3. Umsatzerlöse (4000)
4. Umsatzsteuer (3800)
5. Bank (1800)
6. Kundenskonti (5700)
7. Vorsteuer (1400)
8. Wareneingang (5200)

Lösung:

2 an 3, 4

4. Der Kunde zahlt die vorgenannte Rechnung unter Abzug von 2 % Skonto. Mit welchen Beträgen haben Sie diesen Geschäftsfall wie zu buchen?

5	Bank (1800)	17 052,00 €	2 Forderungen (1200)	17 400,00 €
6	Kundenskonti (5700)	292,44 €		
4	Umsatzsteuer (3800)	55,56 €		

(Teilrechnung: 2% Skonto von
17 400,00 € = 348,00 € (119 %)
− 19 % MwSt. = 55,56 € (19 %),
Skonto netto: 292,44 € (100 %)

5. Wie lautet der Buchungssatz zur Ermittlung der Umsatzsteuerzahllast?

1. Schlussbilanzkonto
2. GuV-Konto
3. Umsatzerlöse für Waren
4. Umsatzsteuer
5. Guthaben bei Kreditinstituten (Bank)
6. Waren
7. Vorsteuer
8. Rohstoffe

Lösung:

4 an 7

Orga ✓ Veranstaltungsorganisation/-wirtschaft

1308

6. Ihre Gewinn-und-Verlust-Rechnung enthält folgende Ergebnisse. Errechen Sie das Betriebsergebnis.

Soll	GuV	Haben
2 170 000,00 €		2 260 000,00 €

Lösung: Haben (2 260 000,00 €) − Soll (2 170 000,00 €) = Gewinn **(90 000,00 €)**

90 000,00 €

1309

7. Analysieren Sie die folgende Bilanz: Wie hoch ist das Umlaufvermögen?

Aktiva		Bilanz	Passiva
Geschäftsbauten	1 600 000,00 €	Eigenkapital	500 000,00 €
Technische Anlagen und Maschinen	120 000,00 €	Rückstellungen	60 000,00 €
Andere Anlagen, Betriebs- und Geschäftsausstattung	90 000,00 €	Darlehen (10 Jahre)	800 000,00 €
Warenvorräte	180 000,00 €	Darlehen (5 Jahre)	140 000,00 €
Forderungen aus Lieferungen und Leistungen	100 000,00 €	Darlehen (3 Jahre)	300 000,00 €
		Verbindlichkeiten aus Lieferungen und Leistungen	340 000,00 €
Bank	35 000,00 €		
Kasse	15 000,00 €		
	2 140 000,00 €		2 140 000,00 €

Lösung: Warenvorräte (180 000,00 €) + Forderungen aus LL. (100 000,00 €) + Bank (35 000,00 €) + Kasse (15 000,00 €) = Umlaufvermögen **(330 000,00 €)**

330 000,00 €

1310

8. Als Einzelunternehmer entnehmen Sie am 20. Juli einen Betrag von 5 000,00 € aus dem betrieblichen Bankkonto für Ihre private Lebensführung. Am 10. September zahlen Sie 15 000,00 €, die aus einer Erbschaft stammen, auf das betriebliche Bankkonto ein. Am Ende des Geschäftsjahres weist das Eigenkapitalkonto einen Bestand von 50 000,00 € auf; zu Beginn des Geschäftsjahres waren es 30 000,00 € weniger. Wie lauten die Buchungssätze für die Erfassung der Privatentnahme?

Lösung:
8 an 5

1. Verbindlichkeiten an Lieferung und Leistung
2. Forderungen an Lieferung und Leistung
3. Umsatzerlöse für eigene Erzeugnisse
4. Umsatzsteuer
5. Bank
6. Kundenkonti
7. Vorsteuer
8. Privatkonto

Buchhaltungsaufgaben — Orga

9. Wie lauten die Buchungssätze für die Erfassung der Privateinlage?

1. Verbindlichkeiten an Lieferung und Leistung
2. Forderungen an Lieferung und Leistung
3. Umsatzerlöse für eigene Erzeugnisse
4. Umsatzsteuer
5. Bank
6. Kundenskonti
7. Vorsteuer
8. Privatkonto

Lösung:

5 an 8

10. Welchen Schlussbestand weist das Privatkonto auf?

15 000,00 € – 5 000,00 € = 10 000,00 €
Entnahme vom Bankkonto 5 000,00 €, Buchungssatz:
   Privatentnahmen 5 000,00 €
    an Bank   5 000,00 €
Einzahlung auf Bankkonto 15 000,00 €, Buchungssatz:
   Bank   15 000,00 €
    an Privateinlagen   15 000,00 €
Ergibt nach den Buchungen auf dem Privatkonto 5 000,00 € im Soll und 15 000,00 € im Haben. Nach Abschluss des Privatkontos ergibt sich ein Saldo von 10 000,00 €, der das Eigenkapital entsprechend erhöht.

Lösung:

10 000,00 €

11. Welche der nachfolgend aufgelisteten Aussagen über Inventar und Bilanz ist richtig?

1. Die Aufstellung des Inventars erfolgt nach der Erstellung der Bilanz.
2. Das Inventar ist ein verkürzter Auszug der Bilanz in anderer Form.
3. Das Inventar ist eine ausführliche Aufstellung von Vermögen und Kapital, die Bilanz eine kurzgefasste Gegenüberstellung von Vermögen und Kapital.
4. Die Aufstellung des Inventars ist freiwillig, die Erstellung der Bilanz vorgeschrieben.
5. Die gesetzliche Aufbewahrungsfrist des Inventars beträgt sechs Jahre, die gesetzliche Aufbewahrungsfrist der Bilanz zehn Jahre.
6. Zwischen Inventar und Bilanz gibt es keinen Unterschied.

Lösung:

3

12. Bei welchem der folgenden Buchungssätze handelt es sich um einen Passivtausch (a), einen Aktivtausch (b), eine Aktiv-Passiv-Mehrung (c) oder eine Aktiv-Passiv-Minderung (d)?

1. Banküberweisung an einen Lieferer
2. Kauf eines PC gegen Bankscheck
3. Umwandlung von Verbindlichkeiten bei einem Kunden in langfristige Darlehensschulden
4. Kauf von Rohstoffen auf Ziel

Lösung:

d
b
a
c

Orga ✓ Veranstaltungsorganisation/-wirtschaft

1315
13. Welche zwei der folgenden Aussagen über die Inventur sind richtig?

Lösung:
☒ 1
☒ 2

1. Körperliche Inventur ist das Ermitteln von Art, Menge und Wert durch Zählen, Messen oder Wiegen bei körperlichen Gegenständen, wie z. B. Rohstoffen.
2. Bei der Buchinventur werden die nicht körperlichen Vermögensteile und Schulden wertmäßig gemäß ihrer buchmäßigen Aufzeichnungen zum 31. Dezember ermittelt.
3. Bei der Buchinventur werden die Art, Menge und der Wert durch Zählen, Messen oder Wiegen bei Gegenständen, wie z. B. Rohstoffen, ermittelt.
4. Bei der körperlichen Inventur werden Vermögensteile und Schulden wertmäßig gemäß ihrer Aufzeichnungen zum 31. Dezember ermittelt.

1316
14. Ihr Chef hat 2014 Privateinlagen in Höhe von 18 000,00 € geleistet; für seine eigene Lebensführung hat er 25 000,00 € dem betrieblichen Bankkonto entnommen. Ermitteln Sie das Betriebsergebnis für das Jahr 2014.

Lösung:
107 000,00 €

Bilanz zum 31.12.2013		Bilanz zum 31.12.2014	
Aktivseite	Passivseite	Aktivseite	Passivseite
Anlagevermögen	Eigenkapital	Anlagevermögen	Eigenkapital
500 000,00 €	320 000,00 €	530 000,00 €	420 000,00 €
Umlaufvermögen	Fremdkapital	Umlaufvermögen	Fremdkapital
250 000,00 €	430 000,00 €	320 000,00 €	430 000,00 €
Summe Aktiva	Summe Passiva	Summe Aktiva	Summe Passiva
750 000,00 €	750 000,00 €	850 000,00 €	850 000,00 €

Eigenkapital am Ende des Geschäftsjahres	420 000,00 €
− Eigenkapital am Ende des vorangegangenen Geschäftsjahres	320 000,00 €
+ Entnahmen	25 00,00 €
− Einlagen	18 000,00 €
= Gewinn/Verlust	**107 000,00 €**

1317
15. Welche Position lässt sich in einer Bilanz nicht den kurzfristigen Verbindlichkeiten zuordnen?

Lösung:
☒ 3

1. Verbindlichkeiten gegenüber der Servicefirma des Bürokopierers
2. Verbindlichkeiten gegenüber Lieferern
3. Verbindlichkeiten gegenüber Banken aus Darlehen
4. Verbindlichkeiten gegenüber dem Finanzamt
5. Verbindlichkeiten gegenüber den Sozialversicherungsträgern

Buchhaltungsaufgaben   ✓ Orga

16. Welche zwei der nachfolgend aufgeführten Aussagen über das Privatkonto in der Bilanzbuchführung sind falsch?

1. Das Privatkonto ist ein Unterkonto des Eigenkapitalkontos.
2. Das Privatkonto wird über die Gewinn-und-Verlust-Rechnung abgeschlossen.
3. Privatentnahmen vermindern das Eigenkapital.
4. Privatentnahmen erhöhen das Eigenkapital.
5. Privatkonten werden nur bei Einzelunternehmen und Personengesellschaften (Vollhaftern) geführt.

Lösung:

2

4

17. Wie buchen Sie eine Rücksendung?

1. Verbindlichkeiten an Lieferung und Leistungen
2. Vorsteuer
3. Postbank
4. Forderungen an Lieferung und Leistungen
5. Umsatzsteuer
6. Rücksendung an Lieferanten

Lösung:

1 an 2, 6

18. Sie zahlen drei Monatsmieten in Höhe von je 450,00 € im Dezember im Voraus; wie ist am 31. Dezember des Jahres zu buchen?

1. Sonstige Vermögensgegenstände (1300)
2. Bank (1800)
3. Aktive Rechnungsabgrenzung (ARA) (1900)
4. Sonstige Verbindlichkeiten (3500)
5. Passive Rechnungsabgrenzungsposten (PRA) (3900)
6. Mietaufwendungen (6310)

Lösung:

3 an 6

19. Welcher Betrag ist am 31. Dezember abzugrenzen?

$\frac{\text{Miete 1 350,00 €}}{\text{3 Monate}}$ = 450,00 € Monatsmiete;

2 Monate für das nächste Jahr im jetzigen Jahr gezahlt, d. h. 2 · 450,00 € = **900,00 €**

Lösung:

900,00 €

20. Wie haben Sie bei der Banküberweisung eines Gehalts zu buchen?

1. Verbindlichkeiten gegenüber Finanzbehörden
2. Bank
3. Verbindlichkeiten Sozialversicherung
4. Gehälter
5. Forderungen aus Lieferung und Leistung
6. Arbeitgeberanteil Sozialversicherung

Lösung:

4 an 1, 3, 2

Orga ✓ Veranstaltungsorganisation/-wirtschaft

1323 21. Was buchen Sie normalerweise zeitgleich bei der Gehaltsüberweisung?

Lösung:
8 an 5

1. Verbindlichkeiten gegenüber Finanzbehörden
2. Bank
3. Verbindlichkeiten Sozialversicherung
4. Gehälter
5. Forderungen aus Lieferung und Leistung
6. Arbeitgeberanteil Sozialversicherung

1324 22. Woraus ermitteln Sie in der GuV den Unternehmenserfolg?

Lösung:
1

1. aus der Differenz zwischen Aufwand und Ertrag
2. aus der Differenz zwischen Vermögen und Schulden
3. aus der Differenz zwischen Umsatz und Ausgaben
4. aus der Differenz zwischen Einnahmen und Ausgaben
5. aus der Veränderung des Eigenkapitals, das auf Privateinlagen beruht

1325 23. In der Bilanz wurden die Vermögenswerte bei der Inventur ermittelt. Mit welchem Wert wurde der dabei erfasste Warenbestand berücksichtigt?

Lösung:
4

1. mit dem Listeneinkaufspreis
2. mit dem Zieleinkaufspreis
3. mit dem Bareinkaufspreis
4. mit dem Einstandspreis
5. mit dem Selbstkostenpreis

1326 24. Wie buchen Sie eine Ausgangsrechnung über 12 050,00 € netto?

Lösung:
2 an 3, 4

1. Verbindlichkeiten an Lieferung und Leistung
2. Forderungen an Lieferung und Leistung
3. Umsatzerlöse für eigene Erzeugnisse
4. Umsatzsteuer
5. Bank
6. Kundenskonti
7. Vorsteuer
8. Rohstoffe

1327 25. Ihnen liegt eine Barquittung über die Auszahlung eines Gehaltsvorschusses in Höhe von 350,00 € vor. Wie haben Sie zu buchen?

Lösung:
5 an 3

1. Sonstige Verbindlichkeiten
2. Privatkonto
3. Kasse
4. Gehälter
5. Forderungen an Mitarbeiter
6. Arbeitgeberanteil zur Sozialversicherung
7. Forderungen aus Lieferungen und Leistungen

Grundlagen des Wirtschaftens WiSo

3 Wirtschafts- und Sozialkunde

3.1 Wirtschaftliche Zusammenhänge

3.1.1 Grundlagen des Wirtschaftens

- Menschliche **Bedürfnisse** bilden die Grundlage des Wirtschaftens. Bedürfnisse werden als Mangelerscheinungen beschrieben, die Menschen danach streben lassen, diesen Mangel zu beseitigen. Bedürfnisse sind individuell, unbegrenzt, veränderbar, nicht genau voneinander abzugrenzen und abhängig von Umwelt, Gesellschaft, Kulturstufe, Lebensstandard und technischer Entwicklung.

- **Bedarf** nennt man den erfüllbaren Teil der Bedürfnisse, damit meint man auch die Befriedigung der Bedürfnisse durch Kaufkraft.

- Als **Nachfrage** bezeichnet man den am Markt wirksam werdenden Bedarf, also die erworbenen Güter oder Dienstleistungen.

VWL

ZP 1 Grenzen Sie die Begriffe *Bedürfnis, Bedarf* und *Nachfrage* voneinander ab.

Im Modell der **Maslowschen Bedürfnispyramide** wird der hierarchische Aufbau der Bedürfnisse durch die Dringlichkeit des Mangels bestimmt. Der Psychologe Maslow unterschied dabei folgende **fünf Stufen**:

1. **Grundbedürfnisse** (Hunger, Durst, Schlafverlangen, Wohnraum und Sexualität)
2. **Sicherheitsbedürfnisse** (Sicherung der Grundbedürfnisse für die Zukunft)
3. **soziale Bedürfnisse** (ergeben sich aus sozialen Kontakten, wie Wunsch nach Gemeinschaft und Geselligkeit)
4. **Wertschätzungsbedürfnisse** (Wunsch nach Anerkennung durch andere)
5. **Entwicklungsbedürfnisse** (Wunsch nach Selbstverwirklichung und Bestätigung durch die Gesellschaft)

ZP 2 Beschreiben Sie die fünf Stufen der *Maslowschen Bedürfnispyramide*.

- **Existenzbedürfnisse:** elementare Bedürfnisse, die auf jeden Fall befriedigt werden müssen (Nahrung, Kleidung, Wohnung)
- **Kulturbedürfnisse:** nicht überlebenswichtige, aber oft als unentbehrlich empfundene Bedürfnisse, die dem geistigen Wesen des Menschen entsprechen (Bildung, Unterhaltung, Kultur)

- **Luxusbedürfnisse:** aus sozialen Zwängen und Geltungsdrang entstehende Bedürfnisse (Schmuck, Statussymbole)

Des Weiteren unterscheidet man bei den Individualbedürfnissen nach dem Bewusstseinsgrad **offene und verdeckte Bedürfnisse.**

ZP 3 Listen Sie typische *Sozialbedürfnisse* (Kollektivbedürfnisse) und *Individualbedürfnisse* nach dem Rang ihrer *ökonomischen Dringlichkeit* auf.

WiSo ✓ Wirtschafts- und Sozialkunde

ZP 4 — Nennen Sie je drei *Existenz-, Kultur- und Luxusgüter.*

- **Existenzgüter,** z. B. Grundnahrungsmittel (Brot, Wasser usw.), Wohnraum, Kleidung
- **Kulturgüter,** z. B. Sport, Musik, Bücher, Games, Theater, Architektur, Museum
- **Luxusgüter,** z. B. Ferrari-Fahrzeug, Rolex-Uhr, Champagner, Trüffel

ZP 5 — Was ist mit dem *ökonomischen Prinzip* gemeint?

Bedingt durch die Güterknappheit und die Begrenzung der Kaufkraft versucht der Mensch, seine Bedürfnisbefriedigung zu optimieren. Dabei wenden alle Wirtschaftssubjekte (Unternehmen, öffentliche und private Haushalte) nach dem ökonomischen Prinzip folgende drei typische Prinzipien an:

- **Maximalprinzip:** Mit gegebenen Mitteln soll ein möglichst großer Erfolg erzielt werden.
- **Minimalprinzip (Sparprinzip):** Ein bestimmter Erfolg soll mit möglichst geringen Mitteln erreicht werden.
- **Extremprinzip:** Das Ergebnis von Aufwand und Ertrag soll möglichst günstig sein, mit möglichst wenigen Mitteln soll ein möglichst großer Erfolg erzielt werden.

ZP 6 — Was ist mit dem *Problem der Knappheit* gemeint?

Als Knappheitsproblematik bezeichnet man die Diskrepanz zwischen theoretisch unbegrenzten Bedürfnissen und begrenzten Gütern. In nahezu allen Volkswirtschaften versucht man über die Ausdehnung der Produktion diese Diskrepanz zu verringern, indem man die Arbeitsteilung und den technischen Fortschritt nutzt.

ZP 7 — Was ist mit dem *Magischen Viereck* der Betriebswirtschaftslehre gemeint?

Mit dem **Magischen Viereck der Betriebswirtschaftslehre** ist gemeint, dass sich die Leistungserstellung in einer Marktwirtschaft nicht nur an dem **ökonomischen Prinzip** und der **Forderung nach Liquidität** orientiert, sondern weiterhin die **Grundsätze der Umweltorientierung** bzw. Nachhaltigkeit (ökologisches Prinzip) und **der Humanität** (humanistisches Prinzip) berücksichtigt. Das ökonomische Prinzip, auch Wirtschaftlichkeitsprinzip genannt, lässt sich mengen- oder wertmäßig als Maximal- oder Minimalprinzip formulieren; das Humanitätsprinzip bedeutet, dass der Prozess der Leistungserstellung menschengerecht zu erfolgen hat, z. B. Fragen der Arbeitsorganisation und des Arbeitsschutzes berücksichtigt werden. Das Prinzip der Umweltschonung hat zum Ziel, dass die Ressourcen der Umwelt schonend und nachhaltig verwendet und die Belastung mit Emissionen (ausgehenden Verunreinigungen), Immissionen (einwirkende Verunreinigungen) und Abfall reduziert werden.

Grundlagen des Wirtschaftens — WiSo

Im gegebenen Beispiel findet das **Maximalprinzip** Anwendung, das dadurch definiert wird, dass mit gegebenen Mitteln möglichst viel erreicht werden soll. In der Werbe- bzw. Mediaplanung ist das Maximalprinzip häufig anzutreffen; mit einem gegebenen Budget soll dann eine möglichst große Werbewirkung erzielt werden.

ZP 8: Welches Prinzip findet Anwendung, wenn mit einem Werbebudget von 45 000,00 € für ein Konzert der Gruppe De Höhner in der Köln-Arena möglichst viele Personen in der Zielgruppe erreicht werden sollen?

- Das **ökonomische Prinzip** formuliert die Annahme, dass **Wirtschaftssubjekte Aufwand und Nutzen in Verhältnis setzen** und **entsprechend ihren persönlichen Zielen handeln** (Haushalte und Konsumenten maximieren ihren Nutzen, Unternehmen ihren Gewinn, Umsatz oder ihren Marktanteil). Knappe Mittel werden zur Bedürfnisbefriedigung planmäßig eingesetzt. Das ökologische Prinzip in der Volkswirtschaftslehre formuliert, dass Unternehmen und private Haushalte bei ihren wirtschaftlichen Handlungen die Umweltbelastungen minimieren (Prinzip der nachhaltigen Lebensweise).
- Der Begriff **Corporate Responsibility** bedeutet **Verantwortung eines Unternehmens für die Gesellschaft, die Mitarbeiter, die Umwelt und das wirtschaftliche Umfeld.** Im Rahmen eines verantwortungsvollen unternehmerischen Handelns im Sinn eines nachhaltigen gesellschaftlichen Verantwortungsbewusstseins (Corporate Responsibility) wird das ökonomische Prinzip mehr und mehr um das ökologische Prinzip erweitert bzw. bereichert. Als Konflikt kann dabei entstehen, dass umweltbewusste Maßnahmen teilweise teurer als traditionell rein ökonomisch ausgerichtete Maßnahmen sind. Vorteilhaft kann sein, dass sich zukünftige Märkte ergeben. Der Staat kann auf die ökologischen Entscheidungen z. B. durch Umweltschutzgesetze, Steuern oder Subventionen Einfluss nehmen.

ZP 9: Von Ihrem Ausbilder hören Sie, dass sich neben dem *ökonomischen Prinzip* im Rahmen der *Corporate Responsibility* zunehmend das ökologische Prinzip durchsetzt. Was ist mit den beiden Begriffen gemeint?

Güter

Man unterscheidet Güter nach der **Art des Gutes** in Sachgüter (Gegenstände aller Art) und Dienstleistungen (z. B. Beratungen, Tätigkeiten, Lizenzen). Nach der **Nutzungsdauer** werden Güter in Gebrauchsgüter (Maschinen, Werkzeuge) und Verbrauchsgüter (Genussmittel, Rohstoffe) unterschieden, nach **Art der Verwendung** in Konsumgüter (dienen unmittelbar der Bedürfnisbefriedigung) und Produktionsgüter (dienen der Herstellung eines anderen Gutes) und nach der **Häufigkeit ihres Vorkommens** in freie und wirtschaftliche Güter.

ZP 10: Welche *Güterarten* werden in der Regel unterschieden?

Es gelingt in Marktwirtschaften kaum noch, allgemeingültige Beispiele für freie Güter zu finden: selbst selbstverständliche Dinge wie sauberes Wasser und Luft sind heute i. d. R. schon wirtschaftliche Güter. Güter, die nicht frei sind, werden in einer Volkswirtschaft produziert; sie werden als wirtschaftliche Güter oder knappe Güter bezeichnet.

ZP 11: Warum sind *freie Güter* kaum noch vorhanden?

431

WiSo ✓ Wirtschafts- und Sozialkunde

ZP 12 — Was sind Komplementär- und Substitutionsgüter?

- **Komplementäre Güter** ergänzen sich z. B. zur gemeinsamen Benutzung (Benzin und Fahrzeuge);
- **Substitutionsgüter** können sich ersetzen und befriedigen ähnliche Bedürfnisse (Butter und Margarine).

ZP 13 — Was sind Produktionsfaktoren?

Produktionsfaktoren sind **Wirtschaftsgüter, die im Produktionsprozess eingesetzt** werden. Nur durch eine geeignete Kombination von Produktionsfaktoren können Gütermengen hergestellt werden. Produktionsfaktoren sind i. d. R. begrenzt, es kann nur eine begrenzte Gütermenge hergestellt werden.

ZP 14 — Nennen Sie typische originäre und derivative Produktionsfaktoren.

- **Originäre Produktionsfaktoren:** Natur (Boden, Wasser, Sonne, Luft), Arbeit (körperliche und geistige Arbeit)
- **Derivative Produktionsfaktoren:** Geldkapital, Humankapital, Betriebe

BGB

ZP 15 — Welche Arten von Willenserklärungen kennt das BGB?

Im BGB versteht man unter einer **Willenserklärung** eine auf einen rechtlichen Erfolg gerichtete Äußerung. Eine abgegebene Willenserklärung ist rechtlich bindend. Man unterscheidet dabei in ausdrückliche Willenserklärungen und konkludente, d. h. schlüssige Willenserklärungen sowie in mündliche, schriftliche und elektronische Willenserklärungen. Eine konkludente Willenserklärung kann unter bestimmten Umständen auch stillschweigend erfolgen.

ZP 16 — Was ist ein Rechtsgeschäft und wie werden Rechtsgeschäfte wirksam?

Ein **Rechtsgeschäft** besteht aus mindestens einer Willenserklärung, die auf die Herbeiführung eines rechtlichen Erfolges abzielt. Bei manchen einseitigen Rechtsgeschäften reicht die Abgabe einer Willenserklärung aus (Testament), bei anderen ist eine Willenserklärung empfangsbedürftig (Kündigung). Mehrseitige Rechtsgeschäfte bzw. Verträge kommen generell erst durch Antrag (Angebot) und Annahme zustande; die abgegebenen Willenserklärungen müssen zudem kongruent, d. h. deckungsgleich sein. Verträge können einseitig verpflichtend (Schenkung) oder mehrseitig verpflichtend sein (Kaufvertrag). Gegebenenfalls müssen bestimmte Formvorschriften eingehalten werden (z. B. Schriftform) oder es ist die Einholung der Genehmigung durch Dritte erforderlich (z. B. durch Behörden).

ZP 17 — Was versteht man unter Rechtssubjekten?

Rechtssubjekte sind Rechtsträger, also Träger von Rechten und Pflichten. Man unterscheidet hierbei in natürliche und juristische Personen. Lebende Menschen sind natürliche Personen, juristische Personen sind aufgrund von Rechtsnormen geschaffene Rechtspersönlichkeiten, die i. d. R. durch natürliche Personen vertreten werden. Juristische Personen entstehen auf der Grundlage des öffentlichen oder privaten Rechts.

Grundlagen des Wirtschaftens — WiSo

Jedes Rechtssubjekt ist generell rechtsfähig, denn unter der Rechtsfähigkeit versteht man die Fähigkeit, Träger von Rechten und Pflichten zu sein. Gemäß § 1 BGB beginnt die Rechtsfähigkeit des Menschen mit der Vollendung der Geburt; die Rechtsfähigkeit endet bei natürlichen Personen mit dem Tod. Man kann also schon rechtsfähig sein, bevor man geschäftsfähig ist. Bei juristischen Personen beginnt die Rechtsfähigkeit mit dem Zeitpunkt des Eintrags in das entsprechende Register (z. B. Handelsregister, Vereinsregister) und endet mit der Löschung aus dem Register.

Wann ist man rechtsfähig? (18 ZP)

Als Geschäftsfähigkeit gilt die Fähigkeit, Willenserklärungen selbstständig und rechtswirksam abgeben zu können. Abhängig vom Alter gibt es verschiedene Stufen der Geschäftsfähigkeit.

- **Geschäftsunfähigkeit:** Minderjährige bis zur Vollendung des 7. Lebensjahres (§ 104 Nr. 1 BGB) sowie dauerhaft Geisteskranke (§ 104 Nr. 2 BGB) sind geschäftsunfähig. Willenserklärungen sind unwirksam (§ 105 Abs. 1 BGB). Geschäftsunfähige können nur über ihre gesetzlichen Vertreter am Rechtsverkehr teilnehmen.

- **Beschränkte Geschäftsfähigkeit:** Minderjährige ab Vollendung des 7. bis zur Vollendung des 18. Lebensjahres (§ 106 BGB); in Ausnahmefällen auch bei Volljährigen, jedoch nur in einem durch ein Vormundschaftsgericht bestimmten Aufgabenkreisen, für die ein Betreuer bestellt wurde. Willenserklärungen bedürfen grundsätzlich der Einwilligung der gesetzlichen Vertreter (§ 108 BGB bzw. § 1903 BGB). Liegt bei einseitigen Rechtsgeschäften die Einwilligung nicht vor, so sind diese unwirksam (§ 111 BGB). Liegt bei Verträgen die Einwilligung nicht vor, so sind die Verträge solange schwebend unwirksam, bis sie durch die gesetzlichen Vertreter genehmigt werden (§ 108 Abs. 1 BGB). Fordert der Vertragspartner die gesetzlichen Vertreter eines beschränkt Geschäftsfähigen zur Erklärung der Genehmigung des Vertrages auf, so muss dieses innerhalb von 14 Tagen erfolgen, andernfalls ist der Vertrag unwirksam (§ 108 Abs. 2 BGB). Wird der Minderjährige volljährig, so tritt seine Genehmigung eines schwebend unwirksamen Vertrages an die Stelle der Genehmigung durch die gesetzlichen Vertreter (§ 108 Abs. 3 BGB). In einigen Ausnahmen können beschränkt Geschäftsfähige rechtswirksame Willenserklärungen auch ohne Zustimmung der gesetzlichen Vertreter abgeben.

- **Volle Geschäftsfähigkeit:** ab Vollendung des 18. Lebensjahres (Volljährigkeit); Willenserklärungen sind voll rechtswirksam. Juristische Personen sind grundsätzlich unbeschränkt geschäftsfähig.

Wann ist man geschäftsfähig und welche Arten der Geschäftsfähigkeit unterscheidet man? (19 ZP)

- **Ausschließlicher Rechtsvorteil (§ 107 BGB):** Sofern die Abgabe einer Willenserklärung dem beschränkt Geschäftsfähigen ausschließlich einen rechtlichen Vorteil bringt. Dem beschränkt Geschäftsfähigen dürfen aus einem derartigen Rechtsgeschäft allerdings keine rechtlichen Verpflichtungen entstehen.

- **Taschengeldparagraf (§ 110 BGB):** Verträge sind wirksam, sofern die vertragsmäßigen Leistungen des beschränkt Geschäftsfähigen mit Mitteln bewirkt werden, die ihm zu diesem Zweck oder zu freier Verfügung von dem gesetzlichen Vertreters von Dritten überlassen wurden.

Nennen Sie fünf Bereiche, in denen beschränkt Geschäftsfähige Willenserklärungen ohne Zustimmung der gesetzlichen Vertreter rechtswirksam abgeben können. (20 ZP)

WiSo — Wirtschafts- und Sozialkunde

- **Dienst- und Arbeitsverhältnis (§ 113 BGB):** Beschränkt Geschäftsfähige können durch die gesetzlichen Vertreter dazu ermächtigt werden, ein Dienst- und Arbeitsverhältnis einzugehen. Im Rahmen dieser Vertragsverhältnisse der gestatteten Art sind sie dann unbeschränkt geschäftsfähig. (Diese Regelung gilt nicht für Ausbildungsverhältnisse.)

- **Selbstständiger Betrieb eines Erwerbsgeschäftes (§ 112 BGB):** Der beschränkt Geschäftsfähige wird von seinen gesetzlichen Vertretern mit Genehmigung des Vormundschaftsgerichtes zur Selbstständigkeit ermächtigt.

- **Annahme einer Schenkung:** Zu Weihnachten bekommt ein Jugendlicher Geld geschenkt. Die Eltern überlassen es dem Minderjährigen, wofür er das Geld ausgibt.

ZP 21 — Was ist mit dem Begriff *Deliktsfähigkeit* gemeint?

Mit **Deliktsfähigkeit** ist die **vermögensrechtliche Verantwortlichkeit für schädigende Handlungen** gemeint. Es handelt sich hierbei um die sogenannten unerlaubten Handlungen nach BGB: Wer vorsätzlich oder fahrlässig das Leben, den Körper, die Gesundheit, die Freiheit, das Eigentum oder ein sonstiges Recht eines anderen widerrechtlich verletzt, ist dem anderen zum Schadenersatz verpflichtet (§ 823 Abs. 1 BGB). Von der Deliktsfähigkeit nach BGB ist die im Strafrecht geregelte Strafmündigkeit zu unterscheiden. Diese regelt die strafrechtliche Verantwortlichkeit, während die Deliktsfähigkeit lediglich die zivilrechtliche Verantwortlichkeit mit dem Ziel des vermögensrechtlichen Schadenausgleichs umfasst. Die Verantwortlichkeit im Sinn des Strafrechts kann ggf. zusätzlich zur Delikthaftung nach BGB eintreten. Die Deliktsfähigkeit bei natürlichen Personen ist analog zur Geschäftsfähigkeit nach dem Lebensalter abgestuft. Juristische Personen sind in jedem Fall unbeschränkt deliktsfähig.

Vertretung

ZP 22 — Welche grundlegenden *Arten von Stellvertretung* kennt das BGB?

Bei einer **Stellvertretung** wird eine **Willenserklärung im Namen und für Rechnung einer anderen Person abgegeben;** Stellvertretungen sind sowohl bei natürlich als auch bei juristischen Personen erlaubt. Durch Stellvertreter abgegebene Willenserklärungen wirken dann unmittelbar für und gegen den Vertretenen, wenn der Stellvertreter zur Vertretung berechtigt ist. Man unterscheidet generell die auf dem Gesetz beruhende Vertretungsmacht (gesetzliche Vertretung) von der durch Rechtsgeschäft übertragenen Vertretungsmacht (rechtsgeschäftliche Vertretung bzw. Vollmacht). Dass der Stellvertreter im Namen eines anderen handelt, muss entweder ausdrücklich festgestellt werden oder den Umständen zu entnehmen sein (§ 164 Abs. 1 BGB). Handelt eine Person als Stellvertreter, ohne dass eine Vertretungsmacht vorliegt, so wirkt das Rechtsgeschäft nur gegen den Vertretenen, wenn dieser es genehmigt (§ 177 Abs. 1 BGB). Verweigert der Vertretene die Genehmigung, so ist der Vertreter (ohne Vertretungsmacht) selbst gegenüber dem Vertragspartner zur Erfüllung des Rechtsgeschäftes oder zur Leistung von Schadenersatz verpflichtet, sofern der Vertragspartner den Mangel der Vertretungsmacht nicht kannte (§ 179 Abs. 1 und 3 BGB). Ein beschränkt Geschäftsfähiger haftet in diesem Fall nur, wenn sein gesetzlicher Vertreter der Stellvertretung zugestimmt hat (§ 179 Abs. 3 BGB).

Von der unmittelbaren Stellvertretung ist die mittelbare Stellvertretung zu unterscheiden, die jedoch nicht im BGB geregelt ist. Mittelbare Stellvertretung

Grundlagen des Wirtschaftens — WiSo

liegt vor, wenn eine Person auf Rechnung einer anderen handelt, aber unter eigenem Namen auftritt. Das durch den mittelbaren „Vertreter" eingegangene Rechtsgeschäft wirkt sich zunächst nur für und gegen ihn selbst aus. Um die Rechtswirkung auch auf den „Vertretenen" zu übertragen, ist ein weiteres (internes) Rechtsgeschäft notwendig. Beispiele für mittelbare Stellvertreter sind die im HGB geregelten Kommissionäre.

Gesetzliche Vertretungen
Elternschaft: elterliche Sorge, Vermögenssorge, gemeinschaftliche Gesamtvertretung
Vormundschaft: Vormundschaftsgericht bestellt Vormund, Personen- und Vermögenssorge für das Mündel, gesetzliche Vertretung
Betreuung: Vormundschaftsgericht bestellt Betreuer, nur für Betreuung erforderliche Aufgabenkreise, z. B. Vermögenssorge häusliche Versorgung, evtl. mit Einwilligungsvorbehalt
Pflegschaft: Vormundschafts- bzw. Nachlassgericht bestimmt Pfleger, der in einzelnen Angelegenheiten als gesetzlicher Vertreter des Pflegebefohlenen tätig wird
Organvertretung: gesetzliche Vertretung von juristischen Personen und Personengesellschaften durch Organe (z. B. der Vorstand einer AG)

Rechtsgeschäftliche Stellvertretungen/Vollmachten
Innenvollmacht: gilt und wirkt nach innen
Außenvollmacht: gilt und wirkt nach außen
Spezialvollmacht: gültig für ein einzelnes Rechtsgeschäft, z. B. einmalige Barabhebung vom Girokonto
Artvollmacht: bezieht sich auf eine bestimmte Gruppe von Rechtsgeschäften, z. B. Kontovollmacht
Generalvollmacht: umfasst alle möglichen Rechtsgeschäfte des Vollmachtgebers
Einzelvollmacht: eine einzelne Person ist zur Vertretung berechtigt
Gesamtvollmacht: mehrere Personen sind nur gemeinschaftlich zur Vertretung berechtigt
Hauptvollmacht: Erteilung der Vollmacht durch denjenigen, der vertreten werden soll
Untervollmacht: Weitergabe der Vollmacht durch den Bevollmächtigten an einen Dritten

ZP 23 Listen Sie *typische Stellvertretungsarten* auf.

Karl Lageracker ist als Siebzehnjähriger beschränkt geschäftsfähig. Rechtsgeschäfte, die beschränkt geschäftsfähige Personen abschließen, sind grundsätzlich schwebend unwirksam. Es wird erst mit Einwilligung des gesetzlichen Vertreters wirksam. Das Rechtsgeschäft des Grillkaufs ist in diesem Fall wirksam, da die Ausbilderin den Kauf angeordnet hat. Zusätzliches Argument: Beschränkt Geschäftsfähige dürfen generell Rechtsgeschäfte abschließen, die im Zusammenhang mit dem Beruf getätigt werden müssen.

ZP 24 Der siebzehnjährige Auszubildende Karl Lageracker wird von seiner Ausbilderin angewiesen, einen Profi-Grill für ein Sommerfest zu kaufen. Welche Auswirkung hat die beschränkte Geschäftsfähigkeit von Karl Lageracker auf den Kaufvertrag?

WiSo ✓ Wirtschafts- und Sozialkunde

ZP 25 — Was versteht das BGB unter *Rechtsobjekten*?

Rechtsobjekte dienen den Rechtssubjekten (natürliche und juristische Personen) als Gegenstände des Rechtsverkehrs. Inhalt von Rechtsgeschäften können folgende Rechtsobjekte sein: bewegliche und unbewegliche Sachen (körperliche Gegenstände), Tiere, immaterielle Güter (geistige Werke) und Rechte.

3.1.2 Wirtschaftsordnung, Wirtschaftspolitik und Konjunktur

Wirtschaftsordnung

ZP 26 — Was versteht man unter den Begriffen *Wirtschaftsordnung, Wirtschaftverfassung* und *Wirtschaftssystem*?

- Unter einer **Wirtschaftsordnung** versteht man die Gesamtheit der organisatorischen Aufbau- und Ablaufmechanismen einer Volkswirtschaft, die sich zusammensetzen aus den rechtlichen Vorschriften, den Koordinationsmechanismen, den Institutionen und den Zielen der Einzelwirtschaften.
- Die **Wirtschaftsverfassung** ist ein Teilbereich der Wirtschaftsordnung und umfasst die wirtschaftsrechtlichen Vorschriften. Dazu gehören in Deutschland die Verfassungen von Bund und Ländern, die Bundes- und Landesgesetze, das Tarifvertragsrecht sowie die Rechtsprechung der Gerichte.
- Unter einem **Wirtschaftssystem** versteht man eine modellhafte Ordnung des Wirtschaftsgeschehens.

ZP 27 — Welche *Grundformen von Wirtschaftssystemen* werden gemeinhin unterschieden?

Je nach Art der Planung (zentral oder dezentral) und der jeweiligen Eigentumsordnung (Verfügungsgewalt über die Produktionsmittel sowie Unterscheidung in Privat- und in Gemeineigentum) unterscheidet man als marktwirtschaftliche Systeme und zentralverwaltungswirtschaftliche Systeme zwei idealtypische Wirtschaftssysteme: das **Wirtschaftssystem der kapitalistischen Marktwirtschaft** und das **Wirtschaftssystem der sozialistischen Zentralverwaltungswirtschaft.**

ZP 28 — Was versteht man unter *sozialer Marktwirtschaft in Deutschland*?

Das in der Bundesrepublik vorherrschende **System der sozialen Marktwirtschaft verknüpft das Grundmodell der freien Marktwirtschaft mit dem Grundgedanken sozialer Gerechtigkeit und Sicherheit.** Kennzeichnend für dieses Wirtschaftssystem ist das Prinzip der **staatlichen Steuerung der wirtschaftlichen Aktivitäten durch Wettbewerb und Preismechanismen.** Voraussetzung dafür ist das Vorhandensein von privatem Eigentum an den Produktionsmitteln. Gewerbefreiheit, Vertragsfreiheit, freie Berufswahl und freie Wahl des Arbeitsplatzes, die in der Bundesrepublik verfassungsrechtlich garantiert sind, lassen die Wirtschaftssubjekte ihre ökonomischen Aktivitäten planen. Der Staat besitzt mehr Eingriffsmöglichkeiten als in den freien Marktwirtschaften. Durch ordnungs-, prozess-, struktur- und sozialpolitische Maßnahmen kann der Staat den freien Wettbewerb schützen und Monopolisierung verhindern, notfalls in das Wirtschaftsgeschehen eingreifen und soziale Sicherheit und demokratische Gerechtigkeit sicherstellen.

Wirtschaftsordnung, -politik und Konjunktur WiSo

Im **Drei-Sektoren-Modell** wird die Volkswirtschaft eingeteilt in Unternehmen, private Haushalte und den Staat, beim **Vier-Sektoren-Modell** kommt das Ausland hinzu. Der Sektor Unternehmen besteht aus den Güter produzierenden und Dienstleistung anbietenden Unternehmen. Der Sektor private Haushalte beinhaltet die konsumierenden Einwohner und privaten Organisationen ohne Erwerbszweck (Vereine, Kirchen usw.). Der Sektor Staat besteht aus den Gebietskörperschaften (Bund, Länder, Gemeinden/Gemeindeverbände) und den Sozialversicherungen. Der Sektor Ausland umfasst die wirtschaftlichen Beteiligten, die nicht integrierter Bestandteil der inländischen Wirtschaft sind.

ZP 29 Erklären Sie das *Drei- bzw. Vier-Sektoren-Modell* der Volkswirtschaftslehre.

Zwischen den Sektoren Unternehmen, Haushalten, Staat und dem Ausland (ggf. erweitert um den Sektor Banken) bestehen Austauschbeziehungen, die auch Ströme genannt werden. Man unterscheidet dabei jeweils einen Real- bzw. Güterstrom und einen monetären bzw. Geldstrom. Real- und Geldstrom entsprechen sich wertmäßig, verlaufen aber in die entgegengesetzte Richtung.

ZP 30 Wie verlaufen die *Ströme* zwischen den Sektoren?

Wirtschaftskreislauf

Der **erweiterte Wirtschaftskreislauf** wird durch die beiden Faktoren Staat und Banken ergänzt. Im geschlossenen (vollständigen) Wirtschaftskreislauf wird noch der Faktor Ausland hinzugefügt, um das beschreibende Modell stärker der Wirtschaftsrealität anzunähern.

ZP 31 Welche beiden zusätzlichen Faktoren umfasst der *erweiterte Wirtschaftskreislauf* gegenüber dem einfachen Wirtschaftskreislauf und welcher Faktor wird dem geschlossenen Wirtschaftskreislauf hinzugefügt, um ihn stärker der Realität anzunähern?

Güter- und Geldströme befinden sich nicht nur in einem permanenten kreislaufförmigen Bewegungsprozess, sie sind voneinander abhängig. So zahlen z. B. Unternehmen den Arbeitnehmern Löhne und Gehälter, die von den Arbeitnehmern in ihren Privathaushalten wieder für Konsumgüter ausgegeben werden. Ein weiteres Beispiel: Geld, das in Form von Sparguthaben von Privathaushalten bei Banken angelegt wird, wird verzinst. Die Zinsen fließen an die Privathaushalte zurück.

ZP 32 Erklären Sie, warum die *Güter- und Geldströme* im Wirtschaftskreislauf jeweils nicht nur in eine Richtung verlaufen.

Die monetären Transaktionen zwischen den Sektoren einer Volkswirtschaft werden in der **volkswirtschaftlichen Gesamtrechnung (VGR)** zusammengefasst. Das Ziel ist, mithilfe der VGR den Wirtschaftsprozess eines Gebiets und eines zurückliegenden Zeitraums (z. B. für ein Jahr) zu erfassen. Für jeden Sektor wird eine Bilanz der Zu- und Abgänge (also Stromgrößen) erstellt. Die Erstellung einer VGR dient vor allem den Zwecken der Konjunkturdiagnose, der Konjunkturprognose, der Schätzung der Steuereinnahmen, und der Analyse der gesamtwirtschaftlichen Situation.

ZP 33 Was bedeutet der Begriff *Volkswirtschaftliche Gesamtrechnung*?

Wirtschafts- und Sozialkunde

BIP

ZP 34 — Wie wird das *Bruttoinlandsprodukt (BIP)* ermittelt?

Das **Bruttoinlandsprodukt** beschreibt die im Inland **in einem bestimmten Zeitraum erbrachte wirtschaftliche Leistung.** Je nach Betrachtungsebene kann diese Größe verschieden benannt werden Das Bruttoinlandsprodukt (BIP) ist ein **Maß für die wirtschaftliche Leistung einer Volkswirtschaft in einem bestimmten Zeitraum.** Es misst den Wert der im Inland hergestellten Waren und Dienstleistungen (Wertschöpfung), soweit diese nicht als Vorleistungen für die Produktion anderer Waren und Dienstleistungen verwendet werden. Das BIP wird in jeweiligen Preisen und preisbereinigt errechnet. Auf Vorjahrespreisbasis wird die „reale" Wirtschaftsentwicklung im Zeitablauf frei von Preiseinflüssen dargestellt. Die Veränderungsrate des preisbereinigten BIP dient als Messgröße für das Wirtschaftswachstum der Volkswirtschaften.

ZP 35 — Was unterscheidet das *nominale* vom *realen* BIP?

Beide Größen unterscheiden sich durch die Berücksichtigung der Preissteigerungsrate. Beim **realen BIP** wird die **Preissteigerung herausgerechnet.**

ZP 36 — Stellen Sie gängige Formeln *zur Berechnung des Bruttoinlandsprodukts (BIP)* dar.

Einfache Formel: BIP = Summe aller in einer Periode im Inland erbrachten Wertschöpfungen

Erweiterte Betrachtungsweise: Das BIP kann über die Entstehungs- und Verwendungsseite berechnet werden. In der **Entstehungsrechnung** (Produktionsansatz) wird das BIP ermittelt, indem die Wertschöpfung aller Produzenten als Differenz zwischen dem Wert der produzierten Waren und Dienstleistungen (Produktionswert) und dem Vorleistungsverbrauch berechnet wird und dann die Gütersteuern (wie Tabak-, Mineralöl- oder Mehrwertsteuer) hinzugefügt und die Gütersubventionen abgezogen werden.
Dazugehörige Formel: Bruttowertschöpfung Unternehmen + Staat + Haushalte = Bruttowertschöpfung + Mehrwertsteuer + Einfuhrabgaben = BIP in Mrd. Euro (zu Marktpreisen)

Eine andere Möglichkeit, das BIP zu errechnen, setzt an der Nachfrageseite an. Im Rahmen der **Verwendungsrechnung** (Ausgabenansatz) werden die Ausgaben für die Endverwendung von Waren und Dienstleistungen ermittelt, d. h. private und staatliche Konsumausgaben, Investitionen sowie Außenbeitrag (= Exportüberschuss = Exporte minus Importe).
Dazugehörige Formel: Private Konsumausgaben + Konsumausgaben Staat + Bruttoanlageinvestitionen +/- Vorratsveränderungen = inländische Verwendung + Außenbeitrag (Export-Import) = BIP in Mrd. Euro (zu Marktpreisen)

ZP 37 — Wie wird das *Bruttonationaleinkommen (BNE)* errechnet (früher: Bruttosozialprodukt/BSP)?

BNE = BIP + Erwerbs- und Vermögenseinkommen der Inländer aus dem Ausland (z. B. Zinseinkünfte, Auslandsgewinne, Miet- und Pachteinnahmen, Gehälter) – Erwerbs- und Vermögenseinkommen der Nichtgebietsansässigen aus dem Inland (z. B. Zinszahlungen und Kapitalimporte des Auslands, Inlandsgewinne und ausländischer Unternehmen)
Das Bruttonationaleinkommen unterscheidet sich vom Bruttoinlandsprodukt (beide zu Marktpreisen) dadurch, dass

Wirtschaftsordnung, -politik und Konjunktur — WiSo

der Saldo der Faktoreinkommen von Ausländern, die in der Bundesrepublik arbeiten, und der Inländer, die im Ausland arbeiten, beim BIP nicht berücksichtigt wird.
Alternative Formel: BNE zu Marktpreisen = BIP zu Marktpreisen + Einkommen Einheimischer im Ausland – Einkommen Ausländer im Inland
Das **Nettonationaleinkommen** zu Marktpreisen unterscheidet sich vom BIP dadurch, dass die Abschreibungen unberücksichtigt bleiben.

ZP 38 — Wie wird das *Volkseinkommen (VE)* berechnet?

VE = Summe aller von Inländern erwirtschafteten Einzeleinkommen (Summe aller Arbeitnehmerentgelte + Summe aller Unternehmens und Vermögenseinkommen der Inländer)
Alternativformel: VE = Einkommen aus unselbstständiger Arbeit (Einkommen aus Arbeit) + Einkommen aus Unternehmertätigkeit und Vermögen (Einkommen aus Boden und Kapital)

ZP 39 — Entwickeln Sie aus den vorausgehenden Formeln die *komplette Verteilungsrechnung vom BIP zum VE.*

```
  Bruttoinlandsprodukt (BIP)
+ (Saldo) Einkommen aus der übrigen Welt
= Bruttonationaleinkommen (BNE)
- Abschreibung
= Nettonationaleinkommen (NNE)
- indirekte Steuern
+ Subventionen
= Volkseinkommen (VE)
```

Konjunktur

ZP 40 — Wie bedingen sich in der Marktwirtschaft *Wachstum, Konjunktur und Krise?*

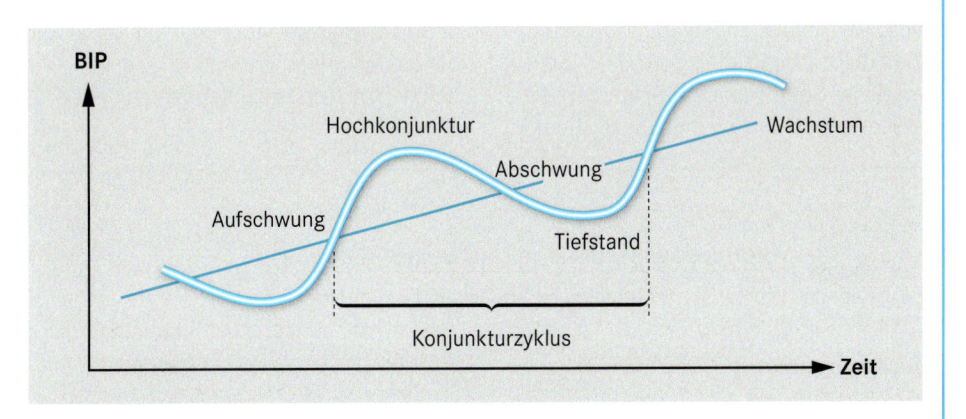

Wachstumsorientierte marktwirtschaftlich geprägte Wirtschaftssysteme sind durch regelmäßige Konjunkturschwankungen gekennzeichnet. Als Konjunktur bezeichnet man die wirtschaftliche Lage einer Branche oder einer Volkswirtschaft, ausgedrückt durch den Auslastungsgrad des Produktionspotenzials, die üblicherweise Veränderungsraten der gesamtwirtschaftlichen Produktion unterworfen ist. Schwankungen sind das Abbild vielfältiger ökonomischer Prozesse, wie Entwicklung der Produktion, des Beschäftigungsstandes, der Lohn- und Preisentwicklung usw. Konjunkturelle Wellenbewegungen verlaufen meistens in vier typischen Konjunkturphasen, die zyklisch verlaufen:

Phasen: Aufschwung, Hochkonjunktur, Abschwung, Tiefstand — Konjunkturzyklus; Trend: Wachstum (BIP über Zeit).

WiSo ✓ Wirtschafts- und Sozialkunde

ZP 41 Bestimmen Sie typische *Merkmale* dieser *Konjunkturphasen*.

Phase	Merkmale
Aufschwung (Expansion) *Stimmung: optimistisch*	Der Absatz nimmt zu, die Produktion wird ausgeweitet, die Preise geraten nach oben in Bewegung, die Arbeitslosigkeit nimmt tendenziell ab, die Löhne steigen, die Sparneigung nimmt ab, die Zinssätze steigen, die Preise steigen allmählich allgemein an (erste Anzeichen von Inflation).
Hochkonjunktur (Boom) *Stimmung: skeptisch*	Der Absatz ist hoch, die Kapazitäten sind ausgelastet. Die Preissteigerungen beschleunigen sich, Beschäftigung und Löhne sind hoch, die Sparneigung ist gering. Zinssätze und Geldnachfrage sind hoch, die Inflation nimmt zu.
Abschwung (Rezession) *Stimmung: pessimistisch*	Der Absatz und die Investitionen sinken, der Preisauftrieb schwächt sich ab, Inflation sinkt, die Arbeitslosigkeit steigt. Während die Löhne sinken, nimmt die Sparneigung zu. Zinssätze und Inflation sinken.
Tiefstand (Depression) *Stimmung: resignierend*	Der Absatz stagniert, die Kapazitäten sind unterausgelastet, die Preise brechen ein. Die Arbeitslosigkeit steigt weiter, die Löhne sinken. Es herrschen eine hohe Sparneigung und niedrige Zinssätze. Die Geldnachfrage ist niedrig, es kommt tendenziell zu Deflation (absolut rückläufigen Preisen).

ZP 42 Aus welchen *Sektoren* setzt sich eine *Volkswirtschaft* zusammen?

Die Volkswirtschaft setzt sich aus mehreren Sektoren zusammen: Der primäre Sektor umfasst die Land- und Forstwirtschaft, Fischerei und Tierzucht. Der sekundäre Sektor, das produzierende Gewerbe, umfasst die Bereiche Industrie, Bergbau, Energie und Bauwirtschaft. Als tertiären oder Dienstleistungssektor bezeichnet man die Bereiche Handel, Verkehr und Dienstleistungen. Änderungen in der Zusammensetzung der Volkswirtschaft (etwa gemessen an der Zahl der Beschäftigten oder den Anteil einzelner Sektoren am BIP) werden als sektoraler Strukturwandel bezeichnet.

Änderungen in der räumlichen Verteilung der Wirtschaftskraft (Bewegungen bei Produktionsstätten und/oder Produktionsfaktoren) bezeichnet man als regionalen Strukturwandel. Die Sektoralstruktur und die Regionalstruktur einer Volkswirtschaft werden gemeinsam als Wirtschaftsstruktur und Änderungen in der Wirtschaftsstruktur als Strukturwandel bezeichnet. Dieser Strukturwandel ist gleichzeitig Folge und Voraussetzung des Wirtschaftswachstums. Ein Rückblick auf die letzten Jahrzehnte zeigt einen deutlichen Trend zur Dienstleistungsgesellschaft.

ZP 43 Wie werden die *Lohnquote* und die *Gewinnquote* errechnet?

$$\text{Lohnquote} = \frac{\text{Bruttoeinkommen aus selbstständiger Arbeit}}{\text{Volkseinkommen (VE)}} \cdot 100\,\%$$

$$\text{Gewinnquote} = \frac{\text{Einkommen aus Unternehmertätigkeit und Vermögen}}{\text{Volkseinkommen (VE)}} \cdot 100\,\%$$

Wirtschaftsordnung, -politik und Konjunktur — WiSo

Wirtschaftspolitik

Ein funktionierender Wettbewerb in Deutschland wird dadurch gesichert, dass sich eine Preisbildung grundsätzlich durch das Wechselspiel von Angebot und Nachfrage ergibt, in das der Staat nur selten eingreift (z. B. durch Kartellgesetze, die Preisabsprachen verbieten). Generell gelten Gewerbe- und Vertragsfreiheit sowie die Freiheit der Berufswahl. Löhne unterliegen der Tarifautonomie. Eingriffe in die Wirtschaft erfolgen i. d. R. nur zur Sicherung sozialer, gesellschaftlicher und umweltorientierter Standards (z. B. durch Umweltgesetze, Mitbestimmungsrechte, soziale Sicherungssysteme, Arbeitnehmer- und Jugendschutzgesetze).

44 ZP Wie wird der *Wettbewerb in Deutschland gesichert*?

- **Ordnungspolitik** (Ausgestaltung der institutionellen Rahmenbedingungen): Wettbewerbspolitik (Schutz des Wettbewerbs, Vermeidung von Unternehmenskonzentration), Eigentumspolitik (Schutz des Privateigentums, Regelung von Enteignungen), Währungspolitik (Regelung der Autonomie der Zentralbank), Handels- und Gewerbepolitik (Regelung der Gewerbefreiheit), Arbeitsmarktpolitik (gesetzliche Gestaltung der Arbeitsbeziehungen, Regelung der Arbeitslosenversicherung), Umweltschutzpolitik (Regelung der Eingriffe in den Produktionsprozess)
- **Prozesspolitik** (konkrete Beeinflussung des Wirtschaftsablaufs): Geld-, Fiskal-, Einkommens-, Steuer- und Außenhandelspolitik
- **Strukturpolitik** (Beeinflussung der Wirtschaftsstruktur): Infrastrukturpolitik (staatliche Sicherung der Produktionsvoraussetzungen, z. B. der Verkehrsinfrastruktur), Regionalpolitik (Abschwächung regionaler Ungleichgewichte, z. B. Hilfe für strukturschwache Gebiete), sektorale Strukturpolitik (Beeinflussung des sektoralen Strukturwandels, z. B. Hilfen für die Landwirtschaft), Forschungs- und Innovationspolitik (Identifizierung und Absicherung von Zukunftsmärkten), Rohstoff- und Energiepolitik

45 ZP Listen Sie *typische Bereiche der Wirtschaftspolitik* auf.

Als Träger der Wirtschaftspolitik oder wirtschaftspolitische Akteure beschreibt man die Institutionen, die Entscheidungskompetenz haben und den wirtschaftspolitischen Prozess mitbestimmen können. Primäre Träger treffen Entscheidungen. Hier sind vor allem die Parlamente und Regierungen auf EU-, Bundes-, Landes- und kommunaler Ebene zu nennen. Auch die europäische Zentralbank EZB sowie die Bundesbank spielen hier eine Rolle. Sekundäre Träger beeinflussen wirtschaftspolitische Entscheidungen. Hier sind die Tarifparteien (Arbeitgeberverbände und Gewerkschaften), Interessensverbände der Wirtschaft und die Gerichte zu nennen.

46 ZP Benennen Sie wichtige *primäre und sekundäre Träger der Wirtschaftspolitik.*

1. **Gesetz gegen den unlauteren Wettbewerb** (UWG) und ähnliche Detailgesetze
2. **Kartellgesetz** (Gesetz gegen Wettbewerbsbeschränkungen)
3. **Stabilitätsgesetz** (Gesetz zur Förderung der Stabilität und des Wachstums der Wirtschaft)

47 ZP Nennen Sie drei *Gesetze,* mit denen der *Staat* in Deutschland *in die Wirtschaft eingreift.*

WiSo ✓ Wirtschafts- und Sozialkunde

ZP 48 — Welche wesentlichen *Inhalte* hat das *Stabilitätsgesetz* und welche Probleme ergeben sich?

Das **Gesetz zur Förderung der Stabilität und des Wachstums der Wirtschaft von 1967 (StabG)** hat folgende Ziele: Preisstabilität, einen hohen Beschäftigungsgrad (Vollbeschäftigung), ein angemessenes Wirtschaftswachstum und ein außenwirtschaftliches Gleichgewicht zwischen Export und Import. Der Wirtschaftsablauf soll dabei durch gezielte Veränderungen der Staatsausgaben und -einnahmen im Sinne der vier wirtschaftspolitischen Zielsetzungen beeinflusst werden. Folgende Probleme sind dabei zu beachten: Im StabG werden unbestimmte Vorgaben formuliert; die Erreichung einzelner Ziele ist tendenziell nur zu Lasten der anderen Ziele möglich; einzelne Träger der Wirtschaftspolitik sind in ihrer Politik autonom (z. B. die europäische Zentralbank und die Tarifparteien) und es existieren unterschiedliche Erklärungen über Ursache und Verlauf ökonomischer Probleme. Generell sind Art und Weise sowie Umfang der staatlichen Intervention Fragen von Tagespolitik und politischer Standortbestimmung.

ZP 49 — Um welche Komponenten erweitert das *magische Vieleck* das *magische Viereck*?

Das **Magische Viereck** (hoher Beschäftigungsstand/Vollbeschäftigung, Preisniveaustabilität, außenwirtschaftliches Gleichgewicht und angemessenes stetiges Wirtschaftswachstum) wird im **magischen Vieleck erweitert um** die **sozialen Komponenten** Erhaltung der Umwelt/Ökonomie, gerechte Verteilung der Einkommen, ausgeglichene öffentliche Haushalte, humane Arbeitsbedingungen und Sicherung von Ressourcen bzw. Nachhaltigkeit.

ZP 50 — In welchen *Konjunkturlagen* kann die *Fiskalpolitik* wie *eingreifen*?

- **Gleichgewichtsphase:** geregelter Eingriff, der Haushalt ist ausgeglichen (neutrale Finanzpolitik), Ausgaben = Einnahmen
- **Konjunkturtief:** Eingriff durch staatliche Investitionen, Deficit Spending, Haushaltsdefizite entstehen, Ausgaben höher als Einnahmen
- **Hochkonjunktur:** kein Eingriff, Haushaltsüberschuss entsteht, Rücklagenbildung, Einnahmen höher als Ausgaben

ZP 51 — Wie kann die *Arbeitsmarktpolitik* Einfluss auf die Arbeitslosigkeit nehmen?

Die **Arbeitsmarktpolitik** in Deutschland kann bedingt durch die Tarifautonomie und das Prinzip der Marktwirtschaft **lediglich durch das Ändern von gesetzlichen Rahmenbedingungen** Einfluss auf den Arbeitsmarkt nehmen. Zu beachten ist dabei, dass seit Mitte der 70er-Jahre die Wachstumsrate des BIP nicht mehr höher als die Steigerungsrate der gesamtwirtschaftlichen Arbeitsproduktivität ist: Die Wertschöpfung der Volkswirtschaft wird seitdem mit immer weniger Arbeitskräften erreicht. Die Folge ist das Problem von kontinuierlicher Arbeitslosigkeit.

Geldpolitik

ZP 52 — Listen Sie fünf gängige *Geldarten* auf.

1. **Warengeld** (Waren, wie Vieh oder Getreide, übernehmen die Geldfunktion)
2. **Metallgeld** (Edelmetalle wie Gold und Silber)
3. **Münzgeld** (unter gesetzlicher Aufsicht hergestellte Metallmünzen)
4. **Notengeld** (Geldscheine)
5. **Buch- bzw. Giralgeld** (Einträge in Bankbüchern)

Wirtschaftsordnung, -politik und Konjunktur — WiSo

53 ZP — Welche Aspekte bestimmen eine Währungsordnung?

Währungshoheit und währungspolitische Befugnisse, Bestimmung der Währungseinheit, Definition des gesetzlichen Zahlungsmittels, Befugnisse der geldschöpfenden Institutionen, Regelung der Beziehungen zwischen Regierung und Bankensystem, Gestaltung des Kapital- und Zahlungsverkehrs mit dem Ausland.

54 ZP — Welche Aufgaben und welche Organe hat die europäische Zentralbank (EZB)?

Die **europäische Zentralbank (EZB)** verantwortet den **Geldumlauf** und die **Kreditversorgung der Wirtschaft,** die **Abwicklung des Zahlungsverkehrs** mit dem Ausland und die **Stabilität des Preisniveaus.** Der EZB-Rat bestimmt die Währungs- und Kreditpolitik der EZB, stellt allgemeine Richtlinien für die Geschäftsführung und Verwaltung der EZB auf und setzt sich zusammen aus dem Präsidenten, dem Vizepräsidenten, den Mitgliedern des Direktoriums und den Präsidenten der nationalen Zentralbanken des Eurowährungsgebietes. Dem Direktorium obliegt die Leitung und die Verwaltung der EZB. Ferner ist es für die Durchführung der Beschlüsse des EZB-Rates verantwortlich. Es setzt sich zusammen aus dem Präsidenten und Vizepräsidenten der EZB sowie bis zu vier weiteren Mitgliedern. Der erweiterte EZB-Rat setzt sich zusammen aus dem Präsidenten und Vizepräsidenten der EZB sowie den Notenbankpräsidenten aller EU-Mitgliedstaaten. Er hat weitgehend beratende Funktion.

55 ZP — Definieren Sie die Begriffe Deflation, Inflation und Inflationsrate.

- Bei der **Deflation** ist die Gütermenge größer als das im Umlauf befindliche Geldvolumen; das Preisniveau sinkt und der Geldwert steigt.
- Bei der **Inflation** ist das effektive Geldvolumen größer als die produzierte Menge. Die Güter sind knapp, das allgemeine Preisniveau steigt und der Geldwert sinkt. Entscheidend für das Vorliegen einer Inflation sind auch die Dauer und das Ausmaß: Der Geldentwertungsprozess muss anhaltend sein, und das Preisniveau muss spürbar ansteigen.
- Die **Inflationsrate** ist das Maß, mit dem die Geldwertänderung gemessen werden kann nach der Formel: Inflationsrate = Lebenshaltungskosten pro Monat / 100 − 100. Die EZB ist bestrebt, mithilfe der Geldpolitik die Geldwertstabilität zu sichern.

56 ZP — Nennen Sie Ziele und Instrumente der EZB-Geldpolitik.

Das vorrangige Ziel der Geldpolitik der EZB ist die **Preisniveaustabilität im Eurowährungsgebiet** maßgeblich durch Steuerung der Geldmenge und der Leitzinsen. *Wichtig:* Die geldpolitischen Instrumente des ESZB sind die Liquiditätspolitik und die Zinspolitik.

57 ZP — Welche Auswirkungen hat die Senkung bzw. die Anhebung der Leitzinsen durch die europäische Zentralbank auf die Inflation?

Leitzinsen geben die Bedingungen an, zu denen sich Kreditinstitute bei Noten- und Zentralbanken mit Geld versorgen. Mittelbar werden diese an Kreditnehmer und Kreditgeber (z. B. Spareinlagebeneinleger) weitergereicht.
Eine **Anhebung der Leitzinsen** lässt i. d. R. die **Kreditnachfrage sinken,** vermindert die **Kreditvolumen und** die **Geldmenge** und sorgt für eine **niedrigere Kaufkraft.** Die Inflation sinkt oder bleibt niedrig. Bei einer Zinserhöhung werden Kredite teurer und die Guthabenzinsen steigen. Das Sparen lohnt sich stärker. Unternehmen investieren weniger, die Finanzierung wird teurer. Die Bürger sparen

WiSo ✓ Wirtschafts- und Sozialkunde

mehr. Die Nachfrage sinkt, die Anbieter können die Preise nicht erhöhen.
Eine **Senkung der Leitzinsen erhöht** i. d. R. die **Kreditnachfrage,** lässt die **Kreditvolumen** und die **Geldmenge** **steigen** und sorgt für eine **höhere Kaufkraft.** Die Inflation steigt. Das Ziel der Zentralbank ist es, für ein stabiles Preisniveau zu sorgen und die Inflationsrate niedrig zu halten.

3.1.3 Markt und Preis

Markt

ZP 58 Beschreiben Sie den Begriff *Markt*.

Auf Märkten treffen Angebot und Nachfrage zusammen, Preise für Güter bilden sich, der Güteraustausch wird vorgenommen; Märkte bieten Räume für den Austausch von Markthandlungen und die dafür notwendigen Informationen, wie Marktteilnehmer, Rahmenbedingungen, Preise, Kauf- und Verkaufsmengen. Märkte sind gedankliche Konstruktionen und bestehen aus einer Vielzahl von Teilmärkten, die sich durch qualitative, räumliche oder zeitliche Charakteristika der gehandelten Güter unterscheiden. Erscheinungsformen des Marktes haben Einfluss auf die Preisbildungsprozesse. Wichtige Einflussgrößen auf die konkrete Ausgestaltung der Marktform sind die Zahl der Anbieter und Nachfrager sowie die qualitativen und regulativen Rahmenbedingungen.

ZP 59 Definieren Sie die Begriffe *Unternehmen, Unternehmung* und *Betrieb*.

- **Unternehmen** sind planmäßig organisierte und liquide Einzelwirtschaften, die Produkte/Dienstleistungen herstellen/veredeln/vertreiben.
- **Unternehmungen** sind rechtlich-finanzielle Strukturen von Unternehmen.
- Als **Betriebe** bezeichnet man die produktionstechnische Seite von Unternehmen.

In der Praxis und in der Volks- bzw. Betriebswirtschaftslehre werden die Begriffe unterschiedlich und häufig synonym verwendet; in Gesetzestexten ist überwiegend die Bezeichnung Unternehmen anzutreffen.

ZP 60 Teilen Sie *Märkte ein nach Anzahl der Marktteilnehmer* (Anbieter und Nachfrager). Wie viele mögliche Marktformen ergeben sich?

Marktformen		Anzahl der Nachfrager		
		einer	wenige	viele
Anzahl der Anbieter	einer	zweiseitiges Monopol	beschränktes Angebotsmonopol	Angebotsmonopol
	wenige	beschränktes Nachfragemonopol	zweiseitiges Oligopol	Angebotsoligopol
	viele	Nachfragemonopol	Nachfrageoligopol	zweiseitiges Polypol

Es ergeben sich neun mögliche Marktformen.

Markt und Preis — WiSo

- **Polypol:** Die Anbieter und Nachfrager können keinen Einfluss auf den Marktpreis nehmen. Der Marktpreis ist Resultat der Angebots- und Nachfragemenge.
- **(Angebots-)Monopol:** Es existiert auf dem betrachteten Markt nur ein Anbieter. Sein Absatz hängt – da keine anderen Anbieter existieren – nur von seinem gesetzten Preis ab. Er kann also nicht Preis und Menge gleichzeitig bestimmen. Gleichzeitig muss das Monopol, um seine Stellung zu behalten, Preise so wählen, dass keine potenzielle Konkurrenz entstehen kann.
- **(Angebots-)Oligopol:** Hierbei existieren auf einem Markt relativ wenige große Anbieter. Bei dieser Marktform hängt der Absatz des Anbieters von seinem Preis und vom Preis der Konkurrenten ab. Gerade bei einem Wettbewerb zwischen den Oligopolen ist das einzelne Unternehmen äußerst abhängig von der Preispolitik der Konkurrenten. Bei einem konzertierten Vorgehen der Oligopole spricht man von einem nicht kompetitiven Monopol (z. B. bei Benzinpreisen). Die oligopolistische Marktform ist die vorherrschende in modernen kapitalistischen Marktwirtschaften.

61 ZP Beschreiben Sie die Begriffe *Polypol, Monopol* und *Oligopol.*

Betriebswirtschaftlich betrachtet ist mit **Kooperation** jede Form der marktwirtschaftlich orientierten Zusammenarbeit gemeint (Lieferantenbeziehungen, Einkauf/Verkauf, Marketingkooperation). Die wirtschaftliche **Konzentration** ist die Kehrseite einer abnehmenden Anbieterzahl. Dieser Prozess, der auch als Unternehmenskonzentration bezeichnet wird, tritt in zwei Formen auf: Durch internes Wachstum eines Unternehmens (Umsatzvergrößerung) und durch externes Wachstum (Zusammenschluss bereits existierender Unternehmen). Konzentration hat viele Formen: Konzernstrukturen (Eigentum an eigenständigen Firmen), Beteiligung durch Kauf von Geschäftsanteilen, Bildung von Gemeinschaftsunternehmen, Fusionen oder Kartelle. In der wirtschaftlichen Praxis existieren weitere Formen, in denen der eingeschränkte Wettbewerb zwischen den Unternehmen deutlich wird, wie personelle Verflechtungen, Kooperationsverträge.

62 ZP Beschreiben Sie die Begriffe *Kooperation* und *Konzentration* betriebswirtschaftlich.

Folgende **Kartelle** sowie ein Parallelverhalten (aufeinander abgestimmte Verhaltensweisen der Unternehmen) sind laut GWB **verboten: Preiskartell** (ein Mindestangebotspreis wird vereinbart), **Gebietsschutzkartell** (der Markt wird räumlich aufgeteilt), **Quotenkartell** (Mitglieder vereinbaren, einen bestimmten Absatz nicht zu überschreiten). **Ausnahmen:** zugelassene Kartelle (z. B. Normen-, Typen-, Rationalisierungs-, Exportkartelle), erlaubte Kartelle (in Einzelfällen zum Schutz der Gesamtwirtschaft), Ausnahmebereiche (z. B. Versorgungsunternehmen, Bundesbank).

63 ZP Welche *Kartellarten* sind laut Gesetz gegen Wettbewerbsbeschränkungen (GWB) geregelt bzw. untersagt?

WiSo ✓ Wirtschafts- und Sozialkunde

ZP 64 Wie unterscheiden sich *Kooperation* und *Konzentration* grundlegend und im Detail? Nennen Sie fünf Aspekte.

Aspekt	Kooperation	Konzentration
Zusammenarbeit	Zusammenarbeit mehrerer rechtlich und wirtschaftlich eigenständiger Unternehmen	Zusammenschluss mehrerer bis dahin eigenständiger Unternehmen, die die wirtschaftliche Selbstständigkeit aufgeben (Fusion) oder Übernahme eines anderen Unternehmens oder Unternehmensteils
Gebiete	ein oder mehrere Teilgebiete	gesamtes Unternehmen
Formen, z. B.	Verband, Arbeitsgemeinschaft, Kartell	Konzern, Trust
wirtschaftliche Risiken	auf gemeinsame Projekte beschränkt	auf das gesamte Unternehmen ausgedehnt
Hierarchie	gleichberechtigtes Miteinander	Hierarchie nach Beteiligungsmacht
Motivation	Synergien nutzen	Marktkraft wirtschaftlich bündeln

ZP 65 In welchem *Verhältnis* stehen *Angebot* und *Nachfrage*?

Die Nachfrage eines Haushalts oder Konsumenten nach einem Gut wird bestimmt durch den Preis des Gutes, vom Preis anderer nachgefragter Güter, vom Einkommen und von subjektiven Nutzenvorstellungen. Die Preis-Mengen-Vorstellung der Nachfrager besagt: Je höher der Preis eines Gutes, desto geringer die nachgefragte Menge (unter sonst unveränderten Bedingungen) und umgekehrt (je niedriger der Preis, desto höher die Nachfrage). Es gilt aber auch: Je höher die Nachfrage, desto höher der Preis.

ZP 66 Wie funktioniert der *Preis-Mengen-Mechanismus* auf Gütermärkten?

Der **Preis-Mengen-Mechanismus** führt unter den Bedingungen des vollkommenen Marktes zu einem Ausgleich der Nachfrage- und Angebotsvorstellungen und damit zu einem Marktgleichgewicht (Gleichgewichtspreis). Zum Gleichgewichtspreis wird die produzierte Menge vollständig nachgefragt. Existiert z. B. ein Angebotsüberhang, dann stimmen die Preis-Mengen-Vorstellungen der Marktparteien kurzfristig nicht überein. Zum einen steigt die Nachfrage und zum anderen sinkt das Angebot. Ähnlich verläuft der Anpassungsprozess bei einem Nachfrageüberhang. Zum einen steigt das Angebot, weil ein höherer Preis zu erwarten ist, und zum anderen sinkt die Nachfrage eben aufgrund des höheren Preises. Die wesentlichen Funktionen des Preis-Mengen-Mechanismus sind also eine Gleichgewichtsfunktion (Herbeiführung des Marktgleichgewichtes), eine Informations- und Signalfunktion (Marktparteien werden über die wesentlichen Determinanten informiert), eine Allokationsfunktion (Lenkung der Produktionsfaktoren) und eine Sanktionsfunktion (Unternehmen, die sich nicht den veränderten Marktbedingungen unterwerfen, scheiden aus).

Unternehmensstellung, -rechtsform und -struktur — WiSo

3.2 Ausbildungsbetrieb

3.2.1 Unternehmensstellung, -rechtsform und -struktur

- HGB (Handelsgesetzbuch)
- BGB (Bürgerliches Gesetzbuch)
- Partnerschaftsgesetz
- Aktiengesetz
- GmbH-Gesetz (GmbH)
- Genossenschaftsgesetz

ZP 67 In welchen *Gesetzen* finden sich die wesentlichen handels- und gesellschaftsrechtlichen Vorschriften?

Kaufleute

Laut HGB ist **Kaufmann,** wer ein Handelsgewerbe betreibt. Grundvoraussetzung ist, dass ein Gewerbe vorliegt. Ein Gewerbe ist laut Gewerbeordnung jede selbstständige, auf Gewinnerzielung gerichtete, auf Dauer angelegte Tätigkeit, mit der man sich am allgemeinen wirtschaftlichen Verkehr beteiligt und die kein freier Beruf ist. Angestellte oder Freiberufler können also keine Kaufleute sein.

ZP 68 Wer ist ein *Kaufmann* nach *HGB?*

Als **Kleingewerbetreibender** (Kleinunternehmer) gelten Einzelunternehmen sowie Personengesellschaften, deren Umsatz im vergangenen Geschäftsjahr 17 500,00 € nicht überstiegen hat und im laufenden 50 000,00 € voraussichtlich nicht übersteigt. Sie gelten nicht als Kaufleute laut HGB und können auf Antrag von der Umsatzsteuerpflicht befreit werden (§ 19 Abs. 1 Satz 1 UStG).

ZP 69 Wann gilt man als *Kleingewerbetreibender?*

Nach § 1 Abs. 2 HGB ist zunächst jeder Gewerbebetrieb ein Handelsgewerbe, d. h. dass ein Gewerbetreibender erst einmal Kaufmann im Sinn des HGB ist. **Ist-Kaufmann** wird man mit der Aufnahme der Geschäftstätigkeit, eine Eintragung ins Handelsregister ist dazu nicht erforderlich. Dennoch ist gesetzlich vorgeschrieben, dass jeder Kaufmann im Handelsregister eingeschrieben ist. Die Eintragung hat dann deklatorische, d. h. Rechts bekundende Wirkung: Durch den Eintrag wird ein vorhandener Rechtstatbestand veröffentlicht. Ausnahme: Kleingewerbetreibende sind dann **keine Kaufleute** nach HGB, wenn Umsatz, Anzahl der Beschäftigten, Anlage- und Umlaufvermögen des Unternehmens sowie die Zahl der Betriebsstätten nicht ausreichen.

ZP 70 Wann ist man *Ist-Kaufmann,* wann *kein Kaufmann?*

Ein Kleingewerbetreibender wird dann **Kann-Kaufmann,** wenn er sich freiwillig ins Handelsregister hat eintragen lassen und somit die Kaufmannseigenschaft erwirbt. Die Eintragung hat hier konstitutive, d. h. Rechts erzeugende Wirkung, erst durch die Eintragung wird die Kaufmannseigenschaft erworben.

ZP 71 Wann ist man ein *Kann-Kaufmann?*

WiSo ✓ Wirtschafts- und Sozialkunde

ZP 72 — Wann ist man ein *Formkaufmann* (§ 6 HGB)?

Die Aktiengesellschaft (AG), die Gesellschaft mit beschränkter Haftung (GmbH) und die eingetragene Genossenschaft (eG) werden bereits kraft ihrer Rechtsform Kaufmann. Die Kaufmannseigenschaft entsteht mit Eintragung ins Handels- bzw. Genossenschaftsregister (konstitutive Wirkung), ab diesem Zeitpunkt entsteht die juristische Person. Es ist zu beachten, dass die juristischen Personen selbst die Kaufmannseigenschaften aufweisen; Vorstände bzw. Geschäftsführer sind die gesetzlichen Vertreter.

ZP 73 — Was ist ein *Scheinkaufmann*?

Scheinkaufmann wird man gewohnheitsrechtlich, wenn man als Kaufmann auftritt, insbesondere ausdrücklich behauptet ein solcher zu sein.

ZP 74 — Was bedeuten die Begriffe *deklaratorisch* und *konstitutiv*?

- **Deklaratorisch** wirkende Eintragungen sind Rechts bekundend; sie geben einen bereits vor Eintragung existierenden Sachverhalt bekannt (z. B. beim Ist-Kaufmann oder der Prokura).
- **Konstitutiv** wirkende Eintragungen sind Rechts erzeugend, d. h. der Sachverhalt entsteht erst mit der Eintragung (von Kann- und Formkaufleuten, Rechtsfähigkeit von Kapitalgesellschaften).

HGB

ZP 75 — Welche *Firmenarten* kennt das HGB?

Eine Firma oder Handelsfirma, ist laut § 17 HGB der im Handelsregister eingetragene Name eines Kaufmanns, unter dem er seine Geschäfte betreibt, seine Unterschrift abgibt, klagen und verklagt werden kann. Man unterscheidet dabei den Firmenkern von den Firmenzusätzen. Der Firmenkern ist der eigentliche Name des Unternehmens, während der Zusatz oder die Zusätze nähere Informationen über die Rechtsform bzw. die Haftungsverhältnisse enthalten. Nach der Art des Firmenkerns unterscheidet man wiederum die **Personenfirma** (Firma besteht aus einem oder mehreren bürgerlichen Namen), die **Sachfirma** (Firma nennt den Gegenstand des Unternehmens), die **Fantasiefirma** (Firma führt eine Kunstbezeichnung) oder die **Mischfirma** (Firma enthält Elemente von Personen-, Sach- oder Fantasiefirma). Nach § 19 HGB muss eine Firma einen Firmenzusatz enthalten, der über die Rechtsform des Unternehmens Auskunft gibt.

ZP 76 — Welche *Anforderungen* legt das HGB *an eine Firma (Firmengrundsätze)*?

Generell sollen Geschäftspartner anhand der Firma sofort über die Haftungsverhältnisse des Unternehmens informiert werden. Ebenso soll eine Verwechslungsgefahr vermieden werden. Neben den konkreten Anweisungen für die Wahl der Rechtsformzusätze gelten folgende Firmengrundsätze bei der Firmenwahl:

- **Grundsatz der Unterscheidungskraft der Firma** (§ 18 Abs. 1 HGB). Die Firma muss zur Kennzeichnung des Kaufmanns geeignet sein und eine hinreichende Unterscheidungskraft zu anderen Firmen besitzen.
- **Grundsatz der Firmenwahrheit und Firmenklarheit** (u. a. aus § 18 Abs. 2 HGB). Angaben dürfen nicht irreführen.
- **Grundsatz der Firmenbeständigkeit** (aus §§ 21–27 HGB). Ausnahmsweise

Unternehmensstellung, -rechtsform und -struktur — WiSo

ist die Fortführung einer nicht mehr zutreffenden Firma statthaft, wenn sich z. B. der Name des Inhabers ändert (§ 21 HGB), ein Handelsgeschäft von einem Anderen erworben wird und der ehemalige Inhaber mit der Fortführung einverstanden ist (§ 22 HGB).

- **Grundsatz der Firmenausschließlichkeit** (§ 30 HGB). Eine Verwechslungsgefahr mit einer anderen im selbem Ort oder in derselben Gemeinde verwendeten und ins Handelsregister (oder Genossenschaftsregister) eingetragenen Firma darf nicht bestehen. § 5 Markengesetz schützt darüber hinaus das Recht auf ausschließliche Verwendung einer Firma auch außerhalb derselben Gemeinde.
- **Grundsatz der Firmenöffentlichkeit** (§ 29 HGB). Pflicht zur notariell beglaubigten Eintragung ins Handelsregister beim zuständigen Registergericht.

Das **Handelsregister** ist als **Kaufmannsverzeichnis** eines Amtsgerichtsbezirks in zwei Abteilungen gegliedert: Abteilung A (Einzelunternehmungen, Personenhandelsgesellschaften, z. B. OHG, KG) und Abteilung B (Kapitalgesellschaften, z. B. AG, GmbH).
Folgende Informationen sind dem Handelsregister zu entnehmen: Firma und Sitz des Unternehmens, Inhaber/persönlich haftende Gesellschafter und Kommanditisten, Prokuristen, Vertretungsverhältnisse, zusätzlich bei Kapitalgesellschaften: Gegenstand des Unternehmens, gesetzliche Vertreter, gezeichnetes Kapital oder Stammkapital. Löschungen im Handelsregister sind rot unterstrichen.

ZP 77 Beschreiben Sie die *Eigenschaften des Handelsregisters*.

Das HGB kennt **zwei Vertretungsformen**: die **Handlungsvollmacht** (§ 54) und die **Prokura** (§ 48).

ZP 78 Welche *Vertretungsformen* kennt das HGB?

Handlungsvollmachen können ausdrücklich von einem Kaufmann, einem Prokuristen und kaufmannsähnlichen Personen (jedem Unternehmensträger) erteilt werden. Handlungsvollmachten können auch konkludent, d. h. durch die willentliche Duldung, erfolgen. Handlungsbevollmächtigte werden nicht ins Handelsregister eingetragen.

ZP 79 Wie wird eine *Handlungsvollmacht erteilt*?

- **Allgemeine Handlungsvollmacht:** ermächtigt zu Rechtsgeschäfte im Bereich des gesamten Unternehmens
- **Arthandlungsvollmacht:** ermächtigt zu einer bestimmten Art von Rechtsgeschäften, die im Rahmen der Unternehmenstätigkeit anfallen
- **Spezialhandlungsvollmacht:** ermächtigt zur Vornahme eines bestimmten Rechtsgeschäftes

Handlungsvollmachten beziehen sich generell nur auf gewöhnliche Geschäfte. Nicht gewöhnlich sind sogenannte Grundlagengeschäfte, die das Unternehmen in seinem Kern betreffen und auch Prokuristen nicht gestattet sind (Veräußerung oder Aufgabe des Handelsgeschäfts, Aufnahme neuer Gesellschafter, Veränderung des Unternehmensgegenstandes, Stellung eines Konkursantrages, Änderung der Firma).

ZP 80 Welche *Arten von Handlungsvollmachten* gibt es?

WiSo ✓ Wirtschafts- und Sozialkunde

ZP 81 — Wie wirkt die *Handlungsvollmacht im Innen- und Außenverhältnis?*

Im **Innenverhältnis** (d. h. zwischen dem Vollmachtgeber und dem Handlungsbevollmächtigten) kann die Handlungsvollmacht beliebig eingeschränkt werden. Im **Außenverhältnis** (d. h. im Verhältnis zu Dritten, also zum Geschäftsverkehr) ist eine solche Beschränkung nur dann wirksam, wenn sie dem Dritten bekannt war. Die Handlungsvollmacht ist jederzeit frei widerruflich. Sie endet insbesondere mit Ende des ihr zugrundeliegenden Rechtsverhältnisses (z. B. Arbeitsvertrag). Auch hier muss sie im Außenverhältnis Dritten bekannt gewesen sein.

ZP 82 — Was ist eine *Prokura* und welchen *Umfang* hat sie?

Eine **Prokura** kann nur von Kaufleuten bzw. deren gesetzlichem Vertreter erteilt werden (§ 48 Abs. 1 HGB). Die Erteilung muss ausdrücklich erfolgen (§ 48 Abs. 1 HGB), und die Prokura ist im Handelsregister einzutragen (§ 53 Abs. 1 HGB). Die **Prokura ermächtigt zu allen Arten von gerichtlichen und außergerichtlichen Geschäften und Rechtshandlungen,** die der Betrieb eines Handelsgewerbes mit sich bringt (§ 49 Abs. 1 HGB), regelmäßig mit Prozessvollmacht. Die Prokura umfasst alle denkbaren Rechtsgeschäfte des kaufmännischen Betriebes. Insbesondere kann ein Prokurist Darlehen aufnehmen, Grundstücke kaufen und artfremde Geschäfte tätigen. Lediglich für den Verkauf und die Belastung von Grundstücken benötigt ein Prokurist eine besondere Vollmacht (§ 49 Abs. 2 HGB).

ZP 83 — Wo liegen die *Grenzen der Prokura?*

Grenzen der Prokura liegen in **Geschäften und Rechtshandlungen, die über den Betrieb eines Handelsgewerbes hinausgehen.** So darf der Prokurist keine Privatgeschäfte des Unternehmers tätigen, keine Grundlagengeschäfte abschließen, keine Prokura an andere erteilen und keine Bilanzen und Steuererklärungen unterschreiben. Wenn die Prokura als Gesamtprokura erteilt wurde (§ 48 Abs. 2 HGB), kann sie nur von mehreren Prokuristen gemeinschaftlich ausgeübt werden. Eine gemischte Gesamtprokura entsteht dann, wenn ein Prokurist nur zusammen mit einem Geschäftsführer, Gesellschafter oder Vorstandsmitglied vertretungsberechtigt ist. Die Prokura kann auch als Filialprokura erteilt werden (§ 50 Abs. 3 HGB). Hier ist die Prokura nur auf eine Niederlassung des Unternehmens beschränkt, wenn diese eigenständig im Handelsregister eingetragen ist.

ZP 84 — Wie wirkt die *Prokura im Innen- und Außenverhältnis?*

Im **Innenverhältnis** kann die Prokura beliebig eingeschränkt werden. Im **Außenverhältnis** ist sie hingegen inhaltlich unbeschränkbar. Wer es mit einem Prokuristen zu tun hat, soll absolute Sicherheit über dessen Vollmachten haben. Die Prokura ist jederzeit widerruflich (§ 52 HGB). Sie erlischt automatisch mit der Beendigung des ihr zugrundeliegenden Rechtsverhältnisses (z. B. Arbeitsvertrag), bei Tod des Unternehmers ist ein Widerruf durch die Erben erforderlich. Das Erlöschen der Prokura muss im Handelsregister eingetragen werden (§ 53 Abs. 3 HGB). Solange diese Löschung nicht erfolgt ist, kann sich ein Gutgläubiger auf die Prokura berufen.

Unternehmensstellung, -rechtsform und -struktur   ✓ WiSo

Handelsgeschäfte sind von den Privatgeschäften des Kaufmanns abzugrenzen, diese unterliegen nicht den Vorschriften des Handelsrechts. Im Zweifel gilt jedoch erst einmal jedes Geschäft eines Kaufmanns als Handelsgeschäft (§ 344 HGB).

Handelsgeschäfte selbst unterteilt man in einseitige Handelsgeschäfte, bei denen nur auf einer Seite ein Kaufmann handelt, und zweiseitige Handelsgeschäfte, bei denen beide Geschäftspartner Kaufleute sind.

> **ZP 85** Welche *Handelsgeschäfte* kennt das HGB?

Handelsbräuche können auch als ungeschriebenes Recht bestimmter Handelszweige dem geschriebenen Recht vorgehen.

Kaufmännische Sorgfaltspflicht: erhöhte Sorgfalt, die von einem ordentlichen Kaufmann erwartet wird

Formvorschriften: Mündliche Bürgschaften, Schuldversprechen und Schuldanerkenntnisse sind gültig, Bürgschaften sind immer selbstschuldnerisch.

Der **gesetzliche Zinssatz** beträgt unter Kaufleuten 5 % pro Jahr.

Schweigen im Rechtsverkehr: Das Schweigen auf einen Antrag auf Abschluss eines Geschäftsbesorgungsvertrages gilt als Annahme, wenn eine dauernde Geschäftsverbindung besteht; das Schweigen auf ein kaufmännisches Bestätigungsschreiben bedeutet Einverständnis mit dem bestätigten Vertragsinhalt, auch wenn dieser von dem tatsächlich Vereinbarten abweicht. Nur ein unverzüglicher Widerspruch kann dem entgegenwirken; im Handelskauf gilt das Schweigen nach Entdeckung der Mangelhaftigkeit einer Kaufsache als Genehmigung derselben.

Gutgläubiger Erwerb: Wer eine bewegliche Sache von einem Kaufmann erwirbt, dem diese Sache nicht gehört, erwirbt auch dann gutgläubig Eigentum, wenn er lediglich darauf vertraut, dass der Kaufmann vom Eigentümer zur Verfügung berechtigt wurde.

Allgemeine Geschäftsbedingungen: Werden AGB gegenüber Personen verwendet, die in Ausübung ihrer gewerblichen und selbstständigen beruflichen Tätigkeit handeln (also auch gegenüber Kaufleuten), dann ist eine ausdrückliche Einbeziehung in den Vertrag und eine vorherige Möglichkeit der Kenntnisnahme nicht erforderlich. Außerdem finden die Klauselverbote der §§ 308 und 309 BGB keine Anwendung (§ 310 Abs. 4 BGB).

Gerichtsstandsvereinbarungen: Zwischen Kaufleuten sind Gerichtsstandsvereinbarungen ausnahmsweise zulässig.

> **ZP 86** Listen Sie allgemeine Regeln für Handelsgeschäfte auf.

Sonderregelungen gelten für den Handelskauf, Kommissions-, Fracht-, Speditions- sowie Lagergeschäfte. Die Regelungen der Sachmängelhaftung basieren dabei zunächst auf dem BGB, ebenso die Rechtsfolgen bei Leistungsstörungen sowie die Verjährungsfristen dieser Ansprüche. Für Kaufleute gelten aber nach § 377 ff. HGB folgende Besonderheiten:

- Pflicht zur **unverzüglichen Untersuchung der Ware auf offene** (= sichtbare) **Mängel**;
- Pflicht zur **unverzüglichen Mängelrüge** nach Entdecken eines Mangels;
- Auch **Abweichungen in der Menge und Falschlieferungen** gelten grundsätzlich als Mangel und sind folglich unverzüglich nach Entdecken zu rügen.

Unterbleibt eine Mängelrüge oder erfolgt sie verspätet, gilt die Lieferung als genehmigt. Der Käufer verliert seine Rechte.

> **ZP 87** Welche Sonderregelungen zu Handelsgeschäften kennt das HGB?

WiSo — Wirtschafts- und Sozialkunde

Unternehmen

ZP 88 — Welche Regelungen sind für die *Einzelunternehmung* zu beachten?

Ein Kaufmann betreibt ein Handelsgewerbe allein, ohn Gesellschafter, (durchaus aber mit Angestellten) und ohne Haftungsbeschränkung. Rechtsgrundlage: BGB und HGB; kein Mindestkapital notwendig, kein Gründungsvorgang; die **Einzelunternehmung** beginnt mit der Entstehung. Die Firma muss Zusatz „eingetragener Kaufmann" oder „e. K." o. Ä. enthalten. Der Inhaber führt die Geschäfte und vertritt das Unternehmen nach außen. Für Verbindlichkeiten haftet der Inhaber unbegrenzt mit Privat- und Geschäftsvermögen. Gewinne verwendet der Inhaber nach Belieben. Verluste hat er selbst unter Einbeziehung des Privatvermögens zu tragen.

ZP 89 — Welche grundlegenden Regelungen gelten für die *Gesellschaft bürgerlichen Rechts (GbR)*?

Eine auf Vertrag beruhende Personenvereinigung ohne eigene Rechtspersönlichkeit, die der Verfolgung eines gemeinsamen Zwecks dient, nennt man **GbR**. Ein Handelsgewerbe kann nicht als GbR-Gesellschaft betrieben werden. Eine GbR ist also eine gemeinsame gewerbliche Tätigkeit von Nichtkaufleuten, eine gemeinschaftliche freiberufliche Tätigkeit oder eine sogenannte Gelegenheitsgesellschaft. Sie ist nicht in ein öffentliches Register einzutragen. Der Gesellschaftsvertrag unterliegt keinem Formzwang. Ein Mindestkapital ist nicht erforderlich. Über das Gesamthandvermögen verfügen die Gesellschafter gemeinsam. Die GbR ist keine Firma im handelsrechtlichen Sinn. Im Geschäftsverkehr tritt sie unter den Namen ihrer Gesellschafter oder einer anderen Geschäftsbezeichnung auf. Die Gesellschafter haften gesamtschuldnerisch und unbegrenzt mit Privat- und Gesellschaftsvermögen.

ZP 90 — Welche grundlegenden Regelungen gelten für die *offene Handelsgesellschaft (OHG)*?

Die **OHG** ist eine auf Vertrag beruhende Personenvereinigung ohne eigene Rechtspersönlichkeit zum gemeinsamen Betrieb eines Handelsgewerbes, bei der alle Gesellschafter unbegrenzt haften. Die OHG kann eigene Rechte erwerben, Verbindlichkeiten eingehen und klagen sowie verklagt werden. Grundlage der OHG ist ein (formlos möglicher) Gesellschaftsvertrag zwischen mindestens zwei Gesellschaftern. Die OHG entsteht mit Aufnahme der Geschäfte (ist-kaufmännisches Gewerbe) oder mit der Eintragung ins Handelsregister (kann-kaufmännisches Gewerbe). Es ist kein Mindestkapital erforderlich. Die Firma muss den Zusatz „offene Handelsgesellschaft" oder „OHG" o. Ä. enthalten. Für gewöhnliche Geschäfte besteht Einzelgeschäftsführung aller Gesellschafter bei Vetorecht der anderen Gesellschafter, für außergewöhnliche Geschäfte (auch Prokura-Erteilung) ordnet das Gesetz Gesamtgeschäftsführung aller Gesellschafter an. Der Gesellschaftsvertrag kann hiervon beliebige Abweichungen vorsehen. Für Gesellschaftsverbindlichkeiten haftet die OHG selbst mit dem Gesellschaftsvermögen. Außerdem haften die Gesellschafter stets unbeschränkt mit Privat- und Gesellschaftsvermögen, gesamtschuldnerisch und unmittelbar und primär. Soweit im Gesellschaftsvertrag nichts anderes geregelt ist, gilt zur Gewinnverteilung: Zunächst erhält jeder Gesellschafter eine Verzinsung seiner während des Geschäftsjahres vorhandenen Einlage in Höhe von 4 %. Der dann verbleibende Rest wird nach Köpfen verteilt. Der Gewinn wird den Kapitalanteilen der Gesellschafter zugeschrieben und kann ausgezahlt werden. Der Verlust wird nach Köpfen verteilt. Der jeweilige Verlustbetrag wird von den Kapitalanteilen abgezogen.

Unternehmensstellung, -rechtsform und -struktur — WiSo

91 ZP — Welche grundlegenden Regelungen gelten für die *Kommanditgesellschaft (KG)*?

Eine **KG** ist eine nicht rechtsfähige Personenvereinigung, die den gemeinschaftlichen Betrieb eines Handelsgewerbes mit zwei Arten von Gesellschaftern bezweckt: unbeschränkt haftende Komplementäre und auf die Höhe ihrer Einlage haftende Kommanditisten auf Grundlage eines Gesellschaftsvertrages. Die KG entsteht mit Aufnahme der Geschäfte (ist-kaufmännisches Gewerbe) oder mit Eintragung ins Handelsregister (kann-kaufmännisches Gewerbe). Ein Mindestkapital bzw. eine Mindesteinlage ist nicht erforderlich. Die Firma muss den Zusatz „Kommanditgesellschaft" oder „KG" o. Ä. enthalten. Die Geschäftsführung und Vertretung obliegt ausschließlich dem Komplementär. Bei außergewöhnlichen Geschäften steht den Kommanditisten im Innenverhältnis ein Widerspruchsrecht zu ohne Auswirkung auf das Außenverhältnis. Die KG selbst haftet mit ihrem Gesellschaftsvermögen. Die Komplementäre haften unbeschränkt, gesamtschuldnerisch, unmittelbar und primär. Die Haftung der Kommanditisten ist auf der Höhe der Einlage begrenzt. Gewinnverteilung: Jeder Gesellschafter erhält zunächst eine Verzinsung seiner Einlage in Höhe von 4 %. Der Rest wird in einem angemessenen Verhältnis verteilt, ebenso die Verluste.

92 ZP — Was ist eine *stille Gesellschaft*?

Eine **stille Gesellschaft** liegt vor, wenn sich jemand am Handelsgewerbe (jedweder Rechtsform) eines Dritten mit einer Einlage beteiligt, die in das Vermögen dieses Handelsgewerbes übergeht. Die stille Gesellschaft stellt eine Zwischenform von Kommanditbeteiligung und Darlehen dar und wird nicht eingetragen/ausgewiesen.

93 ZP — Welche grundlegenden Regelungen gelten für die *Aktiengesellschaft (AG)*?

Eine **Aktiengesellschaft (AG)** ist als Gesellschaft mit eigener Rechtspersönlichkeit eine juristische Person und Formkaufmann. Das Grundkapital bzw. das gezeichnete Kapital ist in Aktien zerlegt. Rechtsgrundlage ist das Aktiengesetz. Es genügt ein Gründer; ein Mindestkapital von 50 000,00 € ist notwendig. Grundlage einer AG-Gründung ist eine notariell beurkundete Satzung; die Gründung unterliegt einem genauen gesetzlichen Reglement. Ab dem Zeitpunkt der (notariell beurkundeten) Aktienübernahme ist die Aktiengesellschaft errichtet, aber noch nicht entstanden. Die Gründer bestellen einen Aufsichtsrat, dieser ernennt den Vorstand. Mit der Handelsregistereintragung entsteht die AG als juristische Person. Die Firma muss den Zusatz „Aktiengesellschaft" oder „AG" enthalten. Folgende Organe sind bei der Aktiengesellschaft vorgeschrieben: Hauptversammlung (Beschlussfassungsorgan der Aktionäre, das den Aufsichtsrat bestellt, Beschlüsse über die Verwendung des Bilanzgewinns fasst und Satzungsänderungen sowie Maßnahmen der Kapitalbeschaffung und -herabsetzung beschließt), Aufsichtsrat (als für vier Jahre gewähltes Überwachungsorgan, das den Vorstand bestellt und dessen Geschäftsführung überwacht) und Vorstand (als Leitungsorgan und gesetzlicher Vertreter der AG). Grundlage der Ergebnisverteilung bildet der Jahresabschluss.

WiSo ✓ Wirtschafts- und Sozialkunde

ZP 94 Welche grundlegenden Regelungen gelten für die *Gesellschaft mit beschränkter Haftung (GmbH)?*

Die **GmbH** ist als Gesellschaft mit eigener Rechtspersönlichkeit ein Formkaufmann, Rechtsgrundlage ist das GmbH-Gesetz. Es genügt ein Gründer; ein Mindestkapital von 25 000,00 € ist erforderlich. Es bedarf eines notariell beurkundeten Gesellschaftsvertrages. Die Gründer müssen das Stammkapital aufbringen. Die Höhe der Stammeinlage bestimmt dabei den Geschäftsanteil eines Gesellschafters, die Mindesthöhe einer Stammanzeige beträgt 100,00 €. Mit der Kapitalaufbringung ist die GmbH errichtet (noch nicht entstanden!). Sie kann sich GmbH i. G. nennen. Die Gesellschafter müssen einen oder mehrere Geschäftsführer bestellen, sich aber auch selbst einsetzen. Es ist ein Antrag auf Eintragung der GmbH im Handelsregister zu stellen. Mit dem Handelsregistereintrag entsteht die GmbH als juristische Person. Die Firma muss den Zusatz „Gesellschaft mit beschränkter Haftung" oder „GmbH" o. Ä. enthalten. Die Gesellschafterversammlung ist das Beschlussfassungsorgan. Sie ist zuständig für die Bestellung, Abberufung, Überwachung von Geschäftsführern, hat ein internes Weisungsrecht gegenüber der Geschäftsführung und beschließt die Erteilung von Prokura und Handlungsvollmachten sowie die Gewinnverwendung. Die Geschäftsführung ist das Leitungsorgan und gesetzlicher Vertreter. Ein Aufsichtsrat ist erst erforderlich, wenn mehr als 500 Arbeitnehmer beschäftigt werden. Die Gesellschafter haften ausschließlich mit dem Gesellschaftsvermögen. Die Gewinnverteilung erfolgt nach dem Verhältnis der Geschäftsanteile.

ZP 95 Erstellen Sie eine *Checkliste* für die *Gründung einer GmbH*. Welche zusätzlichen Kosten entstehen im Vergleich mit der Einzelunternehmung? Welche Vorteile bietet die GmbH im Gegensatz zur Einzelunternehmung?

Gründung: Eine GmbH kann durch mehrere Personen, aber auch durch nur eine Person gegründet werden (Ein-Mann-GmbH). Der Gesellschaftsvertrag bedarf der notariellen Beurkundung. Gesellschafter können neben natürlichen Personen auch Gesellschaften sein.

Stammkapital: Das Stammkapital der GmbH muss mindestens 25 000,00 € betragen, die einzelne Stammeinlage mindestens 100,00 €. Der Gesellschaftsvertrag muss das Stammkapital und die Stammeinlagen der einzelnen Gesellschafter dem Betrage nach ausweisen. Bei Geldeinlagen darf die Anmeldung erst erfolgen, wenn von jeder Einlage 1/4, insgesamt aber mindestens 12 500,00 € eingezahlt sind. Bei der Ein-Mann-GmbH muss der Gesellschafter darüber hinaus für den zunächst nicht eingezahlten Teil der Geldeinlage eine Sicherung bestellen. Die Geschäftsführer haben bei der Anmeldung dem Gericht zu versichern, dass die entsprechenden Beträge frei zu ihrer Verfügung stehen. Bei der Ein-Mann-GmbH muss ggf. zusätzlich versichert werden, dass die erforderliche Sicherung für den übrigen Teil der Geldeinlage bestellt ist. Der Rest der Einlagen wird durch einen entsprechenden Gesellschafterbeschluss – oder wenn der Gesellschaftsvertrag dies bereits vorsieht – auf Anforderung der Geschäftsführer fällig. Sollen Sacheinlagen (Maschinen, Patentrechte, Forderungen usw., unter Umständen auch ein ganzes Unternehmen) geleistet werden, so müssen der Gegenstand der Sacheinlage und der Betrag der Stammeinlage, auf die sich die Sacheinlage bezieht, im Gesellschaftsvertrag festgesetzt werden.

Gegenstand des Unternehmens: Im Gesellschaftsvertrag ist der Gegenstand des Unternehmens derart zu bezeichnen, dass den Teilnehmern am wirtschaftlichen Verkehr eine konkrete Vorstellung vom Unternehmensgegenstand ermöglicht wird (z. B. Herstellung von Sitzmöbeln, Großhandel in Kinderprodukten, Einzelhandel in Lebensmitteln).

Die Firma: Zulässig sind Personen-, Sach- und Fantasiefirma. Die Perso-

Unternehmensstellung, -rechtsform und -struktur

nenfirma muss den Familiennamen wenigstens eines Gesellschafters (Müller GmbH) oder die Firma einer als Gesellschafterin beteiligten Handelsgesellschaft (ohne deren Rechtsformzusatz) enthalten. Die Sachfirma muss den Gegenstand des Unternehmens erkennbar machen und darüber hinaus einen individualisierenden Zusatz haben, der sie aus der Menge der Gesellschaften mit gleichartigem Unternehmensgegenstand heraushebt. Die Sachfirma darf also nicht nur z. B. „Autohandels-GmbH" lauten, sondern z. B. „PREMIUM Autohandels-GmbH". Eine Kombination aus Namen und Sachbezeichnung ist ebenfalls zulässig (Müller Autohandels-GmbH). Seitdem mit Wirkung vom 1. Juli 1998 viele wichtige Regelungen des Kaufmanns- und Firmenrechts geändert wurden, kann eine Firma auch allein aus Fantasiebezeichnungen gebildet werden. In jedem Fall muss die Rechtsform deutlich hervorgehen, und sie muss Unterscheidungskraft besitzen, d. h. für das Unternehmen Kennzeichnungswirkung („Namensfunktion") haben. Kein Firmenbestandteil darf Angaben enthalten, die geeignet sind, über geschäftliche Verhältnisse, die für die angesprochenen Verkehrskreise wesentlich sind, irrezuführen.

Die Geschäftsführer: Jede GmbH muss einen oder mehrere Geschäftsführer haben. Ohne Geschäftsführer ist die Gesellschaft nicht handlungsfähig. Diese werden durch die Gesellschafterversammlung bestimmt. Ihnen obliegt die Geschäftsführung der Gesellschaft im Innenverhältnis und die Vertretung nach außen. Gesellschafter selbst können die GmbH nur dann vertreten, wenn sie zugleich Geschäftsführer sind.

Aufsichts-, Bei-, Verwaltungsrat: Die Bildung eines Überwachungsorgans der Geschäftsführung in Form eines Aufsichts-, Bei- oder Verwaltungsrates ist möglich, aber nur unter besonderen Voraussetzungen zwingend vorgeschrieben. So sind bei Gesellschaften mit i. d. R. mehr als 500 ständig Beschäftigten und in der Montanindustrie Aufsichtsräte obligatorisch.

Geschäftsbriefe: Auf Geschäftsbriefen sind die vollständige Firma (wie im Handelsregister), die Rechtsform und der Sitz der GmbH, das Registergericht und die Nummer der Handelsregistereintragung sowie die Vor- und Zunamen aller Geschäftsführer und ggf. der Vor- und Zuname des Aufsichtsratsvorsitzenden anzugeben.

Zusätzliche Kosten: Gründungskosten (Notar, Registergericht, Bekanntmachung), Gewerbesteuer, Körperschaftssteuer, Pflicht zur doppelten Buchführung und Bilanzierung, Pflicht zur externen Prüfung des Jahresabschlusses, Stellung des gesetzlich vorgeschriebenen Mindestkapitals

Vorteile:
- Haftung auf Höhe des Stammkapitals begrenzt (GmbH) statt Haftung mit persönlichem Vermögen (Einzelunternehmung)
- relativ hohe Akzeptanz der GmbH als Rechtsform am Markt

WiSo ✓ Wirtschafts- und Sozialkunde

ZP 96 Recherchieren Sie die Regelungen zur sogenannten *Unternehmergesellschaft* und erklären Sie, wie diese Gesellschaftsform als Vorform zur Gründung einer GmbH führen kann.

Die Grundlage für die 2009 neu eingeführte Möglichkeit einer Unternehmergesellschaft (UG), die auch gerne Mini-GmbH genannt wird, ist das Gesetz zur Modernisierung des GmbH-Rechts und zur Bekämpfung von Missbräuchen (MoMiG). Es soll die Gründung haftungsbeschränkter Kapitalgesellschaften erleichtern. Unter anderem wird es hier ermöglicht, eine Kapitalgesellschaft zu gründen, ohne das für eine GmbH benötigte Stammkapital aufzubringen. Als Auslöser kann die im Rahmen der EU-Harmonisierungen entstandene Möglichkeit betrachtet werden, als Kapitalgesellschaft ohne wesentliches Stammkapital eine Limited nach englischem Recht in Deutschland zu gründen.

Die Unternehmergesellschaft ist keine neue Rechtsform, sondern eine GmbH-Variante mit geringen Anforderungen. Sie kann als Einstiegsvariante zur GmbH betrachtet werden.
Minimales Stammkapital von 1,00 € Firmenzusatz „Unternehmergesellschaft (haftungsbeschränkt)" ist notwendig.
Die Unternehmergesellschaft muss gesetzliche Rücklagen in Höhe von jeweils 25 % des Jahresüberschusses bilden, die zeitlich und von der Höhe unbegrenzt sind.
Diese Pflicht endet, wenn das Stammkapital das Niveau der allgemeinen GmbH (25 000,00 €) erreicht ist.
Nach Erhöhung des Stammkapitals auf das Mindestniveau einer GmbH (25 000,00 €) kann die UG umfirmieren auf den Zusatz „GmbH" oder die bisherige Bezeichnung behalten.

ZP 97 Welche *Nachteile* können sich bei *Gründung einer Limited Company* nach britischem Recht für deutsche Unternehmen ergeben?

1. Die Kosten für die Buchführung und Steuererklärung in englischer Sprache und nach englischem Recht können recht hoch sein, da man hierfür häufig spezialisierte Dienstleister in Anspruch nehmen muss.
2. Potenzielle Kunden könnten ausbleiben, wenn sie aus der Rechtsform der Limited den Rückschluss auf eine dünne Kapitaldecke ziehen und aus diesem Grund Geschäfte mit dem potenziell finanzschwachen Geschäftspartner ablehnen.
3. Die Limited-Gesellschaft könnte im Zweifel bei Problemen mit zu wenig Kapital ausgestattet sein und ggf. den Betrieb einstellen müssen.

ZP 98 Welche grundlegenden Regelungen gelten für die *eingetragene Genossenschaft (eG)*?

Eine **eingetragene Genossenschaft** ist als Gesellschaft mit nicht geschlossener Mitgliederzahl und eigener Rechtspersönlichkeit ein Formkaufmann auf Grundlage des Genossenschaftsgesetzes, die im Genossenschaftsregister eingetragen werden muss. Eine Genossenschaft dient der Förderung des Erwerbs oder der Wirtschaft ihrer Mitglieder, es sind mindestens sieben Gründer erforderlich, ein Mindestkapital ist nicht notwendig, es muss ein schriftliches Statut festgelegt, ein Aufsichtsrat und Vorstand bestellt, das Einholen einer Aufnahmebestätigung des zuständigen genossenschaftlichen Prüfungsverbandes arrangiert und der Antrag auf Eintragung ins Genossenschaftsregister gestellt werden. Mit der Eintragung entsteht die Genossenschaft als juristische Person. Im Statut wird ein sogenannter Geschäftsanteil festgelegt. Dieser beziffert einerseits den von einem Genossen zu tragenden Anteil, andererseits aber auch die maximal mögliche Beteiligung eines Genossen. Hiervon abweichend kann das Statut aber den Erwerb mehrerer Geschäftsanteile erlauben. Auf den Geschäftsanteil ist eine gesetzliche Mindesteinlage zu leisten. Das Guthaben des einzelnen Genossen wird als Geschäftsguthaben bezeichnet. Gewinne und Verluste mehren und min-

Unternehmensstellung, -rechtsform und -struktur — WiSo

dern das Geschäftsguthaben. Die Summe aller Geschäftsguthaben ist das in der Bilanz auszuweisende „Grundkapital" der Genossenschaft. Die Firma muss den Zusatz „eingetragene Genossenschaft" oder „eG" enthalten. Die Generalversammlung ist das Beschlussfassungsorgan der Genossen; der Vorstand das Leitungsorgan und gesetzlicher Vertreter. Der Aufsichtsrat ist das Organ zur Überwachung des Vorstandes. Den Gläubigern haftet ausschließlich das Gesellschaftsvermögen. Gewinne werden (nach Abzug der im Statut geregelten gesetzlichen Rücklage) im Verhältnis der Geschäftsguthaben den Geschäftsanteilen der Genossen gutgeschrieben.

Die **Partnerschaftsgesellschaft** ist eine Personenvereinigung ohne eigene Rechtspersönlichkeit, die auf Grundlage des Partnerschaftsgesellschaftsgesetzes ausschließlich zur Ausübung freier Berufe gebildet werden kann. Sie ist im Partnerschaftsregister einzutragen, der Abschluss eines schriftlichen Partnerschaftsvertrages von mindestens zwei Angehörigen freier Berufe ist nötig, die Eintragung ist also konstitutiv. Gläubigern haftet einerseits das Vermögen der Partnerschaft, andererseits haften auch die Partner wie bei der OHG gesamtschuldnerisch, unbeschränkt, unmittelbar und primär. Die gesamtschuldnerische Haftung für fehlerhafte Leistungen ist aber auf einzelne Partner beschränkt, wenn auch nur einzelne mit der Auftragsbearbeitung befasst waren.

ZP 99 — Welche grundlegenden Regelungen gelten für die *Partnerschaftsgesellschaft*?

Die **GmbH & Co. KG** ist eine Kommanditgesellschaft, deren persönlich haftender Gesellschafter (Komplementär) eine GmbH ist. Es finden somit die Regelungen des HGB über die KG Anwendung. Soweit die GmbH betroffen ist, gilt das GmbHG. Als Kommanditgesellschaft ist die GmbH & Co. KG teilrechtsfähig. Erst muss eine GmbH gegründet werden, dann eine KG. Die Firma besteht aus der Firma der GmbH mit dem zwingenden Zusatz GmbH & Co. KG. Die GmbH & Co. KG hat als Personengesellschaft keine Organe. Geschäftsführung und Vertretung sind Aufgabe der GmbH-Geschäftsführung. Die „unbeschränkte" Haftung des Komplementärs beschränkt sich nun auf die Haftung der GmbH mit ihrem Gesellschaftsvermögen.

ZP 100 — Welche grundlegenden Regelungen gelten für die *GmbH & Co. KG*?

Minna Mannhelm, e. K. oder e. Kffr. (eingetragene Kauffrau)

ZP 101 — Die als Einzelunternehmerin tätige Dekorateurin Minna Mannhelm wird kraft freiwilliger Eintragung im Handelsregister A geführt. Wie muss sie laut Handelsgesetzbuch (HGB) mindestens firmieren?

WiSo ✓ Wirtschafts- und Sozialkunde

ZP 102 Darf die Dekorateurin Minna Mannhelm die *Fantasiebezeichnung* Joy Decoration führen? Wie muss sie genau firmieren?

Ja, Einzelunternehmungen dürfen eine Fantasiebezeichnung führen. Als im Handelsregister eingetragene Kauffrau (Kann-Kaufmann) muss sie mindestens firmieren: Joy Decoration Minna Mannhelm e. K.

ZP 103 Erläutern Sie, was es bedeutet, dass die Eintragung der Munich-Event-Decoration GmbH in das Handelsregister B *konstitutive Wirkung* hat.

- Der Begriff **konstitutive (rechtsbegründende) Wirkung** bedeutet, dass die Rechtsform der GmbH erst mit erfolgter Eintragung in das Handelsregister B rechtswirksam zustande kommt. Gesellschaftsphasen vor dem Handelsregistereintrag: Vorgründungsgesellschaft in Form einer GbR (in der Planungsphase), Vorgesellschaft (entsteht mit notarieller Beurkundung des Gesellschaftsvertrages).

- Der Begriff **deklaratorische (rechtsbezeugende) Wirkung** bedeutet dagegen, dass eine Rechtsform bereits mit Aufnahme der Tätigkeit rechtswirksam zustande kommt. Dies ist bei der Aufnahme einer Tätigkeit als GmbH nicht möglich.

ZP 104 Die frisch gebackene Veranstaltungskauffrau Lulu Lobenthal möchte sich nach Beendigung der Ausbildung als Einzelunternehmerin selbstständig machen. Mit welchen fünf Behörden sollte sie aufgrund von welchen gesetzlichen Grundlagen Kontakt aufnehmen?

Gesetzliche Grundlage	Behörde
Gewerbeordnung	Gewerbeamt: Gewerbeanmeldung
Abgabenordnung	Finanzamt: Einkommensteuerveranlagung, Steuernummer
Sozialgesetzbuch	Berufsgenossenschaft (BG): Pflichtmitgliedschaft (der Arbeitnehmer) in der gesetzlichen Unfallversicherung
Satzungsrecht	Industrie- und Handelskammer (IHK): Pflichtmitgliedschaft
Handelsgesetzbuch	Ggf. Amtsgericht: Eintrag als Kauffrau in das Handelsregister A

ZP 105 Welche *Gewerkschaft* ist für Sie als Veranstaltungs-Azubi zuständig?

Zuständig für Veranstaltungskaufleute ist i. d. R. die im Deutschen Gewerkschaftsbund DGB regional organisierte Gewerkschaft ver.di (Vereinigte Dienstleistungsgewerkschaft).

Berufsbildung, arbeits- und sozialrechtliche Grundlagen

3.2.2 Berufsbildung, arbeits- und sozialrechtliche Grundlagen

1. Bürgerliches Gesetzbuch (BGB)
2. Berufsbildungsgestz (BBiG)
3. Jugendarbeitsschutzgesetz (JArbSchG)
4. Arbeitszeit(rechts-)gesetz
5. Bundesurlaubsgesetz
6. Ausbildungsordnung (AO)
7. Rahmenlehrplan
8. Prüfungsordnung
9. Arbeitsstättenverordnung

Berufsbildung

106 ZP Listen Sie sieben wichtige *Gesetze, Verordnungen und Vorschriften* auf, welche die *Ausbildung zum Veranstaltungskaufmann/zur Veranstaltungskauffrau* regeln.

§ 1 BBiG (Berufsbildungs-gesetz)	1. Berufsausbildung	- Grundbildung - Fachbildung - Berufserfahrung
	2. berufliche Fortbildung (Weiterbildung)	- Anpassungsfortbildung (Anpassung) - Aufstiegsfortbildung (Erweiterung)
	3. berufliche Umschulung	- gesundheitliche Gründe - Strukturanpassung (Berufsbild entfällt) - persönliche Gründe

107 ZP Aus welchen *Bestandteilen* besteht die *Berufsbildung?*

Kriterien für die Berufsausbildung (§1, Abs. 2 BBiG)	- **planmäßiger, geordneter** Ausbildungsgang (sachl. + zeitl. Gliederung) - **breit angelegte** berufliche Grundbildung - Vermittlung von **Fertigkeiten und Kenntnissen** - Erwerb von **Berufserfahrung**
Leitziele der Berufsausbildung	- **qualifizierte Fachbildung** - Förderung der **methodischen Handlungsfähigkeit** - Förderung der **sozialen Handlungsfähigkeit (Charakterförderung)**
Schlüsselqualifikationen	- Ausdrucksfähigkeit - Beweglichkeit/Mobilität/Flexibilität - Selbstständigkeit und Selbstverantwortung - Problemlösungsfähigkeit - Denken in Zusammenhängen - Kommunikationsfähigkeit - Kooperationsbereitschaft

108 ZP Listen Sie wesentliche *Kriterien* und *Beteiligte der Berufsausbildung* auf.

WiSo ✓ Wirtschafts- und Sozialkunde

Ausbildung: Beteiligte	Ausbildender	Betrieb (Geschäftsführer)
(intern)	Ausbilder	der Ausbildende selbst oder von ihm bestellter Ausbilder (haupt-/nebenberuflich)
	Ausbildungsbeauftragte	Personen, die im Betrieb Ausbildungsaufgaben erfüllen (Sachbearbeiter)
(extern)	Berufsschullehrer	
	Ausbildungsberater	Kammern (Überwachung und Beratung)
	Prüfer	Ausschuss Zwischen- u. Abschlussprüfung mind. 3 Pers., Zusammensetzung: paritätisch Sozialpartner (Arbeitnehmer/Arbeitgeber/Lehrer)
	Eltern, Verwandte	

ZP 109 Welche Rechte und Pflichten sind für Ausbildende und Auszubildende konkret im Berufsbildungsgesetz (BBiG) vorgeschrieben?

	Rechte	Pflichten
Ausbildender	Probezeit § 20 Kündigung § 22	Berufsausbildungsvertrag § 10 Vertragsniederschrift § 11 Freistellung zum Berufsschulunterricht § 15 Zeugnis bei Ausbildungsbeendigung § 16 Vergütungsanspruch zzgl. Fortzahlung §§ 17, 19 Beendigung des Ausbildungsverhältnisses § 21 Eignung der Ausbildungsstätte § 27 persönliche und fachliche Eignung §§ 29, 30 Antrag zur Eintragung in das Verzeichnis der Berufsausbildungsverhältnisse § 36
Auszubildender	Vergütungsanspruch zzgl. Fortzahlung §§ 17, 19 Probezeit § 20 Beendigung, Kündigung §§ 21, 22 Zwischenprüfung, Abschlussprüfung §§ 48, 37 Interessenvertretung § 51	Ausbildungspflichten § 13 Zwischenprüfung § 48
Beide Seiten	Inhalt der Ausbildungsordnung, Ausbildung außerhalb der Ausbildungsstätte § 5 Abkürzung und Verlängerung der Ausbildungszeit § 8 Einrichten, Führen und Ändern im Verzeichnis der Berufsausbildungsverhältnisse §§ 34, 35	

Berufsbildung, arbeits- und sozialrechtliche Grundlagen

WiSo

Duales System

ZP 110 Listen Sie die *Zuständigkeiten* im *Dualen System* bei der Berufsausbildung auf.

Rechtszuständigkeiten	Betrieb	Berufsschule
Rechtliche Zuordnung	Bund	Länder
Geltungsbereich	Berufsbildungsgesetz, Ausbildungsordnungen, Ausbildungsvertrag (BGB),	Schulgesetze, Lehrpläne
Status Auszubildender	Arbeitnehmer	Schüler
Zuständig	Kammern	Schulbehörden
Finanzierung	privat	öffentlich
Das heißt konkret:	Auszubildendenvergütung, Sozialversicherung, Kosten für Personal und Ausbildungsstätte	Schulbetrieb, Lehrpersonal, Lehr- und Lernmittel
Verantwortlich für:	Erreichen des Ausbildungszieles in der vorgegebenen Zeit (spezifische Fertigkeiten, Praxis, Berufserfahrung)	erweiterte Allgemeinbildung, berufliche Grund- und Fachbildung (betriebsunabhängige Fertigkeiten, Kenntnisse und Einsichten)

ZP 111 Welche *Ziele* hat die *Berufsausbildung*?

Ausbildung (Definition)	planmäßige Vermittlung von Kenntnissen und Fähigkeiten zum selbstständigen Lösen anstehender Aufgaben
Ziel der Ausbildung	Befähigung zur Ausübung einer qualifizierten Berufstätigkeit durch geplante und geordnete Berufsausbildung
Art der Ausbildung	organisatorische, fachliche und pädagogische Maßnahme
Allgemeine Ziele (Schlüsselqualifikation)	Kenntnisse und Fähigkeiten vermitteln; zum selbstständigen Planen und Handeln befähigen; zur eigenständigen Kontrolle der Arbeitsergebnisse befähigen

ZP 112 Welche *Pflichten* hat der *Betrieb* in der *Berufsausbildung*?

Pflichten des Betriebes (§ 6 BBiG)	Fertigkeiten und Kenntnisse vermitteln, betriebsspezifisch auszubilden, zeitlich und sachlich gegliedert auszubilden, selbst auszubilden, erforderliche Mittel bereitstellen, charakterliche Förderung des Azubis
Pflichtmaßnahmen zur Umsetzung	- Betrieblicher Ausbildungsplan: Regelablauf der Ausbildung auf Grundlage der AO unter Berücksichtigung der branchen- und betriebsspezifischen Besonderheiten - Individueller Ausbildungsplan: Beschreibung des tatsächlichen Ausbildungsverlaufs beim individuellen Auszubildenden (aushändigen!) - Ausbildungsnachweis (Berichtsheft): kontrollieren und unterzeichnen
Berichtsheft (Zweck)	interner/externer Kontrollnachweis zum sachlichen und zeitlichen Ablauf, einfache und klare Form, Zulassungsvoraussetzung zur Abschlussprüfung

WiSo ✓ Wirtschafts- und Sozialkunde

ZP 113 Welche *Pflichten* haben die *Kammern* in der Berufsaubildung?

Zuständige Stellen laut BBiG	IHK, Handwerkskammern, Landwirtschaftskammern, Kammern der freien Berufe, Behörde im öffentlichen Dienst
Beschlussorgan der Kammer	Berufsbildungsausschuss
Zusammensetzung	je 6 AG und AN, 6 beratende Lehrer, Stellvertreter
Rechte des Berufsbildungsausschusses	- Unterrichtungs-/Anhörungsrecht bei allen wichtigen Angelegenheiten, die von Bedeutung für Berufsbildung sind (z. B. Prüfungsverfahren) - keine Haushaltshoheit (Vollversammlung der Kammer) - Recht zum Erlassen von Rechtsvorschriften (Prüfungsordnung)
Rechtsvorschriften der Kammern	- Prüfungsordnungen für Abschlussprüfungen, Zusatzqualifikationsprüfungen, Fortbildungs- und Umschulungsprüfungen (Verwaltungsakte!) - besondere Rechtsvorschriften für die Ausbildung Behinderter
Kammerpflichten	- Überwachungs- und Beratungspflicht - Prüfungsausschuss errichten - Termine bestimmen und bekanntgeben - über die Zulassung entscheiden - Geschäftsführung über die Ausschüsse übernehmen - Prüfungszeugnis ausstellen und zustellen
Zwischenprüfung	Ermittlung des Ausbildungsstandes, nicht Rechts verpflichtend, nicht wiederholbar, Zulassungsvoraussetzung für Abschlussprüfung
Abschlussprüfung	Rechtsanspruch auf Zulassung, überregional erstellte Prüfungsaufgaben (Bundeseinheitlichkeit), Gegenstand: erforderliche Fertigkeiten, praktische und theoretische Kenntnisse, Berufsschulstoff, zweimal wiederholen möglich
Zulassungsunterlagen	- vorgeschriebene Ausbildungszeit oder Ende der Ausbildung bis zwei Monate nach Prüfungstermin - Zwischenprüfungsteilnahme - ordentliche Berichtsheftführung - Eintragung des Ausbildungsverhältnisses in Kammerverzeichnis
Vorzeitige Zulassung	Bei genügenden Leistungen (mindestens „gut" in der Berufsschule) bei Berufstätigkeit in dem Beruf in mindestens zweifacher Ausbildungszeit
Prüfungsausschüsse	- mindestens drei sachkundige Mitglieder für 5 Jahre - AG und AN paritätische Besetzung plus mindestens ein Berufschullehrer - Beschlussfähigkeit bei mindestens 3 oder Anwesenheit von 2/3 der Mitglieder - ehrenamtliche Tätigkeit (wie bei Schöffen) mit Aufwandsentschädigung
Widerspruch	möglich laut Verwaltungsgerichtsordnung
Beratung und Überwachung durch	Ausbildungsberater Prüfungspflicht der vorgeschriebenen Unterlagen
Freiwillige Leistungen	Lehrgänge, Ausbildungswerkstätten, Umschulungen, Weiterbildungen, Publikationen

Berufsbildung, arbeits- und sozialrechtliche Grundlagen

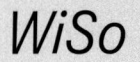

WiSo

Welche *Inhalte* hat ein *Ausbildungsvertrag?*

Mustervertrag der Kammern enthält	vertragliche Mindestangaben nach BBiG und JArbSchG
Mindestangaben	Art und Ziel der Ausbildung (Berufsbenennung), Beginn und Dauer Ausbildungsmaßnahmen außerhalb, tägliche Ausbildungszeit Probezeit, Vergütung, Urlaub, Kündigungsvoraussetzung tarifvertragliche Regelungen, Betriebsvereinbarungen
Ausbildungsstätte, Gerichtsstand	Ausbildungsstätte und Gerichtsstand ist der Betrieb, in dem tatsächlich ausgebildet wird.
Probezeit	mindestens 1, höchst. 4 Monate; schriftliche Kündigung ohne Gründe möglich
Regelausbildungszeit	mindestens 2, höchstens 3 Jahre; Ausnahmen: Metall und Elektro 3,5 Jahre
Verkürzung	höchstens 50 %
Zwingend bei	Anrechnung Berufsgrundbildungsjahr/Berufsfachschule
Möglich auf Antrag bei	Abitur, Anrechnung Berufsausbildung
Verlängerungsgründe	Krankheit, Mängel, bei Nichtbestehen der Prüfung auf Antrag bis zu 1 Jahr
Beendigung	bei bestandener Abschlussprüfung
Weiterbeschäftigung	keine Pflicht; bei Weiterbeschäftigung Begründung eines Arbeitsverhältnisses auf unbestimmte Zeit; vorzeitige Verpflichtungserklärung nur zulässig innerhalb der letzten 6 Monate vor Beendigung
Befristete Kündigung	Frist 4 Wochen bei Wechsel der oder Ausscheiden aus Berufsausbildung; kein Schadenersatz; bei Schwangerschaft darf Azubi kündigen; gegenseitiges Einvernehmen; Konkurs
Fristlose Kündigung	nach Probezeit nur aus wichtigem Grund, evtl. Schadenersatzpflicht
Gründe	wiederholte grobe Disziplinwidrigkeit, mangelnde Lernbereitschaft, ständiges Fehlen in der Berufsschule, mehrfacher Diebstahl/Tätlichkeiten mangelhafte Ausbildung, Wegfall Ausbilder, ständig ausbildungsfremde Tätigkeiten
Form	schriftlich mit Angabe von Gründen bis zwei Wochen nach der Kündigung
Haftung Azubi	bei Vorsatz und grober Fahrlässigkeit voll, bei mittlerer Fahrlässigkeit anteilig; Schadenersatzanspruch; bei geringer Fahrlässigkeit nicht
Bei Streitigkeiten	erst Schlichtungsausschuss der Kammer, dann Arbeitsgericht
Vergütung	ortsüblich, branchenüblich, tarifvertraglich; darf nicht mehr als 20 % unter vergleichbarem Tarifvertrag liegen; muss ansteigen
Fortzahlung bei	Berufsschulbesuch, Prüfungsteilnahme, Krankheit; Freizeitausgleich oder -vergütung bei Mehrarbeit
Sachleistungen	dürfen höchstens 75 % der Bruttovergütung ausmachen

WiSo ✓ Wirtschafts- und Sozialkunde

ZP 115 — Was sind die *Hauptaufgaben* der *Berufsschule im dualen System?*

1. Vermittlung des fachtheoretischen Stoffs laut Rahmenlehrplan, Festlegung der berufsbezogenen Unterrichtsfächer (z. B. BWL, Rechnungswesen, Veranstaltungsmanagement), Vermittlung berufsübergreifender Inhalte (z. B. Politik, Deutsch, Sport, Englisch, Religion)
2. Zusammenarbeit bei Prüfungen mit der IHK (Mitarbeit in Prüfungsausschüssen)
3. Kontrolle der Berufsschulpflicht der Auszubildenden gegenüber Auszubildendem und Ausbilder, Kooperation mit den Ausbildungsbetrieben

ZP 116 — Welche *Aufgaben* übernehmen die *Industrie- und Handelskammern* im System der dualen Ausbildung?

Die IHK übernimmt beratende, organisierende und überwachende Funktionen. Konkret ist die IHK zuständig für:

- Eintragung der Berufsausbildungsverhältnisse
- Förderung und Überwachung der Berufsausbildung
- Bildung von Prüfungsausschüssen und Durchführung von Prüfungen (inkl. Zeugnis)
- Festellen der betrieblichen und persönlichen Ausbildungseignung
- Regelung der Berichtsheftführung

ZP 117 — Welche *Pflichten* hat der *Ausbildende* (laut BBiG)?

gegenüber Azubi	1. ärztliche Vor-/Nachuntersuchung Jugendlicher 2. Niederlegung der außerbetrieblichen Ausbildungsmaßnahmen 3. Vermittlung der nötigen Fertigkeiten und Kenntnisse für das Ausbildungsziel 4. Aushändigen der Ausbildungsordnung 5. kostenlose Bereitstellung der notwendigen Ausbildungsmittel 6. Freistellung zur Berufsschule 7. Überwachung der Berichtsheftführung 8. Verbot von ausbildungsfremden Tätigkeiten, Angemessenheit der Tätigkeit 9. Pflicht zur Erziehung und charakterlichen Förderung 10. rechtzeitige Anmeldung zur Prüfung 11. Zeugnis ausstellen
gegenüber IHK	1. schriftliche Bestellung eines Ausbilders 2. Eintragung ins Berufsausbildungsverzeichnis der Kammern
Besondere Pflichten bei Jugendlichen JuArbSchG	1. Verbot gefährlicher Arbeiten, Akkord 2. menschengerechte Gestaltung des Arbeitsplatzes 3. Gefahrenunterweisung 4. Züchtigungsverbot 5. Abgabeverbot für Alkohol und Tabak 6. Aushang des Gesetzes, der Arbeitszeiten und Pausen für Jugendliche

Berufsbildung, arbeits- und sozialrechtliche Grundlagen

gegenüber Ausbildenden	1. Lernpflicht 2. Teilnahmepflicht an Maßnahmen außerhalb, Berufsschule und Prüfungen 3. Weisungsbefolgung 4. Beachtung der Betriebsordnung 5. pflegliche Behandlung von Material und Einrichtung 6. Schweigepflicht 7. Berichtsheftführung 8. Benachrichtigung bei Arbeitsunfähigkeit 9. Vorlage der ärztlichen Untersuchung bei Jugendlichen

Welche *Pflichten* hat der *Azubi*? **118** ZP

Pflichten des Arbeitnehmers	Inhalt
Dienstleistungspflicht	Erfüllung der Leistung laut Vertrag (auch bei Betriebsübergang)
Treuepflicht	Wahrung von Geschäftsgeheimnissen
Handelsverbot	Der Arbeitnehmer darf ohne Einwilligung des Arbeitgebers kein eigenes Handelsgewerbe betreiben. Er kann auch nicht vollhaftender Gesellschafter in einem Unternehmen sein.
Wettbewerbsverbot	Dem Arbeitnehmer ist es verboten, im Geschäftszweig des Arbeitgebers dauernd oder gelegentlich Geschäfte für eigene oder fremde Rechnung zu machen oder zu vermitteln (Ausnahme: Der Arbeitgeber stimmt dem ausdrücklich zu.).
Konkurrenzklausel	Nach Beendigung des Arbeitsverhältnisses ist das Wettbewerbsverbot aufgehoben. Durch schriftliche Vereinbarung ist die Aufrechterhaltung für die Dauer von bis zu zwei Jahren nach Beendigung des Arbeitsverhältnisses möglich und wird i. d. R. durch eine Abfindung abgegolten.

Arbeitsrecht

Frieda Fahrlässig wurde direkt im Anschluss an ihre Ausbildung in einer Eventagentur übernommen. Listen Sie die Rechte und Pflichten der Arbeitnehmerin und des Arbeitgebers auf, die sich aus dem Arbeitsvertrag ergeben. **119** ZP

Pflichten des Arbeitgebers	Inhalt
Fürsorgepflicht	Sorge für die Erhaltung der Gesundheit Anmeldung des Arbeitnehmers bei der Sozialversicherung
Entgeltzahlung	spätestens am Ende eines Kalendermonats Entgeltfortzahlung im Krankheitsfall (100 %) für sechs Wochen
Urlaubsgewährung	Mindesturlaub (Bundesurlaubsgesetz), ggf. Urlaub gemäß tarifvertraglicher Vereinbarung
Ausstellung eines Arbeitszeugnisses	einfaches Zeugnis (Art und Dauer der Beschäftigung) qualifiziertes Zeugnis (zusätzlich Aussage über Führung und Leistung)

WiSo — Wirtschafts- und Sozialkunde

ZP 120 Der ausgebildete Veranstaltungskaufmann M. Strunz hat ein unbefristetes Arbeitsvertragsangebot einer Promotionfirma erhalten. An Urlaubstagen sollen ihm 18 Tage im Jahr zustehen, weitere Tage sollen nur nach Absprache gewährt werden. Ist diese Regelung zulässig?

Nein, diese Regelung ist nicht zulässig, da M. Strunz laut Bundesurlaubsgesetz mindestens 24 Werktage im Jahr zustehen. Folgende Rechnung ist alternativ möglich: 24 Werktage bei einer 6-Tage-Woche sind auf Arbeitstage umgerechnet 20 Urlaubstage: $\frac{24 \cdot 5 \text{ Tage}}{6 \text{ Tage}} = 20$ Urlaubstage.

ZP 121 Wie groß muss laut *Betriebsverfassungsgesetz* der *Betriebsrat* einer Eventagentur mit 40 Mitarbeitern sein?

Da die Betriebsgröße mit 40 Beschäftigten zwischen 21 und 50 Mitarbeitern liegt, beträgt laut Betriebsverfassungsgesetz die Mindestgröße des Betriebsrates drei Mitglieder.

ZP 122 Darf eine *Jugend- und Auszubildendenvertretung* in einem Unternehmen gegründet werden, das keinen Betriebsrat hat?

Die **Jugend- und Auszubildendenvertretung** kann generell in jedem Betrieb mit mindestens fünf wahlberechtigten Arbeitnehmern unter 18 Jahren oder Auszubildenden unter 25 Jahren eingerichtet werden. Da die JAV die Interessen der Jugendlichen und Auszubildenden allerdings nur über einen Betriebsrat gegenüber dem Arbeitgeber vertreten darf, kann sie auch nur wirksam bei Bestehen eines Betriebsrats gegründet/gewählt werden.

ZP 123 Wie groß muss die *Jugend- und Auszubildendenvertretung* in einer Eventagentur mit 40 Mitarbeitern sein?

Die **Größe der Jugend- und Auszubildendenvertretung** hängt von der Anzahl der wahlberechtigten jugendlichen Arbeitnehmer ab (z. B. 5–20 jugendliche Arbeitnehmer bzw. Azubis = 1 Jugend- und Auszubildendenvertretung; 1 001 und mehr jugendliche Arbeitnehmer bzw. Azubis = 15 Jugend- u. Auszubildendenvertretung). Da in der Eventagentur nur zwei bis drei Azubis beschäftigt sind, ist es nicht möglich, eine JAV zu gründen bzw. zu wählen.

ZP 124 Eine Auszubildende wird am Ende des ersten Jahres schwanger und teilt dies ihrem Chef mit. Dieser möchte den Ausbildungsvertrag kündigen. Wie klären Sie den Vorgesetzten über die Rechtslage auf?

Nachdem die werdende Mutter dem Arbeitgeber die Schwangerschaft mitgeteilt hat, ist das **Mutterschutzgesetz** anzuwenden. Eine Kündigung von Seiten des Arbeitgebers ist nun nicht mehr möglich. Der Arbeitgeber muss die Auszubildende weiterbeschäftigen und darf sie ohne ihre Zustimmung innerhalb der letzten sechs Wochen vor der Entbindung nicht beschäftigen. Des Weiteren hat sie einen Anspruch auf Freistellung für Untersuchungen. Mehrarbeit, Nacht- und Sonntagsarbeit sind für sie verboten, sie genießt den Schutz am Arbeitsplatz und hat einen Anspruch auf Stillzeiten während der Arbeitszeit. Nach Absolvieren der Elternzeit muss das Ausbildungsverhältnis fortgesetzt werden.

Berufsbildung, arbeits- und sozialrechtliche Grundlagen WiSo

Das Unternehmen muss i. d. R. mehr als 10 Arbeitnehmer beschäftigen, sogenannte Kleinbetriebsklausel, § 23 KSchG. Das Arbeitsverhältnis muss seit mindestens sechs Monaten bestehen (§ 1 Abs. 1 KSchG).

125 ZP Wie lange muss seit dem 1. Januar 2004 ein gewöhnlicher Arbeitnehmer im Betrieb angestellt sein und wie groß muss der Betrieb sein, damit die *Regelungen des Kündigungsschutzgesetzes* (KSchG) *anwendbar* sind?

Fristlose Kündigung bedeutet **außerordentliche Kündigung**, die ausgesprochen werden darf, wenn ein wichtiger Grund vorliegt, d. h. es dem Arbeitgeber nicht mehr zugemutet werden kann, den Arbeitnehmer bis zum Ende der gesetzlichen oder vereinbarten Kündigungsfrist zu beschäftigen.

Mögliche Gründe (ohne erforderliche Abmahnung):
- Dem Arbeitnehmer wurde eine längere Haftstrafe auferlegt.
- Dem Arbeitnehmer wurde Diebstahl nachgewiesen.

Mögliche Gründe (mit erforderlicher Abmahnung):
- Der Arbeitnehmer hat die vertraglich vereinbarte Arbeit verweigert.
- Der Arbeitnehmer hat die Schweigepflicht verletzt.
- Der Arbeitnehmer hat sich extrem ausländerfeindlich geäußert.

Weiterhin können Einstellungsbetrug, eine erschlichene Krankmeldung, beharrlicher Arbeitsvertragsbruch, grobe Verletzung der Treuepflicht, Verstöße gegen Wettbewerbsverbote, notorische Unpünktlichkeit oder auch der eigenmächtige Urlaubsantritt Gründe für eine fristlose Kündigung darstellen.

126 ZP Nennen Sie vier *Gründe für eine fristlose Kündigung von Seiten des Betriebes.* In welchen Fällen davon muss eine Abmahnung erfolgt sein?

Die **gesetzliche Kündigungsfrist** beläuft sich bei der Beschäftigungszeit auf vier Wochen zur Mitte oder zum Ende des Kalendermonats.

127 ZP Ein Arbeitnehmer ist seit genau einem Jahr und zehn Monaten im Betrieb beschäftigt. Wie ist die *gesetzliche Kündigungsfrist?*

Gespeichert werden dürfen laut § 28 Bundesdatenschutzgesetz (BDSG) ohne Benachrichtigungspflicht Name, Anschrift, Titel und Geburtsjahr.

128 ZP Nennen Sie die vier personenbezogenen Daten, die im Betrieb ohne Benachrichtigungspflicht gespeichert werden dürfen.

WiSo — Wirtschafts- und Sozialkunde

ZP 129: Ab wie viel Arbeitnehmern muss ein Unternehmen einen *Datenschutzbeauftragten* bestellen?

Um die Ausführung der gesetzlichen Vorschriften zum Datenschutz zu überwachen, hat jedes rechtlich eigenständige Unternehmen, das personenbezogene Daten automatisiert verarbeitet, ab fünf Arbeitnehmern, bei konventioneller Verarbeitung personenbezogener Daten ab 20 Arbeitnehmern einen Datenschutzbeauftragten zu stellen.

ZP 130: Wie viel *Urlaub* stehen *Jugendlichen* nach dem Jugendarbeitsschutzgesetz zu?

Gültig für	Jugendliche, die zu Beginn des Kalenderjahres noch nicht 18 Jahre alt sind
unter 16	30 Werktage (Montag bis Samstag)
unter 17	27 Werktage
unter 18	25 Werktage
Anspruch entsteht	nach 1 Monat Teilurlaubsanspruch; nach 6 Monaten voller Urlaubsanspruch
Teilurlaubsregelungen	1/12 pro voller Ausbildungsmonat in den ersten 6 Monate und bei Ausscheiden innerhalb des ersten Jahres
Doppelurlaub	bei Stellenwechsel ist ausgeschlossen; Bescheinigungspflicht des AG

Der Urlaub muss zusammenhängend in den Berufschulferien erteilt werden.

ZP 131: Listen Sie wesentliche *Inhalte des Jugendarbeitsschutzgesetzes* auf.

Ziel	Gesundheit, Arbeitskraft + Leistungsfähigkeit Jugendlicher schützen (15–17 Jahre)
Arbeitszeit	Dauer nicht mehr als 8 Stunden täglich und 40 Stunden wöchentlich
Beschäftigungsverbot	– Berufsschulunterricht vor 09:00 Uhr (gilt auch für über 18-jährige Berufschulpflichtige; NRW: Azubis, die bei Beginn der Ausbildung noch nicht 21 sind) – an Berufsschultag mit mehr als 5 Unterrichtsstunden – bei Blockunterricht von mindestens 25 Std./Woche
Anrechnung Berufsschulzeiten	Berufsschultag mit 8 Stunden, Berufsschulwoche mit 40 Stunden
Freistellungsverpflichtung	für den Tag vor der Abschlussprüfung und die Prüfungstage
Ruhepausenregelung	– Pause mindestens 15 Minuten – mindestens 1 Stunde nach Arbeitsbeginn oder vor Arbeitsende Pause – bei 4,5–6 Std. Arbeitszeit: 30 Minuten Pause – bei mehr als 6 Std. Arbeitszeit: 1 Stunde Pause – längste Arbeitszeit ohne Pause: 4,5 Std.
Schichtzeit	Arbeitszeit + Pausen: höchstens 10 Stunden (Bergbau 8, Landwirtschaft, Gaststätten/Bau: 11)

Berufsbildung, arbeits- und sozialrechtliche Grundlagen — WiSo

Freizeit	tägliche Zeit zwischen Schichten: mindestens 12 Stunden
Nachtarbeit	Verboten zwischen 20–6 Uhr (Ausnahme: Schausteller, Gaststätten, Bäckereien)
Samstags	Arbeitsverbot (Ausnahmen: Krankenhaus, Verkauf, Theater, Sport usw.)
Sonntags	verboten

132 ZP — Wie lang sind die höchstmöglichen Arbeitszeiten eines Azubis laut JArbSchG, und welche Pausen sind vorgeschrieben?

Jugendliche dürfen laut JArbSchG nicht mehr als acht Stunden täglich und nicht mehr als 40 Stunden wöchentlich arbeiten (zwischen 6 und 20 Uhr – Ausnahmen z. B. in Gaststätten und Theatern sind möglich). Falls die Arbeitszeit an einzelnen Werktagen auf weniger als 8 Stunden verkürzt ist, können Jugendliche an den übrigen Werktagen derselben Woche achteinhalb Stunden beschäftigt werden. Ruhepausen (mindestens 15 Minuten) müssen spätestens nach 4,5 Stunden gewährt werden (frühestens eine Stunde nach Beginn oder vor Ende der täglichen Arbeitszeit). Mindestens 30 Minuten Pause müssen bei einer Arbeitszeit ab 4,5 bis 6 Stunden sowie 60 Minuten bei mehr als 6 Stunden gewährt werden.

133 ZP — Wie lang muss die Freizeit von jugendlichen Auszubildenden zwischen Ende und Anfang der Arbeitszeit mindestens sein und wie viele Tage pro Woche dürfen sie höchstens arbeiten?

Zwischen den Arbeitsschichten muss eine ununterbrochene Freizeit von 12 Stunden liegen. Jugendliche dürfen nur an fünf Tagen in der Woche arbeiten. Sonn- und Feiertags herrscht Arbeitsverbot (Ausnahmen z. B. in Gaststätten und Theatern sind möglich, jeder zweite Sonntag soll, mindestens zwei Sonntage im Monat müssen beschäftigungsfrei bleiben).

134 ZP — Der siebzehnjährige Andreas Anders ist in der Ausbildung zum Veranstaltungskaufmann. Jeden Mittwoch hat er sechs Stunden Berufsschule. Danach soll er seinem Chef nachmittags noch bis 19:30 Uhr in der Veranstaltungslocation helfen. Ist das zulässig?

Dies ist nicht zulässig, da Andreas bereits mehr als fünf Stunden Berufsschule hatte. Selbst wenn er nur fünf Stunden Unterricht hätte, wäre zu prüfen, ob die täglich zulässige Arbeitszeit laut JArbSchG nicht überschritten wäre.

WiSo ✓ Wirtschafts- und Sozialkunde

ZP 135 Listen Sie wesentliche *Inhalte* des *Arbeitszeitrechtsgesetzes* auf.

Gültig für	alle Arbeitnehmer ab 18 Jahre
Arbeitszeitgesetz	ist Bestandteil des Arbeitszeitrechtsgesetzes
Ziel	bundeseinheitliche Arbeitsschutzregelung für Frauen und Männer
Arbeitszeit	Beginn bis Ende der Arbeitszeit ohne Pausen und ohne Wegezeiten
Regelung Arbeitszeit	werktägliche Höchstarbeitszeit 8 Stunden, Wochenarbeitszeit also 48 Stunden. Verlängerung der tägl. Arbeitszeit auf 10 Stunden zulässig, wenn innerhalb von 24 Wochen durchschnittlich 8 Stunden erreicht werden (Aufzeichnungspflicht des AG!)
Aufsicht	zuständige Aufsichtsbehörde NRW: staatliches Amt für Arbeitsschutz
Mindestpausen	Pause spätestens nach 6 Stunden. Bei 6–9 Stunden 30 Minuten, bei über 9 Stunden 45 Minuten; Pausenlänge mindestens 15 Minuten
Ruhezeiten	11 Stunden, Ausnahmen Gaststätten- und Verkehrsgewerbe 10 bei Ausgleich
Nachtarbeit	Arbeit, die mehr als zwei Stunden der Nachtzeit umfasst; Nachtzeit 23–6 Uhr
Sonntags	Sonn- und Feiertagsruhe verpflichtend; Ausnahmen in o. g. Gewerben bei Ausgleich an Werktagen; mindestens 15 Sonntage/Jahr müssen frei bleiben.

ZP 136 Sie haben abends bis 23 Uhr in der Location gearbeitet. Ihr Chef verlangt von Ihnen, am nächsten Morgen bereits wieder um 8 Uhr zum Aufräumen zu erscheinen. Was antworten Sie ihm?

Nach Beendigung der täglichen Arbeitszeit müssen Arbeitnehmer laut § 5 ArbZG eine ununterbrochene Ruhezeit von mindestens 11 Stunden haben. Dieser Zeitraum ist hier nicht gegeben; die Arbeit darf frühestens um 10 Uhr morgens wieder aufgenommen werden.

ZP 137 Ihr Arbeitgeber verlangt von Ihnen, wöchentlich 46 Stunden an sechs Werktagen exklusive Pausen zu arbeiten. Ist das zulässig?

Ja, dies ist zulässig, solange es vertraglich festgehalten wurde. Maximal darf man als Erwachsener 48 Stunden die Woche arbeiten (6 Werktage à 8 Stunden exklusive Pausen). § 3 ArbZG erlaubt sogar eine Verlängerung der Arbeitszeit auf bis zu 50 Stunden pro Woche. Allerdings muss dann ein Zeitausgleich innerhalb von 24 Wochen bzw. 6 Monaten erfolgen.

Berufsbildung, arbeits- und sozialrechtliche Grundlagen — WiSo

Tarifverträge regeln	Urlaub, Arbeitszeit, Vergütung, gestellte Arbeitskleidung usw.
Geltungsbereich	zwischen Gewerkschaft und Arbeitgeber oder AG-Vereinigung
Findet auf das Ausbildungsverhältnis Anwendung, wenn	- Azubi Mitglied der beteiligten Gewerkschaft ist und - Ausbilder Mitglied einer beteiligten AG-Vereinigung ist. - TV für allgemeinverbindlich erklärt wurde (Bundesminister für Arbeit und Sozialordnung, wenn AG 50 % der AN im Geltungsbereich beschäftigen oder sozialer Notstand behoben werden muss)

138 ZP Welche *Inhalte* hat das *Tarifvertragsgesetz* (TVG)?

Regelt	Mitbestimmung des Betriebsrates und der Jugend- und Auszubildendenvertretung
Betriebsrat	Ab fünf wahlberechtigten Arbeitnehmern
Aufgaben in der Berufsbildung:	- Beratung bei Personalplanung, Vorschlagsrecht des BR, Auskunftspflicht des AG - Gewährleistung der Teilnahme an berufsbildenden Maßnahmen (Fortbildungen) - Beratung bei Einrichtungen und Maßnahmen der Berufsbildung (Ausbildungswerkstätten, Lehrgänge, außerbetriebliche Maßnahmen) - allgemeines Mitbestimmungsrecht (Ratifizierung) bei der Durchführung von Maßnahmen der betrieblichen Berufsbildung (sachliche und zeitliche Gliederung, Ausbildungs- und Versetzungspläne) - Widerspruchsrecht gegen Bestellung ungeeigneter Ausbilder
Streitigkeiten	Einigungsstelle
Jugend- + Auszubildendenvertretung	ab mindestens 5 Azubis unter 25 Jahren
Wahlrecht	aktives Wahlrecht ab Ausbildungsbeginn, passives Wahlrecht bis 25 Jahre; 2 Jahre Amtszeit
Aufgaben	arbeitet eng mit Betriebsrat zusammen, achtet auf die Belange der Azubis
Besondere Stellung	Weiterbeschäftigungspflicht; AG muss schriftlich mitteilen, wenn er amtierendes Mitglied des BR oder der Jugendvertretung nicht übernehmen will; Nichtweiterbeschäftigung/Übernahme nur zulässig bei wichtigen Gründen (Unzumutbarkeit)

139 ZP Welche *Inhalte* hat das *Betriebsverfassungsgesetz* (BVG)?

WiSo ✓ Wirtschafts- und Sozialkunde

ZP 140 Welche *Inhalte* hat das *Arbeitsförderungsgesetz?*

Inhalt	regelt Aufgaben der Bundesanstalt für Arbeit (Arbeitsämter)
Aufgaben Arbeitsamt	– Berufsberatung – Förderung der beruflichen Bildung (individuelle Förderung, institutionelle Förderung, Berufsbildungsbeihilfe, Ausbildungsbegleitende Hilfen, Fortbildung/Umschulung)
Fortbildung	beruflicher Aufstieg, Anpassung der Kenntnisse und Fertigkeiten an neue Anforderungen, Wiedereintritt ins Berufsleben, Nachholen einer Abschlussprüfung
Umschulung	Übergang Arbeitsloser in geeignete berufliche Tätigkeit Kostenerstattung: Lehrgangs- und Lehrmittelkosten, Prüfungsgebühren, Fahrtkosten, Arbeitskleidung, Unterkunft und Verpflegungsmehraufwand, Unterhaltszuschuss

ZP 141 Welche *Inhalte* hat das *Entgeltfortzahlungsgesetz?*

Feiertage	Fortzahlungspflicht
Krankheit	6 Wochen lang 80 %, dann Krankenkasse
Arbeitsunfall	(oder Berufskrankheit) 6 Wochen lang 100 %
Ersatzleistung	auf Antrag 1 Tag Urlaub für 5 Krankheitstage
Pflichten AN	Anzeigepflicht, Bescheinigungspflicht am 2. Tag bei längerer Arbeitsunfähigkeit

ZP 142 Welche Dinge regelt das *Arbeitsschutzgesetz?*

Das Arbeitsschutzgesetz (1996) verpflichtet Arbeitgeber, Gesundheitsgefährdungen in ihrem Betrieb zu beurteilen, Schutzvorkehrungen zu treffen und die Beschäftigten über alle Gefahren und Maßnahmen zu informieren. Sie müssen für eine innerbetriebliche Arbeitsschutzorganisation sorgen. Das Gesetz ist für alle Beschäftigungsbereiche in gewerblicher Wirtschaft, öffentlichem Dienst, Landwirtschaft und für freie Berufe gültig. Maßnahmen des Arbeitsschutzes im Sinne dieses Gesetzes sind Maßnahmen zur Verhütung von Unfällen bei der Arbeit und arbeitsbedingten Gesundheitsgefahren einschließlich Maßnahmen der menschengerechten Gestaltung der Arbeit.

Ergonomie

ZP 143 Die Auszubildende Lulu Lobenthal soll ihren Büroarbeitsplatz selbst einrichten. Nennen Sie auf der Grundlage der Arbeitsstättenverordnung fünf Kriterien, die sie dabei in jedem Fall berücksichtigen sollte.

1. Am Schreibtisch muss eine freie Bewegungsfläche von mindestens 1,50 m² vorhanden sein; die Fläche je Arbeitsplatz sollte 8–10 m² betragen.
2. Die gleichmäßige und flimmerfreie Beleuchtung soll sich nach der Art der Tätigkeit richten und mindestens 500 Lux betragen.
3. Das Tageslicht sollte im 90 Grad Winkel (seitlich) auf den Computerbildschirm treffen.
4. Der Geräuschpegel sollte bei 55 dB liegen.
5. Bildschirmarbeitsplatz: Der Bildschirm soll blendfrei, flimmerfrei und schwenkbar sein. Die Tastatur soll frei beweglich und vom Bildschirm getrennt sein. Der Arbeitstisch soll 1,50 m breit, 90 cm tief, 72 cm hoch und höhenverstellbar sein.

Berufsbildung, arbeits- und sozialrechtliche Grundlagen — WiSo

- **Mindestanforderungen laut Arbeitsstättenverordnung an Büroarbeitsplätze (bis 50 m²):** Grundfläche mindestens 8 m², lichte Höhe mindestens 2,50 m (bei schrägen Wänden über Arbeitsplätzen und Verkehrswegen ebenfalls mindestens 2,50 m), für jeden ständig anwesenden Mitarbeiter Mindestluftraum 12 m³.
- **Richtwerte für Grundfläche für jeden Büroarbeitsplatz:** 10 m², bei technischen Arbeitsräumen (u. a. gesonderter PC-Tisch) 12 m².
- **Übliche Ausstattung eines Büroarbeitsplatzes:** Arbeitstisch (heute meist auch ein zusätzlicher Tisch für den PC), Arbeitsstuhl, Zusatzmöbel, Arbeitsplatzablagen, Büromaschinen und andere technische Hilfsmittel. Bei der Beschaffung sind insbesondere auch ergonomische Gesichtspunkte zu berücksichtigen, um gesundheitlichen Beeinträchtigungen vorzubeugen. Neben der Möblierung ist vor allem eine ausreichende Beleuchtung, Belüftung und ein ausreichender Schallschutz zu sichern. Nichtraucher sind vor Rauchern zu schützen.

Siehe Verordnung über Sicherheit und Gesundheitsschutz bei der Arbeit an Bildschirmgeräten (BildschArbV)

ZP 144 Listen Sie wichtige *Anforderungen an den Büroarbeitsplatz* laut Arbeitsstättenverordnung auf.

- **Bildschirm:** keine Reflexionen auf dem Monitor (z. B. durch Beleuchtung, Fenster), zwischen zwei Leuchtbändern, Blickrichtung parallel zum Fenster, Blickwinkel etwa 35° aus der Waagerechten absenken, Sehabstand ca. 55 cm
- **Tastatur:** Höhe von max. 30 mm, vor der Tastatur eine Handballenauflage von 5–10 cm
- **Arbeitstisch:** in der Höhe einstellbar, Tischtiefe ca. 100 cm
- **Stuhl:** richtige Rollen: harter Boden – weiche Rollen, weicher Boden – harte Rollen
- **Richtiges Sitzen:** Ober- und Unterschenkel sollen einen 90° Winkel bilden, Ober- und Unterarme sollen einen 90° Winkel bilden
- **Arbeitsumgebung:** keine störenden Kabel unter dem Schreibtisch, Verkehrswege nicht zustellen (Mülleimer, usw.), Verkehrswege müssen 80 cm breit sein, hinter dem Arbeitsplatz 100 cm Platz, Zugang zum Fenster vorhanden
- **Licht:** Raum gleichmäßig ausleuchten, Vorrichtungen am Fenster gegen Sonnenlicht
- **Klima:** täglich Lüften für eine gute Luftfeuchtigkeit, Pflanzen verbessern das Klima, im Winter kurz durchlüften, im Sommer Rollos verwenden
- **Augenärztliche Untersuchung:** Erstuntersuchung vor Aufnahme der Tätigkeit am Bildschirm, Nachuntersuchungen bei Beschäftigten unter 40 Jahren im Abstand von fünf Jahren, bei Beschäftigten über 40 Jahren im Abstand von drei Jahren
- **Arbeitsplatzanalyse:** Arbeitgeber ist verpflichtet, für jeden Arbeitsplatz eine Gefährdungsanalyse durchzuführen (Arbeitsplatzanalyse)
- **Unterweisung:** Arbeitgeber hat Beschäftigte über Sicherheit und Gesundheitsschutz bei der Arbeit ausreichend und angemessen zu unterweisen

ZP 145 Listen Sie wichtige Regelungen der *Verordnung über Sicherheit und Gesundheitsschutz bei der Arbeit an Bildschirmgeräten* (BildschArbV) auf.

WiSo — Wirtschafts- und Sozialkunde

3.2.3 Qualitätsmanagement

QM

146. Was bedeutet der Begriff *Qualität*?

Qualität ist betriebswirtschaftlich betrachtet die Beschaffenheit, Güte oder Wertstufe einer Ware oder Leistung in Hinsicht auf ihren Zweck.
Qualität wird nach DIN EN ISO 9000:2005 definiert als „Grad, in dem ein Satz inhärenter Merkmale Anforderungen erfüllt". Diese Definition löste die Formulierung des DIN EN ISO 8402:1995-08 ab. Nach dieser ist Qualität „die Gesamtheit von Merkmalen einer Einheit bezüglich ihrer Eignung, festgelegte und vorausgesetzte Erfordernisse zu erfüllen." Einheiten sind dabei Produkte, Dienstleistungen, Konzepte, Entwürfe, Software, Arbeitsabläufe, Verfahren und Prozesse; Qualität ist eine Funktion der Anspruchsklasse.

147. Welche grundsätzlichen Ansätze verfolgt das japanische Managementkonzept „Kaizen" im Gegensatz zur klassischen, westlichen Qualitätssicherung?

Kaizen stammt aus dem Japanischen und bedeutet „Veränderung zum Besseren". Während in den 1950er-Jahren im Westen weitestgehend das Produkt im Vordergrund der Betrachtungen der Unternehmen stand, entwickelte sich in Japan ein neuer Ansatz. An die Stelle der Verbesserung von Produkten und Dienstleistungen durch innovative Entwicklungssprünge trat das Ziel der kontinuierlichen Perfektionierung in kleinen Schritten. Die Mitarbeiter wurden anhand des betrieblichen Vorschlagswesens und durch umfangreiche Weiterbildungsmaßnahmen einbezogen. Die Führung des Unternehmens orientierte sich fortan an den Kunden und an den Mitarbeitern. Der Ansatz findet sich heute auch im Westen im Total Quality Management wieder. Insgesamt trägt Kaizen zur stärkeren Identifikation der Mitarbeiter mit ihrem Unternehmen und letztlich zu einer stetigen Verbesserung der Wettbewerbsposition bei.

148. Nennen Sie wichtige Aspekte des *Total Quality Managements* (TQM).

Während früher das Produkt im Vordergrund der Qualitätssicherung stand, haben sich heute die Grundgedanken des Total Quality Management (TQM) durchgesetzt. TQM bezeichnet alle Maßnahmen, die in einem kontinuierlichen Prozess der Verbesserung von Produkten, Prozessen oder Leistungen dienen. Im TQM ist Qualität kein statisches Ziel, sondern ein fortlaufender Optimierungsprozess. Im Zentrum der Aufmerksamkeit steht die Zufriedenheit des Kunden. Er entscheidet letztlich über den Erfolg einer Dienstleistung oder eines Produkts. Ein weiterer Schwerpunkt des TQM ist die Einbeziehung der Mitarbeiter. Nur zufriedene, motivierte Mitarbeiter geben zusätzlichen Gestaltungsraum für bestmögliche Qualität.

149. Was ist eine *Zertifizierung nach ISO 9001*?

Eine Zertifizierung nach ISO 9001 steht für den Bereich Qualitätsmanagement.
Die acht Grundsätze des Qualitätsmanagements: Kundenorientierung, Verantwortlichkeit der Führung, Einbeziehung der beteiligten Personen, prozessorientierter Ansatz, systemorientierter Managementansatz, kontinuierliche Verbesserung, sachbezogener Entscheidungsfindungsansatz, Lieferantenbeziehungen zum gegenseitigen Nutzen

Einige Aspekte:
- Festlegung von Verantwortlichkeiten
- Organisation des Informationsflusses an internen und externen Schnittstellen
- Qualitätsmanagementbeauftragter
- Zielvereinbarungen und Kontrolle des QM-Systems (regelmäßige Berichterstattung, Einleitung korrigierender Maßnahmen, Durchsetzung getroffener Vereinbarungen)

Qualitätsmanagement — WiSo

150. Eine Seminarreihe soll qualitativ verbessert werden. Nennen Sie acht Maßnahmen gemäß TQM.

Konkretisierung anhand der **acht Grundsätze des Qualitätsmanagements:** Kundenorientierung, Verantwortlichkeit der Führung, Einbeziehung der beteiligten Personen, prozessorientierter Ansatz, systemorientierter Managementansatz, kontinuierliche Verbesserung, sachbezogener Entscheidungsfindungsansatz, Lieferantenbeziehungen zum gegenseitigen Nutzen

151. Wofür steht „SWOT" bei der SWOT-Analyse?

SWOT steht für Stärken (**S**trenghts), Schwächen (**W**eaknesses), externe Chancen (**O**pportunities) und Gefahren (**T**hreats).

152. Was bedeutet Benchmarking?

Beim **Benchmarking** (engl. „benchmark" = Maßstab) geht es um den **Vergleich von Leistungswerten.** Beim internen Benchmarking werden etwa Abteilungen, Bereiche oder Filialen eines Unternehmens miteinander verglichen. Beim externen Benchmarking kann ein Vergleich mit anderen Unternehmen in derselben oder einer anderen Branche wichtige Hinweise auf Verbesserungsmöglichkeiten geben. Auch der Vergleich mit dem Marktführer kann wichtige Anhaltspunkte liefern.

153. Was versteht man unter dem Begriff Beschwerdemanagement?

Beschwerdemanagement umfasst systematische Maßnahmen, die ein Unternehmen bei Unzufriedenheit eines Kunden ergreift, um die Zufriedenheit wieder herzustellen und gefährdete Kundenbeziehungen zu stabilisieren. Aktives Beschwerdemanagement liefert wichtige Hinweise auf Stärken und Schwächen eines Unternehmens aus Kundensicht, insbesondere auf Produktions- oder Dienstleistungsmängel. Mit Implementierung eines Beschwerdemanagements wird das Feedback der Kunden erfassbar und kann für den Lernprozess des Unternehmens nutzbar gemacht werden. Vorrangige Ziele eines professionellen Beschwerdemanagements sind die Steigerung der Servicequalität – indem Anliegen des Kunden zügig gelöst werden –, die Wiederherstellung von Kundenzufriedenheit – während gleichzeitig die negativen Auswirkungen durch Unzufriedenheit des Kunden minimiert werden –, die Vermeidung und Reduzierung von Fehler-, Folge- und Beschwerdekosten sowie die Nutzung der Beschwerdeinformationen im Hinblick auf betriebliche Risiken und Chancen im Markt. Beschwerdemanagement ist Teil des Customer Relationship Managements (CRM).

CRM

154. Listen Sie typische Schritte im Beschwerdemanagement auf.

Direkter Beschwerdeprozess (Beschwerdestimulierung, -annahme, -erfassung, -bearbeitung, -reaktion)
Indirekter Beschwerdeprozess (Beschwerdeauswertung, -controlling, -reporting)
Beschwerdestimulierung (Meinungskarten, Kundenbefragung, usw.
Beschwerdeannahme (Mitarbeiterqualif.)
Beschwerdeerfassung (Beschwerdeproblem, -führer, -objekt)
Beschwerdebearbeitung (Verantwortung, Termine)
Beschwerdereaktion (Art der Lösung, finanzielle Angebote, materielle Angebote, immaterielle Angebote)
Beschwerdeauswertung (Informationssammlung, Priorisierung, Schwachstellenanalyse)
Beschwerde-Controlling (Kundenzufriedenheitsanalyse, Standardüberprüfung)
Beschwerde-Reporting (Wer erstellt die Reports; Wer bekommt die Reports?)
Beschwerde-Organisation (zentral, dezentral, dual)

WiSo ✓ Wirtschafts- und Sozialkunde

155 Was bedeutet *Customer Relationsship Management (CRM)*?

Customer-Relationship-Management (CRM), auf Deutsch Kundenbeziehungsmanagement oder Kundenpflege, bezeichnet die konsequente Ausrichtung einer Unternehmung auf ihre Kunden und die systematische Gestaltung der Kundenbeziehungsprozesse. Die dazu gehörende Dokumentation und Verwaltung von Kundenbeziehungen ist ein wichtiger Baustein und ermöglicht ein vertieftes Beziehungsmarketing. In vielen Branchen sind Beziehungen zwischen Unternehmen und Kunden langfristig ausgerichtet. Mittels CRM werden Kundenbeziehungen gepflegt und Kundenbindung bewirkt.

156 Welche *Anforderungen* sollte man an ein *EDV-gestütztes CRM-System* legen?

detaillierte Adressinformationen, komplette Kundenhistorie, spezifische Marketingaktionen, individuelle Reportings, einfache Kundenstatistik, schnelle Auftragsinformation, ggf. Integration eines vorhandenen Dokumentenmanagementsystems, Multichannel Management, Integration in Datenbankverwaltung, Content-Management-Systeme, Office-Produkte und ggf. SAP

157 Was bedeutet der Begriff *Controlling*?

Mit **Controlling** meint man die **Analyse und Steuerung laufender und die Bewertung zukünftiger Unternehmens- und Projektwerte.**

Controlling

158 Der Begriff „to control" stammt aus dem Englischen und bedeutet „steuern, messen, regeln". Was bedeutet *Controlling* im Bereich des betriebswirtschaftlichen Rechnungswesens?

Controlling bedeutet die Führung eines Unternehmens durch zielorientierte Planung, Steuerung und Kontrolle der Unternehmenstätigkeit.
Dabei betrachtet das Controlling einerseits betriebswirtschaftliche Kennziffern, die sie der Buchführung, der Kosten- und Leistungsrechnung sowie der Projektkalkulation entnimmt. Andererseits bewertet das Controlling Vorhaben aus der Reflektion der Vergangenheit für die Zukunft, indem es sie fachlich sachlich beurteilt auf weitestgehend betriebswirtschaftliche Aspekte wie Sinnhaftigkeit, Gewinnorientierung und Effizienz.

159 Herr Richthofen von der Juniversal Event- und Veranstaltungsagentur GmbH möchte einen weiteren Mitarbeiter anstellen. Dieser soll sich laut der Stellenbeschreibung auch um das Controlling kümmern. Beschreiben Sie die wichtigsten *Aufgaben eines Controllers*.

Der **Controller** arbeitet der Unternehmensführung im Sinn der kaufmännischen Auswertung und der betriebswirtschaftlichen Zielfindung zu. Er stellt das Instrumentarium für Planung, Soll-Ist-Kontrolle und Kalkulationsrechnung bereit und überwacht die erarbeiteten Pläne und Ziele. Er plant, bewertet, lenkt und überwacht. Mögliche **Aufgaben:**

1. Planung: Aufstellung von Unternehmensplänen zur Lenkung und Kontrolle des Geschäftsablaufs. Gewinnpläne, Programme für Kapitalinvestitionen und Finanzierungen, Absatzpläne, Fertigungspläne, Gemeinkostenbudgets und Kostenstandards
2. Berichterstattung und Interpretation
3. Beratung: Maßnahmen für die Erreichung der gesetzten Ziele und Wirksamkeit der Richtlinien und Anordnungen, die von der Unternehmensführung erlassen wurden
4. Steuerangelegenheiten: Richtlinien und Verfahren für die Bearbeitung von Steuerangelegenheiten entwickeln und deren Einhaltung überwachen
5. Berichterstattung an staatliche Stellen: Koordination und Kontrolle

Informations- und Kommunikationssysteme

6. Sicherung des Vermögens: Kontrollen und Prüfungen zur Sicherung des Vermögens durchführen inkl. Versicherungsschutz

7. Volkswirtschaftliche Untersuchungen und deren mögliche Auswirkungen auf das Unternehmen analysieren und beurteilen

Zentrale Stellung: Informationsfunktion
Weitere Funktionen: Analyse, Planung, Steuerung, Kontrolle

Beschreiben Sie die *Funktionen innerhalb des Regelkreises des Controllings*. Welche Funktion nimmt dabei eine zentrale Stellung ein? **(160)**

3.2.4 Informations- und Kommunikationssysteme

IT/EDV/TK

- **TK-Systeme** sind Systeme der Telekommunikation, also telefonbasierte Übertragungseinheiten.
- **IT-Systeme** sind Informationstechnologiesysteme, die wir eher mit Computersystemen gleichsetzen würden. Eine Überschneidung findet in modernen Technologien immer stärker statt.

Was sind *TK-* und was sind *IT-Systeme?* **(161) ZP**

- Ein **Local Area Network,** auch LAN genannt, ist ein räumlich begrenztes Computernetzwerk, typisch für ein Firmennetzwerk. Normalerweise werden dafür eigene Leitungen benutzt, ohne Leitungen öffentlicher Anbieter. Das Netzwerk unterliegt vollständig der Aufsicht des Betreibers. In einem Netzwerk mit zentraler Datenhaltung können Daten mit wesentlich geringerem Aufwand gesichert werden, als dies bei vielen alleinstehenden Rechnern möglich wäre. Zudem bietet sich hier an, die Datensicherung mit einem entsprechenden Konzept zu automatisieren. Auch können Daten zentral abgelegt und gespeichert werden.

- Ein **Wireless Lan (WAN)** ist eine LAN auf Funkbasis.

Was versteht man unter einem *Local Area Network (LAN)* und einem *Wireless Lan (WAN)?* **(162) ZP**

WiSo ✓ Wirtschafts- und Sozialkunde

ZP 163 Was bedeuten die Begriffe *Ethernet, Client-Server-Netzwerk* und *Domäne?*

- Mit **Ethernet** werden kabelbasierte Netzwerke bezeichnet, die auf eine normierte Weise eine Basisbandübertragung von 1 bis 100 Mbps vorweisen. Als Basisbandübertragung bezeichnet man eine Signalübertragung mit nur einer einzigen Frequenz. Das Institute of Electrical and Electronic Engineers (IEEE) und die darunter gegründete Projektgruppe 802 haben die weiteren Normierungen durchgeführt. Daher stammen auch die Bezeichnungen wie z. B. IEEE 802.3 für wichtige Vorgaben in Bezug auf Ethernet. Fast Ethernet bezeichnet Übertragungsrate von 100 Mbps durch Glasfaserkabel.

- Bei **Client-Server-Netzwerken** gibt es mindestens einen Rechner, der nur als Server funktioniert. Benutzerkonten können vollständig auf dem Server verwaltet werden und ermöglichen so den Zugriff auf Netzwerkressourcen von jeder Station dieses Netzwerkes aus.

- In Microsoft-basierten Netzwerken heißt diese Konstellation **Domäne**. Dies ist ein Verwaltungsbereich, der eine Sicherheitsgrenze darstellt. Ein Serverbetriebssystem stellt i. d. R. folgende Basisdienste bereit: Dateidienste, Druckdienste, Authentifizierung (Anmeldebestätigung), Verzeichnisdienste (Directory Services).

ZP 164 Was bedeuten die Begriffe *Repeater, HUB, Switch* und *Router?*

- Ein **Repeater** (Verstärker) ist eine aktive Netzwerkkomponente, die Signale aufnimmt, regeneriert und verstärkt weitergibt.

- Ein **Hub** ist ein kabelgebundener zentraler Signalverteiler.

- Ein **Switch** verteilt die Signale effizienter als ein HUB.

- Ein **Router** ist ein Gerät, das getrennte Netzwerke miteinander verbindet oder große Netzwerke in Subnetze unterteilen kann. Die Verbindung kann eine zwischen zwei LANs, zwei WANs oder einem LAN und einem WAN sein.

ZP 165 Was unterscheidet das *Internet* vom *Intranet?*

- Das **Internet** basiert auf weltweit vernetzten, öffentlich zugänglichen Netzwerken von öffentlich verbundenen Serverstrukturen. Bei der Verbindung eines LAN mit dem Internet sollten Virenscanner und Firewalls installiert sein. Firewalls dienen dazu, den Datenverkehr zwischen lokalem Netzwerk und dem Internet genau zu reglementieren. So können z. B. Zugriffe auf einen Webserver für das Intranet aus dem Internet verboten, aus dem lokalen Netzwerk aber erlaubt werden.

- Beim **Intranet** handelt es sich um ein firmeneigenes Netzwerk, das nicht öffentlich zugänglich ist, aber die Internettechnologien und -dienste verwendet. Es basiert auf den Standardprotokollen TCP/IP und HTTP. Unter Internettechnologien versteht man den Einsatz von Webservern, um Informationen, Dateien und Druckdienste zur Verfügung zu stellen. Aufgrund der hohen Verbreitung von Browsern wie Internet Explorer, Netscape Navigator oder Opera und deren ständig verbesserten Fähigkeiten, nimmt auch der Einsatz von Internettechnologien im lokalen Netzwerk zu.

Informations- und Kommunikationssysteme

Was bedeuten die Abkürzungen *HTTP, FTP, TCP* **und** *IP?* (166 ZP)

- **HTTP und FTP** sind Protokolle, d. h. normierte Übertragungsstandards. http dient der Übertragung von HTML-Seiten im Internet, FTP stellt Befehle zum Dateitransfer zwischen Rechnern zur Verfügung.
- **TCP** sorgt für den sicheren Transport von Datenpaketen, wobei beschädigte oder nicht bestätigte Pakete erneut gesendet werden.
- **IP** ist für die Vermittlung bzw. Lenkung von Datenpaketen mithilfe von IP-Adressen zuständig. Für die praktische Arbeit mit TCP/IP ist die Adressierung ein sehr wichtiges Thema, da die Adresse nach der Installation von TCP/IP konfiguriert werden muss. Ein Teil der Adresse – von links gesehen – stellt die Netzwerkadresse dar. Die Größe der Netzwerkadresse ist variabel und wird durch die Subnetzmaske (engl. subnet mask) festgelegt. Der andere Teil der IP-Adresse wird als Hostadresse angesehen. Die Hostadresse muss innerhalb eines IP-Netzwerks eindeutig sein. Sie identifiziert den Computer, der in der UNIX-Welt Host heißt, daher die Bezeichnung Hostadresse.

Beispiel:

IP-Adresse	192.168.2.100	192.168.2.100
Subnetzmaske	255.255.0.0	255.255.255.0
Netzwerkadresse	192.168.0.0	192.168.50.0
Hostanteil	50.100	100

Was ist ein *Content Management System?* (167 ZP)

Content Management Systeme (auf deutsch etwa Inhaltsverwaltungssysteme) sind datenbankbasierte Archiv- und Kommunikationslösungen, die Daten anwendungsorientiert verwalten, archivieren, aufbereiten und generieren. Komplexe Lösungen wie Internetapplikationen, Kundenverwaltungssysteme sowie Webseitenverwaltungssysteme und Firmenverwaltungslösungen basieren heutzutage auf Content Management Systemen.

Wie wichtig sind *Zugriffsberechtigungen* **und** *sichere Passwörter?* (168 ZP)

Komplexe Zugriffsberechtigungen sind wichtig, um Datenbestände personalisiert abrufen und schützen zu können. Passwörter sollten heute einen hohen Grad an Komplexität vorweisen, damit sie nicht von Fremden oder mithilfe von Softwarelösungen ausgelesen werden können.

Was ist *Bluetooth?* (169 ZP)

Bluetooth ist die funkbasierte schnurlose Verbindung verschiedener Kommunikationsgeräte. Bluetooth-Geräte können andere bluetoothfähige Geräte in ihrer Reichweite automatisch erkennen und sich mit ihnen verbinden.

Datenschutz

Was bedeutet *Datenschutz?* (170)

Datenschutz umfasst Maßnahmen gegen die unbefugte Weitergabe oder missbräuchliche Benutzung von personenbezogenen Daten, die persönliche oder sachliche Verhältnisse einer natürlichen Person umfassen. Beispielsweise dürfen Daten von Veranstaltungs- oder Gewinnspielteilnehmern nicht ohne weiteres für Marketingaktionen genutzt oder an dritte Firmen weitergegeben werden. Für die Weitergabe bzw. Verwertung der Daten muss generell eine nachvollziehbare Zustimmung des jeweiligen Teilnehmers vorliegen. Eine Verwendung ist erst dann erlaubt, wenn die betroffene Person ausdrücklich (meist schriftlich) ihre Zustimmung zur Erhebung, Verarbeitung und Nutzung gegeben hat.

WiSo ✓ Wirtschafts- und Sozialkunde

171. Welche *Datenschutzgesetze* bestehen?

Das **Bundesdatenschutzgesetz (BDSG)** wurde 1977 erlassen. Grundlage des gesamten Datenschutzrechts ist das Grundrecht auf Datenschutz, wie es z. B. in Artikel 33 des Grundgesetzes (GG) niedergelegt ist. In Anlehnung daran wurden für alle Bundesländer entsprechende Landesgesetze erlassen. Das BDSG gilt für den öffentlichen Bereich der Datenverarbeitung beim Bund sowie für den gesamten privaten Anwendungsbereich. Für die Datenverarbeitung bei Ländern und Kommunen gelten die jeweiligen Landesgesetze, die sich stark am BDSG orientieren.

172. Aus welchen *Abschnitten* besteht das *Bundesdatenschutzgesetz*?

Das **BDSG** besteht aus den folgenden sechs Abschnitten:

1. allgemeine Vorschriften (Aufgaben, Zweck, Begriffe)
2. Datenverarbeitung der Behörden und sonstiger öffentlicher Stellen des Bundes
3. Datenverarbeitung nicht öffentlicher Stellen für eigene Zwecke
4. geschäftsmäßige Datenverarbeitung nicht öffentlicher Stellen für fremde Zwecke
5. Straf- und Bußgeldvorschriften
6. Überleitungs- und Schlussvorschriften

173. Das Bundesdatenschutzgesetz regelt den Umgang mit personenbezogenen Daten. Was sind *personenbezogene Daten*?

- Name und Vorname, Geburtsdatum, Geschlecht
- Anschrift und Telefonnummer
- Personalnummer, Beschäftigungsbeginn, Urlaubsdaten
- Krankheitszeiten, Wehrdienstzeiten, Mutterschutzzeiten
- Anteil der im Betrieb beschäftigten Schwerbehinderten
- Lohn- und Gehaltsdateien
- Aufgabenstellung, besondere Kenntnisse, Fähigkeiten, Leistungen, Fortbildungen
- Religionszugehörigkeit
- frühere Beschäftigungen

174. Wann muss ein Unternehmen einen *Datenschutzbeauftragten* bestellen?

Um die Ausführung der gesetzlichen Vorschriften zum Datenschutz zu überwachen, hat jedes rechtlich eigenständige Unternehmen, das personenbezogene Daten automatisiert verarbeitet, ab fünf Arbeitnehmern, bei konventioneller Verarbeitung personenbezogener Daten ab 20 Arbeitnehmern einen Datenschutzbeauftragten zu stellen.

ZP 175. Was ist ein *Personalinformationssystem*? Welche Aufgabe hat es?

Ein Personalinformationssystem ist ein geeignetes System zur Sammlung und Aufbereitung der im Personalmanagement anfallenden Daten. Es dient u. a. zur Personaldatenverwaltung, -planung, -dokumentation und Personalabrechnung.

ZP 176. Nennen Sie typische *Inhalte einer Personalakte.*

Beispielhafte Inhalte:

- **Personalbezogene Unterlagen und Vertragsunterlagen** (Bewerbungsschreiben, Arbeitszeugniskopien, Schulabschlusszeugnis, Berufsabschluss, Lebenslauf und Passbild, amtliches Führungszeugnis, Aufenthaltserlaubnis und Arbeitserlaubnis, Arbeitsvertrag mit Stellenbeschrei-

bung, Erklärung zu Nebenbeschäftigungen)
- **Sozialversicherungs- und Steuerunterlagen** (Anmeldung zur Krankenkasse, Nachweis der monatlichen Krankenkassenbeiträge, Sozialversicherungsausweis, Nachweis zur Anlage vermögenswirksamer Leistungen, Nachweis für Kinderlose (Pflegeversicherung), Lohn- und Gehaltsbescheinigungen, Unterlagen zur Lohnsteuer)
- **Kopien amtlicher Urkunden** (Führerschein, Schwerbehindertenausweis, Pfändungs- und Überweisungsbeschlüsse, Wehrdienstbescheinigung, Zivildienstbescheinigung)
- **Sonstige Unterlagen** (Personalbogen, Urlaubsliste und Fehlzeitenübersicht, Beurteilungen und Bewertungen, Ermahnungen und Abmahnungen, Personalentwicklungsplan, Protokolle der jährlichen Mitarbeitergespräche, Bescheinigungen über ärztliche Untersuchungen im Rahmen der Arbeitssicherheit, Gesundheitsausweis, Weiterbildungsnachweise, Nachweis Sicherheitsbeauftragter, Werkschutzunterlagen, Schriftverkehr mit dem Mitarbeiter)

Der betroffene Mitarbeiter hat das Recht zur uneingeschränkten Einsicht in die ihn betreffenden Aufzeichnungen und kann diese Einsichtnahme auch in Begleitung einer betriebsfremden Person bzw. gemeinsam mit dem Betriebsrat verlangen (§§ 82, 83 BetrVG).

> **177 ZP** Frau Halsroth möchte gerne Einblick in ihre Personalakte nehmen. Muss ihr dies gewährt werden?

3.3 Personalwirtschaft

3.3.1 Personalrecht, Personalmanagement und Entlohnung

Personal

- **Human Resources:** alle (einem Unternehmen) zur Verfügung stehenden menschlichen Leistungspotenziale. Gemeint ist i. d. R. die Personalabteilung, die sich mit allen Personalangelegenheiten eines Unternehmens beschäftigt.
- **Personalentwicklung (PE)** ist die systematisch betriebene Qualifizierung und Weiterentwicklung der Mitarbeiter des Unternehmens, sowohl in Bezug auf fachliches Können („hard skills") wie auch in Bezug auf die kommunikative und soziale Kompetenz („soft skills") der Mitarbeiter und Führungskräfte. Der Fachbegriff Personalentwicklung umfasst Weiterbildung, Training und Coaching von Mitarbeitern.

> **178 ZP** Was bedeuten die Begriffe *Human Resources* und *Personalentwicklung*?

WiSo ✓ Wirtschafts- und Sozialkunde

ZP 179 Was bedeutet der Begriff „Human Resource Management"?

Die moderne betriebswirtschaftliche Sicht des Begriffs Human Resources (betriebliches Humankapital) respektiert die Bedeutung qualifizierter und motivierter Mitarbeiter für die Wettbewerbsfähigkeit eines Unternehmens, in der Mitarbeiter nicht nur reine Produktions- und Kostenfaktoren sind. Leistungsbereitschaft und Know-how der Mitarbeiter sowie alle Mittel und Bemühungen, diese zu erhalten und zu stärken, rücken in den Mittelpunkt unternehmens- und personalpolitischer Zielsetzungen.

Human Resource Management bedeutet Personalwesen oder Personalwirtschaft bzw. Personalmanagement und bezeichnet den Bereich der Betriebswirtschaft, der sich mit dem Produktionsfaktor Arbeit bzw. mit dem Personal auseinandersetzt. Moderne Unternehmen beziehen außer den Themen Führungs- und Geschäftsprozess auch die Interaktionsthematik sowie die Aktion und Emotion des Personals ein.
Man unterscheidet die Funktionsbereiche Personalauswahl, Personalführung, Personalentwicklung, Entgeltgestaltung und Personalverwaltung.

ZP 180 Was bedeuten die Begriffe *Personalwesen, Personalwirtschaft* und *Personalmanagement*?

- Als **Personalwesen** wird die Organisationseinheit eines Unternehmens, die die personalwirtschaftlichen Aufgabenfelder bearbeitet, betrachtet.
- Als **Personalwirtschaft** ist die betriebswirtschaftliche Funktion anzusehen, die mit Planung, Steuerung und Kontrolle des Produktionsfaktors Arbeit beauftragt ist.
- Beim Begriff **Personalmanagement** stehen Führung, Leitung und Steuerung des betrieblichen Personals als

rechenbare Größe im Mittelpunkt der Betrachtung. Früher hatte die Personalwirtschaft eine überwiegend verwaltende Funktion. Heute besteht die Notwendigkeit, dass Personalverantwortliche unternehmerisch handeln und sich als Change Manager der Linienvorgesetzten begreifen. Diese Entwicklung geht einher mit einer zunehmend höheren Einbindung der Personalfunktion in die oberste Entscheidungsebene eines Unternehmens.

ZP 181 Nennen Sie wichtige *Ziele der Personalwirtschaft*.

Das Hauptziel der Personalwirtschaft ist es, eine Grundlage für die Handlungskompetenz der eigenen derzeitigen und künftigen Mitarbeiter zu schaffen. Dieses übergeordnete Ziel kann erreicht werden durch eine Förderung der Fertigkeiten und Kenntnisse sowie der Schlüsselqualifikationen, wie fachliche, soziale, methodische und persönliche Kompetenz sowie der individuelle Ausbau der soft und hard skills und der Teamfähigkeit.

ZP 182 Nennen Sie konkrete Maßnahmen der Personalführung im Unternehmen in den Bereichen *Personalentwicklung, Personalverwaltung* und *Betriebskommunikation*.

- **Personalentwicklung:** strategische und operative Personalplanung, Schulung, Weiterbildung, Training, Motivation, Teamförderung, Vorschlagswesen
- **Personalverwaltung:** Vertragsgestaltung, Stellenausschreibung, Einstellungsverfahren, Kündigungen, Lohn- und Gehaltsabrechnung, Mutterschutz, Sozialauswahl, Abfindungen, Tarifvertragsumsetzung
- **Betriebskommunikation:** Koordinierung der Kommunikation mit dem Betriebsrat, Schwarzes Brett, Mitarbeiterversammlungen, Mitarbeiterzeitschrift, Intranet (Content Management Systeme)

Personalrecht, -management und Entlohnung — WiSo

Ein Unternehmen, dass auch unter sich verändernden Rahmenbedingungen erfolgreich wirtschaftlich tätig ist, muss alle Entscheidungen auf der Basis sorgfältiger Planung treffen. Personalplanung ist die gedankliche Vorwegnahme aller Entscheidungen, die den Faktor Arbeit betreffen. Es sind bei der Personalplanung konkret folgende externen Faktoren zu beachten: Marktentwicklung, Konjunktur, Arbeitsmarkt, Bildungspolitik, Tarifentwicklung, demografische Entwicklung der arbeitenden Bevölkerungsschichten, Entwicklung der Personalzusatzkosten. Des Weiteren sind folgende interne Faktoren wichtig: Unternehmensziele, Investitionsplanung, Personalfluktuation, Altersstruktur, geplante Rationalisierungsmaßnahmen, Arbeitszeitmodelle, Tarifabschlüsse usw. Außerdem müssen verschiedene Individual- und Kollektivinteressen von Arbeitnehmern, Unternehmen, Gewerkschaften und Gesellschaft berücksichtigt werden.

183 ZP An welchen *Faktoren* orientiert sich eine *moderne Personalplanung*?

Die Stellenbeschreibung wird betriebsintern erstellt und genutzt und kann auszugsweise als Basis für die Stellenausschreibung verwendet werden, die sich an potenzielle Bewerber für eine zu besetzende Stelle richtet.

184 ZP Was unterscheidet eine *Stellenbeschreibung* von einer *Stellenausschreibung*?

- Vorstellung der Firma (Standort, Größe, Mitarbeiterzahl)
- Aufgabenstellung
- Stellenbeschreibung
- Anforderungsprofil an den Bewerber
- Arbeitsbedingungen und Entwicklungsmöglichkeiten
- Leistungen (Gehalt, Erfolgsbeteiligungen, Sozialleistungen z. B. Altersversorgung)
- Organisatorisches (Empfangsadresse, Eintrittstermin, erforderliche Bewerbungsunterlagen)

185 ZP Recherchieren Sie *Stellenanzeigen* und stellen Sie eine Checkliste zusammen, welche *Angaben* dort in der Regel enthalten sind.

- Das **Individualarbeitsrecht** umfasst alle Normen zur Gestaltung von Arbeitsverträgen. Es regelt die individuelle arbeitsrechtliche Beziehung zwischen Arbeitnehmer und Arbeitgeber.
- Das **Kollektivarbeitsrecht** umfasst alle Normen zur Beziehung zwischen Arbeitnehmern und Arbeitgebern als organisierte Gruppen (z. B. Gewerkschaften, Arbeitgeberverbände, Betriebsräte).

186 ZP Beschreiben Sie den Unterschied zwischen dem *individuellen* und dem *kollektiven Arbeitsrecht*.

BGB, Arbeitsschutzgesetz, Jugendarbeitsschutzgesetz, Arbeitszeitgesetz, Betriebsverfassungsgesetz, Entsendegesetz, Gewerbeordnung, HGB, Kündigungsschutzgesetz, Sozialgesetzbücher SGB I bis XII, Tarifvertragsgesetz, Arbeitsgerichtsgesetz

187 ZP Recherchieren Sie die wichtigsten *Gesetze und Verordnungen des Arbeitsrechts* in Dtl.

Wesensmerkmal: abhängige Beschäftigung (Weisungsgebundenheit) gegen Lohn oder Gehalt
Hauptpflichten: Arbeitsleistung, Treuepflicht, Verschwiegenheit und Gehorsam, Wettbewerbsverbot

188 ZP Nennen Sie die wichtigsten *Merkmale der Arbeitnehmertätigkeit*.

WiSo — Wirtschafts- und Sozialkunde

ZP 189 — Was ist ein *Tarifvertrag*? Nennen Sie mögliche *Vertragsbestandteile*.

Ein Tarifvertrag ist eine ohne staatliche Einflussnahme in der Tarifautonomie freiwillig zustande gekommene kollektive Vereinbarung zwischen den Tarifvertragsparteien, i. d. R. Gewerkschaften und Arbeitgeber. Er ist gültig für einzelne Arbeitgeber oder Verbände (Haustarifverträge, Flächentarifverträge, Branchentarifverträge). Geregelt werden Löhne und Gehälter, Zulagen, Arbeitszeiten, Urlaubszeiten, Kündigungsfristen.

ZP 190 — Wofür ist das *Betriebsverfassungsgesetz (BetrVG)* da?

Das Gesetz besagt, in welchen Betrieben Betriebsräte zu bilden sind und wie dies geschieht. Aus wie vielen Mitgliedern ein Betriebsrat besteht und unter welchen Voraussetzungen Betriebsräte von der Arbeit freizustellen sind. Wann ein Gesamtbetriebsrat oder ein Konzernbetriebsrat zu bilden ist, wann eine Jugend- und Auszubildendenvertretung (JAV). Und es regelt die Mitwirkungsrechte des Betriebsrats.

ZP 191 — Listen Sie wesentliche *Regelungen* für einen *Betriebsrat* auf.

Wahlberechtigt: jeder Arbeitnehmer, der das 18. Lebensjahr vollendet hat. **Wählbar:** alle Wahlberechtigten die länger als 6 Monat im Betrieb sind. Wahlen finden alle vier Jahre statt zwischen dem 01.03. und dem 31.05. Zusammensetzung: Gedanken der Gleichberechtigung (Das im Betrieb in der Minderheit befindliche Geschlecht muss mindestens mit seinem prozentualen Anteil im Betrieb auch im Betriebsrat vertreten sein, wenn dieser Betriebsrat mindestens drei Mitglieder hat.)

Mitspracherechte: alle betrieblichen Informationen müssen ihm zur Verfügung gestellt werden, er über geplante Änderungen wesentlicher Umstände informiert und diese mit ihm beraten werden, er ebenso über Personalplanung informiert und diese mit ihm beraten werden.

Mitbestimmungsrecht: personelle (Einstellungen, Versetzungen, Beförderung, Eingruppierung, Kündigung), soziale und wirtschaftliche Angelegenheiten

Einigungsstelle: neutraler Vorsitzende und Beisitzer von beiden Seiten

Anzahl der Betriebsratsmitglieder

Größe des Betriebes	Größe des Betriebsrates
5–20 wahlberechtigte Arbeitnehmer	1 Person
21–50 wahlberechtigte Arbeitnehmer	3 Mitglieder
51–100 Arbeitn.	5 Mitglieder
101–200 Arbeitn.	7 Mitglieder
201–400 Arbeitn.	9 Mitglieder
401–700 Arbeitn.	11 Mitglieder
701–1 000 Arbeitn.	13 Mitglieder
1 001–1 500 Arbeitn.	15 Mitglieder
1 501–2 000 Arbeitn.	17 Mitglieder
2 001–2 500 Arbeitn.	19 Mitglieder
2 501–3 000 Arbeitn.	21 Mitglieder
3 001–3 500 Arbeitn.	23 Mitglieder

Größe des Betriebes	Größe des Betriebsrates
3 501–4 000 Arbeitn.	25 Mitglieder
4 001–4 500 Arbeitn.	27 Mitglieder
4 501–5 000 Arbeitn.	29 Mitglieder
5 001–6 000 Arbeitn.	31 Mitglieder
6 001–7 000 Arbeitn.	33 Mitglieder
7 001–9 000 Arbeitn.	35 Mitglieder

In Betrieben mit mehr als 9 000 Arbeitnehmern erhöht sich die Zahl der Mitglieder des Betriebsrats pro angefangene weitere 3 000 Arbeitnehmer um jeweils zwei Mitglieder.

Personalrecht, -management und Entlohnung — WiSo

Scheinselbstständigkeit ist dann gegeben, wenn eine erwerbstätige Person als selbstständige Unternehmerin auftritt, obwohl sie faktisch nach der Art ihrer Tätigkeit abhängig beschäftigt ist. Scheinselbstständigkeit wird angenommen, wenn drei der folgenden Eigenschaften auf den externen Mitarbeiter zutreffen:

- Der Mitarbeiter beschäftigt nicht selbst regelmäßig von ihm Angestellte.
- Die vereinbarte Tätigkeit ist auf Dauer angelegt und wird im Wesentlichen nur für einen Auftraggeber erbracht (fünf Sechstel oder mehr des Umsatzes werden mit einem Auftraggeber erzielt).
- Der Auftraggeber hat Beschäftigte, die dieselben Tätigkeiten verrichten wie der Selbstständige.
- Der Mitarbeiter ist weisungsgebunden und in die Arbeitsorganisation des Auftraggebers eingegliedert.
- Der Mitarbeiter handelt nicht unternehmerisch. (Das Unternehmen besitzt kein eigenes Firmenschild, keine eigenen Geschäftsräume, kein eigenes Briefpapier oder Visitenkarten, der Unternehmer tritt in der Arbeitskleidung des Auftraggebers auf.)
- Der Selbstständige hat zuvor als Angestellter seines Auftraggebers dieselben Arbeiten verrichtet.

192 ZP — Was bedeutet *Scheinselbstständigkeit?* Nennen Sie drei Merkmale.

Vom Beginn der Schwangerschaft bis zum Ablauf von vier Monaten nach der Entbindung ist die Kündigung bis auf wenige Ausnahmen unzulässig.

193 ZP — Das *Mutterschutzgesetz (MuSchG)* enthält wichtige Bestimmungen für die Zeit der Schwangerschaft und danach. Was ist in der Zeit vom Beginn der Schwangerschaft bis zum Ablauf von vier Monaten nach der Entbindung bis auf wenige Ausnahmen unzulässig?

- wenn bei fortdauernder Beschäftigung das Leben oder die Gesundheit von Mutter und Kind gefährdet sind (Attest des Arztes über Gesundheitsgefährdung nötig)
- bei schwerer körperlicher Arbeit oder Arbeit mit gesundheitsgefährdenden Stoffen, Lärm, Akkordarbeit, Nachtarbeit und Fließbandarbeit
- die letzten 6 Wochen vor der Entbindung, wenn die werdende Mutter dies wünscht

194 ZP — Wann dürfen werdende Mütter nicht beschäftigt werden? Was ist die Voraussetzung dafür?

---

nach der Entbindung 8 Wochen lang, ggf. bis zu 12 Wochen lang (bei Früh- und Mehrlingsgeburten)

195 ZP — Wie lange dürfen Mütter nach der Entbindung nicht beschäftigt werden?

WiSo — Wirtschafts- und Sozialkunde

ZP 196 Wer trägt das sogenannte *Mutterschaftsgeld?*

die gesetzlichen Krankenkassen

ZP 197 Erklären Sie, warum ein *freier Mitarbeiter nicht unbedingt ein Freiberufler* ist.

Freiberufler sind Personen, deren berufliche Tätigkeit nicht der Gewerbeordnung unterliegt. Freie Berufe haben die persönliche, eigenverantwortliche und fachlich unabhängige Erbringung von Dienstleistungen im Interesse von Auftraggeber und Allgemeinheit auf der Grundlage einer besonderen beruflichen Qualifikation oder schöpferischen Begabung zum Inhalt. Generell kann man sagen, dass diese Tätigkeiten dem Staat und der Gesellschaft dienen.
Der Gesetzgeber versteht als freiberufliche Tätigkeit die selbstständige Berufstätigkeit von Ärzten, Zahnärzten, Tierärzten, Rechtsanwälten, Notaren, Patentanwälten, Vermessungsingenieuren, Ingenieuren, Architekten, Handelschemikern, Wirtschaftsprüfern, Steuerberatern, beratenden Volks- und Betriebswirten, vereidigten Buchprüfern, Steuerbevollmächtigten, Heilpraktikern, Dentisten, Krankengymnasten, Journalisten, Bildberichterstattern, Dolmetschern, Übersetzern, Lotsen und ähnlichen Berufen. Dabei ist es unerheblich, ob der Freiberufler fachlich vorgebildete Arbeitskräfte beschäftigt. Maßgeblich ist allein seine leitende und eigenverantwortliche Tätigkeit aufgrund von eigenen Fachkenntnissen.
Freiberufler werden steuerlich genauso behandelt wie selbstständige Unternehmer. Die Vorschriften der Gewerbeordnung gelten für sie allerdings nicht.
Als freiberufliche Tätigkeit oder freie Mitarbeit wird umgangssprachlich jede denkbare Art gewerblicher freier Mitarbeit durch selbstständige oder scheinselbstständige Personen bezeichnet, bei denen die Betreffenden auf eigene Rechnung tätig werden, ohne dass dabei auf die gesetzliche Definition der freien Berufe Rücksicht genommen wird. Beispielsweise werden in vielen Redaktionen und Verlagshäusern feste Stellen eingespart, und die Arbeit wird auf sogenannte freie Mitarbeiter verlagert.

ZP 198 Nennen Sie mögliche vertragsrechtliche Grundlagen bei der Einbindung von *internem und externem Personal* bei einer Veranstaltung.

- **Internes Personal:** befristeter und unbefristeter Arbeits- bzw. Anstellungsvertrag, Zeitarbeit, Arbeitsvertrag auf Abruf, Minijob, studentische Aushilfe

- **Externes Personal:** Dienstvertrag, Werkvertrag, freier Mitarbeiter, studentische Aushilfe, Personalvermittlung, Zeitarbeit

---

ZP 199 Was ist ein sogenannter *Minijob?*

Das deutsche Recht unterscheidet bei einer **geringfügigen Beschäftigung (Minijob)** zwischen der geringfügig entlohnten und der kurzfristigen Beschäftigung. Alle geringfügigen Beschäftigungsverhältnisse müssen wie andere Beschäftigungsverhältnisse der Sozialversicherung gemeldet werden.

Wenn das Arbeitsentgelt aus einer regelmäßigen Tätigkeit 450,00 € im Monat nicht übersteigt, handelt es sich um einen sogenannten Minijob als geringfügig entlohnte Beschäftigung. In diesem Fall muss der Arbeitgeber pauschale Beiträge zur Sozialversicherung von 13 % (Krankenversicherung) und 15 % (Rentenversicherung)

Personalrecht, -management und Entlohnung — WiSo

sowie 2 % für Lohnsteuer (einschließlich Solidaritätszuschlag) und Kirchensteuer zahlen. Hinzu kommt eine Umlage nach dem Aufwendungsausgleichsgesetz von 0,1 %. Beiträge zur gesetzlichen Unfallversicherung hat der Arbeitgeber ebenfalls zu zahlen.
Arbeitnehmer, die Minijobs ausführen, müssen bei der Minijob-Zentrale der Bundesknappschaft angemeldet werden. Die Anmeldung muss Angaben wie Rentenversicherungsnummer, Geburtsort, Geburtsdatum und Geburtsname umfassen. Der Arbeitgeber erstellt einen Beitragsnachweis und zahlt die Beiträge per Scheck, Überweisung oder Lastschriftverfahren.

---

200 ZP — An welchen Merkmalen orientiert sich eine *relative Lohngerechtigkeit* im Betrieb?

Qualifikation (Berufsausbildung, Fachwissen, Spezialkenntnisse), Leistung (qualitative und quantitative Leistungsmerkmale), Bedingungen am Arbeitsmarkt (Region, Angebot am Arbeitsmarkt, Fachkräftemängel), soziale Faktoren (Alter, Familienstand, Anzahl der Kinder, Betriebszugehörigkeit), regionale Vergleichslöhne, Gleichbehandlungsgrundsatz

---

201 ZP — Nennen Sie wichtige *lohnbezogenen Gesetze und Regelungen*.

Das **Bürgerliche Gesetzbuch** enthält grundlegende Aussagen zum Arbeitsvertrag und zum **Arbeitsrecht** (vgl. BGB § 611 ff.) Das Betriebsverfassungsgesetz reguliert das Arbeitsleben ebenso wie die Gesamtheit der Arbeitnehmerschutzgesetze wie beispielsweise das Mutterschutzgesetz, das Kündigungsschutzgesetz, das Entgeltfortzahlungsgesetz usw. Manteltarifverträge, Lohn- und Gehaltsrahmenabkommen, Lohn- und Gehaltstarife und Betriebsvereinbarungen beeinflussen weiterhin den Abschluss individualrechtlicher Arbeitsverträge.

---

202 ZP — Listen Sie die sechs *Lohnsteuerklassen* auf.

I: ledig, geschieden oder dauernd getrennt, keine Kinder
II: ledig, geschieden oder dauernd getrennt, mind. ein Kind im Haushalt
III: verheiratet oder nicht dauernd getrennt, Ehepartner arbeitet nicht oder per gemeinsamen Antrag in Steuerklasse V
IV: Verheiratete, beide beziehen Lohn/Gehalt, nicht dauernd getrennt
V: verh. Arbeitnehmer, der die Voraussetzungen für Steuerklasse IV erfüllt, wenn der Ehepartner nach gemeinsamem Antrag in Steuerklasse III eingestuft ist
VI: ab zweiter Lohnsteuerkarte, ungeklärte Verhältnisse

---

203 ZP — Listen Sie typische *Entgeltarten* auf.

Lohn und Gehalt, Zeitlohn, Akkordlohn, Prämienlohn, Gruppenlohn, Prämien, zusätzliche Vergütungen, Gewinnbeteiligungen, Honorare, Ausbildungsvergütungen, Entgelte ohne Arbeitsleistung (Krankengeld, Urlaubsgeld, Abfindungen usw.)

---

204 ZP — Was sind *geldwerte Leistungen*?

Geldwerte Leistungen können eine mietfreie Werkswohnung, die unentgeltliche private Nutzung eines Dienstfahrzeugs, unentgeltliches Essen usw. sein. Geldliche oder geldwerte Leistungen sind Gegenleistungen des Arbeitgebers für Arbeitsleistungen des Arbeitnehmers, zu denen dieser vertraglich verpflichtet ist. Diese muss der Arbeitnehmer als Lohnzusatzleistung komplett versteuern.

Wirtschafts- und Sozialkunde

3.3.2 Kleines Lexikon Personalwirtschaft und -führung

Lexikon

along-the-job: Maßnahmen zur individuellen Förderung der Mitarbeiter am Arbeitsplatz

Anforderungen an Führungskräfte: neben fachlicher, methodischer, sozialer und persönlicher Kompetenz werden Soft-Skills erwartet wie Zielorientierung, Einfühlungsvermögen, Entscheidungskompetenz, Überzeugungskraft, Kommunikationsfähigkeit sowie Durchsetzungsvermögen und Kontaktfähigkeit

Aushilfen (kurzfristige Beschäftigung): Eine kurzfristige Beschäftigung liegt vor, wenn sie im Lauf eines Kalenderjahres auf maximal zwei Monate oder 50 Arbeitstage begrenzt ist. Die zeitliche Begrenzung muss entweder aus der Eigenart der Beschäftigung heraus resultieren oder vertraglich im Voraus geregelt sein (z. B. durch einen auf längstens ein Jahr befristeten Arbeitsvertrag). Kurzfristige Beschäftigungen sind versicherungsfrei. Im Gegensatz zu den geringfügig entlohnten Beschäftigungen, sind auch vom Arbeitgeber keine Pauschalbeträge zur Sozialversicherung abzuführen.

Balanced Scorecard: Unternehmenssteuerungs- und -führungskonzept. Für unternehmensstrategische Kernaussagen werden in Form einer Vision oder eines Unternehmensleitbildes konkrete Prioritäten und Gewichtungen gesetzt, nach denen auch Etats ausgerichtet werden.

Beurteilungsgespräch (Ablauf): Vorbereitung (Ziele, Inhalte, Informationen, Entwicklungsstand), Begrüßung, Selbsteinschätzung, Beurteilungsdetails, Kritik, Beratung, Lösungsansätze, Zielvereinbarung, Maßnahmenplanung, Zusammenfassung, Dokumentation, Unterschrift

Beurteilungsgespräch (Inhalte): Der Vorgesetzte sollte im Beurteilungsgespräch eine Einschätzung und qualifizierte Rückmeldung der Leistungen gemäß der Aufgaben geben, konkrete Rückmeldung geben über die Einschätzung der Arbeitsqualität, Effizienz und Arbeitsorganisation, Leistungen anerkennen sowie Stärken, Schwächen und Perspektiven aufzeigen.

Beurteilungsgespräch (Kriterien der Beurteilung): Leistungsbeurteilung, Beurteilung des Sozialverhaltens, Potenzialbeurteilung, Persönlichkeitsbeurteilung, frei, halbstandisiert anhand von Anhaltspunkten oder standardisierte bzw. gebundene Beurteilung

Beurteilungsgespräch (Regeln der Gesprächsführung): unter vier Augen, kooperative Atmosphäre, persönlicher Inhalt, Stil und Ablauf, positiver Kontakt, sachlich – nicht persönlich, kurz, konkret, konstruktiv, Aufzeigen von Förderungsmöglichkeiten, Stellungnahmen zulassen, Vertrauen aussprechen

Charismatische Führung: Führen mit authentischer Ausstrahlung, Vorbildcharakter

Coaching: karriere- und skill-bezogene persönliche, begleitende Beratung von Arbeits- und Führungskräften

---

Führungsstile

Autoritär: detaillierte Vorgabe von Zielen und Aufgaben, wenig Kommunikation untereinander, keine Delegation von Verantwortung, selten Anerkennung

Beratend: Information über beabsichtigte Entscheidungen, Möglichkeit zur Meinungsäußerung, Entscheidung durch Vorgesetzten

Delegativ: Entscheidung durch Team nach Briefing durch Vorgesetzten

Demokratisch: Entscheidung durch Team, Vorgesetzter fungiert als Koordinator nach innen und außen

Informierend: Vorgesetzter entscheidet, gestattet jedoch Fragen, um Akzeptanz zu erhöhen

Kooperativ: gemeinsames Erarbeiten von Zielen und Aufgaben, Probleme werden im Team gelöst, Freiräume innerhalb vorgegebener Grenzen erlaubt, gute Leistungen werden anerkannt

Laissez-Faire: Ziele und Aufgaben werden den Mitarbeitern überlassen, Mitarbeiter werden in Meetings gedrängt, kaum Struktur, Anerkennung nicht aufgrund von Leistung

Partriarchalisch: Vorgesetzter entscheidet, versucht aber zu überzeugen, bevor er anordnet

Weitere Führungsstile: autokratischer Führungsstil, bürokratischer Führungsstil, sozialintegrativer Führungsstil, situativer Führungsstil

---

Human Relations (auch Internal Relations): systematischer Aufbau und die Pflege der Beziehungen eines Unternehmens zu seinen Mitarbeitern/-innen, deren Angehörigen sowie ehemalige Beschäftigte; typische Ins-

Kleines Lexikon Personalwirtschaft und -führung

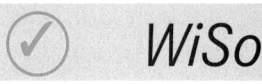

trumente: Betriebsveranstaltungen, Rundschreiben, Intranet, Mitarbeiter-Magazine, betriebliches Vorschlagswesen

Into-the-job: Berufsausbildung, Integrationsprogramme, Trainee-Programme

Management by Exception = Führung nach dem Ausnahmeprinzip	Management by Objectives = Führung durch Zielvereinbarung	Management by Delegation = Führen durch Aufgabendelegation
Im „Normalfall" darf der Mitarbeiter selbstständig entscheiden – bis zu einer bestimmten Grenze. Bei Überschreiten der Grenze (Ausnahmefall) entscheidet ausschließlich der Vorgesetzte. Die Grenze kann z. B. eine festgesetzte Geldsumme für das Ausstellen eines Schecks sein. Der Ausnahmefall kann auch eine besondere Situation sein, wie z. B. ein finanzieller Engpass im Unternehmen. Die Ausnahmefälle müssen genau festgelegt werden.	Mitarbeiter und Vorgesetzte vereinbaren gemeinsame Ziele, die der Mitarbeiter erreichen soll. Den Weg bestimmt er selbst, der Vorgesetzte kontrolliert die Ergebnisse. Aufgabenbereich und Verantwortung (z. B. auch Gehalt!) des Mitarbeiters werden nach dem Ergebnis festgelegt. Die Ziele/Teilziele müssen genau geplant werden.	Die Vorgesetzten übertragen feste Aufgabenbereiche an die Mitarbeiter und weisen ihnen alle notwendigen Befugnisse zu. Der Mitarbeiter arbeitet selbstständig und mit voller Verantwortung. Der Aufgabenbereich muss deutlich abgegrenzt sein und die Kontrolle der Mitarbeiter gesichert.
Vorteile Positiv an diesem Führungsprinzip ist, dass das Management von Routineaufgaben entlastet wird. Die Mitarbeiter sind durch größere Entscheidungsbefugnis und mehr Verantwortung motivierter.	Vorteile große Selbstständigkeit der Mitarbeiter hohe Motivation bei angemessener Zielvereinbarung Entlastung des Vorgesetzten	Vorteile großer Handlungsspielraum des Mitarbeiters hohe Entlastung der Vorgesetzten
Nachteile Die „Grenze" kann zu einschränkend sein. Der Vorgesetzte wird nicht entlastet und/oder die Mitarbeiter sind unterfordert. Ist die Grenze zu hoch angesetzt, kann dem Vorgesetzten die Kontrolle entgleiten evtl. wird die Grenze umgangen	Nachteile Probleme können bei nicht ausreichender Absprache auftreten. Bei zu hoher Zielsetzung entsteht hoher Leistungsdruck, evtl. Misserfolge.	Nachteile Hohe Verantwortung des Mitarbeiters kann ihn belasten. kann zu Fehlentscheidungen des Mitarbeiters führen

Management by Crisis: bewusste Herbeiführung bzw. Provokation von Krisensituationen
Management by Decision Rules: Vorgabe detaillierter Verhaltensweisungen und Regeln
Management by Projects: fachübergreifende Koordination, Planung, Steuerung und Überwachung von Projekten
Management by Results: Führung durch Ergebnisüberwachung, Vorgesetzter gibt Ergebnisziele vor, die erreicht werden müssen und überprüft werden
Management by Systems: Führung durch Systemsteuerung
Methodische Kompetenz: Lernfähigkeit, Denkfähigkeit, Interaktionsfähigkeit, Steuerung , Kreativität, Präsentation, Diagnostik, Urteilsvermögen, Problemlösungsfähigkeit, Systematik

WiSo — Wirtschafts- und Sozialkunde

near-the-job: Fördernde Maßnahmen, die keinen direkten örtlichen Zusammenhang mit der Arbeit haben müssen, aber eine direkte Beziehung zur Aufgabe/Tätigkeit/Problemstellung

off-the-job: Fördernde Maßnahmen, die außerhalb des Arbeitsplatzes (oft auch des Unternehmens) stattfinden.

on-the-job: Maßnahmen am Lernort Arbeitsplatz

out-of-the-job: Personalentwicklungsmaßnahmen bei Mitarbeitern, die derzeit nicht im Unternehmen beschäftigt sind

Outsourcing: Ausgliederung/Auslagerung; Aufgaben oder Bereiche eines Unternehmens werden an externe Drittfirmen abgegeben

Personalentwicklungsmaßnahmen: Aus- und Weiterbildung durch Unterrichtsformen (Seminar, Training, usw.), Vier-Stufen-Methode/Verhaltensmodellierung, computergestütztes Training/e-learning, Coaching, Mentoring, Teambuilding, Job enlargement, Job rotation, Job enrichment, Gruppenarbeit, 360°-Feedback, ganzheitliches Lernen/Projektarbeit, Laufbahnmodelle/Karriereplanung, Mitarbeitergespräche, Mitarbeiterbefragung, Nachwuchsförderkreise, Trainee- und Praktikantenprogramme, Qualitätszirkel, Werkstattzirkel, Junior Boards, Personalentwicklung

Personalführung: Teil der Unternehmensführung, Führung einzelner Mitarbeiter, Gruppen sowie deren Interaktionen, zielorientierte Einflussnahme auf Einstellungen und Handlungsweisen der Mitarbeiter durch die Führungskraft, Aktivierung, Lenkung, Koordinierung und Kontrolle menschlichen Verhaltens in Kollektiven

Persönliche Kompetenz: Wertebewusstsein, Lernwilligkeit, Feedback, Förderung, Akzeptanz, Reflektionsfähigkeit, Selbstkontrolle, Autorität, aktive Handlungsorientierung, Offenheit, Sinn für Humor

Persönlichkeit: dynamische Ordnung derjenigen Systeme im Individuum, die seine einzigartige Anpassung an seine Umwelt bestimmen; Persönlichkeit kann als das Verhalten eines Menschen in einer bestimmten Situation definiert werden oder als seine einzigartige Struktur von Wesenszügen.

Phasen der Teambildung: Forming (Schnupperphase – Distanz und Zurückhaltung), Storming (Konfliktphase – Konkurrenzverhalten), Norming (Organisationsphase – Wir-Gefühl), Performing (Leistungsphase), Adjourning (Auflösungsphase)

Potenzialanalyse von Mitarbeitern: Ermittlung des Karrierepotenzials, Erfassung der Fähigkeitspotenziale für zukünftige Tätigkeiten durch Erfassen von Wissen, Fähigkeiten, Motivation und Persönlichkeitsmerkmalen

Prozessmodell der Personalentwicklung (PE): Bedarfsanalyse (Vergleich Ist-Soll-Zustand), Entwicklung der PE-Ziele, Sichtung/Entwicklung/Auswahl von Methoden, Entwicklung des Evaluationsansatzes (Erfolgskontrolle), Durchführung der PE-Maßnahmen, Evaluation der PE-Maßnahme (Auswertung)

Rückkehrgespräch (nach Ausfallzeiten): Drei-Stufen-Programm: 1. (Motivations-)Gespräch nach jeder Erkrankung, 2. Rückkehrgespräch bei Auffälligkeiten, 3. Rückkehrgespräch in „schwierigen" Fällen; Ziel: soziale Kompetenzen unterstreichen, Mitarbeitermotivation positiv beeinflussen, Fehlzeiten auf ein Minimum reduzieren, Verbesserung des Arbeitsklimas, Eingliederung in Arbeitsprozess

Situativer Führungsstil: abhängig von der Führungssituation zwischen Vorgesetztem, Mitarbeiter und der jeweiligen Situation; je nach Notwendigkeit wird in der situativen Führung auf die Werkzeuge und Möglichkeiten der bekannten Führungsstile zurückgegriffen. Das situative Modell von Hersey/Blanchard wird auch Reifegradmodell genannt. Das Grundprinzip dieses Führungsstils beruht auf der Annahme, dass jeder Mitarbeiter nach seinem Reifegrad geführt werden muss, um seine Potenziale für das Unternehmen freizusetzen. Nicht die Führungskraft führt in erster Linie mit dem ihr eigenen Stil, sondern sie passt ihren Führungsstil im Idealfall – in den Grenzen der eigenen Persönlichkeit – weitgehend an den Bedarf des Mitarbeiters an.

Soziale Kompetenz: Interaktionen, Kommunikation, Sensibilität, Konfliktfähigkeit, Delegation, Engagement, persönliche Reife, soziale Verantwortung

Symbolische Führung: individuelles und soziales Handeln wird durch Bedeutungen (Symbole) mitgesteuert, d. h. durch Geschichten, Grundsätze, Sprachregeln, Zeremonien, Traditionen, Statussymbole, Riten

Systematische Führung: Im Vordergrund steht der Prozesse der Selbstorganisation. Strukturen schaffen den Rahmen für selbst organisatorische Prozesse.

Verhaltensmodellierung: Modellierung (Vorführen der zu erlernenden Verhaltensweise durch ein Modell), Behaltensprozess (Memorierung der neuen Verhaltensweisen), Verhaltenswiederholung (Einübung des neuen Verhaltens in simulierter Umgebung), Feedback (Steuerung des Verhaltensaufbaus durch Rückmeldung), Trainingstransfer (Vorbereitung auf die Anwendung in der Praxis)

Simulation 1.1 Veranstaltungsorganisation ✓ *Prüfung*

4 IHK-Prüfungssimulation

4.1 Simulation Abschlussprüfung

4.1.1 Simulation 1.1 Veranstaltungsorganisation (ungebunden)

Prüfung

Situation zu Aufgabe 1 bis 7:
Als Mitarbeiter/-in der Universal Event Agentur sind Sie in die Planung, Durchführung und Nachbereitung eines Marketing-Events eingebunden. Für das Unternehmen aus der Pharmaindustrie placebo pharma limited soll Ihre Agentur ein großes Mitarbeiterfest im Rahmen der internationalen Fachmesse pharma live organisieren. Etwa 800 eingeladenen Mitarbeitern soll im Rahmen des Get together-Events ein abendliches, hochwertiges Show-Programm mit Sport- und Unterhaltungsteilen geboten werden. Neben Aufgaben im Projektteam begleiten Sie die Show-Produktion.

mögliche Punktzahl: 100 Punkte

1. Der Kunde möchte, dass ein/e prominente/r Moderator/-in während der Show am Abend durch das Programm führt. Sie schlagen dem Kunden einige Kandidaten vor. Welche vier Anforderungen sollten die von Ihnen angefragten Personen erfüllen und auf welche zwei organisatorische/kaufmännische Aspekte sollten Sie noch im Vorfeld besonders achten, bevor Sie dem Kunden geeignete Personen vorschlagen? (10 Punkte)

je 1,5 Punkte pro richtiger Anforderung, je 2 Punkte pro richtigem Aspekt im Vorfeld

Vier Anforderungen (à 1,5 Punkte), z. B.:
- Prominenz und Bekanntheit
- Passt die Persönlichkeit zum Unternehmen?
- Beliebtheit (Sympathieträger)
- Stil, Niveau, Umgangsformen
- Live-Erfahrung, Referenzen, Bühnenpräsenz
- Identifikation mit dem Unternehmen
- Affinität zur Eventkonzeption (Sport, Entertainment, Aktivierung)
- darf nicht für die Konkurrenz tätig gewesen sein
- Mehrsprachigkeit

zzgl. zwei Aspekte im Vorfeld (à 2 Punkte), z. B.:
- terminliche Verfügbarkeit des Kandidaten, Bereitschaft und Interesse
- Honorarvorstellungen inkl. Nebenkosten/Anforderungen
- angemessene Ansprache der infrage kommenden Persönlichkeit
- Informationen über das Unternehmen, die Produkte, Mitarbeiter und Eventkonzept sowie -ablauf austauschen

Prüfung ✓ IHK-Prüfungssimulation

2. Die für das Abendprogramm gebuchte Galaband Die Flipperellas begleitet auch andere Künstler während der Veranstaltung. Der in den 70er-Jahren international erfolgreiche nordwalisische Sänger Tim Quaryman soll im dritten Set der Galaband einen 35-minütigen Show-Auftritt absolvieren. Das Management des Sängers besteht auf einer einstündigen Probe mit der kompletten Band unter Show-Bedingungen. Welchen konkreten terminlichen Vorschlag werden Sie unter Berücksichtigung der möglichst niedrig zu haltenden Kosten zur Ansetzung dieser Probe machen? Begründen Sie Ihre Entscheidung ausführlich. (8 Punkte)

bis zu 8 Punkte für die schlüssige Begründung unter Kostenaspekten

Ansetzung der Probe nach Aufbau und Soundcheck der Galaband möglichst mit komplettem Bühnenlicht rechtzeitig vor Doors open (2–3 Std. vor Öffnung). Auf Aspekte der Kostenreduzierung eingehen (Anreise, Übernachtung usw.). Den zusätzlichen Zeitbedarf in der Ablaufplanung einbeziehen. Im Vorfeld für eine funktionierende Kommunikation zwischen den Beteiligten sorgen (Notenversand, technische und künstlerische Absprachen usw.).

3. Als zusätzlichen Programmpunkt planen Sie die Tanzgruppe The Funny Jumping Go Go Dolls in die Inszenierung des Show-Teils der Abendveranstaltung ein. Den Engagement-Vertrag schließen Sie direkt mit der Funny Jumpdoll GmbH ab, die zwei Mitgliedern des Ensembles als geschäftsführende Gesellschafter gehört. Welche zwei Auswirkungen hat dieses Vertragsverhältnis hinsichtlich der Zahlung der Künstlersozialabgabe? (8 Punkte)

je 4 Punkte pro Erläuterung

Erste Auswirkung: Der Veranstalter hat für die Gage i. d. R. keine Künstlersozialabgabe zu zahlen, da die Zahlung an eine GmbH (juristische Person) erfolgt (laut KSVG).
Zweite Auswirkung: Wahrscheinlich muss die GmbH die Künstlersozialabgabe für die engagierten Tänzer übernehmen, wenn diese auf freiberuflicher Basis gegen Honorar tätig sind. Diese Kosten wird die GmbH im Rahmen der Gagenkalkulation an den Vertragspartner weitergeben.
Eventuell ist noch die Abgabenpflicht für die geschäftsführenden Gesellschafter zu prüfen.

4. Sie bereiten die Veranstaltung technisch vor. Vervollständigen Sie den folgenden Kommunikationsplan, der den Ablauf der Abendveranstaltung mithilfe der neuesten Kommunikationstechnik (Matrix) erleichtern soll. Der Show-Teil beinhaltet neben den üblichen technischen Lösungen eine AV-Projektion auf zwei Leinwänden. (12 Punkte)

je 0,5 Punkte für die richtige Zuordnung Funk/Intercom, je 0,4 Punkte für 20 richtige Nennungen

	Abendregisseur/techn. Leiter	Stage-Manager	Lichttechnik (Lichtregie)	Tontechnik (Tonregie)
Spricht mit:				
Hört:				
Intercom (drahtgebunden) oder Funk?				
	Bildtechnik (Bildregie)	Kameraleute	Techniker (Stage)	Hands/Runner
Spricht mit:				
Hört:				
Intercom (drahtgebunden) oder Funk?				

Simulation 1.1 Veranstaltungsorganisation ✓ *Prüfung*

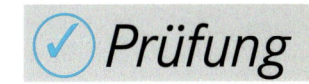

Lösung:
AR = Abendregisseur, BT = Bildtechnik, KL = Kameraleute, LT = Lichttechnik, SM = Stagemanager, T = Techniker, TT = Tontechnik,

	Abendregisseur/technischer Leiter	Stage-Manager	Lichttechnik (Lichtregie)	Tontechnik (Tonregie)
Spricht mit	Allen	LT/TT/BT/T/AR	TT/BT/T/AR/SM	LT/BT/T/AR/SM
Hört:	Alle	LT/TT/BT/T/AR	TT/BT/T/AR/SM	LT/BT/T/AR/SM
Intercom (drahtgebunden) oder Funk?	Funk	Funk	Intercom	Intercom
	Bildtechnik (Bildregie)	Kameraleute	Techniker (Stage)	Hands/Runner
Spricht mit:	LT/TT/T/AR/SM/KL	BT (LT)	LT/TT/BT/AR/SM	T/SM
Hört:	LT/TT/T/AR/SM/KL	BT/LT/AR/SM	LT/TT/BT/AR/SM	SM/AR/T
Intercom (drahtgebunden) oder Funk?	Intercom	Funk/Intercom	Funk	Funk

5. Sie werden auch in die begleitende Planung des Messeauftritts eingebunden. Für ein Brainstorming wollen Sie sich im Vorbereitungsteam auf die Zielgruppe des Kunden während der Messe einstimmen. Sie schlagen vor, sich „in die Schuhe des Messebesuchers" hineinzuversetzen. Nennen Sie fünf wichtige Ziele bzw. Erwartungen an einen Messebesuch aus Sicht der Messebesucher. (10 Punkte)

je bis zu 2 Punkte für die richtige Nennung

- eine Marktübersicht erhalten
- Sortiment, Preise und Konditionen vergleichen
- neue Produkte kennenlernen und testen
- Trends erkennen
- kompetente Beratung
- fachlich anregendes Rahmenprogramm erleben
- Geschäftskontakte knüpfen, ausbauen und vertiefen
- Aufträge abschließen und Vertragsabschlüsse anbahnen
- Joint-Ventures ausloten

6. Auf der Messe sind Sie als Mitglied des Organisationsteams für die Standbesatzung verantwortlich. Schon im Vorfeld machen Sie sich Gedanken über die verbindlichen Regeln am Stand sowie über die notwendigen Informationen, mit denen Sie die Standbesatzung im Rahmen des vorbereitenden Messetrainings versorgen sollten. Nennen Sie fünf wichtige und fachliche Regeln oder Informationen. (10 Punkte)

je bis zu 2 Punkte für die richtige Nennung

- Informationen
- Uhrzeit des täglichen Vorbereitungsmeetings (Morgenandacht)
- Briefing zu Produkten und zum Unternehmen
- Briefing zur Corporate Identity (Behaviour)
- Übersicht über Werbemittel und Broschüren
- Messe-Fibel/Info-ABC mit den wichtigsten Informationen

Prüfung ✓ IHK-Prüfungssimulation

- Regelungen zum Cateringangebot für die Besucher
- Informationen zum Messe-Lead-Prozess (Messekontaktbogen, Gesprächsprotokoll)
- Informationen über Mitbewerber usw.
- Regeln
- Regelungen zu Kleidung, Namensschildern
- Pausen- und Anwesenheitsregelungen, No-go-Kriterien
- Handy- und Telefonregelungen

7. Das Projektteam diskutiert Möglichkeiten, den kommunikativen Erfolg des Messeauftritts durch begleitende Werbemaßnahmen zu optimieren. Nennen Sie vier mögliche flankierende Kommunikationsmaßnahmen während des Messezeitraums und beschreiben Sie die jeweilige Maßnahme stichwortartig. (8 Punkte)

je bis zu 1 Punkt für die richtige Nennung inkl. Beschreibung

- Bannerwerbung auf dem Messegelände, Plakatierung usw.
- Werbung im Ausstellerkatalog
- Promotion-Maßnahmen auf dem Messegelände, Walking Acts
- Gewinnspiele und Sampling von Gewinnspielkarten
- Belegung von Messe-TV und Messe-Radio
- Plakataufsteller/Displays auf den Zugangsstraßen
- Außenwerbung auf dem Messegelände
- Taxiwerbung, Verkehrsmittelwerbung
- begleitende PR-Artikel in Fachzeitschriften
- begleitendes Einladungsmailing
- Treppen- und Rolltreppenwerbung
- Give-aways und Werbemittelverteilung
- Aktionsbühnen und Showflächennutzung
- Belegung von Sonderschauen, Awards

Situation zu Aufgabe 8 bis 12:
Ihr Veranstaltungsunternehmen möchte einen Rockwettbewerb für junge Nachwuchsbands aus der Region veranstalten. Sie entwickeln die Idee, diese Veranstaltung in einer außergewöhnlichen Location durchzuführen. Da der Termin im Sommer geplant ist, schlagen Sie vor, ein Zirkuszelt anzumieten. So könnte die sommerliche Atmosphäre unabhängig vom Tageswetter ausgenutzt werden.

8. Nennen Sie die beiden wichtigsten rechtlichen Bestimmungen, die es in diesem Fall besonders zu beachten gilt. (6 Punkte)

je bis zu 3 Punkte für die richtige Nennung

Fliegende Bauten, Landesimmissionsschutzgesetz (LISchG); auch: BGV C2, Jugendschutzgesetz

Simulation 1.1 Veranstaltungsorganisation ✓ Prüfung

9. Entwickeln Sie eine besondere zielgruppenorientierte Vorverkaufsmaßnahme für das Ticketing, die sich für diese Veranstaltung anbietet. (6 Punkte)

bis zu 8 Punkte für die Ausarbeitung der schlüssigen und kreativen Idee

Eine kreative Lösung ausarbeiten, z. B.:
- Einbindung der Beteiligten in den Vorverkauf (vergünstigte Fantickets)
- Aktionen in Schulen und Jugendzentren
- Direktverkauf von Tickets über Street-Promoter
- Internet- oder Handy-SMS-Aktionen
- Einrichten von Vorverkaufsmöglichkeiten in zielgruppengerechten Örtlichkeiten (Plattenladen, Szeneclub, Tanzschule)

10. Zur unterstützenden Finanzierung des Events möchten Sie potenzielle Sponsoren und Kooperationspartner gewinnen. Welche Unternehmen kämen als potenzielle Partner hierfür infrage (vier Nennungen)? (10 Punkte)

je bis zu 1 Punkt für die richtige Nennung, je bis zu 0,5 Punkt für die richtige Zuordnung, je bis zu 1 Punkt für die richtige Bemerkung

Partner	Art (Kooperationspartner = K, Sponsor = S)	Bemerkung

Mögliche Sponsoren: Instrumentenhersteller, Instrumentenhandel, Label, Anbieter für Veranstaltungstechnik, Musikschule, Zeltbauer, Getränkehersteller, Kreditinstitute/Banken, Versicherungen, Bekleidungshersteller
Mögliche Kooperationspartner: Jugend- oder Kulturamt, Rockförderverein, örtlicher Musikclub, lokale Prominenz (Pate), regionale Presse und Radio, regionaler Verein/Verband
unter Bemerkung Besonderheiten oder Mehrwert der Zusammenarbeit nennen

11. Nennen Sie vier Argumente zur Gewinnung von möglichen Sponsoren oder Kooperationspartnern für diese Veranstaltung. (6 Punkte)

je bis zu 1,5 Punkte für das richtige Argument

- direkter Zielgruppenzugang zu zukünftigen Kunden ist gewährleistet
- Synergieeffekte entstehen (Win-win-Situation), beide Parteien profitieren
- konkrete Werbemöglichkeiten vor Ort und im Umfeld
- Imageförderung als Ziel, Bekanntheitsgrad steigt
- konkrete Absatzmöglichkeiten gewährleistet

Prüfung ✓ IHK-Prüfungssimulation

- Sponsor erhält Kartenkontingente
- Kontakt orientierte Nutzung der Anwesenheit von Multiplikatoren (Presse, Verbände, Entscheider)
- Aufzeigen der konkreten Nutzungsmöglichkeiten für den Sponsor, z. B. Platzierung von Logos, Banner, Nennung in Radiospots usw., Einbindung in Vor-Ort-Aktionen (VIP-Lounge, Gewinnspiel, Sampling)

12. Nach der Durchführung wollen Sie den Erfolg der Veranstaltung bewerten. Welche Daten legen Sie einer Auswertung zugrunde (sechs Nennungen)? (6 Punkte)

je bis zu 1 Punkt für die richtige Nennung

- Teilnehmerzahl, abgesetzte Tickets
- finanzieller Erfolg (Kosten, Umsätze, Erlöse, DB-Berechnung)
- Daten aus Fragebögen
- Daten aus Interviews
- Anzahl und Inhalt von Pressekritiken
- Feedback aus der Manöverkritik, Künstlerfeedback
- Umsätze an den Theken
- nachträgliche Ablaufkontrolle
- erhobene Wahrnehmung des Sponsorings

4.1.2 Simulation 1.2 Veranstaltungsorganisation (gebunden)

Prüfung

Pro Aufgabe werden jeweils 4 Punkte verteilt, insgesamt können 100 Punkte erreicht werden, die nach dem IHK-Punktesystem benotet werden. Teilbewertungen für teilrichtige Antworten sind folgendermaßen möglich: Eine von zwei richtigen Teilantworten ergeben z. B. 1/2 · 4 Punkte = 2 Punkte.

13. 1. Bei einer regionalen Kulturveranstaltung soll der Besucherbereich vor der Hauptbühne ausschließlich Stehplätze enthalten. Welche drei der folgenden Aspekte sind hinsichtlich der Absperrungen laut Versammlungsstättenverordnung (VStättVO) zu beachten?

Lösung:
2
4
5

1. Die Absperrungen müssen so beschaffen sein, dass die Zuschauer nicht näher als 5,40 m an die Bühne herankommen.
2. Zwischen Szenenfläche und Stehplätzen muss ein Gang von mindestens zwei Metern Breite durch Drängelgitter abgeschrankt sein.
3. Drängelgitter sind nicht nötig, es reichen zwei professionelle Umwehrungen der Bühne.
4. Es sind mindestens zwei seitlich zugängliche Bereiche zu bilden.
5. Die Mindesthöhe der Drängelgitter beträgt 1,10 m.
6. Die Mindesthöhe der Drängelgitter beträgt 1,20 m.

14. 2. Als gut ausgebildeter Veranstaltungskaufmann kennen Sie Techniken und Werkzeuge der Projektplanung. Ordnen Sie zu.

Simulation 1.2 Veranstaltungsorganisation ✓ *Prüfung*

a) Projektstrukturplan
b) Briefing
c) Disposition
d) Ablaufplan
e) Sitzungsprotokoll
f) Tournee-Rider

☐ meist internes tabellarisches Dokument, eingesetzt bei Aufbau und während des Events

☐ meist internes mehrseitiges Dokument mit allen wichtigen Produktionsinformationen

☐ visualisierendes Hilfsmittel in der Phase der Eventplanung bzw. -organisation

Lösung:

[d]

[f]

[a]

3. Bitte ordnen Sie die folgenden Artikel zur Finanzierung den entsprechenden Produktarten zu.

a) Umhängetasche für den Transport von Werbeartikeln
b) Laminierfolie für ein Laminiergerät
c) Baseballkappe mit Logo für eine Hip-Hop-Formation
d) Jojo mit Firmenaufschrift zur Verteilung auf einer Messe
e) Polo-Shirt mit Firmenaufdruck für die Mitarbeiter im Verkaufsraum
f) Hard-Ticket an der Umtauschkasse eines Konzertes

☐ Merchandising-Artikel

☐ Werbeartikel (Give-away)

☐ Promotionbedarf

Lösung:

[c]

[d]

[a]

4. Catering im Rock- und Pop-Geschäft bedeutet ...

1. Publikumsverpflegung.
2. dienstliche Mahlzeiten.
3. Backstage-Verpflegung.
4. Mitarbeiterverpflegung.
5. Hinterbühnenparty.

Lösung:

[1]

5. Für den reibungslosen Ablauf der Veranstaltung der WILD ONES erstellen Sie einen Ablaufplan. An welche Beteiligten wird dieser verteilt?

1. Sponsoren, Gastronomie, Catering, Medienkooperationspartner, technisches Personal, Security
2. Zuschauer, Sponsoren, Gastronomie, Catering, Medienkooperationspartner
3. Künstler, Gastronomie, Catering, technisches Personal inkl. Hands, Security, Local Promoter, Tourneemanager, Location-Betreiber
4. Künstler, Zuschauer, Catering, technisches Personal inkl. Hands, Security, Local Promoter, Booker, Location-Betreiber, anwesende Wettbewerber

Lösung:

[3]

6. Welche zwei der folgenden Dokumente müssen bei einer Veranstaltung mit Live-Musik in der Regel nicht an die GEMA gesendet werden?

1. Tarifübersicht für Veranstaltungen mit Live-Musik
2. Antrag auf Musiknutzung bei Veranstaltungen

Prüfung ✓ IHK-Prüfungssimulation

Lösung:
[1]
[3]

3. GEMA-Werkanmeldung für Einzeltitel
4. Musikfolge für eine Einzelveranstaltung (Live-Musik)

19
7. Welche der folgenden Vorteile gelten für Rückprojektionen auf Projektionsflächen?

Lösung:
[1]
[2]

1. Der Beamer ist für die Zuschauer nicht sichtbar.
2. Es entsteht i. d. R. keine Schattenbildung auf der Leinwand durch Akteure auf der Bühne.
3. Weil man den Beamer freier anordnen kann, ist i. d. R. eine bessere Ausrichtung des Beamers möglich.
4. Es entsteht zusätzlicher Platzbedarf hinter der Leinwand.
5. Der Rückpro-Tunnel muss lichtdicht abgeschlossen sein.
6. In der Regel ist eine spezielle Rückpro-Leinwand nötig (Verlustfaktor beim Durchleuchten beachten).

20
8. Welche der folgenden Geräte können Sie nicht als Zuspieler für einen Bild-Projektor in der Technik-Regie verwenden?

Lösung:
[5]
[7]

1. PC/Notebook für Präsentationen
2. Videorekorder SVHS/VHS
3. DVD-Player
4. Digital-Beta-SP-Player
5. Mini-Disk-Player (MD)
6. Medien-Server (Festplatte)
7. ipod shuffle

21
9. Bei einer Business-Veranstaltung sind alle Programmpunkte der Abendveranstaltung (Redner, Moderationen, Künstlerauftritte, Einspielungen usw.) aufgezeichnet worden. Welche Möglichkeit der weiteren Verwertung der Aufnahmen bietet sich für das veranstaltende Unternehmen in der Regel nicht an?

Lösung:
[4]

1. Verwendung als anschließende Dokumentation (Give-away) für die Teilnehmer
2. Erstellung eines Dokumentationsvideos (Imagefilm)
3. Aufarbeitung für das Internet (Film als Download oder Stream)
4. Produktion eines Videoclips für das Musikfernsehen (MTV/Viva)

22
10. Welches kaufmännische Prinzip findet in der betrieblichen Buchführung Anwendung?

Lösung:
[3]

1. Aufwand – Ertrag = Erlös
2. Wahrheit, Klarheit, Unabhängigkeit
3. keine Buchung ohne Beleg
4. Die positive Differenz zwischen Einnahmen und Ausgaben bildet das Schlusskonto der GuV.

Simulation 1.2 Veranstaltungsorganisation ✓ *Prüfung*

Situation zu Aufgabe 11 bis 13:
Bei einer zentralen Großveranstaltung handelt es sich laut Hallenplan um einen Raum mit einer Grundfläche von 84,5 m · 42,5 m und einer Raumhöhe von 7,9 m. Szenenfläche und Nebeneinrichtungen haben zusammen eine Fläche von 734 m². An den beiden Längsseiten sind jeweils 8 Ausgänge mit je 3,6 m lichter Breite und an den beiden Stirnseiten jeweils 4 Ausgänge mit je 2,4 m lichter Breite vorhanden.

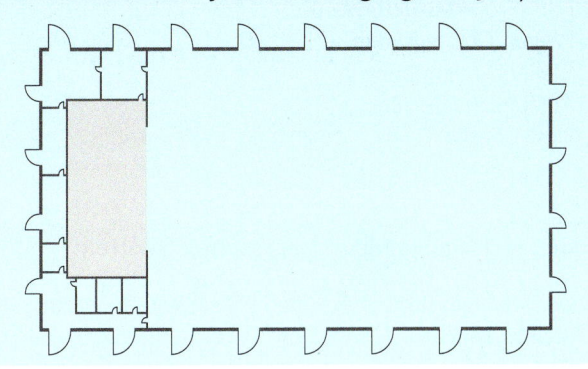

11. Berechnen Sie, wie groß die den Besuchern zugängliche Fläche im Versammlungsraum ist.

84,5 m · 42,5 m = 3 591,25 m² Grundfläche − 734 m² Szenenflächen, Nebeneinrichtungen = **2 857,25 m²**

Lösung:
$\boxed{2\,857,25 \text{ m}^2}$

12. Berechnen Sie, wie viele Besucher bei Stehplätzen gemäß der Versammlungsstättenverordnung auf dieser Fläche zulässig sind.

2 857,25 · 2 = 5 714,50 - abrunden auf **5 714 PAX**

Lösung:
$\boxed{5\,714 \text{ PAX}}$

13. Beurteilen Sie, ob die Anzahl der Ausgänge gemäß der Versammlungsstättenverordnung zulässig ist.

1. Ja, obwohl die Ausgänge hinter und neben der Bühne nicht berücksichtigt werden können, sind genügend Ausgänge vorhanden.
2. Die Zahl der Ausgänge müsste nach oben angepasst werden.
3. Es müssten acht Ausgänge geschlossen werden.
4. Anzahl und Breite der Ausgänge sind für das zugelassene Fassungsvermögen unerheblich.

Lösung:
$\boxed{1}$

14. Sie buchen auf Erfolgskonten. Welche der folgenden Aussagen ist richtig?

1. Aufwandskonten mehren das Eigenkapital.
2. Ertragskonten mehren den Gewinn.
3. Ertragskonten mindern den Gewinn.
4. Ertragskonten mindern das Eigenkapital.
5. Aufwandskonten werden im Haben gesollt.

Lösung:
$\boxed{2}$

Prüfung ✓ IHK-Prüfungssimulation

27

15. Als Projektmanager arbeiten Sie an der Ablaufplanung eines Groß-Events. Welches Hilfsmittel nutzen Sie dabei in der Regel nicht?

Lösung:

| 5 |

1. Balkendiagramm (Gantt-Chart)
2. Netzplantechnik
3. PSP (Projektstrukturplan)
4. Projekt-Organigramm
5. Stellenbeschreibung
6. Ablaufplan (Tabelle)
7. Flow-Chart

28

16. Welche vier der folgenden Aussagen sind vertragsrechtlich korrekt?

Lösung:

| 1 |
| 4 |
| 6 |
| 7 |

1. Der Manager hat i. d. R. einen Dienstvertrag mit dem Künstler und erhält von ihm die Provision.
2. Der Manager übernimmt i. d. R. die Künstlersozialabgabe, da er im vertraglichen Verhältnis zum Künstler steht.
3. Die Künstlervermittlungsagentur hat i. d. R. einen Werkvertrag mit einem Veranstalter.
4. Die Gastspieldirektion als Show-Produzent übernimmt i. d. R. die Künstlersozialabgabe, da sie im vertraglichen Verhältnis zum Künstler steht.
5. Der Gastspielvertrag zwischen Künstler und Veranstalter ist i. d. R. ein Dienstvertrag.
6. Mietverträge zwischen Location und Veranstalter sind häufig anzutreffen.
7. Die Künstlersozialkasse kann laut Vertrag nicht an den Künstler ausgezahlt werden.

29

17. Eine Gastspieldirektion kauft als Tourneemanager ein Paket von 25 Auftritten einer komplett vorproduzierten Show für 6 000,00 € pro Show aus den Niederlanden ein. An weiteren Kosten inkl. einer Fixkostenumlage entstehen der deutschen Direktion 24 000,00 €. Sie verkauft 24 Shows für 10 000,00 € pro Gastspiel an 18 Veranstalter in Deutschland weiter. Ein Off-Tag kostet weitere 6 000,00 €. Wie hoch ist der Gewinn in Prozent?

Lösung:

33,33 %

Kosten (25 · 6 000,00 € + 24 000,00 € + 6 000,00 €) = 180 000,00 €, Einnahmen 240 000,00 €, Gewinn = 60 000,00 €, d. h. 33,33 % (auf Kosten = 100 %)

30

18. Welche zwei der aufgeführten Maßnahmen aus dem Kommunikationsmix werden im Allgemeinen nicht Below the line zugeordnet?

Lösung:

| 1 |
| 4 |

1. Anzeigen-Werbung in Zeitschriften für eine Tournee
2. Kultursponsoring eines Theatergastspiels durch die örtliche Sparkasse
3. Special-Interest-Hompage für eine Benefizveranstaltung
4. Product-Placement einer Band bei Gute Zeiten, schlechte Zeiten
5. Direkt-Mailing-Aktion per Post an gelistete Fans von Tokyo Hotel
6. Messeauftritt eines Musiklabels auf der Popkomm in Berlin

31

19. In welchem Verband ist die Gastspieldirektion Otto Flofner vermutlich Mitglied?

Simulation 1.2 Veranstaltungsorganisation ✓ Prüfung

1. EVVC
2. GEMA
3. FME
4. AUMA
5. VDKD
6. GCB

Lösung:

$\boxed{5}$

20. Der bekannte Alpenrocker DJ Fuzzi wird über seinen Manager Alpenrock Productions von der Aachener Diskothek Scheunenstall für einen Auftritt gebucht. Die Gage beträgt 15 000,00 € netto. Wie hoch ist der Betrag (brutto), den der Manager bei einer Provision von 15 % einbehält?

$\frac{15\,000,00\,€}{100 \cdot 15}$ = 2 250,00 € zzgl. 19 % MwSt. **= 2 677,50 €**

Lösung:

$\boxed{2\,677,50\,€}$

21. Ihre Agentur soll für ein Telekommunikationsunternehmen an einem Pitch zur Konzeption einer Messeinszenierung teilnehmen. Bringen Sie die folgenden Konzeptions- und Planungsschritte in die richtige Reihenfolge.

Feinplanung der Veranstaltung nach gewonnenem Pitch	5
Anfrage zur Teilnahme am Pitch	1
Auftragsvergabe an Subunternehmer/Dienstleister (nach KVA-Abfrage)	6
Zusendung des schriftlichen Briefings durch den Kunden	2
Erstellen einer zielorientierten Konzeption inkl. KVA	3
Präsentation beim Kunden	4

Lösung:

22. Welche acht der nachfolgend genannten Informationen sollte eine Eintrittkarte enthalten?

1. Tag, Datum
2. Einlasszeit, Beginn
3. prozentualer Gagenanteil des Künstlers
4. Eingang und Sitzplatzangabe
5. Ticketpreis inkl. Mehrwertsteuer
6. Cateringangebot und -preise
7. Künstlername bzw. Name der Veranstaltung
8. Verbotsvorbehalt
9. Name der Location
10. Name des örtlichen Durchführers (Veranstalter)
11. Sponsoren/Medienpartner
12. Haftungsausschluss

Lösung:

$\boxed{1}$
$\boxed{2}$
$\boxed{4}$
$\boxed{5}$
$\boxed{7}$
$\boxed{9}$
$\boxed{10}$
$\boxed{11}$

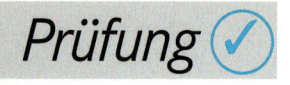

Prüfung ✓ IHK-Prüfungssimulation

23. Bei welchen zwei der im Folgenden aufgelisteten Leistungen wird in der Regel Umsatzsteuer in Höhe von 19 % berechnet?

Lösung:

3
6

1. Versicherungsgebühr für eine Veranstaltungshaftpflichtversicherung
2. Einkauf von Brot und Brötchen für das Künstlercatering
3. Einkauf von Dekorationsmaterial für eine Tischdekoration eines Gala-Menüs
4. Taxifahrt vom Bahnhof zur Location
5. Künstlergagen für einen Live-Auftritt im Rockclub
6. Gage eines DJs bei einer Tanzveranstaltung

24. Aus welchen Spalten besteht der Ablaufplan einer Veranstaltung?

Lösung:

3

1. Uhrzeit, Aufgabe, Datum, Verantwortlicher, Buchungsvermerk
2. Aufgabe (task), Abteilung, Verantwortlicher, Erledigungsvermerk, Datum
3. Uhrzeit, Programmpunkt, Beteiligte, Ort, Bemerkung
4. Datum, Programmpunkt, Beteiligter, Location, Anmerkung

25. Theaterbestuhlung und parlamentarische Bestuhlung unterscheiden sich durch ...

Lösung:

1

1. die versetzte Anordnung der Reihen.
2. die Bestuhlung mit Armlehnen.
3. die Ausrichtung auf das Podium.
4. die Bereitstellung von Tischen.
5. Rettungswege zwischen den Blöcken.

4.1.3 Simulation 2.0 Wirtschafts- und Sozialkunde (WiSo)

Prüfung

Pro Aufgabe werden jeweils 4 Punkte verteilt, insgesamt können 100 Punkte erreicht werden, die nach dem IHK-Punktesystem benotet werden. Teilbewertungen für teilrichtige Antworten sind folgendermaßen möglich: Eine von zwei richtigen Teilantworten ergeben z. B. 1/2 · 4 Punkte = 2 Punkte.

Sie sind Mitarbeiter/-in der Happy Hippo Communication-Agentur für Marketing, Event & Kommunikation GmbH mit Sitz in Berlin. Die mittelgroße, auf Eventmarketing spezialisierte Werbeagentur hat 40 Mitarbeiter, 4 Auszubildende und einige Praktikanten/Trainees. Folgende Abteilungen arbeiten zusammen: Vertrieb/Kontakt, Konzeption/Kommunikationsstrategie, Kreation/Werbedesign, Onlinemarketing, Produktionsdesign, Marktforschung/Datenerhebung, Mediaplanung, Verwaltung, Public Relation, Rechte und Lizenzen/Medienproduktion.

1. Sie bemühen sich im Rahmen der PR-Arbeit für einen Kunden um einen Fachartikel in einem Fachmagazin. Man schlägt Ihnen vor, einen halbseitigen Artikel mit Foto unter der Voraussetzung abzudrucken, dass der Kunde in den nächsten 12 Monaten jeden Monat aktuelle ganzseitige Anzeigen in 4c schaltet. Wie regieren Sie auf den Vorschlag?

Simulation 2.0 WiSo — Prüfung

1. Ich halte eine solche Verquickung der redaktionellen Bereiche mit den inhaltlichen für ziemlich unseriös und lehne dankend ab.
2. Ein solcher Vorgang ist mittlerweile normal, ich verhandle nach Rücksprache mit meinem Vorgesetzten Sonderkonditionen und buche vier Anzeigen unter der Vereinbarung, zwei solcher PR-Artikel zu erhalten.
3. Ich reagiere erst einmal gar nicht und leite dann eine diesbezügliche E-Mail fünf Wochen später an meinen Vorgesetzten weiter.
4. Ich buche dieses prima Angebot sofort ein, mehr als einen Artikel und 12 Anzeigen kann man gar nicht bekommen.

Lösung:
2

2. Ein Einzelunternehmer bestellt Werbeartikel/Give-aways bei der Fa. Gerriets GmbH. Die Allgemeinen Geschäftsbedingen (AGB) lagen bereits dem Angebot bei. Welche zwei der folgenden Aussagen sind korrekt? (39)

1. Die AGB sind Bestandteil des Vertrages.
2. Obwohl einige Klauseln überraschend sind, sind diese gültig.
3. AGB müssen zwischen den beiden Unternehmen einzeln ausgehandelt werden.
4. Sie haben die AGB bei der Bestellung nicht gelesen, deswegen sind sie ungültig.
5. Zweifel bei der Auslegung gehen zu Lasten der Gerriets GmbH.

Lösung:
1
5

3. Ihre Agentur verwaltet ein Brutto- wie Nettobudget einer regionalen Bank in Höhe von 30 000,00 € inklusive 12 % Agenturprovision. Wie hoch ist das Nettobudget, welches Sie für das geplante Werbebudget veranschlagen können? (40)

$$30\,000,00\,€ - 12\,\% = \frac{26\,400,00\,€}{1,19} = 22\,184,87\,€$$

Auch richtig: 30 000,00 € = 112 %

$$100\,\% = \frac{26\,785,71\,€}{1,19} = 22\,509,00\,€$$

Lösung:
22 184,87 €
22 509,00 €

4. Die Agentur hat der Abteilungsleiterin Lulu Lobenthal Prokura erteilt, die zum Abschluss von Rechtsgeschäften bis zu 20 000,00 € ermächtigt. Welche der folgenden Aussagen ist zutreffend? (41)

1. Frau Lobenthal darf generell Verträge abschließen, die einen Einkaufswert von mehr als 20 000,00 € auslösen.
2. Eine Prokura kann nur mündlich widerrufen werden.
3. Die Prokuristin wird im Handelsregister eingetragen, die Höhe der Prokura nicht.
4. Verträge sind auch im Außenverhältnis nur bis 20 000,00 € gültig, weil die Prokura auf diesen Höchstbetrag begrenzt ist.

Lösung:
3

5. In der Agentur sollen vier Mitarbeiter/-innen entlassen werden, nachdem ein Großkunde einen Rahmenvertrag gekündigt hat. Welche Aussage trifft bezüglich der Sozialauswahl zu? (42)

1. Alle vergleichbaren Mitarbeiter sind in die Sozialauswahl einzubeziehen.
2. Mitarbeiter mit Sonderkündigungsschutz sind von der Sozialauswahl zuerst betroffen.
3. Da der allgemeine Kündigungsschutz gilt, gibt es keinerlei Verpflichtung zu dieser Sozialauswahl.
4. Die Sozialauswahl ist nicht nötig, da die Gewerkschaft mal wieder nichts gesagt hat.

Lösung:
1

Prüfung ✓ IHK-Prüfungssimulation

6. In der Universal Event GmbH sollen ein Betriebsrat und eine Jugend- und Auszubildendenvertretung (JAV) gewählt werden. Welche zwei der folgenden Aussagen treffen zu?

Lösung:
2
3

1. Im Betriebsrat sind auf gesetzlicher Basis mindestens zwei externe Gewerkschaftsfunktionäre von ver.di vertreten.
2. Vertreter der JAV dürfen grundsätzlich an Sitzungen des Betriebsrates teilnehmen.
3. Die reguläre Amtszeit des Betriebsrates beträgt vier Jahre.
4. Jugendliche Auszubildende haben ein aktives Wahlrecht bei der Betriebsratswahl.
5. Arbeitgeber und Arbeitnehmervertreter sind im Verhältnis 2:1 zu besetzen.

7. Welche zwei der folgenden Aussagen zur Beitragsbemessungsgrenze in der Sozialversicherung treffen nicht zu?

Lösung:
1
4

1. Ab der Beitragsbemessungsgrenze sind Lohn- und Gehaltsempfänger generell nicht mehr sozialversicherungspflichtig.
2. Die Beitragsbemessungsgrenze wird jährlich an die Einkommensentwicklung angepasst.
3. In den neuen Bundesländern ist die Beitragsbemessungsgrenze niedriger.
4. Renten- und Krankenversicherung haben die gleiche Beitragsbemessungsgrenze.

8. Ordnen Sie zu.

Lösung:
3
2
1

1. Abgabenreduzierung für Unternehmen
2. Überwachung von Firmenfusionen
3. Senkung der Staatsverschuldung
4. Überwachung von persönlichen Computern

☐ Fiskalpolitik des Staates
☐ Aufgabe des Kartellamts
☐ Arbeitsmarktpolitik des Staat

9. Vertragsrechtlich richtig ist folgende Aussage.

Lösung:
1

1. Kaufleute können die rechtliche Bindung ihres Angebots einschränken.
2. Rechtsgeschäfte müssen schriftlich abgeschlossen werden.
3. Kaufverträge kommen durch Übereinstimmung von Angebot und Nachfrage zustande.
4. Werkverträge sind tätigkeitsorientiert.
5. Dienstverträge sind ergebnisorientiert.

10. Ordnen Sie zu: In einer AG werden die Aufgaben folgendermaßen übernommen.

Lösung:
a
b
d

a) ordentliche Hauptversammlung einberufen
b) Jahresabschluss prüfen
c) Verschwendung des Bilanzgewinns
d) Beschluss über Verwendung des Bilanzergebnisses
e) Gelder nach Liechtenstein überweisen

☐ Vorstand
☐ Aufsichtsrat
☐ Hauptversammlung

Simulation 2.0 WiSo ✓ Prüfung

11. Formfrei können folgende Rechtsgeschäfte sein.

1. Kaufverträge
2. Handelsregisteranmeldungen
3. Bürgschaften von Nichtkaufleuten
4. Mitarbeiterkündigungen

Lösung:

| 1 |

12. Um einen säumigen Kunden in Verzug zu setzen, muss ein gültiges Zahlungsziel gesetzt worden sein. Bei welcher der folgenden Zahlungsziele ist bei ansonsten korrekter Rechnungsstellung erst das Setzen eines erneuten, gültigen Zahlungsziels nötig, um den Debitor in Verzug zu setzen?

1. Zahlung bis zum 12.05.2010
2. Zahlung bis Anfang Mai
3. kein Zahlungsziel
4. Zahlung bis 14 Tage nach Rechnungsdatum

Lösung:

| 2 |

13. Ein Arbeitnehmer mit 30 Arbeitstagen Jahresurlaub scheidet nach acht Monaten aus dem Betrieb aus. Wie viele Werktage Urlaub standen ihm bei einer 5-Tage-Woche zu?

2,5 Tage · 8 Monate = 20 Tage

Lösung:

| 20 Tage |

14. Der festangestellte koreanischstämmige Grafik-Designer Hang Lang Long musste im Mai zehn Überstunden leisten. Der tarifliche Stundenlohn beträgt 19,60 €, die Zulage für Überstunden 25 % des tariflichen Stundenlohns. Wie hoch ist der Bruttolohn für die Überstunden?

$$\frac{19{,}60\ € \cdot 10}{100 \cdot 25} = 49{,}00\ € + 196{,}00\ € = 245{,}00\ €$$

Lösung:

| 245,00 € |

15. Welche der folgenden Aussagen zur Konzentration von Unternehmen ist richtig?

1. Bei einer Fusion verliert das übernommene Unternehmen seine rechtliche Eigenständigkeit.
2. Bei einer Fusion behält das übernommene Unternehmen seine rechtliche Eigenständigkeit.
3. Konzerne sind Unternehmenszusammenschlüsse mit rechtlicher Eigenständigkeit der Unternehmensteile.
4. Konzentration und Kooperation sind im Grunde gleich.

Lösung:

| 1 |

16. Sie sollen einem neuen Auszubildenden das Wesen der Rechtsgeschäfte erklären. Welche Aussage über das Zustandekommen von Rechtsgeschäften ist richtig?

1. Die Kündigung ist ein einseitiges Rechtsgeschäft; die Willenserklärung ist empfangsbedürftig.
2. Das Testament ist ein zweiseitiges Rechtsgeschäft; die Willenserklärung ist empfangsbedürftig.

Lösung:

| 1 |

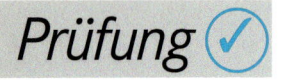

Prüfung ✓ IHK-Prüfungssimulation

3. Ein Rechtsgeschäft kann wegen mangelnder Geschäftsfähigkeit eines Beteiligten nie angefochten werden.
4. Arglistige Täuschung beim Vertragsabschluss führt zur Nichtigkeit eines Rechtsgeschäftes.
5. Für die Wirksamkeit eines Rechtsgeschäftes sind immer zwei übereinstimmende Willenserklärungen erforderlich.

17. Welche Maßnahmen darf die Bundesregierung zulässigerweise laut Stabilitätsgesetz ergreifen, um eine hohe Arbeitslosigkeit zu bekämpfen?

Lösung: 2

1. Vorgaben an die Sozialpartner für niedrige tarifliche Lohnabschlüsse
2. Investitionsvorhaben beschleunigen
3. zusätzlich 60 Milliarden € Kredite zur Arbeitsbeschaffung aufnehmen
4. planwirtschaftliche Vorgaben machen

18. Inflation …

Lösung: 1

1. führt dazu, dass private Haushalte weniger sparen.
2. führt unweigerlich zu einer sinkenden Einkommensteuerbelastung.
3. führt i. d. R. zu einer Verlängerung der Kreditlaufzeiten.
4. führt zu einer sofortigen Steigerung der Realeinkommen.

19. Kann-Kaufleute …

Lösung: 2

1. können kraft freiwilliger Eintragung in das Handelsregister A Kaufleute werden.
2. sind kraft freiwilliger Eintragung in das Handelsregister A Kaufleute geworden.
3. waren vor der freiwilligen Eintragung in das Handelsregister A Ist-Kaufleute.
4. sind keine Kaufleute.

20. Eine Stellenbeschreibung dient dazu, …

Lösung: 2

1. Bewerber im Rahmen einer Ausschreibung zu suchen.
2. das Profil eines Arbeitsplatzes festzulegen.
3. arbeitsvertraglich festgelegte Arbeitsfelder zu erweitern.
4. den Mitarbeiter zu motivieren.

Simulation 2.0 WiSo — Prüfung

21. Welche der folgenden Aussagen zur Konzentration von Unternehmen ist richtig?

1. Gleichgewichtspreis steigt, Nachfragekurve verschiebt sich nach rechts
2. Gleichgewichtspreis steigt, Angebotskurve verschiebt sich nach links
3. Gleichgewichtspreis steigt, Angebotskurve verschiebt sich nach rechts
4. Gleichgewichtspreis sinkt, Nachfragekurve verschiebt sich nach rechts
5. Gleichgewichtspreis sinkt, Nachfragekurve verschiebt sich nach links

☐ Sonderabschreibungsmöglichkeiten und Investitionszulagen für Unternehmen werden gestrichen.

☐ Sparquote der privaten Haushalte geht zurück

☐ Private Haushalte erwarten Verschlechterung der konjunkturellen Lage und weiteren Anstieg der Arbeitslosigkeit

Lösung:
[2]
[1]
[5]

22. Wann endet ein Berufsausbildungsverhältnis regulär? (2 Antworten)

1. mit dem Ablauf der Ausbildungszeit
2. generell eine Woche vor dem Ablauf der Ausbildungszeit
3. mit dem Tag des Bestehens der Abschlussprüfung (Fachgespräch)
4. an dem Tag der Bekanntgabe der Prüfungsergebnisse

Lösung:
[1]
[4]

23. Zu den Aufgaben der Berufsgenossenschaften gehört nicht ...

1. das Erstellen technischer Regelwerke.
2. die Trägerschaft der gesetzlichen Unfallversicherung.
3. das Versichern von Freizeitunfällen.
4. die Prävention von Arbeitsunfällen.
5. das Versichern von Arbeits- und Wegeunfällen.

Lösung:
[3]

24. In Ihrem Unternehmen werden mehrere Auszubildende ausgebildet. Tanja Tollwollstar ist am längsten im Betrieb, hat jedoch die Abschlussprüfung im Mai 2015 leider nicht bestanden. Welche der nachfolgend aufgeführten Aussagen ist demnach richtig?

1. Bis zum 31. August 2015 kann Tanja Tollwollstar die Abschlussprüfung zweimal wiederholen.
2. Bis zum 31. August 2015 kann Tanja Tollwollstar die Abschlussprüfung einmal wiederholen.
3. Tanja Tollwollstar kann an der nächsten Abschlussprüfung teilnehmen und nicht bestandene Prüfungsteile bis zu zweimal wiederholen.
4. Tanja Tollwollstar kann an der Abschlussprüfung nur teilnehmen, wenn der Ausbildungsbetrieb zustimmt.

Lösung:
[3]

Prüfung ✓ IHK-Prüfungssimulation

25. Management by objectives bedeutet ...

Lösung: 2

1. Führen im permanenten Ausnahmezustand.
2. das regelmäßige Führen und Auswerten von Zielvereinbarungsgesprächen.
3. kooperative Führung im situativen Führungsstil.
4. das Verwalten von Führungskräften.
5. exklusives Facility Management in der VIP-Area.

4.1.4 Simulation 3.0 Veranstaltungswirtschaft

Prüfung

Pro Aufgabe werden jeweils 4 Punkte verteilt, insgesamt können 100 Punkte erreicht werden, die nach dem IHK-Punktesystem benotet werden. Teilbewertungen für teilrichtige Antworten sind folgendermaßen möglich: Eine von zwei richtigen Teilantworten ergeben z. B. 1/2 · 4 Punkte = 2 Punkte.

1. Welche der folgenden Merkmale wird nicht zur Corporate Identity eines Unternehmens gezählt?

Lösung: 5

1. Unternehmenslogo
2. Markenslogan
3. gebrandeter Unternehmensausweis zur Kontrolle an der Pforte
4. Audiologo in der Warteschleife
5. Spezialsicherheitskleidung des Veranstaltungstechnikers
6. Briefpaper/Visitenkarten-Design
7. Mitarbeiteranweisungen im Sinn des Unternehmensleitbildes

2. Welche vier der folgenden Kriterien muss eine GmbH auf gesetzlicher Grundlage erfüllen?

Lösung: 1, 2, 4, 5

1. Eintragung in Handelsregister B
2. Firmenzusatz GmbH
3. einfache Buchführung
4. Gewerbe-/Körperschaftssteuerpflicht
5. Gesellschafterversammlung
6. kein Mindestkapital

Simulation 3.0 Veranstaltungswirtschaft — Prüfung

3. Bringen Sie die folgenden Schritte einer Marktforschungsbefragung in die richtige Reihenfolge.

Lösung:

Schritt	Nummer
Zielgruppenauswahl	1
Ergebnisaufstellung	5
Fragebogenaufstellung	2
Ergebnisaufbereitung	4
Fragebögen/Rücklaufkontrolle	3
Ergebnisanalyse	6

4. Um direkte Werbeaufwendungen zu sparen setzt die Unternehmensleitung vermehrt auf Public Relation und Beziehungsmanagement. Welche vier der im Folgenden aufgelisteten Maßnahmen zählen zu diesen Kommunikationsfeldern?

1. Kamingespräch mit Entscheidern aus Verbänden und Wirtschaft
2. Aktivierung einer zielgruppenorientierten Web 2.0-Lösung im World Wide Web
3. Pressekampagne inkl. Pressekonferenz
4. Massen-Mailing an gekaufte Adressdatenbanken
5. Tag der offenen Tür am Betriebsort
6. VKF am POS
7. öffentlichkeitswirksame Benefizaktion zugunsten krebskranker Kinder
8. Werbevertrag mit Dieter Bohlen zur Imagesteigerung

Lösung: 1, 3, 5, 7

5. Sie schalten für eine Veranstaltung eine Anzeige in einer Musikzeitschrift. Die Zeitschrift ist ...

1. ein Werbeelement.
2. ein Werbeträger.
3. ein Werbemittel.
4. ein Werbeartikel.

Lösung: 2

6. Ihr Unternehmen ist im Bereich Public Events sehr stark engagiert. Zur Risikominimierung schließen Sie für ein Konzert eine Veranstaltungsausfallversicherung ab. Gegen was ist das Konzert versichert?

1. Ausfall der öffentlichen Stromversorgung
2. Krankheit, Unfall oder Tod des Künstlers
3. Ausbleiben des Publikums
4. Verhinderung des Künstlers
5. Unbenutzbarkeit der Location
6. Wettereinflüsse (zusätzlich buchbar)

Lösung: 3, 6

IHK-Prüfungssimulation

69

7. Sie sind beschäftigt bei einem Technikdienstleister und sollen ein Angebot für die Unterstützung der Tournee eines Comedians abgeben. Wie hoch ist bei 15 % Handling-Fee und 10 % Gewinnzuschlag der Angebotspreis an einen Geschäftskunden für einen Event-Tagessatz (Tourneedienstleistung Technik), wenn Sie 800 00 € Personalkosten, 200,00 € Sachkosten, 250,00 € Gemeinkostenumlage sowie 1 800,00 € Fremdkosten pro Auftrittstag haben?

Lösung:

$\boxed{3\ 652{,}00\ €}$

Personalkosten 800,00 € + Sachkosten 200,00 € + Gemeinkosten 250,00 €
= Selbstkosten 1 250,00 € + Fremdkosten 1 800,00 € + 15 % Handling-Fee auf FK 270,00 € = 3 320,00 €
Projektkosten + Gewinnzuschlag 10 % 332,00 € = **Angebotspreis 3 652,00 €**

70

8. In der Personalabteilung Ihres Unternehmens sind Sie u. a. für die Gehaltsabrechnungen zuständig. Bitte ordnen Sie die folgend aufgelisteten Lohnnebenkosten den drei Aussagen zu.

Lösung:

$\boxed{5}$
$\boxed{6}$
$\boxed{1}$

1. Lohnsteuer
2. Kirchensteuer
3. Pflegeversicherung
4. Rentenversicherung
5. Unfallversicherung
6. Krankenversicherung

☐ wird von der zuständigen Berufsgenossenschaft getragen

☐ Ist seit Anfang 2011 mit 15,5 % für jeden Arbeitnehmer gleich

☐ wird zur Zeit im Westen zzgl. Solidaritätszuschlag erhoben

71

9. Sie sind in der Personalabteilung auch für die Vollständigkeit der Arbeitnehmerunterlagen verantwortlich. Welche Personengruppe benötigt einen Sozialversicherungsausweis?

Lösung:

$\boxed{2}$

1. nur geringfügig Beschäftigte
2. alle Arbeitnehmer außer Beamte
3. nur Pflichtversicherte
4. nur Arbeiter
5. nur Beschäftigte, deren Entgelt unter der Beitragsbemessungsgrenze liegt

72

10. Ordnen Sie die nachfolgend aufgeführten Aussagen zu.

Lösung:

$\boxed{e}$
$\boxed{a}$
$\boxed{c}$

a) Ausbildungsvertrag
b) Arbeitsvertrag
c) Freiberufler
d) GmbH-Geschäftsführer
e) Gewerbeschein
f) Honorarrechnung
g) Reisegewerbekarte

☐ haben typischerweise selbstständige Promotoren

☐ darf nur vier Monate Probezeit beinhalten

☐ arbeitet selbstständig ohne Gewerbeschein

Simulation 3.0 Veranstaltungswirtschaft ✓ Prüfung

11. Bringen Sie folgende Arbeitsschritte in die richtige Reihenfolge.

Lösung:

Arbeitsschritt		Nr.
Erfassen der Rechnungsdaten	☐	5
Auftragsabwicklung (Werkvertrag)	☐	4
Kostenvoranschlag/Angebot	☐	2
Rechnungslegung und -versand	☐	6
Auftragsbestätigung	☐	3
Verbuchung der Zahlung	☐	8
Kontrolle des Zahlungseingangs	☐	7
Kundenakquise	☐	1

12. Primärforschung untersucht erhobene Daten, …

1. die in öffentlich zugänglichen Quellen liegen.
2. die bei der GfK (Gesellschaft für Konsumforschung) eingekauft werden können.
3. durch Fragebögen bei der Zielgruppe direkt erhoben werden.
4. direkt im Internet abgerufen werden können.
5. die demografische und psychografische Schlussfolgerungen zulassen.

Lösung:
3

13. Welche Aussage über das Zustandekommen von Ausbildungsverträgen ist richtig?

1. Ausbildungsverträge können durch mündliche Vereinbarung zustande kommen; sie müssen jedoch innerhalb einer bestimmten Frist schriftlich fixiert werden.
2. Ausbildungsverträge sind generell formfrei.
3. Ein Ausbildungsvertrag kann nur bei Unterschrift durch die IHK abgeschlossen werden.
4. Für Ausbildungsverträge gelten die gleichen Rechtsbestimmungen wie für Arbeitsverträge.

Lösung:
1

14. Management by delegation bedeutet …

1. Führen im permanenten Ausnahmezustand.
2. das regelmäßige Führen und Auswerten von Zielvereinbarungsgesprächen.
3. kooperative Führung im situativen Führungsstil.
4. Mitarbeiter übernehmen Verantwortung in Teilbereichen.
5. exklusives Facility Management in der VIP-Area.

Lösung:
4

Prüfung ✓ IHK-Prüfungssimulation

15. Ihre Agentur plant eine Incentive-Reise für die erfolgreichsten Vertriebsmitarbeiter eines wichtigen Stammkunden. Bringen Sie die Arbeitsschritte in die richtige Reihenfolge.

Lösung:

5	ausgewähltes Angebot zusammenstellen und organisieren
2	mögliche Incentive-Pakete zusammenstellen
6	Incentive-Maßnahmen durchführen
1	mögliche Reiseziele recherchieren
4	Auswahl des Kunden verarbeiten
3	Angebot an den Kunden abgeben

16. Sie kontrollieren den Wareneingang von bestellten Werbemitteln. Welche Materialien stellen Sie zusammen?

Lösung: 2

1. Lieferung, Verpackung, Warenschein, Quittung und Kostenvoranschlag
2. Bestellung, Angebot, Lieferung, Lieferschein und Rechnung
3. Anfrage, Abgabe, Lieferschein, Paket und Zahlungsbeleg
4. Checkliste, Lagerkarte, Verwendungsnachweis, Karton und Rechnung
5. Bestellschein, Kostenvoranschlag, Auftragsbestätigung, Lieferschein und Rechnung

17. Ein Bürokopierer soll geleast werden. Welche Auswirkung hat der Vorgang für die Universal Event GmbH?

Lösung: 3

1. Abschreibung durch Leasing bindet Kapital im Unternehmen.
2. Leasing ist eine Mietart, in der Eigentum und Besitz auf den Leasingnehmer übergehen.
3. Vorteilhaft beim Leasing kann sein, dass die monatlichen Raten als Aufwand abgesetzt werden können, ohne dass Anlagevermögen aktiviert wird.
4. Das Leasinggerät läuft als durchlaufender Posten durch die Buchhaltung.
5. Keine, es ist buchhalterisch gesehen unerheblich, ob es sich um Miete, Kauf oder Leasing handelt; der Preis kann abgesetzt werden.

18. Für die Saalplanung einer Gala arbeiten Sie an einer Aufzeichnung der Bestuhlung. Welche Software kann Ihnen dabei behilflich sein (zwei Nennungen)?

Lösung: 2, 3

1. Microsoft Visio
2. Microsoft Access
3. Auto CAD
4. Lotus Notes
5. Microsoft Office
6. i pod shuffle

Simulation 3.0 Veranstaltungswirtschaft ✓ Prüfung

19. Für den Kauf einer Karaoke-Anlage loten Sie verschiedene Finanzierungsformen aus. Ordnen Sie die Möglichkeiten zu.

a) Zurückgelegte Beträge für ein Gerichtsverfahren, dass nicht anhängig wurde, werden zum Kauf der Anlage freigesetzt.
b) Ein Bankkredit wird in Anspruch genommen.
c) Die Anlage wird geleast.
d) Zurückgelegte Überschüsse werden zum Kauf der Anlage aktiviert.
f) Die Anlage wird gemietet.
g) Ein Sponsor stiftet die Anlage.

☐ Finanzierung aus zurückbehaltenen Gewinnen

☐ Fremdfinanzierung

☐ Finanzierung aus Rückstellungen

Lösung:

d

b

a

20. Für eine Vertriebs-Kick-Off-Veranstaltung eines Getränkekonzerns bereiten Sie die Schulungsunterlagen vor. Welche drei Materialien erstellen Sie sinnvollerweise?

1. Getränkekarte und Menüfolge
2. personalisierte Tagungsordner und Worksheets/Handouts
3. Namenslisten und Namensschilder
4. Bannerplan und Fahnenmastbelegungsübersicht
5. Anfahrtsbeschreibung und Einladungsschreiben
6. Caseliste und Backstage-Belegung

Lösung:

2

3

5

21. Ordnen Sie zu.

1. E-Mail gestütztes Einladungsszenario
2. Anzeige in einer Fachzeitschrift
3. Audio-Logo eines Rundfunkspots
4. PR-Artikel in einer Tageszeitung
5. City-Light-Tafel

☐ Werbeträger

☐ Werbeelement

☐ Werbemittel

Lösung:

5

3

2

22. Destination Management bedeutet ...

1. die Recherche und Planung von attraktiven Incentive-Reisezielen.
2. die Vermarktung einer interessanten Region an touristisch- oder tagungsorientierte Zielgruppen.
3. das Verwalten einer politisch eigenständigen Region, wie z. B. das Baskenland in Spanien.
4. Hotelketten führen, branden und vermarkten.
5. die Gewinnung (Destillation) von hochprozentigem Alkohol aus Zuckerüben in Zülpich.

Lösung:

2

Prüfung — IHK-Prüfungssimulation

23. Messen werden definiert als ...

Lösung: 2

1. zeitlich begrenzte, wiederkehrende Veranstaltungen, auf denen Endkunden angesprochen werden und auf denen eine gewisse Anzahl von Unternehmen das wesentliche Angebot eines Wirtschaftszweiges ausstellt.
2. zeitlich begrenzte, wiederkehrende Veranstaltungen, auf denen vorwiegend Fachbesucher angesprochen werden und auf denen eine Vielzahl von Unternehmen das wesentliche Angebot eines oder mehrerer Wirtschaftszweige ausstellt und überwiegend an gewerbliche Abnehmer vertreibt.
3. zeitlich begrenzte Marktveranstaltungen, auf denen eine Vielzahl von Firmen vorrangig das allgemeine Publikum anspricht und ein repräsentatives Angebot eines oder mehrerer Wirtschaftszweige ausstellt und vertreibt oder über dieses Angebot informiert.
4. zeitlich begrenzte Marktveranstaltungen, auf denen eine Vielzahl von Firmen vorrangig das Fachpublikum anspricht und ein erhebliches Angebot eines oder mehrerer Wirtschaftszweige ausstellt und vertreibt oder über dieses Angebot informiert.

24. Lobbyarbeit bedeutet ...

Lösung: 3

1. die Arbeit an der Hotelbar in der Empfangshalle
2. die Pflege des Fuhrparks
3. Interessenvertretung in der Politik durch Interessengruppen
4. Facility Management und Pflege der Grünanlagen
5. Reinigung eines Appartements nach Abreise der Gäste

25. Für die Konzertbranche zuständig fühlen sich welche der folgenden beiden Verbände?

Lösung: 3

1. FAMAB/FME
2. AUMA/FKM
3. VDKD/IDKV
4. EVVC/GCB
5. DTHG/VPLT
6. IFSU/INTHEGA

Fallbezogenes Fachgespräch

5 Fallbezogenes Fachgespräch

Die mündliche Prüfung

Die mündliche Prüfung nennt man Fallbezogenes Fachgespräch. Sie ist der vierte Teil der Abschlussprüfung und hat ein Noten-Gewicht von 33,33 % (1/3), d. h., das Ergebnis dieser Prüfung hat einen hohen Einfluss auf die Gesamtnote.

Wie wichtig ist die mündliche Prüfung?

Prüfungs-bereich	Prüfungs-zeit	Aufgaben	Umfang	Punkte/Note	Gewicht
TAG 3					
Fallbezogenes Fachgespräch (4)	15 Minuten Vorbereitung 20 Minuten Prüfung	2 Fragen/Fälle zur Auswahl	ca. 10 Minuten Präsentation ca. 10 Minuten Nachfragen	100	1/3

Da die Prüfung in jedem IHK-Bezirk anders abgehalten wird, ist es nicht möglich, genaue Angaben zu machen, die in jeder Stadt gelten würden. Die folgenden Angaben basieren auf Erfahrungen mit der IHK Köln. Im IHK-Bezirk Köln werden jedes Jahr ca. 10–15 % der deutschen Veranstaltungskaufleute geprüft. In Köln prüfen zwei Prüfungsausschüsse parallel.

Wie läuft die mündliche Prüfung normalerweise ab?

1. Begrüßung durch die Prüfungsaufsicht vor dem Vorbereitungsraum, Abgleich der Daten
2. Übergabe von zwei Sachverhalten mit jeweils drei Fragen (einer muss bearbeitet werden)
3. Beginn der Vorbereitungszeit (15 Minuten) im Vorbereitungsraum
4. Die Prüfung vor dem dreiköpfigen Prüfungsausschuss im Prüfungsraum: 10 Minuten Präsentation der Lösung, 10 Minuten anschließendes Fachgespräch
5. Der Prüfungsausschuss berät unter Ausschluss des Prüflings die Benotung (ca. 5–10 Minuten)
6. Der Prüfungsausschuss bittet den Prüfling herein und gibt die Note des Fachgespräches bekannt.
7. Der Prüfungsausschuss übermittelt ein vorläufiges Ergebnis.
8. Das endgültige Abschlusszeugnis wird per Post an die Privatadresse zugestellt.

Zwei Fragen werden vorgelegt, eine muss ausgewählt werden. Bearbeitungszeit: ca. 15 Minuten

Wie gehe ich im Vorbereitungsraum vor?

1. Auswahl der Prüfungsfrage
2. Bei Auswahl der inhaltlich höherwertigen Antwort beachten, dass diese auch richtig beantwortet werden muss. Im Zweifelsfalle die einfachere Frage nehmen.
3. einen strukturiert aufgebauten Antwort-Weg schriftlich, evtl. grafisch skizzieren
4. Die Hauptaussagen (das Wesentliche) gut erkennbar und groß aufschreiben – auch noch einmal unten auf dem Blatt Papier.

Gespräch

Fallbezogenes Fachgespräch

5. Eine Lösungsmöglichkeiten entwickeln (es gibt verschiedene Möglichkeiten – frühzeitig für eine entscheiden und diese ausarbeiten – Alternativlösung nicht anbieten, jedoch im Hinterkopf bereithalten).

6. Nicht festbeißen! Bei Festbeiß-Gefahr: Abbruch und Neulösung

---

Einige strategische Tipps und Tricks zur Gesprächsführung.

- das Gespräch führen, nicht defensiv abwarten, ruhig einmal eine Frage an den Ausschuss stellen
- den Augenkontakt mit allen Prüfern suchen, aber auch mit dem Raum
- 'Ääähms' vermeiden, vollständige Sätze mit Fachworten bilden, Umgangssprache vermeiden, Respekt vor der Situation, dem Gegenüber und der Aufgabe zeigen
- Aufgabe/Lösung nicht abwerten, auch nicht unterschwellig
- nicht zu schnell reden, nicht hektisch werden, ruhig eine kurze Redepause einlegen, wenn man aus dem Konzept ist „Entschuldigen Sie bitte, ich muss noch einmal kurz nachdenken."
- ehrlich und offen sein, aber immer fachlich und seriös bleiben, Interesse und Fachverstand signalisieren
- die freie Rede zählt (nicht am Skript kleben), Beispiele wählen, Ideen konkretisieren, Visualisierungen formulieren
- nie ausschließlich reden, besser immer ein wenig relativieren, Konjunktiv benutzen
- offen präsentieren und kommunizieren, gehen und gestikulieren hilft, Hände einsetzen, seriös bleiben, ohne steif zu wirken, Körpersprache nutzen (als glaubhafte Unterstützung)
- aufrecht stehen (z. B. zur Flipchartbenutzung) wirkt positiv
- strukturiert das Wesentliche darstellen, dann Details beschreiben, Systematik beachten: vom Wichtigen zum Unwichtigen, vom Größten zum Kleinsten, vom Kern zu den Zweigen, vom Anfang zum Ende usw.
- beim Sitzen nie: Django-mäßig zurückgelehnt mit breiten Beinen und Kaugummigesicht
- zum Schluss nochmals auf das Wesentliche/die Hauptaussage zurückkommen, Abschlusssatz: „Haben Sie noch Fragen?"

Welche *Kriterien* legt der Prüfungsausschuss bei der *Beurteilung* an?

Es werden Auftreten, Präsentationsstil und Inhalt der Antworten bewertet. Hat der Prüfling ...

- eine klare und verständliche Sprache?
- die Fähigkeit, konzentriert zuzuhören?
- eine positive Körpersprache?
- das Ziel nicht aus den Augen verloren?
- ein strukturiertes Gespräch geführt?
- die Argumente des Gesprächspartners aufgegriffen?
- situationsgerechte Fragen gestellt?
- die Situation analysiert?
- die Perspektive des Kunden erkannt und eingebaut (Dienstleistungsorientierung)?
- eine sachgerechte Lösungen angeboten (schlüssige Reihenfolge)?
- auf Konsequenzen der Lösung hingewiesen?

Lerninhalte mündliche Prüfung — *Gespräch*

- Hilfsmittel zielgerichtet benutzt? - geforderte Kenntnisse und Fähigkeiten gezeigt?	- sachlich richtig geantwortet? - Inhalte differenziert angeboten?	

- langes Schweigen unter allen Umständen vermeiden - die Frage aufgreifen - Achtung: Nicht in Rechtfertigungsposition verfallen! - bei Bedarf ruhig die Frage noch einmal präzisieren lassen, um Zeit zu gewinnen	- dem Prüfer signalisieren, dass man verstanden hat („Ich soll also ...") - gefragte Begriffe ruhig erst einmal definieren oder sich annähern - laut Denken kommt gut an; der Prüfer will nicht unbedingt eine perfekte Antwort, er will Einsicht in die Gedankengänge	Was tun bei *(Nach-)Fragen durch die Prüfer?*

5.1.1 Lerninhalte mündliche Prüfung

Mögliche Blickwinkel der Fragestellungen: kaufmännische Perspektive, Marketing-Perspektive, Marketing-Event-Agenturen-Perspektive, Konzert-Agenturen-Perspektive, Städtische bzw. Kulturamts-Perspektive, Location-Perspektive	Aus welchen *möglichen Perspektiven* oder Blickwinkel werden die Fragen gestellt?

Die Aufgaben sind i. d. R. sehr praxis- und realitätsnah gestellt – Der Prüfling soll zeigen, dass er seine Berufspraxis strukturiert und zielgerichtet beschreiben kann und Ahnung von der Berufswirklichkeit hat. Es empfiehlt sich, generell	visuell zu beschreiben und auch auf praxisorientierte Details einzugehen. Bei den Nachfragen wird häufig Grundstoff (Verordnungen, Vertragsarten, KSK, Ausländersteuer usw.) nachgefragt.	Wie können *Art und Inhalt der Fragen* sein?

Lernen sollte man alles das, was man für den Prüfungsteil Veranstaltungsorganisation vorbereitet hat. Die mündliche Prüfung ist dem offenen Teil am ähnlichsten. Oder man bereitet aus dem folgenden Themenkatalog 8–10 Bereiche vor; dass einer davon drankommt, ist recht wahrscheinlich.	Was könnten *konkrete mögliche Inhalte* sein?

- Eventablauf, Eventbeteiligte, Eventphasen (Checklisten inkl. Catering)
- Projektplan, Ablaufplan, Regieplan
- Veranstaltungsformen
- Kooperationspartner (Verbände usw.), Sponsoren
- Konzeption: Aufbau, Inhalte
- Briefinginhalte, -ablauf, -gestaltung
- Kommunikationsmittel (alles von Flyer bis Anzeige)
- Marktforschung, Zielgruppenbeschreibung
- Marketing (Above and Below the line)
- Integrierte Kommunikation
- Einbindung/Vernetzen des Events in das Gesamtmarketing sowie Einbinden von Elementen des Marketings (Markenstrategie und Corporate Design) im Event
- Vorteile des Eventmarketings, z. B.: direkte Ansprache der Zielgruppe

Gespräch

Fallbezogenes Fachgespräch

- weil live, sichtbar usw., emotionale Wirkung, Erlebnischarakter, wenig Streuverluste
- Promotion, VKF
- CRM Customer Relationship Management
- Vertriebs-Kick-Off, Incentive
- Messe: Monate bis Messebeginn, Akquise von Ausstellern, Verbandskooperationen
- Evaluation, Nachbereitung, Fragebögen
- Werbemöglichkeit für Sponsoren auflisten, Mehrwert für Sponsoren herausstellen
- Finanzierungsformen (von Ticketing über Werbeflächen zu Sponsoring und Bürgschaft)
- Kostenlisten einer Veranstaltung: Wer zahlt was von Prozenterlösen (Local Promoter, Location, Booker, Produzent)?
- Regionaler Nutzen einer City-Veranstaltung
- Behördliche Genehmigungen
- Verträge: Inhalte, Arten (konkret: Gastspielvertrag, Mietvertrag usw.)
- Rechtliche Grundlagen, Haftungsverhältnisse (Wer haftet wofür? Gegen wen? Warum?)
- GEMA

5.1.2 Leistungsangebot und Verkauf

Zur konkreten Vorbereitung auf die Themenfelder Leistungsangebot und Verkauf eignen sich die Inhalte der Kapitel 2.1 bis 2.2 und 2.5 bis 2.6.

5.1.3 Vertragsauswahl und Vertragsgestaltung

Zur konkreten Vorbereitung auf die Themenfelder Vertragsauswahl und Gestaltung eignen sich die Inhalte aus Kapitel 2.3.

5.1.4 Kundenorientierte Kommunikation und Präsentation

Zur konkreten Vorbereitung auf die Themenfelder Kundenorientierte Kommunikation und Präsentation eignen sich die Inhalte aus Kapitel 2.4.

Register

Stichwortverzeichnis

A
ABC-Analyse 328
Abendregisseur 333
Ablaufdiagramm 298
Ablauforganisation 294
Ablaufplan 72, 115, 309
Abmahnung 467
Above-the-line-Modell 182
Abrechnungsvarianten 375
Absatzpolitik 164
Abschlagszahlungen 373
Abschrankungen 270
Abschreibungen 390
Abschreibung, lineare 391
Abtretung 367
AE-Provision 195, 373
AG 453
Agenda 311
Agent 46
Agenturhonorar 372
Agenturvergütung 373
Agenturvertrag 239, 242
AIDA-Formel 183, 195
Akkreditierung 92
Akontozahlung 373
Aktiengesellschaft 453
Aktionsplan 311
Aktiva 383
Aktivkonten 388
Alleinstellungsmerkmal 196
Allgemeine Geschäftsbedingungen 237
Amortisationsdauer 369
Ämter 276
Amt für öffentliche Ordnung 42
Anfrage 349
Angebot 163, 236, 349, 373, 446
Angebotskalkulation 400
Angebotspreis 378
Anlagegüter 390
Anmeldebestätigung 89
Annahme 236
Annuitätendarlehen 361
Anpreisung 349
Anschaffungskosten 390
Anschlusstermin 52
ANSI-Lumen 123
Ansoff-Matrix 172
Anzeigen-Expeditions-Provision 373
ARA 391
Arbeitsförderungsgesetz 472
Arbeitsschutz 261
Arbeitsschutzgesetz 472
Arbeitsschutzvorschriften 258
Arbeitsstättenverordnung 260, 472

Arbeitsvertrag 241, 465
Arbeitszeitrechtsgesetz 259, 470
Arrangementvertrag 242
Assoziation 318
Aufbauorganisation 294
Aufführungsverträge 238
Aufprojektion 138
Auftragsbestätigung 352
Auf- und Abbau des gesamten Equipments 141
AUMA 37, 224
Ausbildungsprofil 25
Ausbildungsvertrag 463
Ausfallbürgschaft 366
Ausgangsrechnung 386
Ausländersteuer 62, 283
Ausnahmegenehmigung 66
Ausschreibung 45
Ausschreibungen 320
Ausschreibungsverfahren 45
Außenbeziehungen 299
Außenfinanzierung 369
Ausstattungskredit 363
Ausstellung 217, 218
Ausstellungsgewerbe 253
Auszahlungsbetrag 63

B
Backdrop 127
Backline 59, 134
Backoffice 333
back stage 119
Backstage 141, 333
Balkendiagramm 308
Ball 71
Bankauszug 387
Bankdarlehen 361
Bankett 71, 84, 106
Bankettabteilung 84
Barcamp 92
Bartering 191
Bauabnahme 61
Bauamt 65
Bauaufsichtsamt 42
Baurecht 267
Bauzeitenplan 328
BDSG 480
Beamer 138, 315
Bedarf 163, 429
Bedarfsanalyse 348
Bedürfnisse 163, 429
Beflaggung 76
Behörde 254
Behörden 347

Register

Bekleidungsvermerke 75
Belege 386
Below-the-line-Modell 182
Benchmarking 36, 173, 475
Benefiz-Gala 74
Beobachtung 178
Berichtsheft 461
Berufsbildung 459
Berufsbildungsgesetz 459
Berufsgenossenschaften 261
Beschaffung 348
Bescheid 44
Beschwerdemanagement 475
Besitz 366
Besprechung 86
Bestandskonten 388
Bestellungsregeln 352
Bestellzeitpunkt 358
Bestuhlung 105
Bestuhlungsplan 270
Beteiligungsfinanzierung 369
Betreiber 274
Betriebsabrechnungsbogen 397
Betriebskommunikation 482
Betriebsrat 466, 484
Betriebsverfassungsgesetz 466, 471, 484
BetrVG 484
Bettensteuer 294
Be- und Entladen der Fahrzeuge 141
Beurteilungsgespräch 488
Beurteilungspegel 257
Bezugspreis 346
Bezugspreiskalkulation 400
Bezugsquellenermittlung 349
BGB 233
BGV A1 252
BGV A3 252
BGV C1 252
BGV C2 253
Bilanz 383
Bilanzierungspflicht 380
BildschArbV 473
BImschG 253
BIP 438
Block 105
Bluetooth 479
Boardroom 92, 105
Booker 46
Börse 218
Bottom-up-Planung 304
Brainstorming 318
Brandschutz 325
Brandschutzklassen 271
Brandschutzvorschriften 267
Brandschutzzeichen 266
Brandsicherheitswache 273
Break-even 399
Break-even-Analyse 406
Break-even-Versicherung 251

Briefing 313
Briefings 229
Bruttobudget 282
Bruttoinlandsprodukt 438
Bruttonationaleinkommen 438
Bruttoreichweite 194
Bruttosozialprodukt 438
B-to-B 37
B-to-B-to-C 37
B-to-C 37
Buchführung 380
Buchführung, doppelte 380
Buchführung, kameralistische 45
Buchführungsaufgabe 20
Buchungssätze 387
Budgetierung 371
Budgetverwaltung 371
Buffet 108
Bühnenanweisung 50, 58, 128
Bühnenhaus 272
Bundesdatenschutzgesetz 467, 480
Bürgschaft, selbstschuldnerische 366
Bütec 118
Buy-out 413
BVG 471

C

Call for Papers 92
Carree 105
cash cows 172
Cash-Flow 371
Casting 323
Catering 107
CEE 118
Charity-Gala 74
Checkliste 101
Checklisten 302
CI 183
Claim 196
CLEAR 306
Client-Server-Netzwerk 478
Clochen-Service 109
Colloquium 92
Conférencier 321
Content Management System 479
Controlling 380, 401, 476
Corporate Behaviour 183
Corporate Communications 183
Corporate Design 183
Corporate-Event 215
Corporate Identity 183
Corporate Responsibility 431
Corteggierung 76
Crashbarrier 128
Crashgitter 128
Crew 333
CRM 174, 476
Cross-Marketing 196

Register

Cross-Media 196
C-to-C 37
Customer Relationsship Management 476

D
Datenerhebung 178
Datenschutz 479
Datenschutzbeauftragter 468, 480
Dayroom 332
Deal-Arten 408
Deal-Break-even 406
Debitor 354
Deckungsbeitrag 399
Deckungsbeitragsberechnung 400
Deckungsbeitragsrechnung 398
Deflation 443
DEGEFEST 37
DEHOGA 82
deklaratorisch 448, 458
Delay-Line 125
Delegationsbegleitung 89
Delegiertenanlage 92
Deliktsfähigkeit 434
demografisch 174
Destination Management 79
Dezibel 134
Dialogmarketing 186, 196
Dienstleistungsgesellschaft 22
Dienstleistungskosten 396
Dienstvertrag 235
Dimmer 131
Dimmerpack 122
DIN 5008 355
Dinner Dancing 71
Direktkommunikation 196
Disposition 302
Dispositionskredit 363
Distributionskanäle 170
Distributionspolitik 164
Diversifikation 172, 197
Diversifikationsformen 197
DMC 80
DMX 131
Dolmetscheranlage 92
Domäne 478
Dramaturgie 322
Drehstrom 128
Drei-Sektoren-Modell 437
Dress-Codes 75
Drohung 248
DTHG 37
Duales System 461
Durchführer, örtlicher 46
Durchlasskapazität 333

E
Early Bird-Tarif 326
E-Form 106

eG 456
Eigenbeleg 387
Eigenfinanzierung 369
Eigenkapital 382
Eigenkapitalrentabilität 406
Eigenkosten 395
Eigentum 366
Eigentümer, treuhändischer 366
Eigentumsvorbehalt 367
Einführungswerbung 184
Eingangsrechnung 386
Einkauf 348
Einkommenssteuerarten 283
Einkommenssteuerpflicht, beschränkte 283
Einladungsmanagement 326
Einladungsschreiben 230
Einladungsszenario 89, 326, 340
Einladungsverfahren 85
Einlagen 369
Einlassszenario 343
Einnamen-Überschuss-Rechnung 381
Einstandspreis 400
Einzelkosten 376
Einzelunternehmung 452
Einzugsgebiet 319
Eiserner Vorhang 128
Elektronikversicherung 64, 251
Empfang 71, 73
Empore 105
Endkunde 36
Endorsement 192
Engagementvertrag 242
Entgeltarten 487
Entgeltfortzahlungsgesetz 472
Entlohnung 481
Entsorgung 335
Erfolgskonten 388
Erfolgskontrolle 338
Erfolgskontrollen 301
Erfolgsmessung 64, 227
Erfüllungsorte 351
Ergonomie 472
Erhaltungswerbung 184
Eröffnungsbuchung 388
Ertragsstruktur 404
Etat 371
Ethernet 478
Evaluation 338
Event 23
Eventcontrolling 306
Eventdienstleister 148
Eventmanagement 23
Event-Manual 328
Eventmarketing 23, 212
Eventpersonalgruppe 148
EVVC 38
Exekutive 39, 231
Existenzbedürfnisse 429
Existenzgüter 430
Expansionswerbung 184

Register

Experiment 178
Exposé 197, 314
Extremprinzip 430
EZB 443

F

Factoring 363
Fakturierung 354
Fälligkeitsdarlehen 361
FAMAB 38
FAM-Trip 81
Fantasiebezeichnung 458
Festakt 73
Festsetzung 218
Festzelt 105
Finale-Verpflichtung 321
Financial Relations 371
Finanzierung 369
Finanzierung aus Abschreibungen 369
Finanzierung durch Vermögensumschichtung 369
Finanzplan 368
Firmenarten 448
Firmengrundsätze 448
Fischgräte 106
Fiskalpolitik 442
Fixkauf 354
Fixkosten 399
Fixkosten, leistungsspezifische 399
Fliegende Bauten 128, 253, 276
Flipchart 316
Floor Spots 132
Flow Chart 298
Fluterscheinwerfer 121
Föderalismus 39
FOH 59, 136
Follow up 93
Follow-up-Maßnahmen 226
Forderungsausfälle 390
Forderungsgage 412
Fragebögen 179
Fragen, gebundene 18
Fragen, ungebundene 16
Franchising 100, 197
Freiberufler 254, 486
Freibeträge 99
Freizeichnungsklauseln 350
Freizeitwirtschaft 78
Fremdenverkehrsamt 81
Fremdfinanzierung 369
Fremdkosten 377, 395
Fremdleistungen 148, 320
Front of House 136
FTP 479
Führung 312
Führung, situative 312
Führungsstile 488
Führungsstil, kooperativer 312
Führungsstil, situativer 490

Full-Service-Eventagentur 227
Fundraising 74, 190
Funkgerät 142

G

Gagen-Break-even 412
Gala 71
Gantt-Chart 308
Garantie 249
Garderobe 325
Garderobenversicherung 252
Gastronomie 107
Gastronomieschiene 111
Gastspieldirektion 46
Gastspielprüfbuch 275
Gastspielvertrag 58, 242
Gastspielverträge 238
GbR 452
GCB 38
Gebietsschutz 52, 58
Gebotszeichen 266
Gefährdungsbeurteilung 274
Gefährdungshaftung 107, 245
Gegenstromverfahren 304
Geldpolitik 442
Geldströme 437
GEMA 38, 62, 279
Gemeinkosten 377
Genehmigungen 276
Genehmigungsverfahren 340, 347
Generalprobe 142, 321
Generalunternehmer 244
Generalunternehmervertrag 378
Genossenschaft, eingetragene 456
geografisch 174
Gesamtkostenverfahren 384
Gesamtrechnung, volkswirtschaftliche 437
Geschäftsbriefe 301
Geschäftsfähigkeit, beschränkte 433
Geschäftsfähigkeit, volle 433
Geschäftsfixkosten 399
Geschäftsinhaltsversicherung 64
Geschäftskunde 36
Geschäftsreise 98
Geschäftsunfähigkeit 433
Gesellschaft bürgerlichen Rechts 452
Gesellschaft mit beschränkter Haftung 454
Gesellschaft, stille 453
Gesetz gegen den unlauteren Wettbewerb 186, 441
Gesetz gegen unerlaubte Telefonwerbung 187
Gesetz gegen Wettbewerbsbeschränkungen 445
Gespräch, freies 179
Gesundheitsschutzvorschriften 258
Gesundheitszeugnis 110
Gewährleistung 249
Gewaltenteilung 231
Gewaltenteilung, horizontale 39
Gewaltenteilung, vertikale 39

Register

Gewaltenverschränkung 231
Gewerbe 253
Gewerbeamt 65
Gewerbeformen 253
Gewerbeordnung 253
Gewerbeschein 254
Gewerbe, stehendes 253
Gewerbesteuer 294
Gewerbesteueraufkommen 95
Gewerke 117, 142
Gewerkschaft 458
Gewinnquote 440
Gewinnvergleich 369
GewO 253
GKV 384
Globalisierung 25
GmbH 454
GmbH & Co. KG 457
Green Event 335
Green Meeting 101
Großbühnen 272
Großveranstaltungen 272
Ground-Support 129
Grundbuch 368, 384
Grundpfandrecht 368
Guerilla-Marketing 191
Güterarten 431
Güter, freie 431
Güter, komplementäre 432
Gütermärkte 446
Güterströme 437
Gut, ökonomisches 22
GWB 445
GWG 390

H

Haftung, außervertragliche 245
Haftung, vorvertragliche 245
Hallenabnahme 107
Hallenplan 107
Handelsgeschäfte 451
Handelsgesellschaft, offene 452
Handelskauf, zweiseitiger 352
Handelsmarketing 187
Handelsrecht 233
Handelsregister 449
Handelsvertreter 170
Handlungskostenzuschlag 377
Handlungsreisender 170
Handlungsvollmacht 234
Handlungsvollmachten 449
Hands 141
Hängepunkt 120, 129
Haubenkoch 109
Hauptbuch 384
Hauptkostenstellen 396
Hauptleistungspflichten 248
Hauptproben 321

Headset 136
HGB 233
HGB Kaufmann 447
Hilfskostenstellen 396
Höchstbestand 358
Holding Room 74
Hospitality 93
Hospitality Desk 326
Hosted Buyer 93
Hostessen 325
Hotel- und Gastgewerbe 82
HTTP 479
Hub 478
Hubdachbühne 119
Human Resources 481
Hypothek 368

I

Immission 256
Immissionsrichtwerte 257
Incentive 93
Incentive-Event 98
Incentive-Reise 98
Incoming Agency 80
Individualarbeitsrecht 483
Individualbedürfnisse 429
In-Ear-Monitoring 136
Inflation 443
Inflationsrate 443
Infrastruktur 103
Inhouse-Schulungen 90
Innenfinanzierung 369
Interkom 124, 142
Intermediaselektion 193
Internet 478
Interview, standardisiertes 179
Interview, strukturiertes 179
INTHEGA 38
Intramediaselektion 193
Intranet 478
Inventar 382
Inventur 382
Investition 369
Investitionsanalyse 402
Investitionsrechnung 368
Investitionsrechnungsverfahren 369
IP 479
Irrtum 248
Ist-Versteuerung 381
IT-Systeme 477

J

Jahresabschluss 383
Judikative 39, 231
Jugendarbeitsschutzgesetz 258, 468
Jugend- und Auszubildendenvertretung 466
just in time 358

Register

K

Kabelbrücken 118
Kabuki System 129
Kaizen 301, 474
Kalkulation 371
Kalkulationsschritte 378
Kaltakquise 170
Kameralistik 45
Kapitalwertmethode 369
Kartelle 445
Kartellgesetz 441
Kassenbeleg 387
Kassenbuch 387
Käufermarkt 164
Kaufkraft 163
Kaufmängel 247
Kaufmann 447
Kaufvertrag 235
KG 453
KISS 198
Klausel, salvatorische 247
Kleingewerbetreibender 447
Knappheitsproblematik 430
Know-how-Transfer 96
Kollektivarbeitsrecht 483
Kollektivbedürfnisse 429
Kolloquium 92
Kommanditgesellschaft 453
Kommunikation, integrierte 182, 198, 212
Kommunikationsmaßnahmen 62
Kommunikationspolitik 164, 181
Kompetenz, soziale 490
Konditionenpolitik 164
Konferenz 86, 93
Konferenzsekretariat 87
Kongress 87, 93
Kongress- und Tagungswirtschaft 86
Konjunkturphasen 439
konstitutiv 448, 458
Kontenplan 384, 385
Kontenrahmen 384
Kontingent 94
Kontokorrentnutzung 363
Kontrahierungspolitik 164
Konzentration 300, 445
Konzeption 314
Konzertvertrag 242
Konzertverträge 238
Kooperation 300, 445
Korkgeld 111
Körperschaft des öffentlichen Rechts 261
Kostenartenrechnung 395
Kosten, kalkulatorische 396
Kostenposten 231
Kostenstelle 396
Kostenstellenrechnung 397
Kostenträgerrechnung 398
Kostenträgerstückrechnung 398
Kostenträgerzeitrechnung 398
Kostenübernahme 357
Kosten- und Leistungsrechnung 380, 394
Kosten, variable 399
Kostenvergleich 369
Kostenvoranschlag 349, 373
Krankenversicherung 252
Kredit 359
Kreditfähigkeit 359
Kreditfinanzierung 369
Kreditor 354
Kreditsicherung 367
Kreditwürdigkeit 359
Küchenpässe 109
Kultur 23
Kulturamt 40
Kulturbedürfnisse 429
Kulturförderung 40
Kulturgüter 430
Kulturversorgung 24
Kundenorientierung 37, 164
Kündigungsschutzgesetz 467
Künstlermanagement 46
Künstlersozialabgabe 62, 289
künstlersozialabgabepflichtig 48
Künstlersozialkasse 290
Künstlervertrag 242

L

Lagerarten 357
Lagerbestand 357
Lagerbestand, durchschnittlicher 358
Lagerformeln 358
Lagerhaltung 357
Lagerkennziffern 358
LAN 477
Landes-Immissionsschutzgesetze 256
Laser 132
Lastenheft 312
Lautsprecher 136
Leads 198
Leasing 363
LED 122
Legislative 39, 231
Leihvertrag 236
Leistungen, geldwerte 487
Leistungen, umsatzsteuerermäßigte 282
Leistungspflicht, primäre 246
Leistungspflicht, sekundäre 246
Leistungsschau 97
Leistungsstörungen 246
Leitungsspanne 297
Leitungstiefe 297
Lenkzeit 260
Lernmethoden 90
Licensing 280
Lieferantenkredit 362
Lieferzeitenregelungen 351
Limited Company 456
LImschG 253
LImSchG 66

Register

Line up 142
Liquidität 368
Liquidität 1., 2. und 3. Grades 405
Liquiditätsplan 368
Listenpreis 400
Live-Event 23
Local Area Network 477
Local Promoter 46
Location 46, 60, 87, 101
Loge 105
Logistik 328
Lohngerechtigkeit 487
Lohnquote 440
Lohnsteuerklassen 487
Lotteriesteuer 294
Lotterieversicherung 252
Lounge 105
Luxusbedürfnisse 429
Luxusgüter 430

M

Magisches Viereck 430
Magnettafel 316
Mahnwesen 356
Mailing 198
Maklervertrag 235
Management by 489
Managementvertrag 242
Manager 46
Managerverträge 239
Mängelansprüche 246
Mängel laut BGB 247
Mängelrüge 353
Markenführungsstrategie 166
Markenrecht 198, 277
Marketing 23
Marketing Event 23
Marketing-Eventformen 215
Marketingkommunikation 23
Marketingkonzept 168
Marketingkooperation 171, 198
Marketingmix 163
Marketing, mobiles 191
Marketingplan 168
Marketingstrategie 168
Marketing, virales 191
Markt 163, 217, 444
Marktabgrenzung 174
Marktanalyse 178
Marktbeobachtung 178
Marktdurchdringung 172
Marktentwicklung 172
Markterkundung 178
Marktformen 218, 444
Marktforschung 34, 175
Marktforschungsmethoden 177
Marktgewerbe 253
Marktorientierung 164
Marktpotenziale 171

Marktprivilegien 219
Marktprognose 178
Marktsegmentierung 35, 174
Marktwirtschaft 436
Marktwirtschaft, soziale 436
Maslowsche Bedürfnispyramide 429
Materialkosten 396
Maurer-Schema 276
Maximalprinzip 430
Mäzen 191
Mäzenatentum 199
Mediaagentur 192, 199
Mediamix 192
Mediaplan 169
Mediaplanung 183, 192
Medienformate 48
Medienpartner 199
Medienpartnerschaft 56
Mehrfachantwortaufgabe 18
Mehrfachwahlaufgabe 18
Mehrwertsteuer 281
Meilensteine 306
Meinungsführer 36
Meldebestand 358
Menü 108
Merchandising 59, 280
Messe 217, 218
Messeauftritt 220
Messebauunternehmen 225
Messegewerbe 253
Messe-Lead-Prozess 226
Messetraining 226
Metaplan 316
Me-too-Produkt 224
MICE 86
Mietmängel 247
Mietvertrag 235, 242
Mikrofon 136
Mikrofontypen 125
Mindestbestand 358
Minijob 486
Minimalprinzip 430
Mischpult 137
Mitarbeiter, freier 486
Mitarbeit, freie 255
Moderator 321
Moderieren 312
Molton 129
Monitor 137
Monitoring 124, 137
Monopol 445
Morphologischer Kasten 318
Movingheads 121
MPI 38
Multicore 124, 137
Multiplikator 36
MuSchG 485
Mutterschaftsgeld 486
Mutterschutzgesetz 466, 485
MVStättV 252

Register

N
Nachbereitung 336
Nachbesserung 248
Nachfrage 163, 429, 446
Nachfragepotenzial 36, 175
Nachkalkulation 347, 379
Nachprüfung 16
Nebenkostenstellen 396
Nebenpflichten 248
Nettobudget 282
Nettoreichweite 194
Netzplanplantechnik 308
Neulieferung 248
Nichtigkeit 247
Notenschlüssel 13
Nutzungsänderung 340
Nutzungsänderungsantrag 268
Nutzungsgenehmigung 107

O
Öffentlichkeitsarbeit 184
Off-Tag 52
OHG 452
Ökologie 267
Ökonomie 267
Oligopol 445
Onlinebefragung 180
Onlinemarketing 191
Open Air 65
Open Space 94, 96
Operafolie 140
Opinion Leader 36
Option 60, 94
Ordnungsamt 65
Ordnungspolitik 441
Organigramm 295
Organisationskomitee 69, 87
Osborn-Methode 319
Overheadprojektor 315

P
PA 53, 137
Pachtvertrag 235
Panels 179
Parlament 106
PAR-Scheinwerfer 121
Partnerschaftsgesellschaft 457
Passiva 383
Passivkonten 388
PA-System 124
Patentschutz 278
Pauschalreisen 98
Pay-out 413
PCO 94
PC-Scheinwerfer 133
per annum 359
Personalakte 480
Personalentwicklung 481, 482
Personalentwicklungsmaßnahmen 490
Personalführung 490
Personalinformationssystem 480
Personalkosten 377, 396
Personalmanagement 481, 482
Personalrecht 481
Personalvermittlungsagenturen 325
Personalverwaltung 482
Personalwesen 482
Personalwirtschaft 482
Personenbeförderung 333
Pfad, kritischer 308
Pflichtenheft 312
Phasenplan 311
Pitch 45, 313
Placement 76
Planung 303
Planung, operative 304
Planungsfeld 70
Planung, strategische 304
Platzierungsschema 76
Platzierungszonen 77
Playback 143
Podestbühnen 118
Point of Purchase 199
Point of Sale 199
Polypol 445
Poor dogs 172
POP 199
Portfolioanalyse 172
POS 199
Post-Tests 177
PR 182
PRA 391
Präsentation 314
Präsentationsmedien 315
Präsentationspartnerschaft 56, 190
Preisbestimmung 167
Preisdifferenzierung 167
Preis-Mengen-Mechanismus 446
Preisnachlässe 350
Preispolitik 164
Preisuntergrenzen 378
Pressekonferenz 186
Pre-Tests 177
Primärerhebung 176
Primärkosten 395
Primärzielgruppe 34
Prinzip der doppelten Haftung 274
Prinzip, ökologisches 431
Prinzip, ökonomisches 430
Privatkunde 36
Product-Placement 191
Produktentwicklung 172
Produktinnovationsstrategie 166
Produktionsfaktoren 432
Produktions-Rider 302, 311
Produktlebenszyklus 172
Produktpolitik 164
Produzent 46

Register

Professional Congress Organizer 94
Profilscheinwerfer 120
Projektdefinition 305
Projektion 123
Projektordner 328
Projektphasenplanung 305
Projektplan 307
Projektplanung 303
Projektsstrukturplan 307
Projektstrukturplan 66
Prokura 234, 450
Promoter 199
Promoterin 199
Protokoll 303
Prozessanalysen 301
Prozessplanung 304
Prozesspolitik 441
Prüfung, mündliche 11
Prüfungsausschuss 10
Prüfungsfach 12
psychografisch 174
Public Address System 53
Public Adress 137
Public-Adress-System 124
Public-Event-Treppe 46
Public Relations 184
Pull-Strategie 188
PURE 306
Push-Strategie 188
Pyrotechnik 117, 143

Q

Qualitätsmanagement 474
Quellen, externe 177
Quellen, interne 177
question marks 172

R

Rabatte 350
Rahmenprogramm 94, 96
Rangfolge, protokollarische 76
Rangordnung 76
Rationalisierung 300
Rebriefing 314
Rechenaufgabe 19
Rechnung, Pflichtbestandteile einer 355
Rechnungsabgrenzung, aktive 391
Rechnungsabgrenzung, passive 391
Rechnungswesen, betriebliches 380
Recht, großes 280
Recht, kleines 280
Rechtsfähigkeit 433
Rechtsgeschäft 432
Rechtsgeschäfte 233
Rechtsobjekte 436
Rechtssubjekte 432
Rechts- und Geschäftsfähigkeit 236
Reduktionswerbung 184

Refundierung 56
Regieplan 309
Reihe 105
Reihenfolgeaufgabe 19
Reisegewerbe 253
Reisegewerbekarte 254
Reisemängel 247
Reiserecht 98
Reisesicherungsschein 98
Reisevertrag 235
Reklamation 353
Rennsteuer 294
Rentabilität 369
Rentabilitätsanalyse 405
Rentenschuld 368
Repeater 478
Rettungskräfte 334
Rettungsweg 269
Rettungswegeplan 270
Rettungszeichen 266
Richtlinien 232
Rider 143
Rigg 120
Rigging 117
Roadshow 228
Router 478
Routing 52, 57
Rücknahmen 389
Rückprojektion 140
Rücksendungen 389
Rückwärtskalkulation 401
Runner 143

S

Sachkundeprüfung 255
Salespromotion 187
Sampling 200
Sanitäreinrichtungen 335
Sanitäterzahlen 276
Sanitäts- und Rettungsdienst 273
Satzungsrecht 232
SBK 392
Schankerlaubnis 111
Scheinselbstständigkeit 485
Schlussbilanzkonten 392
Schnakenberger 118
Schriftverkehr, kaufmännischer 353
Schuko 118
Schuldverschreibung 361
Schutzvorrichtungen 270
Security 332
Security-Unternehmen 255
Sekundärerhebung 176
Sekundärkosten 395
Sekundärzielgruppe 34
Selbstfinanzierung 369
Selbstfinanzierung, offene 370
Selbstfinanzierung, stille 370
Selbstkosten 377

Register

Seminar 94
Seminarformen 90
Servicelaufschienen 109
Servicestrategie 166
Shareholder 200
Shortfall-Versicherung 251
Short-Fall-Versicherung 64
Sicherheit, abstrakte 366
Sicherheit, akzessorische 366
Sicherheitskonzept 274
Sicherungsübereignung 367
Simultananlage 94
Sinus-Milieus 176
SITE 80
Site Inspection 80
Sitzspiegel 76
Skirting 94
Skonto 389
Skontoausnutzung 363
SMART-Formel 96, 306
Social Event 74
Social Media-Marketing 191
Sofitte 130
Soll-Versteuerung 381
Sondernutzung 347
Sortimentspolitik 164
Soundcheck 138
Sozialbedürfnisse 429
Speisenfolge 109
Spezialgewerke 149
Spezialversicherungen 252
Sponsoring 189
Sponsorkonzept 62
Sportamt 42
Stabilitätsgesetz 441
Staff 333
Stagebox 124, 138
Stagehands 141
stage left 119
Stageplot 50, 59, 130
stage right 119
Stakeholder 200
Standarten 222
Standauswahl 222
Standkonzeption 225
Standortgeschäft 46
Standpersonal 226
stars 172
Statistik 380
Stellenanzeige 298, 483
Stellenausschreibung 483
Stellenbeschreibung 297, 483
Stellvertretung 234, 434
Steuernummer 355
Stoffkatalog 12
Streuverlust 200
Stroboskop 133
Stromaggregate 117
Strukturpolitik 441

Stufenlinsenscheinwerfer 120
Stuhlkreis 105
Subsidiarität 40, 67
Substitutionsgüter 432
Switch 478
SWOT-Analyse 36, 173, 475
Symposium 86, 94
System, duales 461

T

Tagung 87, 94
Tagungsmappe 88
Tagungspauschale 94
Tagungstechnik 88
Tagungs- und Kongresswirtschaft 86
TA-Lärm 253, 257
Tanzsaal 105
Tarifvertrag 484
Tarifvertragsgesetz 471
Taschengeldparagraf 433
Täuschung 248
Tausender-Kontakt-Preis 194, 200
TCP 479
Teamarbeit 312
Teamorganisation 303
Technical Rider 50, 128, 130
Teilnehmerliste 89
Teilnehmerregistrierung 327
Teilnehmerunterlagen 91
Terminblocker 89
Testimonial 192
Testmarkt 177
Theater 106
Ticket-Break-even 408
Ticketing 46, 54, 60
Ticketing-Systemdienstleister 54
Tilgungsdarlehen 361
Tischordnung 109
Titelschutzrecht 278
TKP 194, 200
TK-Systeme 477
Top-down-Planung 304
Total-Quality-Management-Ansatz 301
Total Quality Managements 474
Tourismusindustrie 79
Tournee 51
Tourneebuch 302
Tourneegeschäft 46
Tourneeleiter 52
Tourneemanager 46, 52
TQM 474
Travel Party 52
Traverse 120, 130
Treatment 314
Tribüne 105, 130
Truss 120, 130
Typenzwang 219

Register

U
Überstunden 260
U-Form 106
UKV 384
Umfrage, repräsentative 175
Umsatzkostenverfahren 384
Umsatzsteuer 281
Umsatzsteuerbefreiung 282
Umsatzsteuerkonto 392
Umsatzsteuerzahllast 392
Umwegrendite 95, 294
Umweltverträglichkeitsprüfung 336
Unfallversicherung 252
Unfallversicherung, gesetzliche 261
Unique Selling Proposition 196
Unmöglichkeit 246
Unternehmergesellschaft 456
Urheberrecht 277
Urheberrechtswahrnehmungsgesetz 277
Urlaub 468
USP 196
UVV 262
UWG 186, 441

V
Variablen, geografische 175
Variablen, psychografische 175
Variablen, soziodemografische 175
Varietébestuhlung 105
VBG 261
VDKD 38
VE 439
Venue 46, 60
Veranstalter 46
Veranstalter-Haftpflichtversicherung 250
Veranstaltung 23
Veranstaltungsausfallversicherung 64, 251
Veranstaltungs-Break-even 406
Veranstaltungshaftpflichtversicherung 64
Veranstaltungskalender 320
Veranstaltungsmarketing 24, 168
veranstaltungsplaner.de 38
Veranstaltungsprofil 29
Veranstaltungssegment 27
Veranstaltungstechnik 117
Veranstaltungstechnik, Fachkraft für 142
Veranstaltungstechnik, Meister/-innen für 273
Veranstaltungstechnik, Verantwortlicher für 273
Veranstaltungsticket 55
Verbände 37
Verbotskennzeichen 266
ver.di 38
Verfolger 134
Verfolgerscheinwerfer 121
Vergnügungssteuer 294
Verkauf 170
Verkäufermarkt 164
Verkaufsförderung 187

Vermögensumschichtung 370
Verordnungen 232
Verordnung über Sicherheit und Gesundheitsschutz bei der Arbeit an Bildschirmgeräten 473
Verpfändung 367
Versammlungsgesetz 78
Versammlungsstättenverordnung 268
Versandkostenregelungen 350
Versicherungen 64, 249
Versicherung gegen werblichen Übererfolg 252
Versorgungsbereich 111
Vertragsbestandteile 242
Vertragsrecht 232, 233, 235, 251
Vertragsstörung 232
Vertretung 233
Vertriebspolitik 164
Vertriebswege 166, 170
Verwaltungs-Berufsgenossenschaft 261
Verwendungsnachweis 44
Verwertung, strategische 170
Verzugsarten 247
Vieleck, magisches 442
Vier-Sektoren-Modell 437
VIP 74
Volkseinkommen 439
Volkswirtschaftslehre 437
Vollmachten 233
Vorschlagswesen, betriebliches 301
Vorschriften 232
Vorsteuer 281
Vorsteuerabzug 281
Vorsteuerabzugsverfahren 355
Vorteil, geldwerter 99
Vorverkauf 46, 54
Vorverkaufsgebühr 55
VPLT 38

W
Wahrnehmungsgesellschaften 277
Währungsordnung 443
Walking Act 321
Walt-Disney-Methode 319
WAN 477
Warenannahme 352
Wareneinsatz 358
Warmakquise 170
Warnzeichen 266
Wellenbrecher 130
Werbearten 184
Werbebudget 194
Werbeelemente 193
Werbeerfolgskontrolle 194
Werbegrundsätze 184
Werbekampagne 194
Werbeklarheit 184
Werbekooperation 56
Werbekooperationen 190
Werbemittel 193

Bildquelle

Werbeplakat 195
Werbeplan 169
Werbeträger 193
Werbewahrheit 184
Werbewirksamkeit 184
Werbewirkung 194
Werbung 184
Werkmängel 247
Werkvertrag 54, 235
Wertschöpfung 404
Wettbewerb 441
Wettbewerbsbeobachtung 36, 173
Wettbewerbsrecht 278
Wettsteuer 294
Willenserklärung 232, 432
Wireless Lan 477
Wirkung, deklaratorische 458
Wirkung, konstitutive 458
Wirtschaftskreislauf, erweiterter 437
Wirtschaftsordnung 436
Wirtschaftspolitik 441
Wirtschaftssystem 436
Wirtschaftsverfassung 436
Workshop 86, 95

Z
Zahlungsbedingungen 351
Zahlungsmittel 356
Zahlungsziele 356
Zeitstrahltechnik 308
Zentralbank, europäische 443
Zertifizierungen 342
Zertifizierung nach ISO 9001 474
Zession 367
Zielgruppe 34, 173
Zinsfußes, Methode des internen 369
Zinsrechnung 360
Zuführung zu den Rückstellungen 369
Zug 130
Zugangskontrollen 332
Zuordnungsaufgabe 19
Zuwendungsantrag 44
Zweckentfremdung 107
Zweckkauf 354
Zwischenprüfung 20

4-Säulen-Modell 164
§ 43 Infektionsschutzgesetz 42, 110
§ 50a EStG 283
100-Punkte-System 13

Abkürzungsverzeichnis:

bzgl.	= bezüglich	mm	= Millimeter
bzw.	= beziehungsweise	PC	= Personalcomputer
ca.	= zirka	sog.	= sogenannte/r/s
cm	= Zentimeter	s. S.	= siehe Seite
d. h.	= das heißt	u. a.	= unter anderem
evtl.	= eventuell/e/er/es	u. U.	= unter Umständen
gem.	= gemäß	usw.	= und so weiter
ggf.	= gegebenenfalls	vgl.	= vergleiche
Hrsg.	= Herausgeber	z. B.	= zum Beispiel
i. d. R.	= in der Regel	z. T.	= zum Teil
Kfz	= Kraftfahrzeug		
Lkw	= Lastkraftwagen		
m	= Meter		

andere Abkürzungen siehe Register

Bildquellenverzeichnis:
Messe Berlin, Berlin: 144 (beide)
Ringwald Organisatorischer Brandschutz, Gäufelden: 145.1
Stadt Köln: 41

Infografiken: Claudia Hild, Angelburg
Titelbild: istockphoto (neustockimages)
Umschlaggestaltung: LioDesign, Braunschweig